797,885 Books

are available to read at

www.ForgottenBooks.com

Forgotten Books' App
Available for mobile, tablet & eReader

ISBN 978-0-259-16731-0
PIBN 10706695

This book is a reproduction of an important historical work. Forgotten Books uses state-of-the-art technology to digitally reconstruct the work, preserving the original format whilst repairing imperfections present in the aged copy. In rare cases, an imperfection in the original, such as a blemish or missing page, may be replicated in our edition. We do, however, repair the vast majority of imperfections successfully; any imperfections that remain are intentionally left to preserve the state of such historical works.

Forgotten Books is a registered trademark of FB &c Ltd.
Copyright © 2017 FB &c Ltd.
FB &c Ltd, Dalton House, 60 Windsor Avenue, London, SW19 2RR.
Company number 08720141. Registered in England and Wales.

For support please visit www.forgottenbooks.com

1 MONTH OF FREE READING

at

www.ForgottenBooks.com

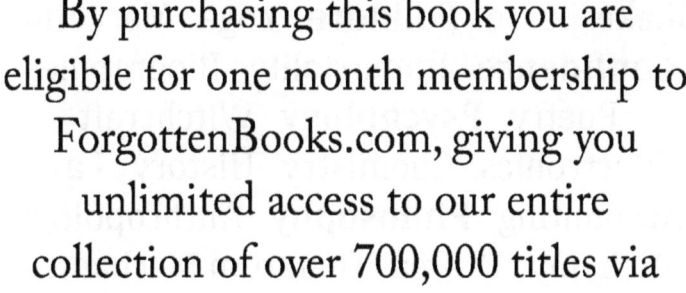

By purchasing this book you are eligible for one month membership to ForgottenBooks.com, giving you unlimited access to our entire collection of over 700,000 titles via our web site and mobile apps.

To claim your free month visit:

www.forgottenbooks.com/free706695

* Offer is valid for 45 days from date of purchase. Terms and conditions apply.

English
Français
Deutsche
Italiano
Español
Português

www.forgottenbooks.com

Mythology Photography **Fiction**
Fishing Christianity **Art** Cooking
Essays Buddhism Freemasonry
Medicine **Biology** Music **Ancient Egypt** Evolution Carpentry Physics
Dance Geology **Mathematics** Fitness
Shakespeare **Folklore** Yoga Marketing
Confidence Immortality Biographies
Poetry **Psychology** Witchcraft
Electronics Chemistry History **Law**
Accounting **Philosophy** Anthropology
Alchemy Drama Quantum Mechanics
Atheism Sexual Health **Ancient History**
Entrepreneurship Languages Sport
Paleontology Needlework Islam
Metaphysics Investment Archaeology
Parenting Statistics Criminology
Motivational

JUG
MZA
PX

Zeitschrift
für
Rechtsgeschichte.

Herausgegeben

von

D. Rudorff und D. Bruns in Berlin, D. Roth in München
und D. Böhlau in Rostock.

Elfter Band.

Weimar,
Hermann Böhlau.
1873.

220645

STAMFORD LIBRARY

Inhalt des XI. Bandes.

	Seite
Geschichte der Bäuerlichen Rechtsverhältnisse in der Mark Brandenburg von der Zeit der deutschen Colonisation bis zur Regierung des Königs Friedrich I. (1700). Von Stadtgerichtsrath L. Korn	1
Eine bisher unbekannte Rechtshandschrift. Beschrieben von Professor Dr. Paul Laband in Straßburg	44
Ueber die baetische Fibuciartafel. Eine Revision von Rudorff	52
Kritisches zu Cicero's Büchern de legibus. Von Geh. Justizrath Professor Dr. Huschke in Breslau	107
Adolf August Friedrich Rudorff †	165
Ueber die Zeitfolge der im Justinianischen Codex enthaltenen Constitutionen Justinians. Von Paul Krüger	166
L. ult. C. de novat. (8, 42). Von Universitätssecretair Adv. Wilhelm Roever in Rostock	187
Ueber einige Rechtsquellen der vorjustinianischen spätern Kaiserzeit. II. Die sog. westgothische Interpretatio. Von Professor Dr. Fitting in Halle	222
Rechtshistorisch-exegetische Studien von Professor Dr. August Ubbelohde in Marburg. Geschrieben im Frühjahr 1872	250
Ein Erlaß des Kaisers Lothar vom J. 846. Von Geheimen Justizrath Professor Dr. Bluhme in Bonn	257
Ueber die älteste batirte Handschrift des Sachsenspiegels. Von Professor Dr. Hugo Loersch in Bonn	267
Zum landsassiatus plenus. Von Hugo Böhlau	296
Kennen die Römer ein Jagdrecht des Grundeigenthümers? Von Professor Dr. Schirmer in Königsberg	311
Ueber einige Rechtsquellen der vorjustinianischen spätern Kaiserzeit. III. Der s. g. westgothische Gajus. Von Professor Dr. Fitting in Halle	325
Die Zahlenspielerei in der Einteilung der Digesten. Von Professor Dr. F. Hofmann in Wien	340
Die formlose Scheidung nach der lex Julia de adulteriis. Von Professor Dr. Schirmer in Königsberg	355
Die Delation der Vormundschaft über Geisteskranke nach römischem Recht. Von Hugo Böhlau	370
Die Mundschaft nach Langobardenrecht. Von Geheimen Justizrath Professor Dr. Bluhme in Bonn	375

	Seite
Die Magdeburger Fragen kritisch untersucht von Professor Dr. v. Martitz in Freiburg	401
Ueber einige Rechtsquellen der vorjustinianischen spätern Kaiserzeit. IV. Allgemeine Ergebnisse. Von Professor Dr. Fitting in Halle	432
Dr. Arnold Gheyloven, aus Rotterdam, Verfasser eines Remissorium juris utriusque und anderer juristischer Schriften. Von Professor Rivier in Brüssel	454
Trattato storico della procedura civile romana del avvocato Giuseppe Gugino. Von Professor Dr. Dernburg	468

Miscellen:

Liber diurnus ou recueil des formules par la chancellerie pontificale du Ve au IXe siècle publié... par Eugène de Rozière, inspecteur général des archives. Paris 1869. Von Professor Dr. Hinschius in Berlin	162
Eug. de Rozière Recueil général de formules III, Paris 1871. XI u. 394 S.	315
"Jurare ad Dei judicia," eine Glosse zu Cap. Pipp. 782—787, § 8, Pertz, L L. I, 43	317
Ein Schreiben von Pierre Lorioz de modo studendi	319
Ein Hdf.-Fragment des sächsischen Lehnrechts	321
Preisaufgaben der Fürstlich Jablonowski'schen Gesellschaft	322
Zum pr. I. de codicillis II, 25. Von Professor Dr. Hofmann in Wien	470
Eine bisher unbekannte Handschrift des Brachylogus. Von Professor Dr. Fitting in Halle	471

Geschichte der Bäuerlichen Rechtsverhältnisse in der Mark Brandenburg von der Zeit der deutschen Colonisation bis zur Regierung des Königs Friedrich I. (1700).

Von

Herrn Stadtgerichtsrath L. Korn zu Berlin.

Als die großen Schaaren der deutschen Colonisten im 12. und 13. Jahrhundert über die Elbe zogen, um in dem weiten Wendenlande eine neue Heimath mit deutscher Kultur zu begründen, wurden sie daselbst unter sehr günstigen Bedingungen als Grundbesitzer angesiedelt. Die einfachste Erwägung der Thatsachen führt hierzu, denn wenn auch die Uebervölkerung im alten Sachsenlande und an den Ufern des Niederrheins damals sehr groß war, so bedurfte es doch gewiß der Sicherheit einer behaglichen Existenz und Zukunft, um den Zug der Auswanderung grade nach der Mark Brandenburg zu lenken. Es ist aber ein besonderer Unstern für die märkische Geschichte, daß uns kein älterer Vertrag erhalten ist, welcher über die Ansiedelung Deutscher in einem märkischen Dorfe aufgenommen worden ist. Wir sind in dieser Beziehung auf die historischen Dokumente der Nachbarländer angewiesen und die hierin glücklichere Provinz Schlesien bietet uns einen verhältnißmäßig reichen Schatz solcher Quellen, aus denen genau zu ersehen ist, unter welcher Bedingung dort polnische Dörfer mit deutschen Colonisten besetzt und wie die deutschen Dörfer eingerichtet worden sind. Dem bewundernswürdigen Scharfblicke und der unendlichen Sorgfalt unserer Forscher ist es aber gelungen, aus den späteren Verhältnissen der Mark, welche uns authentisch überliefert sind, den Nachweis zu führen, daß in der Mark Brandenburg dasselbe

System der Colonisation angewendet worden ist und jene Urkunden uns auch einen treuen Anhalt für unser Heimathland gewähren.[1]

Dazu tritt, daß in neuester Zeit noch einige Urkunden aus der nächsten Nähe der Mark Brandenburg aufgefunden worden sind, welche eine neue Unterstützung für die von der Wissenschaft gefundenen Resultate bieten. Im Jahre 1159 hat der Erzbischof Wichmann von Magdeburg das Dorf Pechau einem gewissen Heribert und das an der märkischen Grenze belegene Dorf Wusterwitz an der Havel einem gewissen Heinrich nebst den ihn begleitenden Flamländern zur Colonisation ausgethan. Die Verträge hierüber sind erhalten und unter beiden findet sich die Unterschrift des Markgrafen Albrecht, des Bären, und seines Sohnes Otto als Zeugen. In demselben Jahre hat der Abt Arnold von Ballenstedt die Dörfer Nauzedele und Nimitz (jetzt Naundorf) östlich der Mulde mit flamländischen Colonisten besetzt. Albrecht der Bär war Schirmvogt des Klosters zu Ballenstedt und ist mit seiner Frau und seiner ganzen Familie als Zeuge und Bürge der uns erhaltenen Urkunde über den Abschluß dieses Geschäfts beigetreten.[2]

Diese Urkunden geben dasselbe Verfahren an, welches in Schlesien beobachtet worden ist und sprechen auch für den Schluß, daß nach demselben gleichfalls in der Mark Brandenburg die deutsche Colonisation stattgefunden hat, da der Markgraf ihnen sonst nicht als Bürge und Zeuge beigetreten sein würde. In dem Vertrage des Abts Arnold mit den Flamländern wird sogar darauf hingewiesen, daß in dem Lande des Markgrafen Colonisten zu gleichem Rechte angesetzt worden seien.[3]

Aus späterer Zeit endlich ist eine Urkunde vom 26. Juni 1360 erhalten, worin die Johanniter-Ritter zu Tempelhof ihr

---

[1] Wohlbrück: Geschichte des Bisthums Lebus (Berlin, 1829) I. 200, und Riedel: Mark Brandenburg im Jahre 1250 II. 192, ferner Stenzel: Preuß. Geschichte I. 60.

[2] v. Heinemann: Albrecht der Bär. 468. 469. 470.

[3] Quia vero respectu divinae remunerationis hec bona a marchione suorumque avorum largitate ecclesia nostra suscepit, secundum jura Flamiggorum, qui in iisdem partibus ipsius subjecti sunt dicioni, et nostris vivendum censemus. — v. Heinemann: Albrecht der Bär. S. 468.

Vorwerk Rixdorf bei Berlin in ein Dorf mit Bauern umwandeln, welche auch das alte Verfahren deutlich noch erkennen läßt, obgleich sie allerdings schon manche Abweichungen enthält.[4]

Bei den Wenden, welche vor den Deutschen in der Mark lebten, bildete die Viehzucht den Hauptnahrungszweig, indem sie als Hirten die Wälder und Ebenen mit ihren Heerden ausnutzten. Sie saßen in sehr kleinen Dörfern und ihr Ackerbau beschränkte sich, da sie die Dreifelderwirthschaft wohl nicht kannten, darauf, daß ein Jeder hinter seinem Gehöfte mit dem hölzernen Hacken, statt des Pfluges, so viel Land umwarf und mit Hafer, Buchweizen oder Roggen besäete, als er zur Erhaltung seiner Familie für das nächste Jahr durchaus erforderlich hielt. Für deutsche Dörfer waren größere Feldmarken nothwendig, und deshalb wurden häufig mehrere wendische Dorfmarken vereinigt, um die Hufenschläge in den drei Feldern zu bilden. Bei Nauzedele und Nimitz geschah dies, denn der Abt sagt ausdrücklich, sie seien in unum redactae. Von der so festgestellten Feldmark wurde zunächst die Gemeindehütung und der Gemeindewald abgezweigt und der Rest nach drei Feldern in Hufen getheilt. Die Hufen hatten verschiedene Größe, indem man flamländische, holländische, deutsche und slavische Hufen unterschied, doch läßt sich jetzt nicht mehr der Umfang der Einzelnen feststellen.

Von diesen Hufen wurde zunächst Eine als Dos für die Kirche ausgewiesen und sodann erhielt der Unternehmer der Colonie, der regelmäßig kein ritterbürtiger Mann war, eine größere Anzahl, meistens vier, Hufen zu Lehen mit der Verpflichtung, davon ein Lehnpferd zu stellen.[5] Für das Kaufgeld, welches der Unternehmer für die ganze Feldmark zahlte, und für die Verpflichtung, das Dorf mit Colonisten zu besetzen, erhielt er vollständige Abgabenfreiheit von seinen Hufen und die erblichen Rechte des Schulzen mit dem dritten oder vierten Theile aller Gerichtsgefälle, dazu öfter nach Ort und Gelegenheit das Recht: Gärtnerwohnungen, einen Schankkrug, oder eine

---

[4] Riedel: Codex diplom. Supplement-Band.

[5] In Rixdorf erhielt die Kirche keinen Grund und Boden, weil das Dorf nach Tempelhof eingepfarrt blieb. Auch erhielt der Schulze nur eine Hufe frei und einen Kossäthenhof.

Mühle anzulegen, so daß Gärtner, Krüger und Müller ihre Abgaben nur an den Schulzen und nichts an den Herrn des Dorfs zu entrichten hatten. In allen märkischen Dörfern sind ursprünglich solche Lehnschulzen gewesen. [6])

Der Zweck der ganzen Colonisation ging dahin, Bewohner in das Land zu ziehen, die im Stande waren Steuern zu entrichten, da die Wenden bei ihrem Culturzustande hierzu fast gänzlich unvermögend waren. Es war daher eine Hauptpflicht des Unternehmers, die ausgewiesene Feldmark mit Bauern zu besetzen, unter welche die Hufen vertheilt wurden. Ursprünglich sollte jeder Bauer wohl nur eine Hufe erhalten, da diese eben das Maß für eine Wirthschaft bildete, doch ist es wohl oft nachgelassen worden, daß jedem Colonisten gleich im Anfange zwei oder auch drei Hufen zugetheilt wurden. Diese Colonisten waren freie Leute. Es läßt sich durch alle Verträge, welche erhalten sind, und aus den späteren Nachrichten erkennen, daß die Unternehmer die Vorsicht beobachteten, regelmäßig auszubedingen, die Bauern sollten nur vor dem Dorfgerichte mit ihrem Schulzen an der Spitze zu Recht zu stehen haben. Den Grund und Boden erhielten die Colonisten erblich und mit der Befugniß ihn zu veräußern, jedoch hatten sie einen bestimmten Hufenzins, als immerwährende dingliche Abgabe, an den Verkäufer zu entrichten und ihm auch den Zehnten zu gewähren. Ihr Besitz war daher zwar kein schöffenbar freier nach der Sprechweise des Sachsenspiegels, sondern bestand nur in Erbzinsgütern, sie hatten aber ein besseres Recht als die altsächsischen Zinsmänner an ihren Gütern. In der Glosse des Johann v. Buch zum Sachsenspiegel wird ausdrücklich bestätigt, daß die brandenburgischen Bauern günstiger als die sächsischen Lassiten gestellt seien, daß sie Erbrechte an ihren Gütern hätten und sie frei veräußern könnten, und dem Erbzinsherrn nur ein Vorkaufsrecht zugestehen müßten. [7])

---

[6]) Wohlbrück: Lebus I. 210. — Riedel: Mark Brandenburg II. 203.

[7]) Glosse zu Art. 59. Buch II. Dat men thu gude geboren wert, dat scheidet an seesschen unde merchsschen rechte. Wy in sassen tu tinssgude geboren is, dat is ein late, dy mach des gutes ane synes heren orloff sich nicht vortygen. Dit sint dy unse olderen sitten lyten, don sy dy lanth bedwunghen, up bescheit. Met uns aver hebben dy gebur

Auf die persönliche Freiheit der Bauern hatte also dieses Zinsverhältniß in der Mark keinen Einfluß. Es sind zwar schon früh hiergegen Einwendungen gemacht worden und man hat die Frage aufgeworfen, ob die Bauern, wenn sie ihre Güter verlassen wollten, nicht verpflichtet seien, einen tüchtigen Nachfolger in ihrem Besitze zu beschaffen, damit der Inhaber des Zinses und des Decem an diesen keinen Ausfall erleide. Allein aus der Uckermark, wo die Bauern später am ungünstigsten in der Mark standen, ist uns ein Urtheil des dortigen Landvogts Lippolt von Bredow und seiner Beisitzer aus dem Jahre 1383 erhalten, in welchem die volle Freizügigkeit und persönliche Freiheit der Bauern anerkannt wird. Es wird darin für Recht gesprochen: „daß jeder Bauer, der sein Zinsgut verlassen will, daran nicht gehindert werden kann, auch wenn er keinen Nachfolger, der den Zins übernimmt, bestellt.[8])

Zu dem Hufenzins und Decem, welche gewöhnlich mit dem gemeinsamen Worte „Pacht" bezeichnet wurden, trat später die landesherrliche Abgabe der Bede, welche ursprünglich keine wiederkehrende und feststehende Steuer war, sich aber allmälig hierzu ausbildete. Sie bestand, wie der Zins, in einer Geldabgabe, doch wurde wohl bei dem damaligen Mangel an cur-

---

erve an pachtgude, und sy mogent laten, wan sy willen. Dat is darumme, dat unse landt muten beset sin. Dun men sy besettede, don lyth men dy huven den geburen wilde, des denne dy huven nu beter sint worden van orem arbeide, dat vorkopen sy, wan sy willen. Dit heitet burerve, dat yd vorbetert is vorder wan dy pacht. Und Glosse zu Art. 79. Buch III. Dy andern, dy tinss gewen, dat sin alse bure, dy erven dat gut, dat boven oren tinss is, unde dat yt beter wan ore plege is, up oren negesten, unde verkopent weme sy willen, des sy yt oren heren irst byden.

[8]) Wohlbrück: Lebus I. 325. Als wenn eyn bure wil tyhn vonn synes hern gude und hauen, so schal hie die plogen to dren fharen und schal sie tosegen mit der wintersaeth und schal dat frien, efft ichts wes darup lige; und schal dat gut verkopen, efft hie kan, und einen redlichen berveman darup bringen, die syne plege geven mach. Kan hie des nicht verkopen, so schal hie dat synen hern upseggen und upgeven to sunte Peters dage oder dar vor, und denn schal hie syne pacht geven, die hie verplicht iss, und denn fry wech tihn, war hie wil, mit synem gude. Und weret, dat syn her dat gut nicht wil upnehmen, so schal hie dat up einen thun stecken vor richter und vor den buren und schall denn fry wech tyhn.

firendem Gelde auch nachgelassen, daß beide Abgaben in Naturalien abgeführt wurden.

Endlich hatten die Bauern noch von jeher Dienste zu leisten, welche einer genaueren Betrachtung bedürfen, daß sich die spätere Umgestaltung der ländlichen Verhältnisse zum Theil an sie anknüpfte.

Die Dörfer in der Mark waren sehr lange Zeit reine Bauerndörfer. Die Landwirthschaft lag ganz in den Händen der Bauern und alle die größeren Güter, welche jetzt die Mark überdecken, sind erst nach dem Untergange des älteren Bauernstandes zusammengebracht worden. Das Landbuch Kaiser Karl IV. vom Jahre 1375 giebt uns ein klares Bild von der Ackervertheilung in damaliger Zeit und danach war die Zahl der größeren Besitzungen, welche wir mit unseren Rittergütern etwa vergleichen könnten, noch äußerst gering.[*]

Bei den Diensten, welche die deutschen Bauern nach ihrer Uebersiedelung in die Mark zu leisten hatten, darf man daher nicht an Privatdienste denken, die sie auf abligen Höfen zu verrichten hatten. Es sind Natural-Leistungen im öffentlichen Interesse, welche die damalige Staatsverwaltung bei dem Mangel des baaren Geldes nicht entbehren konnte. Die Markgrafen hatten keine festen Residenzen und bei der damaligen persönlichen Regierungsweise waren sie genöthigt, beständig das Land zu durchreisen, um in den einzelnen Theilen die erforderlichen Anordnungen zu treffen. Den Bauern aber lag die Verpflichtung ob, durch Vorspann die Transportmittel zu gewähren, um das Gefolge des Landesherrn auf diesen Zügen, oder auch einzelne Abgesandte der Markgrafen auf ihren Reisen zu befördern. Dies nannte man Vorspann, welcher zwar im Jahre 1280 den Bauern in der Mark allgemein erlassen, nachher aber wieder eingeführt worden ist, und sich dann bis in unser Jahrhundert erhalten hat. Außer ihm hatten die Bauern, wie auch in den oben angeführten beiden Urkunden des Erzbischofs Wichmann von Magdeburg hervorgehoben wird, die sogenannte Burgwere zu leisten, d. h. sie hatten die erforderlichen Fuhren bei Bauten der markgräflichen Festungen und Burgen, so wie der Brücken und Dämme, wo solche in ihrer Nähe lagen, mit ihren Gespannen

---

[*] Riedel: Mark Brandenburg 1250. II. 167.

zu thun. Endlich lag ihnen der Heerdienst (servitium curruum) ob, welcher in der Verpflichtung bestand, daß im Falle eines Krieges von jedem Dorfe ein vierspänniger Rüstwagen zum Gefolge der aufgebotenen Lehnsmannschaft gestellt wurde.

Mit Vorspann, Burgwere und Heerdienst war der Kreis ihrer Dienste geschlossen. Dieselben wurden alle dem Landesherrn geleistet und waren ihrer Natur nach ungemessen, denn es ließ sich selbstverständlich nicht im Voraus bestimmen, wie oft die Markgrafen einzelne Dörfer auf ihren Reisen berühren, Reparaturen und Bauten an ihren Burgen, Brücken und Dämmen vornehmen oder das Lehnsgefolge zum Kriege aufbieten würden. Wie wenig drückend diese Spanndienste aber gewesen sein müssen, geht aus einigen Nachrichten der damaligen Zeit hervor, nach welchen man den Heerdienst in einzelnen Dörfern auf 3 oder 4 Tage für das Jahr, in einem Falle auf 12 Tage für das Jahr feststellte, um, wie unten gezeigt werden soll, sie als Privatdienste veräußern zu können.[10] Bei Rixdorf wurde in dem Stiftungsbriefe vom 26. Juni 1360 sogleich festgesetzt, daß für die Burgwere die Hüfner 3 Tage im Jahre mit dem Pfluge dienen und die Kossäthen eben so oft mit der Hand arbeiten sollten.

Die ursprüngliche Stellung der Bauern in der Mark Brandenburg war also im Ganzen folgende: Sie waren durchaus persönlich freie Leute, besaßen ihre Güter erblich und unwiderruflich, durften sie frei veräußern und ohne die Verpflichtung zur Beschaffung eines Nachfolgers (Gewährsmannes) ungehindert verlassen. Außer den Abgaben an Zins, Decem und Bede, welche alle den Markgrafen zukamen, hatten sie nur solche Dienste den Landesherren zu leisten, welche das öffentliche Interesse nach der damaligen Staatsverfassung erforderlich machte. Unter einer Privat=Gutsherrschaft standen sie nicht, vielmehr waren sie nur ihren eigenen Dorfgerichten mit dem Schulzen an der Spitze und den markgräflichen Landgerichten unterworfen. Dabei muß dies als die eigentliche Regel und das normale Verhältniß für die ganze ländliche

---

[10] Wohlbrück: Lebus. I. 272.

Bevölkerung betrachtet werden, denn die vorkommenden Ausnahmen treten dagegen in den Hintergrund und enthalten im Ganzen nur unwesentliche Abweichungen, welche sich von den fundamentalen Rechten der Bauern wenig entfernen. Günstiger als die gemeinen Bauern standen die in keinem Dorfe fehlenden Lehnschulzen, da sie, abgesehen von den bereits erwähnten Vorzügen, keinen Hufenzins und keinen Decem zu entrichten hatten und dafür nur Lehnpferde stellen mußten. Neben ihnen gab es in vielen Dörfern noch bäuerliche Lehnleute, die ebenfalls mit größerem Landbesitz ausgestattet waren und dieselbe Freiheit gegen Stellung von Lehnpferden genossen, nur daß sie das Schulzenamt nicht hatten.

Was die übrigen Bewohner des platten Landes, namentlich die Kossäthen, betrifft, so war ihre Zahl anfänglich eine sehr geringe, indem nach dem Landbuche von 1375 noch alle Feldmarken in ganze Hufen getheilt erscheinen, also überall volle Bauernnahrungen anzunehmen sind und daneben nur in ganz einzelnen Dörfern Kossäthen mit kleineren Besitzungen erscheinen. Wo aber auch eine Vertheilung der Hufen in kleinere Grundstücke erwähnt wird, ist nichts darüber vermerkt, daß die Besitzer dieser Parzellen ein geringeres Recht an ihrem Grund und Boden als die Bauern gehabt hätten. Wir müssen daher annehmen, daß sie auch zu Erbzinsrecht ihre Ländereien besaßen und, daß sie nur statt der Spanndienste Handdienste zu leisten hatten, weil sie keine Gespann haltenden Wirthe waren.

Aehnlich waren die Verhältnisse bei den Müllern, Schmieden, Fischern u. s. w., obgleich bei ihnen häufig noch besondere Abgaben hinzutreten, die mit ihrem Gewerbe im Zusammenhange standen und an die Oberherren ihrer Grundstücke zu entrichten waren. Persönlich frei waren auch diese kleineren Grundbesitzer.

Für das Vorhandensein der Leibeigenschaft bei dem Bauernstande in irgend einer Form gewähren uns die älteren Urkunden aus der Mark nicht den geringsten Anhalt. Die alte wendische Bevölkerung, bei welcher man sie nach ihrer Unterwerfung am ersten vermuthen könnte, ist nicht in dieses Verhältniß gebracht worden. Es ist überhaupt nicht richtig in den Kämpfen mit den Wenden den alleinigen Grund für die Ausbreitung des deutschen Wesens in der Mark zu sehen und diese allein als das

Resultat eines glücklich geführten Vernichtungskrieges zu betrachten. Ganz Schlesien und Pommern ist ohne Schwertstreich germanisirt worden. Nachdem 1157 die wendische Feste zu Brandenburg erstürmt worden war, haben zwar auch noch Kriege in der Mark mit Wenden und Polen stattgefunden, allein sie trugen nicht mehr das Gepräge der wilden Racenkämpfe, sondern waren nur Kriege der Oberherren um den Besitz von Land und Leuten. Alles Land östlich von der Stadt Brandenburg, jedenfalls das Land Lebus und Sternberg und die ganze Neumark jenseits der Oder bis Dramburg, Schiefelbein und Bütow sind in dieser Weise unter die Botmäßigkeit der Brandenburgischen Markgrafen gekommen und dann mit Schonung der vorgefundenen Einwohner friedlich colonisirt worden.[11]) Die dünne, halb nomadische Bevölkerung der Wenden hat es, nachdem sie unter deutsche Landesherren gekommen war, ruhig geschehen lassen, daß ihre Weideplätze in Feldmarken zerlegt und ihre Ackerbeete nach der Dreifelderwirthschaft zu den Hufen gezogen wurden. Da von Aufständen derselben dagegen uns nichts berichtet wird, ist dies nur zu erklären, wenn man annimmt, daß ihnen selbst Stätten unter den deutschen Colonisten gewährt und die erforderlichen Hufen an sie vertheilt worden sind. Es sind uns verschiedene Nachrichten erhalten, wonach die Wenden neben den deutschen Bauern in den Dörfern ihre vollen Stellen gehabt haben und es besteht keine Ueberlieferung, daß sie mit geringeren Rechten angesessen gewesen wären.[12])

Dies waren die Verhältnisse der Bauern im 12. und 13. Jahrhundert. Es läßt sich auch nicht annehmen, daß in territorialer Beziehung erhebliche Abweichungen stattgefunden haben. Große Strecken Landes sind zwar nicht unmittelbar von den Markgrafen, sondern von den geistlichen Stiften z. B. den Domstiften zu Havelberg, Brandenburg und Lebus, dem Tempelherrenorden, und dem hohen Adel — wie den Grafen zu

---

[11]) G. W. v. Raumer: Neumark Brandenburg im Jahre 1337. — S. 3 flg.

[12]) Bei der Gründung der Stadt Märkisch-Friedland 1244 nehmen die Markgrafen Johann I. und Otto III. die in und außerhalb der Stadt ansässige wendische Bevölkerung unter ihren besondern Schutz und behalten sich die Gerichtsbarkeit über sie ausdrücklich vor. Buchholtz: Geschichte der Churmark Brandenburg (Berlin 1771) IV. 75.

Ruppin — colonisirt worden; allein es fehlt jeder Anhalt, daß diese etwa Anbauer unter drückenderen Bedingungen gefunden hätten, als die Landesherrn, ja es war im Mittelalter unstreitig, daß die Stiftsbauern die günstigsten Stellungen hatten. Wenn aber in späterer Zeit die Behörden der Uckermark mit Rücksicht darauf, daß dies Land ursprünglich zu Pommern gehört hat, eine ungünstigere Stellung der Bauern dort als althergebracht bezeichnen,[13] so beruht dies auf einer späteren Anschauung, da gerade in der Uckermark der bereits erwähnte Rechtsspruch des Lippolt von Bredow vom Jahre 1383 abgefaßt ist und den Bauern volle Freizügigkeit beilegt.

In keinem heimischen Rechtsverhältnisse sind so wesentliche Umgestaltungen im Laufe der Jahrhunderte eingetreten, als in dem des Bauernstandes. Die Ursachen davon sind sehr mannigfaltig und greifen bis in die erste Colonisation der Mark zurück. Neben dem Bauernstande hat es von jeher zwei streng von ihm geschiedene Stände gegeben, welche sich aber bald zu einem vereinigten, indem der Adel des Landes sich aus ihnen gebildet hat. In seine Hände ist dann nach und nach der Grundbesitz auf dem platten Lande, so weit er nicht den geistlichen Corporationen und den Städten gehörte, mit unbedeutenden Ausnahmen übergangen, indem statt der ursprünglichen Bauerndörfer die großen Rittergüter mit ihren lassitischen Unterthanen entstanden sind.

Die Markgrafen als Reichsfürsten und Landesherren besaßen zahlreiche **Dienstmannen** (Ministeriales), welche unfrei waren und ihnen eigen gehörten. Sie bildeten ihr Gefolge und gehörten zum Militärstande, doch bestand ihre eigentliche Verpflichtung nur darin, daß sie Hofdienste zu leisten hatten. Sie waren die erblichen Truchsesse, Schenken, Kämmerer, Marschälle und Jäger ihres Herrn und mußten jährlich mehrere Wochen an dessen Hofe leben, um hier die Dienste zu verrichten und die Markgrafen auf ihren Reisen und Heerfahrten zu begleiten.[14] Zu ihrem Unterhalte und zu ihrem Lohne für ihre Aemter waren

---

[13] § 5 Tit. 1 der Gesindeordnung von 1722. Mylius: Codex constit. marchic. Band V. Abth. III. S. 269; und v. Scholtz: Hermsdorf, das jetzt bestehende Provinzialrecht der Kurmark Brandenburg (Berlin 1834) II. 410.

[14] Vetus auctor de beneficiis. C. 1. § 149.

ihnen Ländereien überlassen, welche sie als Hoflehne besaßen. Die meisten Hoflehne waren in der Altmark belegen, da das Ministerialwesen bereits sich zu modificiren begann, als die Markgrafen die Ländereien östlich der Elbe erwarben. Dort aber gab es eine große Anzahl von Hoflehnen, welche in Grundbesitz und niemals in Hebungen und Gerechtigkeiten bestanden. Sie waren untheilbar und erbten nur auf ein Kind des letzten Inhabers, welches damit zugleich die Verpflichtung zu den darauf ruhenden Hofdiensten erhielt. Die übrigen Kinder wurden, wenn sie der Markgraf nicht mit neuen Hoflehnen versehen konnte, freie Leute und durften neue Dienste bei anderen Herren suchen. Aus diesen Dienstmannen ist ein großer Theil des märkischen Adels hervorgegangen, denn die Ministerialen wurden trotz ihrer Unfreiheit als Edele betrachtet. Sie waren ritterbürtig und hießen: Nobiles homines proprii, nobiles ministri, honorabiles ministri, primi servientium u. s. w.[15]) Da der Werth ihrer Besitzungen später sich vergrößerte und sie reiche Leute wurden, die ihre Dienste nur sehr unvollkommen und mit Widerstreben verrichteten, wurden diese nur noch bei besonderen Feierlichkeiten von ihnen verlangt, während die regelmäßige Hofhaltung durch angenommene Bediente versehen wurde. Sie traten dann bald in die Reihen der übrigen Vasallen des Militärstandes über und ihre Besitzungen wurden zu Mannlehnen.

Neben diesen hauptsächlich in der Altmark ansässigen Ministerialen gab es ferner einen ritterbürtigen Vasallenstand, der zu Kriegsdiensten verpflichtet war und deshalb mit Mannlehnen und Burglehnen beliehen war. Er ergänzte sich zwar schon frühzeitig aus den Söhnen der Dienstmannen, welche keine Hoflehne erhielten, doch bestand der größte Theil desselben aus Familien, die niemals ihre persönliche Freiheit aufgegeben hatten. Die Zahl solcher freien Lehnsleute mit Vasallenlehnen war anfänglich nicht bedeutend und ihr Grundbesitz ein verhältnißmäßig geringer.

---

[15]) Der Verfasser des Sachsenspiegels erklärt zwar libr. III. c. 42: das Dienstmannsrecht sei so mannigfaltig, daß sich darüber keine generellen Regeln aufstellen ließen. Indessen treffen die oben entwickelten Verhältnisse doch bei allen Ministerialen zu und bildeten wenigstens die Regel bei ihren Stellungen. Vergl. Wohlbrück: Geschichte der Altmark (von Ledebur, Berlin 1855, herausgegeben) S. 91 flg. und Märkische Forschungen III. 1—95.

Nach einem Vergleiche des Landesherrn mit den Ständen vom Jahre 1281 rechnete man, daß für einen Ritter, der mit einem Gefolge von 3 bis 4 berittenen Personen Kriegsdienste zu leisten hatte, höchstens sechs Hufen und für einen Knappen, welcher nur ein Gefolge von 2 bis 3 Berittenen zu stellen hatte, höchstens vier Hufen erforderlich seien.[16] Diesen Landbesitz erhielten sie jedoch in Gemäßheit der damaligen Natural-Wirthschaft nur zur Erlangung der Wirthschaftsbedürfnisse für ihren Hausstand. Zum Erwerbe trieben sie keine Landwirthschaft, vielmehr gehörte nothwendig zu jeder Mannlehne oder Burglehen eine Anweisung auf gewisse Hebungen und Einkünfte, die erst in Verbindung mit dem Landgute dem Vasallen die Mittel eines auskömmlichen Lebens gewährten. Bei Burglehnen trat noch die Einräumung einer Wohnung für den Ritter und seine Familie in einer Burg oder in der Nähe derselben hinzu. Es gab eine Zeit, in welcher kein einziger ritterbürtiger Vasall auf dem Lande wohnte, sie vielmehr durchgehends in den Burgen ihren stehenden Aufenthalt hatten, wenn sie nicht die Markgrafen in ihrem Gefolge begleiteten.

Die Gerechtigkeiten und Einkünfte, welche die Ritter mit ihren Lehnen überwiesen erhielten, waren sehr verschieden und schließlich gab es keine markgräfliche Hebung, die nicht zu Mannlehen ausgethan worden wäre. In erster Reihe waren es aber die Pächte (Hufenzins und Zehnte) sowie die Dienste der Bauern, sodann die Gerichtsgefälle, die Zölle, die Einnahmen aus der Münze u. s. w. Dabei geschah es aber anfänglich nicht, daß den Mannen gleich ganze Dörfer verliehen wurden, vielmehr war es Regel, ihnen nur von einem oder dem andern Bauern in verschiedenen Dörfern die Abgaben zu Lehn zu geben. Es entstand daher auch anfänglich keine Verschlechterung in der Lage der Bauern durch solche Anweisung, denn es konnte ihnen gleichgültig sein, ob sie an den Landesherrn oder an irgend einen Anderen ihre ein für alle Mal feststehenden Abgaben abzuführen hatten. Erst im Laufe der Zeit traten hier Nachtheile hervor, welche wohl Niemand von den Betheiligten vorausgesehen hatte. Ueberhaupt muß festgehalten werden, daß wir hier vor einer Entwickelung stehen, welche sich höchst allmälig angebahnt hat

---

[16] Gerken: Dipl. vet. March. I. 26.

und zu deren Vollendung drei, vier, ja fast fünf Jahrhunderte erforderlich waren.

Die Ritterhufen, mochten sie zu Hof-, oder Mann-, oder Burglehen ausgethan sein, genossen vollständige Abgabenfreiheit, so daß von ihnen weder Zins, noch Zehnten, noch Bede zu entrichten waren.

Aus den Besitzern derselben ist der märkische Adel entstanden, der erst gegen Ende des 14. und im Anfange des 15. Jahrhunderts begann, Ackerwirthschaft als Erwerb zu treiben. Von dieser Zeit an entwickelte sich dann ein stiller Kampf zwischen ihm und dem Bauernstande um den Besitz der Ländereien, der aber bei der damaligen Werthlosigkeit der ländlichen Erzeugnisse erst viel später einen schroffen Charakter annahm. Nach dem neumärkischen Landbuche des Markgrafen Ludwig des Baiern von 1337 und nach dem Landbuche des Königs Karl IV. von 1385 ist der adelige Grundbesitz in der Mark noch wenig umfangreich, da die meisten Ritter nach ihnen nur drei bis fünf Hufen unter ihrem Pfluge hatten, einige nur zwei oder eine, während allerdings andere schon zehn, zwölf bis fünfundzwanzig Hufen besaßen. [17])

Die Kriege der Markgrafen hatten große Kosten verursacht, denn mit dem bloßen Aufgebote der Lehnsmannschaft waren die Feldzüge nicht zu führen gewesen. Zur Deckung dieser außerordentlichen Ausgaben hatten die Mittel gefehlt und im Verlaufe jeden Krieges war die Aufnahme von Schulden erforderlich gewesen. Da die Annahme von Zinsen damals verboten war, wurden an Stelle unserer verzinslichen Darlehne alle Geschäfte zur Erlangung von baaren Geldern in der Form von Käufen abgeschlossen und war es natürlich, daß hierbei zuerst die baaren Gefälle herangezogen wurden, um für sie Capitalien zu erlangen. Den Begriff unveräußerlicher Hoheitsrechte des Staats kannte das Mittelalter nicht. Die landesherrliche Steuer der Bede, der Hufenzins, die Zehnten, und die Dienste der Bauern, welche sie dem Landesherrn zu leisten hatten, ferner das Patronatrecht über Kirchen und die Gerichtsbarkeit über Dörfer oder einzelne Höfe, mit welcher nicht unerhebliche Gefälle verbunden waren, waren

---

[17]) G. W. v. Raumer: Die Neumark Brandenburg i. J. 1337 S. 79, und das Landbuch von 1385 S. 170 u. 287.

regelmäßig die Gegenstände, welche der Staat bei solchen Verkäufen für baare Vorschüsse hingab. Besonders gern wurde die Gerichtsbarkeit über ein Dorf erworben, weil der Käufer dadurch Lehnsherr des Schulzen wurde und ein Heimfallsrecht an seinem Gute für den Fall, daß ein Inhaber keine Söhne hinterließ, erlangte. Die Käufer fanden sich in allen wohlhabenden Klassen der Bevölkerung, denn die Bürger in den Städten erwarben eben so wohl als die abligen Vasallen dergleichen Rechte in den verschiedenen Dörfern. Die letzteren waren es jedoch in vorzüglicher Weise. Theils wohnten sie bereits auf dem Lande und die naheliegenden Verhältnisse boten ihnen besondere Bequemlichkeiten, theils waren auch sie es gerade, die bei Gelegenheit der Kriegsdienste Ansprüche erwarben, welche die Markgrafen nicht anders als durch Abtretung ihrer Rechte an den Bauern auszugleichen wußten. Die Verkäufe geschahen ganz allgemein und massenhaft. Schon das Landbuch Königs Karl IV. von 1375 ergiebt z. B., daß in der Neumark nur noch von drei Dörfern bei Callies und von zwei Dörfern bei Landsberg a. d. W. die Bede dem Landesherrn zustand, während die Hebung derselben in allen übrigen Dörfern auf Privatpersonen übergegangen war. Dann aber folgte der unheilvolle Markgraf Jobst von Mähren, der die Mark Bandenburg als einen verlorenen Posten betrachtete und daher Alles von landesherrlichen Rechten, was sich irgend in baares Geld umsetzen ließ, verkaufte und fortgab.

Durch diese Veräußerung der landesherrlichen Rechte in den Dörfern ist das moderne Institut der **Gutsherrschaft** entstanden. Der Name hiervon ist schon sehr alt, denn da die Bauern von Anfang an nur erbzinsweise ihre Stellen besaßen, nahm man ein Ober=Eigenthum des Markgrafen, der Domstifte, der Orden oder derjenigen hohen Abligen, die die Colonisation des Landes durch die Deutschen bewirkt hatten, an ihren Grundstücken an und bezeichnete Jeden als Herrschaft, dem die Hebung des Zinses eingeräumt worden war. Ihr Wesen war anfänglich für die Bauern wenig nachtheilig, denn da Anfangs die Berechtigungen nicht dörferweise sondern regelmäßig nur von einzelnen Bauernstellen in den Dörfern zu verschiedenen Zeiten und an verschiedene Personen fortgegeben wurden, so kreuzten sich die Ansprüche der Berechtigten in den einzelnen Dörfern und blieben daher nichts als Privaterhebungen und Privatrechte. Nach und nach aber entwickelten sich die Verhältnisse so, daß die verschiedenen Berechtigungen in einem Dorfe in eine Hand gebracht wurden, indem jeder Rittergutsbesitzer darauf hingeführt wurde, fernliegende Hebungen und Gerechtigkeiten gegen solche in dem Dorfe, wo er seinen Wohnsitz hatte, umzutauschen, und hierdurch wurde die Stellung der Bauern eine wesentlich andere. War die Gerichtsbarkeit über ein Dorf, das Patronatsrecht über seine Kirche, die Hebung des Hufenzinses, des Zehnten und der Bede von den Bauerhöfen, endlich die Berechtigung auf die Dienste der Bauern einem Vasallen, der im Dorfe selbst wohnte, übertragen, so lag der Gedanke nicht fern, den Inhaber dieser Rechte als eigentlichen Herrn des Dorfes und seiner Bewohner anzusehen. Man fing daher an, die Bauern als Privatunterthanen der Ritter zu betrachten, die nur durch die Mittelsperson der Letzteren in einem Zusammenhange mit den Markgrafen und Kurfürsten standen. Die Ausbildung dieser Anschauungen fällt in das 15. Jahrhundert, und im Anfange des 16. Jahrhunderts sind sie schon zu einem feststehenden Grundsatze geworden. Der Begriff eines allgemeinen Staatsbürgerrechts mit unveräußerlichen öffentlichen Rechten und Pflichten war dem ganzen Mittelalter fast fremd. Die Vasallen standen unter dem Landesherrn, weil er ihr Lehnherr war, also auf Grund eines kontraktlichen Verhältnisses, welches sie persönlich an den Landesherrn band. Es paßte deshalb sehr wohl zu dem damaligen Staatsrechte, daß es Unterthanen in seinem Umfange gab, die nur durch die Vermittelung von Anderen mit dem Landesherrn in rechtlicher Verbindung standen. Der Wohlstand und die Erhaltung der Bauern interessirte daher die Kurfürsten nur in zweiter Reihe. Zahlten die Bauern keinen Zins und keine Abgaben, oder waren sie außer Stande ihre Dienste zu leisten, so traf dies die Gutsherrschaft, da an den Landesherrn nichts zu steuern war, oder die neueren Staatsabgaben gleich so ausgeschrieben wurden, daß sie auf die einzelnen Güter vertheilt wurden und den Gutsherren überlassen blieb, sie von ihren Unterthanen beizutreiben.

Aus diesen Verhältnissen erklärt sich die Theilnahmlosigkeit, mit welcher die Kurfürsten den Untergang des Bauernstandes haben geschehen lassen; obgleich es immerhin zweifelhaft bleibt, ob es ihnen, auch wenn sie hierzu den ernstesten Willen gehabt hätten, gelungen wäre, diese Entwickelung aufzuhalten. Mancherlei ganz außer ihrer Macht liegende Verhältnisse traten hinzu, um die Kraft des alten Bauernstandes zu brechen und seinen schließlichen Untergang herbei zu führen.

Wüste Dörfer und bewachsener Acker, d. h. cultivirtes Land, welches von seinen Besitzern verlassen und zu Wald geworden war, sind zwei stehende Klagen, die uns aus dem Mittelalter herüber schallen und uns ein Bild von den Leiden der Mark Brandenburg und von der Werthlosigkeit des Grundbesitzes in ihr geben. Alle Städte in der Mark sind mit großen Ackerländereien ausgestattet. Acht, zehn bis zwölftausend Morgen beträgt durchschnittlich die Feldmark einer märkischen Stadt, während z. B. in der benachbarten Lausitz nur einige hundert Morgen zu den Städten zu gehören pflegen. Die Ackerbürger gehörten immer zu den wohlhabendsten Klassen der städtischen Bevölkerung und gewannen durchschnittlich wohl so viel an Getreide und anderen ländlichen Erzeugnissen, daß der Consum in den Städten zum größten Theile von ihnen gedeckt wurde. Es war in der Mark Brandenburg bis in dieses Jahrhundert hinein eine stehende Klage der Gutsbesitzer, daß der Absatz ihrer Producte äußerst schwer sei, zumal wenn die Ausfuhr nach Stettin und den anderen Seehäfen verschlossen war. Wir müssen annehmen, daß der Ertrag einer Bauernstelle im Mittelalter äußerst gering war und nur einen spärlichen Lohn für die aufgewendete Thätigkeit abwarf, der in vielen Fällen nur den Lebensunterhalt der Familie, aber nicht die baaren Mittel zur Zahlung der Abgaben gewährte. In den Städten fielen diese Leistungen fort und so begegnen wir das ganze Mittelalter hindurch bei der bäuerlichen Bevölkerung der Neigung, **ihre Hofstellen zu verlassen und in die Städte zu ziehen**, um dort ein lohnenderes Feld ihrer Thätigkeit zu finden. In gewissen Perioden ist hieraus eine massenhafte Wanderung der Landbewohner nach den Städten entstanden und viele Bauerstellen sind damals herrenlos liegen geblieben. Häufig fanden sich neue Bauern für die Höfe, eben so häufig aber blieben sie wüst liegen, bis sie die Ritterschaft, nachdem sie die Landwirthschaft als Erwerb betrieb, occupirte.

Die Fehden im Mittelalter bestanden hauptsächlich darin, daß die Ritter die Zinsbauern sich gegenseitig zerstörten, d. h. ihre Gebäude niederbrannten und ihr Vieh forttrieben. Eine

Bauerstelle aber ohne Hofgeräthe und Inventar hatte damals so gut wie keinen Werth und es war schwer, für eine solche Bauern zu finden.[18])

Im 13. und 14. Jahrhundert ist das Land wiederholt von Seuchen, welche unter dem Namen des schwarzen Todes bekannt sind, heimgesucht worden und wir können die Verheerungen derselben nicht furchtbar genug veranschlagen. Ganze Dörfer starben damals aus und viele Stellen wurden leer, so daß Arbeiter und Besitzer überall fehlten. Die Aecker blieben liegen und wo einst der Pflug jährlich die Furchen gezogen hatte, fand sich Gestrüpp, das Niemand wegräumte, bis es zu hohem Walde emporwuchs. Die größeren Grundbesitzer erholten sich zuerst und zogen nach und nach zu ihren Gütern, was sich nicht mit neuen Bauern besetzen ließ.

Endlich kauften die Rittergutsbesitzer, wenn sie mehrere Söhne hatten, Bauernstellen an und legten sie zu neuen Gütern zusammen, um für ihre Söhne Abfindungen zu erhalten. Die Preise waren niedrig, da die Lasten und Abgaben, welche die Bauern ihnen zu leisten hatten, in Rechnung kamen und für die Bauern ein kleines baares Capital hinreichte, um in den Städten eine lohnende Wirthschaft zu beginnen.

Alles dies führte also dahin: das platte Land zu entvölkern, den Bauernstand immer mehr und mehr vom Lande zu verdrängen und die Bildung großer Rittergüter zu befördern; denn wenn erst eine Bauernstelle dem größeren Gute einverleibt war, so war es unmöglich, sie wieder von demselben zu trennen. Die Kosten für die Errichtung neuer Gebäude und für die Beschaffung des Inventars würden den Werth des ihr zugewiesenen Landes bei Weitem überstiegen haben. Die Zahl der freien Bauern wurde immer geringer. Die Landesregierung hatte, wie gesagt, kein Interesse an ihrer Erhaltung und suchte sich nur damit zu decken, daß sie von Zeit zu Zeit feststellte, welche

---

[18]) In der Altmark galt bis zum neunzehnten Jahrhundert als Grundsatz für die gerichtliche Taxation von Bauerngütern, daß die fruchttragenden Grundstücke, überhaupt Grund und Boden und der aus der Wirthschaft zu ziehende Nutzen gar nicht, sondern nur der Werth der Gebäude, Zäune, Brunnengehege u. s. w. und daneben das Inventarium zur Schätzung gebracht wurde. Götze: Provinzial-Recht der Altmark. II. 24.

Hufen ursprünglich Bauernländereien gewesen waren,[19] da diese bei neuen Steuern nicht außer Ansatz blieben, während das eigentliche ritterliche Besitzthum auch von diesen nicht betroffen wurde.

Als das Jahrhundert der Reformation anbrach, war diese Entwickelung der ländlichen Verhältnisse in vollem Gange. Der Begriff der Gutsherrschaften hatte sich vollständig ausgebildet und war dahin fixirt worden, daß in den Rittergutsbesitzern eine bestimmte Lokalobrigkeit gesehen wurde, zu welcher die Bauern in dem Verhältnisse von Unterthanen standen. Die Bauern hießen regelmäßig die Unterthanen ihrer Junker (subditi nobilium); doch war es allerdings noch streitig, wer eigentlich als Gutsherr zu betrachten sei, da es vielfach vorkam, daß die Hebungen von einzelnen Höfen in den Dörfern ganz verschiedenen Personen zustanden. Es wurde dies dann dahin entschieden: „daß der, welcher das Rauchhuhn und den Dienst auf einem Hofe habe, für den Gerichtsherrn geachtet und erkannt werden solle, obgleich ein Anderer die Pacht zu fordern hätte".[20]

Der Kurfürst Joachim I. — ein strenger, leicht gereizter Herr, wie ihn ein neuerer Schriftsteller[21] nennt — erkannte, daß die Rohheit und Verwilderung der märkischen Bevölkerung übergroß war und, daß seine Unterthanen an Bildung und Sitte weit hinter den übrigen Deutschen zurückstanden. Er beschloß dies zu ändern und griff sein Werk klug, aber mit eiserner Hand an. Während seiner Regierung wurde die Universität zu Frankfurt a. d. O. gegründet und das römische Recht eingebürgert; er versuchte eine neue Städteordnung und eine durchgreifende Gerichtsorganisation einzuführen. Vor Allem zähmte er die wilde Zügellosigkeit des raub- und fehdelustigen Adels und schrak nicht davor zurück, hier viel Blut fließen zu lassen. Unter ihm schrieb ein Herr von Otterstädt deshalb die Drohung an seine Thür, daß man ihn hängen würde, und zog mit seinen

---

[19] Scheplitz: Consuetudines I. p. IV. tit. 19 § 3: Es ist Landesbrauch, daß die bewachsen Stücken und Aecker, so weit man die der Fahren nach erkennen kann, für Hufschlag geachtet, darzu gerechnet und also genannt werden.

[20] Scheplitz: Consuetudines I. p. II. tit. 3. § 8 u. 9.

[21] Droysen: Geschichte der preußischen Politik. Theil II. Abth. II. S. 45.

Genossen aus, den Kurfürsten zu fangen. Der Anschlag wurde vereitelt und Otterstädt geviertheilt. In zwei Jahren ließ er vierzig Adlige wegen Raubes mit dem Schwerte oder mit dem Galgen strafen und in dem Jahre 1525 allein wurden fünfundsiebzig Räuber und unter ihnen Ritter- und Edelleute eingefangen und hingerichtet. Aus der Mitte seines Gefolges griff er einen Herrn von Lindenberg heraus und ließ ihn köpfen, weil er auf der Reise eine Rastnacht benutzt hatte auszureiten, um einen Handelsmann zu überfallen und ihm sein Geld abzunehmen. Unerbittlich war hier seine Strenge und umsonst waren dagegen alle Fürsprachen und Gnadengesuche. Als sein Vetter, der Markgraf Friedrich in Franken ihm vorstellte, doch nicht so viel adliges Blut zu vergießen, antwortete er ihm, es sei nur Räuberblut gewesen und in gerechter Strafe geflossen.[22]

Trotz alle dem würde man sehr fehlgreifen, wenn man in Joachim I. einen grundsätzlichen Feind des Adels sehen wollte. Er wollte nur Ordnung im Lande haben, oder wie man sich damals ausdrückte: „Zucht". Joachim I. gehörte zu den erbittertsten Gegnern Luthers und der Reformation. Bis zu ihm war der Adel ein wirklicher Kriegerstand gewesen, welcher noch in der Hauptsache auf Hebungen an baarem Gelde oder Naturalien angewiesen und zum Theile mit äußerst kleinen Besitzungen dotirt, seine freie Zeit auf dem Stegreife in unendlichen Händeln und Fehden hingebracht hatte. Sollte eine dauernde Aenderung hierin eintreten, so mußte eine nützliche Beschäftigung für den Adel gefunden werden und es entsprach daher ganz den Absichten des Kurfürsten, daß die Landwirthschaft immer mehr und mehr als ein nobler Erwerbszweig angesehen wurde. Unter seiner Regierung wird das Ringen des Adels mit dem Bauernstande um den Besitz des Landes zu einem heftigen Kampfe. Oft genug klangen die bittern Klagen der Bauern an seinen Thron und oft genug drohte er der Ritterschaft als Landesfürst einschreiten zu wollen. Aber schließlich trat er doch ganz auf die Seite des Adels; indem ihn wohl der Gedanke leitete, daß, wie er von seinem Adel Gehorsam fordere, so auch die Bauern ihren Gutsherrschaften unbedingt unterworfen sein sollten. Unter ihm ist eine Maßregel eingeführt worden, die

---

[22]) Buchholz: Geschichte der Kurmark III. 264.

den heutigen Begriffen von einer unparteiischen Rechtspflege und von Humanität kaum erklärlich erscheint.

In dem Landtags=Rezesse vom Tage der Heimsuchung Mariä 1527 hat Joachim I. der Ritterschaft das Privilegium ertheilt, daß er keine Klage ihrer Bauern gegen sie einleiten wolle, bevor nicht die verklagte Gutsherrschaft selbst sich darüber gutachtlich geäußert habe und, daß er nur, wenn er diese Erklärung des Rittergutsbesitzers ungenügend halte, den Rechtsweg gestatten wolle. Die Worte des Rezesses hierüber lauten folgendermaßen: „Was das Geleit der Bauern belangt, will unser gnädigster Herr sich in dem als der Landesfürst wohl zu halten wissen; jedoch hat seine kurfürstliche Gnaden zugesagt, keinen Bauer eher, denn des Edelmannes Antwort gehört ist, zu geleiten, jedoch, daß der Bauer mittlerzeit von seinem Herrn ungefährdet bleibe. Wenn aber des Herrn Antwort gehört ist, so mag seine kurfürstliche Gnaden der Willigung nach, wie hier bevore geschehen und beschlossen ist, nachkommen". [23]

Seine Nachfolger sind ihm später auf dieser Bahn gefolgt. Dies Privilegium der Ritterschaft ist unter Kurfürst Johann Georg in dem Rezesse vom Montage nach Vitus 1572, und unter Johann Sigismund in dem Reverse vom 11. Juni 1611 ausdrücklich bestätigt und wiederholt worden. [24] Es trat aber noch Folgendes hinzu: Kurfürst Joachim II. hat in dem Landtags=Rezesse vom Mittwoch nach Judica 1540 und Johann Georg in dem vom Montage nach Vitus 1572 der Ritterschaft folgende Vergünstigung zugestanden: „Der Beschwerde halber, daß die von der Ritterschaft oftmals von ihren Bauern bei Hofe beklagt, darauf erfordert und zu Kosten geführt werden, soll es hin fürder dermaßen zum Abscheu des liederlichen Klagens gehalten werden; Wo ein Bauer seine Herrschaft gegen Hofe verklagen würde und seines Klagens nicht genugsam Ausführung thäte, so soll er vermöge unserer Kammergerichtsreformation mit dem Thurme bestraft werden, damit die andern sich desgleichen muthwilligen Beklagens enthalten". [25]

---

[23] Mylius: Corpus constitutionum VI. 19.

[24] Mylius: Corpus constitutionum VI. I. 108 u. 218.

[25] Mylius VI. I. 62 u. 108. Zum letzten Male ist diese Bestimmung im Landtagsrezesse vom 26. Juli 1653 § 22 wiederholt. Mylius a. a. O. 414.

Diese Beschränkung des Rechtsweges und diese Strafen der Bauern waren also die Basis, auf welcher sie den letzten Kampf um ihr Eigenthum und die Freiheit ihrer Person mit der Ritterschaft ausführen sollten. Mancher mag dadurch an der Verfolgung seines Rechts verhindert, mancher schon von dem Versuche eines Rechtsstreites durch sie abgeschreckt worden sein. Im Ganzen aber müssen wir sie doch nur als ein unbeholfenes Mittel zum Schutze bloßer Gewalt betrachten und dürfen ihnen kein allzugroßes Gewicht beilegen, denn alle Nachrichten deuten darauf hin, daß das 16. Jahrhundert hindurch ein erbitterter Prozeßkampf zwischen Bauern und Adel die Gerichtshöfe erfüllt hat, daß die Bauern im Großen und Ganzen also sich nicht haben abhalten lassen, diesen Weg zu beschreiten. In den beiden Entwürfen für eine Landesordnung, welche der Kanzler Lampert Diestelmeier und nach ihm Johann Köppen unter dem Kurfürsten Johann George zwischen den Jahren 1571 bis 1594 ausgearbeitet haben, finden sich denn auch diese beiden Einschränkungen des Rechtsweges nicht wiederholt.

Was diese beiden Entwürfe einer Landesordnung für die Kurmark Brandenburg betrifft, so ist bei ihrer Betrachtung stets zu erinnern, daß Lampert Diestelmeier sowohl als Johann Köppen dabei nicht von der Absicht ausgegangen sind, eine Reform des Rechts herbeizuführen, daß sie vielmehr nur den Plan gehegt haben, das bestehende Recht zu codificiren. Der hohe Werth ihrer Arbeiten für die Beurtheilung der damaligen Verhältnisse liegt daher auf der Hand, tritt aber für den Gegenstand dieses Aufsatzes um so mehr zu Tage, als gerade die bäuerlichen Verhältnisse von diesen beiden Staatsmännern mit besonderer Ausführlichkeit behandelt worden sind. Man sieht, daß sie damals noch die brennende Frage bildeten, welche die Juristen und Politiker fort und fort beschäftigte, und es läßt sich wohl auch erkennen, daß manche Opposition gegen die strömende Zeitrichtung hervorgetreten ist. Ja nach einzelnen Aeußerungen muß man annehmen, daß Lampert Diestelmeier und Johann Köppen selbst zu denen gehört haben, welche im Innern ihres Herzens die Härte der Lage der Bauern wohl fühlten. Geändert ist hierdurch aber nichts an ihren Verhältnissen und Diestelmeier sowohl wie Köppen haben abgesehen von der erwähnten Ausnahme überall die Bestimmungen des Bauernrechts, wie sie in den Landtagsrezessen und Jubikaten ausgebildet waren, fast wörtlich wiedergegeben. Wir können daher in diesen Entwürfen nur ein treues und zuverlässiges Bild der damaligen Rechtsverhältnisse erblicken, und es empfiehlt sich nach ihrer Anleitung die weitere Durchforschung dieser Rechtsmaterie zu versuchen.

Ueber die Natur des Rechts der Bauern an ihren Stellen sind in beiden Entwürfen die alten Rechtsansichten von Erbzins= verhältnissen noch festgehalten. Der Grundsatz, daß die Bauern ihre Höfe nur laßweise besitzen, findet sich nicht als Regel in ihnen. Sie gehen davon aus, daß die Bauern ihre Höfe und Felder in den Dorffeldmarken erblich besitzen und die Guts= herren nur Anspruch auf Zins, Abgaben und Dienste haben. Das Recht der Bauern wird Eigenthum genannt, neben welchem dann das Recht der Herrschaft als eine Art Obereigen= thum hervortritt.[26] Indessen zeigt sich daneben schon ein las= sitischer Besitz der Bauern, indem man den Unterschied machte, ob ihre Ländereien in einer alten bäuerlichen Dorffeldmark oder auf früherem ritterlichen Grund und Boden belegen waren. Bei diesen nahm man kein Erbzinsverhältniß, sondern reine Zeitpacht des Bauern an. Pacht — lateinisch: pactus — hatte im früheren Mittelalter und namentlich noch nach der Sprache in den Landbüchern von 1337 und 1375 jede Abgabe geheißen, die kontraktlich von einem Grundstücke zu zahlen war, und deshalb wurden damit gemeinschaftlich der Canon, welcher von dem Erbzinsgute jährlich zu entrichten war, der Zehnte und später auch die Bede bezeichnet. Daneben hieß aber auch die Leistung, welche ein Zeitpächter zu gewähren hatte, eben so, und im 16. Jahrhundert war dies die gebräuchlichere Bezeich= nung geworden. Man hatte sich also nur an den neueren Sprachgebrauch zu halten, um dahin zu gelangen, daß viele Bauernstellen, die ursprünglich zu Erbzinsrecht ausgethan waren

---

[26] Scheplitz in seinen Consuetudines I. 4. Titel 7 § 2 bezeichnet das Recht der Bauern folgendermaßen: Subditi rerum dominia habent apud nos in dioecesi Havelbergensi et tota Prignitia, nec non Comitatu Ruppinensi. Rustici omnes apud nos in Marchia in libertate educati sunt. Tota enim Marchia neminem habet servili conditione natum, quod tamen de rusticis in Marchia Uscarina, tum etiam in Nova Marchia ita absolute vix dici potest.

und für die deshalb nach der älteren Sprechweise eine Pacht festgesetzt worden war, zu Zeitpachtstellen umgewandelt wurden, welche dem Inhaber zur Räumung gekündigt werden konnten. Es bedurfte außerdem nur noch des Grundsatzes, daß gegen diese Annahme keine Verjährung zulässig sei, um den ältesten Besitz in Frage zu stellen und eine große Anzahl von Bauern, die unter ganz anderen Bedingungen ihr Land erworben hatten, zu lassitischen Besitzern zu stempeln. Grade dies war aber der kurmärkischen Ritterschaft durch die Landtagsrezesse vom Dienstage nach Dionysius 1550 unter Joachim II. und vom Montage nach Vitus 1572 unter Johann George zugesagt worden,[27] und deshalb findet sich auch folgende Bestimmung in dem ersten Entwurfe einer Landesordnung von Lampert Distelmeier:

„Titel 33: Die von der Ritterschaft legen je zu Zeiten eine oder mehrere ihrer freien Ritterhufen an ihre Bauerhöfe oder verheuern ihnen selbst oder andern benachbarten Leuten auf ihren wüsten Feldern Aecker oder Wiesewachs, auch wohl Weide oder Hütung, und wollen dann die Bauern, wenn sie solches über verjährte Zeit gebraucht, dasselbe für ihr Eigenthum einziehen und denen, so es zuerst ausgethan, oder ihren Nachkommen, wenn sie der Hufen, Aecker, Wiesen und Hutung selbst bedürfen, nicht wieder abtreten. Wenn aber unsere Landschaft solches für beschwerlich geachtet und ihr noch bei Regierung unsers Herrn Vaters seeligen Gedächtnisses bewilligt worden ist, daß in solchen Fällen den Bauern kein Eigenthum zuwachsen solle und die Landstände der Abkündigung jeder Zeit sollen mächtig sein, so lassen wir es auch nochmals dabei, und soll hiernach, wenn die Bauern solche Aecker, Wiesen oder Weide gleich um einen einförmigen Zins, Wiesengeld oder Pacht über rechtsverwärte Zeit besessen, in unserem Lande verabschiedet und gesprochen werden. Wenn auch zwischen dem Besitzer und dem, so die ausgethanen und verheuerten Hufen, Aecker oder Wiesen wieder zu sich nehmen will, Streit vorfällt, also, daß der Beklagte sagt, solches gehöre

---

[27] Für die Neumark sind diese Rechtsgrundsätze anscheinend bei andern Gelegenheiten publicirt worden, doch fehlen die Urkunden hierüber, weil das neumärkische Archiv im siebenjährigen Kriege bei dem Bombardement von Küstrin verbrannt und gänzlich verloren gegangen ist.

zu seinem Hofe erblich, der Junker aber zeigt es für Laßgut an, so soll, wo solche Hufen, Aecker oder Wiesen auf des Junkern wüsten Feldern gelegen sind, für die Junker erkannt werden, weil nicht vermuthlich, daß die Bauern auf der Edelleute wüsten Feldern etwas eigenthümlich haben. Lägen aber die streitigen Stücke auf dem Dorffelde, darin der Bauer wohnt, so soll der arme Mann so lange dabei geschützt werden, bis der Kläger beweiset, daß er oder seine Vorfahren dem Besitzer oder dessen Vorfahren solche Aecker und Wiesen Anfangs miethsweise oder als ein Laßgut eingethan. Wenn solches geschieht, soll ihm der Besitzer ungeachtet, daß er die Verjährung für sich hat, dasselbe abzutreten schuldig sein".

Dieser ganze Satz trägt eine Fassung, als ob er gegen die Bauern gerichtet sei, um den Gutsbesitzern den Beweis zu erleichtern, daß der Bauernbesitz nur ein lassitischer sei und sie ihn auf Aufkündigung für die Gutsbesitzer zu räumen haben. Dennoch scheint er Bedenken erregt zu haben, weil er nur einem Theile des Bauernlandes das Eigenthumsverhältniß abspricht, für die Hauptmasse ihres Besitzes es aber ausdrücklich anerkennt und dadurch von neuem befestigte. In dem zweiten Entwurfe der Landesordnung, welchen Johann Köppen bearbeitet hat, ist daher dieser ganze Titel ausgemerzt. Daß dies nicht im Interesse der Bauern geschehen ist, daß man vielmehr nur die Präsumtion ihres Eigenthums an den auf den Dorffeldern belegenen Ländereien hat beseitigen wollen, um wo möglich alles bäuerliche Besitzthum für lassitisches ansprechen zu können, ergiebt die damalige Strömung der Zeit, wie sie sich in den übrigen Bestimmungen der projectirten Landesordnung abspiegelt.

In der damaligen Kanzleisprache, welche in den Entwürfen der Landesordnung beibehalten ist, wird der Bauer der arme Mann genannt. In der eben angeführten Stelle kommt diese Bezeichnung auch vor. Wir dürfen hiermit aber nicht den sentimentalen Begriff verbinden, welchen die moderne Anschauung unserer Tage in diesen Worten finden würde, und dies nicht als die Einleitung des Entschlusses der Regierung betrachten, dem Bauernstande ihre besondere Aufmerksamkeit und Hülfe zu seinem Emporblühen zu gewähren. Der arme Mann bedeutet nur so viel, als der Mann ohne Vermögen, und nicht mehr und nicht weniger. Die Erhaltung und Kräftigung des Bauernstandes war damals nicht die Tendenz der innern Politik. Diese ging im Gegentheile davon aus, daß die Bildung von größeren Gütern für den Staat vortheilhafter sei. In der projectirten Landesordnung wird als oberster Grundsatz für das gutsherrlich bäuerliche Verhältniß aufgestellt, daß alle Bauern ihre Grundstücke räumen und dem Adel gegen billige Vergütung überlassen müssen, sobald dieser einen neuen abligen Hof mit einer selbstständigen Wohnung oder auch nur einen neuen Wittwensitz zur Abfindung für eine Frau zu gründen beabsichtigt. Die technischen Ausdrücke hiefür sind: **Auskaufen der Bauern**, oder **Legen der Bauern**; welche noch viele Jahre nachher in unserer Gesetzgebung vorkommen. Daneben bestand noch das Recht der Gutsherren **muthwillige Bauern zu relegiren**, d. h. von ihren Höfen aus dem Dorfe zu verweisen.

Die Grundsätze, welche über die beiden Institute des Auskaufens und des Relegirens der Bauern in dem Distelmeier'schen Entwurfe der Landesordnung entwickelt werden, sind folgende: „Titel 36: Da die vom Adel in unserm Kurfürstenthum sich auf einen alten Gebrauch bezogen haben, daß ihnen zu ihrer Gelegenheit freistehe, einige Bauern auszukaufen, soll ihnen solches fortan auch freistehen, wenn sie der ausgekauften Bauern Güter selbst bewohnen wollen, jedoch daß sie den Bauern, welche sie auskaufen wollen, ihre Güter nach Würdigung, was sie gelten möchten, gebührlich und auf einmal bezahlen. Wo sie aber sonst mit einem Rittersitze versehen sind und der ausgekauften Höfe und Hufen allein zur Anrichtung neuer Meiereien und Viehhöfe, oder auch zur Verstärkung ihres Ackerwerks gebrauchen wollten, soll ihnen solches nicht vergünstigt werden. Ebenso wollen wir auch ohne vorhergehende fleißige Erkundigung, ob das Leibgedinge nicht auf einem andern Wege bestellt werden könne, nicht nachgeben, daß zu einer Leibgedingung einer Wittwe Bauerhöfe sollen ausgekauft werden. Und wenn wir dasselbe aus bewegenden Ursachen bewilligten, so soll doch der zu einem Leibgedinge ausgekaufte Hof alsbald nach der Wittwe Absterben wieder mit einem Bauern besetzt werden, damit der Bauernstand erhalten bleibe und uns und unserer getreuen Landschaft an der Mannschaft und gemeinen Landeshülfe nichts abgehe. — Titel 37: Wenn Einer vom Adel zu seiner Nothdurft einen Bauerhof auskauft oder sonst in einem Dorfe einen Meierhof oder ein Vorwerk hat, das zuvor ein Bauerhof gewesen ist, soll er davon sein Vieh vor den gemeinen Hirten treiben, auch den Pfarrherrn, den Küster, den Schmidt, den Hirten und den Schweiner nach der Anzahl seiner Hufen und seines Viehes, wie es jeden Ortes gebräuchlich ist, lohnen helfen und sonst mit den Gehegen und Graben das Bauernrecht sowohl als andere desselben Dorfes Einwohner zu seinem Theile bestellen. Die aber alte Rittersitze haben, sollen es halten, wie es jeden Orts hergebracht ist. — Titel 41: Mancher unnahrhaftige Bauer sitzt auf einem Gute, bestellt es nicht, wie es sich gebührt, giebt seinem Junker weder Zins noch Pacht, kann auch nicht dienen und macht von einem Jahr zum andern mehr Schulden, und wenn die Herrschaft ihm solches nicht länger zusehen, sondern einen Gewährsmann haben will, so hält er das Gut so theuer, daß er keinen Kaufmann kriegen kann, will auch wohl seinen Junker zwingen, daß er selbst ihm sein Gut, so theuer er es anschlägt, bezahlen soll. Wenn dann hierinen Einsehens von Nöthen ist, so sollen unsere Kammergerichtsräthe einem solchen muthwilligen Mann auflegen, sich mit seinem Junker in einer ziemlichen und geraumen Zeit um das, was er ihm rückständig ist, zu vergleichen und seine gebührlichen Dienste zu thun; oder wenn er dies nicht thuen kann oder will, ihm einen andern Gewährsmann zu schaffen. Thut er das nicht, so sollen sie durch unparteiliche Kommissarien, denen wissentlich ist, wie dergleichen Güter des Orts gekauft werden, das Bauergut würdigen lassen und, wenn Jemand vorhanden ist, der es nach solcher Würdigung kaufen will, demselben solches zuschlagen. Findet sich aber kein Kaufmann, so mag der Erbherr selber der Käufer sein, das Kaufgeld an An- und Erbgeldern, wie man sich dessen mit ihm vergleichen kann, zahlen, von der Kaufsumme die Schulden abziehen, sofern etwas über die Bezahlung der Schulden übrig bleibt, dasselbe dem Verkäufer verabfolgen lassen und ihm das Gut zu räumen ernstlich gebieten. Wollte er dann nicht weichen, so soll dem Landreiter des Orts befohlen werden, ihn mit Ernst aus dem Gute zu weisen, oder wenn er sich widersetzlich macht, ihn durch Gefängniß, oder wie er am besten kann, zum Gehorsam zu bringen".

In dem Köppen'schen Entwurfe sind diese Grundsätze etwas verändert, indem es hier heißt (Theil II Titel 21): „Wiewohl schwer zugeht, daß einer von seinen eigenen Gütern ausgekauft werden soll, wenngleich wohl solches im Falle der Noth aus erheblichen Ursachen von der Herrschaft nachgelassen und bewilligt ist, so ordnen und wollen wir, daß dem Käufer auf solchen Fall sein wahres und vollständiges Kaufgeld, darauf er sein Gut vergessen kann, erlegt werden soll. Wenn aber ein Unterthan aus seiner Verursachung berarmt oder sich sonst gegen seine Herrschaft muthwillig und ungehorsam erzeigt, also daß er das Gut verlassen muß, so soll er Fleiß haben, seinem Erbherrn einen andern Gewährsmann zu verschaffen, und soll ihm alsdann sein Gut freigeboten und subhastirt werden. So aber sich darauf keine Kaufleute finden, welche des Kaufes einig werden, soll das Gut nach gemeinem, billigen Werthe taxirt, darauf das Kaufgeld von der Obrigkeit gesetzt und danach das Gut bezahlt werden. Doch sollen in der Taxe die erblichen Bürden an Pächten, Diensten, Zinsen und Anderem, so auf dem Gute steht, von der Taxe am Kaufgelde abgezogen werden. Das Auskaufen aber der Lehnleute, da sie allbereit mit einem Rittersitze versehen sind, soll nicht verstattet werden. Also wollen wir auch ohne fleißige vorhergehende Erkundigung, ob das Leibgedinge nicht in anderem Wege bestellt worden, nicht nachgeben, daß zur Verleibgedingung von Wittfrauen Bauerhöfe sollen ausgekauft werden. Und ob wir dasselbe aus beweglichen Ursachen u. s. w. wie Titel 36 und Titel 34 im ersten Entwurfe".

Der wesentliche Unterschied zwischen beiden Entwürfen besteht darin, daß im ersten die Gründe, weshalb eine Relegation eines Bauers zulässig sein solle, ausführlicher angegeben sind. Die Umarbeitung ist daher wohl nur deshalb erfolgt, weil diese Gründe doch nicht erschöpfend aufgeführt waren. Auch wollte Köppen wohl seiner Ansicht Ausdruck geben, daß es eine schwere Pflicht sei, die hierdurch den Bauern auferlegt sei, und deshalb ist er zu der neuen Redaction geschritten.

Die erste Erwähnung nun des hier ausgeführten Rechts, einen Bauern zu relegiren, findet sich in dem kurmärkischen Landtagsreverse Joachim II. vom Mittwoch nach Judica 1540, indem in diesem verordnet war: „Es soll hinfüro denen vom Adel offen stehen, da solche Ursachen vorhanden sind, darum man den Bauern mit Recht relegiren möchte, daß sie einen ungehorsamen muthwilligen Bauern auskaufen mögen, jedoch ihm die Güter nach Würdigung, was sie gelten, bezahlen". Hier wurde also die Relegation als eine Strafe angesehen, welche im Rechte begründet sei und ihr die Einschränkung beifügt, daß sie nur verhängt werden solle, wenn der Gutsherr zugleich sich erbot, dem Bauer das von ihm zurückgelassene Gut zu ersetzen. In dieser Weise wenigstens faßten die damaligen Juristen diese Bestimmung auf und bei ihrer schon wesentlich römischrechtlichen Bildung wandten sie die Lehren der Pandecten von der Landesverweisung an. An die Stelle des römischen Staats und der Verbrechen gegen denselben setzten sie die Gutsherrschaften der einzelnen Dörfer und das Betragen der Bauern gegen diese. Diese Auffassung schloß sich an das Wort „mit Recht", vereitelte aber eigentlich den wesentlichen Zweck der den Ständen gemachten Bewilligung, denn die Fälle solcher Verbrechen, welche nach dem römischen Rechte mit Landesverweisung bestraft werden konnten, waren im Ganzen beim Bauernstande selten, und die Absicht bei Bewilligung jener Bestimmung war doch nur dahin gegangen, das Einziehen der Bauernstellen im größeren Umfange zu erleichtern. Man interpretirte daher die obige Stelle des Rezesses von 1540 auch in der Weise, daß man Ungehorsam und Muthwillen des Bauern gegen die Gutsherrschaft als Grund für eine Relegation hinstellte und dann zu jenem Satze gelangte, der im Titel 41 des ersten Entwurfs der Landesordnung wiedergegeben ist. Daneben blieben aber die römischrechtlichen Gründe der Landesverweisung auch noch als Rechtfertigungen der Relegation bestehen und, da diese im ersten Entwurfe übergangen sind, scheint Johann Köppen im letzten Entwurfe überhaupt die Gründe, weshalb eine Relegation zulässig sein solle, gänzlich beseitigt zu haben. Im Ganzen scheint das Institut der Relegation sehr wenig erfolgreich gewesen zu sein und keineswegs den Erwartungen entsprochen zu haben, welche die Ritterschaft bei Erlangung des Landtagsrezesses von 1540 gehegt hat. Da die Juristen, wie die Fassung des Titel 41 des Diestelmeier'schen Entwurfs der Landesordnung ergiebt, festhielten, daß im Falle einer Relegation eines Bauern dessen Grundstück subhastirt werden müsse und dieses dem Gutsbesitzer nur dann für die Taxe zugeschlagen werden könne, wenn sich kein anderer Käufer fände, so konnte dieser leicht in die Lage kommen, die Vorfrage, daß der Fall einer Relegation anzunehmen sei, zu erstreiten, ohne nachher doch das Grundstück zu erlangen. Es erklärt sich daher auch, daß wir fast gar keine Nachrichten und Entscheidungen von Prozessen zwischen Gutsherrn und Bauern über deren Relegationen haben und nur durch dogmatische Schriften der Rechtslehrer über die damalige Auffassung derselben Aufschluß erhalten.[28])

Viel wirksamer war die Vergünstigung des Adels: **die Bauern zur Einrichtung einer Wohnung auskaufen zu können.** Sie findet sich zuerst in demselben kurmärkischen Rezesse Joachim's II. vom Mittwoch nach Judica 1540 und ist für die Kurmark von neuem in dem Landtagsabschiede Johann Georg's vom Mittwoch nach Vitus 1572 bestätigt.[29]) In beiden lautet die sie betreffende Bestimmung in fast wörtlicher Uebereinstimmung folgendermaßen: „Da die vom Adel in unserm Kurfürstenthum sich auf einen alten Gebrauch bezogen haben, daß ihnen zu ihrer Gelegenheit freistände, einige Bauern auszukaufen, soll ihnen solches fortan auch freistehen, wenn sie der ausgekauften Bauern Güter selbst bewohnen wollen, doch sollen sie den Bauern, welche sie auskaufen wollen, ihre Güter nach Würdigung, was sie gelten möchten, gebührlich bezahlen".[30]) Für die Neumark sollen dieselben Grundsätze nach einer Notiz im Landtagsreverse vom 11. Juni 1611 bereits unter der Regierung des Markgrafen Hans eingeführt sein, doch läßt sich die Urkunde hierüber nicht mehr auffinden. Unter Johann Georg sind sie durch die Reverse vom Donnerstage nach

---

[28]) Scheplitz: Consuetudines I. 4. Tit. 7 § 1.

[29]) Riedel: Mark Brandenburg II. 283. sieht einen Anfang des Rechts, die Bauern auszukaufen schon in der Urkunde des Markgrafen Waldemar von 1319, worin er der Stadt Stendal das Dorf Neuwinkel überläßt. Allein die von ihm angezogene Stelle muß im Gegentheil dahin aufgefaßt werden, daß den Bürgern von Stendal die Beschränkung auferlegt wird, sie dürften die einzelnen Bauernstellen in Neuwinkel, obgleich sie das Obereigenthum über das Dorf erhielten, nicht auch als ihr Eigenthum betrachten, und müßten diese, wenn sie sie erwerben wollten, wie jeder Andere kaufen und vor dem Landgerichte sich übergeben lassen. Von einer Zwangspflicht der Bauern, ihnen die Höfe zu verkaufen, enthält die Stelle nichts. Hereditates quoque residentium in villa predicta et proventus, si qui sint in ibi, ipsi cives juxta commune forum ac pretium, quod vulgariter Landkoop dicitur, comparabunt titulo empcionis.

[30]) Mylius: Corpus constitutionum VI. Abth. I. S. 62. 66. u. 113.

Visitationis Mariae 1572 und vom 22. Dezember 1593 für die Neumark mit der Abweichung von der Kurmark bestätigt worden, daß das Kaufgeld in zwei gleichen Raten erlegt werden konnte, von denen nur Eine bei der Räumung des Guts an den Bauer zu zahlen war.³¹) In der Mark Brandenburg ist es bekanntlich niemals zu einem Bauernkriege gekommen. Die wilden Verwüstungen, die lodernden Schlösser und Dörfer und die Ströme vergossenen Blutes, welche Thüringen und Süddeutschland dabei gesehen haben, sind unsern Vorfahren erspart geblieben. Die obigen Bestimmungen waren bei uns nur die Veranlassung zu einer unabsehbaren Zahl von Prozessen, die mit der größten Erbitterung zwischen Bauern und Adel geführt wurden.

Die damalige Theorie des Rechts wendete auch auf dieses Verhältniß römischrechtliche Grundsätze an und zog deshalb das Expropriationsrecht des Staats hierher, indem sie das öffentliche Interesse der Gesammtheit des Staats mit dem Nutzen des einzelnen Rittergutsbesitzers, weil er als Obrigkeit des Dorfes angesehen wurde, identificirte. Von dieser Basis aus bildeten sich dann folgende Sätze, welche in der Praxis der Gerichtshöfe zur Anwendung gebracht wurden. — Kein Rittergutsbesitzer kann Bauern in fremden Dörfern auskaufen, vielmehr steht jedem dies Recht nur in seinem Dorfe zu. Der Zwangskauf ist nur aus dem einzigen Grunde zulässig, daß die Gutsherrschaft selbst den Bauerhof bewohnen will, doch ist der Auskauf nicht auf einen einzelnen Hof beschränkt; der Rittergutsbesitzer kann so viel Stellen einziehen, als er zur Herrichtung seines abligen Hofes erforderlich hält. Will er in einem Dorfe, in welchem er nicht wohnt, nur Meiereien, Vorwerke, Schäfereien oder Viehhöfe anlegen, so findet ein Auskauf nicht statt.³²) Lehnschulzengüter unterliegen überhaupt nicht dem Rechte des Auskaufs.³³) Die Hofwehre, d. h. das gesammte nothwendige Inventar bleibt beim Gute, so daß es der Käufer erhält. Es muß aber stets das ganze Bauerngut angenommen werden und einzelne

---

³¹) Mylius VI. Abth. I. S. 100 u. 132.

³²) Scheplitz: Consuetudines I. P. 4 Tit. 7 § 2 ff. u. II. Tit. 4 u. Tit. 73.

³³) Scheplitz: Consuetudines II. Tit. 253.

Hufen oder Ackerstücke können dem Bauer nicht entzogen werden.[34] Namentlich sind Verträge unzulässig, nach denen ein Bauer sein Land abtritt und nur seine Gebäude mit der Hofstelle behält, um von dieser die Abgaben für das ganze Bauerngut zu entrichten. Dem Bauer muß der wahre Werth des Guts bezahlt werden. Zur Bestimmung desselben ist Taxation erforderlich und darf nicht darauf gesehen werden, wie viel der Bauer für den Erwerb seines Grundstücks bezahlt hat. Ist ein dritter Käufer zur Hand, der mehr als die Taxe offerirt, so muß so viel von der Gutsherrschaft gegeben werden, als dieser bietet. Bei der Taxe werden die Abgaben, Leistungen und Dienste, welche der Bauer dem Gutsherrn zu gewähren hat, in Abzug gebracht. Der Preis muß dem Bauer — mit Ausnahme von der Neumark — in einer ungetheilten Summe voll und baar ausgezahlt werden und es darf kein Abschoß davon berechnet werden, wenn er nun das Dorf mit dem Gelde verläßt, um sich wieder anders wo anzukaufen. Der Käufer muß alles von der eingezogenen Stelle an die Bauergemeinde leisten, was der frühere Besitzer ihr zu gewähren hatte, namentlich also seinen Antheil für die Kirche, die Pfarre, die Küsterstelle, den Gemeindehirten u. s. w. beitragen.[35]

Dies sind die Besitzrechte der Bauern an ihrem Grund und Boden um diese Zeit, doch erlitten sie noch eine Einschränkung, indem den Bauern nur mit Bewilligung ihrer Herrschaften gestattet war, Schulden auf ihre Güter aufzunehmen und sie mit Hypotheken zu belasten.[36]

Was die **persönlichen Verhältnisse** der Bauern betrifft, so lag die Sache ähnlich. Wie im Prinzipe festgehalten wurde, daß sie Eigenthum an ihren Stellen hatten, so wurde im Prinzipe auch anerkannt, daß sie als persönlich freie Leute zu betrachten seien. Sie werden nicht als Leibeigene oder als Unfreie im Sinne des Sachsenspiegels betrachtet und davon, daß sie veräußert oder daß die Rechte an ihrer Person auf andere Weise übertragen werden könnten, ist nichts in beiden Entwürfen der Landesordnung enthalten. Eben so haften sie nicht an der Scholle

---

[34] Scheplitz: Consuetudines II. Tit. 6.
[35] Scheplitz: Consuetudines II. 8.
[36] Distelmeier: Entwurf Tit. 30.

und sind nicht glaebae adscripti, obgleich ihnen in dieser Beziehung die Verpflichtung, einen Gewährsmann beim Verlassen des Guts zu stellen, oblag; von welcher unten weiter gehandelt werden soll. Dagegen findet sich doch ein Anfang, der auf persönliche Unfreiheit hindeutet und zu derselben führen konnte. In den Landtagsrezessen von 1527, 1534, 1536, 1538 und 1572 [37]) war bestimmt worden, daß **die Kinder der Bauern ihrer Herrschaft vor anderen Personen als Gesinde zu dienen hätten.** In den beiden Entwürfen der Landesordnung ist diese Bestimmung nach dem Texte der Reverse aufgenommen (Tit. 39 im ersten und Th. III Tit. 3 im zweiten Entwurfe): "Welche Unterthanen in unserem Lande Kinder haben, deren sie zu ihrer selbst Arbeit nicht bedürfen und die sie zu Diensten bringen wollen, sollen diese vor allen andern ihrer Herrschaft zu Diensten anbieten und gönnen um billigen Lohn. Wo aber die Herrschaft deren nicht bedürfte, mögen sie die nach ihrem Gefallen bei andern zu Dienste bringen". Nach der Wortfassung dieses Satzes hat es fast den Anschein, als ob es sich nur um einen Akt der Hochachtung und Höflichkeit gegen die Gutsherrschaften handelte. Allein das Wesen der Sache war persönliche Unfreiheit und ist niemals anders aufgefaßt worden. Johann Köppen selbst spricht sich in diesem Sinne in den Motiven zu seinem Entwurfe der Landesordnung aus, indem er sagt: Haec decisio in potioribus partibus Marchiae, in quibus Rustici liberi homines et non asscriptitii vel censiti sunt, valde dura est. Ideoque de ea d liberandum censeo. Eben so äußern sich die altmärkischen Stände in ihrem Gutachten über den ihnen mitgetheilten Entwurf der Landesordnung, welches der nachmalige Landeshauptmann der Altmark Thomas von Knesebeck für sie ausarbeitete und dem Kurfürsten 1594 überreichte. Es heißt darin über diesen Punkt: "Ob man sich wohl zu erinnern weiß, daß es dergestalt in den Reversen den Landständen bewilligt ist, so thut man daneben doch auch dies erwägen, quod durissima videatur esse servitus et contra dispositionem juris communis introducta, nec in omnibus Marchiae locis pariter recepta, weil es denn gleichwohl zuvörderst in der Altmark nie

---

[37]) Mylius: VI. I. 19. 29. 36. 49 u. 113.

also hergebracht noch gehalten worden".[38]) Ob diese Einrichtung aber demnächst wirklich außer Brauch gekommen oder geblieben ist, läßt sich jetzt nicht mehr feststellen. Scheplitz erwähnt sie nicht und dies spricht bei seiner großen Ausführlichkeit dafür, daß sie nicht beobachtet worden ist. Dagegen wird sie in den Landtagsrezessen vom 11. März 1602 und vom 11. Juni 1611, ausdrücklich wiederholt, kann also damals nicht in Vergessenheit gewesen sein.[39])

Was nun die Dienste betrifft, welche die Bauern selbst mit ihrem Gespann zu leisten hatten, so darf man im Zeitalter der Reformation dabei nicht mehr allein an Kriegsfuhren, Wegebauten, Kirchenbaufuhren u. dgl. im öffentlichen Interesse zu gewährende Leistungen denken. Nachdem der Begriff der Gutsherrschaften dahin ausgebildet worden war, daß in ihnen eine spezielle Obrigkeit der Bauern gesehen wurde, und nachdem die Landesherren auch ihre Rechte auf die Dienste der Bauern den Rittergutsbesitzern nach und nach mit den andern Hebungen aus den Dörfern verkauft hatten, stand damals fest, daß die Bauern in den Wirthschaften ihrer Herrschaften, also bei der Arbeit auf ihren Feldern und bei ihren Privatbauten mit ihrem Gespanne[40]) zu helfen hatten. Streitig oder zweifelhaft war nur, ob die Bauern gemessene oder ungemessene Dienste zu leisten hatten, d. h. ob sie nur an bestimmten Tagen in jedem Jahre oder in jeder Woche zu arbeiten hatten, oder ob sie alle Tage, sobald sie die Herrschaft bestellte, sich zur Arbeit auf dem Ritterhofe einfinden mußten. Auch war daneben noch streitig, ob die Bauern während der Zeit, wo sie für die Herren arbeiteten, Verköstigung[41]) zu beanspruchen hätten. Wie wichtig namentlich das Erstere für die Bauern war, leuchtet ein, da ihnen jede ordnungsmäßige Wirthschaft unmöglich wurde, wenn sie zu jeder Zeit von ihren eigenen Feldern abgerufen werden konnten. So

---

[38]) Akten des Justiz-Ministeriums betreffend die Revision der Gesetzgebung. Vol. 10.

[39]) Mylius VI. I. 164. 219.

[40]) Handdienste hatten die Bauern neben den Gespanndiensten nicht zu leisten, da Erstere den Koffäthen zur Last fielen. Scheplitz II. 13. 23.

[41]) Zur Speisung der Bauern gehörte niemals die Verabreichung von Fleisch. Scheplitz II. 10. 12.

lange die Dienste nur Staatsdienste gewesen waren, waren sie, wie oben gezeigt ist, ihrer Natur nach ungemessen, doch liegen uns aus älterer Zeit Zeugnisse vor, wonach sie sehr unbedeutend waren, indem sie auf drei oder vier Arbeitstage für jedes Jahr angeschlagen wurden.[42] Jetzt war dies Alles anders, da die Dienste zu Privatdiensten geworden waren, und es kam nun für die Bauern darauf an, eine feste Grenze in denselben zu gewinnen. Die Rittergutsbesitzer verlangten dagegen, daß die Bauern zu jeder Zeit sich zu Diensten bei ihnen einzufinden hätten, und dies ist ihnen auch für die Kurmark durch den Landtagsrezeß vom Dienstage nach Dionysius 1550 in folgender Weise bewilligt worden: „Da sich die Landstände beschwert haben, daß den Bauern von unserem Kammergerichte je zu Zeiten würden Abschiede gegeben, darinnen den Bauern gesetzte Dienste gemacht würden und den Herrschaften, die Bauern zu Zeiten des Dienstes zu speisen, aufgelegt würde, wollen wir solches also ohne Unterschied zu geschehen abschaffen, sondern sollen die Leute jeden Orts, wie auch auf dem Landtage des 40. Jahres beschlossen, dienen wie vor Alters, und wo man sie zuvor auch in Diensten gespeist, soll es noch geschehen, es wäre denn, daß die Leute solches willig nachließen; und soll es sonsten Jeder in dem mit seinen Unterthanen halten, wie vor Alters".[43] Die Praxis hat dies dann so ausgelegt, daß die Bauern ungemessene Dienste zu leisten hätten, wenn sie nicht den Nachweis einer andern Observanz führen könnten.[44]

In der Neumark ist diese Frage erst später zur Entscheidung gekommen und liegen uns hierüber interessante Verhandlungen vor. Als der Kurfürst Johann George die neumärkische Ritterschaft 1572 bewog, einen Theil der sehr hohen Schulden, welche er bei seinem Regierungsantritte in der Kurmark vorgefunden hatte, zu übernehmen, mußte er ihnen auf dem Landtage zu Cüstrin in dem Reverse vom Donnerstage nach Visitationis Mariae 1572 große Concessionen machen. Zu diesen

---

[42] Wohlbrück: Lebus I. 272.

[43] Mylius VI. I. 90.

[44] Scheplitz constatirt in seinen Consuetudines I. Th. IV. Tit. 11, daß die Bauern in der Priegnitz nach dem dortigen Lokalgebrauch in jeder Woche zwei Tage zu Hofe zu dienen hätten.

gehörte auch die Bestimmung wegen der Bauerndienste, welche in folgender Fassung in den Rezeß aufgenommen wurde: „So wollen wir auch unserem Statthalter, Landvoigt in der Neumark und unserm Hauptmanne im Lande zu Sternberg Befehl thun, daß sie die Bauern, welche sich ihren Junkern zu dienen weigern, bescheiden und sie dahin anweisen sollen, daß sie ihnen wöchentlich mit Wagen, Pflügen und Handarbeit zween Tage und im Auguste, so oft man ihrer bedarf, dienen, ihnen auch zu ihren Gebäuden mit Fuhren und Handdiensten helfen sollen. Die aber in Flecken, welche Stadtrecht haben, wohnen, sollen die Woche einen Tag dienen, und zu den Gebäuden und im Auguste es den andern gleich halten; dagegen ihnen die Junker zur ziemlichen Nothdurft Essen und Trinken und des Tages zum wenigsten eine Mahlzeit geben wollen".

Sobald der Kurfürst Cüstrin verlassen hatte, entstand zwischen den höchsten Behörden daselbst ein Streit, wie diese Bestimmung auszulegen sei, indem der Statthalter der Neumark Ludolph von Winterfeld behauptete, die Baufuhren müßten außer den festen zwei Arbeitstagen geleistet werden, der Kanzler Adrian Albinus daselbst aber die Baufuhren in die zwei wöchentlichen Arbeitstage legen wollte. Es wandten sich deshalb Beide an den Kurfürsten und dieser versah den Statthalter am 22. Juli 1572 mit folgendem Bescheide, der dem Kanzler Albinus mit Weglassung der letzten Sätze am 23. Juli 1572 ebenfalls mitgetheilt wurde: „Wir haben euer Schreiben lesen hören und wissen uns, was wir in gehaltenen Landtagen zu Cüstrin auf derer von der Ritterschaft emsiges und unnachlässiges Anhalten der Bauerndienste halber gewilliget, gnädiglich zu erinnern. Es ist aber unsere Meinung nicht gewesen, die armen Leute über die zwei Tage mit noch mehreren Diensten gar auszumatten zu lassen. Weil wir uns nun versehen, daß ehrbare und vernünftige von Adel mit ihren Leuten nicht so unchristlich umgehen und sie über die gewöhnlichen zwei Tage, welche ihnen noch schwer genug werden, mit mehreren Diensten belegen sollen, achten wir hierum dafür, daß die Baufuhren billig in die zwei Tage mit eingerechnet werden. Also, wenn die Leute in einer Woche zwei Tage mit Baufuhren oder mit der Hand arbeiten, daß sie dagegen wieder einen Tag mit den andern Diensten sollen verschont werden. Im Auguste aber müssen sie einaugsten helfen, so lange man ihrer bedarf, doch soll ein Jeder vom Adel in demselben ein christliches und billiges Maß halten, daß die armen Leute um seines Kornes willen das Ihre im Felde nicht dürfen stehen lassen, sondern dasselbe auch mit einzubringen vermögen. Und weil unsere Bewilligung allein von den Leuten redet, welche sich ihren Junkern zuwider und uns nicht gebühren wollen, jemand wider erstandene Urtel und Recht oder fürstliche Abschiede, so endlich ihre Kraft erreichet und gesprochene Urtheils Wirkung haben, zu beschweren, so achten wir davor: es werden die Leute, welche mit ihren Junkern der Dienste halber mit Urtheil und Recht oder fürstlichen Abschieden entschieden sein, dabei billig gelassen, es könnte denn mit ihrem Willen auf mehr Dienste gehandelt werden. — Wir versehen uns auch, was ehrbare und vernünftige Leute sein, werden ein mehreres nicht begehren".

Der Streit war aber dadurch noch nicht geschlichtet und es scheint an einer Remonstration des Statthalters der Neumark von Winterfeld nicht gefehlt zu haben, denn der Kurfürst sah sich bewogen, am 10. August 1572 nochmals in dieser Angelegenheit an die neumärkische Regierung ein Rescript zu erlassen, in welchem er auf seine Ankunft in Cüstrin verweist. Der Text dieses Rescripts ist folgender: „Hochgelehrte Räthe und liebe Getreue! Wir sind berichtet worden, was über unsere unserm Statthalter und euch der Bauerndienste halber zugeschickte Erklärung für weitere Disputation und Uneinigkeit zwischen ihm, dem Statthalter, und unserm Kanzler vorgefallen. Nun haben wir wegen ihrer Uneinigkeit unsere Meinung und Befehl ihnen beiderseits zugeschrieben, der gnädigen Zuversicht, sie werden sich deshalben bis auf unsere Dahinkunft gehorsamlich verhalten. Soviel aber die Sache der Dienste an sich berühret, lassen wir es nochmalen bei unserer Erklärung und sind nicht gemeint, die Bauern, die der Dienste halben mit ihren Junkern mit Urtheil und Recht oder auch durch Abschiede, mit beider Theile Willen gegeben, entschieden sind, dawider beschweren zu lassen. Wären aber bei unserer Regierung ohne beider Theile Bewilligung Abschiede gegeben, davon sich das eine Theil beschweret und die Sachen auch etwas streitig wären geblieben, da möget ihr die Partheien nochmals bescheiden, den Leuten unsere der Landschaft geschehene Bewilligung vorhalten, und sie mit ihren Junkern darauf nochmals mit Willen in der Güte zu vertragen, Fleiß haben".

Der Kanzler Lampert Diestelmeier hatte die Verhandlungen mit den Ständen der Neumark auf dem Landtage zu Cüstrin 1572 geleitet, und ist daher anzunehmen, daß er auch diese Rescripte abgefaßt hat. Damals war wohl schon der Gedanke an die Abfassung der Landesordnung angeregt und es findet sich denn auch in dieser der in dem letzten Rescripte aufgestellte Grundsatz, daß es zunächst auf die abgeschlossenen Verträge und Rezesse oder die ergangenen Erkenntnisse über die Dienste der Bauern ankommen solle. Dagegen ist die feste Begrenzung der Dienste, welche in dem neumärkischen Rezesse vom Donnerstage nach Visitationis Mariae 1572 und in den beiden Rescripten vom 22. und 23. Juli 1572 aufgestellt war, nicht wiedergegeben, sondern dafür ein anderer Grundsatz aufgestellt, so daß es den Anschein gewinnt, als ob inzwischen eine andere Strömung sich in den herrschenden Kreisen Geltung verschafft habe. Es soll in subsidium auf die Gewohnheit der benachbarten Ortschaften gerücksichtigt werden. Tit. 38: "Wenn der Dienste halben geklagt wird und nicht Verträge oder andere Gewißheit vorhanden, wie die Leute zuvor gebient, sollen dieselben also, wie der nächstbenachbarten Dörfer Einwohner ihren Herrschaften dienen, ihren Junkern auch zu dienen schuldig sein, ihnen auch an Essen und Trinken das gegeben werden, was sie von Alters gehabt, oder wo dasselbe ungewiß, was die nächsten Feldnachbaren ihren Leuten geben".

Im zweiten Entwurfe, von Johann Köppen, ist dieser Satz ganz ausgelassen und eine Bestimmung über das Maß der Dienste der Bauern nicht aufgenommen. — Inzwischen war der Kurfürst Johann Georg in Cüstrin gewesen und hatte unter dem 22. Dezember 1593 einen neuen Landtagsrezeß den dortigen Ständen ertheilt, in welchem wegen dieses Punktes festgestellt war: "daß es mit den Bauerndiensten nach der Verordnung des Abschiedes von 1572 zu Werke gerichtet und die Leute, so besage desselben nicht dienen wollten, dazu vermocht und angehalten werden sollten, weil der Kurfürst ohne Unterschied von denen, so bis daher weniger gedient haben, eine Gleichheit gehalten haben wollte".[45]

---

[45] Mylius VI. 1. 133.

Es entsprach also die Fassung des Distelmeier'schen Entwurfs nicht mehr genau dem bestehenden Rechte in der Neumark und eben so wenig dem von der Kurmark, und da sich eine Gleichmäßigkeit im ganzen Lande nicht herausgebildet hatte, ist man wohl zu dem Entschlusse gekommen, keine Bestimmung über diese Frage in die Landesordnung aufzunehmen.

Dagegen enthalten beide Entwürfe der Landesordnung eine Bestimmung über einen andern Punkt dieser Materie, der ebenfalls für die Bauern sehr wichtig war Tit. 38 in der Distelmeier'schen Zusammenstellung lautet: „Falls die Unterthanen, wenn die Dörfer abgelegen oder einer vom Adel der Dienste viel hat, etwa Dienstgeld geben, und die Nachkommen, wenn sie sich die Güter theilen, der Dienste nicht entrathen können, ist unserer Landschaft hierbevor bewilligt, daß sie die Dienstgelder den Leuten erlassen und dagegen die Dienste gebrauchen mögen. Dabei lassen wir es auch nochmals und haben sich die Unterthanen hierwider mit keiner Verjährung zu schützen. Die Dienste aber und die Dienstgelder zugleich zu nehmen, soll Niemand verstattet werden". Im Köppen'schen Entwurfe ist die Fassung dieses Satzes eine andere, indem die Gründe, weshalb das Dienstgeld eingeführt sei und weshalb die Dienste gefordert würden, weggelassen ist (Th. I. Tit. 2): „Wenn ein Unterthan oder Dienstmann, so Dienste zu pflegen schuldig, anstatt der Dienste über dreißig Jahre Dienstgeld oder anderes einförmig ohne Veränderung gegeben — obwohl im Rechte versehen, daß er nachmals anstatt des Dienstgeldes Dienste zu thun nicht schuldig, sondern beim verjährten Dienste forthin gelassen werden soll, — dieweil aber unserer Landschaft bewilligt worden, daß sie das Dienstgeld jeder Zeit loskündigen und dafür Dienste anlegen mögen, so lassen wir es auch deßfalls dabei und soll in unserm Lande danach auf vorfallende Fälle gesprochen werden". Es war daher die Möglichkeit ausgeschlossen, die Dienste in eine feste Geldrente umzuwandeln und so eine Erleichterung der Bauern herbeizuführen.

Eine fernere Beschränkung der Bauern, die aus der Berechtigung der Gutsherren auf die Dienste derselben hergeleitet wurde, entwickelte sich daraus, daß man diese nicht als reine Reallasten, für welche nur das Grundstück haftete, auffaßte, sondern daneben noch eine persönliche Verpflichtung des jedesmaligen Inhabers für die Dienste hinstellte. Man verlangte daher von ihm nicht nur, daß er den Hof im Stande zu halten habe, sondern, daß er denselben auch nicht früher verlassen dürfe, als er einen Nachfolger gestellt habe, der tüchtig und geeignet war, die Dienste zu übernehmen. Die technische Bezeichnung für diesen Nachfolger war „Gewährsmann", wie er auch oben in den angeführten Stellen [46]) genannt wird. Durch diese Bestimmung waren die Bauern zwar noch nicht absolut an ihre Stellen gekettet, aber immerhin in der Freiheit ihrer Person sehr beschränkt; wie uns denn namentlich Nachrichten erhalten sind, daß es Ehefrauen von Bauern nach dem Tode ihrer Männer verwehrt worden ist, zu ihren Kindern nach andern Dörfern zu ziehen, weil es ihnen bei dem damaligen Mangel an Arbeitskräften nicht gelingen wollte, einen Nachfolger zu finden, dem sie die Stelle überlassen konnten. [47]) Um in dieser Beziehung einen wirksamen Zwang gegen die Bauern ausüben zu können, war die Freizügigkeit derselben verboten und die Aufnahme von ihnen in jeder Stadt und in jedem andern Dorfe untersagt, wenn sie nicht einen Entlassungsschein von ihrer früheren Gutsherrschaft beibrachten. Die Bestimmungen hierüber sind in den Landtagsrezessen vom Tage St. Laurentius 1536, Michaelis 1538, Freitag nach Allerheiligen 1539, Montag nach Vitus 1572 und 11. März 1602 [48]) enthalten und ist darin

---

[46]) Distelmeyer's Entwurf Tit. 41 und Köppen's Entwurf Th. II. Tit. 21.

[47]) Nachdem Ilsa Dittmanns, Valentin Schröder's Wittwe, zu Lötzen mit ihrem Junker Heinrich v Stechow hierher gekommen und berichten lassen, daß sie Alters und Unvermögens halber der Haushaltung nicht mehr vorstehen könne und, obgleich sie einen Gewährsmann zu schaffen bemühet, daß sie doch keinen bekommen können, Bellagter v. Stechow sie aber gleichwohl nicht wegziehen lassen wolle; Bellagter aber dagegen auf einen Abschied vom 27. März cr. sich bezogen, vermöge dessen Klägerin auferlegt ist, in dem Hause zu bleiben oder einen Gewährsmann zu schaffen. Also lassen es die Herrn Vice-Kanzler und Kammergerichts-Räthe nochmals bei vorigem Abschiede bewenden, so daß Klägerin schuldig sich umzuthun und einen Gewährsmann zu schaffen; dazu denn Bellagter mit kann helfen befördern. Erkenntniß des Kammergerichts vom 8. Dezember 1626, bei Scheplitz: Consuetudines II. Tit. 28.

[48]) Mylius: Corp. Const. March. VI. 1. S. 36. 51. 57. 110. u. 161. Deshalb wollen wir hiermit ernstlich allen unsern Städten und Amtleuten

zugleich verordnet, daß Niemand, der in einer Stadt oder in einem fremden Dorfe wohne, in einem andern Dorf bäuerliche Grundstücke besitzen solle. In die beiden Entwürfe der Landesordnung ist Letzteres aufgenommen und lautet hier (Tit. 42 u. Th. II. Tit. 24) folgendermaßen: „Es tragen sich darob, daß der Prälaten, der Herrn und der Ritterschaft Unterthanen ihre Güter auf den Dörfern austhuen, in die Städte ziehen und die Nutzungen nach sich nehmen, oder daß die Bürger in den Städten oder die Bauern auf den Dörfern denen, so in solchen Städten oder Dörfern nicht gesessen sind, Aecker, Wiesen oder Gärten verpfänden oder verkaufen, allerhand Irrungen zu. Denselben zuvor zu kommen, soll kein Bürger oder Bauer seine Hufen, Aecker, Gärten oder Wiesen einem Anderen, der in derselben Stadt oder demselben Dorfe nicht wohnhaftig ist, ohne der Räthe in den Städten oder seiner Herrschaft ausdrückliche Bewilligung pfandweise austhuen oder verkaufen. Und ob nach eines Bauers oder Bürgers Absterben etwas von solchen Gütern an Andere, die in der Stadt oder dem Dorfe nicht gesessen sind, nach Erbgangsrecht fiele, sollen dieselben, wo sie sich des Orts nicht häuslich niederlassen wollen, die Güter in Jahresfrist einem andern daselbst Wohnenden zu verkaufen schuldig sein".

Wie discretionär überhaupt die Stellung der Bauern gegenüber ihren Gutsherrschaften war, ergiebt endlich noch folgende Stelle aus den beiden Entwürfen der Landesordnung, welche ebenfalls bestehendes Recht enthielt[49]) (Tit. 43 u. Th. V. Tit. 53): „Obwohl der, welcher auf einem Hofe allein die Pächte und Zinsen hat, sich daher keiner Gerechtigkeit über denselben Hof anzumaßen hat, so ist doch von Alters in unserm Lande her-

---

bei Vermeidung unserer ernstlichen Strafe und Ungnade befohlen haben, daß sie keinen besessenen Bauern für einen Bürger oder Unterthan einnehmen, er bringe denn von seiner Herrschaft, darunter er zuvor gewohnt hat, einen Abzugsbrief und daß er sich von ihr entbrochen habe und mit ihrem Wissen und Willen abgeschieden sei.

[49]) Kammergerichts-Erkenntniß vom 27. September 1605. Wann einer von Adel oder ein Anderer auf einem Bauerhofe Pächte und Zinsen zu heben hat, ein Anderer aber hätte auf demselben Hofe die Gerichte, daß der Pacht- und Zinsherr um die nachständigen Pächte und Zinsen wohl pfänden mag, auch unersucht des Gerichtsherrn. Scheplitz: Consuet. I. Th. IV. Tit. 21 § 8.

gebracht, daß der Pachtherr, wann ihm zu rechter Zeit seine Pächte und Zinsen nicht gegeben werden, den Pacht- oder Zinsmann selbst darum pfänden möge; dabei wir es auch nochmalen lassen". Es war also der Ritterschaft eine Selbsthülfe und ein Executionsrecht in eigener Angelegenheit mit Umgehung der ordentlichen Gerichte eingeräumt, und erscheint dieses erst in seiner vollen Bedeutung, wenn man die Schwerfälligkeit des damaligen Kammergerichts, bei welchem die Bauern sich beschweren konnten, die Entfernung der Bauern von seinem Sitze, die oben erwähnte Erschwerung der Beschreitung des Rechtsweges und die Strafen für den Fall des Unterliegens in Betracht zieht.

Dies war im Ganzen die Stellung der Bauern zu Ende des 16. Jahrhunderts.

Im Prinzipe wurde anerkannt, daß sie Eigenthum an ihren Stellen hätten und daß sie persönlich freie Leute seien. Aber ihr Eigenthumsrecht war in seinem Wesen erschüttert durch den Grundsatz des Obereigenthums ihrer Herrschaften. Sie mußten von den Höfen weichen, wenn diese sie zur eigenen Wohnung erforderten, sie durften sie ohne deren Genehmigung nicht mit Schulden belasten, sie konnten davon vertrieben werden, sobald eine Widersetzlichkeit gegen die Gutsherrschaft den Grund zu einer Relegation bot, sie durften sie nicht an Städter oder Bauern, welche in andern Orten wohnten, veräußern, ja ein Theil ihres Grundbesitzes war für reine Zeitpachtländer oder lassitische Besitzungen erklärt. Ihre persönliche Freiheit aber war nicht weniger eingeschränkt durch die Idee, in den Rittergutsbesitzern ihre Dienstherren und Lokalobrigkeiten zu sehen. Die Bauern durften ihre Stellen nicht verlassen, ohne einen Gewährsmann für ihre Dienste zu stellen, durften sich nirgends niederlassen, bevor ihnen der Abzug bewilligt war, mußten die Dienste für die Herrschaft auf ihren Ritterhöfen zu jeder Zeit oder an den festgesetzten Frohndetagen leisten und ihre Kinder zu Gesindedienst offeriren. Die Gutsherren konnten sie selbst exequiren, wenn sie lässig mit den Diensten oder Leistungen waren, und die Beschwerde hierüber war an eine besondere Erlaubniß des Landesherrn gebunden, auch sollten sie mit Gefängniß bestraft werden, wenn ihre Klagen unbegründet befunden würden. Es fehlte also nur wenig, um ihren ganzen Besitz für lassitisch oder Zeitpacht und sie selbst für Leibeigene oder Unfreie zu erklären.

Nun aber trat der dreißigjährige Krieg ein. Die unglückliche Idee, neutral zu bleiben, brachte es dahin, daß Feind und Freund nicht zu unterscheiden war und Beide sich berechtigt hielten, mit gleicher Rücksichtslosigkeit das Land zu plündern. Die alten Klagen und Seufzer sollen nicht wiederholt werden, aber daß der Untergang des früheren Bauernstandes hierdurch seinen Abschluß erhielt, kann keinem Zweifel unterliegen. Wären friedliche Zeiten geblieben, hätte vielleicht ein Halt in der Gesetzgebung eintreten können. Waren doch alle Belastungen und Einschränkungen der Bauern nur in einzelnen Sätzen, wie es die Gelegenheit oder oft ein einzelner Fall empfohlen hatte, der Ritterschaft bewilligt worden. Ließ sich nicht immer wieder an den nie aufgegebenen Grundsatz anknüpfen, daß ihnen das Eigenthum an ihren Stellen gebühre und sie persönlich freie Leute seien? Sie bildeten noch starke Gemeinden und die Dörfer waren dicht mit ihnen besetzt; sollten sie nicht die Kraft gefunden haben, sich wieder empor zu heben? — In dem wüsten Kriege ging die letzte Hoffnung hierauf verloren. Wem das Stroh vom Dache zur Streu genommen, das Haus zum Wachtfeuer niedergerissen, das Vieh aus dem Stalle zur Verpflegung der fremden Heere gezogen und die Saat noch grün zum Futter für ihre Rosse geschnitten war, wie sollte der sich auf seiner Stelle halten? Wenn dies aber von Jahr zu Jahr wiederholt wurde, wenn die ersten Versuche, den Schaden auszubessern und die Cultur wieder zu beginnen, nur dazu führten, die herumstreifenden Fourageure auf sich zu locken und eine neue Plünderung zu erdulden, wie sollten da die schutzlosen Bauern ausdauern? Sie irrten obdachlos im Lande umher und rauften sich mit den Kriegern um die letzten Reste ihrer Habe, denn Bauern und Soldaten waren ausgemachte Feinde. Wer dabei nicht erschlagen wurde, verkümmerte in der langen Reihe dieser wilden Jahre oder zog schließlich wohl selbst als abenteuernder Krieger mit den fremden Heeren in die weite Welt, um niemals die Heimath wieder zu sehen. Die Klage nach dem dreißigjährigen Kriege, daß die Dörfer wüst seien, ist buchstäblich zu nehmen. Ländereien und Aecker lagen überall unbestellt und für jeden Occupanten frei, denn die Besitzer waren längst verschollen und verschwunden. Der frühere Bauernstand war so gut wie ausgestorben, und nun trat auch die alte Entwickelung der Verhältnisse wieder ein, wie sie sich bei früheren ähnlichen Verheerungen auch schon gezeigt hatte.

Den großen Grundbesitzern war es leichter gewesen, ihre Person in Sicherheit zu bringen. Sie besaßen einigen Credit und erholten sich verhältnißmäßig schnell. Sie setzten auch wohl Bauern in den Dörfern wieder ein, aber nur soweit es ihnen genehm war; nicht um dem Staate nützliche Unterthanen zu erhalten, sondern um den frohnenden Arbeiter für ihre Privatländereien wieder zu haben. Wer wollte diese mit den alten Bauern vergleichen und das alte Recht auf sie anwenden? Seit dieser Zeit war der lassitische Besitz der Bauern die Regel in der Mark Brandenburg und als Ausnahme galt, wenn den Bauern in einzelnen Gegenden, wo der Zufall sich günstiger gezeigt hatte, ein besseres Recht an ihren Stellen gewahrt worden war.

Seit dieser Zeit begegnen wir auch in der Mark Brandenburg einer wirklichen Leibeigenschaft. Zuerst forderte diese die Ritterschaft in einer Vorstellung an den Kurfürsten vom 11. April 1643, worin es heißt: „Obgleich Prälaten, Herrn und Ritterschaft des Uckermärkischen, Stolpeschen, Arnswaldischen, Dramburgischen und Schievelbeinischen Kreises von Alters die Leibeigenschaft über ihre Unterthanen und deren Kinder gehabt, unterstehen sich Etliche dem entgegen, ehe sie sich der Subjection bei ihren Junkern los gemacht, in die Aemter und Städte zu ziehen: Also bitten wir unterthänigst Euer kurfürstlich Durchlaucht wolle an dero Aemter und an die Städte Befehl ergehen lassen, daß sie keinen, er komme wo er wolle, zum Unterthan, Bürger oder Diener annehmen, oder wo es schon geschehen, seinen Junkern wieder abfolgen lassen". Zehn Jahre schwankte der Kurfürst über eine Entscheidung und dies ist kein gering anzuschlagendes Zeugniß in der Sache. Endlich erfolgte im Landtagsrezesse vom 26. Juli 1653 der Bescheid dahin, „daß die Leibeigenschaft in den Orten, wo sie introducirt und gebräuchlich sei, verbleiben solle. Würde Jemand dawider possessionem oder praescriptionem libertatis opponiren, so solle dazu nicht allein diuturnitas temporis, sondern auch bona fides, titulus, vel scientia et patientia domini requirirt werden, und auch solches salvis exceptionibus et imprimis iis, quas tempora belli suppeditant". Es war dies Anerkenntniß der Leibeigenschaft also von der Voraussetzung abhängig gemacht, daß sie in den bezeichneten Kreisen wirklich von Alters her zu Recht bestanden habe. Obgleich wir dies keinesweges als richtig anerkennen können und auch nicht das Geringste darüber aufzufinden ist, daß die Ritterschaft der Uckermark und der bezeichneten, hinteren neumärkischen Kreise einen Beweis hierüber beigebracht hätte, obgleich sogar jener alte Spruch des Lippold von Bredow und der uckermärkischen Richter von 1383 das Gegentheil bezeugt, so ist doch von jener Zeit ab die Leibeigenschaft in diesen Theilen der Mark stets als das zu Recht bestehende Verhältniß des Bauernstandes betrachtet worden.

Ueberhaupt kam von jetzt ab die Lehre auf, daß es für die Mark kein einheitliches Bauernrecht gebe. Spuren hiervon lassen sich bei der Redaction der Entwürfe für die Landesordnung unter Johann George schon bemerken, doch traten diese ganz zurück hinter die bunte Mannigfaltigkeit, welche jetzt durch unzählige Prozesse und Vergleiche für die einzelnen Kreise, Aemter oder Ortschaften ausgebildet wurde. Nur drei größere Bezirke lassen sich etwa noch unterscheiden, in welchen einigermaßen eine gleichmäßige Entwickelung stattfand, der der Altmark nebst der Priegnitz, der der Mittelmark nebst Beskow und Starkow und der der Neumark mit den incorporirten Kreisen Crossen, Züllichau und Cottbus. Jedoch wurden die Grenzen derselben nicht genau innegehalten und es griffen in ihnen selbst wieder vielerlei Abweichungen und Ausnahmen Platz.

Eine bisher unbekannte Rechtshandschrift.

Beschrieben
von
Herrn Professor Dr. Paul Laband in Straßburg.

Durch Vermittelung meines verehrten Freundes, des Herrn Prof. Stobbe, ist mir eine, dem Magistrat des Städtchens Slupce im Königreich Polen gehörige Papier-Handschrift behufs Feststellung ihres Inhaltes zugegangen, welche in dem Homeyerschen Verzeichnisse fehlt, und auch sonst, soviel mir bekannt ist, in der deutschen Literatur nirgends erwähnt wird. Sie enthält einen vollständigen Sachsenspiegel und eine Form des Magdeburger Weichbildrechts. Für beide Rechtsbücher ist die neu aufgefundene Handschrift nicht ohne Interesse.

I. Der Sachsenspiegel.

Nach der von Homeyer gegebenen Eintheilung der Handschriften gehört unser Codex in die III. Classe 3. Ordnung; d. h. es ist ein Sachsenspiegeltext, welcher die Vulgatzusätze vollständig enthält, ohne Glosse, mit Bücher-Eintheilung und mit der gewöhnlichen Reihenfolge der Artikel. Er gehört also zu derselben Ordnung, welcher der von Homeyer zur Grundhandschrift seiner Ausgabe auserkorene Berliner Codex von 1369 angehört. Dieser letzterwähnten Handschrift raubt er aber einen Vorzug, welcher ihr bisher gebührte; dieselbe war nämlich unter den datirten Handschriften ihrer Ordnung bisher die älteste, der Codex der Stadt Slupce übertrifft sie jedoch in dieser Beziehung um zwei Jahre; er ist 1367 geschrieben. Am Ende des Lehnrechts hat der Schreiber die letzten, auf der Seite frei gebliebenen Zeilen dazu benutzt, um folgenden Vermerk einzutragen:

    Anno domini millesimo trecentesimo sexagesimo septimo. feria tercia intra octavam corporis cristi. per manus franckonis lemberk.[1]

Die Richtigkeit der Jahreszahl 1367 wird dadurch unzweifelhaft bestätigt, daß das später nachgetragene Weichbildrecht ebenfalls datirt ist und zwar vom Sonntage Invocavit des Jahres 1368. Unser Codex nimmt daher unter allen bekannten Handschriften der Sachsenspiegel-Vulgate durch dieses Alter einen sehr hervorragenden Platz ein. Zudem ist er in mitteldeutscher Sprache geschrieben. Es modifizirt sich daher die Angabe Homeyer's (Genealogie S. 175 Nro. 2; Einleitung zur 3. Ausgabe S. 48), daß innerhalb der einzelnen Klassen und der hier in Rede stehenden, bedeutendsten Ordnung die ältesten Handschriften niederdeutsch sind, insofern, als nunmehr die älteste datirte Vulgathandschrift mitteldeutsch ist.

---

[1] Leider ohne Jahreszahl heißt es am Ende des 2. Buches des Landrechts: Explicit liber secundus proxima feria quarta ante festum beati Nicolay et sequitur tercius et sic finis.

Diese Bedeutung der neu aufgefundenen Handschrift rechtfertigt es, dieselbe etwas näher zu beschreiben, wobei ich mich an das von Homeyer in der „Genealogie" gegebene Muster halte.

1. **Aeußere Beschaffenheit der Handschrift.** Der Codex besteht aus starkem Papier in Kl. Folio, nur das Vorsetzblatt ist von Pergament; er ist in guter Minuskel geschrieben, einspaltig, 27—30 Zeilen auf der Seite auf gezogenen Linien. Ein breiter Rand ist zu Verbesserungen von Fehlern oder Auslassungen an vielen Stellen benutzt; ebenso zur Hinzufügung von Artikelnummern. Das dritte Buch des Landrechts ist flüchtiger und schlechter geschrieben als die beiden vorhergehenden, das Lehnrecht dagegen wieder sehr sauber und deutlich.

2. **Zählung und Abtheilung.** Die einzelnen Artikel haben in der Handschrift zwar keine Ueberschriften, sind aber von einander dadurch deutlich getrennt, daß vor jedem neuen Artikel mit rother Farbe das Wort sequitur geschrieben ist. Auch ist der Beginn jedes Artikels durch eine rothe oder blaue Initiale markirt. Innerhalb der Artikel stehen rothe Paragraphenzeichen. Die Handschrift schließt sich hinsichtlich der Eintheilung fast vollständig dem Grundtexte Homeyer's an.

Das erste Buch des Landrechts hat 71 Artikel, welche genau in derselben Weise abgetheilt sind, wie in der Vulgatform. Auch die Art. 60 u. 61, welche in den zahlreichen, bei Homeyer Note 14 zu Art. 60 angeführten, Handschriften bei 60 § 3 in der Aufeinanderfolge der einzelnen Paragraphen differiren, sind in unserem Texte ebenso wie in der Vulgata geordnet, nur daß bei 60 § 3 im Codex Art. 61 beginnt.

Das zweite Buch hat 72 Artikel, ebenfalls genau in derselben Abtheilung wie bei Homeyer, mit der einzigen Ausnahme, daß Art. 48 § 9 im Codex am Ende des Art. 48 steht, ebenso wie in der großen Anzahl von Handschriften, welche Homeyer a. a. O. Note 28 zusammengestellt hat. Dagegen hat Art. 4 § 3 im Codex dieselbe Stelle wie bei Homeyer, während sich in vielen Handschriften dieser Paragraph am Ende von II. 7 findet.[2])

---

[2]) Zu bemerken ist noch, daß in II. 25 § 1. bei den Worten czuhant dorna sal her en geweldegen synir gewere der Abschreiber ohne ersichtliche Veranlassung in I. 14 geräth und auf den folgenden vier Blättern

Das dritte Buch hat 94 Artikel. Auch hier reduziren sich die Abweichungen des Codex auf die letzten Artikel; bis Art. 90 stimmt der Codex mit der Eintheilung bei Homeyer, Art. 90 § 3 fehlt an dieser Stelle, wie in den Hom. Note 16 angeführten Handschriften, ist aber als Art. 94 nachgetragen; Hom. Art. 91 bildet im Codex zwei Artikel (91. u. 92.) und der Art. 93 unseres Codex ist ein demselben eigenthümlicher Zusatz.[3]

Das Lehnrecht hat 80 Artikel, die in der Abtheilung vollständig mit der Vulgata übereinstimmen, namentlich gilt dies auch von den Schlußartikeln. Auch 43 § 2 steht an derselben Stelle wie bei Homeyer. Nur Art. 39 beginnt im Codex schon bei Hom. 38 § 4, worin unser Codex ebenfalls nicht vereinzelt ist. Vgl. Homeyer zu dieser Stelle Note 12.

3. Vollständigkeit. Von kleinen Auslassungen abgesehen, welche den Charakter von Schreibfehlern haben,[4] enthält der Codex den gesammten Bestand des Vulgattextes. Die Reimvorrede steht vollständig in demselben; daran reiht sich der Prolog „Des heyligen geystes minne" und darauf folgt „Got der da ist eyn begyn unde ende allir dynge". Der Aufsatz von der Herren Geburt fehlt im Codex. Von den sämmtlichen Artikeln der Homeyer'schen Ausgabe fehlt im Codex kein einziger, auch nicht ein einzelner Paragraph oder Satz; II. 57 u. III. 6 § 3. hat der Schreiber zwar ursprünglich ausgelassen, sie sind aber von ihm oder dem Corrector am Rande nachgetragen. Unser Codex hat aber an drei Stellen ein Mehreres als der Vulgattext:

a) I. 8 § 1. 2. steht nicht nur an der gewöhnlichen Stelle, sondern wird nochmals hinter I. 15 wiederholt; eine Eigenthümlichkeit, die unser Codex mit einer sehr bedeu=

---

nochmals das ganze Stück von I. 14 — I. 24 § 3 (bis buchere, dy czu gotis dinste gehorin, dy vrouwen pflegen) abschreibt. Diese 8 Seiten sind aber durchstrichen und es ist über denselben bemerkt: Ista quatuor folia sunt superflua; reverte ea et incipias ubi crux stat. Da wo der richtige Text fortfährt, ist ein Kreuz gezeichnet.

[3] Siehe unter Nro. 3 sub c.

[4] Die erheblichste ist im Lehnrecht 11 § 3, wo der Schreiber, offenbar aus Versehen, einige Zeilen, die für den Sinn unentbehrlich sind und sich in allen übrigen Handschriften finden, ausgelassen hat.

tenden Zahl von Handschriften der Familien D. und E. (der Homeyer'schen Signatur), insbesondere auch mit der Berliner Grundhandschrift, theilt.

b) III. 88 § 3. 4. stehen ebenfalls doppelt, nämlich das erste Mal hinter 87 § 4 und das zweite Mal an ihrer gewöhnlichen Stelle. Merkwürdiger Weise hat noch eine andere Handschrift, welche einer ganz anderen Klasse angehört und mit unserem Codex sonst keine nähere Beziehung zu haben scheint, nämlich die Uber'sche Handschrift in Breslau (Homeyer Bu. Verzeichniß Nro. 89) dieses Stück doppelt, jedoch das erste Mal bei III. 25.

c) III. 93. enthält zwei Artikel, welche sich sonst nur in Schöffenrechts- oder Weichbildrechts-Handschriften finden, nämlich Magdeb. Schöffenrecht Art. 41. 42. und Zusätze dazu Art. 25. (Meine Ausgabe der Magdeburger Rechtsquellen. 1869. S. 126. 138.) Beide Stellen finden sich in der Weichbildrechts-Redaction des Heinrichauer und Crakauer Codex (Homeyer Verz. Nro. 85. 131.), mit welcher unser Codex auch anderweitig, wie sich noch ergeben wird, in Connex zu stehen scheint.

4. Remissionen. Sehr zahlreiche Verweisungen auf andere Stellen des Sachsenspiegels unterbrechen in unserer Handschrift den Text. Sie sind dadurch kenntlich gemacht und weniger störend, daß sie mit rother Farbe geschrieben sind, und daß sie sich vorzugsweise am Ende von Paragraphen finden.

5. Rubriken. Die Handschrift hat über den einzelnen Artikeln keine Rubriken; dagegen vor jedem Buche des Landrechts und vor dem Lehnrecht ein Rubriken-Register. Dasselbe entspricht der Form XI, nach der von Homeyer, Genealogie S. 185 ff. gegebenen Eintheilung. Abgesehen von der dialektischen Verschiedenheit stimmt das Register mit dem in der Homeyer'schen Ausgabe aus dem Berliner Codex abgedruckten überein. Nur die Erweiterung am Ende des dritten Buches hat auch im Register ihren Ausdruck gefunden, indem dasselbe den 94 Artikeln des Textes entsprechend, 94 Rubriken enthält.

Ueberdies befindet sich auf dem Vorsetzblatt des Codex ein systematisches Sachregister in 14 Artikeln, welches nach den von Homeyer, Geneal. S. 148 Nro. 3. a) gegebenen Nachweisungen auch in vielen anderen Handschriften sich vorfindet.

In unserem Codex hat aber eine spätere Hand es noch um 33 weitere Rubriken ergänzt.

6. Lesarten. Dieselben gestatten nicht eine besonders nahe Verwandtschaft unseres Codex zu einem der übrigen, von Homeyer verglichenen, zu constatiren. An zahlreichen unsicheren Stellen, d. h. wo viele Handschriften von der Homeyer'schen Grundhandschrift abweichen, stimmt der Codex von Slupze genau mit dieser Grundhandschrift;[5] denselben stehen aber andererseits zahlreiche Stellen gegenüber, wo unser Codex in Uebereinstimmung bald mit diesen, bald mit jenen Handschriften von der Lesart des Homeyer'schen Textes abweicht.[6] Eigenthümlich sind unserer Handschrift Worterklärungen, die an einzelnen Stellen eingeschaltet sind, z. B. I. 2 § 1 bystume s. episcopatu; I. 70 (Note 2) czu dryen tagin daz ist czu dryen dingen; II. 13 § 4 pfluk s. aratrum; II. 42 § 3 forsten s. principes; II. 51 ofene s chlanus (?); III. 45 § 4 (Note 16) birgelden das synt dy lykofen heisyn [6a]; Lehnr. 66 § 5 stegeryf s. strepam (? stapiam); 73 Note 15 seynt s. synodum.

Der von Homeyer Geneal. S. 175 als charakteristische Musterstelle für die verschiedenen Klassen, Ordnungen und Familien aus zahlreichen Handschriften mitgetheilte Art. I. 71 ist leider in unserem Codex durch eine Auslassung entstellt. Er lautet:

Wen der rechte gogrefe vorvestent, (der)[7] syne groveschaft an daz gerichte czuyt, geczuygit her syne vorvestunge [8] . . . . obir genen alzguhant; alsust irwirbit

---

[5] Z. B. I. 26; III. 9. § 2; III. 51 bei Note 18. 19. (nur ist swert statt suert geschrieben); Lehnr. 22 Note 21; 26 Note 16; 43 Note 3; 50 Note 6; 70 Note 10; 71 Note 22.

[6] Beispiele sind: I. 5 Note 4; 9 Note 4; 31 Note 11; II. 42 Note 9. 14; 48 Note 40; 56 Note 9; 61 Note 16; 72 Note 25; III. 57 Note 5; 69 § 2 Note 5; 70 Note 3; 79 Note 4; 87 § 2 Note 9; Lehnr. 2 Note 16; 33 Note 14; 50 Note 12. Im Landr. I. 4 hat der Codex statt altvile: alle wybe und im Lehnr. 4 Note 14 statt vnde schachtrowe: vnd sal rugen. [6a] Vergl. unten Note 11.

[7] Dies Wort fehlt im Codex.

[8] vor dem greven, he irwirbit dez greven vorvestunge ist zu ergänzen. Die Auslassung ist wahrscheinlich durch die Wiederkehr des Wortes vorvestunge verschuldet.

ouch der grefe mit syner vorvestunge des kunigis achte und vorvestunge.

Nach der von Homeyer Geneal. S. 90 gewählten Bezeichnung gehört unser Codex bemnach zu der Form Eri. (Vgl. ebendaſ. S. 180.)

II. Das Magdeburger Weichbildrecht.

Hinter dem Sachsenspiegel folgt von anderer, bei Weitem schlechterer und flüchtigerer Hand eine lateinische Rezension des Magdeburger Schöffen= oder Weichbildrechtes, an deren Ende bemerkt ist: Explicit ius municipale. Anno domini 1368 dominica invocavit me, an welche eine unvollſtändige lateiniſche Ueberſetzung des Sachſenſpiegels, oder vielmehr eine Sammlung von Stellen aus dem Sachſenſpiegel in lateiniſcher Sprache ſich anſchließt.

Das Weichbildrecht entſpricht der in Polen verbreiteten Form dieſer Rechtsquelle, über welche ich in den Magdeburger Rechtsquellen S. 96 ff. nähere Nachweiſung gegeben habe. Den Ausgangspunkt dieſer Form bildet die Rezenſion Conrad's von Oppeln aus dem Anfange des 14. Jahrhunderts, die letzte Geſtalt die Ausgabe von Joh. Lasko, Krakau 1506. Die im Codex von Slupce enthaltene Form ſteht zwiſchen beiden mitten innen. Die Mehrzahl der Zuſätze, welche ſich bei Lasko im Vergleich mit der urſprünglichen Form Conrad's von Oppeln finden, ſind unſerem Codex noch fremd und er ſteht in dieſer Beziehung ſogar noch auf einer früheren Stufe als die Breslauer Handſchrift II. Q. 4. (Homeyer Verz. Nro. 91), indem die Zu=ſätze dieſer Handſchrift, die Lasko ſämmtlich aufgenommen hat,[9]) im Codex von Slupce noch fehlen. Andererſeits enthält er aber einige Artikel reſp. Zuſätze, die ſowohl den Heinrichauer und Krakauer Handſchriften des Weichbildrechts als der eben ge=nannten Breslauer Handſchrift fehlen, ſich aber im Lasko'ſchen Texte finden, z. B. (Lasko) Art. 63. 82. 83.[10]) Der Wortlaut unſerer Handſchrift iſt mit dem Wortlaut der Lasko'ſchen Ueber=

---

[9]) Vgl. meine Magdeb. Rechtsquellen S. 97. 98.

[10]) Dieſe drei Artikel ſind dem Sachſenſp. entnommen, nämlich I. 69 und 49; III. 6; III. 5 § 3—5.

setzung in sehr vielen Artikeln so genau übereinstimmend, daß an einem innigen Zusammenhange zwischen beiden Rezensionen kein Zweifel aufkommen kann; andererseits giebt es aber freilich auch zahlreiche Abweichungen in der Formulirung. Mit dem von Bischoff (Beiträge zur Geschichte des Magdeburger Rechts S. 29 ff.) beschriebenen, besekten Text des Ossolinski'schen Codex zu Lemberg stimmt die Form des Codex von Slupce keineswegs vollkommen überein; vielfach zeigt sich aber, daß diese beiden Handschriften gerade da zusammen stimmen und sich gegenseitig bestätigen, wo der Lasko'sche Text Abweichungen hat. So z. B. ist der, Lasko Art. 66 entsprechende Artikel im Codex von Slupce fast wörtlich übereinstimmend mit dem betreffenden Artikel des Ossolinsk'schen Codex, den Bischoff a. a. O. S. 33 mitgetheilt hat. Einige Artikel des Lasko'schen Textes sind übrigens in dem Slupcer Codex fortgeblieben, obgleich sie unzweifelhaft zu dem ältesten Bestande des Schöffenrechts, resp. der von Conrad von Oppeln herrührenden Rezension gehören, nämlich (Lasko) Prolog. Art. 37. 54. 77. 86. 96. 103—106. und das ganze Rechtsbuch von der Gerichtsverfassung (Konrad v. Oppeln 107 ff. Lasko 120 ff.). Der Codex von Slupce schließt das Weichbildrecht mit dem Formular des Judeneides ab, entsprechend Lasko 119. Aus allen diesen Thatsachen folgt, daß das im Codex von Slupce enthaltene Weichbildrecht sich aus einer Rezension abzweigt, welche auf dem Weichbildrecht Conrad's beruht, und welche andererseits eine Vorstufe des bei Lasko gedruckten Weichbildrechts bildet. Es ist für die Geschichte dieser Entwickelung von Bedeutung, daß der Schreiber unserer Handschrift das Datum beigefügt hat.

Lasko läßt auf das Weichbildrecht eine lateinische Uebersetzung des Sachsenspiegels folgen unter der Ueberschrift: Liber secundus juris Maydemburgensis; so schließt sich auch in unserer Handschrift — jedoch ohne Ueberschrift — an das Weichbildrecht ein Lateinischer Sachsenspiegel oder vielmehr eine Sammlung von Excerpten aus einer lateinischen Sachsenspiegel-Uebersetzung. Diese Excerpte folgen in der Reihenfolge des Vulgat-Sachsenspiegels auf einander; die erste Stelle ist Ssp. I. 31. 32, die letzte III. 91. Mit der Lasko'schen Uebersetzung stimmt der Wortlaut zwar nicht durchweg überein, wol aber an vielen

Stellen.[11]) Bemerkenswerth erscheint, daß auf die letzte Sachsenspiegelstelle im Codex noch einige Stellen aus dem Lübischen Recht (Hach Cod. I. Art. 1. 4. 5. 7. 8. 10. 13.) folgen, und daß auch bei Lasko (fol. 289) an den lateinischen Sachsenspiegel sich ein, freilich viel umfangreicheres und vollständigeres Lübisches Recht anreiht, ebenso wie in dem Heinrichauer und Krakauer Codex (Homeyer Verz. Nro. 85 und 131). Lasko hat daher auch in dieser Beziehung sein Rechtsbuch nicht selbstständig zusammengesetzt, sondern sich an alte handschriftliche Ueberlieferung gehalten.[12])

Hinter diesen Rechtsbüchern sind noch unter der Ueberschrift Incipiunt auctoritates legistice eine Anzahl scholastischer Rechtsregeln und auf den letzten Blättern des Codex einige Registraturen der Consules civitatis Slupcze aus dem 15. Jahrhundert über vor ihnen vorgenommene Rechtsgeschäfte, namentlich über Verreichungen zu Gunsten ihrer Pfarrkirche, eingetragen.

Ueber die baetische Fiduciartafel.

Eine Revision
von
Rudorff.

I. Ueberlieferung.

Im Jahre 1867 oder 1868 wurde im südlichsten Theil der Provinz Andalusien am Ausfluß des Guadalquifir, auf dem Territorium der Hafenstadt Bonanza ein Bronzetäfelchen gefunden, welches zwar nur 6 Zoll in der Höhe und 10 in der Breite mißt, aber trotz dieses seines geringen Umfangs nächst den lateinischen Stadtrechten und dem Decret des Aemilius Paulus unbedenklich als das merkwürdigste Ueberbleibsel auf dem Gebiet römischer Epigraphik in Spanien bezeichnet werden darf.

Die Tafel enthält den Anfang eines fragmentirten Berichts über ein Privatrechtsgeschäft, eine Verpfändung in Fiduciarform durch Mancipation gegen einen Minimalpreis, aber schon mit

---

[11]) So wird z. B. Ssp. III. 45 § 4 im Codex genau so wie bei Lasko sonderbarer Weise übersetzt: Solventibus cerevisiam edentibus et sculteti parentibus dantur 15 solidi in emenda et 10 talenta in recompensationem.

[12]) Vgl. Homeyer Einleit. zur 3. Ausgabe des Ssp. S. 86 Nro. 2.

angehängter Verkaufsclausel ohne Gewährspflicht des Gläubigers. Das Weitere fehlt, da der Bericht mit der Gewährspflicht in der 17. Zeile abbricht. Zwei Bestimmungen dieses kleinen aber überaus lehrreichen Monuments sind völlig neu 1) daß die Verpfändung nicht umsonst, sondern gegen einen Nominalsesterz erfolgt, 2) daß dieser nummus unus nicht nur bei der Verpfändung, sondern auch bei dem Verkauf, nicht nur an Statt eines wirklichen (materiellen) Kaufpreises, sondern neben einem solchen pretium vorkommt. Diese Bestimmungen sind für die innere Rechtsgeschichte von zwiefachem hohen Interesse.

Einmal zeigt die Urkunde die Verpfändung durch Fibucia auf dem halben Wege der Entwickelung, in welchem der materielle Zweck des Geschäfts, die causa, die alterthümliche Rechtsform eines civilen Kaufs mit civilem Rückkauf nach der Einlösung noch nicht völlig abgeworfen hat.

Zweitens erscheint der Verpfändungsact in solcher Wechselwirkung mit der juristischen Theorie, daß man zweifeln könnte, ob und wie weit beide auf einander eingewirkt haben, wenn man nicht wüßte, daß die Rechtslehre und das Rechtsleben im Alterthum zusammen fallen.

Schon diese summarische Andeutung des Inhalts ergiebt, daß die baetische Fiduciarurkunde für das Privatrecht und seine Geschichte kein geringeres Interesse darbietet als die publizistischen Monumente des römischen Spaniens für die allgemeine Geschichte und das Staatsrecht gewähren. Unter den überlieferten Mancipationsurkunden nimmt sie eine der ersten Stellen ein, welche ihr auch in der neuesten Sammlung (Bruns Fontes ed. 2 (1871) p. 131) unbedenklich eingeräumt ist.

Indessen ist dieses Interesse vorzugsweise ein spezifisch juristisches und dieser Umstand hat die Arbeitstheilung bestimmt, welche in der angesammelten Litteratur hervortritt. Ueber die Provenienz, die Form, die Bestimmung, das muthmaßliche Alter und das Sprachliche der Urkunde, die philologisch-antiquarische Seite der Bearbeitung, haben sich Hübner und Mommsen gleich nach der Einsendung der photographierten Tafel durch Francisco Mateos Gago, Professor der Theologie in Sevilla (Juni 1868) im Hermes III., 2 (1868) S. 283—289 und demnächst bei der Veröffentlichung im zweiten Bande des corpus inscriptionum latinarum (1869) n. 5042 pag. 700 ausgesprochen. An der sachlichen Erläuterung des Inhalts haben sich dagegen die juristischen Fachmänner, die Privatrechtsjuristen Frankreichs, Italiens und Deutschlands betheiligt. Unter den einschlägigen Arbeiten tritt der Commentar Degenkolb's durch Reichthum des Stoffs und civilistische Feinheit der Behandlung hervor. Er erschien unter dem Titel: „Ein pactum fiduciae" in der Zeitschrift für Rechtsgeschichte IX. (1870) S. 117—179 nebst einem Nachtrage S. 407—409. Den Resultaten dieser Analyse ist jedoch Paul Krüger in seinen Kritischen Untersuchungen im Gebiete des römischen Rechts (1870) S. 41—58 über „Eine Mancipatio fiduciae causa' mit einer Kritik entgegen getreten, welche fast in allen wesentlichen Hauptpunkten zu entgegengesetzten Resultaten geführt hat, so daß schon hierdurch die Nothwendigkeit einer Revision indizirt ist. Im Gegensatz dieser eingehenden Untersuchungen deutet der Aufsatz Paul Gide's, Professors an der Rechtsschule zu Paris, erschienen in der Revue de législation 1870 pag. 74—92 die Rechtsfragen nur im Allgemeinen an, zu welchen die Tafel Anlaß giebt. Doch sind diese Andeutungen wenigstens theilweise zutreffend. Minder befriedigend ist der Commentar von Camillo Ré, Professor des Civilrechts an der Römischen Universität, im Giornale di Giurisprudenza teoretico-pratica pag. 65—90 ausgefallen. Die juristischen Schwierigkeiten sind zum Theil nicht einmal bemerkt und wo dieses geschehen ist, die Lösung nicht selten verfehlt.[1]) Einen Abdruck des Textes mit Bemerkungen über den Charakter der Urkunde hat wie bereits bemerkt, Bruns in den Fontes iuris Romani antiqui Tubingae 1871 pag. 131 gegeben. Speciellere Bemerkungen über die Urkunde finden sich in Bekker's Actionen (1871) S. 124, Karlowa's röm. Civilprozeß (1872) S. 77. 135. und Voigt's ius naturale IV. (1872) S. 185.

Die paläographischen Eigenthümlichkeiten der Schrift, namentlich die Form des L M P, der plumpe quadratische Charakter der Buchstaben, das Verschwinden des Apex bis auf Titió Zeile 12, desgleichen des verlängerten I bis auf MIDAM Zeile 3, SIQVOS DICERE Zeile 5, EX Is Zeile 13, endlich das u statt i in optumus maxumusque Zeile 2, entsprechend dem maxume und proxume im Venafraner Edict des Augustus (Orelli-Henzen 6428) und in dem Beinamen Trajan's. (C. I. Gr. I.,

---

[1]) Belege geben Degenkolb S. 409, Krüger S. 53 Note 1.

362 a 114) weisen auf das erste oder Anfang des zweiten Jahrhunderts der Kaiserzeit.

Auf dieselbe Zeitbestimmung führt der juristische Sprachgebrauch. Die juristischen Kunstausdrücke pecunia data credita expensa lata Z. 7. 8. für res verba litterae, ferner satisdatio secundum mancipium Z. 15, 16. statt fideiussio evictionis kommen zwar bei Cicero, aber nicht mehr bei den classischen Juristen des zweiten Jahrhunderts unter den Antoninen vor.

Eben so wenig wie die Schriftzüge bietet die Lesung und die Auflösung der wenigen Abkürzungen irgend welche Schwierigkeit dar. Die einzige minder geläufige Note S. S. M. = satis secundum mancipium hatte schon Cujas aus einer Lindenbrog'schen Note beigebracht und zur Erklärung der hierher gehörigen Cicerostelle benutzt.[2])

Nach Auflösung dieser Abbreviaturen, Verbesserung einiger völlig evidenter Fehler und Hinzufügung der Interpunction ergiebt sich folgender Text:

Dama L. Titi ser*vus* fundum Baianum, qui est in agro qui | Veneriensis vocatur, pago Olbensi, uti optumus maxumusq*ue* | esset, *sestertio nummo uno* et hominem Midam *sestertio nummo uno* fidi fiduciae causa man | cipio accepit ab L. Baianio libripende antes-
5 *tato*. adfines fundo | dixit L. Baianius L. Titium et C. Seium et populum et si quos dicere oportet. |
Pactum comventum factum est inter Damam L. Titi servum et L. Baianum: | quam pecuniam L. Baiano dedit dederit credidit crediderit ex | pensumve tulit tulerit sive quid pro eo promisit promiserit | spopondit *spoponderit* fideve quid sua esse iussit iusserit usque eo
10 is fundus | eaque mancipia fiducia essent, donec ea omnis pecunia fides | ve persoluta L. Titi soluta liberataque esset. si pecunia sua qua | que die L. Titio here*di*ve eius data soluta non esset, tum uti eum | fun-

---

[2]) Cuiac. obs. XI., 4 Satisdatio olim desiderabatur (ut dixi) eaque secundum mancipium satisdatio appellabatur ut in antiquissimo libro notarum iuris has S. S. M. sic expositas inveni, satis secundum mancipium. Cicero ad Att. Sunt aliquot satisdationes secundum mancipium praediorum. Vergl. **Mommsen** notarum laterculi (Grammatici Latini ed. Keil IV.) p. 300.

dum eaque mancipia sive quae mancipia ex is vellet
L. Titi | us he*res*ve eius vellet ubi et quo die vellet
¹⁵ pecunia praesenti | venderet, mancipio pluris *sestertio
nummo uno* invitus ne daret neve sa | tis secundum mancipium daret, neve ut in ea verba quae in ver | ba satis *secundum mancipium* dari solet repromitteret neve simplam neve [*duplam*].

II. Theorie der Fiducia.

Ehe auf die Urkunde selbst eingegangen werden kann, sind einige allgemeine Bemerkungen über Wesen und Formen der Fiducia, besonders der Pfandfiducia, zur Orientirung vorauszuschicken.

Diese Bemerkungen beschränken sich jedoch auf die einschlägigen Seiten des Instituts, eine Erörterung des Ganzen, wie sie unter den ältern Schriftstellern besonders Conradi de pacto fiduciae exercitat. I. II. de fiducia in den scripta minora ed. Ludov. Pernice Vol. I. (1823) p. 179—255, unter den neuern die Pfandrechte von Bachofen I. X IX. und Dernburg I. §. 2 S. 8—26 gegeben haben, würde hier nicht am Orte sein.

Unter Fiducia versteht das altrömische Recht jede Rechtsübertragung zu treuer Hand unter Verpflichtung zur Rückgabe an den Besteller oder einen Dritten.

Das übertragene Recht kann persönlich (manus, mancipium) und sächlich (dominium) sein. Dagegen würde die bloße Besitzübergabe (traditio), die nur im ius gentium zugleich Rechtsübertragung (Eigenthumstradition) ist (Fragm. Vat. 47) so wenig genügen können, wie die Ueberlassung des Vermögens an den familiae emptor zur Testamentsvollstreckung (mandatela, custodela Gai. 2, 104).

Die fiduciirte Sache hört auf dem Fiducianten ex iure Quiritium zu gehören. Sie kann daher von ihm nicht mehr per vindicationem legirt werden (Paul. 3, 6 § 69 'iis scilicet exceptis quae fiduciae data sunt'), sondern (nach der Ansicht der Sabinianer) nur per praeceptionem mit der Wirkung, daß der Erbe officio iudicis zur Einlösung genöthigt werden kann (Gai. 2, 220). Nach der entgegengesetzten Ansicht konnte auch britten Personen per praeceptionem legirt werden (Gai. 2, 221, Paul. sent. 2, 13 Nr. 6). Huschke I. A. 2 p. 410, Note 7, bestreitet zwar den Uebergang des juristischen Eigenthums auf den Fiduciar, jedoch anscheinend nur durch ein Versehen.

Der Fiduciant rechnet auf eine besondere Vertragstreue, wie der Socius und der Freund sie dem Gesellschafter und dem Freunde schuldet. Schon darum ist Kauf auf Wiederkauf keine Fiducia, sondern ein Geschäft, bei welchem jeder seinen Vortheil im Auge hat (L. 22 D. locati 19, 2). Die bona fides schließt hier nur die buchstäbliche Interpretation und den Formalcharacter aus.

Wesentlich ist die Rückgabe:

Boeth. ad Cic. top. 10 p. 340, 40 Orelli: 'Fiduciam vero accepit cuicunque res aliqua mancipatur ut eam mancipanti remancipet; velut si quis tempus dubium timens amico potentiori fundum mancipet ut ei quum tempus quod suspectum est praeterierit reddat: haec mancipatio fiduciaria nominatur idcirco quod restituendi fides interponitur.

Festus p. 277. Remancipatam Gallus Aelius esse ait quae mancipata sit ab eo cui in manum convenerit.

Gai. I, 115, 115ᵃ, 137ᵃ, 172, 175, 195ᵃ.

Der Anspruch ist jedoch erst dann begründet, wenn die Schuld getilgt oder eine anderweitige Sicherheit gewährt ist, welche dem Gläubiger genügt, z. B. eine Expromission, eine Bürgschaft, auch eine andere Fiducia: L. 50 § 1 D. de iure dotium (23, 3).

Eine unwiderrufliche Auslieferung zur Bestrafung bei Schädigungen (noxae datio) begründet überall keine fiduciae actio (Collatio 2, 3, L. 31 D. de p. a. 13, 7.)

Die Verpflichtung zur Rückgabe kann aber nicht aus der Mancipatio fiduciaria hergeleitet werden, denn sie tritt in gleicher Weise bei der In Jure Cessio ein. Andererseits beschränkt sich die Mancipation auf die dingliche Seite des Geschäfts; die nexi obligatio, welche mit der Mancipation verbunden ist, bezieht sich auf die Garantie für die Gefahr des Eigenthumsprozesses (periculum iudicii) und trifft den Mancipanten, nicht den Erwerber. Der Grund der Rückgabe ist vielmehr einzig die restituendi fides d. h. die lex fiduciae und deren Annahme, welche in verschiedenen Formen (stipulatio, legum dictio, nuncupatio) erklärt werden kann, wie sich des Näheren noch weiter unten bei den Entstehungsgründen ergeben wird. Den Grund der Verpflichtung hat schon

Jhering, Geist II 2. S. 514 530 der zweiten Ausgabe richtig erkannt. Aber er verfehlt den Sprachgebrauch, wenn er sagt, daß die Fibuciarclausel nicht in der Nuncupatio liege. Er versteht nämlich darunter nur die Erklärung des Erwerbers über die Bedeutung der Aneignung, indem er das Wort von nomen capere „beim Namen nennen" herleitet. Die obligirende Wirkung liegt aber in dem Modus des Mancipanten, in der lex „ut sibi remancipet" und diese kann ebenfalls durch eine Nuncupatio, ein palam nominare ausgedrückt sein.

Der Begriff der Fiducia gehört zu denen, welche sich, wie der Kauf, aus unterschiedsloser Allgemeinheit unter der Pflege verfeinernder Rechtscultur mannigfaltig gegliedert haben. Während er ursprünglich das gesammte Rechtsgebiet (familia L. 195 D. de V. S. 50, 16) in gleichförmiger Anwendung begreift, sondert sich später die persönliche Fiducia von der sächlichen, so daß die Pfandfiducia eines freien Menschen und selbst der Hauskinder in der Kaiserzeit verboten wird. (Paul. sent. 5, 1 § 1, L. 5 D. quae res pignori 20, 3). In der sächlichen Anwendung scheiden sich weiter Freundesfiducia und Pfandfiducia in der Art, daß das Treuverhältniß sich auf die fiducia cum amico contracta zurück zieht, dem man in gefährlichen Zeitläuften (tempus dubium) sein Gut anvertraut, während die Pfandfiducia (cum creditore) in ein gemeines Güterverhältniß übergeht. (Gai. 2, 58—60).

Fragt man nach dem Grundgedanken, welcher die Kraft besaß, so verschiedenartige Verhältnisse einheitlich zusammen zu fassen, so liegt er in der im Wesentlichen unentwickelten Stellvertretung, welche, durch die ursprüngliche Enge einer städtischen bürgerlichen Bevölkerung bedingt, das ganze Gebiet der Erwerbung Erhaltung und Uebertragung der Rechte beherrschte und in den bekannten Principien:

Per liberam personam non adquiritur.

Nemo plus iuris in alterum transferre potest quam ipse habet. (L. 54 D. de R. I. 50, 17.)

Nemo alieno nomine lege agere potest (L. 123 § 1. D. de R. I. 50, 17)

formulirt war, an welchem selbst der bündigste Vertrag nichts zu ändern vermochte: L. 73 § 4 D. de R. I. (50, 17). Quintus Mucius Scaevola libro singulari ὅρων. Nec paciscendo, nec legem dicendo nec stipulando quisquam alteri cavere potest. Wie die Abstipulation, die Delegation, die active Correalobligation im Obligationenrecht, die Dos im Familienrecht, die familiae emptio im Erbrecht nothwendig war, um dem Erwerber eine Rechtsverfolgung gegen Dritte in eigenem Namen zu gewähren, so bedurfte es im Personen- und Sachenrecht der Fiducia zu gleichem Zwecke. Eine Uebertragung des abgeleiteten Besitzes konnte nur possessorischen Schutz gewähren, das Depositum, die Hypothek blieb dritten Personen gegenüber ganz schutzlos.

Wie aber stand es bei diesem System der Rechtsübertragung um den begrifflich nothwendigen Rückfall an den Fiducianten?

Durch Resolutivbedingungen und Endtermine, wie bei dem Besitze, der an sich momentan und temporär ist (L. 6 pr. D. q. m. pignus solv. 20, 6), war hier nicht zu helfen. Die dauernde vererbliche Natur des Eigenthums und der Familiengewalt erträgt derartige Zeitbeschränkungen nicht. (Fragm. Vat. 283. L. 34 D. de adopt. 1, 7). Aber auch eine suspensive Bedingung des unwiderruflichen Uebergangs, wie sie bei der Tradition und Publiciana vorkommt (L. 9 § 1. 2. D. de iure dot. (23, 3), Ulp. 17 ad ed. L. 29 D. de m. c. d. 39, 6), ist durch die strengen Formen der Fiducia ausgeschlossen (Fragm. Vat. 49: nulla legis actio prodita est de futuro. 329 subcondicione — non recte — mancipatur. Vgl. Enneccerus Suspensivbedingung 1871 S. 27 f. 31 f.)

Savigny (System 5, S. 517, 566) hat an eine Condiction im engern Sinne, also eine Widerrufsklage gedacht. Er beruft sich auf

L. 4 § 1 D. de reb. cred. (12, 1) Res pignori data pecunia sóluta condici potest.

indem er eine Interpolation: pignori für fiduciae annimmt. Es könnte aber auch die allgemeine concurrirende condictio certi generalis (L. 9 pr. D. de R C. 12, 1) ex causa furtiva gemeint sein und dann würde es keiner Interpolation bedurft haben (L. 16 D. de cond. furt. 13, 1).

Unzweifelhafter ist die Rückforderung auf Grund der usureceptio (L. 7 § 3 D. comm. div. (10, 3) L. 16 D. de obl. et act. (44, 7) vergl. Arndts Beiträge S. 208, Gai. 2, 59—61 3, 201). Desgleichen mittels der Diebesklagen, vorausgesetzt, daß die Momente des Entwendungsbegriffes, Contrectation einer fremden Sache wider den Willen des Eigenthümers, zutreffen,

Die Strafklage ist also ausgeschlossen 1) im Falle bloßer Unterschlagung oder Abläugnung (inficiatio) ohne faktische Aneignung.[3] 2) Ferner bei Contrectation mit Bewilligung des Eigenthümers. 3) Endlich Mangels einer fremden Sache. Dieser aber ist von Seiten des Fiducianten vorhanden, wenn die Freundesfiducia irgendwie, oder wenn die Pfandfiducia nach erloschener Pfandschuld vom Fiducianten entwendet wird (Gai. 2, 60, 3, 201), denn das Eigenthum des Fiduciars ist in beiden Fällen nur ein nominelles, eine durch den Ausschluß der Stellvertretung bedingte Rechtsform.

Und daraus folgt dann wieder umgekehrt, daß die Freundesfiducia immer, die Pfandfiducia nach getilgter Schuld als materielles Eigenthum des Fiducianten gilt. Ja selbst bei noch stehender Pfandschuld kann dies vorkommen, zwar nicht so, daß der Schuldner die Fiducia an den Gläubiger selbst verkaufen könnte, denn eine zweimalige Mancipation würde rechtlich unmöglich sein (Gai. 41 a vergl L. 12 pr. D. de distr. 20, 5). Wohl aber kann der Schuldner die Fiducia einem dritten legiren (Gai. 2, 220) und verkaufen, dergestalt daß der Gläubiger von dem Kaufpreis abgefunden wird, worauf er die Fiducia dem Schuldner remancipirt und dieser sie dem Käufer leistet (Paul. sent. 2., 13 § 3). Demgemäß ist also auch eine dos aestimata möglich (Fr. Vat. 94 = L. 49 § 1 D. sol. matr. 24, 3) da diese ebenfalls als Kauf gilt. Eine weitere Consequenz ist, daß die Diebesklagen dem Fiducianten gegeben werden, wie wenn der Fiduciar nicht Eigenthümer, sondern nur einfach Depositar und Faustpfandgläubiger wäre.[4]

Der unvollkommene Rechtsschutz durch die Diebesklagen wurde jedoch schon vor Alters durch Delictsklagen wegen Dolus ergänzt.

Wegen Unterschlagung und Verfügung mit dem Willen des Eigenthümers kommt bei dem Depositum aus dem crimen perfidiae (L. 1 § 4 L. 5 pr. D. depositi 16, 3) bereits nach den 12 Tafeln eine Klage auf das Doppelte vor (Collatio 10, 7 § 11 = Paul. sent. 2, 12, 11). Ebenso bei der Tutel die actio rationibus distribuendis, neben der jedoch, falls nicht Unterschlagung, sondern Ent=

---

[3] L. 1 § 2 L. 13 D. depositi (16, 3) L. 67 pr. D. de furtis (47, 2) Quintil. declam 245. Iuvenal. 13, 60).

[4] Worüber von fern L. 16. D. de cond. furt. (13, 1) L. 73 D. de furtis (47,2) zu vergleichen ist.

wendung vorliegt, die Diebesklage zugelassen wurde (L. 55 § 1 D. de adm. tut. [26, 7], L. 2 pr. § 1. 2 D. de tutelae [27, 3]). Selbst für das Mandat hat neuerdings Ubbelohde, zur Geschichte der benannten Realkontrakte (1870) S. 43 aus dem zweiten Capitel des Aquilischen Gesetzes (Gai. 3, 215, 216) eine Delictsklage gegen den Adstipulator, der dem Promissor die Schuld erläßt, zu deduziren versucht, wobei dann freilich sowohl von der Litiscrescenz, wie der bloßen Prozeßstrafe des Läugnens (inficiatio in diesem Sinne) ganz abgesehen sein müßte. Nur für die Societät fehlt es an jedem Nachweise. Gleichwohl stimmen diese vier Fälle in Betreff der entehrenden Wirkung überein, nur ist in Stelle des Depositum (nach dem Edict) in der lex Iulia municipalis vom Jahr 709 Z. 111. (C. I. L. I. p. 122) noch die Fibucia — also wohl cum amico — unter den entehrenden Klagen aufgeführt, wie denn auch Cicero pro Q. Roscio 6, de nat. deor. 3, 30, de off. 3, 174, top. 10, 42 die actio depositi in der Aufzählung der bonae fidei iudicia ausläßt. Daß die Strafklage wegen Dolus und mit entehrender Wirkung, die Erben des Thäters nicht treffen kann, versteht sich von selbst. Und dem alterthümlichen Delictsstandpunkt entspricht auch die Prozeßform. Die Actio rationibus distrahendis kommt noch bei Cicero in der Form der Legis Actio vor (de or. I 36 § 167). Ebenso die verwandte Actio furti (de nat. deor. 3, 30, 74), welche deshalb sowohl im Civilrechts-, wie im Edictssystem mit ihr unter einer Rubrik erscheint. Nur möchte ich nicht mit Ubbelohde S. 61 die Legis Actio bei der Fibucia aus den Worten uti ne propter te fidemve tuam captus fraudatusve siem deduziren. Dies wäre eine legis actio de futuro, die es bekanntlich nicht giebt (Fragm. Vat. 49). Jene Worte müssen vielmehr auf das friedliche Rechtsgeschäft (die lex), nicht auf die Klage (die legis actio) zurückgeführt werden.

In diesen Klagen wegen Perfidie war nun aber schon der Keim der contractlichen Ansprüche gegeben.

Es ist ein großes Verdienst der römischen Juristen der letzten Zeit des republicanischen ius ordinarium, daß sie ohne alle legislative Grundlage (sine lege) diesen Keim weiter entwickelt, die Theorie der bonae fidei obligationes und actiones, unter ihnen auch der iudicia de fide mala durch bloße Doctrin und Praxis (ius civile) ausgebildet und damit das schon in der Lex

Aquilia sichtbare Absterben der Privatstrafe befördert haben. Vielfach wird das bei Cicero hervorgehoben:

Cic. top. 17, 66. Privata enim iudicia maximarum quidem rerum in iuris consultorum mihi videntur esse prudentia. nam et adsunt multum et adhibentur in consilio et patronis diligentibus ad eorum prudentiam confugientibus hastas ministrant. in omnibus igitur iis iudiciis in quibus EX FIDE BONA est additum, ubi vero etiam UT INTER BONOS BENE AGIER in primisque in arbitrio rei uxoriae in quo est QVID AEQVIVS MELIVS parati esse debent. illi enim dolum malum, illi fidem bonam, illi quid socium socio, quid eum qui negotia aliena curasset ei cuius ea negotia fuissent, quid eum qui mandasset eumve cui mandatum esset alterum alteri praestare oporteret, quid virum uxori quid uxorem viro, tradiderunt.

Cic. pro Q. Roscio 6. siquae sunt iudicia summae existimationis ac paene dicam capitis tria haec sunt fiduciae tutelae societatis. haec vero iudicia non legibus sed iurisconsultorum auctoritate definita sunt.

Cic. de off. 3, 15. 61. Atque iste dolus malus etiam legibus erat vindicatus, ut tutela XII tabulis et circumscriptio adulescentium lege Plaetoria et sine lege iudiciis in quibus additur EX FIDE BONA.

Cic. de off. 3, 17. de nat. deor 3, 30, 74.

Nach diesen Angaben wurde die Privatstrafe wegen Dolus durch eine umfassendere Geschäftsobligation erweitert, welche auch die obligatorische Culpa und Mora je nach der Beschaffenheit des Verhältnisses berücksichtigte und selbst einen Wechsel der Kunstausdrücke nach sich zog (Voigt Abh. d. sächs. Ges. VI, 1). Besonders hervorgehoben wird das arbitrium rei uxoriae, in welchem Culpa und Mora mehrfach zur Sprache kamen. Auch hier wird indessen keine lex erwähnt; von einer lex Maenia weiß Cicero nichts.

Durch die Auctorität der Juristen, welche das Consilium des Prätors bildeten, kamen diese Formeln in das Edict, denn sie sind sämmtlich perpetuae, also Civilklagen.

Die Stellung, welche sie in dem Edict, wenigstens in der neuesten Redaction einnehmen, ist (jedoch abgesehen von der tutela, welche ihren alten Platz beim furtum behält) bestritten. Pau=

lus erwähnt in den Sentenzen die Fiducia zweimal. Erstlich in der Titelüberschrift 2, 4 de commodato et deposito pignore fiduciave. Zweitens 2, 13 unter der Ueberschrift de lege commissoria hinter dem Depositum (2, 12). Huschke I. A. 2 p. 375, dem Ubbelohde S. 57 folgt, schaltet nun in die Titelrubrik hinter deposito die Worte item de ein, so daß sie lauten müßte 'de commodato et deposito item de pignore fiduciave.' Dem widerstreitet jedoch 1) die unnütze Wiederholung des Depositums 2) die Oeconomie des Edicts. Nur Commodat und Pfand, nicht auch Depositum, wie Ubbelohde S. 57 behauptet, gehören unter den Titel de rebus creditis. Dagegen Depositum, Mandat und Societät als die wichtigsten bonae fidei iudicia mit capitaler Wirkung eröffnen erst den folgenden Titel. Das ergiebt selbst die Bücherzahl in den Commentaren. (Edictum perp. § 110 sq). In der Rubrik 2, 4 (und ebenso 5, 26 § 4) ist daher depositum pignus fiduciave das Faustpfand mit oder ohne Rechtsübertragung, ganz wie mutuum und commodatum, utendum datum den Leihvertrag in beiderlei Form bezeichnet.[5]

Daß für Commodat, Depositum und Mandat doppelte Formeln aufgestellt wurden, für Fiducia und Pignus nur einfache, erklärt sich noch immer am befriedigendsten aus dem Bedürfniß, den Haussöhnen durch ein extraordinarium iudicium wie bei dem Darlehen zu helfen. (L. 17 D. de reb. cred. 12, 1). Dieselben können leihen, deponiren, mandiren, aber nicht verpfänden. Ubbelohde S. 85 läßt freilich Commodat, Depositum, Pignus aus der Fiducia durch in factum actiones herausheben und erklärt daraus das Verschwinden der Infamie. Allein diese und das Doppelte dauert beim Depositum fort, weil hier ein stärkerer Vertrauensbruch zu ahnden ist. Andererseits sind jene drei Geschäfte nicht aus, sondern neben der Fiducia entstanden, da das Object ein ganz verschiedenes ist und die Rechtsübertragung wegfällt. Dies ist namentlich für das Commodat und Pignus zu behaupten. Ersteres ist aus dem Darlehen, letzteres aus einer conventionellen Nachbildung der pignoris capio hervorgegangen. Beide gehören daher zu den Res creditae. Nur das Depositum ist aus den Freundes-

---

[5] Cato de R. R. 5, 3. (Instruction für den Villicus.) Satui semen, cibaria, far, vinum oleum mutuum dederit nemini. Duas aut tres familias habeat unde utenda roget et quibus det: practerea nemini.

fiducia erwachsen, daher die Zusammenstellung mit dem Mandat, (Paul. sent. 2, 12—15. Ed. perp. § 110—112), das Doppelte, die entehrende Wirkung. 'Actio commodati' sagt Modestinus libro differentiarum (sub titulo) de deposito et commodato in der Collatio 10, 2 § 7 'semper in simplum competit, depositi vero nonnunquam in duplum.' Die Beschränkung der Infamie bei Commobat und Pignus ist daher anders und aus materiellen Gründen zu erklären.

Die Formel der fiduciae actio lehnt sich trotz ihres alterthümlichen Charakters an keine Legis Actio an, sie ist keine fiducia ad legis actionem expressa, sondern hat einen durchaus selbstständigen Character (Gai. 4, 33). Gleichwohl enthält sie in der Clausel VT INTER BONOS BENE AGIER OPORTET ET SINE FRAVDATIONE (Cic. de off. 3, 17, 70 vergl. 3, 15, 64, topic. 17, 66, ad fam. 7, 12, 2) nicht nur eine bonae fidei Clausel, sondern eine spezielle clausula doli. Daher behält selbst die Pfandfiducia ihre entehrende Wirkung,[6]) wogegen die Pigneraticia als eine einfache bonae fidei actio ohne den Zusatz SINE FRAVDATIONE kein iudicium turpe mehr darstellt (Gai. 4, 62, L. 6 C. de pign. act. (4, 24), L. 4 C. si vendito pignore 8, 30), da sich an die Worte EX FIDE BONA nicht nothwendig die Infamie knüpft. (L. 11 in fin. D. de dolo malo 4, 3).

In Betreff der passiven Transmission gegen die Erben kommt aber auch schon bei der Fiducia der Ersatzcharacter zu voller Geltung, selbst wenn die Sache Einem Erben oder einem Dritten legirt sein sollte (Paul. sent. 2, 13, 16). Noch weniger sollte wegen der Fassung von Paul. sent. 2, 17 § 12 und Consult. 6, 8 p. 735 Huschke') der active Uebergang beanstandet werden.

Im Bisherigen wurde der Uebergang der Fiduciarobligation aus einer Strafobligation in eine contractliche Verbindlichkeit im Allgemeinen nachgewiesen. Es erübrigt noch obige allgemeine Bemerkungen auf die Pfandfiducia anzuwenden.

---

[6]) Cic. pro Caecina c. 3, 'qui per tutelam aut societatem aut rem mandatam aut fiduciae rationem fraudavit quempiam in eo quo delictum maius est eo poena est tardior. est enim turpe iudicium et facto quidem turpe.

'Fiducia est', sagt Iſidor orig. V, 25 § 23, 'quum res aliqua sumendae mutuae pecuniae gratia vel mancipatur vel in iure ceditur.'. Daß hier die Species der Pfandfiducia mit dem Genus verwechſelt wird, erklärt ſich daraus, daß die Freundesfiducia in der Kaiſerzeit ihre praktiſche Wichtigkeit verloren hatte, wenn auch die Exceptio litigiosi im Edict noch fortgeführt wurde (Ed. perp. § 291). Darnach blieb nur die Pfandfiducia in den weſtlichen Provinzen und ſo auch in der baetiſchen Provinz, welcher zufällig ſowohl unſere Fiduciartafel wie der Biſchof Iſidor angehört, im praktiſchen Gebrauch. Sidonius Apollinaris, Biſchof von Clermont d'Auvergne † 484 ep. 4. 24 ed. Paris. 1599 p. 288 erwähnt ſie mit den Worten: 'nihil quidem loco fiduciae pignorisve vel argenti sequestrans vel obligans praediorum' und in Urkunden erſcheint ſie wenigſtens nominell bis tief ins Mittelalter.[7])

Pfandfiducia iſt Pfandrecht unter der Rechtsform des Eigenthums.

Wie jedes Pfandrecht hat ſie eine Forderung und eine fähige Sache zur Vorausſetzung.

Nach getilgter Forderung kann Rückübertragung und Repromissio de dolo (L. 15 D. de pign. act. 13, 7) gefordert werden. Aber auch ohne fiduciae actio iſt usureceptio denkbar ſobald es nur nicht am Beſitz fehlt, alſo nicht wenn der Schuldner Pachter oder Precariſt des Gläubigers iſt; erſt nach abgezahlter Schuld würden auch dieſe Verhältniſſe den eigenen Beſitz

---

[7]) Du Cange v. fiducia, fiduciare, infiduciare. Aus dem griechiſchen Italien v. J. 539, 540: Marini papiri dipl. No. 115 lin. 7 'nec alicui offiduciatas', No 121 lin. 22 'nulli autem a se donatas cessas commutatas infiduciatas.' Savigny Geſchichte des R. R. II. S. 187 will darunter nur eine „Verpfändung im Allgemeinen" verſtanden wiſſen, weil in N. 41 die Ausdrücke 'nec alicui obligatas', No. 122 lin. 47 'nullique ante a se donatas cessas vel oppositas' gleichbedeutend gebraucht würden. Allein die Stellen handeln von der Eigenthumsgarantie und ſchließen daher die Fiducia jedenfalls mit ein: Lex Langob. Liutprand VI, 5 'si infans — res suas — vendiderit aut infiduciaverit.' Lombardiſche Urkunden bei Fumagalli cod. dipl. S. Ambros. Num. 6. v. J. 748 'pro quibus uno solido posui tibi loco pigneri seo fiduciae nexo idest petiola una de prado.' Mailändiſche Urkunden v. J. 1034 und 1053 bei Muratori antiqu. Ital. T. 1 p. 588. 589. Citat nach Savigny S. 234 d.

nicht mehr ausschließen, da nunmehr die Pfandsache materiell dem Verpfänder gehört und Pacht oder Precarium an eigener Sache nicht möglich ist (Gai. 2, 60). Wegen Entschädigung oder Verwendung wird eine Actio fiduciae contraria gegeben (Paul. sent. 2, 13 § 4).

Erfolgt die Rückgabe nicht oder nicht in gehöriger Weise, so verwandelt sich der Anspruch in eine Geldobligation. Der Gläubiger steht aber, obgleich er Eigenthümer ist, nicht für den zufälligen Untergang, vielmehr haftet er, da das Geschäft bonae fidei und beiderseits vortheilhaft ist, zwar für Dolus und Culpa, aber nicht für die Gefahr, da die vage Regel casum sentit dominus der römischen Theorie fern liegt. Die Fiducia folgt also nicht dem Depositum, sondern dem Commodat. Es hat sich darüber eine interessante Erörterung aus Modestinus libro differentiarum secundo (sub titulo) de deposito et commodato in der Collatio X. cap. 2 erhalten. Nach Vergleichung beider Geschäfte § 1 bemerkt er im § 2: 'sed in ceteris quoque partibus iuris ista regula custoditur: sic enim et in fiduciae iudicio et in actione rei uxoriae dolus et culpa deducitur, quia utriusque contrahentis utilitas intervenit.' Dieser Grund würde aber natürlich nur für die Pfandfiducia zutreffen können.

Allein nicht bei jeder Forderung erfolgt jene Lösung, auf welche in der Fiduciarclausel gerechnet ist. Und dennoch darf der Fiduciar die Fiducia weder behalten noch verkaufen, weil er dadurch seine Verpflichtung zur Rückgabe vereiteln würde. Er würde sich nicht nur der Actio fiduciae sondern selbst den Diebesklagen aussetzen (Paul. sent. 2, 13 § 4 L. 16 D. de cond. furt. (13, 1). L. 73 D. de furtis (47, 2). L. 1 § 47 D. depositi 16, 3).

Es bleibt also nur übrig durch eine zusätzliche Bestimmung in der lex contractus über die eigentliche lex fiduciae hinauszugehen.

Einen solchen Zusatz gewährte ursprünglich die pönale Verfallclausel (lex commissoria), welche der strafrechtlichen Entwicklungsstufe entsprach und daher im republikanischen Recht überwiegend war. Cicero erwähnt sie bei einem Provinzialgrundstück pro Flacco 21, 51 'pecuniam adulescentulo grandi fenore, fiducia tamen accepta occupavisti. hanc fiduciam commissam tibi dicis: tenes hodie ac possides' und bei einer Hypothek ad fam. XIII., 56. Im classischen Rechte dauert sie fort: Paul.

sent. 2, 13 de lege commissoria, nur tritt sie in dem Maße zurück, in welchem die Verkaufsclausel als natürliches ja als wesentliches Stück des Geschäfts zur Herrschaft gelangt (Paul. sent. 2, 5, 1 und 2, 13, 5 vergl. L. 4 D. de pign. act. 13, 7). Sie enthält eine boppelte Härte, der Schuldner verliert die Einlösung, der Gläubiger die Forderung: Cic. ad. fam. 13, 56, 2 'ut aut decedat aut pecuniam solvat' Dernburg Pfandrecht I, 20, Note 36. Constantin rescindirte sie wegen ihres wucherlichen Charakters gesetzlich (Cod. Theod. 3, 2 de commissoria rescindenda, L. 3, Cod. Iust. de pactis pign. 8, 35). Nur bei dem Pfändungsrecht der Publicanen erhielt sich eine gesetzliche poena commissi sobald die Steuer nicht entrichtet war (L. 14 D. de publicanis et vectigalibus et commissis 39, 4).

Dem spätern Vertragsstandpunct entspricht die Verkaufsclausel. Ursprünglich bedurfte sie ebenfalls eines ausdrücklichen Zusatzes in der lex fiduciae. Im classischen Recht wird sie fingirt, so daß selbst eine unbedingte Ausschließung nicht mehr möglich ist. Das Verbot hat nur den Sinn, daß ohne dreimalige Vorherverkündung an den Schuldner nicht zum Verkauf geschritten werden darf (Paul. sent. 2, 5 § 1 und 2, 13 § 5). Dennoch erhielt sich die Verkaufsclausel wegen der nähern Bestimmungen über die Modalitäten, welche sie ermöglichte. Diese müssen auf das Sorgfältigste beobachtet werden, ihre Ueberschreitung würde die distractio entkräften. Der Selbstkauf durch den Gläubiger oder eine Zwischenperson kann sogar überhaupt nicht als Distractio gelten, weder bei dem Pignus noch bei der Fiducia, obgleich er dort gültig, hier nichtig ist, in beiden Fällen bleibt daher die Wiedereinlösung offen (Paul. sent. 2, 13 § 4 vergl. L. 10 C. de distr. 8, 28). Erst die gültige Distraction schließt die actio fiduciae auf Rückgabe aus (Paul. 2, 18 § 15 = Consult. 6, 8, cf. Paul. 2, 13 § 4). Nur auf das Superfluum, den Ueberschuß der Kaufsumme über die Forderung bleibt der Anspruch auch nach der Distraction erhalten (Paul. sent. 2, 13 § 1). In gleicher Weise kann der Gläubiger wegen unredlichen Verfahrens in Anspruch genommen werden (L. 2 C. si vendito 8, 30).

Findet sich kein Käufer, so ist eine dominii impetratio nöthig, denn wenn auch der Gläubiger schon von Haus aus Eigenthümer ist, so ist doch dieses Eigenthum nur ein procuratorisches, materiell ist er nur Pfandgläubiger, gegen die Einlösung kann ihn also nur ein Specialgesetz des Regenten schützen, welches ihm auch das materielle Recht des Schuldners überweist. Aber auch dieses geschieht (vor Justinian) nur so, daß dem Schuldner noch immer freisteht, das Pfand binnen Jahresfrist einzulösen. Bis zum Ablauf dieses tempus luendi besitzt also der Gläubiger immer noch nicht das praedium, den fundus selbst, sondern nur eine fiducia, welche nach den 12 Tafeln zu den ceterae res zählt und daher schon binnen eines Jahres zurückerseffen werden kann (Gai. 2, 60). Der bis zum Ablauf der Einlösungsfrist von dem Gläubiger gefundene Schatz ist also noch immer zur Hälfte dem einlösenden Schuldner als Grundeigenthümer zu restituiren (L. 63 § 4 D. de adqu. rer. dom. 41, 1), das einem Mündel durch Fiducia verpfändete Grundstück gilt ferner noch immer als ein fremdes, es kann wenigstens bis zum Zuschlage ohne Decret veräußert werden (L. 5 § 3 D. de reb. eor. 27, 9). Im Falle der Entwährung kann der Gläubiger Evictionsleistung fordern, er erhält deshalb eine utilis ex empto actio, in deren Formel dem Kauf der Zuschlag gleichgestellt wird, wogegen das Pfandverhältniß und die actio fiduciae contraria auf ein besseres Pfand wegfällt (L. 24 pr. D. de pign. act. 13, 7).

Waren dieses die Grundzüge des Inhalts so bedarf es nur noch eines Blicks auf die bewegliche Seite, die Begründung und Auflösung der Fiducia.

Die älteste Form war die In Jure Cessio, die Vindication des Gläubigers in Legisactionenform unter Zustimmung oder mindestens ohne Widerspruch des Schuldners. Also eine Prozeßform, zur Erhaltung bereits bestehender, nicht zur Begründung neuer Rechte geeignet. Da jedoch die Mancipation erst nach Aufstellung der 5 Servianischen Classen entstanden sein kann, aus denen sie in den 5 Zeugen einen Ausschuß darstellt, so war man ursprünglich genöthigt aus der Prozeßform eine Begründungsform zu bilden. Sie hatte vor der Mancipation die mögliche Anwendung auf nicht mancipable Sachen und Rechte voraus und wurde daher nicht nur neben dieser in den zwölf Tafeln bestätigt (Fragm Vat. § 50), sondern selbst noch im classischen Recht bei der Fiducia nicht ganz aus der Uebung verdrängt (Gai. 2, 59). Im Allgemeinen aber war sie eine schwerfällige Form, die jede Vertretung, selbst durch Abhängige, ausschloß, nur vor

Gericht und an einem fastus dies möglich war und nur durch Stipulationen, nicht durch formlose Nebenberedungen (pacta adiecta) ihre näheren Bestimmungen empfangen konnte. Zu Gaius Zeit war sie daher im Allgemeinen durch die Mancipation fast gänzlich aus dem Gebrauch verschwunden (Gai. 2, 25 'plerumque et fere semper mancipationibus utimur').

Einen entgegengesetzten, im Ganzen aber freiern Charakter zeigt die Mancipation. Sie ist ein Nexum, d. h. eine Bindung des Willens durch Vertrag und zwar durch einen civilen Kaufvertrag mit dinglichen und obligatorischen Wirkungen.[8] Nur enthält sie keinen Creditkauf, sondern immer einen Baarkauf Zug um Zug. Denn der Käufer will die redliche Absicht seiner Aneignung, also den rechtlichen Erwerb constatiren und das geschieht am Einfachsten und Deutlichsten durch Baarzahlung. Wäre es nur um den Eigenthumsübergang überhaupt zu thun (wie Jhering Geist des R. R. II. S. 525, 2. Auflage, annimmt), so würde schon nach den zwölf Tafeln auch ein Pignus, ein Expromissor, vielleicht selbst schon der Creditkauf genügt haben (§. 41 I. de rer. div. 2, 1). Der Erwerber will sich aber nicht umsonst und ohne Weiteres, sondern nur gegen die richtige Valuta die Sache aneignen, darum setzt er hinzu: 'mihi emptus est hoc aere aheneaque libra' (Gai. 1, 119, Fr. Vat 50, Boeth. ad top. p. 322 Orell.). Denn aere schlechthin hätte wie vino ohne den Zusatz inferio das ganze Baarvermögen ergriffen (Trebatius bei Arnob. adv. gentes 7, 31. Huschke I. A. 2 p. 34), und ohne die Kupferwage hätte die Gewähr des richtigen Gewichts gefehlt. Darum muß durch einen libripens der Act und das richtige Gewicht constatirt werden. Die Worte: rausculo libram ferito (Varro de ling. lat. 5, 163, Festus v. Rodus, Rudusculum) scheinen diesem, nicht dem Mancipanten angehört zu haben.

---

[8]) Varro de ling. lat. VI., 5 § 105, Cic. de harusp. resp. 7, 14 'sunt domus in hac urbe iure privato, iure hereditario, iure auctoritatis, iure mancipii, iure nexi.' Die dingliche Seite ist die nexu traditio (Cic. top. 5, 28) oder mancipatio, bei der persönlichen fiducia die fiduciaria coemptio. (Karlowa, Formen der römischen Ehe S. 51). Sie enthält die handgreifliche Aneignung des Eigenthums (mancipatio = manucaptio), bei welcher der emptor das Wort führt (Gai. 1, 117, 123). Die obligatorische Seite ist die nexi obligatio, in der sich der Verkäufer zur Garantie verpflichtet (Cic. p. Murena. 2, 3 nexu se obligavit).

Der Abschluß ist zu jeder Zeit und an jedem Orte möglich, wo fünf erbetene Volkszeugen zu haben sind.

Die Beglaubigung des Actes erfolgt ursprünglich durch das mündliche Zeugniß des Antestatus, später durch die notarielle Urkunde des Tabellio.[9]

Stellvertretung auf Seiten des Gläubigers ist wenigstens durch die römische familia, die der Potestas, Manus und dem Mancipium Unterworfenen erreichbar. Diese erwerben ihrem Familienhaupt ohne Weiteres, also nur durch freie Personen erwirbt man nicht (per liberam personam non adquiritur). Verpflichtungen setzen aber auch dort einen iussus voraus, durch unabhängige Mittelspersonen sind sie vollends unmöglich.[10]

Der Zweck der Mancipation (causa) bedurfte bei dem eigentlichen Kauf keines Zusatzes, da er schon in den Formelworten emptus est und zwar von dem Erwerber ausgesprochen war. Nur der Zusatz eines Modus z. B. ut servus exportetur, manumittatur u.. dergl. setzte eine genauere Bestimmung (lex) von Seiten des Mancipanten voraus (Dig. 18, 7, Modestin. L. 7 pr. D. de iure patron. 37, 14). Ebenso wird die Mancipation zu Rechtszwecken (dicis gratia) außer dem Kauf in der Beurkundung durch den Vermerk donationis, dotis, fiduciae causa mancipio accepit charakterisirt. In dem Geschäfte selbst bildete der Zweck einen Theil der lex (Gai. 1, 140), welche in befehlender Redeform gefaßt und von dem Mancipanten verlautbart wird (Cic. de off. 3, 16 § 65: 'lingua nuncupata').

Bedingungen, aufschiebende wie auflösende, ebenso Zeitbestimmungen, Anfangs- wie Endtermine sind dagegen durch den Zweck und Charakter der Mancipation ausgeschlossen.[11] Dergleichen Klauseln müssen daher besonders — im Ganzen durch Stipulation, nur bei bonae fidei Geschäften auch durch formlosen Nebenvertrag — verabredet werden.[12]

---

[9] Instrumentum auctoritatis (Scaevola L. 43 pr. D. de pign. act. (13, 7), Spangenberg tab. neg. p. 275.), emptio, chirographum praediorum L. 102 p. D. de leg. 3, (32). Eine Anschauung gewähren die neuerdings veröffentlichten Blasendorfer Triptycha.

[10] L. 67 D. de proc. (3, 3) L. 13 § 25 D. de act. empti (19, 1).

[11] Fragm. Vat. 283. 229. L. 77 D. de R. I. (56,17) vergl. Cic. ad fam. 7, 29 Lucret. 3, 985. Ovid. de Ponto 4, 5. 19. Enneccerus Suspensivbed. S. 27 f.

[12] L. 9 C. de don. (8, 54) L. 7. § 2 L. 45 D. de pact. (2, 14).

In diesen Gränzen wurde die Mancipation durch die Zwölf=
tafelgesetze 'cum nexum faciet mancipiumque uti lingua nuncu-
passit ita ius esto' und 'uti legassit super pecunia tutelave suae
rei ita ius esto' bestätigt und durch eine Strafklage auf das
doppelte, die actio auctoritatis, geschützt (Cic. de off. 3, 16 §
65. Fr. Vat. 50).

Die Brauchbarkeit für das Pfandrecht, die mancipatio fiduciae causa, unterliegt gleichwohl noch manchen Bedenken.

Die Mancipation ist ein civiler Kauf, also auf ein habere
licere, ein Behaltendürfen und unwiderrufliche Veräußerung (abalienatio) berechnet. [13])

Die Verpfändung dagegen ist conservativ, der Schuldner
hofft das Pfand einzulösen. Er betrachtet die fiduciirte Sache
immer noch als sein Eigenthum, seine Besitzergreifung enthält
kein Furtum (Gai. 3, 201), die Verpfändung durch Fiducia keinen
Widerruf des Legats (Paul. sent. 3, 6 16), während der frei=
willige Verkauf das Legat aufhebt. Der Schatz gehört ihm zur
Hälfte (L. 63 § 4 D. 41, 1, vergl. § 12 I. de leg. 2, 20).

Der Gläubiger hat also nur ein „fiduciarisches", d. h. ein
vergängliches Recht. [14]) Für ein solches widerrufliches Eigenthum
hat aber wiederum die unwiderrufliche Mancipation keinen Raum.
Dieses Bedenken wurde jedoch durch die Beredung einer Remanci=
pation an den Mancipanten (oder einen Dritten) und zwar bei
der Pfandfiducia nach abgezahlter Schuld überwunden. [15])

Eine weitere Schwierigkeit bietet aber die Gegenleistung.
Kauf und Miethe sind ohne einen Preis nicht denkbar. Für die
Fiducia dagegen zahlt der Gläubiger nichts, sein Darlehen ist

---

[13]) 'Abalienatio' heißt es in der Ciceronischen Topik 5, 28 fin. 'est eius
rei quae mancipi est aut traditio alteri nexu aut in iure cessio inter
quos ea iure civili fieri possunt.'

[14]) Liv. 32, 38. 'Nabidi veluti fiduciariam dare ut victor sibi restitu-
eret' Hirt. de bell. Alex. c. 23. 'fiduciarium regnum', Curtius V., 9 'Com-
positis rebus iusto regi tibi fiduciarium imperium,' Caesar B. C. 2, 17.
'Legati fiduciariam operam', vergl. Conradi Scripta minora ed. Ludov.
Pernice Vol. 1 (1823) p. 180, 8. Daher ist Fiducia möglich auch wo kein
commercium praediorum (ἔμπασις) anerkannt ist L. 23 § 1 D. de pign.
(20, 1).

[15]) Festus v. Remancipatam p. 277 M. Gai. 1, 115 vergl. Fr. Vat.
286, Boeth. ad top. (p. 840, 40).

eben kein Kaufschilling. Man half sich durch den Rechtssatz, daß bei Kauf und Miethe jeder seinen Vortheil suchte, folglich jeder Preis, der den Parteien recht ist, als iustum pretium gelte (L. 22 § 3 D. locati 19, 2). Danach durfte man den Preis also nur auf ein Minimum heruntersetzen und man hatte was man brauchte. In der Zeit der Kupferwährung genügte dazu das kleinste Stück ungemünzten Metalls. Später aber galt nur noch gezähltes Geld als Kauf- und Miethpreis.[16]) Seit dem Münzgesetz vom Jahre 537, der lex Crepereia[17]), welche statt der früheren 10 16 As auf den Denar rechnet, wurde daher bei Schenkungen,[18]) Assignationen[19]) und andern unentgeltlichen Mancipationen[20]) ein sestertius nummus assium quattuor nothwendig. Das raudusculum blieb natürlich bestehen, da das alterthümliche Wägen fortdauerte, aber nur dicis gratia um der Rechtsform zu genügen, denn die Wage wird nur noch berührt.[21])

Endlich aber paßt auch die Garantie des Verkäufers durchaus nicht zur Fiducia. Der Schuldner giebt statt des entwährten nur ein besseres Pfand, nicht einen doppelten Kaufpreis. Da dieser kein pretium sondern ein werthloser Scheinpreis war, so hätte überdies die Garantie nicht einmal ein Object gehabt.

Das Ergebniß ist demnach: die Eigenthumsformen gehen über den Zweck des Pfandrechts hinaus und bedurften daher einer Reduction durch welche die Differenz ausgeglichen wurde. Das

---

[16]) Plaut. Aulul. III., 2. 34 'nummo sum conductus: plus iam medico mercede opus est'. Ulp. L. 50 § 3. Papin. L. 51. D. de leg. 1 (30).

[17]) Gai. 4, 95 (Studemund), Plin. nat. hist. XXXIII. 13, 45 Krüger Krit. Versuche 1870 S. 70 Note 2.

[18]) Es ist das Gesetz Iustinian. L. 37 C. de donat. (8, 54).

[19]) Vitruv. I., 4. 11. 'In Apulia oppidum Salpia vetus in eiusmodi locis (palustribus) fuerat constitutum. ex quo incolae — pervenerunt ad M. Hostilium ab eoque — impetraverunt, uti his idoneum locum ad moenia transferenda conquireret — Tunc is secundum mare mercatus est possessionem loco salubri, ab senatu populoque romano petiit ut liceret transferre oppidum constituitque moenia et areas divisit numoque sestertio singulis municipibus mancipio dedit.'

[20]) Bei den trientabula ist der nummus ein jährlicher Recognitionspfennig. (Lex agr. v. 31 C. I. L. I, p. 81. Liv. 31, 13).

[21]) Varro de ling. lat. 5, 163 'Aes raudus dictum, ex eo veteribus in mancipiis scriptum: rauduscolo libram ferito.'

römische Pfandrecht war zu freigebig, wie die römische Miethe zu dürftig ausgestattet worden.

Wesentlich anders liegt die Sache bei der Distraction des Pfandgläubigers behufs der Pfandexecution. Eine distractio erfolgt nur gegen ein wahres Kaufpretium, der Scheinpreis hätte ihm ja keine Befriedigung gewährt. Zugleich war er bei dem civilen Kauf unter Bürgern zur Mancipation verpflichtet.[22]) Wurde die Pfandsache also dem Käufer entwährt, so hätte der Gläubiger diesem den Kaufpreis doppelt herausgeben müssen. Nun gründet sich aber jeder Pfandverkauf nach römischer Anschauung nicht auf das Eigenthum sondern auf das in der Verkaufsklausel mitenthaltene Specialmandat.[23]) Mithin haftet nicht der Gläubiger für die Eviction, sondern der Schuldner, der sein Eigenthum kennen mußte und wenn er dessen nicht gewiß war, die Vollmacht gar nicht ertheilen durfte. Um dieses Resultat hervorzubringen war vor Allem der Mancipationspreis auf ein nominelles Minimum zu reduciren. Daneben mußte ferner jede Garantie für den bedungenen realen Kaufpreis durch besondere Beredungen ausgeschlossen werden. Die Gültigkeit derselben konnte nicht zweifelhaft sein: man konnte nicht nur gegen das Aedilenedict über Sclavenkäufe pacisciren, auch die actio empti kann durch Specialverträge ausgeschlossen werden.

Die Mancipation beschränkt sich auf Fiducia mancipabler Rechte (res mancipi) unter den römischen Bürgern. Sie begreift die beiden zur Verpfändung brauchbaren Klassen der mancipi res, italische Grundstücke und Sclaven.[24]) Aus der Beschränkung

---

[22]) Paul. sent. I., 13a § 4. 'Si id quod emptum est neque tradatur neque mancipetur venditor cogi potest ut tradat aut mancipet.' 2, 17 § 3 'mancipatione et traditione perfecta'. Gai. 4, 131.

[23]) Gai. 2, 64 'creditor pignus ex pactione (alienare potest) quamvis eius ea res non sit'. Danach hätte arg. ad contrarium der Fiduciargläubiger veräußern können. Aber Gaius fährt fort 'sed hoc forsitan ideo videatur fieri quod voluntate debitoris intellegitur pignus alienari, qui olim pactus est ut liceret creditori pignus vendere si pecunia non solvatur' und dieser Grund ist auch für die Fiducia entscheidend. Denn das Eigenthum des Fiduciargläubigers ist nur ein „procuratorisches" wie das des Ehemanns an der Dos. Anders daher die Auspfändung L. 74 §. 1 D. de evict. (21, 2).

[24]) Nur diese Grundstücke und Sclaven erwähnen Martial. epigr. 12, 15, Paul. II. 13, 2, L. 16 D. de obl. et act. 44, 7 und viele andere interpolirte Fiducia-Stellen. Ubbelohde Realcontr. S. 88. 89 Not. 149. 151. Die Fiducia

der Mancipationsobjecte erklärt sich, daß für nec mancipi res unter Bürgern die sonst veraltete In Jure Cessio noch einigermaßen im Gebrauch blieb.

Unter Peregrinen und an Provinzialgrundstücken war zwar auch die In Jure Cessio nicht anwendbar. Doch konnte nach ius gentium, beziehungsweise nach Provinzialrecht, durch Eigenthumstradition wenigstens ein verwandter Erfolg erzielt werden.

Im Ackergesetz vom Jahr 643 [25]) b. Stadt §. 66 wird der ager redditus vom Staat um einen Nominalsesterz zugeschlagen (sestertio nummo uno emptus esto), aber dem Colonen eine Recognitionsgebühr aufgelegt, so daß das Land als 'ager privatus vectigalisque' bezeichnet werden konnte. Die Rechtstheorie der Kaiserzeit, daß alles Provinzialland tributpflichtiges Staatseigenthum sei (Gai. 2, 6), galt damals noch nicht.

Cicero bezeichnet im Jahre 694 die Verpfändung eines väterlichen Erbguts des Lysanias an den Decianus unter commissorischer Clausel geradezu als Fibucia. Das Grundstück lag in der Feldmark von Temnos in Aeolis. [26])

Eine Fibucia werthvoller nec mancipi res z. B. von Silberzeug durch Eigenthumstradition oder der Publicität und des besseren Beweises wegen wäre selbst durch Mancipation wie bei dem Perlenschmuck der Lollia Paulina (Plin. nat. hist. IX., 58, § 117) nicht undenkbar. Aber die einzige Stelle in der man sie hat finden wollen enthält dafür freilich kein sicheres Zeugniß. [27])

---

der Sclaven empfahl sich nebenbei noch dadurch, daß der Sclavenwerb des fiduciarius servus die Forderung minderte (Paul. sent. 2, 13 § 3 L. 2 C. de pign. act 4, 24).

[25]) C. I. L. I. p. 88.

[26]) Cic. p. Flacco 21, 51 'abduxisti (Lysaniam) Temno Apollonidem: pecuniam adulescentulo grandi fenore fiducia tamen accepta occupavisti; hanc fiduciam commissam tibi dicis: tenes hodie ac possides. eum tu testem spe recuperandi fundi paterni venire ad testimonium dicendum coegisti rel.'

[27]) Papin. 7 resp. L. 9 § 2 D. de suppell. leg. (33, 10) 'suppellectili sua omni legata acceptum argentum pignori non continebitur, quia supellectilem suam legavit, utique si non in usu creditoris id argentum voluntate debitoris fuit, sed propositum (Cuiac. oppositum, D. Gothofr. suppositum, Mommsen repositum) propter contractus fidem ac restituendae rei vinculum'. Dernburg Pfandrecht 2, S. 68.

Sie läßt sich eben so wie andere Silberverpfändungen von einem depositum pignus also einer Uebertragung des abgeleiteten Besitzes verstehen. Daß der Erblasser gleichwohl das Silberzeug als das seinige bezeichnet bezieht sich nicht auf sein Eigenthum, sondern ist aus der ihm gestatteten Benutzung zu erklären. Dagegen weisen andere Stellen bestimmt auf das Faustpfand (depositum pignus) also Tradition hin.[28])

Auf eine nur entfernt verwandte Behandlung einer andern nec mancipi res, der hereditas, mag schließlich nur beiläufig hingedeutet werden. Wenn der Fiduciarerbe ersucht wird, die Erbschaft einem Dritten herauszugeben, so hat ein solches Erbschaftsvermächtniß mit der Freundesfiducia einige Aehnlichkeit. Dagegen unterliegt die Rückgewähr an den Fideicommissar eigenthümlichen Schwierigkeiten. Remancipation ist unmöglich, weil die Erbschaft nec mancipi ist. Die In Jure Cessio einer erworbenen Erbschaft ergreift nur das Eigenthum, nicht die Forderungen und Schulden. An die Tradition ist gar nicht zu denken, weil das unkörperliche Ganze keinen Gegenstand des Besitzes vorstellt. Man half sich durch die Anwendung des Erbschaftskaufs und gegenseitige Stipulationen. Da aber die Restitution unentgeltlich geschehen soll und der Gegenstand die Mancipation ausschließt, so ist der Kauf ein einfacher Consensualcontract des Jus Gentium um den Scheinpreis eines Sesterzes, wie er bei Schenkungen, Assignationen und unentgeltlichen Gebrauchsüberlassungen üblich war (Gai. 2, 252, 3, 85. 86).

Wie es übrigens zu erklären ist, daß sich die Fiducia über die Schranken der alten Formalacte nicht erhoben und sich nicht durch Tradition des Eigenthums weiter entwickelt hat, ist eine sehr bestrittene Frage.[29]) Die vielfach vergeblich versuchte Lö-

---

[28]) Invenal. IX. 140 'viginti millia fenus, pignoribus positis argenti vascula puri. Sidon. ep. 4, 24 'nihil — loco fiduciae pignorisque — argenti sequestrans vel obligans praediorum' 6, 81. 'creditoribus bene credulis sola deponit morum experimenta pro pignore.'

[29]) Manche haben sogar die Thatsache selbst geläugnet und die Tradition als ausreichend angenommen, z. B. Muther Sequestration S. 378 S. 48 Note 2., Rein Privatrecht S. 245. Allein Gai. 2, 69 'fiduciae causa mancipio dederit vel in iure cesserit', 3, 20 'debitor qui fiduciam quam creditor mancipaverit aut in iure cesserit detinet' und Isidor 5 25. 23 'vel mancipatur vel in iure ceditur' lassen für ein Drittes keinen

sung ergiebt sich jedoch von selbst, wenn man auf den Grund der Eigenthumsübertragung zurückgeht. Dieser lag, wie bemerkt, in der unentwickelten prozessualischen Stellvertretung. Nachdem diese durch das Edict zugelassen war, fiel das Bedürfniß weg den Grundgedanken des alten Rechtsinstituts weiter zu entwickeln. Die Tradition kommt daher nur als Besitzübergabe, nicht als Eigenthumstradition vor. Doch sicherte sich der Schuldner gewöhnlich durch Precarium den Besitzschutz gegen Dritte und durch Pachtvertrag die Detention gegen den Gläubiger (Gai. 2, 69, Isidor. orig. 5, 25 § 17). Der Besitz zum Zweck der usureceptio bleibt dem Schuldner, wenn er bezahlt hat oder bei noch stehender Schuld weder als Precarist noch als Pachter auf fremden Namen besitzt. Fortdauer des Ersitzungsbesitzes ist dagegen ausgeschlossen.

Der Fortschritt des Pfandrechts erfolgte daher auf der Grundlage des griechischen Hypothekenrechts in den östlichen Provinzen. Darum aber das altrömische System des lateinischen Rechtsgebiets abzuschaffen widersprach dem conservativen Charakter der römischen Rechtsentwicklung. Man behielt das Pfandrecht mit Eigenthums- und Besitzübertragung ebensowohl wie die Delegation, Abstipulation, Correalobligation, die Eigenthumsübertragung bei der Dos noch fortwährend bei, obgleich der praktische Grund der Einführung aller dieser Institute mit der freiern Stellvertretung längst verschwunden war. Es fehlte ebenso an der Einsicht in die ursprüngliche Ratio wie an dem Willen mit deren Wegfall die Folgen aufzuheben. So bestand neben dem Pignus mit freier Stellvertretung für italische Grundstücke und Sclavenpfändnng die Fiducia mit procuratorischem Eigenthum und unfreier Stellvertretung fort wie sie sich in der jüngsten Gestalt der Mancipation und Remancipation entwickelt hatte.

III. Formularcharacter der Urkunde.

Ehe die vorstehenden Rechtsprincipien zur Erläuterung der Fiduciartafel verwendet werden, ist der Gesammtcharakter der letzteren festzustellen.

Raum. Vergl. Dernburg Pandrecht I. S. 9 Nota 5 S. 10 welcher mit Recht die Publicität und Sollennität hervorhebt, für welche durch die Fibucia gesorgt war.

Es fragt sich: enthält sie die Erzählung und Beurkundung eines einzelnen vergangenen Rechtsgeschäfts, oder das Formular für mögliche künftige Pfandfiducien?

Degenkolb S. 121 entscheidet sich für die erste, Krüger S. 44 und Mommsen für die zweite Alternative.

Drei Gründe scheinen für die letztere durchzugreifen.

Erstlich die Blankettnamen Lucius Titius, Gaius Seius, selbst Lucius Baianus oder Baianius, fundus Baianus (Plin. H. N: 9, 8, 8) statt Cornelianus und Sempronianus, ager qui Veneriens vocatur, (Cic. p. Mur. 12, 26) pagus Olbensis. Das genußreiche erste Luxusbad Italiens (vergl. die Ausleger zu Horat. ep. I., 83) eignete sich zu einem Schema für sogenannte contractus Italici über Grundstücke in der Kaiserzeit besser wie die großen republicanischen Namen der Manlier, Gracchen und Scipionen. Die Entlehnung der Namen aus Italien erklärt sich aus der gänzlichen Abhängigkeit und Einsamkeit Spaniens in allen Gebieten der Litteratur (Horat. ep. I, 20 v. 11—13 'vinctus mitteris Ilerdam,' Martial. praefatio lib. XII). Für die Nebenpersonen des Geschäfts namentlich den Libripens und Antestatus sind sogar überall keine Namen, nicht einmal Blankettnamen angegeben. Es ist hier lediglich eine Lücke gelassen die bei der Anwendung auf ein concretes Geschäft mit dem wirklichen Namen auszufüllen war (Bruns fontes p. 133. 134). Diese Lücke ist aber freilich in der Tafel durch keinen leeren Raum angedeutet.

Ein zweiter Grund für die schematische Bestimmung der Urkunde ist die für ein wirkliches Geschäft geradezu unerträgliche Nachlässigkeit der Redaction. Zeile 3 wird ein einziger bestimmter Sclav Midas, Zeile 9. 10. 13. 15 werden mindestens sämmtliche Gutsclaven (eaque mancipia) als Objecte genannt. Dort kommt für jeden ein besonderer Nominalsesterz, hier für alle Objecte Ein und derselbe Scheinpreis vor. Die Schlüsse auf mehrfache Mancipationen oder Kaufpreise werden also völlig unsicher. Zeile 8. 9. ist ein unmögliches Incertum (quid), Zeile 11. 12 dagegen pecunia data soluta Gegenstand der Bürgschaft.

Zum Theil darf auch die Umstellung von fidesve und persoluta Z. 10. 11, donec ea omnis pecunia fidesve persoluta L. Titi soluta liberataque esset statt donec ea omnis pecunia persoluta fidesve L. Titi soluta liberataque esset unbedenklich hierher gerechnet werden (Paul. L. 40 pr. D. de contr. emt. 18, 1). Die völlige Auszahlung des letzten Restes (omnis pecunia persoluta) ist bei den blos verbürgten Summen undenkbar, sie setzt baare Geldvorschüsse voraus. Der kunstreiche Versuch Mommsen's (Hermes III 295) die überlieferte Stellung zu erklären genügt nicht sie juristisch zu rechtfertigen (Degenkolb S. 143). Möglicher Weise könnte auch data soluta Zeile 12 nur eine Recapitulation von pecunia und fides in der gleichen richtigen Folge enthalten sollen.

Minder erheblich in rechtlicher Beziehung sind folgende mehr nur stilistische Redactionsexempel. Zeile 7 fehlt das Subjekt L. Titius und quam pecuniam forderte eine Wiederaufnahme mit ·ob eam pecuniam fidemve Zeile 9 vor usque. Zeile 8 ist fide vor promisit, Zeile 9 spoponderit ausgefallen, wogegen Zeile 13/14 vellet unnöthiger Weise doppelt steht.

Dagegen ist fidi fiduciae causa Zeile 3 statt des einfachen fiducia Zeile 10 kein Fehler. Die Doppelbezeichnung entspricht dem aequius melius, pactum conventum, vis metusque, doli mali fraudisve causa der alten Rechtssprache und fidi als archaistischer Genetiv ist aus Gellius IX, 14, 3 bekannt.[30])

Kann hiernach der blos schematische Charakter der Urkunde schon ihres Inhalts wegen nicht wohl bezweifelt werden, so tritt endlich drittens auch noch die äußere Form hinzu, um das Ergebniß vollends zu bestätigen. Die Urkunde ist kein „Buch mit sieben Siegeln" (βιβλίον γεγραμμένον ἔσωθεν καὶ ὄπισθεν, κατεσφραγισμένον σφραγῖσιν ἑπτά Apocal. 5, 1) d. h. kein von Innen und Außen beschriebenes und besiegeltes Diptychon oder Triptychon wie das Senatusconsult unter Nero es vorschrieb (Sueton. Nero 17, Paul. sent. 5, 25 § 6) und die siebenbürgischen Kaufcontracte und Militairdiplome es veranschaulichen. Sie steht auf einer Bronzetafel deren Rückseite überall nicht beschrieben ist, diese Tafel war eingerahmt und mit theilweise noch vorhandenen Nägeln an irgend einer Wand befestigt.

---

[30]) Plautus Trinumm. I, 2 80 'qui tuae mandatus est fide et fiduciae' v. 117. I, 2. 105 'taciturnitati clam fide et fiduciae' Aulul. III, 6. 50 ibo ad te fretus tua, fides, fiducia', Mommsen C. I. L. II. pag. 700, Degenkolb S. 134 Note 41. Die Etymologie 'quia fit quod dictum est' bei Cic. de off. I., 7. 23, de rep. IV, 7. 7, Donat. ad Terent. Andr. I, 1. 7, Isidor. or. VIII 2, 4 erhält den Gegensatz zu Festus v. Vindiciae .. quod potius dicitur quam fit.

Diese Thatsachen haben zu der Vermuthung geführt, die Fiduciartafel möge ein Formular enthalten, welches der Herr seinem servus actor auf die Reise mitgab um ihm zur Pfandnahme für die Geldbarlehne des Herrn als Muster zu dienen. 'Equidem' sagt Mommsen (C. I. L. II p. 700) 'iam crediderim formam nos hic habere servo in provinciam misso calendarii administrandi causa subministratam ut ubi opus esset exemplar ad manus haberet fiduciae recte contrahendae. Nam eo et tituli forma ducit actori iter facienti magis habilis quam in rerum usu recepta et nomina propria praesertim L. Titi.'

Allein die Urkunde enthält keinen iussus und keine Anweisung zu künftigen sondern ein Protokoll über vergangene Verpfändungen und der Blankettuame des Herrn wäre unbegreiflich.

Gide p. 78 findet anstößig daß der Sclav autorisirt werde zu mancipiren: 'qu'il est assez étrange de donner à un esclave une forme pour manciper un fonds lors qu'on l'envoie du territoire italique.' Aber der Sclav ist ja nicht Mancipant sondern Empfänger des Pfandes durch Mancipation des Schuldners. Es heißt von ihm nicht 'mancipio dedit' sondern 'accepit.'

Meines Erachtens löst sich jede Schwierigkeit sobald man dem Formular nur eine allgemeine Ausdehnung giebt.

Die Römische Rechtsschule, die einzige im lateinischen Sprach- und Culturgebiet, an welche die westlichen Provinzen gewiesen waren, zählte von jeher nicht nur die Rechtstheorie, sondern auch die Formularjurisprudenz, die vorsichtige Abfassung der Rechtsgeschäfte zu ihren Aufgaben.

In der letztern Beziehung darf hier nur an die Manilischen Verkaufsformulare erinnert werden welche nicht nur die Garantie für die physischen Mängel, sondern auch für das Eigenthum des Verkäufers und die Herausgabe des Doppelten im Fall der Entwährung in ganz ähnlicher Weise, wie unsere Urkunde formuliren (Varro de re rust. II. 3. 5. Cic. de or. I, 58).

Die Rechtstheorie aber tritt in unserer Urkunde in dem Maße heraus, daß sie sich fast wie eine Schularbeit ausnimmt. So erscheint unter andern die Gränzbezeichnung wie eine Illustration eines bekannten Satzes der Rechtstheorie.[31] Der Rechts-

---

[31] L. 63 § 1 D. de contr. empt. (18, 1) 'Demonstratione fundi facta (ad) fines nominare supervacuum est: si nominentur etiam ipsum venditorem nominare oportet si forte alium agrum confinem possidet.'

schule gehören ferner die Kategorien pecunia data, stipulata — oder credita wie es in der Urkunde heißt — expensa lata an, deren Bezeichnung wie bemerkt noch aus der Ciceronischen Zeit stammt und später durch die Eintheilung der Condictionen in res verba litterae ersetzt wird. (Cic. pro Q. Roscio 5, 13 verglichen mit Gai. 3, 89). Ebenso credere für stipulari.[32]) Ferner die drei Bürgschaftsformen sponsio, (fide) promissio, fideiussio (Gai. 3, 115).[33]) Endlich die Theorie der Distraction: omnis pecunia persoluta,[34]) sua quaque die[35]), quae mancipia ex iis Lucius Titius vellet[36]), heresve eius vellet[37]) ubi et qua die u. s. w.[38])

[32]) Paul. lib. 28 ad edictum L. 2 § 5 D. de R. C. (12, 1) 'Verbis quoque credimus, quodam actu ad obligationem comparandam interposito veluti stipulatione. Ulp. lib. 29 ad edictum L. 3 § 3 D. de S. C. Mac. (14, 6).

[33]) Nur die bonae fidei Contracte, der Creditauftrag, das Constitutum sind ausgelassen. Paul. sent. 1, 9. 5 'minor in his quae fideiussit vel fide promisit vel spopondit vel mandavit in integrum restituendo reum principalem non liberat.' Degenkolb S. 140 f.

[34]) Ulp. lib. 28 ad edictum L. 9 § 3 D. de pign. act. (13, 7). 'Omnis pecunia exsoluta esse debet aut eo nomine satisfactum ut nascatur pignoratitia actio.'

[35]) Pompon. lib. 35 ad Sabinum. L. 8 § 3 D. de pign. act. (13, 7) 'Si annua bima trima die stipulatus acceperim pignus (Pompon: fiduciam) pactusque sim: ut nisi sua quaque die pecunia soluta esset vendere eam mihi liceret, placet, antequam omnium pensionum dies veniret, non posse me pignus (fiduciam) vendere, quia eis verbis omnes pensiones demonstrarentur: nec verum est sua quaque die non solutam pecuniam, antequam omnes dies venirent. sed omnibus pensionibus praeteritis, etiamsi una portio soluta non sit, pignus potest venire. sed si ita scriptum sit: si qua pecunia sua die soluta non erit statim competit ei pacti conventio'. Die Interpolation pignus für fiducia geht aus dem folgenden eam hervor, welches aus Versehen stehen geblieben ist. Haloanders Ergänzung rem ist nur für das Justinianische Recht nöthig. Zur Sache vergl. Degenkolb S. 147.

[36]) Marcian. L. 8 D. de distr. pign. (20, 5). 'Creditoris arbitrio permittitur ex pignoribus sibi obligatis quibus velit distractis ad suum commodum pervenire.'

[37]) Pompon. l. L. 8 § 4 D. de pign. act. (13, 7). 'De vendendo pignore in rem pactio concipienda est ut omnes contineantur: sed etsi creditoris duntaxat persona fuerit comprehensa, etiam heres eius iure vendet, si nihil in contrarium actum esset.' Vergl. Degenkolb S. 147.

[38]) Pecunia praesenti nur bei richterlichem Pfand: Ulp. lib. 3 de off. consulis L. 15 § 7. D. de re iud. (42, 1). 'Oportet enim res captas pig-

Denkt man sich nun unser Formular für italische Contracte zum notariellen Gebrauch von einem in Italien gebildeten Provinzialjuristen importirt oder entworfen und in dessen Geschäftslocal zum Gebrauche seiner Büreaugehülfen angeheftet, so würde die Bezugnahme auf Bajä, die Bronzetafel, die Perforation und vor Allem die nachlässige und schülerhafte Fassung sehr einfach und natürlich erklärt sein.

Denn der Rechtstheorie kann selbst der bloße Notar (tabellio, pragmaticus, testamentarius) nicht entrathen.[39]) Es wäre denn, daß er sich selbst zu helfen wüßte, wie jener Testamentarius zu Venafrum, dem ein von Mommsen entzifferter antiker Grabstein nachrechnet, daß er in dieser häßlichen Funktion sich 14 Jahre lang ohne einen iuris consultus beholfen habe.[40]) In einem solchen Falle aber pflegte der Notar wohl selbst mit dem höhern Titel eines Juristen beehrt zu werden, selbst wenn er sich auch zu den äußerlichen mechanischen Funktionen des Besiegelns herbeiließ.[41])

---

nori et distractas praesenti pecunia distrahi, non sic ut post tempus pecunia solvatur. Ueber das Conventionalpfand s. Papin. L. 68 pr. D. de evict. (21, 2) Paul. L. 9 pr. D. de distr. pign. (20, 5).

[39]) Plaut. Epid. II, 2 106. hic poterit cavere recte iura qui et leges tenet. III, 4, 85. qui omnium Legum atque iurium fictor conditor cluet. Cic. de or. 1, 45 infimi homines mercedula adducti ministros se praebent in iudiciis oratoribus ii qui apud illos (Graecos) πραγματικοὶ vocantur. 1, 59, 253 disertissimi homines ministros habent in causis iuris peritos qui — pragmatici vocantur. — oratorem ipsum erudire in iure civili, non ei pragmaticum adiutorem dare. Quintil. III., 6 med. XII., 3 § 4. — In Rom: Iuvenal. VII., 122, Martial. XII, 72, Ulp. L. 9 D. de poenis (48, 19). advocatis sive tabellionibus und die merkwürdige societas pragmatiae vom Jahr 167 auf einer Siebenbürgischen Wachstafel (Bruns fontes p. 140 Nr. V).

[40]) Zeitschr. für gesch. Rechtswiss. 15 (1850) S. 370: Publio POMPONIO Publii Liberto | PHILADESPOTUS | LIBeRtus QVI TESTAMENTA ScriPSIT ANNOS XIV | SINE IURISCONSULTo . . vergl. L. 88 § 17 D. de leg. 2. (31), wo aber der betreffende Testator sich nicht auf seine Rechtskenntniß sondern auf seine gesunde Vernunft beruft.

[41]) Suidas v. Ταβελλίων· ὁ τὰ τῆς πόλεως γράφων συμβόλαια ὁ παρὰ τοῖς πολλοῖς νομικὸς λεγόμενος· ἅπαντα ἐπιτελῶν τὰ τῶν πολιτῶν γραμματεῖα, ἕκαστον αὐτῶν οἰκείοις ἐπισφραγίζων γράμμασιν. vergl. L. 9 § 4—7 8 D. de poenis (48, 19) aus Ulpian de officio proconsulis.

Als Standort eines solchen provinziellen sogenannten iuris consultus würde man sich etwa das Forum der Stadt Hasta zu denken haben. Sie war schon 567 der Stadt, aus welchem Jahr das Decret des Lucius Aemilius Paulus (Hermes III. S. 242 bis 260 C. I. L. II. n. 5041 pag. 699) herrührt im römischen Besitz und hatte daher ohne Zweifel ein römisches Gemeinwesen mit einer pertica, pagi und fundi, so daß man auf das kleine Nebrissa Veneria nicht zurückzugehen braucht.

Die Siebenbürgische societas pragmatiae vom Jahr 167 (Bruns fontes p. 140. V.) ergiebt ein förmliches einträgliches Büreaugeschäft solcher untergeordneter praktischer Juristen, zu welchem jeder in Hoffnung auf einen zu vertheilenden ansehnlichen Gewinn beisteuert.

IV. Die Elemente des Formulars.

Das Formular zerfällt seinem Inhalt nach in zwei Stücke, die durch vorspringende Alinea geschieden sind, das zweite größere ist überdies noch als pactum comventum bezeichnet.

Ueber das erste wird nur im Allgemeinen berichtet daß der Sclav des Gläubigers L. Titius von dem Schuldner L. Baianus ein Grundstück und einen Sclaven mit Namen Midas um einen Nominalpreis von einem Sesterz für jedes von Beiden zum Zweck der Fiducia als Eigenthum empfangen habe. Die Sonderbestimmung des Scheinpreises hat man aus der Mehrheit der Mancipationen erklären wollen, die nach älterem Recht für jeden Gegenstand besonders nöthig gewesen seien.[42]) Aber unter den Sclaven können Gutssclaven, also blos Inventurstücke des Fundus verstanden sein, daher bei der Distraction §. 15 nur von Einer Mancipation und Einem Sesterz die Rede ist. In diesem Fall würde Eine (uneigentliche) Mancipation genügt haben. Leist (Mancipation S. 135, 141 f.) verweist auf die imaginäre Zahlung, die im rausculum enthalten sei und der wirklichen entsprechen müsse. Von dem rausculum ist aber keine Rede, der nummus unus hat damit nichts zu schaffen, er kommt auch außer der Mancipation bei Consensualcontracten vor und in der Mancipation gehört er nicht zum Ritual, die Worte des Libripens oder Verkäufers rausculo libram ferito beziehen sich nicht auf den nummus unus, Varro berichtet sie nur nach alten Mancipationsurkunden (vete-

---

[42]) So Degenkolb § 6 S. 182, nach Jhering, Geist des R. R. III, S. 137, der dies mit der Einzelvindication (L. 1 § 3 D. de R. V. 6, 1) combinirt.

ribus in mancipiis scriptum) welche umständlicher abgefaßt waren als die spätern. Mir scheint die Bestimmung wie die ähnliche über den fundus optumus maxumus nur aus dem civilen Kauf in die civile Verpfändung herübergenommen. Dort war sie der Redhibition wegen von Wichtigkeit, wer um Einen Preis gekauft hat, muß alle Gegenstände zurückliefern.[43]) Für die Fiducia hat freilich beides keinen rechten Sinn, da hier die Nachwährschaft überhaupt wegfällt.

Genauer ist der Bericht über das pactum comventum gefaßt, dessen Inhalt im Einzelnen referirt wird. Es wird erstlich genau angegeben wofür und wie lange das Pfand haften soll. Zweitens wird bestimmt wann und unter welchen Bedingungen und Cautelen es verkauft werden darf. Der Gläubiger erhält daher freie Wahl in Betreff der Gegenstände, der Verfallzeit und der Garantie gegen den Käufer. Die Bedingungen in Betreff der Regreßpflicht des Pfandgläubigers sind für diesen die günstigsten. Nur die Klausel, daß er baar (pecunia praesenti) verkaufen dürfe oder müsse, könnte wegen der Befreiung und des etwa erzielten Ueberschusses auch für den Schuldner von Interesse sein. Ebenso versteht sich die Klausel, daß die Fiducia auch für künftige Forderungen ex re verbis litteris distrahirt werden dürfe, natürlich nur von Darlehen um welche der Schuldner nachsucht, sonst würde er niemals frei werden.[44])

Eine Frage von entscheidender Bedeutung für die Auffassung des ganzen Geschäfts betrifft das gegenseitige Verhältniß beider Elemente.

Alle Erklärer unserer Urkunde stimmen darin überein, daß der erste Abschnitt die Mancipation und erst der zweite das pactum fiduciae enthalte.[45])

---

[43]) L. 34—36 D. de aed. ed. (21, 1).

[44]) Paul. L. 30 D. de R. C. (12, 1). Degenkolb S. 135, Krüger S. 48.

[45]) Degenkolb S. 172, Bekker, Actionen S. 124. Sie beziehen sich auf die schon S. 58 erwähnte Ausführung Jherings, Geist des röm. Rechts II. S. 514 f. 2. Ausgabe, daß die Fiducia außer der Mancipation stehe, weil sie in dem Geschäft selber (in der nuncupatio) keinen Platz habe. Hier also ist unter der nuncupatio blos die Erklärung des Erwerbers über die dingliche Wirkung der Mancipation verstanden. In dieses dingliche Stück des Geschäfts gehört nun die Fiducia allerdings nicht, weil das Eigenthum nicht unter einer auflösenden Bedingung oder einem Endtermin erworben werden kann. Daraus folgt aber nicht, daß sie außerhalb der mancipatio

Wäre dies das richtige Verhältniß so müßte in unserer Urkunde zweimal dasselbe gesagt sein. Denn schon im ersten Abschnitt heißt es Zeile 3 4 'fidi fiduciae causa mancipio accepit.' Dieß schließt aber schon die Verpflichtung zur Rückgabe ein, welche in jeder Fiducia, der persönlichen wie der sächlichen, der Freundesfiducia wie der Pfandfiducia gerade das entscheidende Moment bildet.[46]) Daher wird denn auch in dem pactum comventum der Remancipation gar nicht weiter gedacht. Nur die Solution wird Zeile 11 und 12 zweimal erwähnt, positiv und negativ, aber nicht in Beziehung auf die Eingehung, sondern auf die Fortdauer und die Auflösung der Fiducia, welche durch sie suspensiv bedingt wird.

Dagegen kommt auch nicht in Betracht, daß in dem zweiten Theil der Urkunde Z. 10, dem pactum, gegen die Regel 'quod nostrum est amplius nostrum fieri non potest' (Gai. 4, 4) nochmals eine Fiducia bestellt zu werden scheint. Die Worte fiducia essent beziehen sich hier eben nur auf die Zeitbestimmung für die Dauer und das Ende der Pfandschaft (usque eo — donec — pecunia soluta esset).

In der That ist daher das richtige Verhältniß der Mancipation und des pactum comventum folgendes. Das zweite Alinea unserer Urkunde enthält eine Klausel, welche die Rückgabe durch Remancipation geradezu ausschließt. Es ist die lex distractionis, welche sich von der roheren lex commissoria dadurch unterscheidet, daß der Gläubiger den Ueberschuß herausgeben muß.

Diese Klausel widerstreitet aber dem Wesen der Fiducia, der Mancipation auf Remancipation, eben so wohl wie die Verfallklausel.

Sie ist daher der Fiducia, wie schon oben bemerkt, ur-

---

und nuncupatio stände, denn unter letzterer sind alle mündlichen Beredungen über die Mancipation begriffen, welche dieser sofort ausdrücklich hinzugefügt werden, namentlich auch die obligatorischen Verpflichtungen des Erwerbers, wie die ganze lex des Veräußernden: Cic. de off. 3, 16. de or. I, 57 L. 37 L. 42 pr. D. de C. E. (18, 1) Dig. 18, 6. Keller Instit. p. 22—23. Papinian. Collat. legum Mos. et Rom. II, 3 L. 9 § 2 D. de supp. leg. (33, 10).

[46]) Gai I. 115 115a 140 II, 60. Festus v. Remancipatam. Boeth. ad Cic. top. c. 10, Orell. p. 340. vergl. oben Note 7.

sprünglich und begriffsmäßig fremd und eben deshalb bildet sie ein außerhalb derselben stehendes pactum adiectum.

Dagegen erscheinen Mancipation und Fiducia nur als Ein Geschäft. Keine Spur weist darauf hin, daß der Abschluß, welcher die Consuln, den Tag, den Ort, den Zweck des Geschäfts und die Zeugenunterschriften enthielt,[47] schon am Ende des ersten Alinea eintreten müsse. Beides sollte in den Urkunden, welche nach dem vorliegenden Muster ausgefertigt würden, erst am Schluß des ganzen Akts Platz finden.[48]

Das Resultat ist: das Formular ist nicht als Mancipatio mit angehängtem Pactum fiduciae sondern als Mancipatio fiduciae causa mit angehängtem Pactum de distrahendo aufzufassen. „Ein pactum fiduciae" ist eben so wenig der richtige Titel wie „Eine Mancipatio fiduciae causa" der erschöpfende.

Die Fiduciarklagen entspringen überhaupt nicht aus einem Pactum, da es ein Fundamentalsatz des Civilrechts ist, daß nur das civilrechtlich anerkannte Rechtsgeschäft (causa), nicht der nackte Vertragswille auf Staatsschutz zu rechnen hat (ex pacto actio non nascitur). Quelle des Rechtsschutzes für die Fiduciarklagen war vielmehr wie wir sahen nach den 12 Tafeln der Dolus, nach neuerem Gewohnheitsrecht und dem Edict der bonae fidei=Contrakt.[49]

Dies beweist für unsere Auffassung.

Ein Bedenken könnte nur die Form der lex distractionis erregen. Genügte dazu bei einer Mancipatio fiduciae causa ein pactum adiectum, wie bei einem andern negotium bonae fidei? Bei der In iure cessio, die formell kein Rechtsgeschäft sondern einen Rechtsstreit darstellt, gewiß nicht. Aber selbst bei Schenkungen reicht ein pactum in continenti adiectum hin um

---

[47] Ambros. in Lucam 2, 2 'consules adscribuntur tabulis emptionis. habes ergo omnia quae in contractibus esse consueverunt: vocabulum summam illic potestatem gerentis, diem, locum, causam. testes quoque adhiberi solent'. L. 34 § 1 D. de pign. (20, 1). Auch die Siebenbürger Kaufcontracte schließen mit Actum, Ort und Zeit. Vergl. Bruns fontes pag. 137. 138.

[48] Diese gute Bemerkung macht Gide p. 79, welcher zuerst auf den fehlenden Abschluß des Geschäfts hingewiesen hat.

[49] Gai. 4, 60 'fiducia contrahitur' verglichen mit Plautus Bacch. III, 3. 9. IV, 100, Pseud. V. 4. 39. Trinumm. I, 2. 80. 105.

eine incerti actio auch ohne Stipulation zu begründen.[50] Um so mehr bei einem bonae fidei Geschäft wie die Fiducia. Wenigstens liegt in der Mancipation kein Grund, das Prinzip daß die pacta in continenti adiecta mit der Hauptklage verfolgt werden können, nicht zur Anwendung zu bringen. Denn auch der civile Kauf ist bonae fidei.[51] Wenn das Aedilenedict für die Garantieklausel Stipulationsform vorschrieb, so war dies ein Ausnahmsgesetz im Interesse prompterer Rechtsverfolgung zum Vortheil des Käufers, denn im Allgemeinen werden die dicta und promissa des Verkäufers einander gleich gestellt.[52]

Eine andere Frage ist es, in welchen Worten die bona fides bei der Fiducia, namentlich der Pfandfiducia mündlich bedungen wurde, worüber unser Formular nichts enthält, weil es nur ein Muster für die notarielle Beurkundung geben will. Gegen das früher von mir vorgeschlagene uti ne propter te fidemve tuam captus fraudatusve siem erklärt sich Degenkolb S. 177 hauptsächlich aus dem Grunde, weil es auch als Anhang der actio pigneratitia de peculio dargestellt werde; so namentlich in L. 36 D. de peculio (15, 1) vergl. L. 1 § 42 D. depositi (16, 3). Allein dies sind Worte des Edicts, nicht der Klagformel, geschweige der Nuncupation. Ubbelohde zur Geschichte der Realcontracte 1870 § 25 S. 61 weist die Klausel in die Legis Actio auf das Doppelte wegen Treubruchs. Allein die Fassung deutet auf eine Cautel für die Zukunft, nicht auf eine Klage aus einem vergangenen Delict. Daher auch die Zusammenstellung des Vertrags und der Formel bei Cic. de off. 3, 17, 70. Nam quanti verba illa VTI NE PROPTER TE FIDEMVE TVAM CAPTVS FRAVDATVSVE SIEM.? quam illa aurea VT INTER BONOS BENE AGIER OPORTET ET SINE FRAVDATIONE. Beide gehören offenbar der Fiducia an.[53]

---

[50] L. 9 C. de donat. (8, 54) Diocl. et Maximian. vergl. mit L. 122 § 2 L. 135 § 2 D. de V. O. (45, 1) L. 37 § 3 D. de leg. 3 (32).

[51] Fragm. Vat. 50. Conradi scripta min. ed. Pernice I. p. 220. 221.

[52] L. 19 § 2 D. de aed. ed. (21, 1).

[53] Voigt, ius nat. Beilage XX, § III, Bedeutungswechsel (1872) S. 56 zieht noch Probus Einsidl. *Dolo Malo Tuo* und *Dolo Ve Tuo Factum Est (ut?) Non Restituetur* herbei. Aus meinem Edict § 222, 9. 224, 228 nicht aber aus van Reenen (p. 114, 7,), hätte er ersehen können, daß diese Noten zu den Interdicten gehören.

V. Der Minimalpreis bei der Verpfändung und dem Pfandverkauf.

Durch das Bisherige ist der Charakter und das Verhältniß der beiden Theile des Formulars festgestellt. Unter den Detailbestimmungen ist die Mancipation gegen eine Silbersesterz (sestertio nummo uno) den beiden Theilen gemeinsam. Sie erscheint nämlich, wie schon S. 53 vorläufig bemerkt wurde, in zwei Anwendungen, welche beide völlig neu sind.[54]) Die erste tritt bei der Bestellung der Fiducia durch den Schuldner, die zweite bei der Veräußerung derselben durch den Pfandgläubiger ein. In jener ersten Anwendung liegt also materiell kein Verkauf, keine Entäußerung (abalienatio), sondern eine Verpfändung vor.[55]) Der Sesterz enthält die einzige Gegenleistung des Pfandgläubigers. In der zweiten, der Beziehung auf die Distraction, tritt zu dem Sesterz noch ein Preis hinzu, da das Geschäft auch materiell ein Verkauf ist. Während es bei der Verpfändung einfach heißt sestertio nummo uno mancipio accepit, wird bei dem Pfandverkauf verstattet ut mancipio pluris sestertio nummo uno invitus ne daret Z. 3. 14. 15.

Es drängen sich zwei Fragen auf: 1) wozu bei der Verpfändung ein Nominalsesterz, warum erfolgt sie nicht ganz umsonst, wie die Bestellung eines Faustpfands oder einer Hypothek? 2) was soll das wunderliche Recht des Gläubigers um einen Scheinpreis d. h. unentgeltlich verkaufen oder vielmehr beim Verkauf mancipiren zu dürfen, also wie es scheint, seine Befriedigung zu verlieren?

Der Grund liegt natürlich nicht in der Fiducia, denn bei der Fiducia welche durch In Jure Cessio bestellt wird ist da-

---

[54]) In einer Lombardischen Urkunde bei Fumagalli cod. dipl. S. Ambros. Nr. 6 v. J. 748 heißt es zwar: pro quibus uno solido posui tibi loco pigneri seo fiduciae nexo id est petiola una de prado etc. Savigny Gesch. d. R. R. II S. 234 Note e. Allein hier ist der solidus Darlehnsobjekt. Die Uebernahme der Garantie für die verpfändete Wiese und zwar unter Verdoppelung der Darlehnssumme ist dem Kauf entlehnt.

[55]) Gaius 2, 220 aliquo tamen casu etiam alienam rem per praeceptionem legari posse fatentur veluti si quis eam rem legaverit quam creditori fiduciae causa mancipio dederit: nam officio iudicis coheredes cogi posse existimant soluta pecunia luere eam rem ut possit praecipere is cui ita legatum est.

von ebenso wenig die Rede, wie bei der In Jure Cessio durch welche ein Kaufgeschäft erfüllt wird. Die Erscheinung beruht vielmehr lediglich in den Grundsätzen der Zwölf Tafeln und des nicht codifizirten Civilrechts über die Garantie.

Der Pfandgläubiger soll, wie es der Natur des Pfandrechts gemäß ist, von dem Schuldner keine Garantie gegen Eviction sondern nur mit der Actio fiduciae contraria ein anderes Pfand statt des evincirten oder das einfache Interesse fordern können.[56]) Andererseits soll der Pfandgläubiger auch ohne Garantie verkaufen dürfen, wie dies ebenfalls der Natur des Pfandrechts gemäß ist L. 1. 2. C. creditorem ev. p. n. d. (8, 45).

Nun haftet aber der Mancipant bei jeder Mancipation nach den zwölf Tafeln mittels der Actio auctoritatis auf das Doppelte des empfangenen Kaufpreises, — nicht als ob er ihn gestohlen hätte [57]), denn die Klage hat keine entehrende Wirkung, — wohl aber weil er in feierlicher mündlicher Zusage (nuncupatio) vor den versammelten Volkszeugen über sein Eigenthum gelogen hat (infitiatus est).[58]) Das Gesetz wahrt also noch den alten Delictsstandpunkt, aber doch schon nicht mehr vollständig, die Infamie fehlt, weil kein Vertrauensbruch vorliegt, wie beim Depositum und der Tutel, sondern vielleicht nur eine wenn auch verschuldete Selbsttäuschung über das Eigenthum.

Schon bei Cicero erscheinen daher Strafe und Entschädigung neben einander:

> Cic. de off. III., 16, 65 cum ex duodecim tabulis satis esset ea praestari quae essent lingua nuncupata, quae qui infitiatus esset dupli poenam subiret a iureconsultis etiam reticentiae poena est constituta. Dahin gehört auch das Verschweigen von Servituten ib. 67 'hae (aedes) Sergio serviebant, sed hoc in man-

---

[56]) L. 38 D. de evict. (21, 2) L. 16. § 1 L. 82 D. de pign. act. (13, 7) L. 54 D. de fidei. (46, 1). Die Anwendung auf die Fiducia unterliegt keinem Bedenken.

[57]) So meint Jhering, Geist des röm. Rechts II. (1869) S. 528 Note 716. Allein bei dem Depositum ist die infitiatio von dem furtum durch den Mangel der Contrectation unterschieden: L. 67 D. de furtis (47, 2). In der Aquilia ist das Doppelte bloß Prozeßstrafe. Gai. 3, 216.

[58]) Isidor. or. X, 1078, 49 G. 'Infitiator negator quia non fatetur sed contra veritatem mendacium nititur.'

cipio Marius non dixerat: adducta res in iudicium est.' Cic. pro Murena 2, 3 'quodsi in iis rebus repetendis quae mancipi sunt, is periculum iudicii praestare debet qui se nexu obligavit, profecto etiam rectius in iudicio consulis designati is potissimum consul, qui consulem declaravit, auctor beneficii populi Romani defensorque periculi esse debebit.'

Die classischen Juristen erwähnen oft nur die Haftung für das Auctorverhältniß ohne sich über die Gründe näher zu erklären. So

Paul. sent. II, 17, § 1. Venditor si eius rei quam vendiderit dominus non sit, pretio accepto, auctoritatis manebit obnoxius, aliter enim non potest obligari [59]). § 3. Res empta mancipatione et traditione perfecta si evincatur auctoritatis venditor duplo tenus obligatur.

Schon im classischen und vollends im spätern Recht tritt jedoch der Delictsstandpunkt ganz zurück. Julian und Africanus sahen in dem Doppelten nur noch den Entschädigungsanspruch für den bezahlten Kaufpreis und die Meliorationen (L. 44 L. 45 pr. D. de act. empti (19, 1). Kniep, Mora des Schuldners II. (1872) § 92 S. 489—491. S. 341). Derselbe Gedanke bildet die Grundlage der Justinianischen L. un. C. de sententiis quae pro eo quod interest proferuntur vom 1. September 531, nach welcher die Interesseforderung in allen Kontracten auf eine bestimmte Quantität, wie Kauf und Miethe, nicht über das Doppelte hinausreichen soll. (Sell Jahrb. I, 206, Kniep a. a. O. S. 488 f.) Paulus ließ jedoch wegen der Meliorationen noch neben dem Duplum die Actio empti auf das Interesse gelten (L. 43 cfr. L. 45 pr. D. de act. empti 19, 1). Sehr merkwürdig sind in dieser Beziehung die Urkunden auf Papyrus aus Justinianischer und späterer Zeit. Die Ravennatischen und verwandten Kaufbriefe, obgleich jünger als die angeführte Con=

---

[59]) Darin liegt zweierlei 1) die Leistung des Käufers muß ein pretium, ein Kaufpreis, kein Nominalsesterz sein, 2) diesen Preis muß der Verkäufer empfangen haben. Das Erste ergiebt sich aus dem Schuldbekenntniß des Käufers, das Zweite aus dem Empfangsbekenntniß des Verkäufers. In den Siebenbürger Kaufkontrakten wird daher allemal Quittung des letztern beigefügt. Bruns fontes p. 137.

stitution, beweisen, daß Justinians Beschränkung in der Praxis wenig Beachtung fand. Sie enthalten sämmtlich die Klausel, daß noch außer dem Doppelten des bezahlten Kaufpreises die Verbesserungen und Bauten auf dem evincirten Grundstück nach vorgängiger Taxation dem Käufer erstattet werden sollen. In dem Kaufbrief des Domnicus über Grundstücke im Territorium von Faenza (Spangenberg tab. neg. 1822 p. 247) heißt es:

> si evictum — fuerit tunc quanti ea res erit quae evicta fuerit. *duplum pretium* solidorum *supra scriptorum*, sed et rei quoque melioratae aedificatae cultaeque taxatione habita — cogantur inferre.

Ebenso p. 256, 262, 280, 284, 288. Nur wird pag. 262 noch hinzugefügt 'vel quantum emptori suprascripto *interfuit* inquietari evinci aut *auferri* rem minime debuisse.'

In gleicher Weise wie das Doppelte zieht sich die Zusage und die Folge ihrer Insitiation durch alle Zeitalter hindurch. In den gedachten notariellen Urkunden begegnet überall die Zusicherung (dictum, promissum) daß die verkauften Grundstücke unbeschränktes Eigenthum des Verkäufers seien bald in kürzerer bald in ausführlicherer Fassung. So lautet sie unter andern in einem Kaufbriefe mit Gothischer Subscription zwischen den Jahren 536 und 544 über 4 Unzen = 1/3 eines Grundstücks bei Arezzo (Spangenberg tab. neg. p. 261) und noch umständlicher im Kaufbrief des Domnicus vom Jahr 540 pag. 247 und des Domninus vom Jahr 572 pag. 275. Ueberall begegnet die Versicherung, daß die Grundstücke unbeschränktes Eigenthum des Verkäufers, daß sie keinem stillschweigenden Pfandrecht wegen dotaler oder vormundschaftlicher Ansprüche unterworfen, daß sie von dem Verkäufer weder veräußert noch verpfändet seien. In dem Kaufbrief des Domninus werden die Urkunden der Vorbesitzer beigefügt: eius instrumenta anteriora simul cum *praesenti instrumento* comparatori de praesenti contradidit firmandi dominii causa p. 275. In einigen Urkunden pag. 249. 253 wird zugleich die Umschreibung des Namens in den Steuerregistern (polyptica publica) und die Erhebung der Grundsteuer (cespitis iugatio) vom Käufer für die laufende Indiction beantragt. Sollte sich aber die gegebene Versicherung des Eigenthums durch totale oder partielle Entwehrung des Eigenthums oder

Nießbrauchs als unwahr ergeben, so wird überall die Evictions=
leistung in dem vorhin angegebenen Maße, also Zurückgabe des
empfangenen Kaufpreises, des alterum tantum und der Melio=
rationen, bezüglich des Interesses zugesagt, worauf das ganze Ge=
schäft mit der clausula doli abgeschlossen wird.

Entsprechend lauten die Haus= und Sclavenkäufe auf den
Siebenbürgischen Wachstafeln. In dem Hausverkauf vom Jahr
159 (Bruns fontes p. 138) wird für den Evictionsfall der dop=
pelte Kaufpreis von dem Verkäufer durch fidepromissio versprochen. Zugleich die Fortzahlung der Tributa bis zum näch=
sten Recensus. In den Sclavenverkäufen vom Jahr 139 und 142
dagegen wird nur die Dupla oder das alterum tantum versprochen.
Die Meliorationen z. B. Ausbildung des Sclaven zum Künstler
(Cic. pro Q. Roscio und L. 43 fin. D. de act. empti 19, 1)
werden überall nicht erwähnt.

Ziehen wir nunmehr die Consequenzen dieser Verpflichtung
auf das Doppelte für das Pfandrecht, so ergiebt sich folgendes
Resultat:

Um bei der Verpfändung den Schuldner, bei dem Pfand=
verkauf den Gläubiger der Garantie zu überheben mußte man
das neben dem rausculum bei der mancipatio venditionis
causa erforderliche Kaufpretium auf ein Minimum reduziren.
Denn seine gänzliche Beseitigung würde dem Wesen des Kaufs,
also selbst der imaginaria venditio widersprochen haben. Das
alte rausculum genügte nicht, weil es seit dem Abkommen der
Kupferwährung nicht mehr als römisches Geld angesehen werden
konnte.[60]) Dagegen erscheint andererseits schon ein Nominal=
sesterz hinreichend, da jeder Preis der den Parteien recht ist,
bei Kauf und Miethe als iustum pretium gilt, folglich bei
Kauf= und Miethkontrakten zu andern Rechtszwecken als Ver=
äußerung und Geldumsatz (dicis gratia) formell immer noch ein
wahrer Kauf oder Miethe anzunehmen ist,[61]) wenn auch materiell

---

[60]) Daher kommt selbst bei Schenkungen neben dem As (Gai. 1, 119)
ein nummus unus assium quatuor vor: Gai. 4, 96. L. 37 C. de don. (8,
54). Plin. nat. hist. 33, 13, 45. Bruns fontes p. 132. 133.

[61]) Die emptio venditio nummo uno genügte zur Stipulatio emptae
et venditae hereditatis. Gai. 2, 252.

nur eine Schenkung oder ein anderes unentgeltliches Geschäft vorliegen mag.⁶²)

Diesemnach kann es nicht mehr befremden wenn in unserer Urkunde der Nominalsesterz und der Kaufpreis, der werthlose nummus unus und das werthvolle pretium sogar neben einander auftreten. Der Scheinpreis beschränkt sich auf die Mancipation, welche bei einem civilen Kauf unter römischen Bürgern grundsätzlich nicht fehlen durfte.⁶³) Daneben besteht ein wirklicher Kaufpreis, sonst käme der Gläubiger nicht zu seiner Befriedigung und der Verkauf wäre vergeblich. Der Gläubiger muß sich also wohl hüten um den ganzen Kaufpreis zu mancipiren, er muß den Mancipationspreis, bei welchem die Garantie gesetzlich eintreten würde, sorgfältig vom Kaufpreis trennen. Den Mancipationspreis muß er auf ein Minimum reduziren, für den Kaufpreis aber, für welchen die Garantie gesetzlich nicht eintritt, die Verpflichtung durch Privatact ganz ablehnen.

Gegen die hier versuchte Erklärung des nummus unus aus der Umgehung der Garantie darf man nicht einwenden, daß der Schuldner wenigstens die Servitutenfreiheit (fundus optimus maximus L. 90. L. 126 pr. D. de V. S. 50, 16) gleichwohl zusage. Dies ist offenbar nur aus der Mancipatio venditionis causa herübergenommen. In dieser aber bezeichnet es ebensowohl das Kaufobjekt in seinem vollen Umfange, als das ungeschmälerte Eigenthumsrecht. In jenem Sinne erscheint es unter

---

[62] (Gai. 2, 252. Pomponius L. 66 de iure dot. (23, 3). Ulp. L. 46 D. locati (19, 2) si quis conduxerit nummo uno, conductio nulla est quia et hoc donationis instar inducit' erklärt daher die conductio nummo uno geradezu für Schenkung.

[63] Plaut. Persa IV. 3, 55. 113. Most. V, 1—43. Gai. 4, 131. Paul. sent. 1, 13 § 4. Daher die condictio L. 6 D. de cond. causa data (12, 4) L. 11 § 2 D. de act. empti (19, 1). In zwei Ravennalischen Kaufbriefen aus den Jahren 539 und 540 bei Marini papiri dipl. No. 114 lin. 30 und No. 118 lin 15 erfolgt die Mancipation 'nummo usuali dominico uno'. Marini versteht darunter gangbare kaiserliche Münzen. Savigny Gesch. des RR. II. S. 186 Note e dagegen den üblichen Eigenthumspfennig, welcher damals vor Einführung des Justinianschen Verbots noch geltendes Recht gewesen sei. Aber Justinians Verbot ist älter als die Urkunde. Auch die Bezeichnung 'auri solidos dominicos probatos obriziatos optimos peesantos' in dieser und andern Ravennatischen Urkunden scheint der erstern Meinung günstiger zu sein. Sie bezeichnen für die Goldwährung was die Controle des Libripens für die Kupferwährung gewesen war.

andern in Ravennatischen Urkunden v. J. 504, 539 und 572 bei Marini papiri n. 113, 114, 120, Spangenberg tab. neg. p. 138 260, 275 an der Spitze einer detailirten Aufzählung der einzelnen Bestandtheile und Pertinenzen. Es läßt sich daher kaum bezweifeln, daß es auch hier nicht als Garantie gegen Servituten gemeint war. Dagegen ist jede Erwähnung des Ackermaßes, da sie zum Doppelten verpflichtet hätte (Paul. sent. I, 19, 1), sorgfältig vermieden, auch die Erwähnung der Grenznachbarn enthält eine bloße demonstratio finium ohne Gewährspflicht.

Die bisherigen Ausleger unserer Urkunde haben den richtigen Sinn des Nominalsesterzes größtentheils nicht erkannt.

Gide deutet ihn an, ohne ihn quellenmäßig zu begründen.

Camillo Re verwechselt nummus unus und rausculum (S. 77), pactum de distrahendo und lex commissoria (S. 88). Endlich meint er, der Gläubiger brauche nicht theurer zu verkaufen, als er eingekauft habe. Diese wunderliche Bestimmung wird aus L. 20 C. de distr. pign. (8, 28) hergeleitet, natürlich sagt die Stelle von dem Einkaufspreise kein Wort, sie spricht vielmehr von den Forderungen des Gläubigers.

Degenkolb S. 149 f. verbindet den Verkauf des Pfandgläubigers um einen Nominalsesterz mit dem Vorhergehenden, statt mit dem Folgenden und gewinnt dadurch den Sinn: der Gläubiger solle lieber billiger gegen Baarzahlung, als theurer auf Credit verkaufen dürfen (S. 148). Er übersieht, daß der Gläubiger nur nicht um mehr als einen Sesterz zu mancipiren braucht, daß er dagegen um einen höhern Kaufpreis (pecunia, pluris) in baarem Gelde (pecunia praesenti) verkaufen soll. So verstanden entspricht die Clausel den Interessen des Schuldners in Betreff der Befreiung und des Ueberschusses,[64]) sowie andererseits den Vortheilen des Gläubigers sowohl in Ansehung der Garantie als des Kaufpreises, während die Befugniß zu verschenken seiner Befriedigung wenig förderlich sein würde.

Einer Besitzeinweisung außer der Mancipation wird mit keiner Silbe gedacht. Daß sie der Fiducia nicht fremd war, beweist der abgeleitete Besitz, die deposita fiducia (Paul. sent.

---

[64]) Paul. sent. 2, 13 § 1. Debitor distractis fiduciis a creditore de superfluo adversus eum habet actionem.

2, 4), das precarium und die locatio (Gai. 2, 60). Nothwendig war sie aber nicht, weil bereits aus der Rechtsübertragung ohne Weiteres Vindication folgte, da der Vindication des Gläubigers keine exceptio legis Cinciae oder doli entgegenstand, wie der Vindication des Schenknehmers oder Verkäufers (Fragm. Vat. 310. 311 L. 11 § 13 D. de aut. empti 19, 1). Bei dem Verkaufsgeschäft bildet die Besitzübergabe (vacuae possessionis traditio) eines Grundstückes überdies einen von der emptio getrennten Act, über welchen eine besondere Urkunde ausgefertigt wird, und bei Sclavenverkäufen wird der Uebergabe überall nicht besonders gedacht.

VI. Satisdatio secundum mancipium.

Es bleibt noch die Schlußklausel zu erklären, welche die satisdatio und repromissio secundum mancipium betrifft.

Wo die Gewährspflicht in Folge eines Privatacts sogar noch erweitert werden würde, wie durch eine reale Sicherheitsbestellung oder wenigstens in prozessualischer Beziehung durch eine Repromission des Einfachen oder Doppelten, da soll eine derartige Zusage ganz unterbleiben dürfen.

Dieser allgemeine Sinn der Klausel ist ganz unzweifelhaft; um so bedenklicher sind die Einzelbestimmungen.

Satisdatio secundum mancipium ist die Bestellung eines Bürgen[65]) neben einer bereits vollzogenen Mancipation. Der Bürge haftet also nur noch für das künftige Behaltendürfen des bereits übertragenen Eigenthums im Falle eines Evictionsprozesses. Die Bürgschaftsobligation bildet den Gegensatz zu dem Mancipio promittere, durch welches die Mancipation selbst erst in Zukunft versprochen wird.[66])

---

[65]) Verpfändung für die Gewährspflicht kommt erst in ganz späten Urkunden nach Auflösung der genossenschaftlichen Verbände vor.

[66]) Plautus Persa IV. 3, 55 ac suo periclo is emat qui eam (mulierem furtivam) mercabitur: Mancipio neque promittet neque quisquam dabit. 61 nihil mihi opus est Litibus neque tricis. quam ob rem ego argentum numerem foras? Nisi mancipio accipio quid eo mihi opus mercimonio? Curc. IV, 2, 8. Cappadox: Memini et mancipio tibi dabo. Curculio: Egon' ut ab lenone quicquam Mancipio accipiam? quibus sui nihil est ... alienos mancupatis Alienos manumittitis, alienisque imperatis. Nec vobis auctor ullus est nec vosmet estis ulli. Vgl. Demelius in der Ztschr. für R.-G. II. (1863) S. 186, 213.

Die Partikel secundum, = post und pro, z. B. secundum tabulas, secundum libertatem, secundum aliquem pronuntiare bezeichnet also sowohl die Zeitfolge als den Gegenstand.

Diese Garantieverbürgung bei Grundstücken kannten wir bisher fast nur durch die flüchtige Erwähnung bei

> Cicero ad Atticum V. 1. De Annio Saturnino curasti probe. De satis dando vero te rogo, quoad eris Romae, tu ut satis des et sunt aliquot satisdationes secundum mancipium vel Memmianorum praediorum, vel Atilianorum.

Hier wird also Atticus ersucht für die Grundstücke des Memmins und Atilius, welche Cicero erworben und wieder veräußert hatte, die Bürgschaft der Eigenthumsgarantie zu übernehmen, obgleich es schon damals üblich war, diese Bürgschaft in den Contractsbedingungen auszuschließen, so daß sie zuletzt ganz verschwand.

> Varro de ling. lat. VI. 74 pag. 102 Müller. Consuetudo erat quom reus (der Hauptschuldner) parum esset idoneus inceptis rebus (wenn er sich dem Unternehmen nicht gewachsen fühlte) ut pro se alium daret; a quo caveri postea lege coeptum est ab his qui praedia venderent vades ne darent. ab eo scribi coeptum est lege mancipiorum: vadem ne poscerent nec dabitur [67]

wenn sie nicht durch Ortsgewohnheit oder Vertrag aufrecht erhalten wurde.

> Gaius lib. 10 ad edictum provinciale L. 6 D. de evict. (21, 2). Si fundus venierit ex consuetudine regionis in qua negotium gestum est pro evictione caveri oportet. vgl. L. 22 § 1 D. eod.

Dieselbe Ausschließung kam auch bei dem Sclavenhandel in Uebung. Das Edict der Aedilen verlangte deshalb auch bei dem Sclavenverkauf nur einfache Repromission,[68] die Volksmeinung

---

[67] Vas verwandt mit vadium, gage, vetti bezeichnet nicht blos die Erscheinungsbürgschaft vor Gericht, sondern die reale Sicherheit überhaupt. Rivier, Untersuchungen über die cautio praedibus praediisque (1863) S. 14 f. Doch könnte hier ein Vadimonium im Evictionsprozesse gemeint sein.

[68] L. 31 § 20 de aed. ed. (21, 1) L. 37 § 1 D. de evict. (21, 2).

daß eine satisdatio secundum mancipium, ein sogenannter zweiter oder eventueller Verkäufer (auctor secundus) hinzutreten müsse, beruhte auf einem Irrthum.

> Ulpianus lib. 32 ad edictum L. 4 pr. D. de evict. (21, 2). Illud quaeritur an is qui mancipium vendit debeat fideiussorem ob evictionem dare quem vulgo auctorem secundum vocant? et est relatum non debere nisi hoc nominatim actum est. [69])

Die Bürgenstellung mußte daher auch hier besonders bedungen werden, in den Blasendorfer Triptychen aus der Zeit des Antoninus Pius, unter denen zwei einen Sclavenverkauf betreffen, kommt in dem einen vom Jahr 895 der Stadt 142 n. Chr. Bürgschaft, in dem andern vom Jahr 892 der Stadt oder 139 n. Chr. einfache Repromission vor. [70])

Degenkolb S. 157 f. und Krüger S. 55. 56 lassen die Gewährspflicht secundum mancipium ohne Nuncupation oder Stipulation unmittelbar, wie bei der Präbiatur, aus der Mancipation selbst hervorgehen. Die stipulatio duplae soll ihren Ursprung und Hauptsitz in den Verkäufen ohne mancipium gehabt haben (S. 158) und erst später aus praktischen Veranlassungen mit der Mancipation combinirt sein (S. 160). Doch wird von Seiten Degenkolbs (S. 408) nachträglich zugegeben, daß die Schlußklausel unserer Inschrift kein Zeugniß gegen die feierliche Zusage bei der Mancipation liefere. Die anderweite Begründung bleibt dahingestellt. In der That enthält aber die Mancipation blos die dinglichen Wirkungen des Geschäfts: **Eigenthumsübergabe, Veräußerung und Erwerb** (nexu traditio), also keine **Verpflichtung** (nexi obligatio), welche durch Bürgschaft verstärkt werden könnte. [71]) Die zwölf Tafeln nach Cicero (de off.

---

[69]) Vgl. L. 87 pr. D. eodem aus demselben Buch, und Paul. lib. 2 ad edictum aedilium curulium L. 56 pr. D. eodem. In der Ravennatischen Urkunde v. J. 591, bei Marini papiri n. 122, Spangenberg tab. neg. p. 282 'auctore et spontaneo fideiussore' wird daher der Verkäufer selbst als fideiussor bezeichnet. In einer Siebenbürger Urkunde kommt dagegen neben dem Auctor ein Bürge vor, welcher an zweiter Stelle vor dem Auctor unterschreibt. Die ältere Bürgschaftsform war übrigens nicht fideiussio sondern sponsio oder fidepromissio.

[70]) Bruns fontes p. 137. n. 1. 2.

[71]) In der Definition des Nexum bei Quintus Mucius (Varro de ling. lat. 7, 105 'quae per aes et libram fiunt ut obligentur, praeter

III., 16 § 65) knüpften daher die Actio auctoritatis an die Nuncupation des Verkäufers im römischen weitern Sinn d. h. an die mündliche Zusage des Verkäufers, [72]) während bei der Mancipation der Käufer redete: wogegen das Siebenbürger Triptychon (Bruns p. 137 138) ergiebt, daß auch die Stipulation später neben der Mancipation als Grundlage der Bürgschaft gebräuchlich wurde. [73]) Der Begriff der satisdatio secundum mancipium ist also Bürgschaft für die gesetzliche Verpflichtung des Mancipanten auf den doppelten Kaufpreis aus unrichtiger Versicherung und Zusage seines Eigenthums (infitiatio), später wegen civilrechtlicher Entschädigungspflicht (periculum iudicii). Den Gegensatz bildet die Bürgschaft für die fide promissio des Verkäufers. Der materielle Inhalt beider ist, wie sich sogleich ergeben wird, völlig identisch. Der Unterschied liegt wie bei der Actio in duplum de perfidia allein in dem Delictsstandpunkt des ältern Rechts im Gegensatz der Contractsobligation des neuern. Nur der doppelten Sicherheit wegen erscheinen beide in den Geschäftsurkunden zum Ueberfluß neben einander. Auch die Ausdrücke fide rogavit und fide promisit erinnern noch an den Gesichtspunkt des ältern Rechts.

VII. Repromission und Stipulationsverbürgung.

Es bleibt noch der Theil der Schlußklausel zu erklären, welcher die Repromission betrifft.

Repromissio, wie sie hier im Gegensatz zur Satisdatio erwähnt wird, bedeutet die nuda repromissio, das reine Stipulationsversprechen ohne Verstärkung durch Realcaution. Der Vortheil, welchen ein solches Versprechen neben einem bonae fidei Geschäft wie die Distraction gewähren konnte, bestand nicht in

---

quae mancipio dentur,' welche Varro durch seine Etymologie quod obligatur per libram neque suum fit inde nexum dictum zu verstärken meint, ist beides scharf geschieden.

[72]) Varro de ling. lat. 6, 60 '*Nuncupare*' nominare valere apparet in *legibus* (mancipiorum, nexorum) ubi nuncupatae pecuniae sunt scriptae.'

[73]) Auf die Prädiatur darf man sich in dieser Frage nicht berufen, sie bezieht sich auf den Staat und die Gemeinde, gegen welche die Verpflichtung durch bloße Subsignation ohne Fiducia begründet wird. (Rivier über die cautio praedibus praediisque 1863 § 19.)

materieller Sicherheit, sondern nur in der stricten Rechtshülfe durch condictio certi auf den einfachen oder doppelten Kaufpreis.[74]

Der Inhalt der Obligation stimmt daher mit der Bürgschafts=stipulation neben dem Mancipium genau überein. Die Formel dieser 'verba quae in verba satis secundum mancipium dari solet' ist in den Blasendorfer Triptychen wörtlich überliefert. Das Repromissionsformular vom Jahr 892 (139) stimmt mit der Satisdationsformel von 895 (142) buchstäblich überein. Nach Erwähnung der Garantie gegen physische Mängel die hier nicht interessirt[75] folgt die Evictionsklausel mit den Worten

> si quis eum puerum (eam puellam) quo de agitur partemve quam quis ex eo evicerit quo minus emptorem supra scriptum eumve ad quem ea res pertinebit uti frui habere possidereque recte liceat tum quantum id erit quod ita ex eo evictum fuerit, (quanti ea puella empta est) tantam pecuniam duplam probam (tantam pecuniam et alterum tantum dari)[76] recte (fehlt) fide rogavit (folgen die Namen der Käufer) fide promisit (Verkäufer) idem fide sua esse iussit Marcus Vibius Longus. (In der Repromissionsstipulation fehlt die Bürgschaft und folgt sogleich die Quittung über den Kaufpreis von 205 Denaren)[77].

Aus dem Umstande, daß der Repromission das Satisdations=formular bei Mancipationen, die satisdatio secundum mancipium, als Muster diente, schließt Degenkolb S. 408, daß die Mancipation gebräuchlicher Weise jene Zusage in Form einfacher repromissio nicht aufgenommen habe. „Es gab eine satisdatio,

---

[74] L. 24 D. de reb. cred. (12, 1).

[75] Diese lautet: eum puerum sanum traditum (eam puellam sanam) esse furtis noxaque (noxisque) solutum (solutam) erronem fugitivum caducum (fugitivam erronem) non esse prestari. et si (quotsi) quis (folgt die Evictionsclausel.) Vgl. Varro de re rust. II, 10. 3. L 3. L. 11 § 1. L. 31 D. de evict. (21, 2).

[76] Bei Creditkäufen: quantum ob eam rem pretii nomine cautum est tantam pecuniam et alterum tantum exactae pecuniae rel. L. 187 L. 188 § 1 D. de V. S. (50, 16) L. 74 D. de evict. (21, 2).

[77] In dieser Gestalt erscheint die Sclavenmancipation noch in spätester Zeit, z. B. die Mancipation eines gallischen Sclaven im Jahr 725 bei Fumagalli cod. dipl. S. Ambros. n. IV. p. 12, freilich in barbarischem Latein, aber das Recht hat die Sprache überdauert.

nicht auch eine repromissio secundum mancipium." Krüger S. 54 läßt die Repromission erst eintreten „wenn der Verkäufer die Mancipation nummo uno vorgenommen hat, also aus ihr nicht verhaftet ist." Beide Meinungen werden durch das Blasendorfer Triptychon vom Jahr 892 (139 v. Chr.), in welchem die Repromission neben einer Mancipation um einen realen Kaufpreis erscheint widerlegt. Zu Krügers Auffassung paßt außerdem die Simpla nicht.

Daß die Satisdatio secundum mancipium praediorum als Muster für die Repromission hingestellt wird, erklärt sich vielmehr daraus, daß die Stellung eines sogenannten Auctor secundus für die Actio auctoritatis früher allgemein üblich war, wenn sie nicht durch die Klausel vadem ne posceret nec dabitur besonders ausgeschlossen wurde. Da sie aber später ausdrücklich bedungen werden mußte (L. 4 pr. L. 37 pr. L. 56 D. de evict. 21, 2) so könnte man in diesem Sinn Degenkolb's Satz umkehren und sagen: es gab eine Repromissio aber keine Satisdatio secundum mancipium.

Degenkolb S. 138, Gide p. 91, 3 und Krüger S. 55, 1 berufen sich zwar auf

> Varro de re rust. 2, 10, 5. In horum (servorum) emptione solet accedere peculium aut excipi (so Politian; aut si excipietur die ältern Ausgaben) stipulatio intercedere sanum eum esse furtis noxisque solutum aut (et) si mancipio non datur dupla[78]) promitti aut si ita pacti, simpla.

Diese Stelle soll nämlich beweisen, daß die Repromission nur bei Verkäufen ohne Mancipation (also an Peregrinen oder bei bloßen Consensualcontracten) eintrete, weil sie durch die Mancipation entbehrlich werde. Man könnte dem gegenüber mit Huschke Recht des Nexum S. 172 Note 258 si mancipio non detur als Bedingung fassen wollen, dann wäre im Sinne des Lucrezischen 'vitaque mancipio nulli datur, omnibus usu' der Evictionsfall gemeint und das Formular der duplae sti-

---

[78]) Eine repromissio simplae erwähnt Plautus Curc. V, 2, 67 f.: repromissit mihi, Si quisquam hanc liberali adseruisset manu, Sine controversia omne argentum reddere. Vgl. Demelius Zeitschr. für R.G. II. (1863) S. 187. Dies ist aber eine bloße Relation, welche auf juristische Genauigkeit keinen Anspruch macht. vgl. Epid. II, 2. 106. III, 4. 85 f.

pulatio faſt wortgetreu wiedergegeben. Allein dies paßt nicht zu der überlieferten directen Rede (datur). Auf alle Fälle hat Varro gewiß nicht behaupten wollen, daß die Promiſſion der Dupla oder Simpla auf den Verkauf ohne Mancipation beſchränkt, ſondern nur, daß ſie hier nothwendig ſei, weil das Eigenthum nicht übergeben wird [79]). Eben ſo wenig hat er die Verſtärkung der Promiſſion durch Satisdation auszuſchließen beabſichtigt [80]).

Wie die Satisdation ſo kann auch die Repromiſſion durch ein pactum de non praestanda evictione abgelehnt werden [81]). Es würde dann nur noch die Verpflichtung wegen Dolus übrig bleiben, welche mit der Klage aus dem bonae fidei Geſchäft jederzeit verfolgt werden kann.

Allein dergleichen ablehnende Verträge müſſen zwiſchen dem Verkäufer und dem Käufer geſchloſſen werden. Ein Dritter kann den Käufer ſeiner Garantieforderung nicht berauben [82]). In unſerm Falle werden nun aber alle drei Klauſeln, welche die Garantie ausſchließen ſollen zwiſchen dem Schuldner und dem Pfandgläubiger als künftigem Verkäufer vereinbart. Woher kommt dieſe auffallende Abweichung?

Degenkolb S. 149 f. ſucht den Widerſpruch dadurch zu heben, daß er die Vereinbarung zwiſchen Schuldner und Gläubiger auf die zwiſchen ihnen beſtehende Obligation beſchränkt. Wenn der Gläubiger ohne Garantie und darum wohlfeiler verkauft [83]), ſo ſoll er wegen des Ausfalls dem Schuldner nicht verantwortlich ſein. Der letztere verzichte auf die Actio fiduciae directa. Krüger S. 56 und Gide S. 89 ſind dieſer Erklärung

---

[79]) L. 11 § 2. L 30 § 1 D. de act. empti 1911. Das habere licere hat eine doppelte Bedeutung: Paul. lib. 32 ad ed. L. 188 pr. D. de V. S. (50, 16) Habere duobus modis dicitur: altero iure dominii, altero obtinere sine interpellatione id quod quis emerit. Hier handelt es ſich um die zweite.

[80]) Es kommt ihm überall nur auf den Inhalt der Stipulation an, daher wird bei den Thierkäufen II. c. 1. 4. 5. 7. 8. 9. nur die Geſundheit des Thiers, die Sicherheit gegen Noxalklagen und Eviction erwähnt.

[81]) L. 11 § 15 16 D. de act. empti (19, 1) L. 68 pr. D. de evict. (21, 2.)

[82]) Das Gegentheil ſcheint Gide p. 91 voraus zu ſetzen: pour s'en affranchir il fallut une clause spéciale ne venditor simplum neve duplum repromitteret ou ne quid evictionis nomine praestaretur. Telle est précisement la clause qu'ont en vue les derniers mots de notre texte.

[83]) L. 36 § 1 D. ad municipalem (50, 1) L. 22 § 4 D. de pign. act. (13, 7.)

beigetreten und ohne Zweifel enthält sie ein wahres Element[84]). Es fragt sich nur ob die Klausel auf die obligatorische Seite der Verpfändung beschränkt ist? und diese Frage dürfte zu verneinen sein. Der Fiduciargläubiger ist ungeachtet seines Eigenthums, ähnlich wie der Abstipulator trotz seiner Obligation, eben so wohl materiell nur Bevollmächtigter des Fiducianten wie der Hypothekargläubiger. Eigenthum und Obligation sind nur Behelfe wegen der unvollkommenen Stellvertretung; ohne selbst Eigenthümer zu sein hätte der Gläubiger nach altem Recht nicht rechtsgültig mancipiren können. Aber in welchen Gränzen die Veräußerung des Pfandgläubigers gelten soll das hängt von der Vollmacht des Schuldners ab. Die Klausel beschränkt sich also nicht auf die obligatorische, sie bezieht sich zugleich auf die repräsentative Seite der Fiducia, also auf das Verhältniß des Schuldners zum Käufer des Pfandes.[85]) Und selbst in Betreff der obligatorischen Seite kommt nicht nur die Actio fiduciae directa, sondern auch die contraria in Frage. Da der Gläubiger Vollmacht erhält mit oder ohne Garantie zu verkaufen, so darf er wenn er die Dupla bona fide versprochen und entrichtet hat, gegen den Schuldner Regreß nehmen.

> Ulpianus libro 30 ad edictum L. 22 § 4 D. de pign. act. (13, 7). Si creditor cum venderet pignus duplam promisit (nam usu [nach Ortsgebrauch] L. 6 D. de evict. 21, 2] hoc evenerat) conventus ob evictionem et condemnatus an habeat regressum pignoratitiae

---

[84]) L. 1. 2. 4 C. si vendito pignore agatur (8, 30) Gide p. 89 le debiteur est ici plus interessé qu'il ne semble: le vendeur qui refuse sa garantie vend d'ordinaire moins cher que celui qui se porte garant; on aurait donc pu prétendre sans la clause qui nous occupe que le créancier en refusant sa garantie a deprecié le gage et trahi les intérêts du debiteur. Auf einen solchen Verrath der Fides hat Jhering Schuldmoment S. 35 noch die merkwürdige Beschränkung der activen Transmission beziehen wollen, welche Paulus in der Consultatio c. VI, 8 behauptet: heredibus debitoris adversus creditorem qui pignus vel fiducias distraxit nulla actio datur nisi a testatore inchoata ad eos transmissa sit. Es bedarf jedoch kaum dieser künstlichen Erklärung. Die regelmäßige Wirkung der Distraction ist auch den Erben gegenüber entscheidend.

[85]) Iavolenus L. 73 D. de furtis (47, 2). Si is qui pignori rem accipit, cum de vendendo pignore nihil convenisset vendidit, aut ante quam dies venditionis veniret pecunia non soluta id fecit, furti se obligat.

contrariae actionis? et potest dici esse regressum si modo sine dolo et culpa sic vendidit et ut pater familias diligens id gessit, si vero nullum emolumentum talis venditio attulit sed tanti vendidit quanto vendere potuit etiamsi hoc non promisit, regressum non habere.

Ein zweites Bedenken ist folgendes: Der bistrahirende Pfandgläubiger haftet nach vielen Constitutionen im Falle der Eviction dem Käufer schon gesetzlich für nichts. Er kann nicht einmal mit der Actio empti auf Rückerstattung des Kaufpreises verklagt werden. Nur wegen Dolus bleibt er dem Käufer verpflichtet und nur deshalb braucht er demselben zu repromittiren [86] Der Eigenthümer und nach erfolgter Eviction der Käufer müssen sich an den Schuldner halten, der durch den Kaufpreis von seiner Schuld befreit ist. Der Käufer hat deshalb eine Actio empti utilis etwa mit der Klausel quidquid N^m N^m A^o A^o dare facere oporteret ex fide bona si ipse vendidisset, der Eigenthümer klagt mit einer Condiction wegen grundloser Bereicherung.[87]

Wenn nun aber der bistrahirende Pfandgläubiger schon ipso iure keine Garantie leistet, so scheint es überflüssig ihn davon noch besonders zu entbinden. Wozu also auch in dieser Beziehung unsere Schlußklausel?

Degenkolb S. 165 findet den Grund der gesetzlichen Befreiung von der Garantie „in der Incongruenz des Rechts, welches der Käufer erwirbt mit dem Rechte des Verkäufers." Da diese bei der Fiducia wegfällt, so folgert er für letztere die Nothwendigkeit der Klausel, wenigstens für das classische Recht, nach dem ältern sei der Rückgriff des Gläubigers auf den Schuldner für den Evictionsfall nicht zweifellos, die actio auctoritatis würde auf einen doppelten Nominalpreis beschränkt sein, die alte Schuldklage reiche nicht aus, wenn eine höhere Dupla gezahlt sei, die actio fiduciae contraria sei zweifelhaften Alters. Ohne ein Rückgriffsrecht könne aber der Gläubiger nach der fides der fiducia nicht verbunden sein durch Garantieübernahme einen höhern Kaufpreis zu erzielen. An dieser Deduction

---

[86]) Ulpian. L. 11 § 16 D. de act. empti (19, 1) Paulus L. 10 D. de distr. pign. (20, 5). Ueber die Constitutionen: Alexander und Gordian in L. 1. 2 C. creditorem evictionem pignoris non debere (8, 46).

[87]) Tryphonin. L. 12 § 1 D. de distr. pign. (20, 6) L. 23 D. de pign. act. (13, 7.)

ist zweierlei auszusetzen. Einmal sind Fiducia und Kauf keineswegs congruent: der Fiduciargläubiger hat nur pfandrechtliches widerrufliches Eigenthum, dem Käufer muß er unwiderrufliches übertragen. Zweitens reicht die Congruenz nicht aus, denn ungeachtet des pfandrechtlichen Eigenthums kann der Gläubiger nicht veräußern. Erst die Vollmacht, welche das pactum de vendendo enthält, berechtigt ihn dazu.

Anders faßt Krüger S. 57 das Verhältniß auf. In der Zumuthung der Garantie gegen Regreß an den Schuldner findet er eine Verkümmerung des Pfandrechts, welche dem Verbot des Verkaufs nahe komme. Die Ablehnung der Garantie sei also nicht gegen die bona fides und die drei Klauseln unserer Tafel enthielten nur was bei der Fiducia wie bei der Hypothek ohnehin Rechtens war.

Diese Auffassung scheint das Richtige zu treffen. Klauseln, welche feststellen was ohnehin Rechtens war, begegnen bei dem Pfandverkauf öfter und können daher nicht als Einwand gelten.[88]) Die Eigenthumsform der Fiducia kann den pfandrechtlichen Character der Fiducia nicht alteriren: die Fiducia gehört trotz derselben zu den 'ceterae res' und wird selbst wenn sie ein Grundstück ist, schon in Jahresfrist zurück ersessen.[89]) Der Fiduciar verkauft trotz seines Eigenthums nur eine verpfändete Sache und kann daher nur für ein Pfandrecht, nicht für das Eigenthum des Verpfänders garantiren. Er verkauft gleich dem Hypothekargläubiger in Vollmacht des Schuldners.[90]) Daß er gleichwohl in eigenem Namen mit der Vindication klagt, nicht mit der Serviana das in bonis debitoris esse verfolgt, beweist nicht daß er für Eviction hafte, wie Degenkolb S. 167 folgert. Es ist nur ein prozessualischer Formalrest aus jener Zeit, in der eine Legis Actio aus fremdem Recht unmöglich war.[91]) Auffallend ist, daß unser Formular mit der Reduction des Mancipationspreises und der Ablehnung der üblichen Stipulationen

---

[88]) Paul. L. 9 § 1 D. de distr. pign. (20, 5) Papin. L. 68 pr. D. de evict. (21, 2.)

[89]) Gaius 2, 59—61.

[90]) Gaius 2, 64, oben Note 22.

[91]) In L. 1 § 2 D. de pign. (20, 1) sagt Papinian von der Serviana im Vergleich mit der Fiducia quaestio pignoris ab intentione dominii separatur.

jede Evictionsleistung als ausgeschlossen betrachtet und durchaus nicht beachtet, daß schon mit der einfachen Actio empti wegen Eviction auf das doppelte geklagt werden kann (L. 2 D. de evict. (21, 2) L. 31 § 20. D. de acd. ed. 21, 1). Allein dies erklärt sich aus der Gewöhnung die dupla zu stipuliren.

VIII. Zeitgränzen der Gewährspflicht.

Die Gewährspflicht des Auctors erlischt so bald der Käufer durch Ersitzung sein eigener Auctor geworden ist. Dies tritt nach dem Zwölftafelgesetz usus auctoritas fundi biennium ceterarum rerum annus esto für das Grundstück nach zwei Jahren, für die Sclaven nach Einem Jahre ein. Die Actio auctoritatis auf das Doppelte fiel also ipso iure weg.[92] Der Käufer konnte sich dem Kläger gegenüber auf Usucapion berufen, unterließ er dies, oder machte er sich die Ersitzung durch eigene Schuld unmöglich, so hat er nur über sich selbst zu klagen.[93] Nun erwähnen aber die Byzantiner eine Exceptio, welche 1=, 2=, 5=, 10jährigen Besitz voraussetzte, von ihrer häufigsten Anwendung bei italischen Grundstücken und Gutssclaven annalis exceptio italici contractus genannt und von Justinian in Folge der Umbildung der Ersitzungsfristen beseitigt wurde.[94] Woher diese Form der Vertheidigung? Sie bezog sich auf den Fall, wenn der Beklagte in der Actio auctoritatis sich auf die vollendete Usucapion des Klägers berief und der Kläger die Möglichkeit derselben läugnete. Hier konnte letzterem die Regreßklage nicht einfach verweigert werden, der Auctor mußte erst beweisen, daß jener usu=

---

[92] Paul. L. 60 D. de solut. (46, 3). Is qui alienum hominem in solutum dedit usucapto homine *liberatur* Gai. L. 54 pr. D. de evict. (21, 2) Qui alienam rem vendidit post longi temporis praescriptionem vel usucapionem *desinit* emptori *teneri* de evictione. Diocl. et Max. L. 19 C. de evict. (8, 45) si obligata praedia venum dedisti et longi temporis praescriptione solita emptores se tueri possunt evictionis periculum timere non potes. Mommsen de auctoritate Kil. (1843) p. 19.

[93] Paul. L. 56 § 3 D. de evict. (21, 2) si cum possit usucapere emptor non cepit culpa sua hoc fecisse videtur. unde si evictus est servus *non tenetur* venditor.

[94] Justinian L. 1 C. de annali excepti one italici sontractus (7, 40) L. 14 pr. C. de serv. (3, 34) L. un. C. de usuc. transf. (7, 31). C. Sell Jahrb. (1841 f.) III. S. 31 f. de exceptionum usu qui legis actionum tempore fuerit comm. 1867 p. 27. Rudorff Ztschr. für gesch. R. W. XIV. (1848) S. 434. 442.

capirt habe, ober daß dies durch seine Schuld unmöglich geworden sei. Eben so wenig aber konnte die Actio auctoritatis sofort eingeleitet werden, sonst hätte der Kläger, wenn er usucapirt hatte, die Sache und das Doppelte des Preises bekommen. Die Beweislast traf den Beklagten. Denn Klaggrund ist der gesetzliche Anspruch auf die Infitiationsstrafe gegen den sich Jener in der Form einer Präjudicialsponsion, später einer Exception vertheidigte.

Dieser Bedeutung der Usucapion entspricht es, daß in den Garantieclauseln neben dem Behaltendürfen und dem Besitz auch der Ersitzung (habere, possidere usuque capere) ausdrücklich gedacht wird.[95]) Ist es doch erst die Ersitzung, welche mit dem unanfechtbaren Besitzstand zugleich den Rückgriff auf den Rechtsvorgänger entbehrlich macht.[96])

Aber nicht nur der Auctor, auch seine Bürgen, ja die Bürgen in Italien überhaupt werden nach zwei Jahren liberirt (tempore liberantur[97]), ausgenommen natürlich, wenn sie sich für die fortlaufenden Zinsen verbürgt haben.[98]) Dies gründete sich auf die Lex Furia de sponsu, welche die Verpflichtung der Sponoren und Fidepromissoren auch anderweit ermäßigte. Das Muster und die vornehmste Anwendung aber war, wie das biennium und die Beschränkung auf Italien zeigt, die satisdatio secundum mancipium praediorum. Die Verjährung beginnt nach Cassius nicht schon mit der Stipulation, sondern erst mit der Möglichkeit der Klage, z. B. der Erbschaftsantretung oder Wiederkehr des Gefangenen, wenn ein Sclav stipulirt hat; Javolenus war freilich anderer Meinung.[99]) Durch Klage oder Interpellation wird die

---

[95]) Siebenbürger Hauskaufbrief v. J. 159 in Bruns fontes p. 138. Ravennatische Urkunde v. J. 540 bei Marini papiri n. 115 u. a. m.

[96]) Cic. p. Caecina 26, 94 'fundus a patre relinqui potest: at usucapio fundi hoc est finis sollicitudinis ac periculi litium non a patre relinquitur sed a legibus'. Horat. ep 2, 2, 159 'quaedam si credis consultis mancipat usus'.

[97]) Gaius 3, 121. L. 37. L. 69 D. de fideiuss. (46, 1) L. 3 § 1 D. quae in fr. (42, 8) L. 29 § 6 D. mandati (17, 1). Nicht unbedingt hierher gehören die Stellen, welche blos von dem diem actionis exire sprechen L. 21 pr. L. 23 § 3 D. ex q. c. (4, 6) L 10 D. quod falso (27, 6) L. 3 pr. D. de fer. (2, 12) L. 4 pr. D. si quis eum (2, 7).

[98]) L. 28 C de fidei. (8, 4). Cuiac. obs. XIX. 34.

[99]) L. 25. D. de stip. serv. (45, 3) L. 4 D. de div. temp. (44, 3).

Verjährung unterbrochen.[100]) Der Ablauf der Verjährung, ebenso der Tod des Sponsor oder Fidepromissar vernichtet die Obligation,[101] so daß, wenn er oder der Erbe gleichwohl zahlt, das Gegebene als eine gezahlte Nichtschuld zurückgefordert werden kann.[102]) Es müßte denn noch ein anderer Verpflichtungsgrund hinzutreten, vermöge dessen z. B. der liberirte Bürge zugleich als Vormund dem Gläubiger zur Zahlung verpflichtet ist.[103]) Ist rechtzeitig gezahlt und nur die Genehmigung erst nach Ablauf der Verjährung ertheilt, so fällt die Condiction weg und der Bürge behält den Regreß gegen den Schuldner,[104]) bezüglich die Klage gegen den Procurator aus dem Versprechen der Genehmigung.[105]) Mit dem Untergang der alten Bürgschaftsformen verlor dies Alles seine Anwendung.

Der verkaufende Fibuciargläubiger und seine Bürgen bedürfen der Verjährungseinreden natürlich nur bei der freiwilligen Uebernahme der Garantie.

Mit der Garantieclausel bricht die Tafel ab. Was noch fehle und auf der oder den folgenden gestanden habe, darüber erschöpfen sich die Ausleger in Vermuthungen, die aus allen Theilen der Pfandrechtstheorie entlehnt sind.[106])

Meines Erachtens fehlte nichts als das Wort duplam, für welches der Arbeiter nicht mehr Platz hatte. Hätte mehr gefehlt, so würde er eine größere Tafel genommen haben. Aber ein

---

[100]) Paul. L. 72 D. de proc. (3, 3) Per procuratorem non [semper] adquirimus actiones sed retinemus velut si reum (sponsorem) conveniat intra legitimum tempus (legis Furiae) cf. Fragm. Vat. 334.

[101]) Gaius 3, 120.

[102]) L. 71 § 1 D. de solut. (46, 3). L. 25 § 1 D. ratam. (46, 8). Doch behält er, wenn er sich zur Defension des Schuldners gegenüber dem Gläubiger erbietet, die Regreßklage L. 29 § 6 D. mandati (17, 1).

[103]) L. 69 D. de fidei. (46, 1). Aus dieser Stelle, nicht wie Gutro vorschlägt, aus der Proceßverjährung (mors litis) ist auch L. 45 D. de adm. tut. (26, 7) zu erklären, 'is autem qui tempore (Goudsmit temere, Mommsen sponte, beides unrichtig) liberatus est non ei similis est qui nihil habet, sed ei qui satisfecit, habet enim quod obiiciat petitori'.

[104]) L. 71 § 1 D. de solut. (26, 3).

[105]) L. 25 § 1 D. Ratam. (46, 8).

[106]) Degenkolb S. 169. Krüger S. 38. Camillo Ré p. 90 denkt sogar an eine Garantieverpflichtung des Schuldners.

pactum conventum enthielt auch nur Einen Nebenvertrag und unsere lex distractionis ist mit den Cautelen gegen die Garantie in der That erschöpft. Die Herausgabe des Superfluum folgte aus der Fiducia ohne Weiteres, selbst wenn sich kein Käufer fand war der Gläubiger durch die anticipirte Eigenthumsübertragung ohne dominii impetratio gedeckt und der Ausgleich wegen des möglichen Mehrwerths fand in dem iudicium fiduciae seine Erledigung.

Zwei Umstände scheinen diese Ansicht zu bestätigen. Einmal war es nicht angemessen nach einem Nebenvertrage nochmals auf das Hauptgeschäft zurückzukommen. Zweitens schließen die überlieferten Kaufurkunden ebenfalls mit der Garantieclausel ab, so daß auch weitere Zusätze zu dem pactum conventum nicht anzunehmen sind.

Kritisches zu Cicero's Büchern de legibus

von

Herrn Geh. Justizrath Prof. Dr. Huschke in Breslau.

Unter denjenigen Schriften Cicero's, welche den Juristen wenigstens ebenso nahe angehen, wie den Philologen, nimmt die über die Gesetze wohl den ersten Platz ein. Man kann kaum eine rechtsgeschichtliche, wenigstens eine in das Römische öffentliche oder Sacralrecht einschlagende Untersuchung führen, ohne auf sie Rücksicht nehmen zu müssen. In noch weit größerem Umfange würde dieses freilich der Fall sein, wenn uns das Werk vollständig erhalten wäre. Bekanntlich besitzen wir nur noch die drei ersten Bücher und auch diese nur lückenhaft, aus den übrigen, von denen das fünfte noch von Macrobius (Sat. 6, 4, 8) citiert wird, blos unbedeutende Bruchstücke. Von jenen drei Büchern ist aber das erste nach dem einleitenden Gespräch, welches in dem ganzen Buche Marcus Cicero selbst, seinem Bruder Quintus und Atticus in den Mund gelegt und als an einem Tage vollendet dargestellt wird, den principia iuris, dem natürlichen Gesetz als der Grundlage alles Rechts der Völker auf

Erben gewidmet, das zweite handelt vom Sacralrecht, das dritte von dem Recht der Magistrate; nach einer Andeutung darin (3, 20, 47) sollte dann, worauf wir noch einmal zurückkommen, de iudiciis, das heißt vom Prozeß- und Criminalrecht gesprochen werden, die also Gegenstand des vierten Buchs gewesen sein werden. Gehörte das Citat des Augustinus (de civ. dei 21, 11) Octo genera poenarum in legibus esse scribit Tullius: damnum, vincula, verbera, talionem, ignominiam, exsilium, mortem, servitutem überhaupt den Büchern de legibus an, was sich freilich nicht mit Sicherheit behaupten läßt, so würde es diesem vierten Buche zuzuweisen sein. Nimmt man nun allgemein und nicht ohne Grund an, daß das ganze Werk auf sechs Bücher, wie die Zwillingsschrift de republica, berechnet war, so wird das fünfte, welches schon der Nachmittagsunterredung angehörte (Macrob. l. c.), nach einer vorläufigen Bemerkung Cicero's (3, 13, 29) und einem wahrscheinlich daraus genommenen Fragment bei Lactantius (Inst. 1, 20, 14),[1]) von den Erziehungs- und Sittengesetzen als dem natürlichen Uebergange zum Privatrecht und das sechste von diesem selbst gehandelt haben.

Jedenfalls lag es im Plane des Verfassers auch dieses mit zu behandeln. Schon zu Anfang geht die Ueberleitung des Gesprächs zu dem Plane des Werks — nachdem Cicero der Aufforderung des Atticus, ein Geschichtswerk zu schreiben, den Mangel an hinreichender Muße entgegengestellt — von seiner Aeußerung aus, er habe wohl daran gedacht, sein Alter der juristischen Respondentur zu weihen, worin ihn Quintus bestärkt, dem überhaupt die streng Römische Anschauung in dem Gespräche beigelegt wird. Da er dem aber die Besorgniß, mit einer solchen praktischen 'interpretatio iuris' seine Geschäftslast nur zu ver-

---

[1]) Magnum Cicero audaxque consilium suscepisse Graeciam dicit, quod Cupidinum et Amorum simulacra in gymnasiis consecrasset. adulatus est videlicet Attico et irrisit hominem familiarem. Non enim illud magnum aut omnino consilium dicendum fuit etc. und nachher §. 16. et ideo huic sententiae, tanquam Graecos prudentia vinceret, adiecit: virtutes enim oportere non vitia consecrari: wo sententia nicht auf jene Worte Cicero's, sondern auf das unmittelbar vorhergehende vitia colere sich bezieht, wovon Cicero 2, 11, 23. gesprochen hatte. In dem gerechten Eifer gegen die ältere Ansicht, welche auch das erste Fragment dem zweiten Buche zuwies, hat man es jetzt eben so irrig den Büchern de legibus überhaupt abgesprochen.

mehren, entgegensetzt, fordert ihn nun Atticus, der Vertreter von Wissenschaft und Literatur auf, ebendasselbe in diesen Mußestunden zu behandeln und ein Werk darüber zu schreiben.[2]) Darin sollte also doch gewiß auch der gewöhnliche Gegenstand des Respondierens mitbegriffen sein. Und wenn Cicero selbst dann (1, 4, 14) das dürftige Stückchen Recht, worauf sich das Respondieren zu beschränken pflegte, mit dem ihm vorschwebenden und seiner Darstellung allein würdigen ganzen 'ius civitatis' oder 'ius civile' in Gegensatz stellt, zu dessen Behandlung nach Art der Bücher de re publica ihn dann Atticus ermuntert (1, 5, 15), so wollte er hiermit es eben als ein Stück davon doch nicht von seiner Darstellung ausschließen, sondern, wie er nachher noch ausdrücklich sagt (1, 5, 17), nur auf den ihm allein zukommenden engen Raum beschränken. So erwartet denn auch Quintus, als Cicero zu seiner Freude schon im ersten Buch einmal ein Bild von der actio finium regundorum gebraucht hat, über diese Art von Rechtssätzen, das damals eigentlich so genannte ius civile, seine spätere Auseinandersetzung[3]) und bald nachher ausdrücklich, daß er Grundsätze sowohl über das Staats- als das Privatrecht entwickeln werde.[4])

Nach den besonders von Bake in seiner Ausgabe (1842) aufgestellten und später von Reifferscheid (Rhein. Muf. Bd. 17 S. 269 flg.) weiter entwickelten Argumenten nimmt man jetzt ziemlich allgemein an, daß die Abfassung der Schrift wenigstens in ihren Anfängen um das Jahr 702 falle, daß sie aber von Cicero selbst, den jedenfalls schon sein Cilicisches Proconsulat 703 unterbrach, nicht vollendet und wahrscheinlich erst nach seinem Tode von dritter Hand in irgend welcher Gestalt herausgegeben worden sei. So weit diese Argumente für die letztere Behauptung aus der vermeintlich mangelhaften Beschaffenheit des uns noch vorliegenden Theils der Schrift selbst entnommen werden,

---

[2]) 1, 4, 13. Quin igitur ista ipsa explicas nobis his subsicivis, ut ais, temporibus et conscribis de iure civili subtilius quam ceteri?

[3]) 1, 21, 56. Praeclare, frater, iam nunc a te verba usurpantur civilis iuris et legum, quo de genere expecto disputationem tuam.

[4]) 1, 22, 57. ... *neque a* te Lycurgi leges neque Solonis neque Charondae neque Zaleuci nec nostras duodecim tabulas nec plebiscita desidero, sed te existimo cum populis tum etiam singulis hodierno sermone leges vivendi et disciplinam daturum.

scheinen sie mir von keiner Erheblichkeit. Die Ungleichmäßigkeit in der Behandlung, namentlich bei der Erklärung der aufgestellten Gesetze, ist bis zu einem gewissen Maaße — worauf wir später zurückkommen — zuzugeben, aber nach Ciceros eigener Angabe[5]) planmäßig und, von besondern Gründen abgesehen, daraus zu erklären, daß es ihm darauf ankam, theils nur allgemeine Grundsätze aufzustellen (2, 7, 18), theils den Leser im Gegensatz zu der gewöhnlichen trocknen minutiösen juristischen Schriftstellerei, bei gewissen wichtigern Partien durch zusammenhängende Ausführungen lebhafter zu interessieren oder beispielsweise zu zeigen, wie es Aufgabe einer wissenschaftlicheren Behandlung sei, aus aufgestellten allgemeinen Principien das Einzelne synthetisch herzuleiten. Vergl. 2, 18, 46. Was ferner Wiederholungen einzelner Gedanken betrifft, so geben wenigstens die, welche man anführt, keinen gerechten Anlaß zu Ausstellungen, sondern haben ihre guten besondern Gründe. So ist es namentlich gewiß absichtlich, wenn Cicero, dem es ganz besonders anlag, die Herleitung des s. g. positiven Rechts, der 'leges populares' aus dem Naturrecht, von ihm lex naturae, caelestis, sempiterna genannt, gegen die gewöhnliche Auffassung, die bei leges nach dem hergebrachten Sprachgebrauch nur an Volksschlüsse dachte, zur Geltung zu bringen, sie nicht nur selbst wiederholt betont und vor der Gefahr sie wegen dieses Sprachgebrauchs außer Acht zu lassen warnt (ne labamur interdum errore sermonis 2, 4, 8), sondern dann auch den Quintus als den Repräsentanten des damaligen vornehmen Römischen Publikums den guten Grund dieser Warnung noch ausdrücklich anerkennen läßt.[6]) Ebenso absichtlich scheint mir die bei der Legislation über das

---

[5]) Man scheint 2, 10, 24. übersehen oder nicht recht erwogen zu haben. Atticus sagt: suade igitur, si placet, istam ipsam legem, ut ego 'utei [tu] rogas' possim dicere. Marcus. Ain tandem, Attice, non es dicturus (nehmlich utei rogas) aliter (ohne suasio)? Atticus. Prorsus maiorem quidem rem nullam sciscam aliter, in minoribus, si voles, remittam hoc (die suasio) tibi. Dem stimmt denn auch Quintus bei und doch sagt Marcus noch At ne longum fiat, videte. Cicero hielt es mit dem Ausspruch der Frau von Stael: tous les genres sont bons hors l'ennuyant.

[6]) 2, 4, 9. Quintus. Aliquotiens iam iste locus a te tactus est; sed antequam ad populares leges venias, vim istius caelestis legis explana, si placet, ne aestus nos consuetudinis absorbeat et ad sermonis morem usitati trahat.

ius sacrum und wiederholt bei der über die Magistrate (2, 10, 23 und 3, 5, 12) dem Quintus (nicht dort dem Atticus) in den Mund gelegte Aeußerung, daß sie fast ganz mit der Römischen übereinstimmen. Es handelte sich hier um einen zweiten Hauptgesichtspunkt bei seinem Werk, in dem er eben so von Plato und den andern Griechen, wie dort von der gemeinen Römischen Auffassung abwich, daß die besten Gesetze durchweg nicht erst philosophisch zu erfinden, sondern in dem besten Staat, dem Römischen, schon vorhanden seien. [7]

Man hat ferner Spuren eines später geänderten Planes des Werks in diesem selbst finden wollen. Daß diese aber auf Mißverständniß beruhen, hat schon der neueste Herausgeber dargethan. [8] Weniger gehört hierher, daß dem ersten Buche — sogar neben sorgfältiger Ausarbeitung — Oberflächlichkeit und Unklarheit der Begriffe nachgesagt wird, [9] und sei dagegen nur bemerkt, daß solche beweislose Urtheile doch ihr Mißliches haben. Sie können ebensowohl dem Urtheiler zur Last fallen als in dem beurtheilten Werke Grund haben. Mir scheint nach sorgfältiger Lesung jenem ersten Buche hinsichtlich der Tiefe und Wahrheit der Gedanken und der Klarheit der Entwickelung Weniges aus dem Alterthume an die Seite gestellt werden zu können.

Aber auch eine Stelle des Quintilian wird zum Beweise dafür angeführt, daß Cicero die Bücher de legibus angefangen, aber nicht vollendet habe. [10] Doch dürfte auch hier ein

---

[7] Ueber ein drittes angeführtes Beispiel von "störender" Wiederholung, daß Quintus — zugleich der Vertreter des streng optimatischen Römerthums — schon 3, 7, 16. 17. gelegentlich mit seinem Bruder in der Beurtheilung des Tribunats in Widerspruch tritt und später an der entscheidenden Stelle 3, 8, 19. die Ansicht des letzteren darüber gerechtfertigt wird, können wir in der That nicht vollständig urtheilen, weil unmittelbar auf jenen Widerspruch eine große Lücke folgt. Ich zweifele nicht, daß in dieser Cicero, der jene Ansicht der Heißsporne seiner Partei bei wahrhaft künstlerischer Composition seines Werks schon bei jener Gelegenheit berücksichtigen mußte, dem Quintus mit einem de hac re post, cum ad legem de tribunatu ventum est, viderimus geantwortet hat.

[8] Bahlen zu 3, 8, 18. p. 141 und zu 3, 20, 48. p. 166.

[9] Teuffel Gesch. der Röm. Lit. S. 282.

[10] I. O. 12, 3, 9. 10. Verum et M. Cato cum in dicendo praestantissimus tum iuris idem fuit peritissimus. et Scaevolae Servioque Sulpicio concessa est etiam facundiae virtus. et M. Tullius non modo inter

Mißverständniß obwalten und eine andere Erklärung wenigstens eine größere Wahrscheinlichkeit für sich haben. Nach dem Zusammenhang der ganzen Stelle, in der zuerst der alte Cato als ein eben so großer Redner als Jurist genannt wird, führt Quintilian auch solche Römer an, die eigentlich große Juristen, doch auch in der Beredsamkeit, und eigentlich große Redner, doch auch in der Jurisprudenz etwas geleistet haben, und drückt dieses bei dem für das letztere gewählten Beispiel des Cicero damit aus, daß er von diesem sagt, er habe auch einen Anfang in der juristischen Schriftstellerei gemacht, ohne Zweifel damit hindeutend theils auf seine beiden Schriften de legibus und de iure civili in artem redigendo, theils auf sein späteres Verlassen dieser Laufbahn, so daß sie doch nicht für seinen Lebensberuf oder literarischen Charakter eigentlich bestimmend oder gleichmäßig mit bestimmend wurde, indem er bekanntlich in seinem spätern Alter nur noch Schriften über andere besonders rein philosophische Gegenstände verfaßte. Versteht man das componere coepisse von einem angefangenen aber liegen gelassenen Werke, so läge, da zu früher Tod oder Mangel an Muße ausgeschlossen sind, der Gedanke nahe, daß der Verfasser doch seines Unvermögens bei der Ausführung inne geworden sei, und dann konnte Quintilian sich darauf nicht als einen Beweis für Cicero's Tüchtigkeit in der Jurisprudenz berufen.

Gewichtig sind aber die Argumente, aus denen man folgert, daß Cicero bis zum Jahr 710 die Schrift de legibus noch nicht herausgegeben haben könne. Nach einer Stelle im Brut. 5, 19., geschrieben 708, hatte er damals seit dem Werke de re publica nichts herausgegeben und in der Uebersicht, die er in den 709 geschriebenen Büchern de divinatione 2, 1 über seine damalige Schriftstellerei gibt, erwähnt er, obgleich er gelegentlich auch auf die Bücher de re publica zurückgreift als abgefaßt 'tunc cum gubernacula rei publicae tenebamus', die Bücher de legibus nicht. Eben so auch nicht Tusc. 4, 1 aus derselben Zeit, wo er sich merkwürdiger Weise so ausbrückt: Nec vero hic locus est, ut de moribus institutisque maiorum et disciplina ac tem-

---

agendum nunquam est destitutus scientia iuris, sed etiam componere aliqua de eo coeperat: ut appareat posse oratorem non discendo tantum iuri vacare sed etiam docendo.

peratione civitatis loquamur; aliis haec locis satis accurate a nobis dicta sunt, maximeque in iis sex libris, quos de re publica scripsimus. Noch mehr und noch eigentlicher war dieses doch in den Büchern de legibus geschehen. Endlich wird mit Recht geltend gemacht, daß wenn Atticus in Briefen aus dem J. 710 (Cic. ad Attic. 14, 14, 5. 16; 13, 2) wiederholt Cicero auffordert, eine Geschichte Roms zu schreiben, dieser damals die Bücher de legibus noch nicht herausgegeben haben könne, weil er in deren Eingange 1, 2, 5. dieselbe Aufforderung von demselben Atticus an sich richten läßt, ohne daß dieser doch in jenen Briefen auf eine ihm in dem veröffentlichten Buche in den Mund gelegte Aufforderung sich bezieht.

Aus allem dem folgt aber nicht, daß Cicero diese Schrift nicht später vor seinem Tode (7. Dec. 711) noch selbst herausgegeben habe, und noch weniger, daß dieses nicht geschehen, weil sie nicht vollendet gewesen wäre. Umgekehrt scheint die Stelle aus seinen Tusculanen mit ihrem aliis locis maximeque und iis sex libris anzudeuten, daß er sich wohl noch einer andern Schrift außer den sex libri de re publica bewußt war, in der er de moribus institutisque maiorum et disciplina ac temperatione civitatis accurate gehandelt hatte, daß er sie aber als nicht herausgegeben nicht nennen konnte und daß, wenn sie doch accurate scripta war, er andere Gründe hatte, sie bis dahin noch nicht herauszugeben. Welche konnten diese sein? Jedenfalls waren es politische, die zugleich erklären, weshalb, wenn Cicero nach deren Wegfall sein Werk noch selbst bekannt machte, was wir freilich immer nicht mit Bestimmtheit behaupten können, er doch die bei seinen Werken sonst gewohnte Vorrede wegließ. Denn unberührt konnte er darin die verzögerte Herausgabe nicht lassen, da das Werk die Spuren seines frühern Ursprungs überall an sich trug; sich über die wirklichen Gründe des Verzugs auszusprechen mußte ihm aber, wenn man sie kennt, höchst peinlich sein. Welche waren es denn also?

Vergegenwärtigen wir uns die damaligen Umstände. Ciceros Rückkehr aus seiner Provinz nach Rom (705) fiel schon in den zwischen Cäsar und Pompeius ausgebrochenen Krieg, der mit des letztern Sturz endigte und zu Cäsars vierjähriger Herrschaft (706—710) führte. Während dieser Zeit konnte er natürlich ein Werk nicht veröffentlichen, in dessen Einleitung Atticus bei Befürwortung einer von Cicero nach dessen eigenem Wunsche zu schreibenden Geschichte seiner Zeit sagt (1, 3, 8): Ego vero huic potius adsentior; sunt enim maxumae res in hac memoria atque aetate nostra, tum autem hominis amicissimi Cn. Pompei laudes illustrabit, und später Quintus 3, 9, 22, nachdem kurz zuvor von den homines scelerati ac perditi, die den Tribun Clodius gegen Cicero aufgestellt, die Rede gewesen, wozu aber doch besonders auch Cäsar gehört hatte: quam ob rem in ista quidem re vehementer Sullam probo, qui tribunis plebis sua lege iniuriae faciendae potestatem ademerit, auxilii ferendi reliquerit, Pompeiumque nostrum ceteris rebus omnibus semper amplissimis summisque ecfero laudibus, de tribunicia potestate taceo; nec enim reprehendere libet nec laudare possum: gegen welche eine Ausnahme dann Cicero selbst (3, 11, 26) Pompeius' Weisheit auch noch in Schutz nimmt. Vgl. noch 2, 3, 6. und wer weiß, an wie vielen Stellen des Werks sonst noch Cicero die Gelegenheit ergriffen haben mochte, sein Parteihaupt zu Cäsar's Aerger zu preisen. Doch es waren dies einzelne Stellen, die sich, wenn auch mit schwerem Herzen, hätten ändern lassen. Es kam aber noch ein wichtigerer Umstand hinzu.

Außer Cicero's Schrift kennen wir in der Römischen Literatur nur noch eine unter dem allgemeinen Titel de legibus, die merkwürdiger Weise auch mit der Ciceronischen in dieselbe Zeit fällt. Wir verdanken ihre Kenntniß Dirksens und besonders Sanios Verbesserung einer sinnlosen Stelle des Pomponius in L. 2. §. 44. D. de orig. iur. (1, 2) aus der Königsberger Pandektenhandschrift, indem daselbst — mit einer kleinen von mir herrührenden kritischen Nachhülfe[11]) — statt der Florentina und Vulgata nam (A. Ofilius) de legibus vicensimae primus conscribit zu lesen ist nam de legibus XX l(ibros) conscripsit. Schon bei Behandlung dieser Stelle ist nachgewiesen und näher ausgeführt worden, daß nachdem Pompeius zuerst in seinem Consulat den Plan gefaßt, aber 'obtrectatorum metu' (Isidor. Orig. 5, 1, 5) wieder aufgegeben hatte, die Römischen Gesetze

---

[11]) Zeitschr. f. gesch. RW. XV. S. 186 flg., wo zugleich die frühere Literatur über die Stelle und deren Bedeutung angegeben ist. Mommsen hat in seiner Pandektenausgabe die Florentinische Lesart wiedergegeben, blos mit der Vermuthung conscripsit statt conscribit.

in ein Sammelwerk zusammentragen zu lassen, Cäsar ihn in der von Sueton berichteten Weise [12]) wieder aufnahm, wobei er sich ohne Zweifel der Hülfe des ihm nach Pomponius so nahe befreundeten Ofilius bediente, und daß, nachdem er vor der Ausführung getödtet worden, Ofilius auf eigene Auctorität den fertigen oder doch später vollendeten Entwurf des Werks in jenen libri XX de legibus herausgab, welche Pomponius an der Spitze der vielen von ihm hinterlassenen libri de iure civili, qui omnem partem operis fundarent, anführt. Mag man sich nun Cicero's und Ofilius' Werke de legibus in Plan und Ausführung noch so verschieden denken, immer mußte Cicero schon nach dem gleichen Titel der Bücher oder wenn der des Cäsarischen Werks auch noch nicht bekannt war, nach dem gleichen Zwecke einer zusammenfassenden Darstellung der Römischen Gesetze mit Veröffentlichung seines Buchs vor dem Herauskommen der Cäsarisch-Ofilischen den Verdacht auf sich zu laden fürchten, daß der Pompejaner dem neuen Herrscher einen Theil seines Ruhmes zu verkümmern beabsichtigte, wenn auch in den spätern Theilen seines Werks, die mehr das gewöhnlich so genannte Civilrecht betrafen — de iudiciis und im eigentlichen Privatrecht — nicht, wie doch wahrscheinlich, ausdrücklicher rühmender Bezug auf den Plan des Pompeius genommen gewesen sein sollte. [13])

Daß Cicero nach dem Herauskommen des Ofilischen Werks, wenn er es erlebte, durch dessen Vorzüge sich hätte abhalten lassen, das seinige selbst herauszugeben, ist zwar möglich, aber nicht wahrscheinlich. Beide hatten ohne Zweifel eigenthümliche Vorzüge. Das des Ofilius mußte, wenn die Vorstellung, die wir uns von

---

[12]) Caes. 44. Ius civile ad certum modum redigere atque ex immensa diffusaque legum copia optima quaeque et necessaria in paucissimos conferre libros (destinavit).

[13]) Weniger Gewicht möchte ich darauf legen, daß eine Aeußerung, wie die 1, 5, 17. sit ista res (der eigentliche Juristenberuf) magna, sicut est, quae quondam a multis claris viris, nunc ab uno summa auctoritate et scientia sustinetur, welche auf Servius Sulpicius geht (vgl. Brut. 41.), oder 1, 6, 18. Alte vero et, ut oportet, a capite, frater, repetis quod quaerimus. et qui aliter ius civile tradunt, non tam iustitiae quam litigandi tradunt vias, dem inzwischen zu solchem Ansehen und zu solcher Macht herangewachsenen Schüler, der das ius civile in dieser andern Art darstellen sollte, unmöglich angenehm sein konnte. Auch das waren einzelne Stellen, welche sich ändern ließen.

dessen Anlage und Inhalt nach seiner Veranlassung und seinem
Zwecke machen müssen [14]), richtig ist, für den Fachmann des eigent=
lichen s. g. Civilrechts von ungleich größerer Wichtigkeit sein
und gewiß hängt der Untergang der drei letzten Bücher des Ci=
ceronischen Werks hiermit zusammen. Doch würde man wohl
irren, wenn man dem letzteren wegen seiner formell philosophi=
schen Anlage und weil es nirgends in der uns erhaltenen juri=
stischen Literatur citiert wird, alle Bedeutung für die Entwickelung
der Römischen Rechtswissenschaft absprechen wollte. Es hatte
das nicht hoch genug anzuschlagende Verdienst, theils zum ersten
Mal das gesammte Römische Recht, ius sacrum, publicum und
privatum, wenn auch noch ohne genaue Unterscheidung zwischen
dem Gesetzgeber und dem Juristen einer wissenschaftlich systema=
tischen Behandlung zu unterwerfen, theils die tiefen und wahren
Gedanken der größten Geister Griechenlands über die göttliche
Grundlage alles positiven Rechts nach Latium zu verpflanzen
und durch beides der damaligen Römischen Jurisprudenz die
Scheuklappen abzureißen, mit der sie — ähnlich, wie die unsrige
besonders seit Thomasius — nach der Seite der Religion und der
übrigen Wurzeln der allgemeinen sittlichen Natur des Menschen
behaftet war. Denn auch gegen die Griechen, namentlich Plato
selbst, enthielt sein Werk den ihm selbst wohlbewußten Fortschritt
(2, 7, 17), jenen Gedanken die kränkelnde abstract speculative
Richtung zu nehmen, welche sie dem Leben entfremdete, und die=
ser Grundlage der leges populares als einer Festsetzung des al=
lein wahren summus Jupiter in der ratio naturalis und dem Ge=
wissen der Menschen, nach deren Norm die irdischen Gesetzgeber
nur das, was das Bedürfniß der Staaten erfordere, vorschrei=
ben dürften, dieselbe Geltung und dieselbe Würde als eines we=
sentlichen Bestandtheils des positiven Rechts zu vindicieren, wie
man sie bis dahin nur dem ius civile quod vocant beigelegt
hatte. Gab nun so sein Buch einerseits den großen Rechtsleh=
rern und Respondenten der ersten Kaiserzeit, wie einem Antistius
Labeo und Atteius Capito, ohne Zweifel den Hauptimpuls —
allerdings neben Varro — auch das heilige und öffentliche

---

[14]) Vgl. darüber die in dem Anm. 11. citierten Aufsatze gegebenen
Andeutungen, wonach das Werk besonders die das Criminal= und eigent=
liche Civilrecht betreffenden leges berücksichtigte.

Recht in die wissenschaftliche Behandlung hineinzuziehen, so blieb andererseits jene erweiterte Auffassung des positiven Rechts, wenn auch später im Bündniß mit der althergebrachten Idee des ius gentium in religiöser Beziehung wieder verflacht und veräußerlicht, ein beständiges Eigenthum der späteren Römischen Juristen. Nach dieser Auffassung wurde ihnen das ius die ars boni et aequi, auch das honeste vivere ein praeceptum iuris, die Jurisprudenz die divinarum atque humanarum rerum notitia, iusti atque iniusti scientia und um ihrer willen kann Cicero's Buch, welches auch außerdem in seiner wahrhaft künstlerischen Anlage, in seinem System, in der Feinheit der dialogischen Durchführung und der Vollendung des Ausdrucks ausgezeichnet ist, dem Juristen noch heute den flachen Tagesansichten gegenüber als eine Art Erbauungsbuch empfohlen werden. Jedenfalls gebührt ihm ein Ehrenplatz unter den Ueberbleibseln der ältern Römischen Jurisprudenz und es ist ein wieder gut zu machendes Unrecht, wenn es in den ersten beiden Ausgaben meiner iurisprudentia ante-iustiniana nicht eben so wohl wie die Fragmente der Schrift de iure civili in artem redigendo Aufnahme gefunden hat. Auch wende man nicht ein, daß dann auch Cicero's Schrift de re publica aufgenommen werden müßte. Diese gehört theils doch mehr der Politik als der Rechtswissenschaft an, theils hat sie bei weitem nicht die hohe Bedeutung für die Entwickelung der Römischen juristischen Literatur wie unsere Schrift.

Leider wird die Erkenntniß und der Genuß der Vorzüge des Werks auch bei dem erhaltenen Theile desselben sehr beeinträchtigt durch die Gestalt, in welcher es auf uns gekommen ist, so daß die Conjecturalkritik hier einen weiten Spielraum findet. Für dieselbe ist hinsichtlich der handschriftlichen Ueberlieferung erst durch das Verdienst der neuesten Herausgeber eine feste Grundlage gewonnen worden. Wir wissen, daß im Ganzen nur zwei Handschriften, dem Vossianus *A* und *B* nach Vahlens Bezeichnung, eine selbständige Auctorität zuzuschreiben ist, und besitzen genaue Collationen derselben. Auch ist von denselben Herausgebern insbesondere dem letzten durch eine wissenschaftlichere Kritik Tüchtiges geleistet worden. Doch bleibt immer noch gar mancher Anstoß übrig und damit wird es sich rechtfertigen, wenn ich hier, anknüpfend an die neueste Ausgabe von Vahlen, noch einige Notate zu einzelnen Stellen folgen lasse.

1, 2, 7. Nam quid Macrum numerem, cuius loquacitas habet aliquid argutiarum, nec id tamen ex illa erudita Graecorum copia sed ex librariolis Latinis, in orationibus autem multas ineptias, elatio summam impudentiam. — elatio im *cod. S. Victoris* scheint nur eine Corruption aus datio *B* oder dem ursprünglichen dacio *A*. Es macht keinen Gegensatz zu in orationibus, den man doch erwartet. Das Richtige sah wohl Sigoni: *in mendacio* (das Supplierte einst geschrieben inm und deshalb von inep-tias verschlungen). Dieses ist das eigentliche Departement der impudentia und die gewöhnliche Frucht der loquacitas. Cicero setzt aber so dem Sinne nach Reden und geschichtliche Thatsachen entgegen. Daß Licinius Macer hinsichtlich der letzteren kritiklos erzählt habe, was weder wahrscheinlich noch möglich und was ihm eben in den Sinn kam (τὸ προστυχόν), sagt auch Dionys. 6, 11. 7, 1. und Liv. 7, 9, 5. hält bei ihm quaesita propriae familiae laus für möglich, die ihn zum levior auctor mache.

1, 4, 11. Atqui vereor ne istam causam nemo noscat. Damit man nicht meine, es müsse agnoscat heißen, dürfte die Bemerkung nicht überflüssig sein, daß noscere causam (von dem angeführten Entschuldigungsgrunde Notiz nehmen), der gesetzliche Ausdruck für die Zulassung einer Excusation ist. Vgl. Rudorff ad leg. Acil. 42. p. 471. — Kurz nachher liest Vahlen quemadmodum Roscius, familiaris tuus, in senectute numeros in cantu *remissius* cecinerat — blos cecinerat *AB*. Da der Ausfall von remissius durch nichts motiviert ist und in cantu neben cecinerat überflüssig wäre, so dürfte es richtiger sein mit Weglassung von remissius nur leniuerat zu ändern. Gleich darauf spricht Cicero von der lenitas philosophorum in demselben Sinne.

1, 4, 14. nec vero eos, qui ei muneri praefuerunt, universi iuris fuisse expertis existimo, sed hoc civile quod vocant eatenus exercuerunt, quoad populo praestare voluerunt. — 'Sie haben dieses so genannte Civilrecht so weit betrieben, als sie es dem Volke gewähren wollten' ist kein richtiger Gedanke; denn dieses war nichts Willkürliches, so daß sie davon dem Volke auch etwas hätten vorenthalten können, sondern wie Cicero vorher sagte, etwas dem Volke Nothwendiges. Man lese quoad populo praestare *se* voluerunt. Vgl. Ulpian Collat. 15, 2, 2. publice se praebere. So weit ein Jurist sich und seine Zeit dazu hergab, dem Volk zu responbieren, was Sache seines freien Beliebens war, mußte er dieses ganze s. g. ius civile praktisch treiben. Auch bei Pomponius L. 2. §. 47. D. de orig. iur. (1, 2) in der Antwort Habrians auf die Bitte das ius de iure respondendi zu ertheilen hoc non peti sed praestari solere, et ideo si quis fiduciam sui haberet, delectari se; populo ad respondendum se praeparet liest man statt des letzten Worts richtiger praestaret ober praeberet.

1, 6, 18. Igitur doctissimis viris proficisci placuit a lege, haud scio an recte, si modo, ut idem definiunt, lex est ratio summa, insita in natura, quae iubet ea, quae facienda sunt, prohibetque contraria: eadem ratio cum est in hominis mente confirmata et perfecta, lex est. — Offenbar ist die zweite Periode eadem ratio etc. hinzugefügt, um einen Anstoß, den man an jener Definition der lex als Quelle des Rechts nehmen könnte, zu beseitigen, nehmlich den, daß wenn sie nur als objective ratio insita in natura gefaßt wird, man nicht sehe, wie sie iubere und prohibere könne, was ein Bewußtsein derer, denen geboten oder verboten wird, voraussetzt. Dann muß aber hinter eadem ein enim (notirt EN, das N senkrecht durchstrichen, also fast nur eine Gemination des vorangehenden EM) ausgefallen sein. Cicero meint, man dürfe eben die natura nicht blos als äußere, sondern nur mit Inbegriff des Menschen, der Krone der Schöpfung, auffassen, in welchem auch jene ratio summa zur Vollendung gelange und so auch in dessen Geist eine wahre sittliche lex werde = recta ratio 1, 7, 23. 1, 12, 33.

1, 9, 26. Ipsum autem hominem eadem natura non solum celeritate mentis ornavit, sed et sensus tamquam satellites adtribuit ac nuntios, et rerum plurimarum obscuras nec satis * * intellegentias et donavit quasi fundamenta quaedam scientiae, figuramque corporis habilem et aptam ingenio humano dedit. — Statt et donavit erfordert die ganze Structur der drei Hauptsätze *ei* donavit. Vorher deutet aber die Veränderung des nec satis intellegentias in gendas in *AB* darauf hin, daß der Sitz des Verderbnisses in nec satis mit liegt, welches als Ausdruck für ein Ungenügendes Cicero auch unmöglich von einer Gabe der Natur gebraucht haben kann. Auch gibt die Ergänzung durch illustratas ober apertas höchstens eine störende Tautologie. Cicero wird geschrieben haben *set* necessarias (das letztere Wort auch schon von Andern vermuthet). Es ist das Ideen-

vermögen gemeint, wie auch die schon von den Herausgebern ange=
führten Parallelstellen 1, 22, 59. de fin. 5, 21, 59 zeigen.

1, 11, 31. nam et voluptate capiuntur omnes, quae etsi
est inlecebra turpitudinis, tamen habet quiddam simile naturalis boni; levitate est enim et suavitate delectans. — levitate
ist hier eben so unpassend wie das vorgeschlagene lenitate. Da
das handschriftliche -tis statt -te, wie das in A noch übergeschrie=
bene est andeutet, aus diesem Wort verändert ist, um einen Ge=
nitiv zu gewinnen, so wird das übrig bleibende lenita unter
dem Einfluß des vorangehenden boni, welches ein folgendes in
absorbiert hatte, aus genita entstanden und also zu lesen sein
ingenieta est enim. Dieses Wort erklärt und rechtfertigt eben
so daß das Vergnügen ein naturale, wie das folgende et suavitate delectans, daß es ein bonum ist.

1, 12, 33. Sequitur igitur ad participandum alium alio
communicandumque inter omnes ius nos natura esse factos.
atque hoc in omni hac disputatione sic intellegi volo, quod
dicam naturam * * esse, tantam autem esse corruptelam ma-
lae consuetudinis, ut ab ea tanquam igniculi extinguantur a
natura dati exorianturque et confirmentur vitia contraria. —
In der ersten Periode spricht Cicero offenbar von einer Pflicht,
nicht einem Recht des participare und da ist das participare ius,
einen Antheil an seinem Rechte geben, das Mittel zu dem com-
municare ius inter omnes. Da dann aber alium zu nos gehöri=
ges Subjekt ist, so scheint mir Lateinisch nur *cum* alio gesagt
werden zu können. — In der folgenden Periode hat Bahlen
mit Recht hinter naturam eine durch die Wiederkehr dieses Worts
veranlaßte Lücke angenommen, die er mit *ingenitum quidem no-*
bis natura auszufüllen vorschlägt. Aber das folgende tanquam
igniculi extinguantur verräth, daß ein bestimmter Begriff im Plu=
ral vorausging. Es wird also zu ergänzen sein: naturam, *ius-*
titiam ceterasque virtutes ingenitas nobis natura esse. Ich
habe noch *iustitiam* vorausgeschickt, theils weil Cicero vorher § 28.
gesagt hatte nos ad iustitiam esse natos und auch im Folgenden (vgl. besonders 1, 18, 48. 19, 50.) alle Sittlichkeit in den
Begriffen ius und iustitia zusammenfaßt, theils weil wahrscheinlicher eine ganze Zeile ausgefallen ist.

— coleretur ius aeque ab omnibus. quibus enim ratio na-
turā data est, isdem etiam recta ratio data est, ergo et lex,

quae est recta ratio in iubendo et vetando; si lex, ius quoque: et omnibus ratio; ius igitur datum est omnibus. — Cicero beweist hier durch eine lange Schlußfolgerung aus dem Obersatze quibus ratio data est u. s. w. mit dessen Folgerungen den anfänglich aufgestellten Satz, daß alle Menschen von Natur zum Recht und der Gerechtigkeit bestimmt seien. Da dann aber in dem der Conclusion voraufgehenden Untersatz der im Obersatz aufgestellte Begriff für die omnes assumiert und determiniert wird, so muß nothwendig statt et omnibus ratio mit ältern Herausgebern gelesen werden at omnibus ratio. Unsere Logiker pflegen hier atqui zu setzen.

1, 13, 35. Quintus. Tu vero iam perpauca scilicet; ex his enim quae dixisti Attico, videtur mihi quidem certe ex natura ortum esse ius. — Der erste Satz ist natürlich ironisch gemeint. 'Du hast fürwahr schon jetzt sehr Vieles dafür gesagt, (daß das Recht aus der Natur herstammt)'. Im Folgenden ist aber dixisti Attico unerträglich; Cicero hat es doch beiden gesagt. Nach einer schon ähnlichen Conjectur Wagners und Bahlens wird man lesen müssen a (= an) Attico *nescio*, videtur u. s. w. Für den Epicuräer Atticus kann Quintus nicht einstehen; für ihn selbst ist das Bisherige schon überzeugend gewesen.

1, 19, 50. Quid vero de modestia, quid de temperantia, quid de continentia, quid de verecundia, pudore pudicitiaque dicemus? infamiaene metu non esse petulantis an legum et iudiciorum? innocentes ergo et verecundi sunt, ut bene audiant, et ut rumorem bonum colligant, erubescunt, pudet etiam loqui de pudicitia: at me istorum philosophorum pudet, qui *neminem* ullum iudicium multare nisi vitio ipso notatum putant. — Ich bekenne den so zurecht gemachten letzten Satz nicht zu verstehen. Die Handschriften haben qui ullum (illum B) iudicium uitare nisi vitio ipso mutatū (A mutatum B mit der Correctur nut) putant. Das Ganze gehört zu der Ausführung (1, 18, 48) et ius et omne honestum sua sponte esse expetendum gegen die Nützlichkeitsmoralisten, die auch nur bescheiden, mäßig und enthaltsam sein wollten, um nicht der die Ausschreitenden (petulantis) treffenden Schande oder gesetzlichen Verurtheilung anheimzufallen, unschuldig und sittsam, um gelobt zu werden, bei schandbaren Dingen erröthen, um sich an den anerkennenden Aeußerungen Anderer darüber zu weiden, von der Schamhaf=

tigkeit und Keuschheit aber selbst zu sprechen sich schämen (man sollte verstehen: Anstands halber, in Wahrheit, weil jedermann wußte, wie es in diesem Punkte mit ihnen stehe): alles zusammengefaßt also, um irgend eines vortheilhaften oder nachtheiligen menschlichen Urtheils willen. Indem nun Cicero seine Verwerfung dieser Philosophen mit dem von ihnen gemißbrauchten Worte pudet selbst anschließt, übrigens aber den Gesichtspunkt des der Sittlichkeit folgenden Lobes, der dem Laster folgenden Schande festhält, um gerade daraus die Gegner zu widerlegen, kann er meines Erachtens nur gesagt haben, was der handschriftliche Text gibt, nur mit folgenden leichten Aenderungen: qui ullum iudicium vitari nisi vitio ipso *vitato* putant. In das ullum iudicium schließt er natürlich vor Allem sein eigenes Urtheil und das aller wahrhaft sittlichen Menschen über solche elende Philosophen ein, dem sie eben nicht entgehn (wie sie doch meinten), wenn sie nicht das Schlechte als Schlechtes (mit Lehre und That) mieden, weshalb auch darauf zunächst die Frage folgt, ob man wohl solche keusch nennen könne, die (nur) eines Stuprum aus Furcht vor der Schande sich enthalten.

1, 20, 24. Atticus. Parvam vero controversiam dicis, at non eam, quae dirimat omnia. — Die vorige Bestreitung hat Cicero auf ein nahe verwandtes, wenn auch streng genommen nicht in den Unterredungsgegenstand fallendes Thema, den Streit zwischen der alten Akademie und Zeno gebracht, über den er sich auszusprechen wünscht, weil er eine Einigung zwischen beiden herbeiführen zu können glaubt. Dabei opponiert ihm Atticus, zuerst aus dem formellen Grunde: Philosophen unter einen Hut zu bringen sei schwer. Cicero beruft sich aber auf die materielle Beschaffenheit ihres Streits. Beide wären nehmlich von einander in Betreff dessen, was hierher gehöre, nur in einem Punkt uneinig, quippe quom antiqui omne quod secundum naturam esset, quo iuvaremur in vita, bonum esse decreverint, hic nisi quod honestum esset *nihil esse* putarit bonum (wo ich lieber *nil* nisi quod honestum esset putarit bonum lesen möchte, weil der Ausfall vor nisi sich leichter erklärt und nil dann wie vorher omne voransteht). Hierauf unmittelbar folgen nun die obigen handschriftlichen Worte des Atticus, statt paruam nur parum *AB*, und sat statt at), die einen verkehrten und dem Zusammenhang, so wie dem vero, welches einen weitern Einwand andeutet, widersprechenden Sinn geben. Mosers Perparvam vero controversiam dicis ac non eam quae dirimat omnia? entgeht diesem Vorwurfe nur auf willkürliche, ungenügende Weise. Offenbar hat non, welches einmal hinter bo-num ausgefallen und am Rande ergänzt war, bei seiner Wiedereinfügung einen falschen Platz erhalten und man muß lesen: Non parvam vero controversiam dicis, set eam, quae dirimat omnia, d. h. die sachlich so wichtig ist, daß sie eine völlige Trennung zur Folge haben muß. Hierauf paßt dann vollständig Cicero's Antwort: Probe quidem sentires, si re ac non verbis dissiderent. 'Dein Urtheil, daß dieses eine non parva controversia sei, wäre richtig, wenn nicht ein bloßer Wortstreit vorläge.' — Wiederum fällt von hieraus das richtige Licht auf

1, 21, 55. Atticus. Qui istuc tandem vides? — Hier ist qui aus den *deteriores* genommen. Das überlieferte quin AB darf aber um so weniger verlassen werden, als zu diesem 'warum nicht' allein das in der Antwort Ciceros folgende Quia paßt. Der Fehler liegt vielmehr in vides, welches doch in der That keinen rechten Sinn gibt. Man lese Quin istuc tandem *non* vile'st? — womit Atticus seine behauptete non parva controversia wieder aufnimmt. Den unvorsichtig klugen Abschreiber betrog, daß er meinte die Negation liege ja schon in quin und dürfe also nicht abermals folgen. Nach Weglassung des non mußte aber auch vile'st geändert werden. Doch hat A tandē * vermuthlich aus tandēn.

1, 21, 56. Quintus .... sed certe ita res se habet, (richtiger statt Comma :) ut ex natura vivere summum bonum sit, id est, vita modica et apta virtute perfrui, aut naturam sequi et eius quasi lege vivere id est, nihil, quantum in ipso sit, praetermittere, quo minus ea, quae natura postulet, consequatur, quod inter haec velit virtute tanquam lege vivere. quapropter hoc diiudicari nescio an nunquam, sed hoc certe sermone non potest, si quidem id, quod suscepimus perfecturi sumus. — Diese Worte bedürfen weit mehr der richtigen Exegese als der Kritik. Mit großer Feinheit läßt hier Cicero den Quintus, der lieber zu praktischeren Dingen kommen möchte, (vgl. 1, 12, 35. fin. 1, 13, 36. init.) die Digression über den Widerstreit der beiden Ansichten mit seinem einfachen Verstande aber sehr großen Respekt vor der Forschungstiefe der Herren

Philosophen so abschließen, daß er jene Ansichten noch einmal kurz neben einander stellt mit dem Schlusse, daß es allerdings äußerst schwer und jedenfalls in der heutigen Unterredung, wenn sie nach ihrem Zwecke zu Ende kommen solle, unmöglich sein möchte, dazwischen zu schlichten — ohne selbst zu merken, daß er mit jener Gegenüberstellung Ciceros Behauptung, es walte hier ein bloßer Wortstreit ob, für jeden aufmerksamen Leser bestätigt. Damit aber dieses Resultat herauskomme, muß man offenbar statt quod inter haec lesen quom inter haec. 'Jedenfalls verhält sich die Sache so: damit das nach der Natur leben das höchste Gut sei, heißt das (nach der ältern Akademie) ein mäßiges und tugendhaftes Leben führen und genießen, oder es heißt das der Natur folgen und gleichsam nach ihr als einem Gesetze leben (nach Zeno) nichts so viel man vermag, unterlassen, damit man das von der Natur Erheischte erlange, wenn man dabei zugleich nach der Tugend als jenem Gesetze leben will.' Ueber id est in dieser Anwendung vgl. 2, 11, 27.

1, 22, 57. Marcus. Prudentissime, Quinte, dicis; nam quae a me adhuc dicta sunt * * te Lycurgi leges neque Solonis neque Charondae neque Zaleuci nec nostras duodecim tabulas nec plebiscita desidero, sed te existimo cum populis tum etiam singulis hodierno sermone leges vivendi et disciplinam daturum. — Die auf die Lücke folgenden Worte muß man jedenfalls mit den ältern Herausgebern dem Quintus zuschreiben. Die Lücke selbst begann aber wahrscheinlich erst hinter sunt nec, welches letztere Wort die Handschriften über te als Correctur geben, so daß die Lücke durch ein wiederkehrendes sunt nec veranlaßt sein mag. Cicero wird hier, indem er dem Quintus zwar Recht gibt, doch auch seine Digression vertheidigt und dessen frühere Aeußerung, die ein Verlangen nach sofortiger Darstellung positiven Rechts zu enthalten schien, leise in ihre Schranken gewiesen haben. Also etwa: nec *ipse alia mente disputavi quam ut appareret, pupulis nulla alia constitui oportere, quam quae vere bona sunt..* Nec a te. Auf diese Weise wird denn auch der herrliche Schlußpanegyricus auf das γνῶθι σεαυτόν und die daraus fließende wahre Philosophie, welche sich Quintus (d. i. der Römer) gesagt sein lassen muß, passend vorbereitet und Quintus muß bald nachher (2, 5, 11) zugestehen, daß die Gesetze der

Staaten nur insofern sie dem höchsten Gesetze entsprechen, auch zu den höchsten Gütern gehören.

2, 2, 5. ut ille Cato, quom esset Tusculi natus, in populi Romani civitatem susceptus est, ita, quom ortu Tusculanus esset civitate Romanus, habuit alteram loci patriam, alteram iuris. — So ungehobelt kann Cicero nicht geschrieben haben. Ich lese: quom esset Tusculi natus, in populi Romani civitatem susceptus, itaque ortu Tusculanus esset, civitate Romanus, habuit u. s. w. In dem folgenden von den vortheseischen Attikern entlehnten Beispiele hat Vahlen nach Madvig herausgegeben et sui erant idem et Attici. Aber mit sui konnte Cicero ihre besondere Heimat nicht ausdrücken. et symfranti demetat ticis *B* und ähnlich *A*. Ich glaube, daß das symf einst SVIOPE war und ein einst über dem P ergänztes IDI als vermeintlich mit dem folgenden idē identisch weggelassen worden ist, und lese also sui oppidi erant idem et Attici. Bekanntlich waren vor Theseus zwölf solcher Landstädte. — Nachher erfordert in den Worten qua (richtiger mit Madvig e qua) rei publicae nomen universae civitatis est die Deutlichkeit das s von civitatis zu streichen: 'Diejenige, von der die gesammte Bürgerschaft den Namen des Staatswesens hat' (rei publicae im Gegensatz zu res municipalis vgl. 3, 16, 36). — In der Lücke der Schlußperiode itaque ego hanc meam esse patriam nunquam negabo, dum illa sit maior, haec in ea contineatur * * habet civitatis et unam illam civitatem putat will Vahlen ergänzen *et eodem modo omnis municeps duas ut mihi videtur* habet civitatis und dann set statt et schreiben. Letzteres richtig; das erstere konnte aber Cicero als Jurist unmöglich sagen. Vgl. pro Balb. 11, 28. Auch leichter ausfallen konnte folgende unanstößige *neque enim etiam duas, cum ab altera quis excipiatur*, habet civitatis, set etc. Man vergleiche mit unserer Stelle Dio 52, 19.

2, 4, 8. Videamus igitur rursus, priusquam adgrediamur ad leges singulas, vim naturamque legis, ne, quom referenda sint ad eam nobis omnia, labamur interdum errore sermonis ignoremusque vim rationis eius, qua iura nobis definienda sint. — Statt rationis geben die Handschriften sermonis, und rationis liegt theils von sermonis wenn man auf die Buchstaben sieht, zu weit ab, theils will es auch dem Sinne nach nicht recht passen. Ich halte für das Richtige relationis, wobei man hier, wie anderwärts, die große Aehnlichkeit von r und s in den ältern Minuskelhandschriften bedenken muß. Durch die eben erwähnte Zurückbeziehung der einzelnen Gesetze auf das Naturgesetz als ihre Norm müssen jene erst bestimmt werden. Der sonstige gewöhnliche Sinn von relatio (ad senatum u. dgl.) erklärt die Corruptel. Auf diese Weise rechtfertigt sich aber auch erst das ganze Zurückkommen Ciceros auf die Natur und Bedeutung der lex schlechthin. Empfangen die für die Staaten zu gebenden leges, zu denen jetzt übergegangen werden soll, ihre Bestimmung und Begränzung erst durch ihre Zurückbeziehung auf jene ihre allgemeine Norm und muß also die Bedeutung dieser Relation erörtert werden, so ist dieses nicht anders möglich, als wenn die Bedeutung der lex schlechthin selbst näher erörtert wird. — Kurz nachher scheint in dem handschriftlichen video ex sapientissimorum fuisse sententiam das ex doch nur aus dem vorhergehenden video entstanden, welches einmal iudex verlesen war.

2, 5, 13. nam neque medicorum praecepta dici vere possunt, si quae inscii imperitique pro salutaribus mortifera conscripserunt, neque in populo lex, cuicuimodi fuerit illa, etiamsi perniciosum aliquid populus acceperit. — Hier ist das handschriftliche possent beizubehalten, wogegen si seine Stelle gewechselt hat und vor neque medicorum zurückzuversetzen ist.

2, 6, 15. At Theophrastus, auctor haud deterior mea quidem sententia, meliorem multi nominant; commemorant vero ipsius cives, nostri clientes, Locri. — Weder Baiters Hinzufügung von commemorat nach nominant noch Vahlens Weglassung desselben thut der Stelle eine Genüge. Man lese (meliorem multi nominant) commemorat et vero. Alsdann verschwindet die Härte der Weglassung des Verbum zu Theophrastus und es erklärt sich das steigernde vero 'und was in Wahrheit entscheidend ist, seine eigenen Landsleute, von denen ich, ihr Patron, dieses sicher weiß.'

2, 7, 16. quamque sancta sit societas civium inter ipsos diis immortalibus interpositis tum iudicibus *tum* testibus. habes legis prohoemium; sic enim haec appellat Plato. — Das auch sonst hinweisende Zeichen 7 vor habes in den Handschriften dürfte en bedeuten, welches man auch ungern an dieser Stelle vermißt. Es steht aber davor noch is oder his, letzteres in *A* durch Punkte darunter für ungültig erklärt. Ich glaube, daß dieses ein versetztes iis und daß zu lesen ist quamque sancta sit societas humana diis immortalibus, interpositis iis tum iudicibus tum testibus. Mag man es aber auch weglassen, jedenfalls darf man nicht nach der wohl allgemein angenommenen Erklärung des Turnebus verstehen, daß die Götter selbst als Richter und Zeugen (im Eide) fungierten, wovon das erste — man verwechsele iudices nur nicht mit arbitri, was die Götter im Eide allerdings auch sind — ein ganz unrömischer Gedanke sein dürfte. Vielmehr will Cicero nach der gewöhnlichen Bedeutung des iudex der Gottheit gegenüber (2, 10, 25) sagen, die bürgerliche Gesellschaft sei durch die Götter befestigt und gesichert, indem sie durch den (Richter- und Zeugen-) Eid als Schirm und Schutz der Betheiligten einerseits vor den Richtern (daß sie nicht parteiisch urtheilen) andererseits vor den Zeugen (daß sie nicht Falsches aussagen) herbeigezogen werden.

2, 7, 18. et quoniam et locus et sermo familiaris est, legum leges voce proponam. — Mit Recht behält Bahlen leges bei. Aber die Mosersche Umstellung leges legum scheint mir schon deßhalb nothwendig, weil auf leges im Gegensatz zu dem auch voranstehenden locus et sermo der Nachdruck liegt.

2, 8, 19. privatim colunto quos rite a patribus * * Delubra habento: lucos in agris habento et Larum sedes. — Die von Madvig vorgeschlagene Ergänzung der Lücke *cultos acceperint* verdient Beifall. Nur ist sie nicht vollständig. Daß Cicero noch schrieb *In urbibus* delubra habento, zeigt außer dem Gegensatz zu dem folgenden lucos in agris habento theils die Rechtfertigung dieses Gesetzes 2, 10, 26. Delubra esse in urbibus censeo, theils daß sich nur hieraus erklärt, wie der Abschreiber dazu kam, hinter patribus die darauf folgenden ebenso endigenden Worte wegzulassen.

feriis iurgia amouento easque in famulis operibus patratis habento; itaque ut ita cadat in annuis anfractibus descriptum esto. — ita cadat behält immer etwas Anstößiges, auch wenn man cadant liest. Ich vermuthe rite kalent' (kalentur). Bekanntlich wurden die gesetzlichen Ferien zu Ciceros Zeit noch vom Rex sacrorum an jeden Nonä ediciert, wenn auch nicht mehr vollständig, wie es ursprünglich vorgeschrieben war. Calare war aber der solenne Ausdruck für das priesterliche Ediciren z. B. calare comitia statt des sonstigen edicere, und in dem mündlichen calare, nicht in der Schrift der erst spätern Kalender lag das Verpflichtende der Ferien. Mein Röm. Jahr S. 30. 180. Ich verstehe dann itaque = et ita, so daß die Ferien nach Vollendung der ländlichen Arbeiten angesetzt werden.

2, 8, 21. von den Augurn: quique agent rem duelli quique popularem, auspicium praemonento ollique obtemperanto. — popularem ist Correctur von propopularem *AB* (pro notiert). Sie kann nicht richtig sein, da populare constant heißt, was das Volk in den einzelnen Bürgern angeht, res popularis also in der That eine populäre Sache nach unserem Sprachgebrauch sein würde, während damit doch hier offenbar nur der Gegensatz zu Kriegsangelegenheiten bezeichnet werden soll. In der Zumptschen Conjectur pro populo rem ist die Wortstellung widerwärtig. Ich halte die Stelle für gesund. In pro populo steht pro regelrecht wie in pro tribu, pro collegio in dem Sinne von 'an der Spitze des Volks' im Gegensatz zu dem duellum oder militiae, wo die Gewalt lediglich im Imperium liegt (mit ungesenkten Fasces), weshalb es in beiden Fällen auch verschiedener Auspicien bedurfte. Von diesem pro populo bildete nun die Auguralsprache das Adjectiv propopulare und so ist res propopularis eine Angelegenheit, welche die Obrigkeit an der Spitze des Volks d. i. im innern Staat vornimmt. Daß ein solcher Ausdruck der Auguraldisciplin sonst nicht vorkommt, darf nicht befremden.

2, 9, 21. Foederum pacis belli indotiarum oratorum fetiales iudices, nontii sunto: bella disceptanto. — Für seine glückliche Conjectur nontii statt des handschriftlichen non hätte sich Vahlen auch noch auf die officielle Selbstbezeichnung der Fetialen mit diesem Ausdruck in ihren alten Formularen berufen können Liv. 1, 32, 6. Ego sum publicus nuncius populi Romani. Vorher kann aber das handschriftliche oratorum nicht gehalten werden, namentlich auch nicht mit der Madvigschen Erklärung orata = acta, postulata, da dieses einen derartigen Kunstausdruck für die Sprüche der Fetialen voraussetzen würde, der nicht nur nicht beglaubigt ist, sondern auch dem beglaubigten clarigare widersprechen würde. Schon

Turnebus schlug ratarum vor. Das Richtige ist aber indotiarumq. ratorum. Das Genus dieses Adjectivs bestimmt sich nach dem Hauptbegriff foederum, wovon die fetiales selbst so heißen, vgl. 1, 1, 1. Lucus quidem ille et haec Arpinatium quercus agnoscitur saepe a me lectus; ein que an das letzte Glied zusammengestellter Nomina anzuknüpfen liebt Cicero besonders, auch in diesen Gesetzen, z. B. 3, 3, 7. urbis annonae ludorumque sollemnium; ratorum geht aber wie auch sonst gewöhnlich (vgl. z. B. Ulp. 24, 11a nach meiner Ausgabe) auf die formale Gültigkeit, über welche Seite der Bündnisse, eines Friedens, Krieges oder Waffenstillstandes allein die Fetialen Richter sind, bevor sie das von ihnen abgefaßte Formular als nuntii aussprechen. An bella disceptanto darf man nicht rütteln. Cicero bezeichnet mit diesem eigentlich auf die gerichtliche Vorverhandlung in iure vor dem wirklichen Prozesse (der lis in iudicio) gehenden Ausdruck, wovon auch der Prätor 3, 3, 8. iuris disceptator heißt, die andere mehr materielle Hauptfunction der Fetialen, welche blos bei Kriegen vorkommt, daß sie nehmlich nach erfahrenen Unbilden durch vorherige Verhandlung mit den Vertretern des fremden Volks (res repetere, clarigatio) es zur Entscheidung bringen, ob es zum Kriege, diesem von den Göttern zu entscheidenden Processe, kommen soll oder nicht. In der Rechtfertigung 2, 14, 34. geht auf diese materielle Seite ius, wie auf die formelle fides, welcher beiden publici interpretes danach die Fetialen sein sollen. Insbesondere ist sachlich der sonst geistreiche Vorschlag Vahlens bella a dis coeptanto unzulässig. Das wirkliche formale Beginnen des Krieges durch die Fetialen geschah ohne alle Bezugnahme auf die Götter. — In den folgenden Worten Prodigia portenta ad Etruscos [et] aruspices hat das handschriftliche et wohl blos seine Stelle gewechselt; es gehört vor portenta. Cicero setzt in seinen leges die Conjunctivpartikel noch häufiger als er sie wegläßt.

2, 9, 22. Caute vota reddunto: poena violati iuris esto. [Quocirca] ne quis agrum consecrato. auri argenti eboris sacrandi modus esto. — Ich bekenne kein Verständniß dafür zu haben, wie dies wohl von allen Herausgebern für unächt erklärte Quocirca von den Abschreibern aus der weitabliegenden Erklärung dieses Gesetzes 2, 18, 45. hierher versetzt sein soll. Doch die größere Schwierigkeit liegt in poena violati iuris esto. Wie kommt, fragt man, dieser criminalrechtliche Grundsatz hierher? Muß es nicht nach der Rechtfertigung dieses Gesetzes 2, 16, 41. Poena vero violatae religionis iustam recusationem non habet u. s. w. wenigstens poena violatae religionis heißen? — wie auch Einige allerdings willkürlich, haben emenbieren wollen. Vor Allem muß man festhalten, daß die vorhin ausgehobenen Worte eigentlich-sämmtlich zu dem caute vota reddere gehören. Es wurde bei den Römern, von Straffällen (sacer esto, consecratio bonorum) abgesehen, in der Regel nichts consecriert außer ex voto. Dabei kam es aber besonders darauf an, daß man nichts Anderes als Eigenes, worüber allein man Macht hatte, vovierte. Fremdes, mochte es Privaten (beziehungsweise wie bei Häusern, dem Privateigenthümer und den Hausgöttern) oder als sacrum schon einer Gottheit oder als religiosum den dii Manes gehören, wissentlich zu vovieren und dann zu consecrieren, war eigentlich gottlos und wenigstens sträflich. Darauf geht das poena violati iuris esto und Cicero will offenbar in dem caute vota reddunto auch das mit einbegreifen, daß man sich bei der Erfüllung der Gelübde wohl vorsehen solle, ob auch nichts Fremdes unter dem Gelobten sei. Schon uralt war die Unsitte, Streitiges sich dadurch zu verschaffen oder vielmehr wenigstens dem Gegner zu entreißen zu suchen, daß man es den Göttern gelobte, wenn sie Sieg gäben (Dionys. 1, 15, 65) und die 12 Tafeln setzten die Strafe des Doppelten darauf, wenn dieses in einem bürgerlichen Processe geschähe L. 3. D. de litig. 44, 7. Schöll XII tab. p. 161. Wenn endlich Clodius bei seiner Verfolgung des Cicero dessen Haus unrechtmäßiger Weise der Libertas weihte, wovon dieser bei Gelegenheit unseres Gesetzes 2, 41—44. am ausführlichsten handelt, so war dieses ohne Zweifel auch ex voto geschehen, wenn diese Gottheit ihm in seinem s. g. Processe gegen Cicero den Sieg verleihen würde. Nun stimmt aber Cicero, wie 2, 18, 45. ergibt, dem Plato darin bei, daß terra ut focus domiciliorum sacra deorum omnium est; quocirca ne quis iterum idem consecrato. So können wir denn auch in seinem Gesetz selbst das quocirca nicht entbehren.

Deorum Manium iura sancta sunto. nos leto datos divos habento. — Daß nos unerträglich ist, aber auch mit den Vorschlägen suos oder omnes nicht geholfen wird, bedarf keiner Ausführung. Ich zweifele nicht, daß Cicero geschrieben hat sepoltos, wovon das einst undeutlich geschriebene sepo als vermeintliche Wiederholung von sunto wegfiel, lt in n überging. Denn daß man die Gestorbenen als Götter ehren soll, beginnt erst nach deren Begräbniß, wie dieses von Cicero selbst 2, 22, 57. noch näher bestimmt wird: nam prius quam in os iniecta gleba est, locus ille, ubi crematum est corpus, nihil habet religionis (weil es noch nicht Dii Manes gehört): iniecta gleba tum et illis humatus est et gleba vocatur ac tum denique multa religiosa iura complectitur (nach bisheriger Lesart).

2, 10, 14. sed hoc oportet intellegi, quom multum animus corpori praestet observeturque, ut casta corpora adhibeantur, multo esse in animis id servandum magis: nam illud vel aspersione aquae vel dierum numero tollitur; animi labes nec diuturnitate nec amnibus ullis elui potest. — Der Fehler liegt sicher nicht in illud, welches nur auf corpus beziehbar, eben so angemessen voransteht, wie nachher animi, sondern in tollitur. Ich glaube, daß Cicero schrieb repolitur, welches weniger gebräuchliche Wort — Columella hat es vom wieder gereinigten Getreide — das re wegen des vorangehenden numero verlor, worauf aus politur auch noch tollitur gemacht wurde. Cicero wandte aber dieses Wort absichtlich zur Hebung des Gegensatzes zur Seele an, weil es beim Körper theils die da mögliche Wiederholung des Reinigens theils das selbst Schmucke, was dadurch erreicht werden kann, ausbrückt. Uebrigens geht der numerus dierum auf die denariae und tricenariae caerimoniae (Fest. ep. p. 71 mein Röm. Jahr S. 217) und ähnliche Fasttage.

2, 10, 25. Suosque deos aut novos aut alienigenas coli confusionem habet religionum et ignotas caerimonias nos sacerdotibus. nam *a* patribus acceptos deos ita placet coli, si huic legi paruerint ipsi patres. — Wie nos. an dieser Stelle nicht blos überflüssig sondern sinnlos ist, so fehlt in dem folgenden Satze die Beziehung auf Götter einzelner Familien oder Geschlechter, die in der Lex selbst (privatim colunto 2, 8, 19) ausgedrückt war. Auch haben *AB* statt nam a nur nā. Bedenkt man, daß n und u leicht verwechselt werden und daher nos mit dem s vorher ursprünglich suos, das nā ursprünglich ua b. h. uero a sein konnte, so scheint eine Versetzung vorzuliegen, nach deren Beseitigung wir lesen et ignotas caerimonias sacerdotibus. suos vero a patribus u. s. w. Wir bemerken nun aber auch, daß im Anfang suosque deos das que einen seltsamen, gewiß nicht ciceronianischen Uebergang macht. Man lese fast nur durch Gemination suos quosque deos. Dieses genügt nicht blos durch sich selbst, sondern gibt auch durch den passenden Gegensatz unserer spätern Emendation eine noch viel größere Wahrscheinlichkeit.

2, 11, 26. (Thales hatte gesagt, die Menschen müßten glauben, daß Alles von Göttern erfüllt sei:) fore enim omnis castiores, veluti quom in fanis essent maxime religiosis. — Zu fana ist das religiosum esse überhaupt kein passendes Epitheton und am wenigsten begreift man dann das maxime. Man muß mit Turnebus unter näherem Anschluß an die Ueberlieferung (quo *AB* statt quom und religiosos *A* religiosus *B*) lesen velutique in fanis essent, maxime religiosos. Bekanntlich steht veluti auch sonst oft ohne quom oder si vor ganzen Sätzen. Daß die Menschen cum rebus divinis operam dent, also in fanis, religiöser seien, war eben aus Pythagoras bemerkt worden und ist außerdem selbstverständlich.

2, 13, 32. alteri disciplina vestra quasi divinare videantur posse. — Für videantur fehlt es an einem Subject. Selbst den Handschriften steht näher divinari videatur.

2, 14, 34. Marcus. At vero quod sequitur, quomodo aut tu adsentiare *aut* ego reprehendam sane quaero, Tite. — Das doppelte aut scheint hier störend. Eine scharfe Alternative liegt nicht in Ciceros Absicht, er weiß nur weder, wie Atticus gegen seine Handlungsweise dem vorgeschlagenen Gesetze zustimmen noch wie, wenn jener nicht beistimmt, er es, da es objectiv richtig ist, ändern kann. Das aut hat also nur seine Stelle gewechselt und muß vor ego stehen.

2, 14, 35. Marcus. Quid ergo aget Iacchus Eumolpidaeque nostri et augusta illa mysteria, si quidem sacra nocturna tollimus? — Was man auch mit Turnebus zur Vertheidigung von nostri sagen mag, wonach Cicero selbst in diese Mysterien initiiert gewesen wäre, der überall festgehaltene Gegensatz zu Atticus als dem Vertreter Griechischen, namentlich Athenischen Wesens scheint mir vostri oder vestri zu verlangen; vgl. besonders Atticus spätere Worte §. 36. Tu vero istam Romae legem rogato: nobis nostras ne ademeris. worauf Cicero: Ad nostra igitur revertor.

2, 15, 37. Publicus autem sacerdos inprudentiam consilio expiatam metu liberet, audaciam inet inmittendas religionibus foedas damnet atque impiam iudicet. — Das Verderbniß scheint hier doch blos aus der falschen Stellung des einst übergeschriebenen in vor statt nach et und einer Unsicherheit ob inmittendo religiones foedas oder inmittendis religionibus foedis zu schreiben sei, wovon das eine nur halb durchgeführt wurde, entstanden zu sein. Das admittendis der *deteriores* ist aber jedenfalls eine schlechte Correctur; dieser blos passive Begriff paßt nicht zu audacia, die als solche angriffsweise zu Werke geht. Auch lassen jene Handschriften irrig et weg; Cicero deutet damit auf sein allgemeines Gesetz 2, 8, 22. Sacrum commissum quod neque expiari poterit, impie commissum esto hin, unter welches auch dieser Frevel falle. Wir lesen also audaciam et in inmittendis religionibus foedis damnet u. s. w.

2, 15, 38. Iam ludi publici quoniam sunt cavea circoque divisis, corporum certatione cursu et pugillatu et luctatione curriculisque equorum usque ad certam victoriam circo constitutis, cavea cantu videat fidibus et tibiis, dummodo ea moderata sint, ut lege praescribitur. — diuisi sint *AB*, wovon das letztere Wort einfach aus einer hier in den Text gekommenen Randbemerkung eines einfältigen Corrector, der wegen des folgenden videat (wovon gleich nachher) meinte, es müsse vorher sint statt sunt heißen, entstanden und also wegzulassen ist. Im Folgenden hält Cicero die Eintheilung in Bühnen= und Circusspiele, nur mit näherer Charakterisierung beider Gattungen, übrigens in derselben Art fest, wie in seinem Gesetze selbst (2, 9, 22), das heißt so, daß er die Circusspiele nur erwähnt, wegen der Bühnenspiele aber etwas verordnet; denn da die ersteren unantastbar heilige, die letzteren bloße Honorarspiele waren, so ließ sich nur für die letzteren etwas vorschreiben (Mein Röm. Jahr und seine Tage S. 344 flg., wo ich auch die Worte in 2, 9, 22. eamque cum divum honore iungunto hätte anführen sollen). Seine Charakterisierung beider läuft aber darauf hinaus, daß die ersteren durch das Ansehen von körperlichen Kampfesspielen die Anfeuerung der Römischen virtus zur militärischen Siegeslust bezwecken, die Bühne dagegen mit Griechischer Kunst das Gemüth durchs Gehör erfreuen und zu milderer Sitte stimmen wollen (didicisse fideliter artes emollit mores nec sinit esse feros Ovid). Wie paßt aber dazu bei den letzteren videat? So haben auch die Handschriften nicht, sondern uice ad *B* uice ac, das letztere c in. rasura, *A* und uiceat *Heinsianus*. Offenbar schrieb Cicero cavea cantu mulceat fidibus et tibiis = 'möge immerhin die Bühne durch Gesang, Saiten- und Flötenspiel erweichen und ergötzen.' Das m wurde durch das vorhergehende can- tu absorbiert. —

Im Folgenden quarum (nehmlich civitatum Graecarum) mores lapsi ad *mollitiam* mollitis pariter sunt inmutati cum cantibus ist das handschriftliche mollitias, welches auch leichter die Weglassung von mollitis (nicht umgekehrt von mollitias, wie Vahlen annimmt) erklärt, als der seltenere Plural (Plaut. Pseud. 1, 2, 40) und weil er die Laster der Verweichlichung bezeichnet, beizubehalten.

2, 16, 41. Diligentiam votorum satis in lege dictum est * * ac votis sponsio, qua obligamur deo. — Mit Recht nimmt hier Vahlen eine Lücke an, die durch ein Homoioteleuton veranlaßt sei. Seine Ausfüllung *servari oportere; gravissima enim ex omnibus promissis est* ist aber weder dem Sinne nach zulässig — unter den vota kann doch nicht das votum das wichtigste sein — noch natürlich und in Cicero's Styl. Richtiger, was auch zugleich die Auslassung besser erklärt: *servari oportere. quod enim promissum aeque sanctum est* ac voti sponsio, qua obligamur deo? Auf das in *AB* hinter voti vom folgenden Wort entlehnte s ist kein Gewicht zu legen.

2, 19, 47. 48. de sacris autem, qui locus patet latius, haec sit una sententia, ut conserventur et deinceps familiis prodantur, et, ut in lege posui, perpetua sint sacra. exposite haec iura pontificum auctoritate consecuta sunt, ut ne morte patris familias sacrorum memoria occideret, iis essent adiuncta, ad quos eiusdem morte pecunia venerit. hoc uno posito etc. Statt exposite haec iura hat *A* haec posite haec iura, *B* nur haec iura und. auch dieses unterstrichen d. h. für ungültig erklärt, mit Recht, da ja doch nur Ein Rechtssatz folgt. Das Ursprüngliche wird sein hoc post (oder hoc post e oder ex) mit dem Sinne: das (d. h. die bloße Ausführungsmaßregel jenes Princips) haben sie (die sacra) nachher durch die Auctorität der Pontifices erlangt, daß damit sie nicht mit dem Tode des

Hausvaters untergingen, sie denjenigen, an welche das Gut nach seinem Tode gekommen wäre, mit aufgelegt sein sollten. Man sieht, wie die Corruptelen entstanden sind. Zunächst scheint Jemand nur hoc posito geändert zu haben, was aber ein Anderer wieder änderte, da er bemerkte, daß ja das hoc uno posito erst nachher folge. Weil man nun aber auch verkannte, daß sacra das Subject zu consecuta sunt sei (vergl. 3, 1, 1), machte der eine Abschreiber ein solches durch Aenderung des hoc in haec, worauf posito der Willkür Preis gegeben war, ein Anderer strich beides und setzte haec iura, was ein Corrector wieder als Interpolation unterstrich.

2, 20, 51. his propositis quaestiunculae multae nascuntur, quas qui [nascuntur] intellegat non, si ad caput referat, per se ipse facile perspiciat? — Statt das zweite nascuntur mit den Herausgebern herauszuwerfen, glaube ich vielmehr, daß vor demselben unde ausgefallen ist, nach dessen Wiederherstellung intellegat erst seinen richtigen Sinn erhält. Denn die Erklärung des Turnebus = qui intelligens sit et ingeniosus ist doch willkürlich und unbefriedigend.

2, 21, 52. 53. placuit P. Scaevolae et Ti. Coruncanio, pontificibus maximis, itemque ceteris, eos, qui tantundem caperent, quantum omnes heredes, sacris alligari. habeo ius pontificium. quid huc accessit ex iure civili? partitionis caput scriptum caute, ut centum nummi deducerentur: inventa est ratio, cur pecunia sacrorum molestia liberaretur. quasi hoc, qui testamentum faciebat, cavere noluisset, admonet iuris consultus hic quidem ipse Mucius, pontifex idem, ut minus capiat quam omnibus heredibus relinquatur. super dicebant, quicquid cepisset, adstringi: rursus sacris liberantur. — Diese Worte sind mehrfach anstößig. Zuerst gibt der Satz quasi hoc qui testamentum faciebat, cavere noluisset dem Zusammenhange nach in der That gar keinen Sinn. Offenbar muß man entweder mit den ältern Herausgebern Quod si statt quasi lesen, oder, was richtiger, die handschriftliche Lesart quid si A (quisi B), die dann ein Fragezeichen hinter noluisset erfordert, beibehalten. Die erste Art, wie dem, welchen der Testator durch partitio mit einem eben so großen Theile, wie die Erben selbst, bedacht hatte, zur Befreiung von den sacra verholfen wurde, beruhte auf einem dem Testator selbst gegebenen Rathe, dem partitionis caput scriptum caute, nehmlich mit dem Zusatz 'mit Abzug von 100 Sesterzen', wonach er ja schon von Seiten des Testators nicht voll eben so viel wie die Erben erhielt. 'Aber wie, wenn der Testator dieses nicht cavieren wollte?' Hier folgt die zweite Befreiungsart durch den dem partiarius selbst gegebenen Rath, ut minus capiat, quam omnibus heredibus relinquatur — aber in den folgenden Worten auch ein zweiter großer Anstoß nach allen bisherigen Lesarten. Schon das zu capiat fehlende Subject ist auffällig und dahinter vielleicht cui est legat (um) ausgefallen, das folgende super aber (sup AB), auch wenn man nachher statt quicquid A quic B mit den ältern Herausgebern qui quid liest, ganz sinnlos. Die gewöhnliche Deutung: 'wer mehr (als den sämmtlichen Erben bleibe), sagten sie (die Pontifices), angenommen hätte, hafte für die sacra' liegt nicht in den Worten und steht, auch davon abgesehen, mit dem vorher aufgestellten Rechtssatze, daß schon der, welcher nur eben so viel wie die Erben erhalte, hafte, in Widerspruch. Hinsichtlich des quicquid cepisset hat nun schon an sich das qui cepisset des B (denn das c von quic ist offenbar nur vom folgenden cepisset verdoppelt) die größere Wahrscheinlichkeit für sich; das quicquid des A ist nur ein erweiterter Irrthum. Vorher muß man aber statt super lesen qb par, also überhaupt

  quam omnibus heredibus relinquatur, quibus par,
   dicebant, qui cepisset, adstringi.

wonach dann die weitere Emendation liberatur statt liberantur (wobei den durch das Frühere verwirrten Abschreibern der in dicebant oder der Sache nach in qui quid cepisset liegende Plural vorschwebte) sich von selbst ergibt. Daß hier Cicero nach der bei den besten Schriftstellern üblichen Verkürzung des Ausdrucks[15] quibus par statt quorum parti par geschrieben hatte, mag den Abschreibern zuerst Anlaß zur Corruptel gegeben haben. Aber tantumdem quantum u. s. w. konnte hier Cicero, wenn er sich kurz ausdrücken wollte, nicht wieder sagen.

 2, 22, 55. . . . in deorum numero esse noluissent. eas in eos dies conferre ius, ut nec ipsius neque publicae feriae sint; totaque huius iuris compositio pontificalis magnam reli-

---

[15]) Wovon ich in der Schrift über den Census zur Zeit der Geburt Jesu Christi S. 87 gehandelt habe.

gionem cerimoniamque declarat. — Mir scheint hier zweierlei wegen Homoioteleuton ausgefallen, vor eas die Worte set et (wegen des vorhergehenden -sent) und hinter ipsius, welches ganz beziehungslos steht, domus, wonach man denn hinter sint nur ein Comma setzen darf. Im Uebrigen hat schon Turnebus die richtige Erklärung. 'Es zeigt aber auch die große sacrale Wichtigkeit dieser Ferien, theils das Recht, daß sie nur auf Tage gesetzt werden dürfen, die nicht schon sonst Ferien dieses Hauses oder des Volks sind, theils' u. s. w. Statt conferre ist also auch conferri zu lesen.

2, 22, 56. nam prius quam in os iniecta gleba est, locus ille, ubi crematum est corpus, nihil habet religionis: iniecta gleba tum et illis humatus est et gleba vocatur, ac tum denique multa religiosa iura complectitur. — Bekanntlich ein locus vexatissimus, für den immer noch keine befriedigende Auskunft sich hat finden wollen. Und doch liegt diese, wie es scheint, so nahe. Statt des handschriftlichen tumulis et humatus lese man fast nur mit Aenderung eines Buchstabens tum illic et humatus (denn zur Versetzung des et liegt nicht der geringste Grund vor) und füge vor dem folgenden gleba aus dem vorhergehenden est et ein ausgefallenes ex hinzu. Cicero sagt, sobald das Gesicht (an der Verbrennungsstätte Fest. ep. v. Bustum p. 32) mit der Erdscholle bedeckt ist, sei sowohl der Verstorbene an der Verbrennungsstätte (des corpus, des übrigen Leibes) humatus als er auch von jener gleba humi so genannt werde (indem die Pontifices das am Kopf als dem Sitz der Persönlichkeit Geschehene auf den ganzen Leichnam erstreckten L. 44 pr. D. de religios. 11, 7). Dieses Verbrennen des Leibes mit bloßer Beerdigung des caput resectum statt des ursprünglichen und später auch noch von manchen Familien beibehaltenen Begrabens des ganzen Leichnams wird nicht lange vor den zwölf Tafeln (vgl. 2, 23, 58) von den Pontifices selbst eingeführt worden sein[16]), woraus sich erklärt, daß die Decemvirn doch noch für nöthig hielten, die Usucapion des bustum zu verbieten (2, 24, 61), weil man genau

---

[16]) Die Archäologen, welche sich das nicht seltene Vorkommen von Römischen Gräbern, in denen sich nur der Kopf begraben fand, nicht zu erklären wissen (vgl. Bullet. Napol. n. s. IV. p. 1856), müssen nicht einmal unserer Stelle des Cicero eingedenk gewesen sein.

genommen nach dem Princip locus religiosus fit, quatenus corpus humatum est (L. 2. § 5. D. de religios. 7, 11) hätte sagen müssen, nur der Theil des bustum, wo das Haupt beerdigt lag, sei religios. Der Ausdruck bustum selbst, in dem sonst das vorgesetzte b auffällig ist, wird aber eine Abkürzung von com-(b)ustum sein, welches ursprünglich bezeichnete, daß dort der Leib nur mit dem Haupt (durch Verbrennen) als bestattet anzusehen sei. Denn war die Verbrennung nicht an derselben Stätte mit dem begrabenen Haupt geschehen, dann nannte man die letztere ustrina Fest. l. c. Sowohl der Ausdruck bustum — was eigentlich doch das corpus war — als auch daß Cicero vom humatus selbst sagt, was man vom sepulcrum erwartet, tum denique multa religiosa iura conplectitur zeigt, daß man den verbrannten Leib und die Begräbnißstätte, wo er wieder zur Erde geworden war, als untrennbar identificierte.

2, 23, 58. Atticus. Quid? qui post XII in urbe sepulti sunt clari uiri? — Marcus' Antwort hierauf, welche sowohl die Zeit vor als nach den 12 Tafeln betrifft, zeigt, daß weder die obige handschriftliche, schon an sich unerträgliche Lesart noch auch Madvigs Conjectur quod statt qui richtig, sondern das letztere aus den verkannten Siglen q̄ ul entstanden, also Quid? quod uel zu lesen ist. In jener Antwort selbst

Credo, Tite, fuisse aut eos, quibus hoc ante hanc legem uirtutis causa tributum est, ut Poplicolae, ut Tuberto, quod eorum posteri iure tenuerunt, aut eos si qui hoc, ut C. Fabricius, uirtutis causa soluti legibus consecuti sunt ist statt des grammatisch anstößigen eos si AB post wiederherzustellen, welches, da Cicero nach der Zeit — vor und nach den 12 Tafeln — eintheilt, nicht entbehrt werden kann. — Kurz nachher hat zu den Worten der Ausgaben ea causa fuit aedis huius dedicandae schon Vahlen mit Recht bemerkt, daß die Lesart aedis haec dedicare AB vielmehr auf ein ursprüngliches dedicaret(ur) schließen lasse, nur hätte er als regierende Partikel nicht cur, sondern ut suppliren sollen, dessen Ausfall hinter dem gleich endigenden fuit erst den ganzen Fehler erklärt und dessen Emendation sichert.

2, 23, 59. hoc plus, inquit, ne facito: rogum ascea ne polito. — Zu dem doch zugleich permissiven Eingange des Gesetzes hoc plus ne facito paßt nur, daß es doch einen rogus erlaubte, und nur deſſen künſtliche Polierung verbot; alſo iſt zu leſen (facito) rogum, ascea ne polito. Auch iſt nachher in den Worten tollit etiam lamentationem hinter etiam offenbar nimiam ausgefallen; ſonſt widerſpräche auch Cicero ſich ſelbſt, der im Eingange bezeugt, daß das Geſetz die Lamentation nur beſchränkt habe.

2, 24, 60 ... homini, inquit, mortuo ne ossa legito, quo pos funus faciat. — quos *A* quo quos *B* ſtatt quo. Das Richtige iſt quor. d. h. quorum. Die Decemvirn wollten nicht,˙ daß gegen das Sacralrecht den Beſtandtheilen des Leibes die Ehre der Perſönlichkeit (im Haupt) erwieſen würde (vgl. zu 2, 22, 56).

de unctura * * que servilis unctura tollitur omnisque circumpotatio. — Mit Recht nimmt Vahlen eine Lücke an. Seinem Ergänzungsvorſchlag *cenaque* mit Rückſicht auf die folgende circumpotatio (ſo *A B*, aber circumportatio, wie es ſcheint, viele *deteriores*) ſteht aber eben ſo wie der Beibehaltung der Lesart circumpotatio entgegen, daß hier überall von der Behandlung des Leichnams die Rede iſt. Man ergänze vielmehr *vecturaque* — was die Auslaſſung hinter dem ähnlichen unctura erklärt — und leſe mit den frühern Herausgebern circumportatio. Das Geſetz verbot das koſtſpielige Salben des Leichnams durch (dazu gemiethete) Sclaven, die pollinctores, und alles vorherige Herumtragen, z. B. bei Verwandten oder auf öffentlichen Plätzen, die nicht auf dem Wege lagen.

ne sumptuosa respersio, ne longae coronae, ne acerrae praetereantur. — Da unter dem et des letzten Worts *A* ſelbſt ein Sternchen hat, ſo muß man ohne Zweifel mit Manutius praeferantur leſen, um ſo mehr als ja Cicero unmittelbar vorher mit haec praeterea sunt in legibus angezeigt hat, welche Verbote er aus den Geſetzen anführen wolle. Unter den longae coronae ſind, wie ſchon Turnebus gezeigt hat, lange zum Einſchließen des Grabhügels beſtimmte Kränze etwa aus Cypreſſen oder Laubgewinden zu verſtehen, während die acerrae zum ſofortigen Opfern von Weihrauch unmittelbar nach dem Begräbniß dienen ſollten. Beide ſollten nicht überhaupt, ſondern nur das Vortragen derſelben ſchon beim Leichenzuge verboten ſein, bei welchem von einem Cult der dii Manes noch nicht die Rede ſein konnte (vgl. oben zu 2, 9, 22). Man muß nun aber auch annehmen, daß hinter respersio ein sit ausgefallen sei, worauf wieder aller Grund wegfällt, statt des dritten ne das handschriftliche nec nicht beizubehalten. — Es ist nun aber nicht zu läugnen, daß diese beiden so schroff abbrechenden Verbote etwas Auffälliges und dem Style des Cicero durchaus nicht Entsprechendes haben. Dieser Anstoß behebt sich, wenn man sich überzeugt, daß die auf die nächste folgende Periode, wir meinen die nachher auch noch und zwar so zu verbessernden Worte credoque, quod erat factitatum, ut uni plura funera fierent lectique plures sternerentur, id quoque ne fieret, lege sanctum est, welche an ihrer jetzigen Stelle, was auch schon Schömann und Schöll (ad XII tabb. p. 55) bemerkt haben, den Zusammenhang auf die unzulässigste Weise stören, nicht, wie diese meinten, hinter mortuo ne ossa . . . funus faciat gehören — dort würden sie auch wieder den Zusammenhang des excipit bellicam peregrinamque mortem mit jenem Gesetze unterbrechen und es wäre schwer erklärlich, wie die einmal am Rande ergänzten Worte so weit weg in den Text verschlagen sein sollten — sondern ursprünglich eben auf unsere beiden Verbote unmittelbar folgten.

credoque quod erat factitatum, ut uni plura fierent lectique plures sternerentur, id quod ne fieret lege sanctum est. — Jedenfalls ist nach dem Zusammenhange die alte Correctur sämmtlicher guter Handschriften quoq. = quoque statt des zweiten quod aufzunehmen; das frühere quod hat den Sinn von 'weil'. Außerdem verdient auch die längst aufgestellte Conjectur plura *funera* Beifall. Sie mochten mit Leichenbildern Seitens mehrerer Verwandtschaften, Collegien, Sodalitien des Verstorbenen vorkommen.

qua in lege quom esset neve aurum addito, *videte* quam humane excipiat altera lex, praecepit altera lege: at cui auro etc. — Nach Beseitigung der versetzten Worte bezieht sich nun qua in lege ganz passend auf die lex über die zugelassene Mitgabe einer vom Todten selbst erworbenen Krone, bei der der Erbe am ersten versucht sein konnte sie zu vergolden und dann auch andere Goldsachen in das Grab zu legen. Uebrigens ist *videte* eine sicher richtige Ergänzung. Nachher ist aber, zumal da B ex statt lex hat, zu verbessern altera lex ex praecepto altera lege:

2, 24, 61. duae sunt praeterea leges de sepulchris, quarum altera privatorum aedificiis altera ipsis sepulcris cavet: nam quod rogum bustumve novum vetat propius sexaginta pedes adici aedes alienas invito domino, incendium veretur acerbum [vetat]. — Das letzte Wort ist in *AB* unterpunctiert. Wahrscheinlich entstand die Corruptel aus incendium veretur ac urbi cavet, indem das von der undeutlich gewordenen vorhergehenden Sylbe losgerissene vet nur um ein Wort zu gewinnen, zu vetat vervollständigt wurde.

2, 24, 62. honoratorum virorum laudes in contione memorentur easque etiam [et] cantus ad tibicinem prosequatur. — Die Conjectur virorum statt uiuorū *AB* ist schwerlich richtig; wozu diese Hervorhebung des Geschlechts, zumal da bekanntlich auch angesehene Frauen die Ehre der laudatio funebris genossen? Selbst leichter corrigiert man vor ui-uorum durch Einsetzung eines ut. Cicero will sagen: so als lebten und hörten sie es noch; denn die Leiche stand dabei in der Regel, angethan mit allem Schmuck, wie im Leben, Polyb. 6, 53. und auch von den mitziehenden imagines sagt derselbe οἱονεὶ ζώσας καὶ πεπνυμένας. Auch nachher lese man vielmehr: eosque exin (etiā *AB*) et cantus u. s. w. Wie prosequatur anzeigt und die Sache selbst mit sich bringt, begleitete die Nänie die Leiche nach der in der Versammlung gehaltenen Lobrede auf dem Zuge zum Grabe. Endlich ist in den Worten quo vocabulo etiam *apud* Graecos cantus lugubres nominantur die Aenderung des handschriftlichen gracchos in graecor. = Graecorum eher indiciert, als die Einsetzung von apud.

2, 25, 62. . . . sed re[cedo]quiro, ut ceteri sumptus, sic etiam sepulcrorum modum. — Mit Recht hat Vahlen diesen Anfang des Capitels dem Atticus zugeschrieben. Da aber unsere Handschriften überall vielmehr durch Auslassungen als durch Interpolationen fehlen, so wird man auch hier das cedo nicht streichen, sondern lesen müssen sed recte, credo, requiro, wodurch die Requisition des Atticus erst die ihm besonders anständige Urbanität erhält. Vgl. Marcus' Antwort Recte requiris.

nostrae quidem legis interpretes, quo capite iubentur sumptum et luctum removere a deorum Manium iure, hoc intellegant in primis, sepulcrorum magnificentiam esse minuendam. — So kann Cicero nicht geschrieben haben. Sein

Gesetz hat weder den Interpreten etwas befohlen, noch auch vorgeschrieben, daß sumptus und luctus überhaupt vom Rechte der Manen fern bleiben sollen. Ich glaube daher, daß vor sumptus et luctū *AB*, als das erstere Wort noch sumtus geschrieben war, wegen Aehnlichkeit damit nimius ausgefallen sei, was die weiteren Corruptelen removere statt removeri und luctum statt luctus nach sich zog.

2, 25, 63. nam et Athenis iam illo mores a Cecrope, ut aiunt, permansit hoc ius terra humandi. — Man schreibe in wesentlicher Uebereinstimmung mit den Handschriften iam ille mos et a Cecrope u. s. w. In dem unmittelbar folgenden quam quom proxumi fecerant obductaque terra erat ist kein Grund vorhanden, quam nicht auf terra zu beziehen; facere hat oft den Sinn von zurechtmachen, zu etwas bilden (hier zum Grabe) z. B. in aurum, argentum factum. Man muß also auch hinter terra humandi nur ein Comma setzen, da jene schon in Athen vorkommende und der Sage nach von Cecrops her als bestimmtes Recht fortdauernde Sitte der Beerdigung jetzt eben geschildert wird. Nachher scheint in den Worten ut sinus et gremium quasi matris mortuo tribueretur, solum autem frugibus expiatum ut vivis redderetur das störende zweite ut als aus dem folgenden ui entstanden gestrichen werden zu müssen. Weiterhin hat Bahlen in nam mentiri nefas habebatur, * * ac iusta confecta erant ohne Zweifel richtig sepultura ergänzt, vielleicht ohne selbst zu bemerken, daß das Wort von -bebatur und dem folgenden a absorbiert worden ist.

2, 25, 64. posteaquam, ut scribit Phalereus, sumptuosa fieri funera et lamentabilia coepissent, Solonis lege sublata sunt. — Hier durfte das et, welches *A* vor Solonis hat, nicht mit *B* weggelassen, sondern es mußte als ea aufgenommen werden. Denn Solon hob nicht die funera überhaupt, sondern nur in ihrer Eigenschaft als sumptuosa und lamentabilia auf.

2, 26, 64. de sepulcris autem nihil est apud Solonem amplius quam ne quis ea deleat neve alienum inferat, poenaque est, si quis bustum, nam id puto appellari τύμβον, aut monimentum, inquit, aut columnam violarit, iacerit, fregerit. — An dem ganz unmotivierten inquit haben ältere Interpreten mit Recht Anstoß genommen, ohne aber etwas Wahrscheinliches an die Stelle zu setzen. Ich vermuthe monimentum inscript.

(inscriptum) und daß Cicero damit das wahrscheinlich von Solon gebrauchte ἐπίγραμμα übersetzte, welches bei guten Schriftstellern namentlich auch für Grabschriften gebräuchlich ist. Die Corruptel kann freilich nur durch die unverstandene Sigle sc, welche sich wenigstens auch im Veronesischen Gaius für scrip findet und die ein Abschreiber für q = qui nahm, entstanden sein. Zweierlei dient zur Bestätigung. Erstens ergibt sich dann auch für jacerit (j et c corr.) *A* acerit *B*, dessen willkürliche Veränderung deiecerit in den Ausgaben Bahlen mit Recht verwirft, die befriedigende Emendation raserit, indem doch von den drei straffälligen Handlungen diese mittlere sich eben so auf das mittlere monimentum, wie violarit auf τύμβον (eigentlicher wohl noch tumulum als bustum, wie Cicero nach der Ableitung von τύφω meint), fregerit auf columnam bezieht. Zweitens findet sich unter den auf Griechischen und Lateinischen Grabschriften mit Strafe bedrohten grabschänderischen Handlungen nicht selten auch das ἐκκόπτειν, ἐκκολάπτειν, titulum adulterare, violare, aram deasciare, exacisclare u. dgl. m. C. J. G. 2831. und T. III. p. 1119. Murat. 1028, 2. 1203, 9. 1304, 7. Orell. 4437. 4424. 5048. 7337. 7338.

3, 1, 2. Marcus. Laudemus igitur prius legem ipsam veris et propriis suis laudibus. — So schlechthin legem konnte Cicero nicht schreiben, da die propriae laudes doch nur auf deren Inhalt (den Magistraten) beruhen, der aber im Eingange dieses Buchs noch gar nicht erwähnt ist. Es muß also hinter prius wegen Aehnlichkeit mit dem Vorhergehenden oder weil die Sigle mag. nicht verstanden würde, magistratus (nicht de magistratibus) ausgefallen sein. Dieses ergibt das unmittelbar folgende Sane quidem, sicut de religionum lege fecisti. Vgl. 3, 5, 13 und 2, 7 init.

3, 2, 4. quod genus imperii primum ad homines iustissimos et sapientissimos deferebatur, idque [ut] in re publica nostra maxime valuit, quoad ei regalis potestas praefuit, deinde etiam deinceps posteris prodebatur, quod et in iis etiam qui nunc regnant manet. — Statt idque ut muß man mit Bake id quod lesen, da Cicero damit das Römische Wahlkönigthum nach der Würdigkeit, welches auch nach Romulus' Wahl blieb (daher maxime valuit), dem anderer Staaten entgegensetzt, in welchen nach dem ersten nach Würdigkeit gewählten Könige (deinde) die

Herrschaft auch dessen Nachkommen in einer Reihenfolge von Grab zu Grab (deinceps posteris, vgl. 3, 19, 43) weiter als von selbst zuständig anerkannt wurde (prodebatur). Der Gegensatz von quod et in iis etiam qui nunc regnant manet mit dem vorhergehenden in nostra republica und dem folgenden quibus autem regia potestas non placuit fordert dann aber statt regnant, wie schon Clericus vorschlug, zu lesen regnant(ur), mag dieses Verbum in transitivem Gebrauch auch sonst gerade bei Cicero nicht nachweisbar sein.

3, 3, 6. magistratus nec oboedientem et innoxium civem multa, vinculis, verberibus coherceto. — Der Zusatz et innoxium soll offenbar verwahren, daß nicht jeder Ungehorsame blos als solcher zu coercieren sei; er kann ja eine gerechte Entschuldigung haben. Aber weder kann man innoxium willkürlich = in noxia deprehensum nehmen, was das Wort niemals bedeutet, noch das in einfach streichen; ein noxius civis soll nicht blos coerciert, sondern mit den gesetzlichen Strafen in einem iudicium belegt werden. Man verbessere also mit einer leicht ändernden Gemination et exin noxium d. h. der von seinem Ungehorsam her, durch diesen als ein schädlicher Bürger erfunden wird. Auch nachher 3, 3, 7. populique partis discribunto, exin pecunias, aevitatis, ordinis partiunto hat exin nicht die Bedeutung von deinde, sondern ähnlich wie das Umbrische pustin (meine Iguv. Taf. S. 457. 665. 701) die von secundum, nach Tribus, tribusweise, indem jenes partire in je einer nach der andern vorgenommen wird. — Sehr auffallend wäre es ferner, daß Cicero unter den Coercitionsmitteln der Obrigkeit eine der wichtigsten und häufigsten, die gewöhnlich mit der multa zusammengestellt wird, nicht erwähnt haben sollte, die pignoris captio. Ich bezweifle daher nicht, daß vor vinculis wegen Aehnlichkeit mit dem Anfange dieses Worts pignore ausgefallen ist.

domi pecuniam publicam custodiunto, vincula sontium servanto, capitalia vindicanto, aes argentum aurumve publice signanto, litis contractas iudicanto, quod [quod] cumque senatus creverit agunto. — Ich bemerke 1) Es ist nicht glaublich, daß Cicero unter diesen geringeren Magistraten partiti iuris die Wegecuratoren ausgelassen haben sollte, die auch Pomponius L. 2. § 30. D. de orig. iur. (1, 2) Eodem tempore et quattuorviri qui curam viarum gererent, noch vor den triumviri monetales und triumviri capitales nennt. Bei Cicero hatten sie auch systematisch ihre natürliche Stelle hinter den Quästoren, da sie ebenfalls öffentliche Sachen, nur unbewegliche, besorgten. Ich bezweifele also nicht, daß hinter custodiunto zu ergänzen ist viarum curam gerunto. Die Aehnlichkeit dieser letzten beiden Worte mit custodiunto veranlaßte den Ausfall. 2) Statt capitalia lese ich capitaliaque, weil sonst angenommen werden müßte, Cicero hätte für diese beiden Geschäfte der tresviri capitales gegen die Römische Verfassung verschiedene Magistrate gewollt. 3) Am Schlusse genügt es nicht, das eine quod als wiederholt zu streichen. Der ganze Satz ist anstößig, weil die Vorschrift, wie sie danach lautet, auf alle oder doch wenigstens auf die zuletzt genannten geringeren Magistrate bezogen werden müßte. Sollten aber namentlich die decemviri stlitibus iudicandis ihre Urtheile nach Befehlen des Senats fällen? Offenbar ist das erste quod die falsch aufgelöste Nota q., die nach ihrer ältesten Anwendung quaestor oder quaestores bedeutet, und dieses letztere aufzunehmen. Den Quästoren ist es eigenthümlich, daß sie keine Ausgabe ohne Senatusconsult machen dürfen und auch sonst in ihrer Amtswirksamkeit ganz vom Senat abhängig sind. Polyb. 6, 13. Plutarch. Cat. min. 17. Lex Bant. c. I (meine Osk. Sprachdenkm. S. 64. 87). Vgl. Becker Röm. Alt. II. 2. S. 349 flg. So muß man nun auch dieses von den Quästoren sprechende Gesetz von dem vorigen, welches nur die verschiedenen niederen Magistrate angibt, sondern und mehr mit dem folgenden von den Aedilen verbinden, wie auch Cicero durch das Suntoque aediles andeutet. Die Quästoren sind die vornehmsten unter den niederen, die Aedilen die untersten der höhern Magistrate und beide unterscheiden sich von den übrigen niedern Magistraten partiti iuris dadurch, daß sie nicht bloße tot viri sind, sondern wie Consuln, Prätoren u. s. w. eigene Namen führen.

3, 3, 7. Von den Censoren: urbis tecta templa vias aquas, aerarium vectigalia tuento. — urbis tecta beruht auf einer Conjectur von Bake, die unmöglich richtig sein kann, da die Censoren mit den tecta, den Privathäusern der Stadt, gar nichts zu schaffen haben. urbista AB ist vielmehr aus urbis sarta tecta verderbt, einem den Abschreibern wohl unverständlichen Ausdruck, wegen dessen Zusammensetzung mit tueri und allgemeiner Beziehung nicht blos auf Tempel, sondern Instandhaltung aller öffentlichen Bauwerke das Capitel der Lex Julia repetundarum bei Macer in L. 7. § 2. D. de l. Jul. rep. (48, 11) zu vergleichen ist: Illud quoque cavetur, ne in acceptum feratur opus publicum faciendum . . . . . sarta tecta tuenda, antequam perfecta probata praestita lege erunt. aerarium vectigalia ist zusammenzunehmen; es sollen damit die schon bestehenden, dem Aerar gleichsam gehörenden Vectigalien bezeichnet werden.

3, 3, 9. Vom magister populi: . . . equitatumque qui regat habeto pari iure cum eo quicumque erit iuris disceptator. ast quando consules magisterve populi nec erunt, reliqui magistratus ne sunto, auspicia patrum sunto ollique ec se produnto, qui comitiatu creare consules possit. — Statt nec erunt haben die *AB* nec r̄, jedenfalls dieses verschrieben statt s̄, d. h. nec sunt, was aber wahrscheinlich aus n'escunt entstand, also nec escunt. Am Ende halte ich das handschriftliche possint für richtig. Zwar werden alle Magistratshandlungen immer nur von einem Magistrat oder Collegen vorgenommen, weshalb ja auch Ciceros späteres (c. 4 init.) eique, quem patres produnt consulum rogandorum ergo vollkommen richtig ist, aber wie oft heißt es z. B. von den Censoren, daß sie lustrum condiderunt? Und noch öfter bekanntlich, daß interreges die Königs- oder Consulnwahl vorgenommen hätten, was theils mit Rubino Untersuchungen über Röm. Verf. S. 346 flg. daraus, daß niemals gleich der erste Interrex die Consulwahl vornahm (Mein Röm. Jahr S. 70), theils auch daraus zu erklären ist, daß die Interregen doch nur decurienweise — je zehn — aus den Patres durch proditio mit Nennung des ersten hervorgingen und der nach dem ersten jedesmal von seinem Vorgänger im Amt wieder probierte regierende Interrex nach der Idee des Instituts zunächst sich doch auf die Autorität der ganzen Decurie stützte (Liv. 1, 17. Dionys. 2, 57).

Die ganze Stelle leidet aber an einer andern schweren Corruptel: es ist ein unerhörter, der Römischen Verfassung widersprechender Grundsatz, daß wenn keine Consuln oder Dictator vorhanden sind, alle übrigen Magistrate ihr Amt verlieren sollen.

Die Hülfe ist jedoch sehr einfach. Offenbar hat eine Versetzung Statt gefunden. Die Worte reliqui magistratus ne sunto gehören hinter iuris disceptator und sprechen den bekannten Satz aus, daß nach Ernennung eines Dictators, der wieder einen magister equitum ernennt, die übrigen Magistrate abtreten müssen. Polyb. 3, 87. Dionys. 5, 70. 10, 25. Liv. 3, 29. Appian. de b. Hann. 12. Die Volkstribunen nimmt Cicero nicht wie die eben citierten Autoren aus, weil er von diesen, die keine eigentlichen Magistrate sind, erst später handelt.

3, 3, 10. eius decreta rata sunto, ast potestas par maiorve prohibessit, perscripta habento. — Sollte auch ast schlechthin die Stelle der Partikel si vertreten können, so bedarf es doch hier vor Allem einer verbindenden oder Adversativpartikel gegen rata sunto, da die durch eine (dem Vorsitzenden) gleiche oder höhere Gewalt gehinderten Beschlüsse des Senats eben nicht rata sind, sondern als bloße auctoritates aufbewahrt werden sollen. Daher wird hinter ast (at?) si ausgefallen sein.

Creatio magistratuum, iudicia populi, iussa vetita cum suffragio cosciscentur, optumatibus nota, plebi libera sunto. — Das einmal weggelassene und dann übergeschriebene suffragio oder vielmehr, wie es ursprünglich hieß, suffragia ist jedenfalls an seiner jetzigen Stelle irrig gesetzt und muß mit Turnebus vor optumatibus restituiert werden, da es sich beim consciscere des Volks von selbst versteht, daß es durch Stimmen geschieht, und nach Ciceros Absicht (3, 17, 38) nicht die iudicia oder iussa vetita, sondern die suffragia (wie jeder Bürger stimmt) den Optimaten bekannt, den gemeinen Bürgern frei sein sollen.

3, 4, 10 ... tribunisque, quos sibi plebes rogassit, ius esto cum patribus agendi: idem ad plebem quod oesus erit ferunto. — Da die Volkstribunen mit den vorhergenannten magistratus, welche das ius cum populo patribusque agendi haben, im Gegensatz stehen und daher höchst unpassend durch que angeknüpft werden, welches dagegen bei der zweiten Function derselben vermißt wird, so ist diese Partikel, wie ich schon in den Incerti auct. magistrat. exposit. ined. p. 39 bemerkt habe, versetzt und muß vielmehr an idem angehängt werden. Alsdann wird man doch mit Bake creassit statt rogassit lesen müssen. Das Volk wird gefragt und der

Gesetzesstyl gestattet kein Wechseln mit dem Ausdruck. Vgl. 3, 3, 9 fin.

3, 4, 11. Cesoris fidem legum custodiunto: privati ad eos acta referunto nec eo magis lege liberi sunto. — Was Cicero mit dem zweiten Gesetz will, ist aus dessen Rechtfertigung 3, 20, 47 klar: die Beamten sollen nach Beendigung ihrer Amtsführung über diese den Censoren eine vorläufige Rechenschaft ablegen, welche diese in den Stand setzt, mit censorischen Mitteln gegen sie einzuschreiten, ohne daß aber die Schuldigen deshalb von der gesetzlichen Strafe befreit werden. Unmöglich konnte aber Cicero diesen Sinn so wie die Handschriften überliefert haben, ausdrücken; denn danach müßte man unter privati irgend welche Privatleute verstehen, die ihre Rechtsgeschäfte vor den Censoren verlautbaren sollen. Offenbar hat auch hier eine Auslassung wegen mit custodiunto gleich anfangender oder endigender Worte Statt gefunden, am wahrscheinlichsten von gesta p̄state = gesta potestate, welches Ausdrucks Cicero auch kurz vorher (neve petenda neve gerenda neve gesta potestate) als des zweckmäßigsten zur Zusammenfassung der verschiedenen Arten von Amtsführungen sich bedient hat.

3, 5, 12. quam Scipio laudat in *illis* libris et quam maxime probat temperationem reipublicae. — illis hat Turnebus ergänzt zunächst nach 1, 6, 20. eius reipublicae quam optimam esse docuit in illis sex libris Scipio — wo aber deren Erwähnung 1, 5, 15 schon vorhergegangen war. Nachher 1, 9, 27 heißt es in iis libris, quos legistis, expressit Scipio. Sagt Cicero wieder bald nach unserer Stelle und zwar zu Atticus 3, 5, 13 Atqui pleraque dicta sunt in illis libris, quod faciendum fuit, cum de optuma re publica quaereretur, und später zweimal 3, 14, 32. 17, 38 schlechthin in illis libris, so war da 3, 2, 4 quaeque de optima re publica sentiremus, in sex libris ante diximus und unsere Stelle vorangegangen. In dieser scheint mir nostris hinter i-nlibris ausgefallen zu sein und Cicero schrieb so um so angemessener, als er hier zu seinem Bruder Quintus spricht. — Nachher in den Worten magistratibus iisque, qui praesint, contineri rem publicam erscheint, wenn man hinter iisque interpungirt, dieses iisque, qui praesint als eine kaum mehr als tautologische Erklärung von magistratibus. Nach

Ciceros Absicht scheinen sie mir aber auf den Senat, den beständigen Leiter der Regierung durch die Magistrate zu gehen (vgl. 3, 3, 10), so daß iis von praesint abhängt, also iisque qui = et qui iis. — Endlich wird in den Schlußworten nihil habui sane, non multum, quod putarem novandum in legibus das handschriftliche sane aus saltē corrumpiert sein.

3, 5, 13. Marcus. Atqui pleraque sunt dicta in illis libris, quod faciendum fuit, cum de optuma re publica quaereretur. — Baiter wollte bie in ber That ganz unpassend zwischen in illis libris und cum de optuma stehenden Worte quod faciendum fuit herauswerfen, Gruter mit ihnen auch noch in illis libris. Mir scheint nur eine Versetzung vorzuliegen. Man lese: Atqui pleraque sunt dicta: quod faciendum fuit in illis libris, cum de optuma re publica quaereretur.

3, 6, 14. . . ab hac familia magis ista manarunt, Platone principe. — Da hac doch nur auf die zuletzt erwähnten Stoiker bezogen werden könnte, so scheint das handschriftliche ab hanc familia aus ab academia verderbt, indem zuerst ac und cademia falsch abgetheilt und geschrieben war.

3, 8, 18. domum cum laude redeunto; nihil enim praeter laudem bonis atque innocentibus neque ex hostibus neque a sociis reportandum. iam illud apertum est profecto [est], nihil esse turpius quam est quemquam legari nisi rei publicae causa. omitto quem ad modum isti se gerant atque gesserint, qui legatione hereditatis aut syngraphas suas persecuntur, in hominibus est hoc fortasse vitium, sed quaero, quid reapse sit turpius quam sine procuratione senator legatus, sine mandatis, sine ullo rei publicae munere? — profecto * * A profecto ē B. Ist dieses Schimpfliche nach dem Vorherigen (iam) offenbar, wie Cicero es nachher noch durch eine bloße Frage wiederum voraussetzt, wozu die Betheuerung profecto? Ich glaube, daß die beiden Buchstaben, welche A hinter profecto nicht mehr schrieb und B mit ē ergänzte, so und davor ip wegen Aehnlichkeit mit to ausgefallen waren, also zu lesen ist iam illud apertum est, profecto ipso nihil esse turpius u. s. w. profecto ist dann Ablativ und der Sinn: Sollen schon die aus der Provinz Zurückkehrenden nichts als Lob heimbringen, so ist klar, daß es nichts Schimpflicheres gibt, als einen Abgereisten selbst (schon in seiner Person und seinem Weggange in die Provinz) als wenn einer sich legieren läßt u. s. w. Nur so kommt iam zu seinem Recht und entgeht Cicero's Rede auch dem Vorwurf einer zugleich unlogischen Uebertreibung.

3, 9, 19 in Quintus' Rede gegen den Volkstribunat: quem enim ille non edidit? qui primum, ut impio dignum fuit patribus omnem honorem eripuit etc. — Das Richtige erkannte hier Davis: quae enim mala non edidit? denn ille, welches aus dem vom vorhergehenden m getrennten ala wurde, ist hier ganz überflüssig und man sagt edere auch von übeln Dingen, scelus, tumultum, caedem pro Sext. 27, 58. Liv. 5, 13, 11. 36, 19, 5. oben 1, 14, 40 selbst ruinas und 3, 9, 22 strages.

3, 9, 20. quis umquam tam audax, tam nobis inimicus fuisset, ut cogitaret umquam de statu nostro labefactando etc. — Man muß allerdings mit Görenz und Moser statt des ersten umquam inquam lesen, nicht blos wegen des hier immer doch störenden doppelten umquam, sondern weil inquam einen fast nothwendigen Gegensatz macht gegen das unmittelbar vorhergehende cur autem aut vetera aut aliena proferam potius quam et nostra et recentia?

3, 10, 24. sed tu sapientiam maiorum in illo vide: concessa plebei ista *a* patribus [ista] potestate arma ceciderunt etc. — concessa plebe ista patribus ista potestas *A* concesse plebe ista potestas *B*. Dieser handschriftlichen Ueberlieferung scheint folgende Lesart mehr zu entsprechen: c' (cum) concessa plebei est a patribus ista potestas, arma ceciderunt etc. Aber auch dem Sinne, da durch den selbständigen Satz die Concession, deren Weisheit gepriesen werden soll, mehr gehoben wird.

3, 10, 25. Quam ob rem aut exigendi reges non fuerunt aut plebi re, non verbo danda libertas: quae tamen sic data est, ut multis praeclarissimis adduceretur, ut auctoritati principum cederet. — Keine der vielen Emendationen von multis praeclarissimis genügt. In die Stelle paßt allein meritis und dieses ist nicht statt multis zu setzen, sondern nach der sonstigen Beschaffenheit der Handschriften dieser Bücher als hinter dem ähnlichen multis ausgefallen zu ergänzen. Cicero preist die Weisheit der Vorfahren auch damit, daß als sie der Plebs die Freiheit gegeben, sie dieses dadurch unschädlich gemacht hätten, daß sie durch viele herrliche um Staat und Volk erworbene

Verdienste dieses dazu vermochten, sich der Auctorität der Vornehmen zu fügen.

3, 11, 26. ferremus, o Quinte frater, consolarenturque nos non tam philosophi, qui Athenis fuerunt, qui hoc facere debent, quam clarissimi viri, qui illa urbe pulsi carere ingrata civitate quam manere inprobam maluerunt. — Liest man qui hoc facere debent, so kann das kaum einen andern Sinn haben, als den Grund anzugeben, weshalb der Philosophentrost nicht sonderlich viel werth sei, weil sie nehmlich trösten müßten, im Gegensatz vielleicht auch noch des maluerunt der pulsi. Das ist aber ein wenig überzeugender, wenn nicht ein abgeschmackter Gedanke. Doch möchte ich deshalb die Worte nicht mit Andern herauswerfen, sondern statt qui quis = quamvis lesen: so sehr sie das auch thun (Trost bewirken) müssen. So nimmt Cicero auf Atticus die gebührende Rücksicht, der Athen ebensowohl wegen seiner Philosophen als wegen seiner berühmten Staatsmänner liebte.

3, 11, 26. Atticus. Nec mehercule ego sane a Quinto nostro dissentio, sed ea quae restant audiamus. — Mir scheint die ältere Auffassung richtiger, welche mit Beibehaltung des handschriftlichen nunc die Worte Nunc mehercule dem Quintus, die folgenden dem Atticus zutheilt. Mit nunc weist Quintus, für den sich auch das mehercule besser eignet (3, 8, 19), auf die gegenwärtige Zeit hin, die den Volkstribunat so besonders gefährlich mache (3, 9, 21), und gewiß lag es in Cicero's Absicht und Verhältniß zu Pompeius, daß die Majorität in diesem Gespräch sich für dessen Politik erkläre.

3, 13, 30 ... L. Lucullus ferebatur, quasi commodissime respondisset ... concedi sibi oportere, quod iis, qui inferioris ordinis essent, liceret. non vides, Luculle, a te id ipsum natum, ut illi cuperent? — Da Cicero jenem vermeintlichen commodissime responsum entgegentreten will, so bedarf es einer Adversativpartikel und ist also hinter lice-ret set ausgefallen.

3, 14, 31. nam licet videre, si velis replicare memoriam temporum, qualescumque viri summi civitatis fuerint, talem civitatem fuisse; quaecumque mutatio morum in principibus extiterit, eandem in populo secutam. idque haud paulo est verius quam quod Platoni nostro placet, qui musicorum cantibus ait mutatis mutari civitatum status: ego autem nobilium vita victuque mutato mores mutari civitatum puto. — Auch diese Stelle gehört zu den gründlich verderbten, obgleich man das noch nicht gefühlt zu haben scheint. Wie konnte Cicero hier in den Büchern de legibus eine Behauptung des Plato in dessen Werk de legibus (IV. p. 711 B), die er in einem Brief vom Jahre 700 als ein divinitus scriptum desselben anführt — ad fam. 1, 9, 12. haec animadvertenda in civitate, quae sunt apud Platonem nostrum scripta divinitus, quales in republica principes essent, tales reliquos solere esse cives — und die also einen unvergeßlichen Eindruck auf ihn gemacht hatte, nicht blos völlig als dessen Eigenthum ignorieren, sondern sie selbst als seine eigene Ansicht einer andern desselben Plato entgegen stellen? Und wie konnte er, nachdem er dieselbe vorher schon als eine unumstößliche geschichtliche Wahrheit hingestellt hatte, dann noch mit einem bloßen puto schließen ego autem nobilium vita victuque mutato mores mutari civitatum puto? Offenbar hat auch hier eine Versetzung Statt gefunden. Die Worte Platoni nostro placet gehören mit einem nach placet ausgefallenen et hinter idque, wogegen das nur in Folge der Versetzung hinzugekommene qui zu streichen ist. Wir lesen also:

idque Platoni nostro placet (*et*) haud paulo verius est, quam quod musicorum cantibus ait mutatis mutari civitatum status.

In der mit puto schließenden Periode fällt nun das Hauptgewicht auf vita victuque. Cicero theilt Platos Ansicht im Ganzen und meint nur, daß durch die ganze neue Lebensweise der Vornehmen (statt durch die bloße veränderte Musik) die öffentlichen Sitten geändert werden.

3, 15, 33. suffragia in magistratu mandando ac de reo iudicando *sciscenda*que in lege aut rogatione. — Statt des ergänzten sciscenda ist iubenda vorzuziehen, weil dieses wegen Aehnlichkeit mit iudicando auch im Anfange die Auslassung besser erklärt. Vgl. auch 3, 16, 35 tertia de iubendis legibus ac vetandis.

3, 16, 36. nach der Erzählung, daß der Großvater des Q. und M. Cicero dem Gratidius, der in dem Municipium Arpinum eine lex tabellaria beantragte, als dortiger Municeps tapfern Widerstand geleistet habe: ac nostro quidem * * cui cum res esset ad se delata, M. Scaurus consul, 'utinam[que]', inquit,

'M. Cicero, isto animo atque virtute in summa re publica nobiscum versari quam in municipali maluisses'. — Die Lücke nimmt Bahlen an und ergänzt sie mit avo magnam ea res attulit laudem, was aber dem Sinne nach recht gut fehlen kann. Die Handschriften haben nur qui statt cui. Ich möchte annehmen, daß das sonst unerklärliche que hinter nam ein vom Rande, wo ein Corrector es nachlässig geschrieben ergänzt hatte, hieher versetztes ursprüngliches avo sei, welches hinter quidem ausgefallen war, und außerdem nur cui statt qui lesen. 'Unserem Großvater in seiner Eigenschaft als civis (Mitbürger in Rom) sagte der Consul Scaurus' u. s. w. Cicero machte dann hier eine geschickte Anwendung von dem 2, 2 auseinandergesetzten Unterschiede von municipium und civitas, welche die dortige Digression um so mehr erklärt.

3, 17, 38. sed ego, etsi satis dixit pro se in illis libris Scipio, tamen istam libertatem [istam] largior populo, ut auctoritate et valeant et utantur boni. — Statt das zweite istam zu streichen, ist vielmehr das erste in iustam zu verbessern. Es ist nehmlich von Cicero's Gesetz über die Suffragien optimatibus nota, plebi libera sunto die Rede. Quintus und Atticus verwerfen alle geheime Abstimmung (durch tabella) und der erstere hat sich eben in einer Standrede gegen seinen Bruder über das Thema ereifert, daß man in der Gesetzgebung bei Dem, was wahr und recht sei, nicht fragen müsse, ob man es auch beim Volk werde durchsetzen können. Hiergegen kommt es Cicero darauf an, auch die Gerechtigkeit des von ihm vorgeschlagenen Gesetzes zu behaupten. Dieses wolle nur ein gerechtes Maß der Freiheit des Volks, nehmlich so weit, daß die Optimaten dabei doch ihr Ansehen behalten und geltend machen könnten.

3, 17, 39. quae si opposita sunt ambitiosis, ut sunt fere, non reprehendo; sin *non* valuerint tamen leges, ut ne sit ambitus, habeat sane populus tabellam quasi vindicem libertatis, dummodo haec optimo cuique et gravissimo civi ostendatur etc. — Setzt man so non gegen die Handschriften in den Text oder versteht auch (was freilich kaum möglich) mit Wyttembach sin selbst in dem Sinne von si non, so verschließt man sich das Verständniß der Stelle. Cicero hat vorher den Sinn seines Gesetzes — nach dessen erstem Theile suffragia optimatibus nota sunto — dahin angegeben, daß dadurch alle die später d. h.

nach den vier von Quintus vorher angegebenen rogierten und uns bezüglich dem Namen nach nicht bekannten[17]) Gesetze abgeschafft werden, welche (nicht blos Stimmen durch Täfelchen vorschrieben, sondern) die Stimmabgabe schlechthin verbargen (durch das Verbot), daß Niemand das Stimmtäfelchen einsehen, nach dessen Inhalt fragen, den Bürger deshalb ansprechen dürfe, ja die Vornehmen konnten auch wegen der schon früher von der Lex Maria eng gemachten Stimmbrücken nicht einmal nur dabei stehen. Alles dieses, fährt er mit den obigen Worten fort, billige er, so fern es den ambitiosi entgegengesetzt sei d. h. den stimmläuferischen Amtsbewerbern selbst oder deren Abgesandten, die nach der so geschützten heimlichen Stimmabgabe sich nicht mehr versichern konnten, ob die Bestochenen auch Wort hielten und ihnen die verkaufte Stimme wirklich gaben. Alle diese auf die Magistratswahlen sich beschränkenden Bestimmungen sollen also bei Cicero's Gesetzesvorschlag, der ja unter die optimates nicht die ambitiosi einschließen will, bestehen bleiben. Wenn jedoch jene Gesetze insoweit in Kraft blieben, um dem Ambitus entgegen zu wirken (sin valuerint tamen leges, ut ne sit ambitus), dann soll der gemeine Bürger die Stimmtafel als einen Schutz seiner Freiheit behalten, jedoch so, daß er sie jedem vornehmen und angesehenen Bürger auf Verlangen vorzeigen muß und gewiß schon von freien Stücken vorzeigen wird, da ja darin selbst auch eine Erhöhung seiner Freiheit liegt, guten Bürgern d. h. denen aus dem Senatoren- und Ritterstande seine Gunst erweisen zu können. Diese Auseinandersetzung schien nicht überflüssig, weil das vorliegende Gesetz als 'ein komischer Vorschlag öffentliche und geheime Abstimmung in denselben Act mit einander zu verbinden', offenbar nur aus Mißverständniß unserer Stelle zum Beweise gebraucht worden ist, daß Cicero sich in diesen Büchern die stärksten Blößen gegeben habe (Rh. Mus. cit. S. 277). Vielmehr läßt Cicero mit Recht nach der gegebenen Erklärung seine beiden Gegner schweigen; sein Vorschlag ist vortrefflich und kam auch vielleicht unter Augustus zur Ausführung, wenn wir die Einrichtung, daß nun 900 aus dem Ritterstande zur Be-

---

[17]) Wir kennen sie vielleicht zum Theil anderweit und nur nicht die hieher gehörigen Bestimmungen derselben; es sind nehmlich, wie Ciceros Worte ut sunt fere, zeigen, auch die späteren leges de ambitu et sodalitiis mit gemeint, die zum Theil auch diese Bestimmungen enthalten haben werden.

aufsichtigung der Stimmkasten in den Comitien bestellt wurden (Plin. N. H. 33, 2, 7), richtig im Sinne desselben verstehen. Freilich hatte er nun, da das Volk die Gerichte verlor, nur noch für die Magistratswahlen und die Legislation Bedeutung. Uebrigens muß gegen Ende in den Worten non vides, si quando ambitus sileat, quaeri in suffragiis, quid (qui *A B*, ersterer mit darüber gesetztem d) optimi viri sentiant? dem Sinne gemäß quod statt quid gesetzt werden. Nicht zielt Cicero's Gesetz dahin zu erforschen, was die optimi viri meinen und wollen, sondern es sucht solche Suffragien herzustellen, die mit deren Ansicht und Wunsch übereinstimmen.

3, 18, 40. *quae cum populo* quaeque in patribus agentur, modica sunto, id est modesta atque [ad] sedata, actor enim moderatur et fingit non modo mentes, sed paene vultus eorum, apud quos agit. quod si in * * senatu non difficile, est enim ipse senator is, cuius non ad auctorem referatur animus, sed qui per se ipse spectari velit. — Wenn Bahlen hinter in eine Lücke annimmt und diese mit populo arduum est. in ausfüllen will, als hätte das wiederkehrende in den Abschreiber getäuscht, so scheint mir dieses auf einem Mißverständniß der ganzen Stelle zu beruhen. Es wäre verkehrt, wenn Cicero hier etwas auf die actiones cum populo speciell Bezügliches sagte, denn auf diese kommt er selbständig 3, 18, 42. Die Worte actor enim ... apud quos agit sollen allein sein Gesetz im Allgemeinen als ein an den actor gerichtetes rechtfertigen: denn von ihm (meint er), der seine Zuhörer in der Gewalt hat, hängt es ab, daß alles maßvoll und ruhig vor sich geht. Unmittelbar darauf wendet er sich zur Bedeutung seines Gesetzes für die Senatsverhandlungen, in denen der Senator der actor (Redner) ist, um damit zugleich seine übrigen dem Senator gegebenen Vorschriften zu rechtfertigen. Hiernach ist aber das einleitende quod unpassend, weil es in gewöhnlicher Rede doch nur auf das unmittelbar Vorhergehende — das moderari et fingere mentem etc. statt auf das Gesetz gehen könnte. Man lese also mit Wiederholung des it von agit statt quod si, welches erst nach Wegfall des it aus queest dann quest entstand, vielmehr itque est, welches sich dann eben auf modica sunto id est modesta atque sedata bezieht. 'Und zwar ist die Innehaltung der actio modesta et sedata im Senat nicht schwer': was denn im Folgenden klar und genügend gerechtfertigt wird, wenn man nur statt des ganz verkehrten ab auctorē referatur *A B* mit Turnebus ad actorem referatur oder, was auch eine alte Lesart gewesen zu sein scheint, ab actore regatur liest und statt des hier auch störenden ipse (ipsese *B*) wovon se nur irrige Verdoppelung — in *B* sogar zweimalige Verdoppelung — der folgenden Sylbe ist, ibi wiederherstellt. 'Denn da hat der Senator die Stellung, daß er nicht sowohl als Publicum in Betracht kommt, dessen Seele und Stimmung von dem Actor (dem jedes Mal Redenden) abhängig wäre, sondern daß er für sich selbst (bei der mündlichen Meinungsabgabe) eine Geltung haben will.'

3, 18, 41. quodque addit causas populi teneto. — Zu addit könnte nur Cato, was vorausgeht, Subject sein. Es ist also addit' = additur zu lesen.

3, 18, 42. nihil est enim exitiosius civitatibus, nihil tam contrarium iuri et legibus, nihil minus et civile est humanum quam composita et constituta re publica quicquam agi per vim. parere iubet intercessori, quo nihil praestantius. — minus * ciuile est mit darüber geschriebenem et *A*. Das Richtige hat Moser: minus et civile et humanum. Cicero sagt dasselbe, was die Juristen später gewöhnlich so ausdrückten, es sei etwas sowohl der civilis als der naturalis ratio entgegen oder gemäß. Nach vim wird dein ausgefallen sein; es fehlt sonst an einem Uebergange zum folgenden Gesetz, den Cicero nirgends versäumt. Darauf aber lese ich pareri iubet' (iubetur), wie es die sprachliche Richtigkeit verlangt, gegen welche den Handschriften in solchen Minutien keine Autorität zugeschrieben werden darf.

3, 19, 43. est autem boni auguris meminisse maximis rei publicae temporibus praesto esse debere Jovique optimo maximo se consiliarium atque administrum datum, ut sibi eos, quos in auspicio esse iusserit, caelique partes definitas esse traditas, e quibus saepe opem rei publicae ferre possit. — Hätte Cicero so geschrieben, so würde er, der Augur, sich allerdings eine starke Blöße gegeben haben, die man aber noch nicht bemerkt zu haben scheint. Es ist bekannt, daß der Augur selbst keine spectio oder auspicium hat, und so weit es auf dieses ankommt — das Recht des de caelo servare und der daher fließenden nuntiatio erwähnt Cicero selbstständig mit den caeli partes — sich darauf beschränken muß, von dem Magistrat, der z. B. die Comitien hält, sich zu dessen auspicium zuziehen zu laſſen, wovon man benn ſagt, er ſei ihm in auspicio — freilich dann mit der Macht, daß er dem Magiſtrat die leges auspicii ſtabt und dieſer ſeinen Ausſprüchen über Beobachtung und Geltung der Zeichen (autumatio) ſchlechthin Gehorſam ſchuldig iſt. Becker=Marquardt Röm. Alterth. II. 3. S. 70 flg. IV. S. 349 und wegen der Stabung der leges auspicii und der autumatio meine Jguv. Taf. S. 51. 52. Es iſt alſo ein Unſinn, daß der Augur die Magiſtrate in ſein auspicium zuziehe. Offenbar iſt zum Theil mit Hülfe einer Gemination zu leſen quor' (quorum) in auspicio esse iussus erit. Eine andere Gemination empfiehlt ſich aber auch zu Anfang der Stelle, nehmlich meminisse se ſtatt meminisse.

3, 19, 44. in privatos homines leges ferri noluerunt; id est enim privilegium: quo quid est iniustius, cum legis haec vis sit, scitum et iussum in omnis. ferri de singulis nisi centuriatis comitiis noluerunt; descriptus enim populus censu etc. — Hier gibt zweierlei Anſtoß: grammatiſch cum legis haec vis sit, scitum et iussum in omnis — ohne daß ein Verbum folgt; dem Sinne nach, daß wenn doch unläugbar de singulis, gegen welche in Comitien ein Antrag gemacht wird, ganz eben ſo viel iſt, wie vorher in privatos homines, man nicht ſieht, wie denn das eine nicht mit dem andern ganz und gar zuſammenfällt und wie die 12 Tafeln, wenn ſie ſchon das in singulos homines leges ferri überhaupt verboten hatten, ohne Widerſpruch noch dieſes ferri de capite singulorum hominum auf Centuriatcomitien beſchränken konnten. Der Vorſchlag Scheffers zu leſen cum legis haec vis sit, *ut sit* scitum hebt blos das erſtere Bedenken. Aus den Handſchriften iſt nur zu bemerken, daß ſie das ni von nisi nicht haben, was auf den Ausfall von noch etwas Anderm, welches das ni mit ſich zog, hindeutet. Hinter dem ähnlichen singulis war dieſes vermuthlich (s)id alis, da es Cicero hier beſonders auf den Ausſchluß jeder andern Art von Comitien ankam. Aber die Hauptſache: es iſt außerdem, wie ich glaube, hinter in omnis ferri, wie man verbinden muß, ausgefallen: *et si necesse est in causa* (oder *iudicio*) *capitis ferri* und alſo überhaupt zu leſen: cum legis haec vis sit, scitum et iussum in omnis ferri? *et si necesse sit in causa capitis ferri* de singulis, *id aliis ni*si centuriatis comitiis noluerunt. Damit fallen alle Anſtöße weg. Der ſcheinbare Widerſpruch zwiſchen den beiden Zwölftafelgesetzen löst sich nehmlich nach Cicero's eigener Andeutung über den Ausdruck privilegium dadurch, daß das erstere bei der Gesetzgebung vorkam: eine vom gemeinen Recht abweichende Gesetzesvorschrift wider einen Einzelnen, wenn auch mit Angabe eines Verbrechens desselben, an das Volk zu bringen, wie es Clodius gegen Cicero that, ist ungerecht und gegen die Natur der Lex selbst, wogegen das andere in der Lehre von den Gerichten stand, die immer nur, mag das Volk oder wer sonst Richter sein, noch einem allgemeinen Gesetze eintreten können, und hier in causa capitis (noch der perduellionis iudicatio) auf Provocation nur den Centuriatcomitien das Gericht eingeräumt wissen wollte. Vgl. die schon von Turnebus angeführte Stelle pro Sext. 34, 73. de capite non modo ferri sed ne iudicari quidem posse nisi centuriatis comitiis.

3, 20, 46· legum custodiam nullam habemus, itaque eae leges sunt, quas apparitores nostri volunt: a librariis petimus, publicis litteris consignatam publicam memoriam nullam habemus. Graeci hoc diligentius, apud quos νομοφύλακες creabantur; nec ei solum litteras, nam id quidem etiam apud maiores nostros erat, sed etiam facta hominum observabant ad legesque revocabant. — Da Cicero nachher selbst bemerkt, daß in Rom in älterer Zeit die Gesetzesurkunden allerdings auch unter öffentlicher Aufsicht standen, so wird hinter custodiam iam ausgefallen sein. Aber es gab eben auch nicht für alle litterae im ältern Römischen Staat eine öffentliche Aufsicht, sondern nur für die Gesetzesurkunden und Senatusconsulte, welche, wie wir aus Zonar. 7, 15 wissen, von den Volksädilen aufbewahrt wurden. Es ist also auch hinter solum legum ausgefallen und zu ergänzen, was ohnehin der Gegensatz von facta hominum erfordert. Größeres Unheil hat aber im ersten Theil der Stelle wieder eine Versetzung angerichtet. Die Worte itaque eae leges sunt, quas apparitores nostri volunt, enthalten doch erst eine Folgerung aus dem a librariis petimus d. h. daraus, daß die Römischen Behörden, wenn sie ein Gesetz bedurften, sich von ihren Schreibern irgendwoher eine Abschrift besorgen lassen mußten (vgl. den Commentar des Turnebus), und können also nicht vor dieser Folgerung stehen. Mit dem Schlußsatz publicis litteris . . . nullam habemus will aber Cicero offenbar eben so sein zweites Gesetz über die Rechenschaftsablegung vor den Censoren rechtfertigen, wie es durch das Vorhergehende für die legum custodia geschehen war, so daß unter publicis litteris die bei den Censoren abzugebenden Justificationsurkunden der abgegangenen Magistrate zu verstehen sind, für welche (litteris publicis ist Dativ) es von jeher an einer jetzt durch das Siegel, unter welches sie der Censor legte (consignatam), herzustellenden und gegen Fälschungen sichernden publica memoria fehlte. So nackt, wie die Worte in den Handschriften stehen, kann sie aber Cicero auch nicht angefügt haben. Ich zweifele daher nicht, daß die Worte a librariis petimus ursprünglich vor itaque standen und ihre Versetzung vom Rande an ihre jetzige Stelle die Streichung eines item vor publicis litteris zur Folge gehabt hat, weil der Abschreiber in diesem mißverstandenen Schlußsatze den Grund für das a librariis petimus suchte. Also ist zu lesen:

legum custodiam iam nullam habemus, a librariis petimus, itaque eae leges sunt, quas apparitores nostri volunt; item publicis litteris consignatam publicam memoriam nullam habemus.

3, 20, 48. Marcus. Mihine? de iudiciis arbitror, Pomponi; id est enim adiunctum magistratibus. Atticus. Quid? de iure populi Romani, quemadmodum instituisti; dicendum nihil putas? — Das ist eine alberne Frage. Von dem Recht des Römischen Volks handelt ja das ganze Gespräch, namentlich auch das eben vollendete über die lex de magistratibus, und daß Atticus nicht etwa das dem Römischen Volk zustehende Recht (gegen die Magistrate) meinte, zeigt seine gleich folgende nähere Erklärung. Verdächtig ist nun auch schon das diese Frage einleitende Quid. Es folgt jetzt in ermüdender und schwerlich Ciceronianischer Weise drei oder vier mal dicht hinter einander, als einleitendes Relativum oder Fragewort in Atticus Frage Quid? si nos tacemus, locus ipse te non admonet, quid tibi sit dicendum? und dann hinter den obigen Worten wieder in Ciceros Frage Quid tandem hoc loco est quod requiras? Da nun B quo de iure hat (das $\bar{qd}$ de iure des A ist zweideutig, es kann quod und quid de iure genommen werden), so halte ich $\overline{quor}$ (quorum) de iure populi Romani für das Ursprüngliche. Der doppelte Genitiv = das Magistratsrecht des Römischen Volks, hat den Abschreiber geirrt. Immerhin ist aber dieser Ausdruck auch noch nicht so deutlich, daß sich nicht die sonst auffällige weitere Frage des Cicero, was

Atticus darunter verstehe, rechtfertigte. Dieses ist denn, wie das Folgende ergibt und der Ausdruck des Atticus de iure potestatum am bestimmtesten zusammenfaßt, die Auseinandersetzung über die Amtsbefugnisse und Ressortverhältnisse der verschiedenen Obrigkeiten, absolut und in ihrem Verhältnisse zu einander, also das, was in den Monographien der Juristen der Kaiserzeit, wo selbst auch für die gebliebenen republicanischen Magistrate wegen ihres Verhältnisses zum Kaiser mehr von Pflichten als Rechten derselben die Rede sein mußte, unter den Titeln de officio praefecti praetorio, urbi, vigilum, consulis, proconsulis, praesidis, quaestoris u. s. w. dargestellt wurde. Cicero gebraucht auch hier wie 3, 4, 11 den allgemeinen Ausdruck potestatum, weil er gerade die Seite ihrer Amtsbefugnisse bezeichnete und in seinem damaligen Sinne auch die, welche nicht eigentlich Magistrate waren, wie die Volkstribunen und Aedilen und Proconsuln mit umfaßte. Denn auch die Volkstribunen betreffend hatte bisher nur eine Discussion über die Frage, ob solche im Staat sein sollten, Statt gefunden.

Mit Recht haben Reifferscheid und Vahlen angenommen, daß obgleich A (B bricht schon früher ab) hinter den Worten des Atticus Sic prorsus censeo et id ipsum, quod dicis, expecto das Ende des dritten Buchs bezeugt, die Auseinandersetzung de iure potestatum doch noch am Ende desselben folgte, und Vahlen hat gegen Reifferscheid gezeigt, daß dieses auch ganz im ursprünglichen Plane Ciceros lag, auf den Atticus schon mit den Worten quem ad modum instituisti und ausdrücklicher nachher mit Anführung des Vorbildes seiner Rede de sacrorum alienatione im zweiten Buche hindeutet.

Es fragt sich aber noch, weshalb Cicero 3, 20, 47. 48 sich erst durch Atticus auf diesen noch mangelnden Abschluß aufmerksam machen läßt? Zuvörderst wollte er, der ja auch de iure civili in artem redigendo geschrieben hatte und also auf eine damals noch so sehr vernachlässigte systematische Darstellung des Civilrechts besonderes Gewicht legte, dieses Zwischengespräch benutzen, um auf den Gegenstand des vierten Buchs — de iudiciis — hinzuweisen; denn es gehörte, wie es scheint, zur künstlerischen Anlage seines Werks, bei dem mehr positiven Theile desselben jedesmal gegen Ende eines Buchs den Leser darauf vorzubereiten, was er und zwar angemessener Weise im folgenden Buche zu erwarten habe, um so sein System zu rechtfertigen. Man vergleiche die Ankündigung des Gegenstandes des dritten Buches in 2, 27, 69. Sodann hatte er hier wieder ähnlich wie beim Manenrecht, mit einer doppelten Schwierigkeit zu kämpfen. Erstens existirte de iure potestatum schon das treffliche Buch des M. Junius Gracchanus — nam pluribus verbis scripsit (man lese scripsit it) ad patrem tuum M. Junius sodalis, perite meo quidem iudicio et diligenter — er mußte sich über das Verhältniß seiner Arbeit zu diesem Buche, damit jene nicht als bloßes actum agere erschiene, nothwendig aussprechen. Zweitens war der Gegenstand ein sehr weitschichtiger, er erforderte auch für eine zusammenfassende Darstellung statt Dialogs eine fortlaufende lange Rede — weit länger wahrscheinlich als die über die sacra privata im zweiten Buche — die wieder für die künstlerische Seite seines Werks einer Entschuldigung bedurfte. Er selbst hatte nun bereits in seiner lex de magistratibus, die hauptsächlich die Frage betraf, welche Magistrate im Staat sein sollten, doch auch kurz deren verschiedene Ressortverhältnisse und Amtsbefugnisse angegeben, so daß er mit einem gewissen Rechte sagen konnte (§ 37) sed satis iam disputatum est de magistratibus. So läßt er sich jetzt von Atticus selbst zu einer weitern zusammenhängenden Auseinandersetzung nöthigen. Sein Verhältniß zu Junius Gracchanus bestimmt er aber dahin, daß er kurz zusammenzufassen und dabei zwar auch das hergebrachte Römische Verfassungsrecht, aber aus dem Gesichtspunct und nach dem Maßstabe dessen, was nach dem Naturrecht angemessen sei, darzustellen habe. So wird sich dieser Theil seiner Schrift zu der des Junius ähnlich, wie sein ganzes Buch de legibus zu dem des Ofilius verhalten haben. Mit dieser Beleuchtung des Planes Ciceros erledigt sich nun auch der zu Anfang besprochene Vorwurf der Ungleichmäßigkeit in der Behandlung der verschiedenen Theile der vorgeschlagenen lex de magistratibus wohl völlig.

Breslau im Juli 1872.

Miscelle.

[Liber diurnus ou recueil des formules par la chancellerie pontificale du Ve au XIe siècle publié ... par Eugène de Rozière, inspecteur général des archives. Paris 1869. Gr. 8. SS. CCXXVI. 516.]

Der in Deutschland auf das Vortheilhafteste durch seine früheren Arbeiten bekannte, französische Gelehrte, welcher, wie ich hier hervorzuheben mich verpflichtet fühle, im Gegensatz zu vielen seiner Landsleute die durch den Krieg mit uns unterbrochene literarische Verbindung nach demselben sofort wieder aufgenommen hat, hat durch die vorliegende Ausgabe seinen früheren wissenschaftlichen Verdiensten ein neues hinzugefügt. Vollkommen richtig charakterisirt er die Bedeutung des liber diurnus (p. IV) dahin: „Il offre un répertoire complet de diplomatique pontificale; il abonde en détails curieux sur l'état de l'église romaine, sur sa discipline, ses usages et l'administration de ses biens; il est riche de renseignements sur l'organisation politique, civile et militaire de l'Italie aux derniers temps de la domination byzantine; il éclaire à la fois les points les plus obscurs de l'histoire civile et les côtés les moins connus de l'antiquité ecclésiastique". Um so erfreulicher ist es, daß dieses in so vielen Beziehungen interessante päpstliche Kanzlei-Handbuch durch eine allen Anforderungen der Wissenschaft entsprechende, treffliche Ausgabe, wie die vorliegende, allgemeiner Benutzung zugänglich gemacht ist. — Die der Ausgabe vorangeschickte Einleitung weist im 1. Kapitel nach, daß der liber diurnus der päpstlichen Kanzlei angehört, und in dem Zeitraume zwischen 685 und 751 entstanden sein muß, sowie daß den Formularen namentlich Briefe von Gelasius I und Gregor I zu Grunde liegen. Das zweite, literargeschichtlich sehr reichhaltige Kapitel behandelt die Benutzung des Formularbuches in den späteren Kanonensammlungen, die Wiederauffindung des allmählig vergessenen Werkes durch Lucas Holstenius, die Schwierigkeiten, welche demselben bei dem Druck der von ihm vorbereiteten Ausgabe in Rom in den Weg gelegt worden sind, das Verbot des Buches durch die Index-Kongregation, das Erscheinen der Edition des Jesuiten Garnier i. J. 1680, die neueren Ausgaben von Hoffmann und Riegger, sowie die letzte eingehende Arbeit des Pater Zaccaria über das Buch. Das 3. Kapitel führt den Nachweis, daß die Unterdrückung des liber diurnus in der zweiten Hälfte des 17. Jahrhunderts wegen des Inhaltes der in demselben befindlichen, vom Papst abzulegenden professio fidei (p. 195. 198 der Ausgabe) seitens der Kurie erfolgt ist. In jenem Glaubensbekenntniß erklärt der Papst die Schlüsse des 6. allgemeinen Koncils zu adoptiren und die Lehre der von diesem verurtheilten Ketzer gleichfalls verwerfen zu wollen. Unter diesen wird ausdrücklich der Papst Honorius I erwähnt („auctores vero novi haeretici dogmatis, — des Monothelismus — Sergium . . . una cum Honorio qui pravis eorum assertionibus fomentum impendit, nexu perpetui anathemati devinxerunt"), und somit wird durch den liber diurnus die in unserer Zeit besonders interessante Thatsache konstatirt, daß man in den ersten Jahrhunderten nach der Abfassung des liber diurnus seitens der Kurie selbst die Fehlbarkeit des Papstes und die Suprematie des allgemeinen Koncils anerkannt hat, daß aber dieses Zeugniß den Papalisten und Kurialisten im 17. Jahrhundert so unbequem gewesen ist, daß sie das Beweisstück durch Unterdrückung der Holsten'schen Ausgabe zu vernichten suchten. — Das vierte und letzte Kapitel behandelt namentlich die handschriftliche Ueberlieferung. Das einzige erhaltene Manuscript, das sich im vatikanischen Archiv (Hhhhh 67; ex capsula X) befindet, hat Rozière nach einer von den Herren Daremberg und Rénan in Rom gemachten Kollation seiner Ausgabe zu Grunde gelegt. Er selbst hat sich angeblich bemüht, die Zusicherung zu erhalten, daß man ihm in Rom die Einsicht des Manuskripts gestatten werde. Diese Illiberalität der vatikanischen Archivverwaltung hat leider den Nachtheil gehabt, daß bis heute das Alter der einzig erhaltenen Handschrift nicht mit Sicherheit festgestellt ist. Mabillon setzt dieselbe in die zweite Hälfte des 9. Jahrhunderts, die eben genannten französischen Gelehrten (f. Archives des missions scientifiques et littéraires, choix des rapports etc. Paris 1850. 1, 245) dagegen, einer im Manuskript selbst befindlichen Notiz folgend, in das Ende des 7. oder Anfang des 8. Jahrhunderts. Da aber das a. a. O. mitgetheilte Facsimile Schriftzüge aufweist, welche nicht dem 7. und 8., sondern dem 9. oder 10. Jahrhundert angehören, so wird man berechtigt sein, der Autorität Mabillons und nicht der des unbekannten Verfassers jener Notiz — solche sind ja bekanntlich in der Regel sehr unzuverlässig — zu folgen. Der Herausgeber selbst hat sich enthalten, ein Urtheil über diese Frage abzugeben. Außer dem Text der Ausgabe und dem mehrerer mit dem liber diurnus in Verwandtschaft stehender Formulare — die erstere enthält die Varianten der von Holstenius und Garnier gemachten und einer von Balüze vorbereiteten Edition — sind noch eine Reihe von auf den liber diurnus bezüglichen Schriften und Noten Garnier's, Balüze's und Zaccaria's beigegeben, worunter Manches bisher unbekannte, so daß also auch zugleich alle früheren bedeutenden Arbeiten über das Buch in dieser neuen Ausgabe zur Hand sind.

P. Hinschius.

Adolf August Friedrich Rudorff's

Tod [14. Februar] hat unserer Zeitschrift wiederum einen herben Verlust gebracht. Die wißenschaftlichen unvergänglichen Verdienste des Verstorbenen zusammenfassend zu würdigen, würde auch dann unsere Aufgabe sein, wenn derselbe nicht zu den Begründern der Zeitschrift gehörte. Wir beabsichtigen, im nächsten Hefte einen Nekrolog zu veröffentlichen.

Im Mai 1873.   Die Redaction.

Ueber die Zeitfolge der im Justinianischen Codex enthaltenen Constitutionen Justinians.

Von
Paul Krüger.

Von den Versuchen, die zeitliche Reihenfolge der uns erhaltenen Constitutionen festzustellen, kommen nur zwei über eine mechanische Zusammenstellung nach den überlieferten Tagesdaten hinaus, die eine von J. Gothofredus für die Zeit, welche im Theodosischen Codex vertreten ist, die andere von Mommsen für die Diocletianischen Verordnungen.

Für die erstere Periode sind es wesentlich die Adressaten und die Ortsangaben, häufig auch der Inhalt der Constitutionen selbst, welche eine Kritik des Datum ermöglichen. Für die Diocletianische Zeit versagen die letzteren Hülfsmittel. Die Constitutionen sind mit wenigen Ausnahmen Rescripte an Privatpersonen und bestätigen längst bestehendes Recht. Außerdem gewährt dasjenige, was aus anderen Quellen über die Bewegungen des kaiserlichen Hoflagers bekannt ist, wenig Anhalt. Wäre nicht die Zahl der erhaltenen Constitutionen so überaus groß, so würde es kaum möglich gewesen sein, Licht in diese mehr als irgend eine andere verworrene Periode zu bringen.

Für die frühere Zeit ist eine sachliche Beurtheilung der überlieferten Daten regelmäßig ausgeschlossen. Nicht nur, daß die Constitutionen denselben Character tragen, wie die Diocletianischen und daß ihre Zahl, wenige Jahre ausgenommen, höchst unbedeutend ist, so fehlt auch meist die Ortsangabe. Nicht viel besser steht es mit der Zeit nach dem Theodosianus bis auf

Justinian; die dürftige Zahl der Constitutionen läßt uns aus den Abressaten und den Ortsangaben keinen rechten Nutzen ziehen.

Die Justinianische Periode ist an reformatorischen Gesetzen die reichste; bei keiner anderen macht sich daher gerade für den Juristen das Bedürfniß die Zeitfolge und den Zusammenhang derselben zu kennen so geltend, als bei dieser. Eine besondere Arbeit darüber liegt in dem Aufsatze von Buchholtz in Sell's Jahrbüchern 2. S. 97 ff. vor.[1]) Sie ist nicht ohne Sorgfalt gemacht und benutzt bereits für die Subscriptionen die Herrmann'sche Ausgabe, über deren Hülfsquellen wir gerade in dieser Beziehung auch heut nicht wesentlich hinauskommen. Unzulänglich ist jedoch die Kritik der überlieferten Daten und zwar deshalb, weil von den dafür gebotenen Hülfsmitteln die beiden wichtigsten verkannt sind, nämlich die Adressen und das massenweise Zusammenfassen der Constitutionen an einzelnen Tagen.[2])

Den Hauptstock bilden die in das Privatrecht eingreifenden Erlasse und diese sind mit wenigen Ausnahmen an praefecti praetorio gerichtet. Von diesen kommen, wenn man die Chronologien ansieht, wie sie Buchholtz und Hänel nach den überlieferten Subscriptionen aufgestellt haben, mehrere neben einander vor; so Atarbius neben Menas im Jahre 528, Demosthenes neben Julianus im März und November 530, Johannes neben Julian vom September 530 bis zum April 531. Man hat wohl deshalb keinen Anstoß daran genommen, weil ja in diesen Jahren stets zwei praefecti praetorio neben einander standen, einer Orientis, einer Illyrici; die Dreizahl gegen Ende des Jahres 530 glaubte Buchholtz durch Aenderung der Inscriptionen beseitigt. (s. u. S. 170 f.) Doch hätte auffallen müssen, daß es stets nur ganz vereinzelte Erlasse sind, welche auf das Nebeneinanderstehen der fraglichen Präfekten schließen lassen, während die große Masse derselben sich so gegeneinander abgrenzt, daß sie bis Anfang August 529 an Menas und bis Ende dieses Jahres an Demosthenes gerichtet sind, dann bis zum März 531 an Julianus,

---

[1]) Sie zieht noch die Constitutionen aus dem Jahre 527 hinzu; es sind uns hier nur solche überliefert, in denen Justinian als Mitregent neben Justin steht.

[2]) Die Bedeutung der Ortsangaben tritt hier deshalb zurück, weil sie fast alle auf Constantinopel gehen. Die Berufung auf früher ergangene Erlasse, die zwar häufig begegnet, widerlegt kaum je die Ueberlieferung.

von Ende April desselben Jahres ab an Johannes gehen. Und diese Reihenfolge bestätigen alle Titel, in denen sich mehrere an die verschiedenen Präfecten gerichteten Constitutionen an einander reihen.³) Auch hat es niemand versucht festzustellen, welche der beiden Präfecturen jeder der neben einander stehenden Präfecten bekleidete. Constitutionen, welche allgemein gültige Rechtssätze des Privatrechts aufstellen, wurden natürlich an beide Präfecten zur Publication gerichtet; man könnte also meinen, die Compilatoren hätten bald die eine, bald die andere Ausfertigung gewählt. Aber wird denn die Gesetzgebungs-Commission nicht vielmehr die Originale aus dem Reichsarchiv entnommen haben? Und wenn diese, wie es noch bei einzelnen überliefert ist, in der Redaction zunächst nur an einen der Präfecten gerichtet wurden, am Schluß aber die Anweisung enthielten, daß eine gleichlautende Ausfertigung an die anderen Präfecten ergehen solle, so lag es doch wohl am nächsten, zum eigentlichen Adressaten den praefectus Orientis, der in Constantinopel residirte und den Hauptsprengel unter sich hatte, zu wählen, wie es in den späteren Novellen geschehen.⁴)

Daß nun die Genannten sämmtlich praefecti Orientis gewesen und einander abgelöst haben, läßt sich mit voller Sicherheit theils direct theils aus den Subscriptionen nachweisen.

Fangen wir mit dem spätesten an. Von Johannes bezeugen die Inscriptionen zu den Novellen, daß er pp. Orientis gewesen; Procop (de bello Persico 1,25 S. 130 Dindorf) giebt noch an, daß er die Präfectur 10 Jahr lang bekleidet habe.⁵) Da er nun 541 gestürzt wurde,⁶) so müßte er frühestens 531 Präfect geworden sein. Das würde also das obige Anfangsdatum (April 531) bestätigen und gegen die Subscriptionen aus dem Jahre 530 zeugen. Für eine Reihe derselben wird aber auch die Lesart der Ausgaben durch das Datum der voraufgehenden

---

³) Z. B. 1, 3. 1,4. 11, 48 (47). Dagegen sprechen nach unseren Ausgaben 4,27, 2. 3 und 7, 62, 34—36; doch wird sich unten zeigen, daß 4, 27, 2. 3 umzustellen sind, und in 7, 62, 34 ist Justinus statt Justinianus zu lesen, so daß Justinians Constitutionen erst mit c. 36 beginnen.

⁴) Vergl. insbesondere den Schluß von Nov. 8 (Auth.) 23. 73.

⁵) Eine kurze Unterbrechung veranlaßte der Aufstand zu Anfang des Jahres 532, de bello Pers. 1,24 S. 123 und 1,25 S. 129.

⁶) Zwischen dem 3. Mai und 1. Juni gemäß Nov. 109. 111.

Conſtitutionen oder durch die handſchriftliche Ueberlieferung widerlegt. So liegt der Fehler der Subſcription in 4, 27, 2 klar zu Tage, wenn man nur die jetzige Ordnung von c. 2 und 3 umkehrt. Und daß dies nothwendig iſt, ergeben die Baſiliken[7]) und die Inſcriptionen; denn abgeſehen von der Summa Perusina, die bei den Juſtinianiſchen Conſtitutionen faſt nie Idem A. ſchreibt, haben alle guten Handſchriften das letztere zu c. 2, da= gegen imp. Justinianus A. in c. 3.[8]) Außerdem paßt, wie ſich unten zeigen wird, das Tagesdatum k. Nov. nur auf das Jahr 531. So haben ferner die Piſtojeſer und die Pariſer Handſchrift zu 3, 28, 34 gegen Haloander das Conſulat 531, das deshalb auch in c. 35 eod. hineincorrigirt werden muß, obgleich hier alle drei auf das Jahr 530 gehen. Ebenſo iſt gegen Haloander mit den gedachten Handſchriften in 3, 1, 17 das Conſulat von 531 zu ſchreiben, das nach denſelben ſchon in den beiden voraufgehenden an Julian gerichteten Conſtitutionen ſteht; danach iſt dann die Haloanderſche Subſcription von c. 18 eod. zu ändern. Zu 6, 42, 32 hat Herrmann bereits die gleiche Aenderung auf Grund beider Handſchriften vorgenommen. Sie wird endlich noch durch die Reihenfolge in 1, 3, 48 (49) nothwendig gemacht, da bereits c. 47 nach der Collectio XXV cap. dem Jahre 531 angehört.

Hiernach unterliegt es denn keinem Bedenken die übrigen 8 Conſtitutionen[9]) des Jahres 530, welche an Johannes gerichtet ſind, derſelben Aenderung zu unterwerfen. Die Angabe des Conſulats beruht bei 6 derſelben lediglich auf Haloanders Aus=

---

[7]) Damit ſtimmt auch das eine Scholion zu 8, 2, 78 nach der Leſung der Häneſſchen Handſchrift, während in dem folgenden Scholion und in dem bei Heimbach 2 S. 599 die c. Cum per als c. 2 citirt wird, wohl nur, wie es in dem erſtgenannten Scholion hinſichtlich Ruhukens ſicher iſt, durch ſtillſchweigende Aenderung ſeitens der Herausgeber.

[8]) Von den Handſchriften befolgen die richtige Ordnung die zweite Hand im Pistoriensis, welche die c. Cum per am Rande ergänzt hat, der Parisiensis 4516 und der Montispesulanus H 82; die verkehrte Ordnung ſteht in der Summa Perusina, im Casinas und Berolinensis 273 und muß auch der Epitome des Codex zu Grunde gelegen haben, weil ſonſt nicht die Subſcription von c. Si duo im Pistor. und Paris. zu 4, 26, 9 (8) verſetzt ſein könnte (vgl. Bd. 9 S. 2 und 9).

[9]) 8, 47 (48), 10 vom 1. September, 8, 47 (48), 11 vom 28. October, 4, 27, 3 (2). 4, 31, 14. 4, 39, 9. 5, 11, 7. 5, 14, 11 vom 1. November, 5, 16, 27 vom 1. December.

gabe, die übrigen zwei aus der Pistojeser und Pariser Handschrift stammenden Subscriptionen zeigen sogar noch Spuren der Verderbung aus dem Consulat von 531. Wie leicht aber eine solche Aenderung ist, wird sofort klar, wenn man die in den Handschriften übliche Schreibweise für beide Consulate und für das regelmäßig voraufgehende Constantinopoli, nämlich CP. LAMP. ET OR. VV. CC. CONSS. und CP. PC. LAMP. ET OR. VV. CC. vergleicht. Eine weitere Bekräftigung werden die unten folgenden Bemerkungen über das Tagesdatum dieser Erlasse ergeben.

Ebenso leicht läßt sich das Zusammentreffen von Julianus und Johannes zu Anfang des nächsten Jahres heben. Es steht hier zunächst nur eine Stelle entgegen, 6, 42, 31, vom letzten Februar. Setzen wir prid. k. Mai. statt prid. k. Mart., eine Verwechslung, die in unseren Handschriften zu den häufigsten gehört, so kommen wir in die Zeit, wo die Masse der an Johannes erlassenen Constitutionen beginnt, und die Nothwendigkeit dieser Emendation wird zweifellos dadurch, daß c. 3, eine der decisiones, nun in nähere Verbindung mit einer Reihe verwandter decisiones tritt, insbesondere mit 6, 37, 24.[10]) Für die Feststellung der Grenze zwischen beiden Präfecten sind noch einige an Julian gerichtete Constitutionen zu besprechen, welche bis in den April 531 hineinzugehen scheinen. Das fällt aber mit der unten folgenden Erörterung zusammen.

Wir kommen jetzt zu dem Verhältniß zwischen Demosthenes und Julianus. Die Collision beschränkt sich hier auf 3 im Jahre 530 an Demosthenes gerichtete Erlasse, 8, 33 (34), 3 vom 18. März, 7, 45, 14 vom 17. November und 1, 5, 19 vom 22. November. Für c. 14 hat Buchholtz (N. 94) die Lösung der Schwierigkeit gefunden, indem er annimmt, daß die Subscription, die in der Pistojeser und Pariser Handschrift und in der Ausgabe von Miraeus steht, versetzt sei und zu einer der folgenden Constitutionen gehöre.[11]) In den beiden anderen Stellen glaubt Buchholtz (N. 96), wie gesagt, dadurch helfen zu können,

---

[10]) c. 31 erledigt die Streitfrage, ob einem präterirten Descendenten gültig ein Fideicommiß auferlegt werden könne, c. 24 die, ob das von einem Pupillarsubstituten hinterlassene Fideicommiß gültig sei, wenn der Pupill enterbt worden.

[11]) Wir werden unten sehen, daß sie nicht, wie Buchholtz meint, zu c. 15, sondern zu c. 16 gestellt werden muß.

daß er in der Inscription Juliano pp. liest. Bei c. 19 stützt er sich dafür noch auf Haloanders Lesung; diese erweist sich aber gegenüber der handschriftlichen Ueberlieferung als Emendation; hier liegt auch ein anderer Ausweg näher. Es folgt nämlich eine griechische Constitution, und in einem solchen Falle hat in Haloanders Handschrift häufig die Subscription der ausgefallenen Constitution die richtige verdrängt. Es ist das in demselben Titel noch zwei Mal der Fall, zu c. 8, wo es von Cujaz bereits bemerkt worden, und zu c. 10, wo man es übersehen hat und deshalb zu unmöglichen Aenderungen der Inscription geführt worden ist. Derselbe Ausweg könnte sich für die c. 3 bieten, wenigstens stände das nicht entgegen, daß bis jetzt sich keine Notiz von dem Ausfall einer griechischen Constitution in unseren Handschriften gefunden hat, denn diese Notizen sind nachweislich unvollständig. Möglich wäre es aber auch, daß Demosthenes durch Versehen der Compilatoren oder, was ferner liegt, durch einen Schreibfehler in die Inscription gekommen ist.[12]) Von Menas ist in der c. Summa ausdrücklich bezeugt, daß er als Collegen für Illyricum den Phocas neben sich hatte.[13]) An Menas sind die sämmtlichen in der Zeit vom 1. Juni 528 bis 6. August 529 erlassenen Constitutionen ergangen. Vorher finden wir als dem 1. Januar 528 angehörig 3 Constitutionen an Menas, nämlich 5, 27, 8. 6, 23, 24. 6, 41, 1, dagegen vom 1. März 528 eine an Atarbius in 1, 3, 41 (42). Daß Atarbius pp. Illyrici gewesen, ist nach dem allgemeinen Inhalt der Constitution und wegen der Ausnahme zu Gunsten des damaligen Patriarchen von Constantinopel nicht wahrscheinlich.

Das Bedenken ist leicht dadurch zu heben, daß man in den obigen 3 Constitutionen Jun. statt Jan. liest. Atarbius wäre somit der Vorgänger von Menas. Diese Aenderung ist aber um so nothwendiger, als vom 1. Juni 528 noch eine größere Zahl Constitutionen datiren, und das führt uns zu dem zweiten für die Chronologie entscheidenden Moment. Es muß Jedem,

---

[12]) Daß der erste Vorschlag nicht ganz unbedenklich ist, wird unten zur Sprache kommen.

[13]) Der vollständige Titel von Menas steht in der c. Summa: Menae v. i. pp. II ex praefecto huius almae urbis Constantinopolitanae ac patricio. Daß Menas pp. Orientis gewesen, könnte man noch darauf stützen, daß in 1, 53, 1 zunächst von Constantinopel gehandelt wird.

der die chronologischen Verzeichnisse ansieht, sofort auffallen, daß sich die große Masse der Justinianischen Constitutionen auf wenige Tage der Jahre 528 — 532 vertheilt. Buchholtz hat darauf bereits einzelne Vorschläge zur Ergänzung und Berichtigung von Subscriptionen gestützt, aber doch in viel zu beschränktem Umfange. Es läßt sich als Satz aufstellen, daß diejenigen Constitutionen, welche mit Rücksicht auf die Codification das klassische Recht umgestalten, der Regel nach, ja vielleicht durchgängig in größerer Masse gleichzeitig vom Kaiser sanctionirt worden. Es ist das auch bei geregeltem Geschäftsgange das natürlichste, denn dringend für den Augenblick war keine der Reformen; man ließ also das Material in längeren Perioden sich ansammeln und dann gemeinsam die Stadien der Gesetzgebung[14]) durchlaufen. Wo also vereinzelte Constitutionen der gedachten Kategorie auftreten, wird ein Zweifel an der Richtigkeit der Ueberlieferung an sich gerechtfertigt sein.

Gehen wir diese einzelnen Gesetzestage durch.[15])

Der erste ist der 1. Juni 528. Auf diesen fallen außer den obigen 3 bei Haloander dem 1. Januar zugeschriebenen Constitutionen zunächst unbestritten folgende: 3, 28, 30. 4, 2, 17.[16]) 4, 20, 18. 4, 21, 17. 5, 13, 3. 5, 27, 9. 6, 20, 19. 6, 56, 7. 7, 3, 1. 7, 34, 11. 8, 13 (14), 27. 8, 53 (54), 33. 8, 58 (59), 2. 10, 22, 4. 10, 35 (34), 3. Daneben stehen vereinzelt 4, 20, 17, datirt vom 26. Mai, und als vom 1. Juli 1, 4, 21. 4, 30, 14. 6, 55, 12. 7, 70, 1. Von den letzteren

---

[14]) Vgl. c. 8 de legibus (1, 14).

[15]) Die Abweichungen der Subscriptionen darin, daß sie bald den Tag der Unterschrift, bald den Empfang, bald den des Ausgangs u. dgl. enthalten, fallen in dieser Zeit weg. Sie gehen jetzt stets auf den Tag der Unterschrift und haben demgemäß durchgängig data: in 6, 23, 25 steht s. d. (= sub die), vielleicht durch Schreibfehler, sicher liegt ein solcher vor in 6, 61, 7 d. pp. und in dem pp. in 2, 58 (59), 2 und 4, 32, 28. Im allgemeinen bemerke ich noch, daß ich unter den mehrfachen Ueberlieferungen gleich diejenigen gewählt habe, welche die aufgestellte Regel bestätigen, ohne zu bemerken, daß in den Ausgaben noch die unrichtige Lesung befolgt ist. Die Variantenangaben in Herrmanns Ausgabe werden darüber Auskunft geben.

[16]) Hier haben wenigstens die Pistojeser und die Pariser Handschrift d. k. Jun., Haloander aber d. X. k. Jun.

sind drei aus besonderen Gründen dem 1. Juni zuzuweisen: 1, 4, 21 und 4, 30, 14 wegen 10, 22, 4, denn 1, 4, 21 und 10, 22, 4 sind Wiederholungen von 4, 30, 14; 6, 55, 12 aber bildet wahrscheinlich mit 6, 56, 7 und 8, 58, 2 ein Gesetz.[17] Demnach wird man auch in 7, 70, 1 Jul. in Jun. ändern dürfen und in 4, 20, 17 die Zahl VII vor k. Jun. streichen. Im letzteren Falle haben wir es nicht mit einem Schreibfehler zu thun, sondern mit einer der willkürlichen Aenderungen Haloanders, dem wir die Subscription verdanken. Wir werden noch ganz sichere Belege dafür finden, daß Haloander Anstoß daran genommen hat, wenn sich in demselben Titel zwei gleichzeitige Constitutionen Justinians folgen, und daß er deshalb das Datum der einen geändert hat.

Der zweite und letzte derartige Tag desselben Jahres fällt in den December. Die meisten und durch Handschriften sicher beglaubigten Subscriptionen lauten: d. III id. Dec., nämlich 3, 28, 31. 5, 9, 8. 5, 12, 29. 5, 16, 25.[18] 5, 17, 10. 6, 29, 9. 6, 37, 22. 7, 17, 1. 7, 39, 8. 8, 16, 9. 8, 37, (38) 11. Daneben stehen 6, 23, 25 s. d. VII id. Dec., 1, 53, 1 d. V id. Dec., 6, 23, 26 d. IIII id Dec.[19], und 4, 32, 26 d. id. Dec., also Abweichungen, welche sich leicht als bloße Verderbungen des obigen Tages erklären; ohnehin hängt 6, 23, 26 mit 3, 28, 31 zusammen[20]) und ebenso 4, 32, 26 mit 7, 39, 8.[21]

Im nächsten Jahre treffen wir zunächst auf 3 griechische Constitutionen; 1, 3, 43 und 1, 4, 22 (wiederholt in 9, 4, 6) sind datirt XV k. Febr., 1, 4, 23 (wiederholt in 9, 5, 2) XII k. Febr. Die beiden letzteren hängen aber dem Inhalt nach zusammen, so daß wohl in c. 23 XV für XII zu setzen sein wird.

---

[17] Letztere erweitern das Intestaterbrecht der Mutter, erstere das der Descendenten, die nicht in der Klasse Unde liberi gerufen werden.

[18] So die Pariser Handschrift, während die Pistojeser IIII id., Haloander bloß id. hat.

[19] Bei 6, 23, 25. 26 scheint wieder die Aufeinanderfolge den Anlaß zu einer Interpolation Haloanders gegeben zu haben.

[20] Jene dehnt die actio suppletoria auf das mündliche Testament aus, diese beseitigt bei demselben die familiae mancipatio und nuncupatio.

[21] 7, 39, 8 bestimmt am Schluß den Anfangspunct der Verjährung bei zinsbaren Forderungen; 4, 32, 26 ergänzt dies dahin, daß mit der Hauptforderung zugleich die Zinsforderung verjährt sei.

Es folgen 4 Constitutionen vom 1. April: 1, 20, 2. 4, 32, 27. 8, 21 (22), 1. 9, 44, 3. Vorauf geht noch 3, 28, 32, datirt II k April; hier ist vermuthlich II zu streichen.

Demnächst kommen 12 Constitutionen mit dem Datum VIII id. April, nämlich 2, 44, 3. 4, 21, 18. 5, 14, 10. 5, 16, 26. 5, 60, 3. 5, 74, 3. 6, 24, 13. 7, 62, 37. 7, 64, 10. 10, 8, 3. 12, 33; 6. Danach ist jedenfalls die um einen Tag ältere Subscription von 8, 37 (38), 12 zu ändern. Verdorben sind auch unbedingt die Subscriptionen zu 5, 9, 9 id. April, zu 2, 50 (51), 8 VI id. April, zu 6, 21, 17 IIII id. April und zu 7, 35, 8 k April. Bei den letzten drei verräth dies schon das Schwanken unter sich, denn 7, 35, 8 ist Gemination von 2, 50, 8 und 6, 21, 17 bildet mit ihnen eine Constitution. Dazu kommt noch, daß das Publicationspatent des ersten Codex VII id. April datirt ist; das ist doch geradezu unglaublich, daß gleich in den nächsten Tagen nach Abschluß der Codification Nachtragsconstitutionen erlassen seien. Vielmehr kann das Verhältniß zwischen dem Patent und allen diesen Constitutionen nur das sein, daß entweder am 6. April der Rest der von der Redactions-Commission beantragten Neuerungen erledigt, darauf die Redaction abgeschlossen und der Codex am nächsten Tage vom Kaiser sanctionirt wurde, oder, was wahrscheinlicher, daß die Einreihung der noch zu erlassenden Constitutionen in die Redaction vorweg erfolgt war und alles an demselben Tage vor sich ging. Demgemäß ist in allen obigen Constitutionen VIII id. April. zu schreiben, ebenso ferner in 7, 54, 2, wo VII id. April. überliefert ist, und vielleicht auch im Publicationspatent selbst. Nur in 5, 9, 9 wäre die Aenderung k. für id. fast leichter.

Von den an Menas erlassenen Constitutionen folgt noch eine, 6, 20, 20, mit dem Datum VIII id. Aug. Man wird unbedenklich April. für Aug. setzen.

An Demosthenes sind zunächst unter dem 17. September (XV k. Oct.) 529 von Chalcedon aus folgende 10 Constitutionen gerichtet: 3, 28, 33. 4, 1, 11. 4, 66, 2. 5, 9, 10. 5, 27, 10. 6, 43, 1. 6, 57, 5. 6, 59, 11. 8, 51 (52), 3. 9, 41, 8. Dazu treten aus besonderen Gründen: 1, 4, 24, wozu die

Ambrosianischen Excerpte[22]) die Subscription d. k. Oct. liefern, die aber Gemination von 8, 51, 3 ist, und 2, 58 (59), 1 trotz der Subscription d. XII k. Oct. Constantinopoli deswegen, weil sie mit 9, 41, 18 zu verbinden ist. Außerdem dürfen wir in derselben Weise die Subscription von 1, 51, 14 d. V k. Oct., von 4, 21, 19 d. XII k. Oct. und von 4, 32, 28 pp. k. Oct. abändern. Anders steht es mit der von Cujaz restituirten Subscription zu 11, 48 (47), 20 d. VIIII k. Oct. Chalcedone, wie wir gleich sehen werden. Gar nicht darf an der Subscription von 1, 4, 25 d. X k. Oct. Constantinopoli geändert werden. Einmal ist es wegen der griechischen Sprache zweifelhaft, ob sie mit den Codifications-Arbeiten im Zusammenhang steht[23]), ob also obige Regel auf sie angewendet werden darf; dann ist es bedenklich gegen die Gewähr einer so guten Quelle wie die collectio XXV capitulorum, aus der die Subscription zu c. 25 stammt, Cp. in Chalcedone zu ändern.

Die Subscriptionen der nun folgenden Constitutionen setzen vor Tag und Consulat noch die Angabe, daß das Gesetz im neuen Consistorium des 7 Meilen von Constantinopel entfernten palatium Justinianum verlesen worden.[24]) Das bezieht sich auf die Schlußredaction und läßt schließen, daß die Unterzeichnung des Kaisers in der Sitzung selbst erfolgte; deshalb blieb in dem auf die Unterschrift bezüglichen Theil die Ortsangabe weg. Die Notiz über die Verlesung hat sich in den Bulgathandschriften noch oft erhalten, weil die Schreiber sie für einen Theil des Textes ansahen, während der Schluß nach dem allgemein befolgten Plane weggelassen wurde. Wo aber der Tag überliefert ist, lautet er stets auf d. III k. Nov. Decio vc. cons.; so nämlich in 1, 2, 22. 1, 14, 12. 2, 55 (56), 4. 4, 1, 12. 4, 34, 11.[25]) 5, 12, 30. 5, 30, 5. 6, 4, 3. 6, 30, 19. 6, 42, 30. 6, 61, 6.

---

[22]) Maaßen, Bobienser Excerpte des römischen Rechts.

[23]) Von den griechischen Constitutionen gehören dahin nur etwa 6, 4, 4 und 6, 48, 1.

[24]) Vollständig lautet dieser Theil der Subscription so: recitata septimo miliario huius inclitae civitatis in novo consistorio palatii Justiniani; in vielen Constitutionen findet sich die Abkürzung recitata VII in nouo consist. pal. Just.

[25]) Hier steht iū. statt nou. in den Handschriften.

7, 45, 13. 8, 53 (54), 34. Wir müssen also zweifellos denselben Tag in den unvollständigen Subscriptionen ergänzen, und dahin ist auch 11, 48 (47), 20 zu ziehen, für welche das recitata — Justiniani durch Haloander und eine Berliner Handschrift überliefert ist, während die Ergänzung bei Cujaz d. VIIII k. Oct. Chalcedone gewiß auf einer Versetzung in seiner Handschrift oder auf einem eignen Versehen beruht.

Damit schließt das Jahr 529; es soll nur noch XV k. Dec. Chalcedone eine Constitution an Tribonian erlassen sein. Buchholtz hat an der Ortsangabe Anstoß genommen und will Constantinopoli lesen; einfacher wäre die Aenderung Oct. für Dec., so daß die Constitution mit den obigen an Demosthenes ergangenen zusammenfällt. Doch bleibt es zweifelhaft, ob überhaupt zu ändern ist, da das Alleinstehen dieser Constitution kein Bedenken hat.

Für die nächsten drei Jahre ist die Bestimmung des Tages dadurch erschwert, daß die Aehnlichkeit der Consulate (Lampadio et Oreste vv. cc. conss., pc. Lampadii et Orestis vv. cc., pc. Lampadii et Orestis vv. cc. anno secundo) zu vielen Fehlern in der handschriftlichen Ueberlieferung geführt hat (vgl. o. S. 170). Wir werden, wo wir demselben Tage in den verschiedenen Jahren bei demselben Adressaten begegnen, zusehen müssen, ob nicht sämmtliche darunter fallende Constitutionen einem Jahre angehören. Dabei wird es hauptsächlich darauf ankommen, welches Jahr durch Handschriften und zwar durch die besseren Handschriften, wie namentlich durch die Veroneser, bezeugt ist. Haloanders Angaben sind umsomehr verdächtig, als er hier selbst zur Aenderung des Consulats gegriffen hat, um den vermeintlichen Anstoß, daß mehrere gleichzeitige Constitutionen in demselben Titel stehen, zu heben. Wir dürfen uns deshalb nicht scheuen, den Zusatz anno secundo bei ihm zu streichen, was den Handschriften gegenüber kritisch unzulässig wäre, da diesen solche Interpolationen fern liegen und Versehen von Abschreibern in dieser Gestalt kaum denkbar sind. Dazu kommt noch, daß Haloander die Bezeichnung des Consulats von 532 anfänglich nicht verstanden zu haben scheint. Er schreibt im Texte durchgängig Lampadio et Oreste vv. cc. coss. anno secundo, was wörtlich nur von einem zweiten Consulat der Genannten verstanden werden kann (= Lampadio et Oreste vv. cc. II conss.). Einmal hat er sogar angenommen, es sei wie in den Novellen seit Nov. 47 das Regierungsjahr Justinians zugesetzt, und hat deshalb Lampadio et Oreste vv. cc. II coss. anno VI imperii Justiniani (1, 5, 22). Dies ist in den Addenda berichtigt.

Die erste Gruppe von Constitutionen im Jahre 530, 12 an der Zahl, ist datirt XV k. April. Danach ist zu ändern: XIIII k. April. in 4, 21, 20, wo die Zusammengehörigkeit mit 4, 20, 19 hinzukommt, XII k. April. in 5, 12, 31 und 6, 61, 7 und V k. April in 1, 2, 23, letzteres auch wegen des Zusammenhangs mit 7, 40, 1. Außerdem steht nach Haloander im nächsten Jahr vereinsamt 6, 33, 3 mit dem Datum d. XII k. April. Zieht man sie in das Vorjahr, was an sich unbedenklich ist, so gewinnt man damit noch einen größeren Zwischenraum zwischen den an Julianus und Johannes gerichteten Constitutionen, nämlich vom 20. Februar oder 1. März bis zum letzten April 531.[26a]) Umgekehrt ist 4, 21, 21 V k. Mart. 530 schon wegen der chronologischen Folge (s. o. c. 20) in das folgende Jahr zu verweisen.

Bedenklicher ist es das Datum VI k. April. in den folgenden 6 Constitutionen 2, 55 (56), 5. 3, 1, 13. 4, 20, 20. 6, 23, 28. 7, 62, 39. 8, 40 (41), 26 in das obige zu ändern; in den meisten wird die Haloandersche Lesung durch die Pistojeser und die Pariser Handschrift bestätigt, in 7, 62, 39 beruht die Subscription auf dem Veronensis und der Ausgabe von Russardus. Vielmehr wird man denselben Tag in folgende Subscriptionen Haloanders hineinzusetzen haben: IIII k. April. in 3, 1, 14, wo man wieder den Einfluß des voraufgehenden Datum erkennt, und V k. April in 3, 2, 3.

Es folgt nun eine griechische Constitution vom 24. Juni, in 1, 4, 20 mit den Geminationen in 3, 2, 4. 10, 31 (30), 4. 12, 63 (64), 2.[26b]) Darauf kommen 5 an den Senat gerichtete Constitutionen vom 22. Juli.

[26a]) Die noch vor dem 30. April datirten Constitutionen 3, 1, 15. 16 fallen, wie wir sehen werden, gleichfalls weg.

[26b]) Damit sind vermuthlich noch zu verbinden 3, 2, 5. 3, 10, 2. 7, 45, 15. 12, 40 (41), 12.

An Julian ergeht dann eine Reihe von Constitutionen unter dem 1. August. Hiernach werden wohl die beiden vereinzelten Subscriptionen XII k. Aug. in 4, 28, 7 und X k. Aug. in 5, 20, 2 zu ändern sein; wenigstens ist es nicht wahrscheinlich, daß an dem näher liegenden 22. Juli (XI k. Aug.) ohne jeden Anlaß 2 Constitutionen an Julian, die übrigen an den Senat gerichtet wären.

Die vom 1. September datirte Gruppe bedarf keiner Besprechung. Dagegen gehen der vom 1. October folgende 3 voraus: 3, 33, 13 XVIII k. Oct., 3, 33, 14 XV k. Oct., 3, 33, 15 X k. Oct. Sie sind nur von Haloander überliefert, und da c. 16 eod. vom 1. October datirt ist, so können wir unbedenklich die voraufgehenden demselben Tage zuweisen.

Es folgen 3 griechische Constitutionen 1, 3, 44. 45 und 1, 4, 29 mit dem Datum XV k. Nov., dahinter eine (1, 2, 25) XIII k. Nov. Die Aenderung der letzteren Subscription und die Verbindung mit 1, 3, 45 liegt zwar nahe; die Constitution selbst steht aber außerhalb des Kreises der durch die Codification hervorgerufenen Gesetze, so daß unsere Regel hier keine Anwendung findet. Die daneben noch vereinzelt stehende Constitution 6, 49, 7 X k. Nov. ist nach der besseren Ueberlieferung an Johannes gerichtet und gehört in das Jahr 531 oder 532; Haloander hat vielleicht erst wegen c. 8 eod. (XV k. Nov. 532) das Consulat geändert.

Am Schluß des Jahres 530 steht noch eine Gruppe mit dem Datum XV k. Dec., dahinter vereinzelt 6, 29, 4 XII k. Dec., wahrscheinlich erst von Haloander interpolirt wegen c. 3 eod., die zu der genannten Gruppe gehört.

Die erste Gruppe des nächsten Jahres ist datirt X k. Mart. Dazu gehört dann die allein stehende Subscription V k. Mart. in 4, 21, 21 (oben S. 177) und vermuthlich auch die beiden auf den 1. März gestellten 6, 23, 29 und 6, 38, 3.

Nun beginnen die Erlasse an Johannes, und zwar die ersten II k. Mai. Zu ihnen gehört auch die nach Haloanders Subscription in das nächste Jahr fallende 6, 46, 6 (7). Dafür spricht schon die Verwandschaft im Inhalt mit den sämmtlichen übrigen Constitutionen dieses Tages; es läßt sich aber auch gerade hier recht klar erkennen, wie Haloander zu dem Zusatz anno secundo gekommen. Die beiden letzten Constitutionen des Titels sind verstellt; der Fehler, der noch in der Herrmannschen

Ausgabe festgehalten ist, wird erwiesen durch die Summa Perusina, mit der mehrere Vulgathandschriften übereinstimmen; deshalb hat auch die Handschrift von Monte Casino, obgleich sie der falschen Ordnung folgt, in der jetzigen c. 6 Idem A., in c. 7 Imp. Justinianus A. Daß der Fehler durch verkehrte Ergänzung entstanden, zeigt die Handschrift von Montpellier H. 82, in der c. 6 noch von zweiter Hand am Rande steht. Haloander wird also die falsche Stellung im Egnatianus vorgefunden haben und mußte nun die danach letzte Stelle des Titels jünger als die vorletzte (III k. Aug. 531) machen.

In der nächsten Gruppe schwankt das Datum so zwischen VIIII — II k. Aug., daß sich keine überwiegende Majorität für einen Tag ergiebt. Die Entscheidung hängt von der Glaubwürdigkeit der Gewährsmänner ab, und danach ist am besten das Datum IIII k. Aug. beglaubigt, nämlich in 6, 22, 11 durch den Veronensis, in 6, 26, 11 durch den Berolinensis 273 und in 6, 61, 8 durch den Pistoriensis und Parisiensis; dazu kommt, daß zwei griechische Constitutionen an Johannes (1, 3, 47 und 1, 4, 30) nach der Collectio XXV capit. dasselbe Datum tragen. Die übrigen Constitutionen beruhen fast nur auf Haloanders Ausgabe, und bei einigen liegt die bekannte Interpolation auf der Hand; nämlich in 6, 25, 8 — 10 (richtiger 9 — 11) macht er die Reihenfolge VIIII, VI, III; auch könnte er VI in 6, 26, 10 wegen des gleichen Datum in c. 11 eod. gesetzt haben.

Es folgen zwei Constitutionen X k. Sept., nämlich 1, 3, 48 (49) und 5, 37, 26, dann 2, 46 (47), 3 III k. Sept. und darauf eine ganze Reihe vom 1. September. Jene 3 Constitutionen durch Streichung der Zahlzeichen vor k. mit den übrigen zu vereinigen ist kritisch bedenklich. Wo wir bisher ändern mußten, handelte es sich um leichte Verderbungen oder Ausfall der Zahlzeichen, zu Streichungen derselben gaben nur die Interpolationen Haloanders Anlaß. Eine solche anzunehmen fehlt aber in 5, 37, 26 jeder Anhalt, in 2, 46, 3 ist III durch die Pistojeser und Pariser Handschrift bestätigt und die Subscription von 1, 3, 48 ist durch die Pithoei überliefert, denen sich Interpolationen nicht nachweisen lassen.[27]) Wenn wir hier deshalb

---

[27]) Sie drucken vielmehr regelmäßig die Subscriptionen mit den Corruptelen ab, wie sie sie in den Handschriften gefunden haben; so haben sie

von einer Aenderung abstehen, so müssen wir doch die Möglichkeit fehlerhafter Ueberlieferung offen lassen.[28]

Die folgende Gruppe hat das Datum XV k. Nov.; derselbe Tag ist auch im nächsten Jahre durch eine große Zahl von Constitutionen vertreten. Eine Vereinigung beider Gruppen ist jedoch dadurch ausgeschlossen, daß beide Tage durch handschriftliche Ueberlieferung, insbesondere auch durch den Veronensis bestätigt sind und für 532 durch die Reihenfolge innerhalb des Titels in 6, 37, 26 und 8, 37 (38), 15, für 531 durch Anführung von 3, 34, 13 in der später erlassenen c. 14 eod. gesichert sind. Das schließt aber nicht Zweifel hinsichtlich einzelner Constitutionen aus. Für die auf das Jahr 531 bezogenen treffen sie gerade solche Constitutionen, welche als einzeln stehende unserer Regel nach erst die Zahl XV durch Aenderung bekommen müssen. Letzteres allein genügt bei 8, 47 (48), 11 V k. Nov. Zweifelhaft bleibt 6, 49, 7 X k. Nov. mit dem Consulat von 530, von der oben S. 178 gesprochen ist. Dagegen ist es kaum bedenklich 3, 34, 14 XI k. Nov. 531, weil sie jünger als c. 13 sein muß (s. o.), dem nächsten Jahre zuzuweisen; die Ergänzung von anno secundo ist nach der Ueberlieferung der Subscriptionen in unsern Handschriften leichter, als die Streichung von XI, womit die Verordnung in die nächste Gruppe fallen würde; außerdem liegt die Annahme nahe, daß Haloander im Egnatianus XV gefunden, aber wegen c. 13 eod. geändert habe. Noch sicherer ist die gleiche Ergänzung in 5, 37, 28 XII k. Nou. Nämlich c. 27 eod. hat zwar nach Haloander X k. Nou, aber X fehlt in der angeführten Handschrift von Montpellier, deren Zeugniß eine sichrere Gewähr bietet als Haloander; danach gehört sie zur nächsten Gruppe und c. 28 in das nächste Jahr.

Im Jahre 531 kommen noch 2 Gruppen vor, die eine k. Nov., die andere V k. Dec. Zur erstern muß das vereinzelte id. Nou. in 3, 1, 18 gezogen werden, zu letzterer 5, 16, 27 nach Halo-

---

in der obigen das Consulat von 530 stehen lassen, obgleich die Aenderung durch die voraufgehenden Subscriptionen unbedingt geboten war.

[28]) Daß dergleichen vorkommt, zeigt z. B. 4, 2, 17, wo die Pistojeser und Pariser Handschrift das durch unsere Regel und den Zusammenhang mit 4, 20, 18 und 4, 21, 17 sicher gestellte Datum k. Jun. haben, Haloander hingegen X k. Jun., ohne daß ein Anlaß zur Interpolation vorläge.

ander k. Dec. 530. Dagegen bleibt die lange griechische Constitution über das Patronatrecht, welche nach dem Veronensis dem 1. December angehört, für sich stehen.

Damit ist der Höhepunct der zur Förderung der Codification ergangenen Gesetzgebung erreicht. Zunächst muß eine Stockung der Arbeiten überhaupt wegen des Aufstandes in Constantinopel und der in Folge dessen erfolgten zeitweiligen Entlassung von Tribonian eingetreten sein. Die einzige Gruppe, der wir noch begegnen, ist die bereits besprochene XV k. Nov. 532.[29]) Danach sind folgende Subscriptionen zu ändern: XII k. Nov. in 6, 21, 18 und 8, 10, 14, XIII k. Nov. oder XVI k. Nov. in 8, 4, 11 und V k. Nov. in 9, 9, 35. Dagegen gehört 6, 58, 13 (k. Nov.) gemäß der Pistojeser und Pariser Handschrift dem vorhergehenden Jahre an und ist mit 8, 48 (47), 6 zu verbinden; Haloanders anno secundo wird schon durch das Datum der c. 14 eod. V k. Dec. 531 widerlegt. Hiernach fällt auch c. 12 eod. in das Jahr 531; für IIX k. Nov. ist XV k. Nov. zu schreiben.

Für die Zeitfolge der einzelnen Constitutionen, zu deren Feststellung wir jetzt übergehen, bleibt nun noch übrig, theils die unvollständig oder gar nicht überlieferten Subscriptionen soweit thunlich zu ergänzen, theils anzugeben, welche Constitutionen ursprünglich zusammen gehört haben. Man sollte meinen, die letztere Aufgabe sei durch das Princip die Anträge der Gesetzgebungs-Commissionen gleichzeitig in größerer Masse zu erledigen vereinfacht. Es gilt aber das gerade Gegentheil. Es wäre gewiß unrichtig alle unter einem Datum erlassenen Constitutionen zu einer zusammenzufassen. Man bekäme damit leges saturae des buntesten Inhalts und gewänne sachlich nichts durch eine so ganz äußerliche Zusammenlegung. Es läßt sich auch wohl darin, daß in vielen Titeln mehrere Constitutionen desselben Tages einander folgen, eine genügende Widerlegung dieser Methode finden; einzelne dieser Fälle freilich erklären sich so, daß die Compilatoren zunächst eine Constitution zerlegten, um die Theile in verschiedenen Titeln unterzubringen, hernach aber davon Abstand nahmen. Wenn nun hier der Versuch gemacht

---

[29]) Vorauf geht 1, 44, 2 vom 8. März; sie stellt die Vertheilung der panes publici im früheren Umfange wieder her, ist also wohl durch den Aufstand selbst hervorgerufen.

werden soll die wirklich verwandten und deshalb wohl zusammengehörigen Constitutionen zusammenzufinden, so kann Vollständigkeit darin doch nur annähernd erstrebt werden; denn wer würde auf einen solchen Zusammenhang kommen, wie er in 3, 28, 35 oder in 6, 43, 3 und 7, 40, 1 vorliegt?

In der folgenden Tabelle sind die zusammengehörigen Stellen durch den Strich ⌒ verbunden. Unterschieden sind davon noch die Geminationen, zwischen denen das Zeichen = steht.

528.
dn. Justiniano pp. A. II cons.

id. Febr.: c. Haec.

k. Mart.: 1, 3, 41 (42). 42 (43).

k. Jun.: 1, 4, 21 = 4, 30, 14 = 10, 22, 4.⌒ 4, 30, 15?[30]) 5, 15, 3.⌒ 3, 28, 30. 6, 23, 24.⌒ 6, 41, 1. 4, 2, 17.⌒ 4, 20, 18.⌒ 4, 21, 17. 4, 20, 17. 5, 27, 8.⌒ 5, 27, 9.⌒ 10, 35 (34), 3.⌒ 10, 44 (43), 4? 6, 20, 19. 6, 55, 12.⌒ 6, 56, 7. 8, 58 (59), 2. 7, 3, 1. 7, 33, 11. 7, 70, 1. 8, 13 (14), 27. 8, 53 (54), 33.

III id. Dec.: 1, 53, 1.⌒ 3, 28, 31. 6, 23, 26. 4, 32, 26.⌒ 7, 39, 8. 5, 9, 8.⌒ 5, 12, 29. 5, 16, 25. 5, 17, 10. 6, 23, 25.⌒ 8, 37 (38), 11. 6, 26, 9. 7, 17, 1. 8, 16 (17), 9.

In dasselbe Jahr fallen noch 1, 2, 19. 1, 4, 20.

529.
Decio vc. cons.

XV k. Febr.: 1, 3, 43 (44). 1, 4, 22 = 9, 4, 6.⌒ 1, 4, 23 = 9, 5, 2. 9, 47, 26?

k. April: 1, 20, 2. 3, 28, 32? 4, 32, 27. 8, 21 (22), 1. 9, 44, 3.

VIII id. April: 2, 44 (45), 3.⌒ 5, 74, 3. 2, 50 (51), 8 = 7, 35, 8. 6, 21, 17. 4, 21, 18. 5, 9, 9?[30a]) 5, 14, 10. 5, 16, 26. 5, 60, 3. 6, 20, 20. 6, 24, 13. 7, 54, 2.⌒ 10, 8, 3. 7, 62, 37.⌒ 7, 64, 10. 8, 37 (38), 12. 12, 33 (34), 6.

VII id. April: c. Summa.

---

[30]) Die Subscription ist verloren, Adressat ist Menas. Vielleicht sind c. 14. 15 deshalb aus einander gerissen worden, weil man c. 15 ursprünglich in das 8. Buch stellen wollte.

[30a]) Man könnte hier auch k. für id. schreiben.

Vor diesem Publicationspatent des ersten Codex liegt nach dem Zeugniß der Inst. 2, 20, 7 noch 6, 48, 1. Zweifelhaft bleibt es für die übrigen zwei an Menas gerichteten Constitutionen 3, 22, 6, zu der Haloander die unvollständige Subscription d. III non. Aug. giebt, und 12, 34 (35), 1, deren Subscription ganz fehlt.

XV k. Oct.: 1, 4, 24 = 8, 51 (52), 3. 1, 51, 14. 2, 58 (59), 1. 9, 41, 18. 3, 28, 33. 5, 9, 10. 4, 1, 11. 4, 21, 19. 4, 32, 28. 4, 66, 2. 5, 27, 10. 6, 57, 5. 6, 43, 1. 6, 59, 11.

X k. Oct.: 1, 4, 25 = 3, 43, 1.

In die Zeit zwischen c. Summa und III k. Nov. gehört noch 1, 2, 21, weil sie an Demosthenes gerichtet ist; ob die voraufgehende griechische Constitution in dieses oder das vorhergehende Jahr fällt, ist nicht zu sagen; c. 19. eod. gehört, wie wir gesehen, noch zu 528.

III k. Nov.: 1, 2, 22. 1, 14, 12. 2, 55 (56), 4. 4, 1, 12. 4, 34, 11. 5, 12, 30. 5, 30, 5. 6, 4, 3. 6, 30, 19. 6, 42, 30. 6, 61, 6. 7, 45, 13. 7, 45, 14?[31]) 8, 53 (54), 34.

XV k. Dec.: 7, 63, 5.

An Demosthenes sind noch 1, 5, 19. 7, 39, 9. 7, 62, 38 und 10, 32 (31), 67 (66) gerichtet. Ueber die gleichfalls an diesen ergangene 8, 33 (34), 3 s. o. S. 170. Vor das Jahr 530 fallen 1, 5, 13 — 18.

530.
Lampadio et Oreste vv. ce. conss.

XV k. April: 1, 2, 23. 7, 40, 1. 4, 20, 19. 4, 21, 20. 4, 29, 22. 4, 66, 3. 5, 12, 31. 5, 27, 11. 5, 29, 4. 5, 35, 3. 6, 23, 27. 6, 33, 3. 6, 61, 7. 7, 7, 1. 7, 15, 1. 8, 33 (34), 3? (S. 170.) 8, 53 (54), 35. 8, 55 (56), 10.

In die Zeit von 528—530 VI k. April. fällt 3, 2, 2.

VI k. April: 2, 55 (56), 5. 4, 20, 20. 3, 1, 13. 3, 1, 14. 3, 2, 3. 6, 23, 28. 7, 62, 39. 8, 40 (41), 26.

---

[31]) Die Ergänzung der Subscription von c. 14 rechtfertigt sich dadurch, daß nach dem 30. October 529 (c. 13) keine an Demosthenes ergangene Constitutionengruppe mehr auftritt.

VIII k. Jul.: 1, 4, 26 = 3, 2, 4 = 10, 31 (30), 4 = 12, 63 (64), 2. 3, 2, 5? 3, 10, 2? 7, 45, 15? 12, 40 (41), 12?
XI k. Aug.: 2, 44 (45), 4. 3, 38, 12. 5, 4, 24. 6, 25, 7 (6). 4, 65, 35.³²) 8, 41 (42), 8. 11, 48 (47), 21.
k. Aug.: 3, 33, 12. 4, 5, 10. 4, 28, 7? 4, 29, 23?³³) 4, 29, 24. 4, 38, 15. 5, 20, 2. 5, 51, 13. 6, 2, 20. 7, 15, 2. 8, 21 (22), 2. 8, 37 (38), 13.
k. Sept.: 1, 4, 27 = 5, 70, 6. 5, 70, 7. 6, 22, 9. 8, 56 (57), 4.
k. Oct.: 1, 4, 28 = 5, 4, 25. 3, 33, 13 — 16. 4, 5, 11. 5, 4, 26. 6, 2, 21. 6, 57, 6. 7, 4, 14. 7, 4, 15.
XV k. Nov: 1, 3, 44 (45). 1, 3, 45 (46). 1, 4, 29.

Zwischen XV k. April. und XIII k. Nov. liegt die griechische 1, 2, 24.

XIII k. Nov.: 1, 2, 25.

k. Nov.: 5, 13, 1?³⁴)

Vor XV k. Dec. liegt 7, 45, 15.

XV k. Dec.: 1, 3, 46 (47). 2, 18 (19), 24. 4, 27, 2 (3). 6, 2, 22. 6, 27, 4. 6, 29, 3. 6, 29, 4. 6, 37, 23. 7, 4, 16. 7, 4, 17. 7, 7, 2. 7, 45, 16.

X k. Dec.: 1, 5, 20.

XVIII k. Jan.: 1, 17, 1.

Nur das Consulat ist bezeugt für 7, 5, 1.

531

post consulatum Lampadii et Orestis vv. cc.

X k. Mart.: 2, 58 (59), 2. 3, 1, 15. 3, 1, 16. 4, 18, 2. 4, 21, 21. 5, 37, 25. 5, 59, 4. 6, 22, 10. 6, 23, 29? 6, 28, 3. 6, 38, 3? 6, 40, 2. 6, 43, 2. 7, 71, 7. 8, 40 (41), 27. 11, 48 (49), 22?

Am Schluß der an Julian gerichteten Constitutionen ist noch 7, 25, 1 nachzutragen.

II k. Mai.: 4, 37, 6.³⁵) 6, 27, 5. 6, 46, 6. 6, 30, 20. 6, 30, 21. 6, 35, 11. 6, 37, 24. 6, 42, 31. 6, 38, 4.

---

³²) Schon Buchholtz stellt c. 35, deren Subscription fehlt, hierher, wegen der Inscription ad senatum, gewiß mit Recht, da sie nicht mit den sonst noch an den Senat ergangenen Constitutionen zusammengestellt werden kann.

³³) 4, 29, 33 könnte auch der Gruppe XV k. April. oder VI k. April. angehören.

³⁴) Diese Constitution hängt wohl mit 4, 29, 25 zusammen und würde demnach in das folgende Jahr gehören.

Zeitfolge der Juftinianifchen Conftitutionen.

IIII k. Aug.: 1, 3, 47 (48). 1, 4, 30. 1, 5, 21. 3, 28, 34. 6, 22, 11. 6, 24, 14. 6, 25, 8. 6, 25, 9. 6, 25, 10. 6, 26, 10. 6, 26, 11. 6, 27, 6. 6 46, 7 (6). 6, 61, 8.

X k. Sept.: 1, 3, 48 (49). 5, 37, 26.

III k. Sept.: 2, 46 (47), 3.

k. Sept.: 1, 3, 49 (50). 1, 5, 22. 3, 28, 37 = 6, 22, 12. 1, 3, 50 (51) = 2, 3, 29. 2, 41 (42), 2. 2, 52 (53), 7. 2, 55 (56), 6. 3, 28, 35. 3, 28, 36. 6, 28, 4. 3, 31, 12. 5, 95, 5. 6, 43, 3. 7, 17, 2? 7, 47, 1. 8, 10, 13. 8, 39 (40), 4. 8, 47 (48), 10. 12, 33 (34), 7.

XV k. Nov.: 1, 4, 31? = 7, 40, 2? 3, 33, 17. 3, 34, 13. 7, 31, 1. 4, 1, 13. 4, 11, 1. 4, 51, 7?[35]) 4, 54, 9. 6, 23, 30. 6, 49, 7? 6, 58, 12. 7, 40, 3. 8, 40 (41), 28. 8, 47 (48), 11. 8, 53 (54), 36.

k. Nov.: 1, 3, 51 (50). 2, 3, 30. 2, 40 (41), 5. 3, 1, 17. 3, 1, 18. 4, 18, 3. 4, 27, 3. 4, 29, 25. 5, 13, 1? 4, 31, 14. 4, 39, 9. 5, 11, 7. 5, 14, 11. 5, 27, 12. 5, 37, 27. 6, 37, 25. 6, 40, 3. 6, 50, 18. 6, 58, 13. 8, 48 (49), 6. 7, 6, 1. 7, 15, 3. 8, 37 (38), 14.

V k. Dec.: 1, 3, 52 (53). 5, 16, 27. 6, 30, 22. 6, 42, 32. 6, 58, 14. 7, 33, 12. 7, 37, 3. 7, 54, 3. 8, 17 (18), 12.

k. Dec.: 6, 4, 4.

532
post consulatum Lampadii et Orestis vv. cc. anno secundo.

VIII id. Mart.: 1, 44, 2.

XV k. Nov.: 3, 10, 3. 3, 44, 14. 5, 37, 28. 6, 20, 21. 6, 21, 18. 6, 31, 6. 6, 35, 12. 6, 37, 26. 6, 38, 5. 6, 49, 7? 6, 49, 8. 6, 50, 19. 7, 72, 10. 8, 4, 11. 8, 10, 14. 8, 14 (15), 7. 8, 25 (26), 11. 8, 36 (37), 4. 8, 37 (38), 15. 9, 9, 35[37]).

---

[35]) Wir haben von der Subscription nur d. prid., dazu die nähere Bestimmung durch den Adressaten Johannes.

[36]) Ueberliefert ist d. k. Nov. Constantinopoli ohne Consuln; läge nicht die Verwandschaft mit 4, 54, 9 vor, so müßte die Constitution zur nächsten Gruppe gestellt werden.

[37]) Von den an Johannes gerichteten Verordnungen, deren Subscription nicht erhalten ist, gehört 5, 4, 27 sicher in die Jahre 531 oder 532,

533
dn. Justiniano pp. A. III cons.

id. Mart.: 1, 1, 6.
VII k. April.: 1, 1, 7.
k. Jun.: 3, 2, 6.
VIII id. Jun.: 1, 1, 8.
XV k. Dec.: 1, 3, 53 = 9, 13, 1. 5, 17, 11.
XVII k. Jan.: 1, 17, 2.

534
dn. Justiniano pp. A. IIII et Paulino vc. conss.

id. April.: 1, 27, 2. Von demselben Tage ist vermuthlich c. 1 eod.
k. Jun.: 6, 51, 1.
III non. Jul.: 6, 23, 31.
III id. Aug.: 5, 17, 12.
prid. id. Sept.: 1, 3, 55 (56).
id. Oct.: 6, 58, 15.
k. Nov.: 1, 4, 33. 5, 5, 29.
prid. non. Nov.: 1, 4, 34.
XVI k. Dec.: c. Cordi.

Von den Constitutionen, deren Subscription verloren ist, bleiben zunächst zwei an Johannes, 2, 7, 28. 11, 48 (47), 23, also jünger als der 20. Februar 531. Die letztere bestimmt auch die Zeit von c. 24 eod., die wiederum zusammenhängt mit 7, 24, 1. Von 1, 3, 54 läßt sich nur sagen, daß sie zwischen XV k. Dec. 533 und prid. id. Sept. 534 fällt, von 1, 4, 32 = 4, 66, 4, daß sie zwischen k. Oct. (oder XV k. Nov.) 531 und k. Nov. 534 liegen, von 3, 43, 2, daß sie jünger ist als X k. Oct. 529, von 4, 35, 24, daß sie nicht jünger ist als 531, von 5, 4, 29, daß sie älter ist als 1, 4, 33 (k. Nov. 534), von 5, 9, 11, daß sie nicht älter ist als XV k. Oct. 529. Ganz unbestimmt bleiben 1, 10, 2. 1, 29, 5. 4, 21, 22. 12, 33 (34), 8.

---

da sie in 6, 58, 12 (XV k. Nov. 532) citirt wird; außerdem werden alle diejenigen in denselben Zeitraum zu setzen sein, welche mit der Codification in Verbindung stehen; das trifft 5, 3, 20. 7, 2, 15. 12, 3, 5, welche drei in den Institutionen citirt werden, und 4, 30, 16. 4, 34, 12. 4, 35, 23. 5, 4, 28. 7, 32, 12. 7, 71, 8. 8, 53 (54), 37 (c. 36 hat XV k. Nou. 531).

Von

Herrn Universitätssecretair Adv. Wilhelm Roever in Rostock.

Die l. ult. C. de nov. ist schon unendlich oft zum Gegenstand von Auslegungsversuchen gemacht worden. Merkwürdiger Weise aber hat keiner der vielen Interpreten den Versuch gemacht, den Sprachgebrauch der Quellen hinsichtlich desjenigen Wortes genau festzustellen, von dessen Sinn der Sinn der ganzen Stelle abhängt.[1]) Es ist dies das Wort exprimere, welches nach den Einen von einer jeden, auch stillschweigenden, Erklärung zu verstehen ist, während es nach den Andern „wörtlich ausdrücklich erklären" bedeutet. Höchstens die eine oder die andere Quellenstelle wird citirt. Salkowski ist der einzige, der deren eine ganze Reihe als für seine Ansicht sprechend anführt (Salkowski, zur Lehre von der Novation. SS. 259, 260).

Indem wir den Versuch unternehmen, die hienach bestehende Lücke auszufüllen, und auf dem Wege einer gründlichen Untersuchung des Sprachgebrauchs der Quellen zu einer möglichst befriedigenden Erklärung der l. cit. zu gelangen, müssen wir davon ausgehen, daß auch noch im Justinianischen Recht der novirende Contract stets eine Stipulation war, daß also unser Gesetz, indem es von einem exprimere des animus novandi spricht, von einer beim Abschluß einer Stipulation abzugebenden Erklärung redet. Wir haben demnach zu fragen: welche Bedeutung hat das Wort exprimere in den Quellen überall da, wo es eine beim Abschluß einer Stipulation abgegebene oder abzugebende Erklärung bezeichnet?

Unter den Stellen, die hier in Betracht kommen, sind zunächst diejenigen hervorzuheben, in welchen die Wendungen exprimere in stipulatione oder stipulatione, e. verbis obligationis, e. in cautione, e. in compromisso gebraucht sind. Es sind dies

1) Paulus V. 33, 6. Modus poenae, in qua quis cavere debet, specialiter in cautione exprimendus est, ut

---

[1]) Den Wortlaut des Gesetzes sowie der von demselben handelnden Institutionenstelle (§ 3. J. quib. mod. [3, 29]) s. unten.

sit, in quo stipulatio committatur: aliter enim recte cavisse non videtur.

2) l. 21. §. 6. D. de rec. qui arb. (4, 8). . . . id . . venit in compromissum, de quo actum est, ut veniret. Sed est tutius, si quis de certa re compromissum facturus sit, de ea sola **exprimire in compromisso**.

3) l. 27. §. 4. D. eod. . . . . Proinde sententia quidem dicta non coram litigatoribus non valebit, nisi **in compromissis** hoc specialiter **expressum** sit, ut vel uno vel utroque absente sententia promatur; . . .

4) l. 7. §. 1. D. usufr. quemadmod. (7, 9.) Quum ususfructus pecuniae legatus esset, **exprimi debent** hi duo casus **in stipulatione**: quum morieris, aut capite minueris, dari, ...

5) l. 54. §. 1. D. locati (19, 2). . . . quamvis nihil **expressum sit in stipulatione** poenali de solutione pensionum, tamen verisimile esse, ita convenisse de non expellendo colono intra tempora praefinita . . .

6) l. 86. D. de V. O. (45, 1.) Quod dicitur, tot stipulationes esse, quot res, ibi locum habet, ubi res **exprimuntur stipulatione**, ceterum si non fuerint expressae, una est stipulatio.

7) l. 2. §. 12. D. de admin. (50, 8.) Qui fidejusserint pro conductore vectigalis in universam conductionem, in usuras quoque jure conveniuntur, nisi proprie quid in persona eorum **verbis obligationis expressum est**.

In allen diesen Stellen geht aus dem Zusatze „in stipulatione" u. s. w. hervor, daß exprimere von einer Erklärung zu verstehen ist, welche einen Theil der gerade in Rede stehenden Stipulation bildet oder bilden soll. Ein solcher Zusatz fehlt in folgenden Stellen:

8) §. 1. J. de verb. obl. (3, 15.) . . . Leoniana constitutio lata est, quae solemnitate verborum sublata, sensum et consonantem intellectum ab utraque parte solum desiderat, licet quibuscunque verbis **expressum est**.

9) §. 5. J. de inutil. stipulat. (3, 19.) Praetera inutilis est stipulatio, si quis ad ea, quae interrogatus fuerit, non respondeat, veluti si decem aureos a te dari stipu-

letur, tu quinque promittas, vel contra; aut si ille pure stipuletur, tu sub conditione promittas, vel contra, si modo scilicet id exprimas, id est, si cui, sub conditione vel in diem stipulanti, tu respondeas: praesenti die spondeo: nam si hoc solum respondeas: promitto, breviter videris in eandem diem vel conditionem spopondisse; neque enim necesse est, in respondendo eadem omnia repeti, quae stipulator expresserit.

10) l. 40. D. de reb. cred. (12, 1.) . . . . usurarum, quae priore parte simpliciter in stipulationem venissent . . . . et ideo non soluta pecunia statutis pensionibus ex die stipulationis usuras deberi, atque si id nominatim esset expressum. . . . Sed si quantitatem, quae medio tempore colligitur, stipulamur, quum conditio extiterit, sicut est in fructibus, idem in usuris potest exprimi, ut ad diem non soluta pecunia, quod competit usurarum nomine, ex die interpositae stipulationis praestetur.

11) l. 135. §. 3. D. de V. O. (45, 1.) Ea lege donatum sibi esse a Seja servum et traditum, ut ne ad fratrem ejus, aut filium, aut uxorem, aut socrum perveniret, scripsit; et haec ita stipulante Seja spopondit Titius, qui post biennium heredes reliquit Sejam et fratrem, cui ne serviret, expressum erat; quaeritur, an Seja cum fratre et coherede ex stipulatu agere possit. Respondit, posse in id, qnod ejus interest.

12) l. 4. §. 2. D. de pact. (2, 14.) Hujus rei (daß nämlich conventiones etiam tacite valent. eod. pr.) argumentum etiam stipulatio dotis causa facta est — nam ante nuptias male petitur — quasi si hoc expressum fuisset; et nuptiis non secutis ipso jure evanescit stipulatio. . .

13) l. 4. §. 3. eod. Ex facto etiam consultus, quum convenisset, ut, donec usurae solverentur, sors non peteretur, et stipulatio pure concepta fuisset, conditionem inesse stipulationi, atque si hoc expressum fuisset.

14) l. 21. D. de J. D. (23, 3.) Stipulationem, quae propter causam dotis fiat, constat habere in se conditionem hanc, si nuptiae fuerint secutae, et ita demum ex ea agi posse, quamvis non sit expressa conditio: si nuptiae, constat;

quare si nuntius remittatur, defecisse conditio stipulationis videtur.

15) l. 126. §. 2. D. de V. O. (45, 1.) . . . plerumque enim in stipulationibus verba, ex quibus obligatio oritur, inspicienda sunt; raro inesse tempus, vel conditionem, ex eo, quod agi apparebit, intelligendum est, nunquam personam, nisi expressa sit.

16) l. 138. §. 1. eod. Quum pure stipulatus sum, illud aut illud dari, licebit tibi, quoties voles, mutare voluntatem in eo, quod praestiturus sis, quia diversa causa est voluntatis expressae, et ejus, quae inest.

17) l. 94. eod. Triticum dare oportere stipulatus est aliquis; facti quaestio est, non juris. Igitur si de aliquo tritico cogitaverit, id est certi generis, certae quantitatis, id habebitur pro expresso; alioquin, si quum destinare genus et modum vellet, non fecit, nihil stipulatus videtur, igitur ne unum quidem modium.

18) l. 99. pr. eod. Quidquid adstringendae obligationis est, id, nisi palam verbis exprimitur, omissum intelligendum est; ac fere secundum promissorem interpretamur, quia stipulatori liberum fuit verba late concipere. . . . .

19) l. 3. C. per quas pers. (4, 27.) . . . Quod enim saepe apud antiquos dicebatur, jussionem domini non esse absimilem nominationi, tunc debet obtinere, quum servus jussus ab uno ex dominis stipulationem facere sine nomine stipulatus est; tunc etenim ei soli acquirit, qui jussit. Sin autem expresserit alium dominum, soli illi necesse est acquisitionem celebrari, multo enim amplius oportet valere dominici nominis mentionem, quam herilem jussionem.

20) l. 4. §. 4. D. si qu. caut. (2, 11.) Quaesitum est, an possit conveniri, ne ulla exceptio in promissione deserta judicio sistendi causa facta objiciatur? et ait Atilicinus, conventionem istam non valere. Sed et ego puto conventionem istam ita valere, si specialiter causae exceptionum expressae sint, quibus a promissore sponte renuntiatum est.

21) L. 58. D. de V. O. (45, 1.) . . . Item si quis fructum, deinde usum stipulatus fuerit, nihil agit, nisi in omnibus novandi animo hoc facere specialiter **expresserit**.

22) l. 15. §. 1. C.' de contrah. et comm. stipul. (8, 38.) Sancimus itaque, si quid tale evenerit (es ist die Rede von dem Fall: „si quis spoponderit insulam, quum moriebatur, aedificare stipulatori." [eod. pr.]), heredes teneri, ut factum, quod mortis tempore facere promisit, hoc heredes ejus adimpleant, quasi speciali heredis mentione habita, licet hoc minime fuerit **expressum**.

In sämmtlichen vorstehend angeführten Stellen steht exprimere allein ohne den Zusatz in stipulatione. Nichtsdestoweniger heißt es auch hier so viel als exprimere in stipulatione. Keiner weiteren Begründung bedarf diese Behauptung, was die Stellen Nr. 8 — 11 betrifft.

Das exprimere in der Stelle Nr. 12 aber muß deshalb ein e. in stipulatione sein, weil der Jurist sonst nicht sagen könnte: nuptiis non secutis ipso jure evanescit stipulatio. Denn ipso jure wirkt die Deficienz einer einer Stipulation beigefügten Bedingung ja nur dann, wenn dieselbe in stipulatione expressa ist.

In den Stellen Nr. 13 — 16 ferner bildet id, quod exprimitur den Gegensatz von id, quod inest stipulationi (quod stipulatio in se habet), kann also unmöglich etwas anderes bedeuten, als id, quod exprimitur in stipulatione. Für die Stellen Nr. 13, 14 und 15 wird dies auch noch durch anderweitige Gründe außer Zweifel gestellt. In der erstgenannten Stelle ist nämlich id, quod inest stipulationi, d. h. das, was als in der Stipulation erklärt angesehen wird, ein außerhalb der Stipulationsform in beliebiger Art, gleichviel ob ausdrücklich oder stillschweigend, zu Stande gekommener Vertrag. Auch zu diesem Vertrage wird also id, quod exprimitur in Gegensatz gesetzt. Nun kann aber doch der Gegensatz dieses Vertrages nur eine Abmachung in stipulatione sein. Folglich muß id, quod exprimitur nothwendig eine solche bedeuten. Nr. 14 ferner bespricht genau denselben Fall und bezeichnet mit dem Worte exprimere genau dieselbe Erklärung wie die Stelle Nr. 12. Nr. 15 endlich stellt dem quod stipulationi inest nicht bloß id, quod exprimitur, sondern, als gleichbedeutend damit, auch die verba, ex quibus obligatio oritur, gegenüber.

In der Stelle Nr. 17 ist das „si cogitaverit" von einer nicht in die Stipulation aufgenommenen Abmachung zu verstehen, welche als in stipulatione wiederholt („pro expresso") gelten soll. So schon die Glosse, und gewiß mit Recht. Denn an einen gar nicht erklärten Willen kann man bei den Worten „si cogitaverit" doch unmöglich denken, und an einen stillschweigenden, der für ausdrücklich erklärt („pro expresso") angesehen werden soll, ebensowenig. Letzteres deshalb nicht, weil es im vorliegenden Falle ganz gleichgültig ist, ob über die fraglichen Punkte außerhalb der Stipulation stillschweigende oder ausdrückliche Erklärungen abgegeben sind.

In der Stelle Nr. 18 heißt es „verbis exprimitur." Aus dem Zusammenhange ergiebt sich, daß unter den verba zu verstehen sind die verba a stipulatore concepta.

Die Stelle Nr. 19 sagt von einem Sklaven, der nominatim einem von mehreren Herren stipulirt hat: expressit dominum. Nun sagte man von einem Sklaven, daß er nominatim seinem Herrn stipulirt habe, nur dann, wenn er den Namen desselben in die Stipulation aufgenommen hatte. Vgl. l. 7. §. 1., l. 17, l. 31. D. de stipul. servor. (45, 3.) Folglich muß hier auch das Wort exprimere diesen Sinn haben.

Nicht so zweifellos, wie für die bisher besprochenen Stellen, ist es in den Stellen Nr. 20 — 22, daß exprimere die Bedeutung von in stipulatione exprimere hat. Aber es sprechen auch keine Gründe dagegen, und deshalb müssen wir wohl annehmen, daß auch in diesen Stellen der als im übrigen constant nachgewiesene Sprachgebrauch befolgt ist. Wir müssen das um so mehr, als, wie wir später noch sehen werden, das Wort exprimere in den bei weitem meisten Fällen auch seines sonstigen Vorkommens eine Erklärung innerhalb eines formellen, aus schriftlichen oder mündlichen Erklärungen bestehenden Actes bezeichnet. So finden wir sehr häufig von einer Erklärung in einem Testament oder von einer Bestimmung in einem Gesetz das Wort exprimere gebraucht. Ein exprimere in traditione, in solutione dagegen, überhaupt ein zur Bezeichnung einer formlosen Erklärung gebrauchtes exprimere tritt uns äußerst selten entgegen. Wo wir also die Wahl haben, ob wir in einer mit exprimere bezeichneten Erklärung eine formlose Erklärung oder eine Erklärung in stipulatione sehen wollen, werden wir schon aus diesem Grunde zu letzterem geneigt sein.

Das Resultat unserer bisherigen Untersuchungen ist also, **daß das Wort exprimere überall da, wo es eine beim Abschluß einer Stipulation abgegebene Erklärung bezeichnet, so viel heißt als exprimere in stipulatione.** Und zwar ist dies in den meisten Fällen unzweifelhaft, während umgekehrt mir keine einzige vom Abschluß einer Stipulation handelnde Stelle bekannt ist, rücksichtlich welcher man mit Gewißheit oder auch nur mit Wahrscheinlichkeit behaupten könnte, daß das Wort exprimere Erklärung schlechthin, also auch Erklärung außerhalb der Stipulationsform bedeute. Sollte die l. ult. C. de nov. nun wohl eine Ausnahme sein? die einzige Ausnahme sein? Mir scheint, man kann das um so weniger annehmen, als die beiden oben angeführten Coderstellen beide von Justinian herrühren, der Sprachgebrauch also, den wir glauben nachgewiesen zu haben, nicht etwa blos der Sprachgebrauch der Pandekten=Juristen, sondern auch der Justinians, d. h. desjenigen gewesen ist, von welchem das von uns zu interpretirende Gesetz erlassen ist.

Nach alledem müssen wir also zunächst behaupten, daß das exprimere in unserem Gesetz so viel heißt, als exprimere in stipulatione, **daß folglich unser Gesetz Erklärung des animus novandi in stipulatione vorschreibt.**

Für die Richtigkeit dieser Behauptung spricht auch noch folgendes. Synonyma von exprimere sind die Worte comprehendere, inserere, adjicere, mentionem facere oder habere. (Wegen der drei ersteren s. auch Dirksen's Manuale.) Diese Worte, die übrigens, mit Ausnahme des mentionem facere, viel häufiger vorkommen, als das Wort exprimere, finden sich namentlich auch sehr oft zur Bezeichnung einer beim Abschluß einer Stipulation abgegebenen Erklärung angewandt, und zwar, grade wie exprimere, entweder mit einem Zusatze, welcher ausdrücklich sagt, daß eine Erklärung in stipulatione gemeint ist — in diesem Falle heißt es: comprehendere in stipulatione oder stipulatione, inserere stipulationi, adjicere stipulationi oder in stipulatione, mentionem facere in stipulatione — oder ohne solchen Zusatz. Aber der Sinn ist in beiden Fällen der=

selbe. Auch ohne solchen Zusatz bedeuten jene Worte eine Erklärung in stipulatione. Beläge hiefür bieten hauptsächlich diejenigen Pandektentitel, die von Stipulationen handeln, in Menge. Ich beschränke mich darauf, beispielsweise anzuführen l. 38. §. 4. l. 41. §. 1. l. 44. l. 45. §. 4. l. 81. pr. l. 141. §. 9. D. de V. O. (45, 1.) l. 43. l. 118. §. 1. l. 137. §. 6. eod. l. 38. §. 17. l. 53. l. 118. §. 1. l. 137. §. 7. l. 141. §. 1. eod. Was speciell das Wort adjicere betrifft, so mag noch der solutionis causa adjectus erwähnt werden, der adjectus schlechthin heißt, während er doch in stipulatione adjectus ist. Aber nicht blos in den Digesten herrscht dieser Sprachgebrauch, sondern auch im Codex, und auch in denjenigen Codexstellen, welche von Justinian herrühren. So lautet l. 12. C. de contr. stip. (8, 38.): Magnam legum veterum obscuritatem . . . . . amputantes sancimus, ut, si quis certo tempore facturum se aliquid vel daturum stipulatori vel alii, quem stipulator voluit, promiserit, et adjecerit, quod, si statuto tempore minime haec perfecta fuerint, certam poenam dabit, sciat, minime se posse ad evitandam poenam adjicere, quod nullus eum admonuit. Sed etiam citra ullam admonitionem eidem poenae pro tenore stipulationis fiet obnoxius, quum ea, quae promisit, ipse in memoria sua servare, non ab aliis sibi manifestari poscere debeat.

Daß hier das „adjecerit, quod . . . . poenam dabit", so viel heißt, als adjecerit in stipulatione etc., ergiebt sich mit Gewißheit aus den Worten: poenae pro tenore stipulationis fiet obnoxius. Zugleich aber ist allerdings diese Stelle ein Beweis dafür, daß adjicere die angegebene Bedeutung nur da hat, wo von einer beim Abschluß einer Stipulation abgegebenen Erklärung die Rede ist. Kurz nach den angeführten Worten „adjecerit, quod etc." wird nämlich von dem promissor, der die stipulatio poenae eingegangen ist, gesagt: „sciat, minime se posse . . . adjicere etc." Hier wird adjicere zur Bezeichnung der Behauptung gebraucht, durch welche der promissor sich gegen die actio ex stipulatu zu vertheidigen sucht.

Ferner ist hier anzuführen die gleichfalls von Justinian herrührende l. 13. C. eod., in welcher bestimmt wird: „omnem stipulationem, sive in dando, sive in faciendo, sive mixta ex dando et faciendo inveniatur, et ad heredes et contra heredes transmitti, sive specialis heredum fiat mentio, sive non, ...

Wir gehen nun dazu über, zu untersuchen, wie sich die Basiliken und die Paraphrase des Theophilus unserer Erklärung des exprimere gegenüber verhalten.

Was zunächst die Basiliken betrifft, so stehen dieselben dieser Erklärung nicht entgegen. Die einschlagende Stelle (Basil. 26, 4, 42) sagt, es werde nicht novirt, „*εἰ μὴ ἰδικῶς τοῦτο ῥηθῇ, ὅτι ἀπὸ τοῦ παλαιοῦ ἀναχωροῦμεν χρέους ἡμεῖς γὰρ τοῖς ῥήμασι προσέχομεν τοῖς οὖσιν, οὐ μὴν ἑρμηνείᾳ.*" Hier werden also ausdrücklich *ῥήματα τὰ ὄντα*, verba expressa verlangt.

Die einschlagende Stelle der Paraphrase des Theophilus dagegen macht insofern Schwierigkeiten, als gerade hinsichtlich des entscheidenden Wortes die Lesarten auseinandergehen. In der Reitzschen Ausgabe wird nämlich die betreffende Stelle des §. 3. J. quib. mod. obligat. tollit. (3, 29) so wiedergegeben: *ἡνίκα τοῦτο αὐτὸ μεταξὺ τῶν συναλλαττόντων συνεφωνήθη, ὅτι διὰ νοβατίονα τῆς προτέρας ἐνοχῆς ἐπὶ τὴν παροῦσαν ἦλθον ἐπερώτησιν*. Fabrotus dagegen liest *ἐξεφωνήθη*. Wäre die erste Lesart richtig, so würde die Paraphrase des Theophilus unserer Ansicht entgegenstehen. Denn *συνεφωνήθη* heißt so viel als convenit. *Ἐξεφωνήθη* dagegen ist die wörtliche Uebersetzung von expressum est. Und daß dies die richtige Lesart ist, ergiebt sich fast mit Gewißheit aus mehreren, und zwar dem Fabrotus noch nicht bekannt gewesenen, von Heimbach zuerst veröffentlichten Scholien ad Basilic. Lib. XI. Tit. I. So zunächst aus dem Schol.: *Ἔθος τοῖς ταβελλίοσιν* ad Basilic. XI. 1, 7 them. 6 (I. 7. §. 12. D. 2, 14). Hier erwähnt der Scholiast die Sitte der tabelliones, jede Contracts-Urkunde mit der Formel „*καὶ ἐπερωτηθεὶς ὁ δεῖνα ὡμολόγησε*" zu schließen, und führt als Beispiel einen Pachtcontract an. Hier haben die Contrahenten die Contracts-Klage und die actio ex stipulatu. „*κἂν γὰρ*", fährt er fort, „*ἐτέχθη ἐξ στιπουλάτου, οὐκ ἐνοβατεύθη ἡ λοκατίων εἰς τὴν ἐξ στιπουλάτου, καθὸ μὴ ἐπὶ νοβατίονι συνῆλθον, μήτε τοῦτο αὐτὸ ἐξεφώνησαν, ὡς ἔγνως ἐν τῷ κή τιτ. τῆς γ´. τῶν ἰνστιτούτων.*" Diese nach dem Manuale Basilicor. in der Heimbach'schen Ausgabe Tom. VI. pag. 224 dem Index des

Stephanus entnommene Stelle dürfte allerdings nichts direct für die Paraphrase des Theophilus beweisen, sondern nur dafür, wie die fraglichen Worte der Institutionen im Jahrhundert des Theophilus aufgefaßt und übersetzt zu werden pflegten. Größere Wichtigkeit hat schon das Schol. Διὰ τοῦτο ad Basil. XI. 1, 27, them. 3 (l. 27. §. 2. D. 2, 14), dessen Verfasser, nach dem Inhalt seiner Worte zu urtheilen, ein halbes Jahrtausend später gelebt haben muß, und deshalb, wenn er die Institutionen citirt, gewiß nicht das lateinische Original, sondern eine griechische Uebersetzung, und wahrscheinlich die des Theophilus vor Augen gehabt haben wird. Die Stelle, welcher das Scholium hinzugefügt ist, bezieht sich auf den Fall, daß erst ein pactum de non petendo, darauf ein pactum de petendo abgeschlossen ist. In diesem Fall soll der Kläger gegen die exceptio des Beklagten eine replicatio haben. Hiezu bemerkt der Scholiast: Διὰ τοῦτο δὲ ἀντιπαραγραφήν, διότι οὐκ ἀναιρεῖται κατὰ τὸ ἴψο ἰοῦρε διὰ τοῦ δευτέρου πάκτου τὸ κατὰ πρώτην τάξιν γενόμενον πάκτον. ἁρμόζει οὖν ἀντιπαραγραφὴ κατὰ τῆς παραγραφῆς καὶ οὐ τοῦτο ἀδιαστίκτως, ἀλλ' ὅταν ἐκφωνηθῇ ἰδικῶς παρὰ τῶν μερῶν ἐπὶ τῷ νοβατεῦσαι ἤτοι ἀνακαινίσαι συνελθόντων ἀγωγήν, ἐπεὶ οὐκ ἄλλως γίνεται νοβατίων ἤτοι ἀνακαίνισις, ὡς βιβ. γ'. τῶν ἰνστιτούτ. τιτ. κθ' περὶ τὸ τέλος φησίν. Gradezu ein Citat endlich aus der Paraphrase des Theophilus enthält unverkennbar das Schol. Φησὶν περὶ τὸ τέλος ad Basil. XI. 1, 7, them. 6 (l. 7. §. 12. D. 2, 14). Dasselbe sagt, die nicht ganz wortgetreue Uebersetzung des Theophilus wörtlich wiedergebend: Φησὶν περὶ τὸ τέλος ὁ κθ'. τιτ. τῆς γ'. ἰνστιτούτ. τότε γίνεσθαι νοβατίονα, ἡνίκα τοῦτο αὐτὸ μεταξὺ τῶν συναλλαττόντων ἐξεφωνήθη, ὅτι διὰ νοβατίονος τῆς προτέρας ἐνοχῆς ἐπὶ τὴν παροῦσαν ἦλθον ἐπερώτησιν.

Nach den bisherigen Erörterungen dürfte so viel feststehen: Wenn nach unserem Gesetz eine Stipulation Novations-Wirkung haben sollte, so mußte der Stipulator, wenn mündlich contrahirt wurde, den Promissor fragen, nicht blos, ob er promittiren wolle, sondern auch, ob er novandi causa promittiren wolle. Wurde dagegen schriftlich promittirt, was ja die Regel war, so mußte der Promittent in der Urkunde sagen, daß er novandi causa promittirt habe. Festzustellen ist nun aber noch, ob diese

Stipulationsfrage resp. -Erklärung eine ausdrückliche sein mußte.[2]) Sofort entschieden wäre dieser Punkt, wenn es richtig wäre, was Salkowski (a. a. O.) zu behaupten scheint, daß das Wort exprimere immer oder doch wenigstens meistens von einer ausdrücklichen Erklärung gebraucht wird. Dies ist indessen nicht der Fall. Zuzugeben ist nur, daß, wie schon hervorgehoben worden, exprimere meistens eine Erklärung in lege, testamento, stipulatione bezeichnet, dagegen nicht besonders häufig von ganz formlosen Erklärungen gebraucht wird. Dagegen muß behauptet werden — was weiter unten (S. 211 flg.) bewiesen werden wird —, daß die mit exprimere bezeichnete Erklärung überall — mit sehr wenigen Ausnahmen — auf jede Art abgegeben sein kann oder abgegeben werden kann, ausgenommen allein diejenigen Arten der Erklärung, welche durch die Natur oder durch die Form des gerade in Rede stehenden Acts oder Rechtsgeschäfts, also des Gesetzes, des Testaments, der Stipulation ausgeschlossen sind. Wo solche Hindernisse nicht entgegenstehen, also bei formlosen Verträgen, schließt die Anwendung des Worts exprimere keine Art der Erklärung aus, auch nicht die durch concludente Handlungen. Und hiervon kommt, so viel ich weiß, keine einzige Ausnahme vor. Hienach haben wir also zu fragen, ob eine Erklärung in stipulatione immer eine ausdrückliche sein mußte. Die Antwort auf diese Frage giebt uns der Umstand an die Hand, daß die Stipulation, auch noch zur Zeit Justinians (vgl. l. 1. §. 2. C. de rei uxor. [5, 13]), ein Verbal-Contract und ein contractus stricti juris war. Die Natur der Stipulation als eines Verbal-Contracts schließt die Möglichkeit aus, eine Erklärung in stipulatione durch concludente Handlungen abzugeben. Die Erklärung mußte durch Worte, und zwar, wie sich weiter aus der Natur der Stipulation als eines contractus stricti juris ergiebt, durch strict zu interpretirende Worte geschehen. Dies ist die Regel, und Beläge für dieselbe sind z. B. l. 54. §. 1. D. loc. (19, 2), l. 126. §. 2. D. de V. O. (45, 1), l. 122. §. 4. D. eod.

Die erste dieser Stellen, die schon oben sub Nr. 5 angeführt worden ist, lautet vollständig:

---

[2]) Diese Frage ist übrigens, wie wir unten sehen werden, nicht von practischem, sondern nur von historischem Interesse.

Inter locatorem fundi et conductorem convenit, ne intra tempora locationis Sejus conductor de fundo invitus repelleretur; et si pulsatus esset, poenam decem praestet Titius locator Sejo conductori, vel Sejus conductor Titio, si intra tempora locationis discedere vellet, aeque decem Titio locatori praestare vellet, quod invicem de se stipulati sunt, quaero, quum Sejus conductor biennii continui pensionem non solveret, an sine metu poenae expelli possit? Paulus respondit, quamvis nihil expressum sit in stipulatione poenali de solutione pensionum, tamen verisimile esse, ita convenisse de non expellendo colono intra tempora praefinita, si pensionibus paruerit, et ut oportet, coleret; et ideo si poenam petere coeperit is, qui pensionibus satis non fecit, profuturam locatori doli exceptionem.

Diese Stelle behandelt also folgenden Fall. Ein Verpächter A. hat seinem Pächter B. versprochen, ihm die Detention des Pachtgrundstücks X. während der Pachtzeit nicht zu nehmen, und hat ihm für den Fall, daß er das dennoch thun würde, eine Geldstrafe promittirt. Sehen wir einmal von der Stipulation ab, und nehmen wir an, der ganze Vertrag sei ein contractus bonae fidei. Dann müßten wir denselben so interpretiren: A. war zu demjenigen, was er noch speciell versprochen hat, schon durch den Pachtcontract verpflichtet. Folglich müssen wir annehmen, daß er auch sein specielles Versprechen an die Bedingung hat knüpfen wollen, unter welcher der Contract ihn verpflichtete, die Bedingung nämlich, daß B. die Pacht bezahlt. Ist dies aber die Bedingung für das Versprechen, dem B. nicht die Detention nehmen zu wollen, so ist es damit auch die Bedingung für das Versprechen der Geldstrafe, und B. kann auch die Geldstrafe nur einklagen, wenn er den Eintritt dieser Bedingung behauptet und beweist. Die bona fides zwingt uns hier also, die Umstände, unter welchen die in Rede stehenden Versprechen gegeben sind — das Verhältniß nämlich, in welchem der A. als Verpächter zu dem B. als Pächter steht, und die Eigenschaft des Grundstücks X. als eines Pachtgrundstücks —, diese Umstände zu berücksichtigen, und mit Rücksicht auf dieselben anzunehmen, daß der Versprechende sein Versprechen an die erwähnte Bedingung habe knüpfen wollen. Wir können von dieser Bedingung sagen, sie sei stillschweigend erklärt. Ob darunter aber verstanden werden kann, sie sei durch eine concludente

Handlung erklärt, das erscheint sehr zweifelhaft. Richtiger ist es wohl, so zu sagen: Dieselben Worte können einen verschiedenen Sinn haben, je nachdem sie einen bonae fidei oder stricti juris contractus darstellen. Im ersteren Falle braucht der Sinn, welchen die Auslegung in den Worten findet, nicht genau der strenge Wortsinn zu sein, der strenge Wortsinn kann modificirt erscheinen. Die Auslegung kann z. B., wie im vorliegenden Falle, finden, daß eine Bedingung erklärt ist, die nicht unmittelbar in den Worten liegt, ohne daß darum diese Bedingung weniger ausdrücklich, wörtlich erklärt wäre, als der übrige Theil der Willenserklärung, welcher unmittelbar durch die Worte gegeben ist. Indessen, dem sei, wie ihm wolle, uns ist diese Verschiedenheit der theoretischen Auffassung gleichgültig. Uns genügt es, zu wissen, daß eine solche Erklärung, mag man sie immerhin zum Unterschied von der Erklärung durch concludente Handlungen eine ausdrücklich, wörtlich abgegebene Erklärung nennen, jedenfalls keine von denjenigen wörtlichen Erklärungen ist, welche allein den Inhalt einer Stipulation bilden können. Die Stipulation ist eben ein contractus stricti juris, und dieser ihr Character schließt die Möglichkeit aus, daß der Sinn der Worte, welche den tenor stipulationis bilden, durch die Umstände, unter welchen die Stipulation zu Stande kommt — und seien die Umstände selbst in der Stipulation erwähnt — bestimmt werden könnte. Es kommt lediglich darauf an, was die Worte an sich bedeuten. Dem entsprechend nimmt unsere Stelle denn auch an, daß die promissio poenae des A. ohne die Bedingung: „si pensionibus paruerit conductor" eingegangen ist. B. kann die actio ex stipulatu anstellen, trotzdem er die Pacht nicht bezahlt hat. Denn „nihil expressum est in stipulatione poenali de solutione pensionum." Dagegen wird aber allerdings das formlose Versprechen des A., dem B. die Detention des Grundstücks X. nicht nehmen zu wollen, als unter der Bedingung: wenn B. die Pacht zahlt, gegeben angesehen. Zur Sicherung dieses — klaglosen[a]) — Versprechens aber ist es gewesen, daß jene Poenal=Stipulation eingegangen ist. Hat also B. zwei Jahre hindurch die Pacht nicht bezahlt, ist somit

---

[a]) Wenn wir es uns nicht etwa als pactum adjectum zu denken haben, was die Stelle im Unklaren läßt.

die Bedingung dieses Versprechens deficirt, so klagt der B. nun aus einer Stipulation, deren causa fortgefallen ist, und A. hat deshalb die exceptio doli.

Die oben (unter Nr. 15) gleichfalls schon angeführte l. 126. §. 2. D. de V. O. (45, 1) bespricht folgende Stipulations= Urkunde:

Chrysogonus, Flavii Candidi servus actor, scripsi coram subscribente et assignante domino meo accepisse eum a Julio Zosa, rem agente Julii Quintiliani absentis, mutua denaria mille; quae dari Quintiliano, heredive ejus, ad quem ea res pertinebit, kalendis Novembribus, quae proximae sunt futurae, stipulatus est Zosas libertus, et rem agens Quintiliani; spopondit Candidus, dominus meus; sub die suprascripta si satis eo nomine factum non erit, tunc, quo post solvetur, usurarum nomine denarios octo praestari, stipulatus est Julius Zosas, spopondit Flavius Candidus, dominus meus, subscripsit et dominus.

Wenn wir die in dieser Urkunde enthaltene Zinsen=Stipu= lation als einen contractus bonae fidei zu interpretiren hätten, so müßten wir ohne Zweifel sagen: da Zosas in der die Rück= gabe des Darlehns betreffenden Stipulation ausdrücklich die Rück= gabe an den Quintilianus stipulirt — „dari Quintiliano" —, so muß man annehmen, daß er auch die Zahlung der Zinsen dem Quintilianus hat stipuliren wollen, um so mehr, als dieser der Darleiher ist; man muß also hinter praestari ergänzen Quintiliano. Auch hier wieder wäre es also ein außerhalb der Worte liegender Umstand, der ihren eigentlichen Sinn modi= ficiren würde. Das ist aber, weil wir es mit einer Stipulation zu thun haben, nicht möglich. Die Person des Quintilianus ist eben nicht „expressa", und deshalb hat Zosas sich selbst die Zinsen stipulirt.

Eine etwas andere Bewandtniß hat es mit l. 122 §. 4. D. de V. O. (45, 1). Dieselbe lautet:

Agerius filiusfamilias servo Publii Maevii stipulanti spo= pondit, se daturum quidquid patrem suum Publio Maevio de= bere constitisset; quaesitum est, patre defuncto antequam con= stitisset, quid quantumque deberet, an, si adversus heredem ejus actum fuisset, aliumve successorem, et de debito constitisset, Agerius teneatur. Respondit, si conditio, non exstitisset, stipulationem non commissam.

Hier liegen Umstände außerhalb der Stipulation, aus denen die besprochene Stipulation — dieselbe einmal als bonae fidei contractus gedacht —, interpretirt werden könnte, nicht vor. Nichtsdestoweniger müßten wir dieselbe als bonae fidei contractus wohl zweifellos so auslegen, als wenn zwischen den Worten „debere constitisset" die Worte vel debuisse eingeschoben wären. Während also ex stipulatu nicht geklagt werden kann, müßte aus dem Contract, wäre er ein contractus bonae fidei, die Klage angestellt werden können. Hier würde uns also die bona fides nicht zwingen, die Umstände, unter denen die Worte des Contracts gesprochen resp. geschrieben sind, zu berücksichtigen, und deshalb etwas anderes als erklärt anzusehen, als was der strenge Wortsinn ergiebt. Denn solche Umstände liegen, wie gesagt, nicht vor. Das, was die verschiedene Auslegung derselben Worte bewirkt, ist vielmehr allein das, daß das eine Mal die Contrahenten auf dem Standpunkt der bona fides gestanden haben, während sie das andere Mal einen contractus stricti juris haben abschließen wollen.

In den vorstehend besprochenen Stellen finden wir also die Regel befolgt, wonach als in einer Stipulation erklärt nur dasjenige angesehen wird, was unmittelbar der strenge Wortsinn ergiebt. Diese Regel ist nun jedoch keineswegs ohne Ausnahme. Es finden sich viele Stellen in den Quellen, in welchen eine Bestimmung einer Stipulation ex bona fide interpretirt wird. Dies geschieht namentlich dann, wenn bei stricter Interpretation der Promissor etwas unmögliches versprochen hätte. Hatte also in Rom Jemand so stipulirt: Spondesne mihi centum Ephesi dare?, so hatte nach dem strengen Wortlaut der Stipulator das Recht zu fordern, daß sofort in Ephesus geleistet werde. Dies war aber etwas unmögliches, und deshalb wurde gesagt: inest tempus stipulationi. Vgl. z. B. l. 137. §. 2. D. de V. O. (45, 1). Andere Beispiele von Stipulationen, die bei stricter Interpretation nicht würden aufrecht erhalten werden können, und die deshalb ex bona fide interpretirt werden, bieten die oben (unter Nr. 17) angeführte l. 94. eod. und l. 81. pr. eod., in welcher letzteren es heißt: qui alium sisti promittit, hoc promittit, id se acturum, ut stet. Fälle dagegen, wo ohne solchen bringenden Grund von der stricten Interpretation der Stipulationsworte abgegangen ist, scheinen die Stellen l. 21. §. 6. 10. und 12. D. de rec.- (4, 8) zu enthalten. In allen diesen Fällen haben wir es mit wirklichen Ausnahmen von der Regel zu thun. Das kann einigermaßen zweifelhaft erscheinen in Stellen, wie l. 4. §. 2. D. de pact. (2, 14) und namentlich l. 38. pr. de solution. (46, 3), obwohl gerade diese Stellen ausdrücklich von einer tacita conventio sprechen, welche in der Stipulation enthalten sein soll. Diese tacita conventio kann ja nämlich auch — und das ist wohl das richtige.— als ein naturale negotii aufgefaßt werden. Doch kommt darauf für uns nichts an. Ausnahmen giebt es von der Regel, daß nur das als in stipulatione erklärt anzusehen ist, was der strenge Wortlaut ergiebt. Das steht doch einmal fest. Ob wir also eine Ausnahme mehr oder weniger anzunehmen haben, das kann uns gleichgültig sein, um so gleichgültiger, als l. 126. §. 2. D. de V. O. (45, 1) keinen Zweifel darüber läßt, was als Ausnahme, was als Regel anzusehen ist. Es heißt dort nämlich: Plerumque in stipulationibus verba, ex quibus obligatio oritur, inspicienda sunt; raro inesse tempus, vel conditionem, ex eo, quod agi apparebit, intelligendum est, nunquam personam, nisi expressa sit.

Wir wenden uns jetzt wieder zu unserem Gesetz. Wenn, wie wir oben constatirt haben, dasselbe vorschreibt, der animus novandi solle in stipulatione erklärt werden, so kann das doch nur heißen, derselbe solle so erklärt werden, wie der Regel nach etwas in stipulatione erklärt werden muß, wie dem Character der Stipulation, als eines contractus stricti juris, entsprechend etwas in stipulatione erklärt werden muß. Die Regel aber und dem Character der Stipulation entsprechend ist, wie wir eben gesehen haben, daß ein Gedanke in stipulatione durch Worte erklärt wird, die nach stricter Interpretation denselben enthalten. Demnach verlangt unser Gesetz, daß der animus novandi in dieser Weise erklärt werde. Eine stillschweigende Erklärung des animus novandi von der Art, wie wir sie ad l. 54. §. 2. D. locati oben erörtert haben, ist also ausgeschlossen. Mit diesem Resultat stimmen denn auch die übrigen von einem exprimere in stipulatione handelnden Stellen überein. Während nämlich in keiner einzigen derselben irgend ein Grund vorliegt, der uns veranlassen könnte, anzunehmen, daß die mit exprimere bezeichnete Erklärung auch eine durch Interpretation ex bona fide gefundene sein könnte, ist dieselbe in den Stellen l. 40. D. de R. C. (12, 1). l. 86. und l. 138. §. 1. D. de V. O. (45, 1). (Nr. 10, 6 und 16 der oben angeführten Stellen), von denen gleich näher die Rede sein wird, ganz gewiß eine durch strict zu interpretirende Worte abgegebene oder abzugebende, und wird sogar in andern Stellen id, quod expressum est in stipulatione als dasjenige, was durch strict zu interpretirende Worte erklärt ist, ausdrücklich in Gegensatz gesetzt zu demjenigen, was ex bona fide als stillschweigend erklärt angesehen wird (so in l. 21. §. 6, D. de rec. (4, 8) [Nr. 2], l. 4. §. 3. D. de pact. (2, 14) [Nr. 13], l. 94. D. de V. O. (45, 1) [Nr. 17.])[4]) oder zu demjenigen, was nur ex bona fide als erklärt angesehen werden könnte und deshalb nicht als in stipulatione erklärt gilt (so in l. 54. §. 1. D. loc. (19, 2) [Nr. 5] und l. 126. §. 2. D. de V. O. (45, 1) [Nr. 15]).

Das also steht fest, daß unser Gesetz eine Erklärung des animus novandi durch Worte verlangt, deren stricte Bedeutung den animus novandi ergiebt. Es fragt sich nun aber weiter, ob jede derartige Erklärung genügt. L. 93. D. de V. O. (45, 1) lautet: Si sic stipulatus fuero: per te non fieri, quominus hominem ex his, quos habes, sumam? electio mea erit. Daß hier der stipulator die Wahl haben soll, ist doch gewiß dem strengen Wortsinn der verba stipulationis entsprechend. Verhindert der Promissor den Stipulator, den Sclaven, den er sich ausgewählt, zu nehmen, so handelt er contra verba stipulationis. Ist aber darum, daß der Stipulator die Wahl haben solle, expressum in stipulatione? Zu verneinen wäre diese Frage, wenn wir die oben (unter Nr. 16) angeführte l. 138. §. 1. D. de V. O. (45, 1) für maßgebend halten könnten. Diese Stelle stellt folgende beiden Fälle einander gegenüber. Ich stipulire pure, d. h. sine adjectione voluntatis: Spondesne mihi illud aut illud dare? oder ich stipulire mit jener adjectio: Spondesne mihi illud aut illud dare, quod volueris? Auch der Wortlaut der ersten Stipulation giebt, strict interpretirt, dem Promissor

---

[4]) Wenn wir die in l. 4. §. 2. D. de pact. (2, 14) [Nr. 12] und l. 21. D. de J. D. (23, 3) [Nr. 14] erwähnte Bedingung für eine stillschweigend erklärte, und nicht für eine conditio juris hielten, müßten wir auch diese Stellen hier anführen.

die Wahl. Aber nichtsdestoweniger heißt es nur: voluntas (sc. promissoris) inest stipulationi, und, daß voluntas expressa est in stipulatione, wird nur von der zweiten Stipulation gesagt. Wir finden hier also zu den zwei Arten von stillschweigender Erklärung, die wir schon besprochen haben, noch eine dritte Art von Erklärung, die wir auch eine stillschweigende nennen können. Wir haben gesehen, daß man nicht blos eine Erklärung durch concludente Handlungen eine stillschweigende Erklärung nennt, sondern auch da von einer stillschweigenden Erklärung spricht, wo Worte, wenn man sie ex bona fide interpretirt, mehr besagen oder etwas anderes besagen, als ihr strenger Wortsinn ist. Hier finden wir nun, daß man auch dann einen Gedanken als still= schweigend erklärt bezeichnen kann, wenn er zwar mit Worten erklärt ist, aus denen er sich nach deren strengem Wortsinn er= giebt, aber nicht mit Worten, welche lediglich zu dem Zweck gesprochen sind, um ihn zu erklären. Und einen Gegensatz gegen die stillschweigende Erklärung auch in dieser Bedeutung bildet das exprimere in stipulatione in der eben besprochenen Stelle. Hier heißt exprimere aliquid in stipulatione also: eine speciell den und den Punkt betreffende Clausel in die Stipulation auf= nehmen, Worte in die Stipulation aufnehmen, welche blos den Zweck haben, den und den Punkt zu erklären. Dieselbe Bedeutung hat das Wort exprimere in l. 86. D. de V. O. (45, 1) [Nr. 6], wie sich zweifellos aus einer Vergleichung dieser Stelle mit l. 30. pr. eod. ergiebt, wo es heißt: si quis illud et illud stipulatus sit, tot stipulationes sunt, quot corpora. Ferner ist diese Bedeutung des Wortes exprimere unzweifelhaft in l. 40. D. de R. C. (12, 1) [Nr. 10]. In den übrigen Stellen, welche von einem exprimere in stipulatione handeln, dagegen kann die Erklärung, welche mit diesem Ausdruck bezeichnet wird, eben so gut eine stillschweigende in der zuletzt erörterten Bedeutung sein.

Dasselbe müssen wir daher auch wohl von unserem Gesetz annehmen. Und darin kann uns auch das nicht irre machen, daß in demselben von einem specialiter remittere et ex= primere die Rede ist. Denn abgesehen davon, daß auch in mehreren der übrigen von einem exprimere in stipulatione han= delnden Stellen ein specialiter dem exprimere hinzugefügt ist, ohne daß man sagen könnte, die Bedeutung des exprimere sei dadurch eine andere geworden, werden wir weiter unten

(S. 217 flg.) den Nachweis führen, daß das Wort specialiter besonders auch dann Anwendung findet, wenn ausgedrückt werden soll, daß eine Erklärung in einer anderweitigen Erklärung nicht mit enthalten ist, sondern noch besonders abgegeben werden muß, daß etwas kein naturale negotii ist, nicht präsumirt wird, und deshalb noch besonders erklärt werden muß, ohne daß auf die Art dieser besonderen Erklärung aus dem Gebrauch des Wortes specialiter ein Schluß gezogen werden kann. In unserem Gesetze aber wird nun ja grade gesagt, daß etwas nicht präsumirt werden soll, sondern noch besonders erklärt werden muß. Es wird ja grade gesagt: In den Fällen, in welchen bisher aus dem Inhalt der Stipulation oder sonstigen Abmachungen der Contrahenten der animus novandi gefolgert wurde, ohne daß er wirklich erklärt war, soll es jetzt einer besonderen Erklärung des animus novandi bedürfen. Derselbe soll speciell, d. h. abgesehen von dem sonstigen Inhalt der Stipulation oder den sonstigen Abmachungen der Contrahenten erklärt werden. Wir dürfen also getrost behaupten: Der Vorschrift unseres Gesetzes ist Genüge geschehn, wenn die Stipulation so concipirt ist, daß sich aus den gebrauchten Worten nach deren strengem Wortsinn der animus novandi ergiebt.

Diesem Resultat widerspricht auch nicht die Uebersetzung unserer Constitution in den Basiliken, welche wir oben (S. 195) ihrem wesentlichen Inhalt nach wiedergegeben haben. Die $\dot{\varepsilon}\varrho\mu\eta\nu\varepsilon\dot{\iota}\alpha$, welche nach dieser Uebersetzung zur Eruirung des animus novandi nicht angewandt werden soll, ist die Präsumtion und die Interpretation ex bona fide, nicht aber die Untersuchung darüber, welches der strenge Sinn der gebrauchten Worte ist.

Zu dem Gesagten ist jedoch Eins zu bemerken. Man würde irren, wollte man nun glauben, daß nach unserem Gesetz der animus novandi sich aus den Worten der Stipulation immer hätte ergeben müssen. Das ist nicht der Fall, wie sich aus l. 6. D. de R. C. (12, 1) ergiebt. In dieser Stelle referirt nämlich Paulus folgende Aeußerung des Pedius: Pedius libro primo de stipulationibus nihil referre ait, proprio nomine res appelletur, an digito ostendatur, an vocabulis quibusdam demonstretur, quatenus mutua vice fungantur, quae tantundem praestent. Da Pedius das, was er hier sagt, in einer Schrift de stipulationibus sagt, so ist wohl anzunehmen, daß er es mit

Bezug auf die Stipulation sagt. Ist das aber richtig, so würde nach unserem Gesetz der animus novandi genügend erklärt sein, wenn der Stipulator, mit seinem Finger etwa auf ein mit den Worten animus novandi beschriebenes Papier zeigend, seine Stipulationsfrage so formulirte: Spondesne mihi hoc animo centum, quae mihi debes, dare?

Die bisher gewonnenen Resultate verdanken wir der Interpretation des Wortes exprimere. Sehen wir nun, wie zu diesem Resultate der übrige Inhalt unseres Gesetzes und der in §. 3. J. quib. mod. (3, 29) enthaltenen Relation über dasselbe stimmt. In der Institutionenstelle setzt Justinian zunächst auseinander, was ihn zum Erlaß des Gesetzes veranlaßt hat. Er sagt: ... quum hoc quidem inter veteres constabat, tunc fieri novationem, quum novandi animo in secundam obligationem itum fuerat, per hoc autem dubium erat, quando novandi animo videretur hoc fieri, et quasdam de hoc praesumtiones alii in aliis casibus introducebant; ideo nostra processit constitutio... Justinian sieht also offenbar in den Präsumtionen für den animus novandi eine Folge der Möglichkeit, denselben in jeder beliebigen Weise, also auch stillschweigend, zu erklären. Wenn dies aber der Fall war, so handelte er jedenfalls am richtigsten, wenn er nicht nur jene Präsumtionen verbot, sondern auch die Quelle derselben verstopfte, d. h. eine bestimmte Form oder eine bestimmte Art der Erklärung des animus novandi vorschrieb. Diesen Inhalt aber hat nun das Gesetz nach unserer Erklärung wirklich, und Justinian referirt denselben, indem er von seiner constitutio sagt: apertissime definivit, tunc solum novationem fieri, quoties hoc ipsum inter contrahentes expressum fuerit, quod propter novationem prioris obligationis convenerunt, alioquin manere et pristinam obligationem, et secundam ei accedere, ut maneat ex utraque causa obligatio secundum nostrae constitutionis definitionem, quam licet ex ipsius lectione apertius cognoscere.

Das Gesetz selbst lautet vollständig: Novationum nocentia corrigentes volumina et veteris juris ambiguitates resecantes, sancimus, si quis vel aliam personam adhibuerit, vel mutaverit, vel pignus acceperit, vel quantitatem augendam vel minuendam esse crediderit, vel conditionem seu tempus addiderit vel detraxerit, vel cautionem juniorem acceperit, vel aliquid fecerit, ex quo veteris juris conditores introducebant novationes, nihil penitus prioris cautelae innovari, sed anteriora stare, et posteriora incrementum illis accedere, nisi ipsi specialiter remiserint quidem priorem obligationem, et hoc expresserint, quod secundam magis pro anterioribus elegerint. Et generaliter definimus, voluntate solum esse, non lege novandum, et, si non verbis exprimatur, ut sine novatione, quod solito vocabulo ἀνοβατευτως dicunt, causa procedat; hoc enim naturaliter inesse rebus volumus, et non verbis extrinsecus supervenire.

In der ersten Hälfte des Gesetzes spricht Justinian also von den Fällen, in welchen zur Zeit des Erlasses des Gesetzes der animus novandi präsumirt wurde. Er führt eine ganze Reihe dieser Fälle speciell auf und sagt, in keinem derselben solle novirt werden, „nisi ipsi specialiter remiserint quidem priorem obligationem, et hoc expresserint, quod secundam magis pro anterioribus elegerint." In der zweiten Hälfte des Gesetzes generalisirt dann Justinian diesen Satz: „Et generaliter definimus etc." Schwierigkeit macht in dieser zweiten Hälfte des Gesetzes die Construction der Worte von Et generaliter bis procedat. Diese Worte lassen, wenn man alle Möglichkeiten in Betracht zieht, eine vierfache Construction, oder richtiger Uebersetzung, zu. Sie können übersetzt werden:

1) Wir bestimmen, daß durch den Willen allein, nicht durch das Gesetz novirt werden soll, während es nicht durch Worte ausgedrückt zu werden braucht, daß nicht novirt werden soll.

2) Wir bestimmen, daß durch den Willen allein, nicht durch das Gesetz novirt werden soll, während es nicht durch Worte ausgedrückt zu werden pflegt, daß nicht novirt werden soll.

3) Wir bestimmen, daß durch den Willen allein, nicht durch das Gesetz novirt werden soll, und daß, wenn das (oder: dieser Wille) nicht durch Worte ausgedrückt wird, daß dann keine Novation eintreten soll.

4) Wir bestimmen, daß durch den Willen allein, nicht durch das Gesetz novirt werden soll, auch in dem Falle, wenn (oder: wenn auch) es nicht mit Worten ausgedrückt wird, daß nicht novirt werden soll.

Die erste dieser verschiedenen Uebersetzungen ist wohl entschieden unzulässig. Ich wenigstens glaube kaum, daß die Uebersetzung von „et si non verbis exprimatur" mit „während es nicht durch Worte ausgedrückt zu werden **braucht**" sich sprachlich rechtfertigen läßt.

Das wäre schon eher hinsichtlich der zweiten Uebersetzung möglich. Dagegen würde Justinian, wenn dieselbe seinen Gedanken richtig wiedergäbe, sich einer factischen Unrichtigkeit schuldig gemacht haben. Denn es ist im höchsten Grade wahrscheinlich, daß die Clausel: ut sine novatione causa procedat, in den damaligen Stipulationsurkunden allerdings gewöhnlich vorzukommen pflegte.

Somit bleiben als einzig mögliche Uebersetzungen die unter 3. und 4. angeführten übrig. Erstere ist diejenige, welche seit den Glossatoren bis in unser Jahrhundert hinein für die richtige gehalten worden ist. Für letztere spricht sich die zur Zeit. herrschende Meinung aus. Wer Recht hat, das läßt sich kaum entscheiden. Eine Reihe von Bedenken, die gegen die erstere geltend gemacht werden, vermag ich nicht zu theilen.[5] Dagegen giebt zu Ungunsten derselben vielleicht der Umstand den Ausschlag, daß man, wenn sie richtig sein soll, nicht recht weiß, wie Justinian

---

[5] Es soll auffallend sein, daß definimus einmal den accusat. cum inf. und dann einen Satz mit ut regiert, und ferner, daß si non gebraucht ist statt nisi. Endlich soll bei dieser Construction der ganze Satz sehr schwerfällig sein, da als Subject zu exprimere das Noviren und nicht das Nichtnoviren verstanden werden müßte. (Grotefend in der Zeitschr. f. Civ. u. Pr. N.F. XII. S. 303 flg.) Keiner dieser Einwände scheint mir stichhaltig zu sein. Was zunächst die Frage nach dem Subject zu exprimere betrifft, so könnte man als dasselbe sehr wohl voluntas ergänzen. Aber auch gegen das „Noviren" als Subject kann man, wie mir scheint, nichts einwenden, zumal da wir es mit einer Constitution zu thun haben, in der auch sonst die Construction nicht gerade mustergültig ist. Man denke nur an das „nisi ipsi specialiter remiserint", während vorher immer nur von einem Contrahenten die Rede gewesen ist. Ebensowenig kann das „si non" statt „nisi" in einer Justinianischen Constitution überraschen. Man vergleiche nur l. 12. pr. C. de petit. hered. (3, 31) [von Justinian], l. 3. C. quando fiscus (4, 15) [von Gordian], l. 16. C. de fideicommiss. libert. (7, 4) und l. 1. §. 3. C. de Lat. lib. (7, 6) [von Justinian]. Und was endlich die verschiedene Construction der von definimus regierten Sätze betrifft, so läßt sich, wie mir scheint, dafür leicht ein Grund auffinden. Von procedere giebt es nämlich ja keinen dem novandum esse ent-

dazu gekommen ist, den Satz „quod solito vocabulo ἀναβατευτῶς dicunt" einzuschieben.

Hienach können wir also nicht sagen, daß der in Rede stehende Satz unseres Gesetzes eine positive Stütze für unsere Ansicht von dem Inhalt desselben abgiebt. Das würde der Fall sein, wenn die unter 3. aufgeführte Uebersetzung die zweifellos richtige wäre. Denn dann würde ja unser Gesetz hinsichtlich der Absicht zu noviren ausdrücklich ein verbis exprimere verlangen. Unter diesen verba aber würde man, da es sich ja um eine bei Eingehung einer Stipulation abzugebende Erklärung handelt, doch wohl kaum etwas anderes verstehen können, als die verba stipulationis. So jedoch können wir nur sagen, daß die fraglichen Worte unseres Gesetzes, man mag sie übersetzen, wie man will, niemals auch nur das geringste Argument gegen unsere Ansicht liefern.

Dasselbe gilt — oder sollten sie vielleicht eher für unsere Ansicht sprechen? — von den Schlußworten des Gesetzes: hoc enim naturaliter inesse rebus volumus, et non verbis extrinsecus supervenire. Unter dem hoc ist das Nichtnoviren zu verstehen. Denn die unmittelbar vorhergehenden Worte sind „ut sine novatione causa procedat". Das Nichtnoviren soll also ein naturale negotii sein, soll „naturaliter inesse rebus". Diese „res" sind die Stipulation, so daß wir es auch hier wieder mit einem inesse stipulationi zu thun haben, als dessen Gegensatz uns wiederholt das expressum esse in stipulatione vorgekommen ist. Statt dieser Wendung gebraucht Justinian hier den Ausdruck „verbis extrinsecus supervenire". Diese Worte sind entweder so zu construiren: supervenire (sc. rebus) extrinsecus verbis (sc. stipulationi adjectis), oder so: supervenire verbis (sc. stipulationis). Nach der ersten Construction ist verbis der Ablativ, nach der zweiten der Dativ. Der Sinn aber ist in beiden Fällen: Daß nicht novirt wird, soll ein naturale negotii sein, und nicht noch außerdem hinzukommen durch in die Stipulation eingefügte Worte (nicht noch außerdem zu den Worten der Stipulation hinzukommen [natürlich auch wieder durch in die Stipu=

---

sprechenden Infinitiv, der von causa, als seinem Subject, abhängen könnte. Wenn also Justinian nicht etwa die schleppende Verbindung procedere debere gebrauchen wollte, so war er genöthigt, um die Wendung causa procedit gebrauchen zu können, in die Construction mit ut überzugehen.

lation eingefügte Worte]), d. h. es soll keiner speciellen Erklärung in stipulatione bedürfen.

Gegen die Auslegung der l. ult. C. de nov., welche im vorstehenden versucht worden ist, könnte nun vielleicht ihre Neuheit[6]) geltend gemacht werden. Dies Bedenken würde schwinden, wenn wir nachweisen könnten, daß die beiden Auslegungen, welche sich bis jetzt die Herrschaft streitig machen, beide gleich unhaltbar sind. Sehen wir also zu, inwieweit ein solcher Nachweis erbracht werden kann.

Derjenigen Ansicht zunächst, welche in unserem Gesetz die Bestimmung findet, daß der animus novandi nie mehr präsumirt werden solle, sondern immer erklärt werden müsse, aber nur erklärt in irgendwelcher Art, nicht nothwendig ausdrücklich, dieser Ansicht würde — wenn wir eben von unserer eignen Ansicht absehen — der Wortlaut der Institutionenstelle und der ersten Hälfte unseres Gesetzes, wie wir gleich des Näheren nachweisen werden, durchaus nicht widerstreiten. Dasselbe läßt sich von der zweiten Hälfte unseres Gesetzes schon nur unter der Voraussetzung behaupten, daß die viele Jahrhunderte hindurch für richtig gehaltene Uebersetzung derselben falsch ist. Völlig unvereinbar aber ist die in Rede stehende Ansicht mit der Ausdrucksweise der Basiliken. Und das ist ein Umstand, der mir wenigstens zu genügen scheint, um die fragliche Ansicht als unhaltbar erscheinen zu lassen. Anderer Meinung ist freilich v. Salpius, aber, wie mir scheint, aus einem wenig stichhaltigen Grunde. Er schlägt nämlich die Bedeutung der Uebersetzung, welche die Basiliken von unserer Constitution geben, um deswillen sehr gering an, weil dieselbe, wie er behauptet, drei Jahrhunderte nach Justinian gemacht worden sei. (v. Salpius a. a. O. S. 271). Das ist aber nicht richtig. Diese Uebersetzung stammt — wenigstens ist das die herrschende Ansicht — aus der Zeit Justinians.[7])[8])

---

[6]) Diese Neuheit ist übrigens auch nur relativ. Wenigstens sagt Salkowski (a. a. O. S. 263), daß z. B. auch die Juristen des 15 Jahrhunderts eine Erklärung des animus novandi in der posterior cautio verlangen.

[7]) Vgl. darüber sowie über die Person des Uebersetzers Zachariae von Lingenthal in den kritsch. Jahrb. f deutsche RW 1844 p. 803. Prolegg ad Basil Heimb. Tom. VI p 71. Manuale Basilic. eod. p. 396. not. *). Zachariae v. L. Zeitschr. f. Rechtsgesch. Bd. X. S. 60, 61, 68, 69.

[8]) Ebensowenig im Recht ist v. Salpius, wenn er für die in Rede

Was andrerseits die zweite der bisher sich bekämpfenden Ansichten betrifft, wonach unser Gesetz wörtliche Erklärung des animus novandi, aber nicht nothwendig in stipulatione, verlangen soll, so ist es ohne weiteres klar, daß derselben weder die Basiliken, noch die zweite Hälfte unseres Gesetzes entgegenstehen würden. Nicht so auf der Hand liegt die Antwort auf die Frage, wie sich die erste Hälfte unseres Gesetzes und die Institutionenstelle zu dieser Ansicht stellen würden. In der ersten Hälfte unseres Gesetzes und in der Institutionenstelle nämlich wird ja hinsichtlich des animus novandi ein specialiter remittere, exprimere, id ipsum exprimere verlangt, und es fragt sich: Bedeuten diese Worte, auch wenn man sie nicht von einer Erklärung in stipulatione versteht, eine ausdrückliche Erklärung?

Was zunächst das Wort exprimere betrifft, so ist, wie schon wiederholt hervorgehoben worden, die sich aus den Quellen ergebende Antwort auf diese Frage: Exprimere heißt schlechthin erklären. Ueber die Art der Erklärung läßt sich aus dem Wort exprimere so wenig etwas entnehmen, als aus unserem „erklären" oder „ausdrücken." Steht es dennoch in den meisten Fällen fest, daß die Erklärung, welche mit dem Worte exprimere bezeichnet wird, nicht auf jede Art abgegeben sein kann oder abgegeben werden kann, so ist das eine Thatsache, die sich niemals daraus, daß das Wort exprimere gebraucht ist, sondern aus anderen Umständen ergiebt. Diese Umstände bestehen entweder

---

stehende Auslegung seine Hypothese nutzbar zu machen sucht, wonach der historische Entwicklungsgang der gewesen wäre, daß ursprünglich gewisse Stipulationsformeln ohne animus novandi novirende Kraft gehabt hätten, und erst später allmälig das Vorhandensein des animus novandi verlangt worden wäre. Nach dieser Hypothese hätte Justinian sein Gesetz gegeben, um Reste jenes alten Zustandes, die in Gestalt von Präsumtionen für den animus novandi noch übrig geblieben wären, fortzuräumen (v. Salpius, a. a. O. S. 272). Indem v. Salpius so deducirt, verstößt er gegen den Grundsatz, daß jedes Gesetz aus dem Geiste, aus den Anschauungen des Gesetzgebers zu erklären ist. Darüber nämlich, daß die Hypothese von v. Salpius nicht auch Justinians Ansicht gewesen ist, kann gar kein Zweifel sein, und das wird auch von v. Salpius ausdrücklich zugegeben (a. a. O. S. 187). Für Justinian sind vielmehr, wie wir oben (S. 206) bei Besprechung der unser Gesetz betreffenden Institutionenstelle gesehen haben, die Präsumtionen für den animus novandi das posterius, die Nothwendigkeit des animus novandi dagegen etwas schon viel früher, etwas von jeher Anerkanntes.

darin — jedoch ist dies sehr selten —, daß die einzelne Erklärung, welche mit dem Worte exprimere bezeichnet wird, eine Erklärung ist, welche nach gesetzlicher Vorschrift in einer bestimmten Form oder Art abgegeben werden muß, oder welche zu einer in bestimmter Weise abgegebenen Erklärung in Gegensatz gesetzt wird; — oder — und das ist meistens der Fall — die einzelne Erklärung, welche mit dem Worte exprimere bezeichnet wird, ist Bestandtheil einer Gesammtheit von Erklärungen, welche nach gesetzlicher Vorschrift eine bestimmte Form haben muß, oder welcher doch im einzelnen Falle eine bestimmte Form gegeben ist.

Eine eingehendere Betrachtung der einschlagenden Quellenstellen wird das Gesagte bestätigen.

Wir fassen zunächst diejenigen Stellen ins Auge, in welchen von einem Rechtsgeschäft unter Lebenden die Rede ist. Zum großen Theil betreffen diese Stellen eine bei Eingehung einer Stipulation abgegebene Erklärung. Soweit das der Fall ist, ist, wie wir oben des Näheren nachgewiesen haben, die mit exprimere bezeichnete Erklärung eine Erklärung in stipulatione, ein Theil der Gesammtheit der Erklärungen, welche die Stipulation ausmachen, und deshalb eine durch strict zu interpretirende Worte abgegebene Erklärung. Nur in wenigen dieser Stellen hatte exprimere, wie wir sahen, einen etwas anderen Sinn, aber dies auch nur theils wegen des Gegensatzes, in welchen exprimere gesetzt war (so in l. 138. §. 1. D. de V. O. [45, 1] und l. 40. D. de R. C. [12, 1]), theils (so in l. 86. D. de V. O. [45, 1]), weil sich dieser andere Sinn aus einem Rechtssatz ergab.

Den von einer Stipulation handelnden Stellen sind die von einer Klage= resp. Einrede-Behauptung handelnden l. 14. §. 2. D. de exc. r. jud. (44, 2) und l. 2. §. 1. D. de doli exc. (44, 4) insofern an die Seite zu stellen, als es eine Folge der Formen des processualischen Verfahrens ist, daß Erklärungen, welche Klage= und Einredebehauptungen sind, nicht in jeder überhaupt möglichen Art abgegeben werden können.

Die übrigen von Rechtsgeschäften unter Lebenden handelnden Stellen sind, soweit sie mir bekannt sind, Gaj. Inst. III. 25. §. 3. l. 6. §. 3. l. 7. pr. D. comm. praed. (8, 4). l. 1. §. 9. D. de exerc. (14, 1). l. 4. §. 6. D. de manum. (40, 1). l. 8. D. de castr. pec. (49, 17). l. 2. §. 1. C. de constitut.

l. ult. C. de novat. (8, 42).

pecun. (4, 18). l. 8. 19. C. de loc. et cond. (4, 65). l. 2. 3. C. in quib. caus. (8, 15). l. 1. C. de solut. et liberat. (8, 45). l. 45. pr. §. 5. C. de donat. (8, 54).

In allen diesen Stellen bezeichnet exprimere eine Erklärung, die eben so gut eine Erklärung durch concludente Handlungen, als eine Erklärung durch irgendwelche andere Mittel sein kann. Als Beispiele lassen wir folgen:

l. 1. §. 9. D. de exerc. (14, 1). Unde quaerit Ofilius, si ad reficiendam navem mutuatus numos in suos usus converterit, an in exercitorem detur actio? Et ait, si hac lege accepit, quasi in navem impensurus, mox mutavit voluntatem, teneri exercitorem imputaturum sibi, cur talem praeposuerit, quodsi ab initio consilium cepit fraudandi creditoris, et hoc **specialiter non expresserit**, quod ad navis causam accepit, contra esse; . . .

Die beiden Fälle, die einander in dieser Stelle gegenüber gestellt werden, sind: „si hac lege accepit, quasi in navem impensurus", und: „si hoc specialiter non expresserit, quod ad navis causam accepit." Wollten wir also etwa das specialiter exprimere mit „ausdrücklich erklären" übersetzen, so müßten wir auch unter lex eine nothwendig ausdrückliche Verabredung verstehen, was doch nicht gut möglich ist.

l. 19. C. de loc. et cond. (4, 65). Circa locationes atque conductiones maxime fides contractus servanda est, **si nihil specialiter exprimatur** contra consuetudinem regionis. . . . Ueber den Sinn des specialiter exprimere in dieser Stelle bleibt gar kein Zweifel, wenn man die entsprechende Basilikenstelle (Basil. 20, 1, 81) zur Vergleichung heranzieht. Während der Text der Basiliken wörtlich übersetzt: εἰ μηδὲν ἰδικῶς ἐκφωνηθῇ, sagt der Scholiast (Theodor.): κατὰ τὸ ἔθος τῆς χώρας γίνεται ἡ μίσθωσις, εἰ μὴ ἄρα ἐναντίον τι δόξει.

l. 2. C. in quib. caus. pign. (8, 15). Certum est, ejus, qui cum fisco contrahit, bona veluti pignoris titulo obligari, quamvis **specialiter id non exprimatur**.

Auch in dieser Stelle bezeichnet specialiter exprimere wieder eine Erklärung, die unzweifelhaft auch durch concludente Handlungen abgegeben werden kann, — eine Thatsache, die für uns um so wichtiger ist, als hier grade wie in unserem Gesetz das, was durch das specialiter exprimere zu Stande kommt, demjenigen gegenübergestellt wird, was „lege" geschieht.

l. 1. C. de solut. et lib. (8, 45). In potestate ejus est, qui ex pluribus contractibus pecuniam debet, tempore solutionis exprimere, in quam causam reddat. Quodsi debitor id non fecit, convertitur electio ad eum, qui accepit. Si neuter voluntatem suam expressit, prius in usuras id, quod solvitur, deinde in sortem accepto feretur.

Diese Stelle, in welcher auch wieder ganz unzweifelhaft die mit exprimere bezeichnete Erklärung eine Erklärung durch concludente Handlungen sein kann, ist insofern interessant, als sie im Codex unmittelbar auf unser Gesetz folgt.

Wir haben bisher nur die Minderzahl der Stellen besprochen, in welchen das Wort exprimere vorkommt.

In den bei weitem meisten derselben haben wir es mit einem exprimere lege, Senatusconsulto, edicto, epistola, constitutione, rescripto, oratione, interdicto, in testamento zu thun. In allen diesen Stellen bringt es die Form des Gesetzes, des Edicts, des Testaments u. s. w. mit sich, daß die Erklärung, welche mit dem Worte exprimere bezeichnet wird, eine Erklärung durch concludente Handlungen nicht sein kann. Stillschweigende Erklärungen in anderem Sinn dagegen können, was wohl keiner weiteren Ausführung bedarf, in Gesetzen und Testamenten sehr wohl vorkommen, und deshalb kann eine Erklärung dieser Art die mit exprimere lege, testamento u. s. w. bezeichnete Erklärung eben so gut sein, als sie eine ausdrückliche sein kann. Anders ist dies auch hier wieder nur dann, wenn besondere Umstände vorliegen, aus denen sich ergiebt, daß exprimere so viel als „ausdrücklich erklären" bedeutet. Doch ist das auch hier wieder nur in sehr wenigen Stellen der Fall. So wird in l. 2. D. de lib. et post. hered. (28, 2) verb. „si nec nomen ejus expressum sit" mit dem Wort exprimere eine Erklärung bezeichnet, welche vermöge Rechtssatzes wörtlich abgegeben werden muß. Ferner kommen drei (oder vier, wenn wir auch l. 8. C. de imp. [6, 26] hierher rechnen) von Testamenten handelnde Stellen vor, in welchen sich aus dem Gegensatze, in welchen exprimere gesetzt ist, ergiebt, daß dasselbe mit „ausdrücklich erklären" zu übersetzen ist. Es sind dies l. 16. §. 2 und l. 88. D. de legat. I. (30) und l. 6. D. de assign. libert. (38, 4). In diesen

Stellen heißt es: si testator. . voluisset, vel etiam id expressisset — licet non conditionaliter expressisset, intellexisse tamen manifestissime approbetur — sive expressum est, vel certe intellexit. Hiermit ist die Zahl der Stellen — wenigstens der von letztwilligen Dispositionen handelnden —, in welchen exprimere „ausdrücklich erklären" heißt, aber auch wohl erschöpft. Die regelmäßige Bedeutung hat das Wort z. B. in folgenden Stellen.

l. 68. D. de her. inst. (28, 5). Si quis Sempronium heredem instituerit sub hac conditione: si Titius in Capitolium ascenderit, quamvis non alias heres esse possit Sempronius, nisi Titius ascendisset in Capitolium, et hoc ipsum in potestate sit repositum Titii, quia tamen scriptura non est expressa voluntas Titii, erit utilis ea institutio. Alioquin si quis ita scripserit: Si Titius voluerit, Sempronius heres esto, non valet institutio. Quaedam enim in testamentis si exprimantur, effectum nullum habent, quando si verbis tegantur, eandem significationem habeant, quam haberent expressa; et momentum aliquod habebunt . . . . . . In dieser Stelle stehen sich ea, quae exprimuntur und ea, quae verbis teguntur, d. h. doch offenbar, quae non exprimuntur, gegenüber, nicht aber, wie man wohl behauptet hat, voluntas expressa und voluntas tacita.

l. 19. pr. D. de test. mil. (29, 1) .. militi licet plura testamenta facere, sed sive simul fecerit, sive separatim, utique valebunt, si hoc specialiter expresserit . . .

Sollte hier dem sonst von der Beobachtung aller Formalitäten freigesprochenen Soldaten wohl eine bestimmte Art der Erklärung vorgeschrieben sein?

l. 33. §. 1. D. de legat. II. (31). Qui plures heredes instituit testamento, a quibusdam nominatim reliquit legata, postea codicillos ad omnes heredes scripsit, quaero, quae legata debeant? Modestinus respondit: quum manifeste testator testamento expresserit, a quibus heredibus legata praestari vellet, licet codicillos ad omnes scripserit, apparet tamen, ea, quae codicillis dedit, ab his praestanda esse, quos munere fungi debere testamento suo ostendit testator.

Zu dieser Stelle vergleiche man l. 90 D. de legat. III. (32): Nominatim legatum accipiendum est, quod a quo legatum sit, intelligitur, licet nomen pronuntiatum non sit. Also es genügt, daß man überhaupt nur erkennen kann, wem das Legat aufgelegt ist. Deshalb können in der vorliegenden Stelle, die erst erzählt, daß ein Testator nominatim legirt hat, und darauf diese selbe Thatsache mit den Worten „quum manifeste testator expresserit" anführt, diese letzteren Worte unmöglich auf eine nothwendig ausdrückliche Erklärung hinweisen.

l. 66. D. de legat. III. (32). Avibus legatis anseres, phasiani, et gallinae, et aviaria debebuntur; phasianarii autem, et pastores anserum non continentur, nisi id testator expressit.

Zu dieser Stelle bildet ein Seitenstück l. 55. §. 9. D. eod.: Ad faces quoque parata non erunt lignorum appellatione comprehensa, nisi haec fuit voluntas. Offenbar haben in der letzteren Stelle die Worte „nisi haec fuit voluntas" genau denselben Sinn, wie in der ersteren die Worte: „nisi id testator expressit." Der Forderung eines exprimere ist hier also jedenfalls auch durch eine stillschweigende Erklärung genügt.

l. 14. D. de supell. (33, 10). Fundo legato, instrumentum ejus non aliter legato cedit, nisi specialiter id expressum sit; nam et domo legata neque instrumentum ejus, neque supellex aliter legato cedit, quam si id ipsum nominatim expressum a testatore fuerit.

Auch in dieser Stelle stellt der Jurist, indem er sich der Ausdrücke „specialiter exprimere", „id ipsum nominatim exprimere" bedient, offenbar nicht die Forderung einer besonderen Art von Willenserklärung auf. Vielmehr ist es ja ganz unzweifelhaft, daß das instrumentum fundi, das instrumentum domus und die supellex vermacht sind, wenn nur irgend welche darauf bezügliche Willenserklärung vorliegt. Der Jurist will nur hervorheben, daß die genannten Gegenstände unter der Bezeichnung fundus, domus nicht mitbegriffen sind, daß es neben dem Gebrauch jener Worte noch einer besonderen Willenserklärung bedarf.

l. 1. §. 1 D. de statulib. (40, 7). Fiunt autem statuliberi vel conditione expressa, vel vi ipsa . . . . . vi ipsa quum creditoris fraudandi causa manumittuntur; nam dum incertum est, an creditor suo jure utatur, interim statuliberi sunt . . . .

Aus dem Gegensatz ergiebt sich unzweifelhaft, daß mit der conditio expressa jede auf einer Willenserklärung, auch einer stillschweigenden, beruhende Bedingung gemeint ist.

Außerdem vergleiche man noch l. 8. D. de Publ. (6, 2). l. 25. §. 8. D. de aed. ed. (21, 1). l. 114. §. 14. D. de legat. I. (30). l. 68. §. 3. D. de legat. III. (32). l. 18. §. 13. D. de instr. leg. (33, 7). l. 13. §. 6. D. de reb. dub. (34, 5). l. 47. 62. pr. D. de C. et D. (35, 1). l. 28. §. 2. D. de poen. (48, 19). l. 18. §. 11. D. de mun. (50, 4).

Wir wenden uns jetzt zu den Worten specialiter remittere und id ipsum exprimere. Was zunächst die letzteren Worte betrifft, so liegt absolut kein Grund vor, warum das id ipsum auf eine ausdrückliche Erklärung hinweisen sollte. Zum Ueberfluß mag aber noch auf Stellen wie l. 19. pr. D. de R. C. (12, 1). l. 75. D. pro socio (17, 2). l. 7. §. 1. D. de peric. et comm. (18, 6). l. 14. D. de supell. leg. (33, 10) hingewiesen werden, in denen die Ausdrücke id ipsum agitur, id ipsum actum est, id ipsum nominatim expressum est vorkommen, ohne daß dieselben von einer nothwendig ausdrücklichen Erklärung verstanden werden könnten.

Was sodann die Wendung specialiter remittere betrifft, so kommt dieselbe z. B. auch noch in l. 12. D. de liber. leg. (34, 3) vor, und ist hier ganz gewiß nicht von einer nothwendig ausdrücklichen Erklärung zu verstehen. Das Wort specialiter allein aber wird überall, wo es vorkommt, vollständig correct mit „besonders", „speciell" übersetzt, und findet namentlich, wie schon oben hervorgehoben wurde, dann Anwendung, wenn ausgedrückt werden soll, daß etwas in einer anderweitigen Erklärung nicht mit enthalten ist, sondern noch besonders erklärt werden muß, wenn also etwas z. B. kein naturale negotii ist oder nicht präsumirt wird. Stellen, welche das Gesagte belegen, sind schon mehrere ihrem Wortlaut nach wiedergegeben, oder doch wenigstens angeführt, und noch viel mehr ließen sich anführen. Man denke nur an die Verbindungen specialiter obligare, specialiter mandare. So wird ferner von Pertinenzen einer Sache gesagt: specialiter venierunt (l. 17. §. 6. D. de A. E. V. [19, 1]). So heißt es in l. 2. pr. D. si quis caut. (2, 11): nisi contrarium specialiter partibus placuerit; in l. 3. D. de pact. (2, 14): nisi specialiter contrarium actum esse probetur; in l. 27. §. 8.

D. eod.: nisi specialiter aliud actum est; in l. 10. pr. D. de neg. gest. (3, 5): nisi specialiter id actum est, ut; in l. 19. §. 2. D. locati cond. (19, 2): nisi si quid aliud specialiter actum sit; in l 33. pr. D. de aed. ed. (21, 1): nisi si aliud specialiter actum esse proponatur. Und in den beiden Stellen: l. 37. pr. und l. 56. pr. D. de evict. (21, 2) wird genau dasselbe in der ersten Stelle durch „nisi specialiter id actum proponatur", in der zweiten durch „nisi aliud convenerit" ausgedrückt.[9])

Die oben von uns aufgeworfenen Fragen haben wir nach den vorstehenden Untersuchungen also dahin zu beantworten, daß die Worte specialiter remittere, exprimere, id ipsum exprimere an sich eine ausdrückliche Erklärung nicht bedeuten. Die erste Hälfte unseres Gesetzes und die unser Gesetz betreffende Institutionenstelle verlangen also, wenn wir das exprimere nicht von einem e. in stipulatione verstehen, eine ausdrückliche Erklärung des animus novandi nicht. Dies ist das Resultat, wenn wir blos die genannten Worte ins Auge fassen. Dasselbe wird aber auch nicht dadurch ein anderes, daß wir auf den übrigen Inhalt der ersten Hälfte unseres Gesetzes und der Institutionenstelle sehen. Keinem Zweifel kann das unterliegen, was zunächst die erste Hälfte unseres Gesetzes betrifft. Der Sinn derselben würde, wenn sie für sich betrachtet wird, niemals ein anderer sein können, als: In den Fällen, in welchen bisher der animus novandi präsumirt wurde, soll derselbe fortan erklärt werden. Ebenso müßten wir aber auch, wenn wir die Institutionenstelle nur aus sich selbst interpretiren, sagen: Nach dem Referat über unser Gesetz, welches Justinian in den Institutionen giebt, verlangt dasselbe lediglich Erklärung des animus novandi schlechthin, keineswegs ausdrückliche Erklärung desselben. Allerdings müßten wir zugeben, was wir ja auch schon oben (S. 206) hervorgehoben haben, daß Justinian nach dem, was er selbst über die Entstehung der Präsumtionen für den animus novandi sagt, am richtigsten würde gehandelt haben, wenn er eine bestimmte Form

---

[9]) Hiernach können wir unbedenklich behaupten, daß, wenn wirklich l. 27. und l. 31. §. 1. D. de nov. (46, 2) interpolirt sind, was vielfach angenommen wird, doch das Wort specialiter oder wenigstens wegen dieses Wortes nicht interpolirt ist.

oder eine bestimmte Art für die Erklärung des animus novandi vorgeschrieben hätte. Aber unmöglich könnten wir nun doch blos deswegen die Worte, mit welchen Justinian sein Gesetz referirt, in einem anderen Sinne nehmen, als in demjenigen, welchen sie an sich unzweifelhaft haben würden. Wie wenig das gerechtfertigt wäre, erhellt besonders deutlich, wenn man die Stelle übersetzt, und dabei das Wort exprimere so wiedergiebt, wie man es ja eben wiedergeben muß, wenn man es nicht von einem exprimere in stipulatione versteht, nämlich mit „erklären" oder „ausdrücken". Die Stelle lautet dann deutsch: „Da es unter den alten Juristen fest stand, daß dann novirt werde, wenn der zweite Vertrag, um zu noviren, eingegangen war, dies aber sehr zweifelhaft war" (oder, je nachdem man construirt: „in Folge dessen es aber zweifelhaft war"), „wann dies geschehe, und die einen in diesen, die andern in jenen Fällen Präsumtionen einführten; so hat uns dies bewogen, ein Gesetz zu erlassen, welches deutlich bestimmt, daß nur dann novirt wird, wenn grade das unter den Contrahenten erklärt (ausgedrückt, zum Ausdruck gelangt ist), daß sie zum Zweck der Novation der früheren Schuld contrahirt haben." Wer in aller Welt würde aus dieser Relation entnehmen, daß das in Rede stehende Gesetz eine ausdrückliche, wörtliche Erklärung des animus novandi vorschreibt?

Es bleibt also dabei, daß die Institutionenstelle und die erste Hälfte unseres Gesetzes, für sich betrachtet, die Forderung einer ausdrücklichen Erklärung des animus novandi nicht stellen würden. Aber sollte es nicht möglich sein, diese Forderung in sie hinein zu interpretiren? Sollte es nicht möglich sein, die Institutionenstelle und die erste Hälfte unseres Gesetzes aus der zweiten Hälfte desselben zu interpretiren? Wenn wir einmal annehmen wollen, was, wie wir oben gesehen haben, nichts weniger als fest steht, daß nämlich die zweite Hälfte unseres Gesetzes so übersetzt werden muß, wie oben S. 207 unter Nr. 3 angegeben worden, so wäre das allerdings ein Auskunftsmittel, aber ein sehr bedenkliches Auskunftsmittel schon, was die erste Hälfte unseres Gesetzes betrifft. Denn mir wenigstens scheint es unzweifelhaft, daß Justinian in der ersten Hälfte unseres Gesetzes offenbar die Art und Weise, in welcher der animus novandi in denjenigen Fällen erklärt werden soll, in welchen er bis dahin präsumirt wurde, sofort ganz genau angeben will.

Vollständig zu verwerfen aber ist jenes Auskunftsmittel für die Institutionenstelle. Man bedenke nur: Justinian referirt den Inhalt eines von ihm gegebenen Gesetzes, und, wenn man diese Relation gelesen hat, macht man sich — und muß man sich machen — so lange falsche Vorstellungen über den Inhalt des Gesetzes, als man nicht dasselbe selbst nachgelesen hat! Man kann Justinian manches zutrauen — und es wird ihm ja manches zugetraut —, aber dies möchte denn doch etwas zu stark sein.

Die Ansicht, daß unser Gesetz eine ausdrückliche, aber nicht nothwendig in stipulatione abzugebende Erklärung des animus novandi fordere, scheitert also an der Institutionenstelle und an der ersten Hälfte unseres Gesetzes. Diese Stellen verlangen entweder — was unsere Ansicht ist — eine Erklärung des animus novandi in stipulatione, oder sie verlangen eine Erklärung desselben schlechthin, niemals aber eine ausdrückliche Erklärung schlechthin.

Nach alledem hoffe ich Verzeihung dafür, daß ich zwischen Scylla und Charybdis hindurch gesteuert bin, auch dann zu erlangen, wenn ich weiterhin nicht den richtigen Cours sollte genommen haben — obgleich ich allerdings nicht weiß, welcher andere Cours überhaupt noch möglich wäre.[10])

Wir schließen mit der Frage: wie es mit der Anwendbarkeit der l. ult. Cod. de nov. steht, wenn unsere Auslegung derselben

---

[10]) Die Resultate der vorstehenden Untersuchungen können wir kurz auch so zusammenfassen: Die Institutionenstelle, die Paraphrase des Theophilus und die erste Hälfte unseres Gesetzes verlangen entweder eine Erklärung des animus novandi in stipulatione oder eine Erklärung desselben schlechthin — das sind nach den vorstehenden Erörterungen die einzigen Möglichkeiten, über die sich noch allenfalls streiten ließe. Die zweite Hälfte unseres Gesetzes steht — je nachdem man construirt — entweder keiner der besprochenen Auslegungen unseres Gesetzes entgegen, oder sie verlangt gerade wie die Basiliken entweder Erklärung des animus novandi in stipulatione oder eine ausdrückliche Erklärung desselben schlechthin — das sind gleichfalls die einzigen Möglichkeiten. Die einzige Art der Erklärung des animus novandi also, welche möglicherweise in allen einschlagenden Stellen gefordert wird, ist diejenige, welche nach unserer Ansicht unser Gesetz vorschreibt. Dies allein schon würde für die Richtigkeit unserer Ansicht den Ausschlag geben. Dazu kommt dann aber noch der Umstand, daß in allen Stellen, in welchen exprimere eine bei Eingehung einer Stipulation abgegebene Erklärung bezeichnet, diese Erklärung eine Erklärung in stipulatione ist.

richtig ist. Die Beantwortung dieser Frage macht durchaus keine Schwierigkeit, wenn man nur festhält, daß unser Gesetz nur insofern eine ausdrückliche Erklärung des animus novandi verlangt, als es will, daß diese Erklärung in stipulatione abgegeben werde. Nur darum, weil nach unserem Gesetz der animus novandi in stipulatione erklärt werden mußte, mußte er wörtlich, ausdrücklich erklärt werden. Nun ist bei uns der novirende Vertrag eine Stipulation nicht mehr. Damit ist natürlich auch die Vorschrift unseres Gesetzes, daß der animus novandi in stipulatione erklärt werden solle, weggefallen. Wenn der animus novandi aber nicht mehr in stipulatione erklärt zu werden braucht, so braucht er nach dem eben Gesagten auch nicht mehr ausdrücklich erklärt zu werden. Wie der formlose contractus bonae fidei, der an die Stelle der Novations-Stipulation getreten ist, so kann also heut zu Tage auch die Verabredung, daß derselbe novirende Kraft haben solle, durch concludente Handlungen zu Stande kommen. Dagegen muß man an der Nothwendigkeit einer Erklärung des animus novandi überhaupt auch heute noch festhalten. Denn daß unser Gesetz gegen das Präsumiren des animus novandi gerichtet ist, unterliegt ja keinem Zweifel. Es will nicht, daß der animus novandi präsumirt werde. Und insofern ist es auch heute noch in Kraft. So kommen wir, allerdings nicht für das Justinianische, wohl aber für das heutige Recht zu dem Resultat, daß unser Gesetz sagt, der animus novandi dürfe nicht präsumirt, sondern müsse erklärt werden.[11]

---

[11]) Darüber, wie heut zu Tage der animus novandi zu erklären ist, können hienach kaum noch Zweifel bestehen. Entweder nämlich man billigt die in der vorliegenden Arbeit vorgetragene Ansicht: dann genügt es, wenn der animus novandi nur irgendwie erklärt ist. Oder man wählt unter den bisher sich bekämpfenden Ansichten. Wie diese Wahl ausfallen muß, das kann, wenn die Ergebnisse der vorstehend angestellten einschlagenden Untersuchungen richtig sind, keinem Zweifel unterliegen. Mir wenigstens scheinen die Gründe, welche der Ansicht entgegenstehen, nach welcher unser Gesetz ausdrückliche Erklärung des animus novandi schlechthin verlangt, noch sehr viel gewichtiger zu sein, als das Hinderniß, welches den Interpreten abhalten muß, in unserem Gesetz nur die Aufhebung der Präsumtionen für den animus novandi zu finden. Man gelangt also auch auf diesem Wege wieder zu dem Satze: es genügt, wenn der animus novandi nur irgendwie erklärt ist.

Ueber einige Rechtsquellen der vorjustinianischen spätern Kaiserzeit.

Von

Herrn Professor Dr. Fitting in Halle.

II.
Die sog. westgothische Interpretatio.

Den Gegenstand dieser Untersuchung bildet die fortlaufende Interpretatio, welche allen Stücken des westgothischen Breviariums, mit Ausnahme des Gaius, beigegeben ist.[1]

Ueber diese Arbeit pflegte man früher überaus geringschätzig zu urtheilen. Man warf ihr nicht bloß Barbarei der Sprache vor, sondern man beschuldigte ihre Verfasser auch grober sachlicher Unkenntniß und Unwissenheit. Allein eine unbefangene Betrachtung kann diese Ansicht nicht billigen, die nach Savigny's treffender Bemerkung (Geschichte des röm. Rechts im M.A. 2. Aufl. Bd. I. S. 302) „offenbar nur aus der einseitigen und ausschließenden Richtung auf das alte und reine Römische Recht entstanden ist, durch welche Richtung jedes andere Zeitalter als verächtlich und einer eigenthümlichen Betrachtung unwerth, erschien". Und mißt man die Interpretatio nicht nach dem Maße des Zeitalters der klassischen Jurisprudenz, sondern, wie es doch allein billig ist, nach dem Maße ihrer eigenen Entstehungszeit, so muß man sogar zu einer verhältnißmäßig hohen Schätzung gelangen.[2] Auf jeden Fall ist die Arbeit nach Form und Inhalt ganz ungleich besser, als die nahe verwandten ungefähr gleichzeitigen Vaticanischen Summarien des Theodosischen Codex, mit denen sich meine vorige Untersuchung beschäftigt hat.

Was zuvörderst die Sprache anlangt, so ist das Latein der Interpretatio zwar allerdings nicht ein Latein der goldenen,

---

[1] Die Literatur über die Interpretatio und die sog. Epitome Gaii ist in jüngster Zeit bereichert worden durch eingehende Erörterungen von Degenkolb, in der kritischen Vierteljahrsschrift für Gesetzgebung und Rechtswissenschaft Bd. 14. S. 504 ff., die ich nur nachträglich noch kurz berücksichtigen konnte.

[2] Vgl. Savigny, Geschichte des röm. Rechts im M. A. 2. Aufl. Bd. II. S. 56, Haenel, Lex Rom. Visigothorum p. XI.

und nicht einmal eines der silbernen Zeit; allein es ist durchaus nicht barbarischer als das Latein anderer gleichzeitiger Schriften. Namentlich ist es in keiner Weise schlechter, als dasjenige der im Theodosischen Codex enthaltenen Constitutionen. Im Gegentheil sticht gegen die Sprache der letztern diejenige der Interpretatio durchgängig sehr vortheilhaft ab, wie schon folgende wenige Proben zur Genüge anschaulich machen werden.[3])

1) L. 2. (4) Th. C. de divers. rescript. 1, 2: Rescripta, quibus usi non fuerint, qui in fata concedunt, heredes possunt allegare, ut congrue impetrata successoribus emolumenta conquirantur.

Interpretatio: Beneficia principum, quae illi, qui meruerunt, interveniente morte non fuerint consecuti, successoribus eorum exsequi liceat, ut beneficia heredes ab auctoribus suis impretrata percipiant.

2) L. 1. Th.C. de ingratis lib. 8, 7 (14): Filios contumaces, qui patres vel acerbitate convicii vel cuiuscunque atrocis iniuriae dolore pulsassent, leges, emancipatione rescissa, damno libertatis immeritae mulctare voluerunt.

Interpretatio: Filii emancipati, si iniuriam patri gravem, quae probari possit, intulerint et convicti fuerint hoc fecisse, rescissa emancipatione in familiam revocentur.

3) L. 1. Th. C. si petitionis socius sine herede defecerit 10, 6 (14): Si quis forte decesserit eorum, qui communi nomine donatum aliquid a nostra impetraverunt clementia, nec superstites dereliquerit successores, placet, non ad extraneam quamcunque personam, sed ad socium vel consortem pervenire portionem illius, qui intestatus aut sine liberis defunctus est.

Interpretatio: Si aliquis ex iis mortuus fuerit, ad quos nominatim munificentia nostra processit, et nec testamentum fecisse nec filios reliquisse cognoscitur, placet,

---

[3]) Der Raumersparniß zu Liebe wähle ich nur ganz kurze Stellen. Uebrigens citire ich hier, wie allenthalben, nach der Hänel'schen Ausgabe des Breviars, füge aber bei den Citaten aus den Constitutionen- und Novellensammlungen in Klammern die abweichenden Zahlen der Hänel'schen Ausgaben dieser Sammlungen im Bonner Corpus iuris romani anteiustiniani bei.

ut portionem eius is, cum quo pariter defunctus accepit, id est socius eius, acquirat; merito enim socius praefertur, ubi filii nulla persona intervenisse cognoscitur.⁴)

4) L. 1 Th. C. de possessione ab eo, qui bis provocaverit, transferenda 11, 13 (38): Qui gemino iudicio fuerit superatus, nec tamen obstinatam illam pervicaciam putaverit relinquendam, sed iterum provocandum esse crediderit, ab eo ad petitorem mox possessio transferatur.

Interpretatio: Si quicunque in una causa duobus iudiciis fuerit superatus et adhuc eandem agendi pertinaciam voluerit retinere, et iterum appellandum esse putaverit, in adversarium eius continuo possessio transferatur.⁵)

Man wird in diesen Interpretationen, die ich nicht etwa mit besonderer Sorgfalt ausgesucht, sondern ziemlich auf das Gerathewohl herausgegriffen habe, von Barbarei der Sprache und, will ich gleich hinzusetzen, auch des Gedankens schwerlich etwas entdecken.

Indessen wird der Interpretatio eine Anzahl einzelner vermeintlich barbarischer Ausdrücke zum schweren Vorwurfe gemacht. So z. B. und namentlich der Ausdruck: cautiones caraxatae statt cancellatae in der Int. ad Pauli Sent. II, 32 sent. 26; ferner die Ausdrücke pecuniam praestare (französisch prêter) statt mutuam dare, und pecora minare (franz. mener) statt ducere.⁶) Allein minare gerade für das Treiben von Vieh

---

⁴) Zur Vergleichung will ich hier und bei der folgenden Stelle auch den Wortlaut der Summarien beisetzen. Das Summarium zu unserer Stelle lautet so:
Si qui largitatem principis pariter acceperint, socio moriente si filios non habuerit aut parentes, alter in eiusdem locum debere succedere.

⁵) Das Summarium erklärt die Stelle fälschlich so:
Secundo appellans si victus fuerit, tunc possessio ad possessorem (l. petitorem) transferatur.

⁶) Man vergleiche den bei Schulting, Iurisprud. vet. anteiust not. 80 ad Paul. Sent. II, 31 (Lips. 1737. pag. 333), mitgetheilten Brief von Marquard Freher. Pecuniam praestare steht in der Int. L. 1 Greg. C. quod cum eo tit. IX. (lib. III. tit. de SC. Mac.), in der Int. L. 1 Th. C. quod iussu 2, 81 und in der Int. L. 4 Th. C. de usuris 2, 33. (Der Cod. Theod. hat in der ersten Stelle: pecuniam commodare.) Pecora minare findet sich in der Int. ad Pauli Sent. I, 17 sent. 1. Freher führt

findet sich schon bei Festus, Appuleius und Ausonius.[7]) Praestare pecuniam im Sinn von Geld geben oder auszahlen ist gleichfalls bereits in der silbernen und selbst in der goldenen Latinität anzutreffen,[8]) und der Ausdruck kann daher auch in der besonderen Beziehung auf das darlehnsweise Geben von Geld nichts auffallendes haben und nicht ohne weiteres für barbarisch gelten; gebrauchen doch auch wir den deutschen Ausdruck: „Geld geben" gar nicht selten in diesem bestimmten Verstande. Es bleibt also nur das Eine Wort: caraxare übrig. Dieses ist nun allerdings der guten Latinität fremd; allein da es sich bereits bei dem heil. Augustinus (354 — 430), ferner bei Prudentius (2. Hälfte des 4. Jahrh.) und in dem Testamente des heil. Remigius († 533) findet[9]), so wird man wegen seines Gebrauches die Verfasser der Interpretatio nicht allzu strenge richten dürfen. zumal da dieses von dem griechischen χαράττειν abgeleitete und im spätern Mittelalter in der Bedeutung sowohl von malen und schreiben, als von auslöschen, radiren gewöhnliche Wort schon im 6. Jahrhundert, namentlich in Gallien, sehr üblich gewesen zu sein scheint.[10])

---

auch noch an: demandatus (franz. demandé) im Sinn von requisitus. Allein ich kann eine solche Stelle nicht nachweisen, und vielleicht beruht diese Angabe Freher's auf einem Irrthum. Anderes, was Freher erwähnt, verdient gar keine Beachtung, weil es, wie z. B. reformare (statt restituere), praesumere (statt rapere, occupare), exilio deputare u. dgl., auch im Codex Theodosianus, oder, wie z. B. dimittere legatum, schon in der silbernen, oder gar, wie z. B. redhibere im Sinn von reddere, selbst in der goldenen Latinität vorkommt.

[7]) Klotz, Handwörterb. der latein. Sprache unter Minor am Ende.

[8]) So steht z. B. bei Liv. V, 32: stipendium exercitui praestare, bei Suet. Domit. 9: certam summam viritim praestare. Andere Stellen bei Klotz unter Praesto B. 2. c.

[9]) Nach den Nachweisungen bei Du Cange Glossar. s. v. Charaxare und in dem Briefe Freher's bei Schulting l. c.

[10]) Bei Gregor von Tours (geb. um 540, † 594) kommt es mehrfach vor. Desgleichen steht es in den Briefen Gregor's d. Gr. (Papst von 590 — 604). Ferner war es damals eine gebräuchliche, schon in dem erwähnten Testamente des heil. Remigius enthaltene und in ähnlicher Fassung auch in die Formelsammlung des Marculf (7. Jahrh.) aufgenommene Clausel in Testamenten: „In quo (sc. testamento) si qua litura vel charaxatura fuerit inventa, facta est me praesente, dum a me relegitur et emendatur." Vgl. Du Cange, Glossar. s. vv. Charaxare, caraxare,

Muß demnach eine genauere und unparteiische Prüfung den Tadel als unverdient erkennen, den man gegen die Interpretatio in Ansehung der Sprache erhoben hat: so ist man auch bereits davon zurückgekommen, jede Abweichung der Interpretatio von dem ursprünglichen Inhalte der interpretirten Stellen ohne weiteres auf Rechnung des Unverstandes oder der Unwissenheit ihrer Verfasser zu setzen. Im Gegentheil hat Savigny überzeugend nachgewiesen, daß die Interpretatio gerade wegen dieser Abweichungen für uns sehr werthvoll ist, da letztere meist aus völlig bewußter Absicht und aus einer Rücksicht auf die veränderten Verhältnisse hervorgegangen sind, so daß wir gerade ihretwegen die Interpretatio als eine der wichtigsten Erkenntnißquellen für die damaligen Zustände des westgothischen Reiches betrachten und benutzen dürfen.[11]

Allein damit ist der wissenschaftliche Nutzen der Interpretatio noch keinesweges erschöpft. Sie hat noch eine ganz andere, für uns ungleich werthvollere Seite. Sie ist nämlich auch eine der wichtigsten und zuverlässigsten Quellen für den damaligen Stand des Rechtes, insbesondere des Privatrechtes, im römischen Reiche selbst, und sie wirft vielfach ein helles Licht auf den bisher noch so wenig aufgeklärten Entwickelungsgang des römischen Rechtes in der Zwischenzeit von dem Erlöschen der klassischen Jurisprudenz bis zu der Justinianischen Gesetzgebung. Damit ist sie denn zugleich eines der allerwichtigsten Hülfsmittel für das richtige Verständniß der letztern. Namentlich aber giebt sie uns Aufschluß über den Rechtszustand im weströmischen Reiche um das Ende des 5. Jahrhunderts, welcher von demjenigen des oströmischen Reiches hie und da nicht unerheblich verschieden war. Die Interpretatio spiegelt also im ganzen die Verhältnisse, auf welche die Justinianische Gesetzgebung bei ihrer Einführung im Abendlande stieß, und ihr Zusammenhalt mit dieser Gesetzgebung einerseits und mit gewissen juristischen Schriften des Mittelalters, z. B. mit der sog. Turiner Institutionenglosse und dem Brachylogus, andererseits, ist daher sehr geeignet zu zeigen, wie sich die abendländische Theorie und Praxis zu

---

Charaxatura, Intercaraxatus; Wattenbach, das Schriftwesen des Mittelalters (Leipz. 1871) S. 161.

[11] Savigny, Gesch. des röm. R. im M.-A. 2. Aufl. Bd. I. S. 801 flg., Bd. II S. 55 flg., Haenel, Lex. Rom. Visigoth. p. X. sqq.

II. Die sog. westgothische Interpretatio.

dem Corpus iuris verhielt. Es ist die Hauptabsicht, welche ich mit vorliegender Abhandlung verfolge, auf diese noch gänzlich unbeachteten Seiten der Interpretatio aufmerksam zu machen.

Daß die Interpretatio im ganzen und namentlich in Ansehung des Privatrechtes nur das Recht enthält, wie es um das Ende des 5. Jahrhunderts im weströmischen Reiche in praktischer Geltung und Uebung war, wird wohl nicht erst eines besonderen Beweises bedürfen. Der Plan und die Gestalt des Breviariums beweist von selbst und augenscheinlich, daß es dabei überall im wesentlichen nicht auf Neuerungen, sondern nur auf eine möglichst knappe und klare Zusammenfassung und Darstellung des schon geltenden römischen Rechtes abgesehen war. Zum Ueberflusse wird diese Absicht in dem Commonitorium ausdrücklich ausgesprochen;[12]) und noch unzweideutiger erhellt sie aus manchen Aeußerungen der Interpretatio selbst.[13])

---

[12]) „Utilitates populi nostri propitia divinitate tractantes hoc quoque quod in legibus videbatur iniquum, meliori deliberatione corrigimus, ut omnis legum Romanarum et antiqui iuris obscuritas — — in lucem intelligentiae melioris deducta resplendeat, et nihil habeatur ambiguum, unde se diuturna aut diversa iurgantium impugnet obiectio. Quibus omnibus enucleatis atque in unum librum prudentium electione collectis, haec quae excerpta sunt vel clariori interpretatione composita, venerabilium episcoporum vel electorum provincialium nostrorum roboravit assensus." Man vergleiche auch die interessante Vorrede zu den Novellen in der alten Epit. Lugdunensis bei Haenel, Lex R. Visig. p. 255.

[13]) Int. L. un. (3) Th. C. de resp. prud. 1, 4: „Haec lex ostendit, quorum iuris conditorum sententiae valeant — —. Sed ex his omnibus iuris consultoribus, ex Gregoriano, Hermogeniano, Gaio, Papiniano et Paulo, quae necessaria causis praesentium temporum videbantur, elegimus." Int. Nov. Valent. tit. X. (XXXI.): „Reliquum vero huius legis ideo interpretatum non est, quia hoc in usu provinciae istae non habent." Nov. Maior. tit. I. (VII.): „Reliqua, vero pars legis interpretata non est, quia haec, quae continet, usu carent" rel. Int. L. 2. Th. C. de sponsal. 3, 5: „Reliquum legis istius opus non fuit explanare, quia sequentibus legibus vacuatur." Int. L. un. Th. C. de act. certo temp. fin. 4, 12 (14): „Haec lex, licet in reliquis rebus fuerit abrogata, propter hoc tamen ut poneretur oportuit, quia de tricennio loquitur" rel. S. noch Int. L. 7 Th. C. de testam. 4, 4; Int. L. 2 (8) Th. C. de natural. lib. 4, 6; Int. L. 2 (3) Th. C. ad L. Iul. de vi 9, 7 (10); L. 1 (3) Th. C. de apost. 16, 2 (7). Man vergleiche auch Savigny, Gesch. des röm. R. im M.-A. 2. Ausg. Bd. II. S. 15, 52 fgg., 55 flg., Haenel, Lex Rom. Visig. p. V. sq., VIII sq., X sqq.

So müßte die Interpretatio unter allen Umständen als eine unverwerfliche Erkenntnißquelle des damals im weströmischen Reiche bestehenden Rechtszustandes angesehen werden, selbst wenn man sie, der üblichen Annahme gemäß,[14]) durchweg für ein ursprüngliches Werk der Männer halten wollte, denen die Abfassung des Breviars übertragen war. Denn daß diese Männer Rechtsgelehrte (prudentes) waren, sagt das Commonitorium ausdrücklich; und es würde auch ohne diese Erklärung aus dem Charakter ihrer Arbeit hervorgehen.

Eine noch ungleich höhere Bedeutung müßte aber die Interpretatio gewinnen, wenn sich erkennen ließe, daß sie zu einem Theil gar nicht erst von den Verfassern des Breviars herrührte, sondern aus ältern Quellen geschöpft wäre. Und diese schon von Bluhme und Dernburg[15]) aufgestellte Vermuthung verdient daher eine sorgfältige Prüfung.

Zu ihren Gunsten spricht von vornherein die innere Wahrscheinlichkeit; denn wie hätte man im westgothischen Reiche auf den Gedanken einer solchen Interpretatio kommen sollen, wenn nicht ähnliche Arbeiten, die ihrem Charakter nach des Rechtslehrers würdiger sind als des Gesetzgebers, schon vorhanden und bekannt gewesen wären? Zudem zeigen die früher besprochenen Summarien des Codex Theodosianus ganz augenscheinlich, daß damals wirklich dergleichen bestand und als Hülfsmittel des Verständnisses und der Anwendung gebraucht wurde.[16]) Wenn man aber schon solche Erläuterungen hatte und besaß, so wäre es doch geradezu thöricht gewesen, etwas völlig neues zu machen, statt das vorhandene zu benutzen und nur nach Bedürfniß zu verändern.

Auf Benutzung und bloße Ueberarbeitung bereits vorhandener Interpretationen will Dernburg ferner die Aeußerung des

---

[14]) So z. B. Savigny II. S. 54 ff., Haenel p. X. Jetzt auch wieder Degenkolb S. 507 flg.

[15]) Bluhme in der praef. ad Leg. Rom. Burg. (1862) bei Pertz, Monum. Legg. tom. III. p. 580, Dernburg, Die Institutionen des Gaius (Halle 1869) S. 120, Anm. 1.

[16]) Bereits Hänel schreibt in seiner Ausgabe der Vaticanischen Summarien (Lips. 1834) p. XV.: „Fortasse libri, quos Visigothi ad componendam Alarici legem adhibuerunt, similibus instructa erant summariis, quae Visigothos videntur ad interpretationem conscribendam impulisse."

II. Die sog. westgothische Interpretatio.

Commonitorium deuten, daß das Gesetzbuch enthalte: "excerpta vel clariori interpretatione composita". Indessen ist es gar nicht nothwendig, hier an eine Gegenüberstellung des eigentlichen Gesetzestextes und der Interpretatio zu denken, sondern die Worte lassen sich ganz eben so gut von einem Gegensatze zwischen reinen Excerpten und Interpolationen verstehen, und dieser Auslegung möchte ich sogar den Vorzug geben.[17]) Aber selbst wenn man die "clarior interpretatio" auf die Interpretatio beziehen will, so liegt in dem clarior nicht nothwendig der Gegensatz einer ältern und einer klarern neuen Interpretatio, sondern es kann auch der Gegensatz des Gesetzestextes und der ihn klarer machenden Interpretatio gemeint sein. Ungleich wichtiger, als diese Worte des Commonitoriums, ist in meinen Augen der Umstand, daß letzteres, obgleich seine Ueberschrift in den Worten: "et, sicut praeceptum est, explanatae" auf die Interpretatio hinweist, dennoch überall nur von einer excerpirenden und compilatorischen Thätigkeit der Verfasser des Breviars und nirgends von einer so wesentlichen und umfassenden eigenen Zuthat spricht, wie sie die Interpretatio in Gemäßheit der herrschenden Ansicht darstellen würde. Besonders bemerkenswerth ist in dieser Beziehung auch noch der zugefügte Vermerk des Anianus, worin das Gesetzbuch als: "codex de Theodosiani legibus atque sententiis Iuris vel diversis libris (!) electus" bezeichnet wird.

Zum Glücke sind wir aber nicht auf solche immerhin nur sehr unsichere Schlüsse angewiesen und beschränkt, sondern der Satz, daß die Interpretatio zum größten Theil ältern Ursprunges und von den Redactoren des Breviars in derselben Weise, wie der eigentliche Gesetzestext, "de diversis libris electa" sei, läßt sich noch aus anderen Gründen mit voller Sicherheit, wie ich glaube, erweisen.

---

[17]) Vgl. Degenkolb S. 513 Anm. 1, welcher als Beleg dafür, daß der Ausdruck interpretatio auch in Beziehung auf den Inhalt von leges selbst vorkomme, die Nov. Maioriani tit. II: "in reliquis legibus evidenti interpretatione habentur expressa" anführt. Einen noch bessern und unanfechtbarern Beleg bietet aber folgende Stelle aus der const. de Theodosiani Codicis auctoritate (Nov. Theod. tit. I.) §.1., welche unzweifelhaft der entsprechenden Aeußerung des Commonitoriums zum Muster gedient hat:
 egimus negotium temporis nostri et discussis tenebris compendio brevitatis lumen legibus dedimus, electis viris nobilibus — — purgata interpretatione retro principum scita vulgavimus" rel.

An erster Stelle kommt hier in Betracht eine auffallende Verschiedenheit der verschiedenen Stücke der Interpretatio, die nicht anders, als aus einer Verschiedenheit der ursprünglichen Elemente, erklärbar ist. Freilich scheint es nahe zu liegen, darin vielmehr nur einen neuen Grund für die auch sonst schon wahrscheinliche Annahme zu erblicken, daß bei der Abfassung des Breviars die Arbeit unter mehrere Juristen vertheilt gewesen sei, und daß dasjenige Mitglied der Commission, welchem bei der Vertheilung die Bearbeitung eines gewissen Abschnittes des Gesetzbuches zugefallen, auch die Interpretatio zu demselben verfaßt habe.[18]) Allein eine solche Erklärung muß alsbald aufgegeben werden, wenn man beobachtet, daß jene Verschiedenheiten nicht selten in einem und dem nämlichen Titel vorkommen. Gerade diese Wahrnehmung läßt keinen andern Ausweg als die Annahme einer Mehrheit der benutzten Quellen, aus deren jeder man je nach Ermessen für das Breviarium wählte und schöpfte.

Um den Beweis zu liefern, ist es nothwendig, die verschiedenen Grundelemente der Interpretatio genauer zu bestimmen.

Zuvörderst muß jeder sorgfältigern Betrachtung der wesentlich verschiedene Charakter und Stil der Interpretatio zu den Sententiae des Paulus und derjenigen zu den Constitutionensammlungen auffallen.[19]) Die erste erscheint durchweg als eine in Form und Inhalt wohl gelungene, hie und da sogar ganz vortreffliche Paraphrase der Sententiae. Sie bedient sich überall der directen Rede, und öfters eingestreute Definitionen und sonstige Erklärungen geben ihr das Gepräge einer ursprünglich für den Unterricht und die Schule bestimmten Arbeit. Verschiedene Stücke, die ihrem Inhalte nach erst von den Verfassern des Breviars herrühren, stechen auch in der Form sehr bedeutend gegen die übrigen ab. Und zwar so außerordentlich stark und unvortheilhaft, daß es schwerlich möglich ist, die einen wie die andern für das Werk der nämlichen Urheber anzusehen. Das Verhältniß ist vielmehr unverkennbar dieses, daß die Verfasser des Breviars eine schon vorhandene, ohne Zweifel aus den

---

[18]) Vgl. Savigny Bd. II S. 51, 54; Haenel p. X, XIII.
[19]) Vgl. Haenel p. XIII.

II. Die sog. westgothische Interpretatio.

Rechtsschulen hervorgegangene Paraphrase des Paulus zu Grunde legten und nur nach Bedürfniß änderten oder auch manchmal, wo die alte Arbeit gar nicht mehr paßte, durch einzelne neue und eigene Interpretationen ersetzten.

Ich will diese Behauptungen durch einige Beispiele belegen.

Ganz sicher rühren in der Hauptsache erst von den Verfassern des Breviars die folgenden Interpretationen her:

Int. Paul. I, 7 sent. 2: Integri restitutio dicitur, si quando res quaelibet aut causa, quae perierat, in priorem statum reparatur, vel id, quod alicui sublatum est, reformatur. **Hoc enim, quod per praetorem antea fiebat, modo per iudices civitatum agendum est:**[20]) ita ut eorum causae vel res in integrum revocentur, qui aut per timorem potestatis alicuius compulsi sunt, aut fraude vel errore decepti sunt, aut per captivitatem vel quamcunque iniustam necessitatem substantiam suam aut statum ingenuitatis perdidisse noscuntur; aut si qui pro necessitate longinquae peregrinationis absentant; vel ad restauranda ea, quae in damnis minorum gesta esse probantur.

Int. Paul. I, 13 sent. 3: In eum, qui album curiae raserit, vitiaverit vel quodcunque aliud scripturae genus sua praesumtione turbaverit, capitaliter **non exspectata ordinis sententia** vindicatur.[21])

Mit diesen Interpretationen kommen in Stil und ungelenker Darstellung manche andere überein, bei denen wir daher kaum werden zweifeln dürfen, daß sie — mindestens in ihrer gegenwärtigen Form — gleichfalls erst ein Werk der nämlichen Urheber sind, die dabei freilich älteres Material benutzt haben mögen. Ich will davon nur noch die folgende, wegen ihres sachlichen Interesses, hier mittheilen.

Int. Paul. V, 6 sent 1: Interdicta dicuntur quasi non perpetua sententia, sed ad tempus interim dicta, hoc est a

---

[20]) Vgl. Savigny Bd. I. S. 303, 306.

[21]) Die Stelle des Paulus selbst lautet so: Is, qui album raserit, corruperit, sustulerit, mutaverit, quidve aliud propositum edicendi causa turbaverit, extra ordinem punietur. Vgl. Savigny I. S. 307 und Note h daselbst.

iudice momentum ²²) priori reddere possessori: id est, ut si quis possidens intra anni spatium, quod amisisse videtur, praesentibus litigatoribus iudice ordinante recipiat et postmodum, si voluerit, tam de vi quam de rei proprietate confligat. Nam si talis casus emerserit, ut adventiciam quolibet titulo rem novus possessor adeat et eam maiore parte anni, id est plus quam sex mensibus, teneat, et ab alio haec res, quam tenuit, auferatur, et ille, qui abstulit, quatuor aut quinque mensibus teneat, si intra ipsum annum de momento fuerit actum, priori possessori, qui maiore parte anni possedit, res a iudice partibus praesentibus merito reformatur, ita ut de negotii qualitate partes sequenti actione confligant. Sin vero, qui abstulit, maiori parte anni possedit ante iudicium, momenti beneficium reddere non compellitur.²³)

Neben solchen Interpretationen lese man nun andere, wie z. B. die folgenden:

Int. Paul. II, 29 sent. 2: Qui potior ad tutelam eligendus est, non solum pupillo generis affinitate propinquior, sed et facultatibus debet magis idoneus approbari.²⁴)

---

²²) Hier so viel wie: Besitz, Besitzstand.

²³) Vgl. Isidor. Orig. V, 25: Interdictum est, quod a iudice non in perpetuum, sed pro reformando momento ad tempus interim dicitur, salva propositione actionis eius. Und vorher: Momentum dictum a temporis brevitate, ut tam cito quam statim salvo negotio reformetur, nec in ullam moram produci debeat, quod repetitur. In der Stelle des Paulus wird die verschiedene Theorie der beiden interdicta retinendae possessionis, des int. Uti possidetis und des int. Utrubi, entwickelt. Es ist nun sehr interessant, daß die Interpretatio, wie das Corpus iuris, nur noch Ein int. ret. poss. kennt, das sie aber nicht, gleich jenem, nach der Theorie des int. Uti possidetis, sondern nach derjenigen des int. Utrubi behandelt. (S. unten IV.) — Als weitere erst von den Verfassern des Breviars herrührende Interpretationen sind etwa zu bezeichnen diejenigen zu Paul. I, 5 sent. 2, I, 13 s. 6, I, 15 s. 2, I, 18 s. 1, II, 1 s. 1, 2, 3 (Sichtliche Einflüsse der germanischen Grundsätze über den Eid, insbesondere den Reinigungseid; vgl. Bethmann-Hollweg, Der german.-roman. Civilproceß Bd. I, S. 201, 213 fg., 243 fg.), II, 24 s. 2 (die Stelle des Paulus wird hier, wie in der Int. Paul. IV, 10 s. 4, „lex" genannt, während in der Int. Paul. III, 8 s. 72 und IV, 10 s. 5 der Ausdruck „species" gebraucht wird), II, 32 s. 26, III, 1 s. 1, III, 2 s. 4, III, 6 s. 7, 9, 10, 11, 12, III, 8 s. 6, 72, IV, 10 s. 4, 5, 7.

²⁴) Paulus selbst schreibt so: Potior quis esse debet non solum gradu

Int. Paul. III, 8 sent 8: Servus nominatim legati titulo dimissus si mortuus fuerit, legatario non debetur.[25])

Int. Paul III, 8 sent. 76: Si quis facto testamento, in quo aliquibus legata reliquerat, aliud postmodum fecerit testamentum et illa legata, quae priori testamento dederat, abstulerit, vel codicillis fortasse removerit: si illud prius testamentum post mortem testatoris prolatum fuerit, et legata heres scriptus absolverit, quae in posteriore testamento vel codicillo remota sunt, is qui ex· priori testamento legatum consecutus est, reddere iubetur, quod sequentibus scripturis ostenditur fuisse sublatum.[26])

Int. Paul. V, 7 sent. 5: Vi possidet, qui impetu efficaci depulso adversario possidet; clam possedisse videtur, qui ignorante et inscio domino possessionem occupat; precario, qui per precem postulat, ut ei in possessione permissu domini vel creditoris fiduciam (l. fiduciarii?) commorari liceat.[27])

Vergleicht man diese Interpretationen mit den zuerst mitgetheilten, so wird man wohl zugeben, daß die Urheber der letzteren nicht zugleich als die Urheber der ersteren angesehen werden können. Dieses führt denn aber von selbst und nothwendig zur Annahme des oben bezeichneten Verhältnisses.

---

generis, sed et substantia rei familiaris. Und ich stehe nicht an, die Interpretation hier nicht nur für klarer, sondern selbst im Ausdrucke für eleganter zu erklären, als die Stelle des Paulus.

[25]) Der Ausspruch des Paulus lautet: Servo fataliter interemto legatarii damnum est, quia legatum nulla culpa heredis intercedit (l. intercidit?). Hier fügt die Interpretatio in dem Worte „nominatim" ein wesentliches Merkmal bei.

[26]) Paulus schreibt hier (durchaus nicht besonders klar): Prolatis codicillis vel alio testamento, quibus ademtum est legatum vel certe rescissum, perperam soluta repetuntur.

[27]) Andere Interpretationen, welche Definitionen enthalten, sind diejenigen zu Paul. I, 2 s. 1 (Def. von Infames), I, 7 s. 2 (Def. von integri restitutio; s. oben S. 231), II, 3 s. 1 (Def. von stipulatio), II, 14 s. 1 (Def. von pactum nudum), II, 14 s. 3 (Def. von traiecticia pecunia), II, 22 s. 1 (Def. von dos), II, 32 s. 1 (Def. von fur), III, 6 s, 10 (Def. von instituere und substituere), IV, 8 s. 1 (Def. von agnati und cognati), V, 6 s. 1 (Def. der interdicta; s. oben S. 231), V, 30 s. 1 (Def. der iudices pedanei).

Die Interpretatio zu den Constitutionensammlungen besteht in ihrer Hauptmasse aus bloßen Inhaltsangaben, welche in Wesen und Form eine nahe Verwandtschaft mit den Vaticanischen Summarien des Theodosischen Codex zeigen, nur daß sie in jeder Hinsicht ungleich besser sind als die letztern. Wie diese, leiten sie häufig die Erklärung der Stelle mit Wendungen, wie: „Haec lex hoc praecipit" oder „Ista lex hoc iubet" und dergl. ein, oder sprechen wenigstens von der erklärten Stelle als „haec lex" oder „ista lex".[28]) Nicht selten geben sie aber auch den Inhalt der Stelle ohne eine solche Einleitung entweder in befehlendem Tone mit Gebrauch der dritten Person des Conjunctivs oder des Futurums und dergl.,[29]) oder in einfacher directer Rede,[30]) oder endlich in indirecter Rede mittels des Accusativus cum Infinitivo.[31]) Da alle diese, an und für sich nahe verwandten

---

[28]) Beispiele oben in der Anm. 13. Ferner: Int. L. 1 Th. C. de superind. 11, 3 (6): „Haec lex hoc praecipit, ut nullum per rectores provinciae superindictum provincialibus imponatur, nisi forte ex hac re processisse praeceptio dominica comprobetur. Tunc enim id, quod superindictum est, aut peti aut exigi poterit, quando a rerum domino cognoscitur constitutum." Int. L. 4 (20) Th. C. de decurion. 12, 1: „Ista lex hoc praecipit, nullum curialem, nisi omnibus curiae officiis per ordinem actis, aut curatoris aut defensoris officium debere suscipere, nisi omnibus, ut dictum est, ante muneribus satisfecerit, quae patriae ordine debentur. Nam si praefatus contra hanc praeceptionem quolibet suffragio aut sub quocunque obtentu honoris se munire voluerit, et obtentis careat et, ubi rerum domini fuerint, dirigatur." Vgl. z. B. Summ. c. 8 Th. C. de accusat. 9, 1: „Praecipit, nullum accusatione terreri, nisi inscriptione"; Summ. c. 9 Th. C. de famos. lib. 9, 34: „Haec constitutio duas res praecipit" rel.

[29]) Beisp. oben S. 223 Nr. 1, 2, 4. Ferner Int. L. 6 Th. C. de testam. 4, 4: „Si quis condito testamento decennio superstes fuerit et suam non mutaverit voluntatem, quod ante decennium factum est, vacuum remanebit." Vgl. Summ. c. 15 Th. C. de accusat. 9, 1: „Quicunque accusare tentaverit, non per procuratorem, sed per se ipsum accuset."

[30]) Z. B. Int. L. 6 Th. C. de cognitor. 2, 12: „Militantes non permittuntur legibus lites suscipere alienas, nec procuratores fieri possunt." Vgl. Summ. c. 1 Th. C. de raptu v. matrim. 9, 20 (25): „Aequum est delictum apud utrumque, et qui viduam pro coniugio et qui sanctimonialem rapuerit." In den Summarien ist die directe Rede sehr selten.

[31]) Z. B. Int. L. 2 (8) Th. C. quor. appellat. 11, 11 (36): „In manifestis fiscalibus debitis nulli penitus appellationem debere praestari. quia non oportet publicae rei commodum qualibet dilatione suspendi."

II. Die sog. westgothische Interpretatio.

Formen auch in den Summarien vermischt und neben einander auftreten, so wird man aus der einen oder andern nicht auf verschiedene Gruppen damals schon vorhandener und als Grundlage benutzter Interpretationen schließen dürfen; und um so weniger, als diese Formen manchmal in einer und der nämlichen Interpretatio mit einander abwechseln und in einander übergehen.[32])

Anders verhält es sich mit einer ziemlichen Anzahl von Interpretationen des Cod. Theodosianus, worin der Gesetzgeber selbst, in der ersten Person Pluralis, als redend auftritt.[33]) Den Sum-

---

Vgl. Summ. c. 10 Th. C. de accusat. 9, 1: „Ibi caussam criminis inquiri, ubi facinus commissum."

[32]) Z. B. Int. L. 2 (3) Th. C. de fide test. 11, 14 (39): „Testes priusquam de causa interrogentur, sacramento debere constringi, ut iurent, se nihil falsi esse dicturos. Hoc etiam dicit, ut honestioribus magis quam vilioribus testibus fides potius admittatur. Unius autem testimonium, quamlibet splendida et idonea videatur esse persona, nullatenus audiendum." Int. L. 1 Th. C. de decurion. 12, 1: „Nullus iudex vacationem indebitam tribuat curiali, nec eum de suo officio studeat liberare. Nam si ita tenuis cuiuscunque curialis et exhausta facultas est, ut ei publici oneris necessitas non credatur, ad principis iussit referri notitiam."

[33]) Z. B. Int. L. 3 Th. C. de iurisd. 2, 1: „In omnibus personis, quas etiam praesentiae nostrae dignitas comitatur, hanc volumus observari sententiam, ut, si quis cuiuscunque pudicitiam violaverit, poenam statutam iure suscipiat, et quicunque direptionem admiserit, in duplum violenter praesumta restituat." (Es verdient die Erwähnung, daß das Gesetz selbst hier gar nicht in der ersten Person spricht, sondern in der dritten: „exserantur" — — „debet propagari" — — „compellantur.") Zu derselben Klasse gehören fast alle Interpretationen im Titel de iurisdictione. Ferner findet sich diese Form überhaupt im 2. Buche des Cod. Theod. häufig. In den übrigen Büchern ist sie nur vereinzelt anzutreffen. Die folgende Zusammenstellung der Interpretationen dieser Klasse wird dieses am anschaulichsten belegen. Es gehören nämlich hierher die Interpretationen der L. 2 Th. C. de off. iud. omn. 1, 9 (22), L. 1, 2, 3, 4?, 5, 6, 7, 8, 9?, 10, 11?, 12? Th. C. de iurisd. 2, 1, L. un. Th. C. ne in sua causa 2, 2, L. 1, 2, 5, 6 Th. C. de denuntiat. 2, 4, L. un. Th. C. de dominio rei 2, 5, L. 1, 2 (19), 3 (26) Th. C. de feriis 2, 8, L. un. (3) Th. C. de pactis 2, 9, L. 1 (4), 2 (5)?, 3 (6)? Th. C. de postul. 2, 10, L. un. Th. C. de his qui potentior. 2, 14, L. 1?, 2 Th. C. de int. rest. 2, 16, L. un. Th. C. de his qui ven. act. 2, 17, L. 6 Th. C. de inoff. test. 2, 19, L. un. Th. C. de R. V. 2, 23, L. un. Th. C. si cert. pet. 2, 27, L. un. Th. C. de peculio 2, 32, L. 1, 2, 3?, 4? Th.

marien ist diese Form völlig fremd; und es ist auch nicht wahrscheinlich, daß jemand, der im ganzen für eine Erklärung des Theodosischen Codex die vorher beschriebene Form gewählt hatte, dennoch ab und zu in diesen so sehr verschiedenen Ton und Stil verfallen sein sollte. Hier müssen wir also, wie mir scheint, allerdings auf ein weiteres Grundelement der Interpretatio schließen: auf eine zweite schon vorhandene Interpretation des Theodosischen Codex, aus der die Verfasser des Breviars neben der andern, welche die Hauptmasse ihres Werkes lieferte und die eigentliche Grundlage desselben bildete, mitunter ebenfalls und mit Vorzug vor jener schöpften.[34])

Ein ferneres Element der Interpretatio des Theodosischen

C. de usuris 2, 33, L. un. Th. C. si nupt. ex rescr. 3, 10, L. 1 Th. C. de fruct. et. lit. imp. 4, 16 (18), L. un. Th. C. de usur. rei iud. 4, 17 (19), L. un. Th. C. Quor. bon. 4, 19 (21), L. 1, 2, 3, 4, 5? Th. C. unde vi 4, 20 (22), L. 2 Th. C. de postlim. 5, 5, L. un. Th. C. de inquilin. 5, 10, L. 2 (3) Th. C. ne praeter crim. mai. 9, 3 (6), L. 2 Th. C. ad L. Corn. de sic. 9, 11 (14), L. 1 (6), 4 (17) Th. C. de bon. proscript. 9, 32 (42), L. un. (4) Th. C. de his qui ad eccles. 9, 34 (45), L. 1 (2) Th. C. de iure fisci 10, 1, L. 2 Th. C. de actor. 10, 3 (4), L. un. (3) Th. C. de bon. vacant. 10, 4 (8), L. 2 (3), 4 (15) Th. C. de petition. 10, 5 (10), L. un. (1) Th. C. si petition. soc. 10, 6 (14), L. un. (1) Th. C. de adv fisci 10, 7 (15), L. un. (14) Th. C. de metallis 10, 11 (19).

[34]) Man darf dieser Ausführung nicht etwa diejenigen Interpretationen entgegenhalten wollen, in welchen in dieser Form nicht ein römisches Kaisergesetz erläutert, sondern vielmehr etwas gesagt wird, was sich auf die Abfassung des Breviars bezieht. So z. B. Int. L. un. (3) Th. C. de resp. prud. 1, 4 (s. Anm. 13). Int. L. 1 Herm. C. de cauta et non numer. pecun. (tit. I.): „Secundum legem ex corpore Theodosiano Si certum petatur de chirographis, quia de quinquennio habetur expositum, ideo hanc legem ex Hermogeniano credidimus adiungendam, quae tempora, intra quae contestari convenit de cauta et non numerata pecunia, id est intra quinquennium, evidenter ostendit." Int. Nov. Maior. tit. II (XI.) de episc. iudicio: — — „Sed hoc amplius habet, quod ad locum scribi fecimus de his, qui inviti clerici ordinantur" rell. In solchen Stellen ist natürlich der westgothische König, oder auch die Gesetzgebungscommission, als redend zu denken. Diese Interpretationen sind aber von den im Texte besprochenen leicht zu unterscheiden. Und daß in den letzteren im Sinne ihrer Urheber nicht etwa der westgothische König als redend angenommen werden darf, erhellt aus der Int. L. 1 Th. C. de dominio rei 1, 5, worin Constantin, welchen Julian in dem Gesetze „Constantinus, patruus meus" nennt, als „patruus noster Constantinus" bezeichnet wird.

II. Die sog. westgothische Interpretatio.

Codex sind einzelne Zusätze aus dem Ius, d. h. der Rechtsliteratur, und diese Bestandtheile verdienen eine besondere Beachtung.

Auf das Dasein eines solchen Zusatzes verweist ganz ausdrücklich und mit Bestimmtheit die Bemerkung am Schlusse der Int. L 1 Th. C de denunt. 2, 4: „Hic de Iure adiectum est". Freilich enthält die Interpretation nichts als eine bloße Erklärung des von Constantin herrührenden Gesetzes, und die Bemerkung wird daher unverständlich, wenn man sie nicht in dem Sinne deuten will, daß das Gesetz eigentlich nicht dem Theodosischen Codex angehöre, sondern nur des Zusammenhanges wegen hier eingefügt und aus dem Ius entnommen sei, nämlich aus dem Codex Hermogenianus, der gleich dem Codex Gregorianus in der Int. L. un. (3) Th. C. de resp. prud. 1, 4 ausdrücklich zu dem Ius gerechnet wird.[35]) Eine gleiche Bemerkung findet sich am Schlusse der Int. L. 6 Th. C. de denuntiat. 2, 4. Allein da diese Interpretation ihrem Inhalte nach ebenfalls nur reine Erklärung ist, das Gesetz aber von Arcadius, Honorius und Theodosius und aus dem J. 406 herrührt, mithin dem Codex Hermogenianus, selbst in einer neuesten Ausgabe, nicht füglich zugeschrieben werden kann: so wird entweder statt: „Hoc de Iure adiectum est" mit zwei Handschriften so, wie in der Int. L. 1 Th. C. de legit. hered. 5, 1: „Hic de Iure addendum est" zu lesen, oder die Bemerkung, die ohnehin in den meisten Handschriften fehlt, wird ganz zu streichen sein.

Die Aeußerung: „Hic de Iure addendum est" kommt auch noch in mehreren anderen Interpretationen vor. Nämlich in der Int. L 2 Th. C. de inoff. dot. 2,21: „H. d. I. a., quid sit lex Papia"; in der Int. L. 3 Th. C. de legit. hered. 5, 1: „H. d. I. a., quid sit fiducia"; Int. L. 2 Th. C. ut dignitat. ordo 6, 1 (5): „H. d. I. a., quae sit poena sacrilegii". In ähnlicher Weise heißt es in der Int. L. 1 (2) Th. C. de revoc. donat. 8, 6 (13): „Hic de Iure requirendum de revocandis donationibus".

Savigny (II. S. 55) erblickt in diesen Aeußerungen beab-

---

[35]) Hinsichtlich des Alters des Codex Hermogenianus vergleiche man Th. Mommsen in der Quartausgabe der fragmenta Vaticana (Berol. 1860) p. 399.

sichtigte Verweisungen auf andere Stücke des Breviars, und da sich darin über die Lex Papia und den Widerruf der Schenkungen nichts findet, so erklärt er die hierauf bezüglichen Aeußerungen daraus, daß die Verfasser hätten voraussetzen können, es werde auch über diese Gegenstände etwas aufgenommen werden. Mir scheinen dagegen jene Aeußerungen ihrem wörtlichen Verstande nach auf die Absicht hinzudeuten, entsprechende Zusätze aus dem Ius in die betreffenden Interpretationen selbst aufzunehmen; und die Richtigkeit dieser Annahme wird, wie ich glaube, bewiesen einmal durch die Int. L. 1 Th. C. de legitim. hered. 5, 1, wo es am Schlusse nur schlechthin heißt: „Hic de Iure addendum est", sodann aber und ganz besonders durch die Int. L. 3 Th. C. de calumniator. 9, 29 (39), welche folgendermaßen lautet:

> Calumniatores sunt, quicunque causas ad se non pertinentes sine mandatu alterius proposuerunt. Calumniatores sunt, quicunque iusto iudicio victi causam iterare tentaverint. Calumniatores sunt, quicunque quod ad illos non pertinet, petunt aut in iudicio proponunt. Calumniatores sunt, qui sub nomine fisci facultates appetunt alienas et innocentes quietos esse non permittunt. Calumniatores etiam sunt, qui falsa deferentes contra cuiuscunque innocentis personam principum animos ad iracundiam commovere praesumunt. Qui omnes infames effecti in exsilium detrudentur. **Hic de Iure addendum, qui calumniatores esse possunt.**

Von allem dem steht in dem erklärten Gesetze selbst ganz und gar nichts. Bei Paul. I, 5 de calumniatoribus Sent. 1 findet sich nur die allgemeine Definition: „Calumniosus est, qui sciens prudensque per fraudem negotium alicui comparat". Offenbar ist also in dieser Interpretatio der Zusatz aus dem Ius, auf welchen die Schlußworte hindeuten, bereits gemacht. Freilich hätten denn nun die letzteren, die ja an sich nur eine Notiz für die Verfasser des Breviars sein sollten, gestrichen werden sollen. Daß sie nicht gestrichen sind, und daß in den oben genannten Interpretationen nicht einmal die beabsichtigten Zusätze aus dem Ius gemacht sind, läßt sich nach meinem Bedünken nur durch die von Savigny (II. S. 51) schon aus andern Gründen wahrscheinlich gemachte Annahme erklären, daß die

Arbeit rasch zu ihrem Ende gedrängt worden ist, wozu der drohende Frankenkrieg die Veranlassung abgegeben haben mag.[86]

Daß es dem Gesetzbuche an der letzten Hand gefehlt hat, darauf deuten auch noch zwei andere merkwürdige Interpretationen, welche Hinweisungen auf Schriften des Paulus enthalten. Nämlich die Int. L. 2 Th. C. de dotibus 3, 13:

> De retentionibus vero, quia hoc lex ista non evidenter ostendit, in Iure, hoc est in Pauli Sententiis sub titulo de Dotibus requirendum aut certe in Pauli Responsis sub titulo de Re Uxoria.

und die verwandte Int. L. 2 Th. C. de repudiis 3, 16, wo es am Schlusse heißt:

> Propter communes vero liberos, si fuerint, ea praecepit observari, quae in Iure de retentionibus statuta pro numero filiorum, quod Paulus in libro Responsorum dicit sub titulo de Re Uxoria.

In dem Titel der Sententiae: De Dotibus (II, 22), wie er im Breviarium steht, ist von den Retentionen nicht die Rede, und die Responsa des Paulus sind im Breviarium überhaupt gar nicht vertreten. Mag man sich daher die Entstehung jener Verweisungen wie immer erklären, sei es mit Savigny (II. S. 51) daraus, daß der Verfasser der beiden Interpretationen von einem Mitarbeiter entsprechende Excerpte aus dem Ius erwartet habe, oder mit Dernburg (Die Institutionen des Gaius S. 120 Anm. 1) daraus, daß derselbe vergessen, diese in dem von ihm als Quelle benutzten ältern Commentar zum Codex Theodosianus

---

[86]) Vgl. Haenel p. XV. Das Breviarium wurde im J. 506 verkündigt; im J. 507 fiel Alarich in der Schlacht bei Poitiers. — Degenkolb S. 514 ff. hält alle diese Verweisungen auf das Ius für späteres, erst nach der Abfassung der Lex Romana hinzugekommenes Glossem. Allein bei mehreren derselben, wie z. B. in der Int. L. 1 Th. C. de denunt. 2, 4, der Int. L. 1 Th. C. de legit. hered. 5, 1 und namentlich der Int. L. 3. Th. C. de calumniat. 9, 29, scheint mir diese Art der Erklärung völlig unmöglich. Und wenn sich Degenkolb darauf beruft, daß die gedachten Verweisungen nicht in allen Handschriften stünden: so ist leicht genug begreiflich, wie ein Abschreiber dazu kam, dieselben als überflüssig und bedeutungslos fortzulassen. Fehlen sie doch auch in den uns überlieferten Auszügen aus dem Breviar: eine Regel, von der eine interessante Ausnahme macht der Zusatz: „Hic de Iure addendum est" in der Int. L. 1 Th. C. de legit. hered. 5, 1, indem er in die Epitome Aegidii übergegangen ist.

vorfindlichen Citate zu streichen, oder endlich, wie mir am wahrscheinlichsten dünkt, vielmehr daraus, daß er so, wie in den früher erwähnten Fällen, selbst noch eine Ergänzung der Interpretationen aus dem Ius beabsichtigt habe: stets hätten diese Verweisungen gestrichen werden müssen, wenn das Breviar nicht aus irgend einem Grunde einer letzten Durchsicht und Ueberarbeitung hätte entbehren müssen.[37])

Doch sei dem, wie ihm wolle. Mir kam es hier nur darauf an festzustellen, daß es im Plane der Verfasser des Breviars lag, in die Interpretatio des Theodosischen Codex auch Zusätze aus der Rechtsliteratur, dem Ius, aufzunehmen. Demnach werden sich nun einzelne wirklich vorhandene Bestandtheile dieser Art unschwer bestimmen lassen.

Neben der schon mitgetheilten Int. L. 3. Th. C. de calumniator. 9, 29 (39) ist aber hierher namentlich und mit Sicherheit zu rechnen die Int. L. 1 Th. C. de donation. 8, 5 (12), welche aus irgend einer uns unbekannten Quelle eine interessante Darstellung des damaligen Standes der Lehre von der Schenkung gibt, die ganz im Lehrbuchstone gehalten ist und folgendermaßen beginnt:

Donatio aut directa est aut mortis causa conscribitur.
Directa donatio est, ubi in praesenti res donata traditur.
Mortis causa donatio est, ubi donator, dum advivit, rem quam donat, sibi reservat scribens: „si prius mortuus

---

[37]) Die beiden Verweisungen finden sich auch in der Epitome Monachi, nicht aber in den übrigen Auszügen aus dem Breviar. — Geringeres Gewicht, als auf die besprochenen Verweisungen, möchte ich darauf legen (Savigny II. S. 50, Haenel p. XIV), daß in der Int. L. 1 Greg. C. si adv. donat. II, 2 eine Novelle erwähnt wird, die sich im Breviarium nicht findet: „Quod similiter iuxta Novellam legem et de dote servabitur." Denn dieses läßt sich daraus erklären, daß man es für genügend achtete, hier den Inhalt der Novelle anzugeben, ohne die Novelle selbst in das Gesetzbuch aufzunehmen. Ein ähnliches, sehr augenfälliges Beispiel liefert die Int. L. un. (3) Th. C. de respons. prud. 1, 4, wo es heißt: „Gregorianum vero et Hermogenianum ideo lex ista praeteriit, quia suis auctoritatibus confirmantur ex lege priore sub titulo De Constitutionibus Principum et Edictis." Gemeint ist die L 5 Th. C. de const. princ. 1, 1, die aber im Breviarium nicht steht. Vgl. ferner Int. L. 1 Th. C. de testament. 4, 4: Citat einer „superior lex", die sich im Breviar nicht findet.

fuero quam tu, res mea ad te perveniat", ut postea ad illum, cui donat, non ad heredes donatoris res donata perveniat, quodsi prius moriatur, cui res mortis causa donata est, res in iure permaneat donatoris. Rell.

Ferner gehören wahrscheinlich hierher die Int. L. 3 (5) Th. C. de divers. rescr. 1, 2 (Definition von moratoria und peremtoria praescriptio), die Int. L. 7 Th. C. de cognitor. 2, 12 (Bemerkenswerthe Definitionen von procurator und cognitor), die Int. L. 1 Th. C. de dolo malo 2, 15 (Definition von dolus malus), die Int. L. 1 Th. C. de commissor. rescind. 3, 2 (Definition der commissoriae cautiones), die Int. L. 1 Th. C. de dotibus 3, 13 („Si de moribus maritus uxorem accusat, hoc est in maleficio, in adulterio, similibus aliisque criminibus" rell.), endlich die Int. L. 1 (2) Th. C. de petition. 10, 5 (10) mit folgender Definition der delatores: „Delatores dicuntur, qui aut facultates prodiderint alienas aut caput impetierint alienum".

Dem allem nach läßt schon eine genauere Betrachtung der Interpretatio des Breviars selbst erkennen, daß ihre Compilatoren aus mindestens vier ältern Hauptquellen geschöpft haben müssen. Nämlich aus zwei verschiedenen Interpretationen des Theodosischen Codex, aus einer Paraphrase der Sententiae des Paulus und endlich aus dem Ius, d. h. der vorhandenen Rechtsliteratur, soweit sie ihnen bekannt und zugänglich war. Jene Interpretationen werden wir aber, gleich den Vaticanischen Summarien des Theodosischen Codex, ohne weiteres für ein Werk der Rechtsschulen erklären dürfen; denn es ist nicht abzusehen, welchen andern Ursprung damals solche Arbeiten hätten haben können. Sie werfen daher ein neues Licht auf die Thätigkeit dieser Schulen und zugleich auf den Stand der Rechtswissenschaft und die Art der Rechtsbehandlung um die Scheibe des 5. und 6. Jahrhunderts.

Die Annahme solcher älterer Grundlagen der Interpretatio wird aber auch noch durch gewichtige weitere Gründe unterstützt.

1) Am Ende der Int. L. 1 Th. C. de iudiciis 2, 18 steht „etc.", obwohl an der vollständigen Inhaltsangabe der Stelle nichts fehlt. Das beweist jedenfalls, daß diese Interpretatio nicht erst von den Compilatoren des Breviars neu verfaßt sein kann; denn das „etc." müßte bei dieser Voraussetzung völlig

unbegreiflich erscheinen. Dagegen erklärt sich die Erscheinung sehr einfach mittels folgender Hypothese. Die in den Theodosischen Codex und aus diesem in das Breviar aufgenommenen Gesetze schließen nicht selten mit „etc.", wie z. B. L. 1 Th. C. de iurisd. 2, 1, L. un. Th. C. de action. ad pot. transl. 2, 13 u. v. a. Einer Interpretatio solcher Stellen ebenfalls ein „etc." beigefügt zu sehen, würde man gewiß nicht auffallend finden können. Nun mag es sich mit unserer L. 1 Th. C. de iudic. im Theodosischen Codex ebenso verhalten haben, eine Annahme, welche dadurch unterstützt wird, daß wir in der L. 11 Th. C. de appell. 11, 30 ein weiteres, noch dazu mit „Post alia:" beginnendes Stück des nämlichen Constantinischen Gesetzes besitzen, zum klarsten Beweise, daß die L. 1. Th. C. cit. wirklich nur einen Theil, und, wie es scheint, den Anfang desselben wiedergibt, so daß ein „etc." vollkommen am Platze war. Bei der Aufnahme in das Breviar wurde dann zwar am Schlusse des Gesetzes selbst das „etc." gestrichen, am Schlusse der Interpretatio dagegen die Streichung vergessen.[38])

2) Die Int. L. un. Th. C. de bon. decurion. 5, 2 lautet so: Si curialis intestatus moriens neque filios neque proximos derelinquat, curia, cuius ordini subducitur, quicquid reliquerit, vindicabit, ita ut nullus audeat ea quasi bona caduca a principibus postulare; quod si fecerit, non valebit: **nam testamentum faciendi curialibus lex ista tribuit potestatem.**

Der letzte, der Erklärung der Stelle von dem Verfasser der Interpretatio zugefügte Satz ist in der Anknüpfung mit „nam" offenbar sinnlos. Dagegen gewinnt er einen sehr guten Sinn, sobald wir statt „nam" „nota" setzen; dann hat er nämlich den Zweck, darauf aufmerksam zu machen, daß das Gesetz, indem es von der Möglichkeit des gültigen Testamentes eines Decurionen

---

[38]) Degenkolb S. 508 Anm. 1 hält das besprochene „etc." auf Grund einer Collation des Cod. Monacensis für trüglich. Allein in der Mehrzahl der Handschriften muß es sich doch wohl finden, da es auch schon in der Sichard'schen Ausgabe steht, und Hänel hier nirgends eine Variante angibt. Zudem scheint mir der Mangel des „etc." in einzelnen Handschriften um deswillen nichts zu beweisen, weil es leicht genug begreiflich ist, daß das „etc." in Handschriften wegfiel, während sich für eine spätere Zufügung desselben schlechterdings kein Grund erdenken läßt.

rede, die Testirfähigkeit der Decurionen anerkenne. Zugleich entsteht dann eine Uebereinstimmung mit ähnlichen Erscheinungen in den Vaticanischen Summarien des Theodosischen Codex, wie z. B. im Summ. c. 40 Th. C. de appell. 11, 30. Nun könnte nam sehr leicht durch Mißverständniß einer Sigle für nota entstanden sein; aber freilich ist diese Annahme wiederum durch die Voraussetzung bedingt, daß die Interpretatio nicht erst von den Redactoren des Breviars herrühre, sondern andern, ältern Ursprunges sei.

3) Obgleich die Vaticanischen Summarien des Codex Theodosianus von der Interpretatio so verschieden sind, daß von ihrer unmittelbaren Benutzung für dieselbe gar keine Rede sein kann, so habe ich doch einige höchst merkwürdige Anklänge der Sprache in beiden entdeckt, die schwerlich dem bloßen Zufall zugeschrieben werden können. So heißt es in der L. 10 (18) Th. C. de accusation. 9, 1: „Ne diversorum criminum rei — — in carcere crudelius differantur, moneantur omnes iudices, productos e custodiis reos disceptationi debitae subdere et, quod leges suaserint, definire." Die Interpretatio gibt das so wieder:
Rei non multo tempore in carcere vel in custodia teneantur, sed celeriter aut innocentes absolvantur, aut si convicti fuerint criminosi, sententia puniantur.

Und die Summarien sagen:
Hic praecipit, ut rei non macerentur custodia, sed celeriter aut puniendos aut absolvendos.

Man sieht, aus den Worten des Gesetzes läßt sich der fast wörtliche Gleichlaut nicht erklären, da gerade hier die Fassung des Gesetzes von derjenigen der beiden Erklärungen bedeutend abweicht. Und eben so wenig in den beiden folgenden Fällen.

Int. L. 3 (7) Th. C. de custodia reor. 9, 2 (3): Omnibus dominicis diebus iudices sub fida custodia de carceribus reos educant rell. (Cod. Theod.: „Iudices omnibus dominicis diebus productos reos e custodia carcerali videant" rell.)

Summ. c. 7 Th. C. cit.: Omni die dominica reos carcere educendos.

Int. L. 2 (9) Th. C. de famos. lib. 9, 24 (34): Si quis chartulam famosam — — cuicunque — — fortasse retulerit, ipse velut auctor huius criminis teneatur.

(Cod. Theod.: „Nam quicunque obtulerit inventum, certum est, ipsum reum ex lege retinendum" rell.)

Summ. c. 9 Th. C. cit.: — — quod si quis, — — locutus fuerit, ut auctor criminis teneatur.

Die Annahme irgend eines Zusammenhanges der Interpretatio und der Summarien scheint mir im Hinblick auf diese Anklänge unabweisbar. Die einfachste Erklärung ist aber gewiß die, daß beides ursprünglich Erzeugnisse der Rechtsschulen waren, eine Voraussetzung, unter welcher die Wahrnehmung mancher Uebereinstimmung, selbst des Ausdruckes, alles Auffällige verliert.

4) Zahlreichen ähnlichen Anklängen an den Wortlaut der Interpretatio begegnen wir in der Lex Romana Burgundionum.[39]) Man pflegt daraus gewöhnlich auf eine Benutzung des Breviars bei der Abfassung dieses Rechtsbuches zu schließen.[40]) Indessen sprechen starke Wahrscheinlichkeitsgründe dafür, daß es älter ist als das Breviar.[41]) Und die ungezwungenste Erklärung ist daher gewiß die, daß es mit dem Breviar aus den nämlichen ältern Quellen geschöpft habe.[42])

5) Diese Hypothese dürfte aber zur Gewißheit erwachsen durch die Wahrnehmung, daß dergleichen unverkennbare Anklänge auch schon in der sog. Consultatio vorkommen, die doch ganz sicherlich älter ist als jedes der beiden Rechtsbücher.[43]) Zum

---

[39]) Zusammengestellt von Barkow, Lex Romana Burgundionum p. XLIV, XLVIII, LI.

[40]) Vgl. Stobbe, Geschichte der deutschen Rechtsquellen I. S. 117 fg.

[41]) S. Haenel, Lex Rom. Visigoth. p. XCII—XCVI., Bluhme in Pertz, Monum. Legg. tom. III p. 580.

[42]) Diese Vermuthung hat schon Bluhme in dem Jahrb. des gem. deut. R. von Bekker und Muther Bd. II S. 203 Anm. 16 ausgesprochen. — Auch im Edictum Theodorici finden sich Stellen, deren Wortlaut mit demjenigen der Interpretatio sehr auffällig übereinstimmt. Hier ist mir aber allerdings die Erklärung aus einer Benutzung der Interpretatio wahrscheinlicher. Vgl. Glöden, Das röm. Recht im ostgoth. Reiche S. 22 ff.

[43]) Ueber das Alter der Consultatio besteht freilich immer noch einiger Streit. Rudorff in der Zeitschrift für geschichtl. Rechtswissenschaft XIII. S. 62 ff. setzt sie in die Zeit zwischen der Publication des Theodosischen Codex und dem Tode Theodosius' II., d. h. zwischen 438—450, Huschke dagegen (Iurisprud. anteiust. ed. II. p. 723) erst an das Ende des 5. Jahrhunderts. Mir scheint Rudorff mit Recht anzunehmen, daß der Verfasser der Consultatio, wenn er VII, 3 schreibt: „secundum sententiam Paulli iuridici, cuius sententias sacrati ssimorum principum scita

II. Die sog. westgothische Interpretatio.

Beweise dieses wichtigen Umstandes berufe ich mich auf folgende Stellen der Interpretatio einerseits und der Consultatio andererseits:

a) Int. L. 1 Th. C. de cognitor. 2, 12 in f.: Solum est, ut **mandatum ad vicem donationis factum actis habeatur insertum.** (Im Cod. Theod. selbst findet sich davon nichts.)

Consult. III, 1: — — „Addidisti etiam, quod **mandatum neque gestis legaliter fuerit allegatum,** nec" rell.

Consult. III, 4: — — „Sed in illo mandato hoc futurum est, ubi aut verbo mandatur, aut **gestis epistola mandati non legitur allegata.**

b) Int. L. 3 Th. C. eod.: Quum primum ad iudicem causa fuerit intromissa, personarum firmitas requiratur, ut is, qui causam alterius prosequitur, mandatum eius, cuius causam agendam susceperat, proferre procuret. (Der Wortlaut des Gesetzes selbst ist ganz abweichend.)

Consult. III, 2, 3: — — „Sed nec iudices sine — — turpitudine erunt, qui **personam in ipso litis initio non inquisierunt,** sicut est legum — —. Quid potest esse — — legibus sic contrarium, ut ingrediatur audientiam sedentibus iudicibus ille; qui nullam in se habuit firmitatem" rell.

c) Int. L. 4 Th. C. eod.: Qui **uxoris suae negotium fuerit prosecutus, quamvis maritus sit,** nihil

---

semper valituras ac divalis constitutio declarat" einerseits das von Theodosius II. und Valentinian III. im J. 426 erlassene sog. Citirgesetz, andererseits eine ältere Verordnung Constantin's vom J. 327, die L. 2 Th. C. de resp. prud. 1, 4, meine, und daß er also, indem er die letztere als divalis constitutio, das erstere dagegen als sacratissimorum principum scita bezeichnet, Theodosius II. und Valentinian III. als lebende Kaiser voraussetze. Huschke (p. 739 not. 121) gibt zwar den Worten: „ac divalis constitutio" eine Deutung, wonach der Gegensatz wegfiele; allein selbst wenn man dieser Auslegung beitreten wollte, scheint es mir dennoch kaum zweifelhaft, daß „sacratissimi principes" im Sinne des Verfassers der Consultatio auf lebende Kaiser gehe, da er später (Cons. VIII, 1) ein Gesetz von Theodosius, Arcadius und Honorius aus dem J. 393 als „lex divorum principum" anführt.

aliud agat, nisi quod ei agendum per mandatum illa commiserit. (Cod. Theod.: „Procurator, licet maritus sit, id solum exequi debet, quod procuratio emissa praescripserit".)

Consult. II, 2: — — „ex legum constitutione respondi (l. responde?), maritum in negotiis uxoris sine mandato non recte aliquid definire".

Consult. VIII, 1: — — „huic lex divorum principum, quae infra legitur (= L. 4 Th. C. cit.), opponenda, maritum illa tantum negotia uxoris velut extraneum actorem prosecuturum, quae procuratio emissa praescripserit".

Consult. VIII, 3: „Agnoscis maritum velut extraneum causam uxoriam prosecutum".

Die Uebereinstimmung dieser Stellen ist so groß, und der Verfasser der Consultatio gebraucht bei wiederholter Berührung des nämlichen Gegenstandes so stetig immer wieder die gleichen, mit der Interpretatio übereinkommenden Ausdrücke, daß schon um deswillen von einem bloßen Zufall gar keine Rede sein kann. Beachtet man nun noch, was sehr ins Gewicht fällt und die Annahme einer zufälligen Uebereinstimmung noch unzulässiger macht, daß sich die sämmtlichen Stellen auf einen und denselben Titel des Codex Theodosianus beziehen, und daß der Verfasser der Consultatio an einer Stelle (VIII, 1), wo er ausgesprochenermaßen geradezu den Inhalt der nachher wörtlich mitgetheilten L. 4 Th. C. de cognitor. angeben will, mit Ausnahme des aus dem Gesetze selbst entlehnten Schlußsatzes („quae procuratio emissa praescripserit") in allen charakteristischen und entscheidenden Ausdrücken ganz und gar den Wortlaut der Interpretatio wiedergibt: so kann doch wohl kein Zweifel bleiben, daß er eine Interpretatio des Theodosischen Codex, insbesondere des Titels De cognitoribus, gekannt haben müsse, welche mit der Interpretatio dieses Titels im Breviar nach Inhalt und Ausdruck zusammentraf. Damit ist denn mein Beweissatz vollständig erwiesen. Zugleich aber haben wir einen Anhalt gewonnen, um die ursprüngliche Entstehungszeit der Interpretatio, oder wenigstens derjenigen der beiden ältern Interpretationen des Theodosischen Codex, welche für das Breviar am meisten benutzt ist (s. oben S. 236), einigermaßen zu bestimmen. Erkennt man nämlich die in der Anmerkung 43 vertheidigte Zeitbestimmung der Consultatio für richtig an, so folgt, daß auch diese Interpretatio noch bei Lebzeiten von Theodosius II. und Valentinian III., also zwischen 438 und 450, entstanden sein muß, womit natürlich nicht gesagt ist, daß sie nicht in der Zwischenzeit zwischen dieser ersten Entstehung und der Abfassung des Breviars manche Ueberarbeitung erfahren haben könnte. Sie ist demnach in ihrem Ursprunge ziemlich gleichzeitig mit den ihr auch dem Charakter nach so nahe verwandten Vaticanischen Summarien des Theodosischen Codex.

6) Zu allem Ueberflusse besitzen wir aber sogar von eben der nämlichen ältern Interpretatio ein Stück in anderweiter Ueberlieferung. Nämlich die Interpretatio des Titels Ad SC. Claudianum (IV, 11). Dieser Titel ist zwar in die Hänel'sche Ausgabe des Breviars aufgenommen; allein er findet sich weder in irgend einer Handschrift des Breviars, noch auch in einer der zahlreichen Epitomae desselben, sondern er ist erst von Cujacius aus einer einzigen Pithou'schen Handschrift herausgegeben worden. Und wir dürfen um so sicherer annehmen, daß er dem Breviarium fremd ist, weil in allen andern Stücken desselben, z. B. im Gaius und Paulus, jede Berührung des SC. Claudianum mit sichtlicher Absicht vermieden ist."[44])

Ist mir, wie ich hoffe, der Beweis gelungen, daß die Interpretatio im Breviar zum größten Theil nicht erst von den Verfassern des Breviars herrührt, sondern ältern Ursprunges ist, so bedarf ihre Wichtigkeit als einer höchst ausgiebigen Erkenntnißquelle für die geschichtliche Entwickelung des römischen Rechtes nicht einer wiederholten Betonung. Ich behalte mir vor, diese Wichtigkeit an einer Reihe einzelner Beispiele noch anschaulicher zu machen. Vorher will ich jedoch auch den sogenannten westgothischen Gaius besprechen, da sich die Ausbeute dieses Stückes des Breviars von derjenigen der übrigen Stücke nicht füglich sondern läßt.

Hier will ich nur noch die in der Interpretatio befolgte Citirmethode berühren. Sie ist ganz und gar die gleiche, welche wir in der Consultatio antreffen. Wie in dieser, so werden auch in jener die kaiserlichen Verordnungen überall „leges" genannt.

---

[44]) Vgl. Richard. de Maubeuge, De ratione, qua Visigothi Gaii Institutiones in epitomen redegerint. Lips. 1842. 4°. p. 11; Haenel, Lex Rom. Visigoth. p. XX.

Der Codex Theodosianus kommt vor als „Theodosianus Codex" in der Int. Nov. Theod. tit. I. de Theod. Cod. auct.; als „Corpus Theodosianum" in der Int. L. 1 Herm. C. de cauta et non num. pec. (tit. I.); als „Theodosiani Corporis auctoritas" in der Int. Nov. Theod. tit. IX (XVI) de testam. (cf. Cons. VII, 1: „C. Th. auctoritas"); als „Theodosiani Codicis corpus" in der Int. Nov. Maior. tit. I (VII) de curial.; abgekürzt als „Theodosiani corpus" in der Int. Nov. Theod. tit. XI (XXII) de bon. decur. L. 1 (cf. Cons. III, 12, VIII, 2, 5, 7, IX, 12); endlich schlechthin als „Theodosianus" („Lex Theodosiani in octavo libro") in der Int. Nov. Theod. tit. VII (XIV) de pat. bon. (cf. Cons. I, 12, VII, 3). Der Codex Hermogenianus wird als „Hermogenianus" citirt in der Int. L. 1 Herm. C. cit.[45]) Die Novellen heißen: „Novellae leges" (z. B. Int. L. 7 Th. C. de testam. 4, 4, Int. L. 1 Th. C. de inquilinis 5, 10, Int. Nov. Theod. tit. II de confirm. leg. novell. Theod., Int. Nov. Valent. tit. XII (XXXIV) de episc. iud. etc.)

Die Citate geschehen nur mittels Angabe der Titelrubrik ohne Beisetzung der Zahl des Titels, und meist auch ohne Angabe der Zahl des Buches. Z. B.

Int. L. un. (3) Th. C. de resp. prud. 1, 4: „ex lege priori sub titulo De constitutionibus Principum et edictis" (= lib. I. tit. 1).

---

[45]) Im Breviarium hat der Cod. Gregorianus die Ueberschrift: „Incipit Codex Gregorianus". Dagegen steht am Schlusse: „Expliciunt tituli ex Corpore Gregoriani". Der Cod. Hermogenianus hat die Ueberschrift: „Ex Corpore Hermogeniani", und am Schlusse steht: „Explicit liber Hermogeniani". In der Consultatio wird dieser stets als „Corpus Hermogeniani" (IV, 9, V, 6, VI, 10, 12—14, 18, IX, 1), jener durchweg als „Corpus Gregoriani" (I, 6, II, 6, IX, 14, 15, 17), und nur einmal (IX, 8) als „Corpus Gregorianum" angeführt. Die Collatio dagegen schreibt, gleich der im Texte genannten Interpretatio, überall schlechtweg „Gregorianus" und „Hermogenianus". Ebenso die Scholien zu den fragm. Vaticana §. 266 a, 272, 285, 286, 288 und §. 275. In der Lex Romana Burgundionum werden die drei Constitutionensammlungen durchgängig nur „Theodosianus", „Gregorianus" und „Hermogenianus" genannt. Doch steht am Schlusse des tit. I. folgendes, auch wegen der Bezeichnung des Titels durch die Zahl, und nicht, wie sonst überall, durch die Angabe der Rubrik bemerkenswerthes Citat: „ex corpore Theodosiani lib. XI. titulo XX. ad Strategium Comitem Rei privatae".

II. Die fog. westgothische Interpretatio.

Int. L. 3 (4) Th. C. de revoc. donat. 8, 6 (13): „servatis de reliquo legibus, quae sub titulo De secundis nuptiis (= lib. III tit. 8) continentur".

Int. L. 1 Herm. Cod. de cauta et non num. pec. (tit. I): „Secundum legem ex corpore Theodosiano Si certum petatur de chirographis" (= lib. II. tit. 27).

Doch wird einigemal die Zahl des Buches angegeben. So Int. L. 2 (3) Th. C. de vi 9, 7 (10): „De reliquo haec lex praetermittenda est, quia in quarto libro sub titulo Unde vi (= lib. IV. tit. 20), quae tamen temporibus posterior inventa est, habetur exposita".

Int. Nov. Theod. tit. VII (XIV) de pat. bon.: „sicut Lex Theodosiani in octavo libro declarat".[46]

Die vorstehenden Untersuchungen beziehen sich übrigens wesentlich nur auf die Interpretatio zum Codex Theodosianus und zu den Sententiae des Paulus. Größere Schwierigkeiten macht die Interpretatio der Novellen, des Codex Gregorianus und des Codex Hermogenianus, in welchen zum allermindesten die eigene Hand der Verfasser des Breviars viel öfter bemerkbar ist, als in der oben genannten.

Schließlich mag es der Bemerkung nicht unwerth sein, daß das Verhältniß, welches ich für den größten Theil der Interpretatio des Breviars nachgewiesen, bei den Scholien der Basiliken wiederkehrt, die ebenfalls zum größten Theil aus ältern Commentaren des Corpus Iuris geschöpft sind.

---

[46] Auch in der Consultatio kommen alle diese Citirformen vor. Z. B. Cons. I, 11: „Theodosiani legem De pactis"; III, 12: „Ex corpore Theodosiani lib. II."; VIII, 4: „ex corpore Theodosiani lib. IX. tit. de accusationibus et inscription."; VIII, 7: „ex corpore Theodosiani sub titulo De diversis rescriptis". Die Lex Romana Burgundionum citirt gewöhnlich durch Angabe der Zahl des Buches und der Titelrubrik; z. B. tit. IV: „secundum legem Theodosiani lib. IX. sub titulo ad legem Fabiam". Es finden sich aber auch Citate mittels bloßer Angabe der Titelrubrik; z. B. tit. III: „secundum legem Theodosiani — — quae est sub titulo de manumissionibus in ecclesia", oder mittels bloßer Nennung der Zahl des Buches; z. B. tit. II: „lex Theodosiani lib. IX. ad Antiochum data". Ein bemerkenswerthes Citat mittels Angabe der Zahlen sowohl des Buches als des Titels habe ich schon in der vorigen Anmerkung erwähnt.

Rechtshistorisch-exegetische Studien
von
Herrn Professor Dr. August Ubbelohde in Marburg.

Geschrieben im Frühjahr 1872.

I.

Geltendmachung der quarta Falcidia durch die doli actio. Zu l. 23. D. de dolo. 4, 3.

Unter den Rechtsmitteln, wodurch je nach den Umständen der Testamentserbe seinen Anspruch auf die quarta Falcidia geltend zu machen im Stande sei, erwähnen unsre Lehrbücher auch die actio de dolo, indem sie sich dafür anscheinend mit bestem Grunde berufen auf l. 23. D. de dolo. 4, 3.

Gajus libro 4. ad edictum provinciale. — Si legatarius, cui supra modum legis Falcidiae legatum est, heredi adhuc ignoranti substantiam hereditatis ultro jurando vel quadam alia fallacia persuaserit, tamquam satis abundeque ad solida legata solvenda sufficiat hereditas, atque eo modo solida legata fuerit consecutus: datur de dolo actio.

Nun aber ist uns durch andere Stellen bezeugt, was sich ohnehin von selbst versteht, daß dem Erben, der aus thatsächlichem Irrthume, wie hier, mit der Auszahlung der Vermächtnisse seine Quart angegriffen hat, behufs der Ergänzung derselben die indebiti condictio dient[1]). Anderseits ist bekanntlich die actio doli durchaus subsidiär. Daß sie also in dem von Gajus besprochnen Falle statthaft war, setzt voraus, es sei in demselben die indebiti condictio nicht zulässig gewesen. Und damit ist denn die specielle Beziehung unsrer l. 23. gegeben: sie handelte von einem legatum certum per damnationem relictum, bei dessen indebite geleisteter Erfüllung die indebiti condictio deshalb ausgeschlossen blieb, weil die Klage auf Erfüllung eines solchen Legates zu denjenigen gehörte, quae infitiando crescebant in duplum[2]).

Im Justinianischen Rechte ist das Damnationslegat verschwunden. Damit hat die l. 23. cit. ihre Berechtigung verloren. Immerhin könnte ihr in der Compilation noch eine beschränkte Anwendbarkeit beigemessen werden für den Fall, wo der Erbe betrügerisch veranlaßt worden ist, auf Unkosten seiner Quart ein

---

[1]) l. 9. Cod. ad leg. Falcid. 6, 50. l. 31. D. eod. l. 1. §. 11. eod. 35. 2.
[2]) Gaj. 4; 9. 171. Paull. 1; 19, 1. §. 7. I. de obl. quae quasi ex contr. 3, 27. l. 4. Cod. de cond ind. 4, 5.

Vermächtniß ad pias caussas zu erfüllen. Da nämlich Justinian bei einem solchen Vermächtnisse die indebiti condictio positiv ausgeschlossen hat[3]), so ließ sich jene Verkürzung nur mittels der doli actio vom Betrüger einbringen. Nachdem jedoch Nov. 131. c. 12. beim Vermächtnisse ad pias caussas den Abzug der Quart untersagt hat, kann selbst davon nicht mehr die Rede sein. Die doli actio würde nur da noch Bedeutung haben, wo der bezeichnete Betrug die Erfüllung eines derartigen Vermächtnisses ultra vires hereditatis bewirkt hätte.

II.
Ueber den Fruchterwerb des Usurecipienten und des improbe pro herede usucapiens. Zu l. 45 de usuris. 22, 1. und l. 4. §. 5. D. de usurpationibus.

Die erst durch die echten Institutionen des Gajus uns bekannt gewordenen Lehren von der usureceptio und von der improba pro herede usucapio bieten noch allerlei ungelösete Fragen dar. So verdient es wohl einmal, einen Augenblick erwogen zu werden, in welche rechtliche Lage die Früchte gelangten, die der Usurecipient oder der improbe pro herede usucapiens vor Vollendung der Ersitzung von der Sache zog.

Ihm in allen Fällen das Eigenthum der Früchte beizulegen, scheint kein Grund vorhanden. An die bloße Separation, wie beim bonae fidei possessor, kann dieser Erwerb nicht geknüpft werden: denn der Besitzer der Hauptsache ist eben kein bonae fidei possessor, und die legislatorische Erwägung, welche diesen mittels Eigenthumserwerbes an den Früchten vor der Härte der unbedingten Restitutionsverbindlichkeit schützen zu müssen glaubt, vermag für jenen sicher nicht in Anspruch genommen zu werden. Aber auch durch die Perception darf man den fraglichen Erwerb nicht geschehen lassen: denn auf diese Weise erwerben das Eigenthum der Früchte nur Personen, die, wie der Nießbraucher oder der Pächter, zum Fruchtbezuge dinglich oder persönlich berechtigt sind; und ein derartiges Recht kann man im ganzen sowenig dem Usurecipienten als vollends dem improbe pro herede usucapiens zuschreiben.

Ihm dagegen unter allen Umständen ein Recht an den Früchten abzuerkennen, dürfte ebensowenig richtig sein. Geben doch die Römer sogar dem Ehegatten das Eigenthum an den

---

[3]) §. 7. I. cit. 3. 27.

s. g. fructus industriales, welche er von der ihm vom andern Gatten geschenkten Sache erzielt, ohne daß sie dabei unterscheiden, ob der beschenkte Theil in bona oder in mala fide sich befindet[4]). Und während der beschenkte Gatte zu der Hauptsache in einem rechtlich mißbilligten[5]) Verhältnisse steht, haben wir es hier zu thun mit einem Verhältnisse, dem die Wirkung der Usucapion und deshalb gewiß schon jetzt der Schutz der Publiciana in rem actio zu Theil wird. Wir dürfen also hinsichtlich der fructus industriales für den Usurecipienten und den improbe pro herede usucapiens wohl das gleiche Recht annehmen, welches uns für den beschenkten Gatten bezeugt ist.

Es bleibt somit noch für die s. g. fructus mere naturales die Frage offen. Soweit für diese, wie in unserm Falle, das besondre Recht des Fruchterwerbes nicht stattfindet, können sie kaum anders behandelt werden, denn als abgetrennte körperliche Theile der Hauptsache. Hiernach fallen sie, sobald sie vom Usurecipienten oder Usucapienten der Hauptsache percipirt worden sind, derselben Ersitzung anheim, welcher die Hauptsache unterliegt. Und dasselbe muß folgerecht auch für solche organische Erzeugnisse der Hauptsache angenommen werden, welche, wie der partus ancillae, zu den Früchten nicht gehören.

Was wir hiernach für den Fruchterwerb des Usurecipienten und des improbe pro herede usucapiens postuliren, scheint seine Bestätigung zu finden durch zwei Pandektenstellen, die zugleich auf diese Weise vielleicht eine befriedigende Erklärung erhalten. Es sind dies a) die l. 45. D. de usuris. 22, 1. und b) die l. 4. § 5. D. de usurpationibus. 41, 3.

a) **Pomponius libro 22. ad. Quintum Mucium.**

---

[4]) l. 45. D. de usur. 22, 1. (Pompon.) cf. l. 17. pr. D. de donatt. i. v. et u. 24, 1, vbb. mit l. 15. §. 1. l. 16. eod. — Ein Geschäft dagegen, welches die Schenkung der Früchte als solcher an den Gatten bezweckt, ist nichtig, nicht blos in Beziehung auf die Früchte von Dotalsachen — l. 8. Cod. eod. 5, 16. l. 20. Cod. de I. D. 5, 12. cf. l. 22. l. 28. D. de pact. dot. 23, 4. —, sondern überhaupt. l. 49. D. de donatt. i. v. et u. 24, 1. Man darf also den Fruchterwerb nicht auf ein gültiges Rechtsgeschäft zwischen Schenkgeber und Schenknehmer zurückführen. Vgl. Vat. fragm. §. 1.

[5]) Es ist zu beachten, daß unzweifelhaft die l. 45. cit und ebenso die in l. 15. §. 1. l. 17. pr. citt. angeführten Aeußerungen Julians älter sind, als die oratio D. Severi, wonach die Schenkung unter Ehegatten durch den Tod des Schenkgebers in der Ehe convalescirt.

Fructus percipiendo uxor vel vir ex re donata suos facit, illos tamen, quos suis operis adquisierit, veluti serendo: nam si pomum decerpserit vel ex silva caedit, non fit ejus, **sicuti nec cujuslibet bonae fidei possessoris**, quia non ex facto ejus is fructus nascitur.

Die herausgehobenen Worte bereiten bekanntlich eine bisher ungelösete Schwierigkeit. Es dürfte daher kaum gewagt sein, sie für interpolirt zu erachten, vollends da ihre unbestimmte Fassung selbst für einen so mittelmäßigen Stilisten, wie Pomponius es gewesen sein mag, allzu stümperhaft erscheint. Von dieser Annahme ausgehend, glaube ich hiermit den Vorschlag wagen zu können, als ursprünglichen Text etwa Folgendes zu vermuthen: **sicuti nec ejus, qui rem usurecepturus vel improbe pro herede usucapturus est.**

b) **Paullus libro 54. ad edictum.**

Fructus et partus ancillarum et fetus pecorum, si defuncti non fuerunt, usucapi possunt.

Jetzt giebt diese, einer rein theoretischen Erörterung entnommene, Stelle einen äußerst vagen und in seiner Trivialität irreleitenden Sinn. Sie scheint nämlich etwas Eigenthümliches lehren zu wollen über Früchte und sonstige organische Erzeugnisse, die sich entweder in einer Erbschaft befinden, ohne zu derselben zu gehören, oder, ohne nur in derselben befindlich zu sein, als dazu gehörig in Besitz genommen werden. Allein in allen Fällen, in denen eine Ersitzung von Früchten hier überhaupt denkbar ist — nämlich titulo putativo, sei es seitens des wahren, sei es seitens eines vermeintlichen Erben —, kann auf die Fruchteigenschaft gar nichts ankommen: es gilt vielmehr das für die Früchte Geltende gerade ebenso für alle anderen Sachen. Dagegen findet zwischen Früchten und sonstigen organischen Erzeugnissen der wesentliche Unterschied statt, daß an den letzteren eine successio in usucapionem auch dann möglich ist, wenn der Erblasser selbst sie percipirt hatte, während die vom Erblasser percipirten Früchte im entsprechenden Falle, nämlich bei der bona fides des Erblassers, sogleich mit der Separation sein Eigenthum werden, der Ersitzung also nicht mehr bedürfen. Diesen Gegensatz aber übergeht unsere Stelle. Und doch ist schwerlich abzusehen, weshalb die Compilatoren seine Erwähnung getilgt haben sollten, wenn sie dieselbe bei Paullus gefunden hätten. Es ist somit füglich nicht anzunehmen, daß ihr sonst so wortpressender Urheber unsre Stelle so geschrieben habe, wie sie uns überliefert worden ist.

Gemäß seiner Disposition im pr. unsrer l. 4.[6]) hat Paullus hier von der Usucapionslehre zuerst die subjective Usucapionsfähigkeit behandelt. Und zwar zuvörderst in §§ 1—3, die allgemeinen subjectiven Voraussetzungen. Der Schluß des § 3 [7]) zeigt, daß er alsdann die Usucapionstitel und gewiß nicht minder das Erforderniß der bona fides berührt hat. Hierbei konnte er die improba pro herede usucapio nicht übergehen. Dies bestätigt § 4 [8]). Und während mit § 6 die dispositionsmäßige Besprechung der objectiven Usucapionsfähigkeit beginnt, gehört wahrscheinlich in eben jenen Zusammenhang der improba pro herede usucapio auch unser § 5.

Dies vorausgesetzt kann der Inhalt des § 5 kaum ein andrer gewesen sein, als die Erklärung, daß der improbe pro herede usucapiens an denjenigen Früchten und sonstigen organischen Erzeugnissen ohne Unterschied, welche er, vor vollendeter Usucapion der Erbschaftssachen selbst, von diesen percipire, eine selbständige usucapio pro herede beginne. Nach dem von uns vermutheten ursprünglichen Inhalte der l. 45. D. de usuris. würde dies jedoch auf die ohne Zuthun des Besitzers erzielten Erzeugnisse zu beschränken sein, falls man nicht etwa vorziehen sollte, die l. 45. lediglich auf die usureceptio zu beziehen, wofür jedoch kein Grund vorzuliegen scheint.

Daß die Compilatoren diese Entscheidung ebensowenig gebrauchen konnten, als die von uns vermuthete der l. 45. cit., liegt auf der Hand. Daß sie aber beide nicht völlig gestrichen, sondern in ungeschickter Weise abgeändert haben, kann schwerlich als beispiellos und verwunderlich gelten.

III.

Usucapio pro herede seitens des incapax. Zu l. 32. §. 1. D. de usurpationibus.

Huschke berührt in seiner Abhandlung „Ueber die usucapio pro herede, fiduciae und ex praediatura" in der Ztschr. für

---

[6]) Sequitur de usucapione dicere; et hoc ordine eundum est, ut videamus, quis potest usucapere, et quas res, et quanto tempore.
[7]) sed haec [quaeque — Mommsen] persona ita demum usucapere potest, si ex ea caussa possideat, ex qua usucapio sequitur.
[8]) Servus pro herede possidere non potest.

gesch. R. W., Bd. 14, auf S. 174 ff. die Frage, ob ein incapax der usucapio pro herede fähig gewesen sei. Er bejaht dieselbe mit folgenden Worten:

„Die lex Julia et Papia entzog den Ehelosen das jus capiendi ganz, den Kinderlosen und den Ehegatten unter einander zum Theil, und nach der lex Junia konuten Latini liberti nicht capiren, alles dieses mit der Kraft einer lex perfecta. (Gaj. 1, 23. 2, 111, 286. Ulp. 17, 1. 22, 3). Aber alle diese und andere spätere Gesetze sprachen nur von testamentarischen hereditates et legata und konnten nach ihrem Zwecke, den Erblassern die Zuwendung ihres Vermögens an Unwürdige unmöglich zu machen, auch nur auf andere Erwerbe aus letztwilligen Verfügungen ausgedehnt werden. Die pro herede usucapio gingen sie also nichts an. In diesem Gegensatze der zustehenden testamenti factio bei entzogenem jus capiendi hat denn auch ohne Zweifel Paullus, der im fünften Buch ad legem Juliam et Papiam von der Caducität handelte, seinen oben referirten Ausspruch [l. 4. D. pro herede. 41, 5: Constat eum, qui testamenti factionem habet, pro herede usucapere posse] gethan".

Seither scheint die Frage nicht wieder erörtert zu sein. Und dennoch kann sie mit der vorstehenden Bemerkung schwerlich als erledigt gelten. Hätte wirklich der incapax dieselben Nachlaßstücke, die er ex testamento nicht erwerben konnte, pro herede zu usucapiren vermocht; so würde damit der Zweck der Caducität bis auf das St. Iuvencianum häufig vereitelt worden sein. Es kann nämlich keineswegs zugegeben werden, daß dieser Zweck auf eine Beschränkung der Erblasser hinausgegangen sei; er lag vielmehr in einer Beschränkung der incapaces selbst. Vergegenwärtigen wir uns, daß die Latini Juniani, deren testamentarische Erwerbsunfähigkeit, soweit wir wissen, abgesehen von Fideicommissen (Gaj. 1, 23. 2, 275.), eine absolute war, ab intestato überhaupt nicht erben konnten; und daß die coelibes und orbi gegenüber denjenigen Personen, für deren letztwillige Zuwendungen sie ganz oder theilweise incapaces waren, wahrscheinlich durchgehends weder nach Civilrecht noch nach dem Edicte ein Intestaterbrecht besaßen[9]): so werden wir anerkennen müssen,

---

[9]) cf. Vat. fragm. 158. 214—219. Es werden freilich als exceptae personae uns nicht genannt die Agnaten als solche und der manumissor; es wird indessen nicht zweifelhaft sein dürfen, daß auch sie dazu gehörten,

daß die Wirkung der Incapacität, je nachdem diese eine völlige oder eine theilweise war, auf völlige oder theilweise Ausschließung vom Nachlasse aller, bezw. gewisser römischer Bürger hinauslief. Der den incapaces hiernach verschlossene Zutritt zu einem Nachlasse würde ihnen jedoch mittels der pro herede usucapio durch eine Hinterthür um so leichter wieder eröffnet gewesen sein, als mindestens der Latinus und der coelebs noch 100 Tage nach der Delation Frist hatten, die Capacität zu erwerben, und obendrein bei der Einsetzung mehrerer Erben die Delation nicht vor Eröffnung des Testamentes eintrat, mithin nicht selten ein incapax schon einen erheblichen Theil des zur Usucapion erforderlichen Jahres im Besitze von Nachlaßstücken gewesen sein konnte, bevor der Berechtigte die vindicatio caducorum überhaupt anzustellen rechtlich imstande war. Es erscheint deshalb gewiß, wo nicht selbstverständlich, so doch höchst natürlich, daß derjenige, der sogar bei ausdrücklicher Zuwendung an einem bestimmten Nachlasse weder das Erbrecht noch ein Legat daraus zu erwerben vermochte, auch unfähig war, einzelne Stücke desselben Nachlasses pro herede zu usucapiren. Sollten die einschlagenden Gesetze selbst hierüber nichts bestimmt haben, so wird die interpretatio eine solche Entscheidung sich nicht habe entgehen lassen. Die l. 4. cit. D. pro herede 41, 5. dürfte nichts hiergegen beweisen: es ist ja gar nicht zu bestimmen, ob nicht ein einschränkender Zusatz in Beziehung auf den incapax aus dem ursprünglichen Zusammenhange sich von selbst ergeben habe, oder gar von den Compilatoren gestrichen worden sei.

Umgekehrt aber halte ich es für nicht undenkbar, daß eine bekannte, in ihrer jetzigen Fassung anscheinend unerklärbare Stelle ursprünglich gerade das fragliche Verhältniß behandelt habe. Es ist dies l. 32. § 1. de usucap. 41, 3.

Pomponius libro 32. ad Sabinum.

Si quis id, quod possidet, non putat sibi per leges licere usucapere, dicendum est, etiamsi erret, non procedere tamen ejus usucapionem, vel quia non bona fide videatur possidere, vel quia in jure erranti non procedat usucapio.

Sollte diese Stelle s. m. etwa folgendermaßen gelautet haben:

---

wie ich auch für den überlebenden Ehegatten eine unbeschränkte Capacität in dem Falle annehmen möchte, wo er ab intestato gerufen worden wäre.

Si cui id, quod possidet pro herede, per leges [sc. Juliam et Papiam] non licet capere, dicendum est, etiamsi erret (d. h. auch wenn er sich für capax hält — was kaum anders als kraft eines Rechtsirrthums möglich ist —, oder, trotz der ihm bekannten Incapacität sich für fähig hält, pro herede zu usucapiren), non procedere tamen ejus usucapionem, vel quia sciens contra leges videatur possidere (nämlich, wenn er seine Unfähigkeit kennt, als solcher zu usucapiren), vel quia in jure erranti non procedat usucapio (nämlich, wenn er seine Incapacität oder die daraus hervorgehende Usucapionsunfähigkeit nicht kennt).

Die Interpolation würde sich gewiß hinreichend erklären aus der gänzlich veränderten Bedeutung der pro herede usucapio im justinianischen Rechte, wonach dieselbe nur eine usucapio titulo putativo ist, mithin nur da stattfinden kann, wo die Erbeneigenschaft entweder wirklich vorliegt oder doch mit gutem Grunde angenommen wird. Uebrigens mögen zur Abänderung des Originaltextes immerhin auch besondre Beziehungen mitgewirkt haben, welche derselbe etwa zu den aufgehobenen Vorschriften der lex Julia et Papia bot. Die dabei vorausgesetzte Ungeschicklichkeit der Compilatoren dürfte nicht befremden.

Ein Erlaß des Kaisers Lothar vom J. 846.

Von

Herrn Geheimen Justizrath Professor Dr. Blume in Bonn.

Das nachfolgende Actenstück ist neuerdings in zwei Handschriften der Capitularbibliothek zu Novara (num. XXX und XV) gefunden, und daraus von Hr. Prof. Maaßen in Wien,[1]) der Schluß auch von Hrn. Prof. Reifferscheid in Breslau[2]) herausgegeben worden. Das Ganze nennt sich in den Handschriften synodus habita fancia, nicht in der Bedeutung

---

[1]) Sitzungsberichte der Wiener Akademie Bd. 46 (1864) S. 68—71; ergänzt Bd. 49 (1865) S. 310. Bd. 53 (1866) S. 391. Maaßen bibl. latina iuris canonici manuscripta 1866. S. 387—391.

[2]) Reifferscheid bibliotheca patrum latinorum italica II, 2 (1871) p. 260. Als Hauptquelle ist von beiden der cod. XXX aus dem zehnten oder eilften Jahrhundert benutzt worden, in welchem der Erlaß auf Blatt

einer rein kirchlichen Synode (dazu würden nur die ersten sechs Kapitel passen), sondern in der einer gemischten Reichstagsversammlung, an der ja auch die Bischöfe Theil nahmen. Wir dürfen es mit Maassen zu den Capitularien rechnen, obwohl es eigentlich nur eine motivirte Mittheilung an den Reichstag gewesen zu sein scheint, die sich auf eine vorgängige mündliche Berathung mit König Ludwig stützte, und sofort zu speciellen Aufträgen an diesen letzteren (c. 9), an den Pabst Sergius (apostolicus, c. 7. 12), an den Dogen von Venedig (c. 12), und sogar an Sergius, den magister militum zu Neapel[3]), übergeht. Daß aber Cap. 8, so wie der besonders interessante Anhang nicht kaiserlichen Ursprungs waren, ist augenscheinlich: es mochten Anweisungen und Notizen sein, die Einer der missi des Kaisers hinzugefügt hatte.

Ausgegangen war das Schreiben aus den fränkischen Theilen des damaligen Lotharingiens, wahrscheinlich von Aachen: das beweiset das leicht zu verbessernde fancia (l. francia) so wie die Berufung auf eine vorhergegangene Zusammenkunft mit dem italischen König Ludwig, von der wir Genaueres nicht wissen. Vielleicht hatte ein schon im Mai 845 beabsichtigter Zug nach Italien sich bis in das Jahr 846 verzögert. Jedenfals solte ja eine besondere französische Heeresabteilung (scara) aus francia, burgundia atque prouincia gebildet werden (cap. 9).

Unzweifelhaft ist die Zeit des Erlasses, da in demselben Jahr (hoc anno, c. 7) Rom von den Sarrecenen geplündert war. Demnach war es der Herbst 846, und das auf den nächsten 24. Januar bestimmte Eintreffen des Heers in Pavia (c. 9) bezog sich auf das J. 847 unserer Zeitrechnung, welches freilich in Frankreich damals erst vom ersten März an gerechnet wurde.

Ein besonderes Interesse hat das Ganze für uns nicht blos deshalb, weil uns aus den lezten Regierungsjahren Lothar's fast gar keine Capitularien erhalten sind, sondern besonders wegen des Zusammenhangs mancher Einzelheiten mit anderen

---

282 steht. Die große Masse des der ersten Blattseite zugeschriebenen Stoffes scheint sich nur durch die Voraussetzung sehr kleiner Schriftzüge erklären zu können. Der Cod. XV ist jünger, aus dem zwölften Jahrhundert, aber keine Abschrift der ersteren.

[3]) Ueber diesen damals sehr einflußreichen Mann s. u. a. Erchempert in den Monumenta SS. III. p. 249. Chronicon Salern. ibid p. 514. 515.

historischen Daten jener Zeit, die wir erst nach vollständiger Mittheilung des Textes besprechen können.

Bei dem Wiederabdruk des Textes des Erlasses halte ich mich, so weit ich es kann, an Reifferscheid, d. h. für die zweite Seite (fol. 282¹) ganz, für die erste (fol. 282ʳ) wenigstens bei den ersten vier Zeilen. Denn die leider fast allgemein gewordene Sitte unserer Herausgeber, einen handschriftlich nur einmal überlieferten Text durch Nachhilfen zu alteriren, sei es durch große Anfangsbuchstaben bei persönlichen oder Gentilnamen, bei Localitäten und sogar bei den davon abgeleiteten Abjectiven, sei es durch Umwandlung des u in v, des uu in w, des IIII in IV, VIIII in IX, oder durch Verwischung der Zeilenabschnitte, durch fingirte Rubriken mittels gesperrten Druks u. dgl., hätte uns auch hier die Gefahr von Misverständnissen bereitet, wenn ihnen nicht durch Reifferscheid's strengere diplomatische Treue vorgebeugt wäre. Ich berufe mich namentlich auf das unten über beieri gesagte.

(fol. 282ʳ) Incipit synodus habita fancia
tempore doñi hlothari imp̄rs
pro edificatione nouę romę.

Cap. I. Quia diuina pietas nos et karissimū filiū nr̄m ad commune colloquium peruenire concessit, prudentiae deuotionique uestrae, de quibus hic tractauimus et definiuimus, breuiter intimauimus.

II. Nulli dubium est, quod peccatis nostris atque flagitiis merentibus tantum malum in ecclesia christi contigerit,[4]) ut et ipsa romana ecclesia, quae capud est christianitatis, infidelium manibus traderetur, et per omnes fines regni nostri fratrumque nostrorum paganorum populus praeualeret. Idcirco necessarium ualde iudicauimus, ut omnia, in quibus maxime deum a nobis offensum esse cognoscimus, ips[i]us adiuuante misericordia corrigamus, et ut per satisfactionem congruam diuinam studeamus placare iustitiam, quatinus quem iratum sensimus, placatum habere possimus.

III. Hac de causa uolumus et omnino proponimus, ut quicquid in ecclesiis[5]) christi locisque sacratis per neglegentiam hucusque aliter fuit quam debuit, in quantum adiuuat superna pietas emendetur.

---

[4]) contingerit *cod. XV.* — [5]) ecclesias *cod. XV.*

IIII. Et inprimis monachi, qui ordinem suum per desidiam aut cupiditatem seu secularem ambitum [6] deseruerunt, admoniti ab episcopis et abbatibus emendentur; quodsi audire contempserint, seuerius districti suum ordinem repetere compellantur. Qui uero per inopiam a suo proposito deuiauerunt, si ipsa inopia per necessitatem generale[m] contigit, prout potest fieri emendetur, donec largiente domino melius atque perfectius talem inopiam emendare possimus; si uero per duriciam aut neglegentiam praelatorum euenit, praelati ipsi diligenter admoniti si emendauerint, bene: si emendare noluerint, ab ipsa praelatione remoueantur. Similiter et in cano[ni]cis atque [7] santimonialibus obseruandum esse sancimus.

V. Quia in dehonoratione sanctorum locorum deum frequenter offendimus, uolumus atque statuimus, ut quicquid ab ecclesiis christi iniuste et inrationabiliter nostro tempore ablatum esse cognoscitur, pristinae potestati competenti ordine restituatur.

VI. Volumus etiam et diligentissime praecipimus obseruandum, ut episcopi singuli in suis paroechiis diligenter examinent et sollicite inuestigent, quicunque publicis sint inretiti flagiciis, hoc est incestos, adulteros, sanctimonialium stupratores,[8] uel qui eas etiam in coniugium acceperunt, homicidas, sacrilegos, alienarum rerum peruasores atque praedones; et hoc per omne regnum nostrum sollicite examinetur, ut quicunque tales fuerint inuenti, paenitentiae puplice subdantur; aut si hoc noluerint, ab ecclesia separentur, donec a suis flagitiis corrigantur. Similiter de illis fiat, qui in clericatu fuisse et postea comam sibi crescere dimisisse noscuntur.

VII. Quia pro peccatis nostris et offensionibus aecclesia [9] beati petri hoc anno a paganis uastata est et direpta, omni desiderio et summa instancia elaborare cupimus, qualiter ecclesia restauretur, et deinceps ad eam paganorum accessio prohibeatur. Itaque dicernimus et hoc apostolico per litteras nostras et missos mandamus, ut murus firmissimus circa ecclesia[m] beati petri construatur. Ad hoc uero opus colla-

---

[6] habitum *cod. XV.* — [7] et in *cod. XV.* — [8] strupteres *cod. XV.*
[9] aecclesie *cod. XXX.*

tionem peccuniae ex omni regno nostro fieri uolumus, ut tantum opus, quod ad omnium gloriam pertinet, omnium subsidio compleatur.

VIII. Admonendi erunt episcopi per omne regnum domni imperatoris hlotharii, ut praedicent in ecclesiis suis et ciuitatibus [et] eos, qui sine beneficiis sunt et alodos atque peccunias habent, atque cohortando et incitando suadeant, ut sicut illi facturi sunt, qui beneficia possident, ita ipsi etiam de pecuniis suis collationem faciant ad murum faciendum circa ecclesiam beati petri apostoli romae, eo quod hoc deceat [10]) plurimum, ut matrem filii honorent, et in quantum ualent tueantur atque defendant.

VIIII. Decretum quoque et confirmatum habemus, ut karissimus filius noster cum omni exercitu italiae et parte ex francia burgundia atque prouincia in beneuentum proficiscatur,[11]) ut inde inimicos christi sarracenos et mauros eiciat, tam propter hoc, quod ipse populus nostrum auxilium expetit, quam propterea quod certissime nouimus, si infideles illam terram obtinuerint, eos romaniam, quod absit, et magnam partem italiae inuasuros. Ipse uero filius noster ita ire debebit, ut VIII. kal. febr. ad papiam cum exercitu ueniat, medio marcio ad alarinum [12]) perueniat.

X. Summopere iubemus, et modis omnibus obseruandum censemus, ut quicunque illuc ibunt, sine praedatione [13]) christiani populi uadant, quoniam propter hoc magnum nobis malum accidisse non dubitamus.

XI. Missos quoque nostros constitutos habemus petrum uenerabilem episcopum, anselmum uocatum episcopum, et uuitonem inlustrem comitem, qui in beneuentum ad sigenulfum et radalgisum uadant, et eos inter se pacificent, legesque et condiciones pacis aequissimas inter eos decernant, et regnum beneuentanum, si pacificati fuerint, inter eos aequaliter diuidant, atque ex nostra parte eis securitatem et consensum honoris sacramento confirment, et ab eis similiter ad nostram partem adiutoriumque filii nostri expulsionemque sarracenorum sacramentum suscipiant.

---

[10]) doceat *cod XXX.* — [11]) proficiscantur *cod. XXX.* — [12]) gewiß alatrum ober alatrium, an ber Heerſtraße von Rom nach Benevent.
[13]) praedicatione *cod. XV.*

XII. Sergio quoque magistro militum mandamus, ut ipse pacis auctor inter illos et auxiliator filii nostri existet; similiter apostolico et petro uenaeciarum duci, ut adiutorium ex pentapolim et uenecia nauali expedicione [14]) faciant ad opprimendos in beneuento sarracenos.

XIII. Ut autem haec omnia competenter implere possimus, ieiunio triduano per omne regnum nostrum deuotissime christi misericordiam [fol. 282 [1]] pro nostris peccatis exorandum censemus. haec st nomina eoȓ qui in italia beneficia habent

rataldus	Isti nihil habent in italia.		In pma scara st	
reinboldus [15])	harduicus	Aqn'	Ebrardus	missi
eberhardus	amolo	Sigericus	Uuito	5
Beringarius	agilmarus	heribt'	Liutfrid	
liutfridus [16])	audax	heimeric'	*adalgisus [22])	
humfridus	heiminus	Milo	signiferi	
hrotfridus	Boso	hucbold	bernardus	
teotboldus	uuilelmus	De comitib,	Albericus	10
fulcradus	ioseph	Gerardus	& bebbo	
Cunibtus	erlardus	Aldricus	In scda scara st	
bodradus	dauid	Fulcrad	Uuito	missi
hilpericus	ebo	Ottran' [18])	et [23] adalbtus	
bebo	hartbert' [17])	Ermenoldus [19])	Signiferi	15
grozmannus	riconsind'	Alberic' filius	Uuicfredus	
meinardus	remigius	richardi [20])	Et autran' comts [24])	
	teotgaudus	beieri [21])	heribrandus	

---

[14]) naualem expeditionem *cod. XV.* — [15]) remboldus *Maassen.* — [16]) liuthfridus *cod. XV.* — [17]) haltbertus *cod. XV.* — [18]) Ottrānus *M* vgl. Zeile 17. — [19]) hermenoldns *cod. XV.* — [20]) Diese Zeile fehlt bei Reifferscheid. — [21]) Beieri mit großem Anfangsbuchstaben und gesperrt bei *M.* — [22]) algisius *cod. XV.* Der voranstehende Stern ist für et zu nehmen; er fehlt bei *M.* — [23]) et fehlt bei *M.* — [24]) Comites als Ueberschrift gesperrt bei *M.* Ich muß zugeben, daß das vorhergehende et anzudeuten scheint, daß die Namen der signiferi mit autrannus endeten, und daß das folgende Comites nicht eine besondere Stellung der vorhergenannten beiden signiferi ausdrücken, sondern sich auf die nun ersten folgenden vier Namen beziehen soll. Dann bleibt aber das Räthsel zu lösen, weshalb nur die zweite scara außer den missi und signiferi auch noch comites als militärische Obere erhalten hatte. Auch stand Ottrannus schon Col. 3 Zeile 14 unter den Grafen.

eicardus   Arnulfus   farulfus
            Odolricus   hilpericus   20
            engilranus   et tresegius
                          In scara francisca
                          sunt missi

                          gerardus
                          fulcradus
                          et ermenoldus   25
                          Signiferi
                          beieri [25])
                          Arnulfus
                          hucboldus
                          Aqn'   30
                          et sigiricus.

Eine nähere Besprechung erfordert nur der zweite Theil des Capitulare, vom cap. 7 an. Er betrifft
1) die Befestigung Roms auf dem rechten Tiberufer (der späteren urbs leonina) und die dazu verordnete lotharingische Reichscollecte (cap. 7. 8.)
2) die Vertreibung der Sarracenen aus Italien, und den deshalb eingeleiteten Kriegszug (cap. 9. 10. 12)
3) die Teilung des Herzogtums Benevent (cap. 11. 12).

1. Bei der ersten Angelegenheit muß es auffallen, wie sehr der doch zunächst beteiligte Bischof von Rom, Sergius II, bei dem Unternehmen zurüktrit; er empfängt nur den Auftrag zur Mitwirkung vom Kaiser und auch diesen hat er nicht ausführen können, denn er starb am 27. Januar 847. Auch die sämtlichen Reichsbischöfe sollten zur Leistung von Beisteuern ermahnen; denn rechtlich verpflichtet erschienen nur die Lehnsleute, den Besitzern von Allobialgütern oder Mobiliarvermögen ward die Beisteuer nur als Christenpflicht zugemutet.

Die entschiedene Abhängigkeit des Papstes vom Kaiser ward auch bei der neuen Papstwahl ausdrücklich bezeugt; denn nach der Erzählung des Anastasius verwahrte man sich durch besondere Beteurungen, daß man nur wegen der Dringlichkeit der Sache die specielle Erlaubnis des Kaisers nicht abwarten könne. Dazu stimmt denn auch ferner die Bitte Leo's IV. in demselben

---

[25]) Beieri gesperrt *M*.

Jahr 847: uestram flagitamus clementiam, ut sicut hactenus romana lex uiguit absque uniuersis procellis, et pro nullius persona hominis reminiscitur esse corrupta, ita nunc suum robur propriumque uigorem obtineat.[26]) So beginnen auch, wie schon Canciani[27]) bemerkt hat, erst von nun an sichere Spuren der Anerkennung der fränkisch=italischen Capitularien im Herzogtum Benevent, namentlich im Capitulare des Adelgis vom J. 866 c. 1, worin dasjenige, was Lothar als neu gekrönter Kaiser durch einen Gnadenbrief vom J. 823 den freien Ehe= frauen der Sclaven gewährt hatte, auch für Benevent gesetzlich eingeführt wurde.[28])

Daß auch das angehängte Verzeichnis derer „qui in italia beneficia habent", so wie der Nichtbeneficiaten, mit der Befesti= gungssteuer zusammenhing, ist kaum zu bezweifeln; nur wird daraus nicht folgen, daß die Vasallen in Burgund, Provence und Francien nicht gleichfals zu derselben herangezogen seien.

2. Auch der Krieg gegen die Sarracenen solte ein Reichs= krieg sein, denn das Landheer bestand aus einer fränkischen und zwei italienischen Divisionen (scarae, Heerschaaren), deren Führer in der angehängten Offizierliste genant sind. Jede scara ward von einigen missi und signiferi befehligt; nach Maaßen's Abdruk erscheinen aber an der Spize der zweiten scara auch noch vier Comites, und in der dritten (fränkischen) scara vier signiferi beieri. Ueber die comts (Zeile 17) läst sich zweifeln: waren nur die beiden vorhergenanten signiferi zugleich comites für nicht kriegerische Geschäfte, und den vier folgenden signiferi fehlte diese amtliche Würde, oder waren diese lezteren nur als comites und nicht als signiferi der zweiten scara beigegeben? Das zweimal vorkommende et (lin. 17 und 21) scheint auch mir für die zweite Ansicht zu sprechen. Aber an signiferi beieri, als eine besondere Gattung von Heerführern, zu glauben scheint mir unmöglich; ich finde in dem zweimal (Z. 18 und 27) vorkommenden beieri, statt beierih oder beierich, nur den auch bei uns noch vorkommenden Eigennamen Beirich (vgl. Förstemann 1037.). Daß aber auch dieser Krieg, dessen Erfolge

---

[26]) Savigny Gesch. des röm. Rechts im Mittelalter Bd. II. S. 206.
[27]) Canciani leges barbaror. I p. 61, vielleicht nach Pecchia storia di Napoli lib. I. c. 12. 14., die ich nicht vergleichen kan.
[28]) Pertz LL I, 233. c. 12 III, 552. c. 75. Boretius Capitularien S. 154.

anfangs sehr unglüklich waren, und der beinahe zur Gefangenschaft Ludwig's geführt hätte, auf directe Anordnung des Kaisers unternommen wurde, und daß er dabei den Venetianern so wie dem Papst als Patricius des Exarchats befehlen konte, ihn mit ihrer adriatischen Seemacht zu unterstüzen, war uns bisher nicht bekant.

3. Der Vertrag über die Theilung Benevents zwischen Rabelgis und Siconulf war uns bereits bekant, und ich habe ihn in beide Ausgaben des langobardischen Edicts aufgenommen, nur leider mit der falschen, von Leo Ostiensis [29] angegebenen Jahrszahl 850, weil ich damals Blasi's chronologische Berichtigung [30] nicht kante. Siconulf starb 848, der Vertrag aber ist schon in das J. 847 zu sezen, weil er die Fortdauer des Krieges und ein längeres Verweilen Ludwigs und seines Heeres in Unteritalien vorausezt: es war jedenfals für die kaiserlichen missi das leichteste Geschäft, ihn zu vermitteln, da beide Parteien ihn wünschen musten. Denn die Beneventaner hatten schon früher tausend solidi für diese Teilung geboten [31], und ebenso viel ließ es sich Siconulf kosten, um den Beistand des Kaisers durch ein „salus" zu erkaufen. Dies lezte wissen wir sehr zufällig aus einer, mehr als zweihundert Jahre jüngeren Urkunde von La Cava. [32] Denn im J. 1059 legitimirte sich der Eigenthümer und Verkäufer eines Grundstüks in Salerno durch Production einer Schenkungsurkunde Siconulf's, von der es heißt: Siconolfus dei prouidentia langobardorum gentis princeps per rogum Siconis thesaurarii sui concesserat Radechis Castaldeo filio Moncolani inter aliud terra uacua.... pro eo quod ipse Radechis eidem domini Siconolfi dederat unam curtinam ualientem solidos mille, que pro saluatione gentis et terre sue direxerat salutem in franciam ad ipsum imperatorem, sicut ipso preceptum continet, quod scriptum est per Toto notarium et abutile [i. e. usitato] anulo est sigillatum.

So war denn der abendländische Kaiser damals für ganz

---

[29] Leo Ostiens. chron. Casin. I, 29, SS. IX, 601. vgl. Chron. Salern. c. 84, SS. III, 510. 511.

[30] Blasi series principum qui langobardorum aetate Salerni imperarunt. Napoli 1785. pag. 4.

[31] Chron. Salern. a. a. O.

[32] Blasi l. c. Appendix num. I. pag. IV. VI.

Italien der oberste Kriegsherr und Friedensvermittler, dem nach c. 27 des Vertrages sogar zehntausend Byzantier als Conventionalstrafe für den Fall des Vertragbruchs zu zahlen waren; er ist es aber im Süden nicht lange geblieben. Denn im J. 899 berief Fürst Waimar zu Salerno sich zwar auch auf die Theilung zwischen Siconulf und Radelgis, aber er nante sich princeps et imperialis patricius, quia concessum est mihi a sanctissimis et piissimis imperatoribus Leone et Alexandro per uerbum et firmissimum preceptum bulla aurea sigillatum integram sortem benebentane probincie, sicut diuisum est inter Sichenolfum et Radelchisum principem, ut liceret me exinde facere omnia quod uoluero, sicut antecessores mei omnes principes fecerunt.[33]) — Erst unter den Ottonen befestigte sich das Ansehen des abendländischen Kaisers von Neuem. Otto der Große half zur Befreiung des vertriebenen Fürsten von Capua, Heinrich II. sandte commissarische Richter dorthin im J. 1022[34]).

Die dem Dogen Petrus aufgetragene Beteiligung an den Aufgaben der Jahre 847 und 848 dürfte uns endlich auch noch als Schlüssel für die zum Theil wörtliche Uebereinstimmung zwischen einem venetianischen Staatsvertrage vom J. 849 und den liburischen Verträgen Sichard's vom J. 836 und Siconulfs vom J. 847 dienen. Es ist jenes der von Romanin herausgegebene Vertrag desselben Petrus mit den umliegenden Ortschaften des Festlands, welchen Kaiser Lothar ausdrücklich bestätigt hat.[35]) Entweder war auch dies ein Geschäft derselben kaiserlichen Friedenscommissarien, oder der Doge Petrus hatte sich schon in Benevent oder Salerno von den dortigen Stipulationen unterrichtet und sie als Vorbild für seine eigenen Verhältnisse copirt. Die Uebereinstimmung an sich ist zuerst von Wach in seiner Geschichte des Arrestprocesses (Th. I. 1868 S. 234) bemerkt worden.

---

[33]) Blasi n. 81 p. 148.
[34]) Neapolitani archivi monumenta. Vol. IV. num. 322.
[35]) Romanin storia documentata di Venezia. Tom. I. 1853 p. 356. Tom. II. p. 464 ff. Das Datum 849 ergiebt sich klar aus dem anno imperii eius uigesimo sexto, von der Kaiserkrönung d. J. 823 an gerechnet. In dem vorhergehenden Anno incarnationis domini octogentesimo quatragesimo ist also sexto ausgefallen, wenn es nicht ganz in späterer Zeit hinzugefügt ist.

Ueber die älteste datirte Handschrift des Sachsenspiegels.

Von

Herrn Professor Dr. Hugo Loersch in Bonn.

Herr Landgerichtsrath von Fürth hierselbst hatte vor einiger Zeit die Güte mich darauf aufmerksam zu machen, daß eine bisher nicht berücksichtigte sehr alte Handschrift des Sachsenspiegels sich in der Bibliothek des Herrn Grafen Wilhelm von Mirbach auf Schloß Harff bei Bedburg befinde. Schon eine flüchtige demnächst an Ort und Stelle vorgenommene Besichtigung ergab, daß hier in der That ein in mehrfacher Beziehung merkwürdiger Codex vorliege; derselbe ist mir von dem Eigenthümer in freundlichster Weise zu längerer Benutzung überlassen worden, so daß ich im Stande bin, im Folgenden eingehend darüber zu berichten.

1. Beschreibung der Handschrift.

Die Harffer Handschrift, welche in dem Homeyer'schen Verzeichniß nach Nr. 309 einzuschalten sein würde, enthält das Landrecht vollständig, das ganze Lehnrecht bis auf wenige Sätze und einen Theil einer bisher in der vorliegenden Form unbekannten Rechtsaufzeichnung. Sie bestand ursprünglich aus sechs Lagen von je sechs Doppelblättern, also zu zwölf Blättern. Die Lagen sind nicht bezeichnet; ihre richtige Stellung ist nur dadurch gesichert, daß das erste Wort der ersten Seite der folgenden auf dem untern Rande der vorhergehenden vermerkt steht*.)

Die fünf ersten Lagen sind noch vollständig erhalten. Die sechste dagegen ist verstümmelt. Das innerste Doppelblatt (also Blatt 6 u. 7) ist nämlich herausgerissen, wodurch ein kleiner Theil des Lehnrechts und der größere Theil der eben erwähnten Rechtsaufzeichnung verloren gegangen ist. Die ganze Handschrift endet auf der letzten Seite des vormals achten, nunmehrigen sechsten Blattes dieser Lage. Es waren daher von vorn herein noch vier Blätter derselben frei geblieben. Davon sind das vormals neunte und zehnte herausgeschnitten, das vormals eilfte und zwölfte sind noch vorhanden. Das eilfte ist bis auf einige Notizen aus allerneuester Zeit ganz leer. Das

---

*) Die Handschrift bietet demnach ein älteres Beispiel für diese Sitte als diejenigen, welche Wattenbach, Schriftwesen. S. 113, Note 3 anführt.

zwölfte war mit seiner Rückseite auf dem hintern Deckel eines
früheren Einbandes festgeklebt, wie deutliche Leimspuren zeigen;
auf seiner Vorderseite befinden sich unten zu erwähnende Ein=
tragungen und eine Zeichnung wahrscheinlich aus dem 15. Jahr=
hundert.

Das Format der Handschrift ist klein Folio. Der Einband
ist sichtlich im vorigen Jahrhundert erneuert worden[1]) und bei
dieser Gelegenheit haben die Blätter ringsum durch Beschneiden
ziemlich viel eingebüßt. Am oberen Rande beträgt der Verlust
wenigstens $^2/_3$ Centimeter. Dennoch bleiben an allen Seiten
sehr stattliche Ränder übrig.

Jede Seite zerfällt in zwei Spalten, welche ohne Ausnahme
im ganzen Codex 35 Zeilen zählen. Für diese sowie für die genaue
Innehaltung der Ränder sind mit Blei feine Linien gezogen.
Die Dinte ist schön schwarz. Eine große Zahl von Anfangs=
buchstaben ist roth oder blau gemalt. Das N in der Ueberschrift
zur Vorrede von der Herren Geburt zeigt auf Goldgrund das
Bild eines Richters in rothem Kleid und blauem Mantel, mit
übergeschlagenen Beinen auf einer grünen Bank sitzend. Auf
seinen Knieen hält er mit beiden Händen ein mächtiges Schwert
in schwarzer Scheide. Das D des Anfangs des Prologs „des
heiligen Geistes Minne" umschließt ebenfalls auf Goldgrund eine
Gestalt, die wohl den Verfasser des Rechtsbuchs darstellen soll.
Derselbe sitzt auf einer gelben Bank in grünem Kleid, bedeckt
von einem dunkelrothen mit hellroth gefütterten Mantel. Der
Bart und das sehr starke Haupthaar sind grau. Auf dem Kopfe
trägt er eine grüne barettartige Mütze mit breitem hellrothen
Rande. Die Figur streckt beide Arme aus und hält mit beiden
Händen ein Buch geöffnet und mit den beschriebenen Blättern
nach außen gekehrt dem Leser entgegen. Von der rechten Seite
fliegt ihr eine weiße Taube zu, die ihr anscheinend in's Ohr
flüstert, was an die mittelalterliche Darstellung des heil. Gregors
des Großen erinnert.

---

[1]) Bei dieser Erneuerung hat man aber eine ältere Bekleidung der
Deckel anscheinend wieder benutzt, dieselbe besteht aus Pergamentblättern
sehr großen Formats, auf denen sich mehrere Columnen eines Textes in
älterer rabbinischer Cursiv-Schrift befinden; Herr Professor Gildemeister,
dem ich diese Aufklärung verdanke, ist der Ansicht, daß jene, einem Commentar zum Buch Hiob angehörigen Blätter im 14. oder 15. Jahrhundert
geschrieben sind.

Alle Ueberschriften sind roth unterstrichen, am Rande noch durch ein ((⌐ kenntlich gemacht. Dieses Zeichen kommt noch häufig am Rande vor und es entspricht ihm dann immer der Anfang eines neuen Satzes mit einem größeren farbigen Buchstaben. Schon der Miniator hat, wie die Identität der Farbe zeigt, an vielen Stellen Händchen und zu II, 16, § 4 die große eichene Gerte in Gestalt eines dicken Knotenstocks am Rande gemalt.

Die überall von derselben Hand herrührende Minuskel-Schrift ist außerordentlich fest und sauber, verhältnißmäßig groß. Die die Zeile bildenden Buchstaben sind etwa 4 Millimeter, die über oder unter der Zeile herausragenden 7 Millimeter hoch. Das i trägt regelmäßig einen feinen Haarstrich, das y einen dicken Punkt. Das einzige Interpunktionszeichen ist ein dicker Punkt; als Verbindungszeichen dient ein feiner Haarstrich, genau wie der über dem i stehende gestaltet.

Eine genauere Beschreibung des Schriftcharacters wird durch das Datum überflüssig gemacht. Es mag jedoch bemerkt werden, daß wenn das letztere fehlte, eher auf ein etwas höheres Alter der Handschrift zu schließen wäre.

Nirgends wird der Text durch Lücken unterbrochen. Er geht fast ohne Absätze von der ersten Zeile bis zur letzten durch. Auch für die Ueberschriften wird keine neue Zeile begonnen. Sogar diejenige, welche das Lehnrecht einleitet, steht mitten in der Zeile.

Eine Foliirung fehlte ursprünglich. Erst im vorigen Jahrhundert sind die Seiten nummerirt worden so weit der Text geht. Schon damals war die Lücke in der letzten Lage vorhanden.

Die Handschrift ist ausgezeichnet erhalten, weist sehr wenige Spuren von Gebrauch auf, hat nur selten Flecken und gar keine Randbemerkungen.

2. **Datum, erste und spätere Besitzer der Handschrift.**

Auf Seite 132 der Handschrift steht am Ende der zweiten Spalte, und damit am Schlusse des Ganzen, folgendes, was ich zur Veranschaulichung der Raumverhältnisse ohne Auflösung der Abkürzungen wiedergeben muß:

Dextm scriptoris bn̄dicat mat'
honoris. Dulcis blanda pia
nos consolare maria. Et fac

nos de te longa gaud'e quiete
Amen. Anno dñi m̄ c̄c̄ lxxxx
v. f'ia sexta pt' philippi ⁊ iacobi
apl'or. Liber ẹst dñi *Johanis*
.... colonieñ *Juede dc̄s*.

Diese ganze Notiz ist mit alleiniger Ausnahme der cursiv gedruckten Worte von der Hand dessen, der den ganzen Codex geschrieben. Der Anfang der letzten Zeile ist durch Radiren vollständig zerstört, so sehr, daß das Pergament außerordentlich verdünnt ist und zwei kleine Löcher entstanden sind. In der letzten Zeile und (nach unten mehr, nach oben weniger) darüber hinaus, hat das sonst sehr reine Pergament eine bräunliche Färbung, welche darauf schließen läßt, daß man das nunmehr wegradirte zunächst durch Auswaschen zu beseitigen versucht hat. Die Worte „*Johanis Juede dictus*" gehören sicher erst dem Ende des 14. oder dem Anfang des 15. Jahrhunderts an; gegenüber der festen und saubern Schrift des Codex erscheinen sie nachlässig. Die Dinte ist blasser als die vom ersten Schreiber gebrauchte. Das Wort „*Johanis*" steht an Stelle eines ausradirten Wortes, von dem noch zwei Querstriche über der Zeile zu erkennen sind; die Worte „*Juede dictus*" befinden sich dagegen auf einem vorher nicht beschriebenen Platze, das letztere sogar auf dem sonst in der ganzen Handschrift sehr sorgfältig freigelassenen Rande.

Hieraus ergibt sich mit voller Klarheit folgendes.

Der Schreiber des Codex, der am 7. Mai[2]) 1295 seine Arbeit vollendete, fügte sofort diesem Datum auch den Namen des Mannes hinzu, für den die Handschrift angefertigt worden war. Von diesem Namen ist uns nichts weiter erhalten als das Prädicat „domini" und der Zusatz „coloniensis". Nach „domini" folgte ursprünglich wahrscheinlich der Vorname; an dessen Stelle steht jetzt das neuere „*Johanis*". In der letzten Zeile befand sich ursprünglich vor „coloniensis" entweder ein

---

²) Der 1. Mai (Philipp und Jacob) war 1295 ein Sonntag und zwar, da Ostern in jenem Jahre auf den 3. April fiel, der Sonntag Cantate. Da der erste Mai im Mittelalter fast ausnahmslos durch die Apostelnamen bezeichnet wird, so ist es nicht auffallend, daß die andere mögliche Benennung des Tages auch hier hinter der geläufigeren, für jedes Jahr passenden hat zurückstehen müssen.

Familienname oder eine die Stellung jenes Mannes bezeichnende Angabe; vielleicht beides. Auf der jetzt leeren Stelle können höchstens 9—11 Buchstaben gestanden, unter Anwendung von Abkürzungen aber auch zur Angabe von Name und Titel genügt haben. So erfahren wir denn nur, daß dem ersten Eigenthümer der Handschrift die ehrende Bezeichnung dominus zukam und daß er durch Geburt oder Bekleidung eines Amtes ein Kölner war.

Zu Ende des vierzehnten oder im Anfang des fünfzehnten Jahrhunderts ist dann die Handschrift Eigenthum des Johannes Juede geworden. Der Vorname des neuen Eigenthümers wurde nun in die vorletzte Zeile unmittelbar nach ‚domini' und an Stelle des dort ausradirten Wortes eingetragen. Die Worte ‚*Juede dictus*' ebenfalls auf den Platz der in der letzten Zeile beseitigten 9—11 Buchstaben zu setzen verhinderte die arge Zerstörung des Pergaments. Es wurde deßhalb die nach ‚coloniensis' in dieser Zeile bis dahin freigebliebene kleine Stelle für ‚*Juede*', der Rand für ‚*dictus*' gebraucht. Das ‚coloniensis' ist nicht beseitigt worden, weil es auch auf den nunmehrigen Eigenthümer paßte; freilich steht es jetzt an einer unrichtigen Stelle, da doch eigentlich „domini Johannis Juede dicti, coloniensis" zu lesen wäre. Das nicht declinirte dict*us* ist im Zusammenhang mit dem Familiennamen weiter nicht auffällig.

Eine doppelte Hinweisung auf diesen spätern Besitzer trägt auch noch die Vorderseite des oben erwähnten zweiten und letzten Vorsetzblattes. Am obern Rande desselben befindet oder befand sich nämlich folgende Notiz: „dyt boich ys Johan Juede". Von den diese Worte bildenden Buchstaben und von den Strichen einer Umrahmung derselben ist nur der geringste Theil erhalten, alles übrige bei dem oben erwähnten Beschneiden der Handschrift beseitigt worden. Zählung und genaue Betrachtung dieser Reste ergeben aber ganz unzweifelhaft die eben mitgetheilten Worte. Unter diesen letzteren steht dann in roher Zeichnung und ziemlich großem Maaßstabe ein hoher spitzer Judenhut mit zwei herunterfallenden gekreuzten Schnüren und vier Quasten[3]). Bild und Name bekunden, daß dieser Eigenthümer unserer Handschrift dem mächtigen und reichen kölnischen Patriziergeschlechte der Jude

---

[3]) Auf dem untern Theile dieser Seite, aber in verkehrter Richtung befindet sich noch die etwa im 15. Jahrhundert flüchtig und mit blasser Dinte hingeworfene Notiz: „Johann Scheffenen 11 ß. Henrich Schroder."

ober Jüdden angehörte, welche namentlich in den Kämpfen des 13. Jahrhunderts eine hervorragende Rolle spielten und drei Judenhüte im Wappen führten. Der Vorname Johannes kommt in dieser Familie erst am Ende des 14. und in der ersten Hälfte des 15. Jahrhunderts, dann aber mehrere Male vor. Ein Johann Juede, der 1395 Bürgermeister war, hatte zwei Söhne, die beide Johann hießen und zwischen 1419 und 1424 genannt werden. Im Jahre 1446 erscheint dann noch einmal ein Johann Jude iunior als gewählter Schöffe [4]). Welchem von diesen der Sachsenspiegel gehört hat, läßt sich nicht bestimmen. Wahrscheinlich ist es einer der im 15. Jahrhundert genannten gewesen. Eine Quart-Handschrift der Kölner Stadtbibliothek, welche die Beschreibung einer Reise nach dem Orient enthält und erst „anno 1408 in vigilia Palmarum" vollendet wurde, trägt nämlich in dem Vorderdeckel ihres Einbandes über der Zeichnung des vollständigen Wappens der Juden die Inschrift: „dyt boich ys ind gehoirt Johan Jueden zo", anscheinend von derselben Hand, die jene Eintragungen in dem Harffer Codex gemacht hat.

In Bezug auf den Namen des Johann Juede muß ich noch folgendes bemerken. Der jetzige Eigenthümer der Handschrift hatte mir die vorläufige Mittheilung gemacht, am Ende derselben stehe: „Liber est domini Johannis ex Kolenberg coloniensis, Juede dictus". In der That ist auch von moderner Hand auf dem sonst völlig leeren ersten Vorsetzblatte die ganze Schlußnotiz unter Einschaltung dieses Namens eingetragen und außerdem noch einmal „Johannis ex Kolenberg" der letzten Zeile gegenüber geschrieben worden. Nach genauer Untersuchung muß ich dieses „ex Kolenberg" für ein Phantasiegebilde erklären, dessen Entstehung allerdings durch die ohnehin vorhandene, nach dem Radiren noch vermehrte Durchsichtigkeit des Pergaments in Verbindung mit den beiden erwähnten Löchern und den ganz geringfügigen Resten der beseitigten Buchstaben begünstigt worden ist. Die letzte Zeile der ersten Spalte von Seite 131 enthält nämlich entsprechend der Stelle vor ‚coloniensis' die Worte „he niht. so". Diese Worte scheinen auf Spalte 2 von Seite 132 in verkehrter Ordnung durch, so daß das „so", ohnehin

---

[4]) Vgl. Fahne, Geschichte der Kölnischen, Jülich'schen u. s. w. Geschlechter, I, 208; Ennen, Geschichte von Köln, II, 800; III, 100, 285, 328, 398.

durchlöchert, wohl für „ex" angesehen werden kann; für das Wort „Kolenberg" vermag ich aber nicht einmal eine solche scheinbare Grundlage zu finden. In Wirklichkeit befinden sich vor ‚coloniensis' auf Seite 132 nur ganz undeutliche Spuren früherer Buchstaben und ist die Stelle, wie bereits bemerkt, von dem neuen Eigenthümer Johann Juede offenbar nicht zur Eintragung seines Namens tauglich befunden worden. Zur Bestätigung meiner Behauptung mag noch angeführt werden, daß schon im vorigen Jahrhundert ein Eigenthümer der Handschrift vor dem Worte ‚coloniensis' nur einen leeren Raum gefunden hat. In einer dem Codex noch beiliegenden kurzen Beschreibung, deren Verfasser nicht festzustellen war, ist nämlich dieser Raum mit Strichen bezeichnet und dazu angemerkt: „die zwey mit Strichen hie notirte Worte sind meist außgekratzt und mögen auß der alt Cöln. Chronica de 1499 wohl ersetzt werden." — Vermuthlich ging der Schreiber dieser Bemerkung von der Voraussetzung aus, die Chronik enthalte Nachrichten über Johann Juede, und die beseitigten Worte hätten sich auf diesen bezogen.

Ueber das Schicksal unserer Handschrift in der Zeit vom fünfzehnten bis zum Ende des vorigen Jahrhunderts läßt sich nichts berichten. Im Vorderdeckel des Einbandes befindet sich noch ein sehr gut gestochenes Bibliothekzeichen mit der Aufschrift: „Fol. N. 37. Ord. 2. Cl. 2. ex Bibliotheca Caroli Ottonis L. B. de et in Gymnich". Wie ich den gütigen Mittheilungen des jetzigen Eigenthümers entnehme, war dieser Freiherr v. G. zwischen 1762 und 1782 Kurkölnischer geheimer Conferenzrath, Hof- und Kriegsrathspräsident und Amtmann zu Liedberg; er starb vor 1787 und hat die nunmehr in Harff befindliche Bibliothek in dem von ihm erbauten, jetzt schon lange niedergerissenen Hause zu Köln gegründet. Ein um 1780 verfertigter Catalog führt schon unsere Handschrift an, ergibt aber nichts über Zeit und sonstige Umstände des Ankaufs. Vielleicht ist sie erst nach 1777 von einem nicht näher bekannten Baron von Heekeren oder Heukeren erworben worden; ein offenbar von einer Arzneiflasche herrührendes und zum Lesezeichen zurechtgeschnittenes Zettelchen, das ich zwischen den Blättern fand, trägt wenigstens diesen Namen und jene Jahreszahl. Die drei Kinder des Freiherrn C. O. von Gymnich, zwei Söhne und eine Tochter, haben nach einander den Gymnicher Hof zu Köln mit der Bibliothek besessen und sind kinderlos gestorben. Eine Schwester der Gemahlin des älteren Sohnes war mit Gerh. Joh. Wilhelm von Mirbach zu Harff vermählt; die Tochter des Freiherrn Carl Otto, Johanna von Gymnich, Stiftsdame zu Neuß, welche ihre beiden Brüder überlebt hatte, vermachte 1821 „um die Intentionen ihrer Geschwister zu erfüllen" unter anderm die Bibliothek dem Grafen Johann Wilhelm von Mirbach, der sie 1824 nach Harff bringen ließ, wo sich denn seitdem auch die Sachsenspiegelhandschrift befunden hat.

3. Sprache der Handschrift.

Der Umstand daß, wie oben nachgewiesen, der Harffer Codex für einen Kölner geschrieben worden, machte es von vorn herein nicht unwahrscheinlich, daß er auch von einem Kölner Schreiber angefertigt sei. Gewißheit konnte hier nur eine genaue Untersuchung der Sprache liefern und diese hat Herr Professor Weinhold in Kiel zu übernehmen die große Güte gehabt. Die mir von so sachkundiger Seite gemachten Mittheilungen gebe ich im Folgenden selbstverständlich unverkürzt wieder.

Nicht blos die Schreibernachricht am Schluß weist auf Köln hin, sondern auch die Sprache trägt die kölnischen Züge. Dieses zu erhärten, beabsichtigen die folgenden Ausführungen.

Der sächsische Text des Rechtsbuchs ist in unsrer Handschrift nicht in reines kölnisch übertragen, wie das mit der sogenannten Repgauischen Kronik von dem Schreiber des Blankenheim-Berliner Codex geschah. Wir haben vielmehr eine unreine, nirgends gesprochene Dialectmischung: kölnisch und sächsisch sind in verschiedenen Procentsätzen durch die ganze Arbeit hindurch von dem Schreiber mit einander gebunden. Er war nach meiner Ueberzeugung aus dem ripuarischen Lande und hatte den Auftrag, für jenen Kölner Herren, dessen Name dem des Johann Juede über ein Jahrhundert später weichen mußte, das sächsische Land- und Lehnrecht in die heimische Mundart zu übersetzen. Diesen Auftrag wollte er natürlich erfüllen und schrieb nun seine Vorlage in das kölnische um; doch verfuhr er dabei nicht sehr aufmerksam und sorgfältig und nahm keine bessernde Ueberarbeitung nachträglich vor. So liefen ihm die sächsischen Worte und Formen, die vor seinen Augen stunden, oft in die Feder, und je nach der Achtsamkeit und der Beschleunigung der langwierigen Arbeit versetzte er das kölnische mit dem sächsischen. Bekanntlich gibt nicht allein diese Sachsenspiegelhandschrift das Beispiel einer derartigen Mischung verschiedener deutscher Dialecte; seit dem 9ten Jahrhundert kennt unsere Literatur derartige Copien älterer Originale zahlreich genug.

Unserem Schreiber begegneten auch allerlei Mißverständnisse, die seine Sprachkenntniß nicht als vollgenügend erweisen; z. B. im gereimten Prolog 36. 37. 50. 55. 209. 234. 244. 251. im Landrecht I. 4; 6, 2, 3; 8; 15, 1; 22, 2; 65, 4. II. 48, 5; 54, 1; III. 73, 3.[5]) Einige Mißverständnisse fand er schon in seiner Vorlage: so vielleicht im Prolog 30 die Verwechselung von lachin mit lâgen, und die Verkennung von gaen dât. I. 55, 2, die sehr vielen Handschriften eigen ist. Mancherlei ist aber bloßer Flüchtigkeitsfehler.

Ich will nun zuerst aus dem Texte selbst, soweit er mir vorliegt, beweisen, daß der Grunddialect des Schreibers kölnisch ist. Die Ueberschriften sollen für sich betrachtet werden.

In dem Vocalismus treten sofort die häufigen ai = a und â, die häufigen oi = o und ô als beliebte nieder= und mittelrheinische Lautzeichen gegen die einfachen sächsischen Buchstaben hervor. Auch die zahlreichen û für die verschiedenen kurzen und langen u des Dialects, sowie die Verbindung ûi fallen ins Gewicht.

Wir finden ferner echt kölnisch ei = e, z. B. eische I. 54, 2. leisten I. 47, 1., ebenso = ê (ê und æ): leim. stein I. 54. 5. leinreth Vorr. — veit. sleit II. 13, 5. neisten Lehnr. 20 und = â: greifschap I. 58.

Sodann ie = e: heilden III. 39, 1 ebenso = ê (ê und æ): sielicheit Prol. 176. umbesieten III. 21. liezet II. 48, 2. niesten I. 62, 6. II. 2, 1.

Kölnisch ist auch û = ô, z. B. Prol. dû 274. 276. hûrit 121. hûrde 67. grûz 60. 269. bûsen 77.

Auch das u in hulpe und ducke, woran der Reim vernimt: miskûmt Prol. 11 sich anschließt, geben Kennzeichen ab, nicht minder das alte a in van.

Der Consonantismus trägt durch die zahlreich eingesprengten sächsischen Worte scheinbar schwankende Züge. Indessen

---

[5]) Die Stellen kommen unten noch einmal zur Sprache.

ist in den kölnischen Worten und Sätzen der Stand der mutae dieses Dialects deutlich. Demnach finden wir hier bei den Labialen niederdeutsches p im Anlaut, z. B. perd, plegen, plicht — im Inlaut in helpen, hulpe, bischope — auslautend in up, dorp, schwankend in schap neben schaf. Die fricativa f zeigt sich zuweilen in lif neben lip, z. B. III. 55, 1. 2. — kölnisch ist ff = nb. pp in cůffrin (cupreus) Prol. 250. Ebenso karakteristisch ist wr in wrechgit Prol. 239.

Die Verschiebung der Lingualen ist im An- und Inlaut fast ausnahmslos erfolgt. Auslautend haftet nb. t in it, dat, dit, wat, im Nom. Acc. sing. neutr. des starken Adjectivs, im Partic. gesat. Was unser Text über diese Fälle hinaus an t bietet, fällt wol der sächsischen Vorlage zu, obschon in einigen Worten das kölnische noch zwischen t und z schwankt.

Die Verschiebung der Gutturale ist im ganzen vollzogen und das kölnische unterscheidet sich hier wenig vom mittel- und hochdeutschen. Tenuis und Aspirata schwanken im Verb. suchen, und so findet sich auch hier sůkin, I, 2, 4. sůcken I. 2, 2. zo sukenne I. 2, 3 neben sůchen I. 2, 1.

Kölnischen Schreibern eigen ist die in der Mundart begründete Verwendung von in- und auslautendem g = ch und h. Demgemäß haben wir vredebregir II. 69, kelige II. 66, 2. irvlogit Prol. 256. vlůge 232. durg I. 2, 2. Auch die Verbindung chg wird gewält, wofür hier zeugen mögen sachge Prolog 199. wrechgit 239. sůchge 196.

Oft zeigen kölnische Schriften th = ht; unser Sachsenspiegel hat dieses th nicht selten; und so erklärt sich bei dem dialectlichen Tausch von ht und ft Prolog 6 vernunthich.

Der Mundart gemäß wird h vor t namentlich nach r gern verschwiegen; daher treffen wir Prolog 222 vorte.

Im Wortgebrauch ist vor allem kölnisch die fast regelmäßige Ersetzung des sächs. oder durch ove oder of (auch ofe, ofte); ferner ingein (kein); ieglich und so welich für iewelk. Ebenso echt kölnisch ist ezwat Prol. 143 = itteswat.

Die Copula unde hat der Schreiber aus der sächsischen Vorlage fast durchaus beibehalten. Indessen erscheint das fränkische inde zuweilen, z. B. Prol. 60. 167. 233. Lehnr. 58, 2. 65, 21.

Auffällig ist bat = bit (biß) an vielen Stellen, z. B. II. 59, 3.

Landschaftlich ist der glossirende Zusatz gras zu hof II. 49, 1.

Heben wir nun das sächsische heraus, welches in der Feder des Schreibers mehr oder minder häufig blieb, so gibt es sich vornemlich durch die unverschobenen Linguale und Gutturale, die über das kölnische Maß sind, kund; also durch t gegenüber z, z. B. in tût, tiende, tom, tû, tût, tügin, getûch, twene twâ tweilif — drittegeste, wêten, grôten, mûte — wêt, mut, vût. Ferner durch k gegenüber ch, z. B. maken, besaken, êken, getêkenit, kirken, rîkes, gelîke, gebroken — ôc, svelc.

Entschieden sächsisch ist die 3. Pl. Präs. in et, die zuweilen in ganz kölnischen Sätzen haften blieb, z. B. hebbet I, 2, 2. hebbit I. 3, 2. nemet I. 3, 3. ebenso komet, ridet u. a.

Aus dem Wortschatz verweise ich außer auf die einzeln beibehaltenen Pronomina iewelc, svelc auf das Zeitwort hebben mit seinen Formen (hevit. hebbet) die nicht selten erscheinen.

Wenden wir uns nun zu den Ueberschriften der Artikel und Paragraphen, deren Fassung unserer Handschrift eigenthümlich ist, so läge der Gedanke an selbständige Erfindung des Schreibers oder seines Auftraggebers nahe. Allein da der sprachliche Zustand derselben dem des Textes durchaus gleicht und auch hier das sächsische Element neben dem kölnischen auftritt, so muß behauptet werden, daß die Ueberschriften unsrer Handschrift nicht dem Schreiber, sondern schon seiner Vorlage angehören. Wir verweisen auf folgendes sächsische in der Sprache.

Sehr häufig steht unverschobenes t, wo das kölnische z sagt, z. B. iârtal. Lehnr. 25. tit 26, 2. tîden III. 42. tins I. 54. III. 42. tô I. 9. tû I. 18. 24. noittoch II. 64. tuuch III. 25. getûgen I. 8, 3. III. 35. lifgetucht I. 21. twê twêne I. 3, 3. getweied I. 31. — water II. 56. strate II. 59. lâte Lehnr. 39, 2. hête II. 7—9. grôter Lehnr. 37, 3. bôten II. 16. bûten II. 65. grûten I. 63. mûten Lehnr. 8, 2. munte II. 26. — bat Lehnr. 5, 2. lêt I. 9. Lehnr. 5, 1. u. o. (vgl. dazu lezet I. 52, 2. II. 60, 1. liezit II. 48, 2.) sed (sëgt) Lehnr. 68, 3. genoit I. 51. 63. mût III. 13. 79. ût I, 22, II. 59.

Nicht weniger häufig begegnen wir unverschobenem k im In- und Auslaute, z. B. sake Lehnr. 7, 9. vredebrekir II. 72. gespreke Lehnr. 67, 9. weke II. 66. gelîke Lehnr. 35. rehtlîken 57, 5. rîke III. 44. broke Lehnr. 68, 3. bruke II. 57. brict Lehnr. 69, 12. spricht 75, 3. wilke I. 53. welken II. 53. swelken Lehnr. 20, 2. — iegelic Lehnr. 7, 6.

Auch in den Ueberschriften zeigt sich die sächsische Flexion der 3. Plur. in — et, z. B. nemed I. 3, 3. stervit III. 10. vôrit III. 2. sunderet I. 13. hebbet I. 12. hebbit III. 59.

Schließlich mag auf das oft beibehaltene sächsische wô (wie) hingewiesen werden, wogegen kölnisch wê seltener erscheint.

Das Ergebniß der sprachlichen Untersuchung der Sachsenspiegelhandschrift von 1295 ist also: Der Schreiber hatte einen niedersächsischen Codex des Land- und Lehnrechts vor sich, in dem auch die Artikel mit Ueberschriften versehen waren. Er war beauftragt denselben in das kölnische zu übertragen, und that dieß auch im ganzen; nahm jedoch aus Unachtsamkeit, allmählich auch im streben nach dem Ende der Arbeit, viele sächsische Laut- und Wortformen in seine Niederschrift herüber.

Vielleicht könnte ein der sprachlichen Verhältnisse am Niederrhein kundiger behaupten, das viele niederdeutsche in unsrer Handschrift weise auf eine nördlichere Heimat des Schreibers, etwa auf das clevische hin, wie sich schon in der Neußer Mundart des Mittelalters ein stärkerer niederdeutscher Bestand zeige als im stadtkölnischen oder jülichschen. Eine solche Aufstellung wird indessen schon durch die 3. Plur. in — et hinfällig, welche unläugbar sächsisch ist.

Eine andere Mutmaßung könnte sich auf manche Mißverständnisse stützen, welche auf einen Uebersetzer schließen ließen, der dem sächsischen ferner stünde als ein Niederrheinischer Mann. Man könnte sich also versucht fühlen, des Uebersetzers Heimat weiter südlich zu suchen, und sich dabei auf hochdeutsches daz I, 2, 4 hochd. ûp III, 55,1 helfen I. 1. und das pp für nb. bb in heppen I, 63, 3 berufen. Allein diese Einzelheiten halten vor dem entschieden kölnischen Karakter unseres Textes, soweit er nicht aus dem sächsischen abgeschrieben ist, keinen Stand und wir bleiben darum bei der Behauptung ohne allen Zweifel, daß der Schreiber nach Köln oder doch in das alte ripuarische Land durch seine Geburt gehörte.

Die Jahrzahl 1295 steht zu der Gestalt des Dialects in keinem Widerspruch. Das kölnische zeigt im 13., 14., 15. Jahrhundert dieselben Züge.

K. Weinhold.

4. Gestaltung des Textes.

Eine genaue Vergleichung der ganzen Harffer Handschrift, die ich im Folgenden durch H bezeichnen will, mit den von Homeyer hergestellten Texten des Land- und des Lehnrechts hat mich sehr bald überzeugt, daß eine außergewöhnliche, keiner bekannten Form sich anschließende Gestaltung des Textes uns durchaus nicht in ihr erhalten ist. Ihre Eigenthümlichkeiten und ihre Bedeutung lassen sich vollkommen dadurch würdigen und darlegen, daß wir sie nach den von Homeyer endgültig festgestellten Merkmalen und Categorien prüfen. So kann denn auch hier von der wörtlichen Mittheilung umfangreicher Abschnitte abgesehen werden, und es wird der unten folgende Abdruck weniger Artikel genügen, um namentlich von dem Gesammteindruck der Sprache eine Probe zu geben. Im übrigen kommt es nur auf die Hervorhebung entscheidender Lesarten an; die zahllosen Umstellungen, wie sie jede Handschrift dem Normaltexte gegenüber zeigt, die ziemlich zahlreichen Auslassungen eines oder mehrerer Worte, ja ganzer Zeilen und Satztheile, welche auf der nicht zu leugnenden Flüchtigkeit des Schreibers beruhen, nicht wenige sofort als solche erkennbare Schreibfehler können wir völlig unberücksichtigt lassen. Land- und Lehnrecht sind gesondert zu betrachten.

a. Das Landrecht.

Der ersten Handschriftenclasse wird H zugewiesen durch das Fehlen der Büchereintheilung, der Remissionen und Glosse, durch die Stellung von I, 61,2, 3, 4 vor I, 60,3 sowie von II, 32 nach II, 39. Innerhalb dieser Classe können wir unsern Text mit großer Bestimmtheit der zweiten Ordnung zutheilen. Dies ist hier, im Anschluß an Homeyer, Genealogie, S. 101 ff. näher auszuführen.

Was die Vorreden betrifft, so beginnt H ohne jede Ueberschrift mit dem Aufsatz von der Herren Geburt, worauf unter der Rubrik „Hir begint der prologus" die vollständige praefatio rythmica folgt. S. 5, Sp. 1 fängt der Text nach den Worten „Hir endit der prologus unde begint spiegil der saissin" mit der Vorrede „des heyligin geystis minne . . ." an, welcher sich noch der sog. Textus prologi („God die dar is . . .") ohne Sonderung durch eine Ueberschrift unmittelbar anreiht. Dann folgt das Landrecht selbst, das in der Mitte der zweiten Spalte von S. 82 endet.

Die für die erste Ordnung dieser Classe bezeichnenden Lücken sind in H ausgefüllt: I, 8,3 bis I, 15 sind vorhanden, ebenso III, 47 bis III, 51, welche in drei Artikel zerlegt sind, und III, 82,2 bis III, 91. Die Gen. S. 101 genannten, in der Mehrzahl der Handschriften der zweiten Ordnung vorkommenden Auslassungen hat auch H: I, 17,1 a. E., I, 26, II, 35, II, 42, III, 9,2 III, 28,1. Dagegen kennt H keine einzige der Geneal. S. 102 f. aufgezählten, der ersten Ordnung fremden, für die meisten Handschriften der zweiten characteristischen Lücken. Insbesondere fehlen nicht, wie ich gleich hier hervorheben will, die in Bmn, bez. Bmnu mangelnden Verse 113—124 der rythmischen Vorrede und III, 67.

Ein Mittelglied zwischen der 1. und 2. Ordnung der ersten Classe (Gen. 170.) liegt aber nach dem vorgesagten in H doch nicht vor, vielmehr gehört unser Text, da wir von den durch Flüchtigkeit des Schreibers verschuldeten kleinen Auslassungen hier ganz absehen müssen, zu den allervollständigsten der zweiten Ordnung neben B c m n σ.

Eingetheilt ist H in 209 Artikel oder Abschnitte mit besonderen jedoch nicht nummerirten Ueberschriften[6]). Einen 210. Artikel bildet unter der Rubrik „Van des ve ledegunde" die bei Homeyer, 3. Aufl. S. 391 in der Note abgedruckte Aufzählung der „Losung" der Hausthiere, die ich unten mittheile. Die Vergleichung der Eintheilung wie der Anordnung mit den im Anhang D zur Genealogie (S. 188 ff.) gegebenen Proben ergab, ganz entsprechend der Gleichheit in der Zahl der Artikel, eine fast völlige Uebereinstimmung mit der Handschrift Bm, welche nur an wenigen Stellen durch geringfügige Abweichungen aufgehoben wird. In dieser Hinsicht ist folgendes zu bemerken.

Art. 25 besteht in Bm aus I, 22, 2 u. 3, H macht dagegen zu I, 22,3 eine besondere Ueberschrift, also art. 26, und kommt dadurch gegen Bm in der Zählung um eine Einheit vor. Eine weitere nicht in Bm zu findende Ueberschrift setzt H zu I, 24,3, welche Stelle damit zu art. 30 wird, so daß von da an H um

---

[6]) Register sind gar nicht vorhanden.

zwei Einheiten vorbleibt. Dagegen macht Bm besondere Absätze aus I, 53,2 u. 59,2, welche hier die art. 47 u. 51 bilden; beide fehlen in H und dadurch wird das Gleichgewicht wieder hergestellt. Schon mit I, 60,2 macht aber H einen neuen in Bm nicht vorhandenen Abschnitt; dies wird aber wiederum dadurch ausgeglichen, daß Absatz 60 in Bm, bei I, 67, in H nicht vorkommt.

Für den Rest des ersten, im ganzen zweiten[7]) und fast bis zur Hälfte des dritten Buches läuft nun die Eintheilung der Handschriften in genauester Uebereinstimmung neben einander her; namentlich stellt H wie Bm den Art. III, 14 nach 15. Daß H seinen Artikel 151 abweichend von Bm erst mit III, 32,2 statt mit III, 32,1 beginnt, ändert nichts.

Erst mit III, 42 tritt wieder eine Abweichung ein. Bm macht hier einen Absatz (164), in H fehlt die entsprechende Ueberschrift. Daß übrigens an dieser Stelle eine solche beabsichtigt war, zeigt der Umstand, daß irrthümlich die Schlußworte von III, 41,4 roth unterstrichen sind. Bm bleibt nun um eine Einheit vor bis zum Schlusse. Hier wird die Differenz erst ausgeglichen dadurch, daß H einen Artikel mit III, 88,5 beginnt, der in Bm fehlt[8]).

Zur Vergleichung des Wortlauts der Rubriken stehen bekanntlich nur die etwas dürftigen Proben in Anhang C der Genealogie, S. 183 ff. zu Gebote. Unsere Handschrift stimmt in ihren fünf ersten Ueberschriften wörtlich mit den in der Tabelle unter VIII abgedruckten, welche sich nur in Bmn finden, es wird also wohl auch für alle übrigen Uebereinstimmung angenommen werden können.

In den beiden Genealogie S. 104 hervorgehobenen Lesungen schließt sich H der zweiten Ordnung der ersten Classe durchaus an: in I, 56 liest sie mit Bmnorsuvw „landrehtes" statt „lehnrehtes"; in II, 22 a. E. fehlt „wende witscap" wie in Bcghmnoqrsuvw.

---

[7]) Nr. 73 entspricht in H: II. 12, 11; diese Nummer fehlt durch ein Versehen in der Tabelle für Bm.

[8]) Auf S. 201 der Tabelle sind übrigens offenbare Druckfehler. Die Nummer 207, die schon auf S. 200 zu III, 86 vorkommt, wird — statt 208 — zu III, 90 wiederholt, und die Nr. 209, welche zu III, 90, 3 stehen müßte, fehlt ganz.

Eine Vergleichung mit der von Homeyer, Geneal. S. 90 u. 175 ff. aufgestellten Probestelle I, 71 ergibt für unsere Handschrift die Combination „Ota", also einen der reinsten Gestaltung sehr nahestehenden Text. Den Wortlaut dieses Art. lasse ich unten S. 292 a. E. folgen; er stimmt am meisten überein mit dem Geneal. S. 177 stehenden des Codex Nr. 376, Ba.

Zu den einzelnen Lesarten übergehend theile ich zunächst diejenigen mit, welche, so viel ich sehe, unserm Text allein angehören; solche, die auf eine Verwandtschaft von H mit anderen Handschriften hinweisen, lasse ich dann folgen. Von den ersteren beruht eine nicht geringe Zahl auf Mißverständnissen[9] des kölnischen Schreibers, dem seine niedersächsische Vorlage offenbar Schwierigkeiten machte. So z. B.: Praef. rythm. 234: ‚vnselsücht'; später wird immer richtig ‚mesel'- oder ‚maselsüchtich' gelesen. I, 4 hat der Schreiber offenbar an ‚altvil' Anstoß genommen und durch sein ‚vil alt' zu verbessern gesucht. In I, 6 muß ihm ‚inneren' auffällig gewesen sein denn er liest § 2 ‚gehindert', § 3 ‚intverren mit gedinge'. Wahrscheinlich ist I, 20,4, Note 24 ‚unde musz deylen' auch durch die Fremdartigkeit des hier zuerst begegnenden Ausdrucks hervorgerufen; später immer richtig ‚musdele'. — In I, 55,2 ist das Mißverständniß von ‚gaen dat' ganz klar: H liest nämlich: ‚de gan dat tu rihtene, of si des beleneden rihters nicht hebben in mugen'; in art. 56 steht einfach ‚gan dat'. — Auffallend ist I, 65,4 das Mißverständniß von ‚unbekomeret', wofür ganz sinnlos ‚umbe tu mer'; unverständlich ist auch II, 4,1 a. E. ‚sal man ine ledich of te deilen'. — In II, 48,5 steht ‚vrud' für ‚wurt'; wo das Wort sonst vorkommt, wird es richtig gelesen.

In III, 73,3 steht merkwürdiger Weise statt ‚burmede' ‚hemde'![10]

In einer nicht unbeträchtlichen Zahl von Stellen steht aber

---

[9] Vgl. oben S. 275.
[10] Reine Schreibfehler sind z. B. I, 8, 1 ‚vorlenet' für ‚verlovet' und I, 15, 1 ‚niestin tvvch' für ‚varende gut'. — III. 45, 8 ‚bindele (deutlich) statt ‚budele'. Wenn III, 51, 1 Note 22 statt „die soge die verkene dreget" steht: „die creme de v. d.", so weiß ich nicht ob hier ein Versehen oder die Substituirung einer localen Bezeichnung anzunehmen ist, — creme finde ich nirgends.

unser Text ganz isolirt, ohne daß von Mißverständniß oder Irrthum die Rede sein könnte.

Prol. 206: Ecke van Reppenhove, eine sonst nicht vorkommende Form. — I, 2,1: „So welich kristen man is, de is schůldich [senit fehlt!] zo sůchene dries inme iare sint he …" — I, 2,1 a. E.: „ersthe prestere" — I, 3,3 a. E.: „De twischin deme nagele unde deme hovede sich tů der sibbe gestuppen ofte geten mogen an gelicher stat, de nement dar erve gelike. De sich aver naer tů der sibbe gestuppen mågen, die nemet dat erve tů vůren". — I. 5,1: „sine sone ofte kindere nemet". — I. 25,4: „ane sines echten wives orlof oder willen" — I, 27,1. N. 4: statt „nesten" „nesnesten" — I. 51,2 a. E. „vri maken of laten" — I. 59,1. a. E. „tů rehter of tů echter d.". — I. 59,2.: „nen richtere greve", (vereinigt also beide Lesarten: Gen. 163.) — I. 62,11, nach vorspreken hevet noch: „wen růnen stilliche" — II. 12,7. a. E. zu „gedegedinget is" noch „ofte wirt" — II. 22,1: „jegen den anderen ofte den rihtere" — II. 37,2: „von eime anderen dorpe oder gerichte" — II. 47,1. „anderen mannes korn" — II. 47,2. statt „jegenwerde": „antwarde" — II. 49,1. i. f. „gras oder hof" — II. 54,4. ist nach „gerüchte nicht", offenbar in Wiederholung des unmittelbar vorhergehenden, noch einmal „weder in dat dorp" gesagt. — II. 54, 5.: „benomen ofte bewisen" — II. 61,3. N. 12. statt „bedan": „besloten" — II. 65,2 (der 2. Satz): „Sleit aver en man en kint oder schilt he it oder roft …" — II. 66,2, statt „opende": „openbarendie" — III. 5,1 a. E. „twgen oder kündegen" — III. 10,2. N. 7: „so is sin burge selve ledich". — III. 24,1, statt „hogesten" „hogeren" — III. 37,1. nach „vleischwunden" noch: „oder ane wůnden" — III. 42,4 sind ganz ähnlich wie oben I. 59,2 zwei Worte, von denen in den übrigen Texten immer nur entweder das eine oder das andere vorkommt, vereinigt, H liest nämlich 'mit alsogedaneme tekene oder gerehte', hat also sowohl die richtige seltene Lesart als die häufigere triviale (vergl. Genealogie 163). — III. 51,1. N. 22 statt „soge": „creme"? — III. 66,4. N. 30 statt „gewaldichliken": „mit gewelde" — III. 76,4. a. E. „tinsgelde ave in gaf" — III. 78,9. a. E: noch nach „laster" hinzugefügt: „unde ane wandil".

Was die Verwandtschaft mit anderen Handschriften betrifft, so ist bei einigen Stellen ein Zusammenhang mit der ersten Ordnung der ersten Classe nicht zu verkennen. Unsere Handschrift ist neben Aw die einzige, die sowohl in I. 27,1 als in III. 42,1 ‚beswas' resp. ‚beswaz' hat; an jener Stelle stimmt sie in ihrer Ordnung noch mit Bmnr, an dieser mit Bσ (Geneal. 163). In II. 42,1 Note 6 liest H mit Aqx statt ‚bewisen moge': ‚bescheiniche'. — Eine Aehnlichkeit mit Ahq ist gegeben in III. 21,1, Note 6, wo H den Zusatz hat: ‚behaldet ove tů behaldene biedet'. — III. 60,1, Note 6 läßt H allein aus Ordnung B mit Ordnung A die Worte ‚des rikes' aus. — In I. 28, Note 6 weicht unser Text eigenthümlicher Weise von A und von B ab und hat mit Cm und Ed: „ne thut si dar nieman tů mit rehte, so keret."

Eine nicht zu verkennende Verwandtschaft tritt aber hervor zwischen dem Harffer Codex und den beiden unter sich wiederum sehr nahe verwandten Handschriften Bmn: Nr. 495, Münster, Nr. 442, Meiningen[11]). Eintheilung, Ueberschriften und Anordnung sind nach dem oben S. 280 f. ausgeführten identisch in H und Bmn; insbesondere findet sich nur in diesen drei Handschriften III, 14 nach III, 15 gestellt. Mit Bmn und wenigen anderen Texten hat H die Vorrede von der Herren Geburt gemein und der Artikel „van des ve ledegunde" findet sich in Ordnung B überhaupt nur in m und n. Eine ganze Reihe von Lesarten endlich gehört unserer Handschrift und Bmn oder ihr und nur einer der letzteren, sei es überhaupt, sei es nur in Classe B, ausschließlich an. Ich zähle die hauptsächlichsten Beispiele hier auf. Praef. rythm. 30 ‚lachin' für ‚lagen' (so auch Dqt.), 141 Suze lůthe; 191 hat H ‚stolzen edele', und entsprechend Bmn (mit Ahe) ‚edel helde'. I, 2 a. E., Note 37, hat H auch den Zusatz ‚Van vriheit . . .' wie außer mehreren Handschr. aus den Classen A und C nur noch Bgmn. H hat mit Bmn in I, 13,1 Note 4: ‚gripen', I, 19,2 Note 10: ‚vynden oder beschelden wol', I, 34,2 Note 7 ‚egen gift oder sin gut', I, 43, N. 3 ‚sunder' statt „unde"; I, 50, N. 6 mit Bn allein „geleiden", ebenso II, 15,1 N. 2 „einyghe were". Ferner mit

---

[11]) Auf den engen Zusammenhang zwischen diesen beiden Texten hat Homeyer mehrfach hingewiesen; vgl. Genealogie S. 103, 104, 105.

Bmn: II, 28,1 N. 3 „ofte an einir", II, 29,7 N. 7 „unverholen u", II, 33, N. 3 „gaen" statt „komen". In II, 37,2, N. 13 ist „dorpe" in Bmn zurückzuführen auf das von H zugefügte „dorpe oder [gerichte]". In II, 40,1 N. 4 hat H „na rehte vergelden" mit Bm allein, II, 41,2 N. 13 ist die Stellung von „binnen jar und dage" dieselbe wie in Bmn, II, 46,1 N. 3 wird mit Bmn hinzugefügt „hevet ofte", ebenso III, 15,3 N. 12 „ut". Dagegen fehlt III, 18,1 N. 2 in Uebereinstimmung mit Bmq „oder mit dem scultheiten", während III, 38,4 N. 8 H wie Bmn „naesten" einschiebt. III, 60,1 N. 2 hat unser Text „spere", III, 60,2 N. 8 „gerichte", III, 79,1 N. 9 „deme lande" mit Bn allein. III, 90,3 N. 21 fehlt wiederum in Uebereinstimmung mit Bn „svenne he stirft".

Allerdings zeigen nun Bmn auch eine Reihe selbständiger und eigenthümlicher Lesarten, wie z. B. in den Namen der Vorrede von der Herren Geburt, in Praef. rythm. V. 210, in II, 11,3 N. 20, II, 26,1 N. 1a, II, 26,2 N. 6, III, 33,3 N. 8, III, 79,1 N. 2; hierher gehört ebenfalls das Fehlen von III, 40,4 in Bn, das „verteyn" in III, 62,3 N. 16. Diese Unterschiede lassen sich jedoch ebenso wie der S. 280 bereits hervorgehobene Umstand, daß Bmn einige Lücken mehr zeigen wie H, sehr wohl mit der durch die festgestellte Identität der Eintheilung, Anordnung u. s. w. so nahe gelegten Annahme einer Verwandtschaft der drei Handschriften vereinigen. Wie diese Verwandtschaft aufzufassen ist, würde sich vielleicht nicht einmal durch eine genauere Vergleichung der Sprache und der sonstigen Eigenthümlichkeiten von Bmn mit Sicherheit feststellen lassen. Da das Datum der Harffer Handschrift einerseits, andrerseits für Bn das 14., für Bm das 14./15. Jahrhundert als Entstehungszeit feststeht, so ist eine directe oder indirecte Herleitung dieser letzteren aus jener nicht unwahrscheinlich[12]), ebensogut kann aber auch ihre Aehnlichkeit auf Abstammung von einer gemeinsamen Vorlage beruhen. Ein weiteres Zeugniß für die Verwandtschaft von H mit Bmn liefert die Untersuchung des in diesen Handschriften stehenden lehnrechtlichen Textes.

---

[12]) Die Form uta in der Musterstelle (die für Bn feststeht: Gen. 178) ist ja auch direct aus ota durch die fehlerhafte Lesung „gebörne" für „gecorne" entstanden.

b. Das Lehnrecht.

Der lehnrechtliche Text unserer Handschrift, der in der Mitte der zweiten Spalte von S. 82 mit der Ueberschrift „Hir begint dat lenreht" anfängt, ist im Allgemeinen der ersten Classe (Q) zuzuweisen, zeigt jedoch manche Eigenthümlichkeiten. Er gehört zu den vollständigsten, denn von den fünfzehn bei Homeyer Sachsensp. II, 1, S. 58 verzeichneten Stellen fehlen nur vier: 31,2, 55,3, 71,16, 76,6. Die Artikel 79 und 80 stehen auch hier nicht am Ende; in Uebereinstimmung mit Qvalb hat H vielmehr folgende Reihenfolge: 70, 76,8, 79, 80, 71; 76,8 wird aber an seiner richtigen Stelle noch einmal wiederholt. Wegen des oben S. 267 erwähnten Ausfallens von zwei Blättern hat H nur den Anfang von 78,1, die §§ 2 und 3 fehlen gänzlich. Der Text zerfällt in 110 mit nicht nummerirten Ueberschriften versehene Capitel, welche Zahl mit keiner der Handschriften in Classe Q stimmt. Von den Lesarten, in welchen letztere übereinstimmen, hat H nur die eine: mit Qvetuod wird art. 4 Note 14 „scatruwe" gelesen, dagegen aber art. 4, 2 nicht der Erzbischof von Trier sondern der von Mainz vorangestellt. Remissionen fehlen hier wie im Landrecht. Finden sich nun auch nicht alle für die Zurechnung zu Q entscheidenden Criterien vereinigt, so wird doch unser Text durch die Stellung von art. 79 und 80 und dadurch daß er keine der für die zweite Classe characteristischen Lesarten (33, N. 13, 43 N. 6 u. 8) aufweist, ganz bestimmt von dieser letztern geschieden. (Vgl. Homeyer a. a. O. S. 59, 62.)

Die nur in H vorkommenden Lesarten sind nicht zahlreich und ohne jede Bedeutung für die Gestaltung des Textes, die Versehen des Schreibers sind viel häufiger; regelmäßig ersetzt er „besaken" durch „logenen" oder „verlogenen" und „enewerve, anderwerve .." durch „tů einin male, tů den anderen .." Es läßt sich aber für unsern Codex eine doppelte Verwandschaft nachweisen, wodurch er einerseits mit einem der ältesten Texte der ersten Classe, dem Queblinburger (Nr. 74, Qv), andrerseits mit Classe M in Verbindung tritt, welche aus zwei bisher ganz isolirt stehenden, unter sich sehr genau stimmenden Handschriften besteht. Der Zusammenhang mit Qv zeigt sich nicht bloß in der schon erwähnten, auch sonst noch vorkommenden Stellung von 76,8 sondern namentlich in folgenden Lesarten: 23,2 N. 7 „untfangen", 55,7 N. 34 fügt H mit Qv allein das unpassende

„stede" bei; 71,14 N. 66 lieſt H mit Qv „herre" ſtatt „borgere"; 72,1 N. 12a desgleichen mit Qv allein „mût" ſtatt „darf". Der in Qv fehlende § 2 von art. 75 iſt dagegen in unſerem Texte vorhanden. Claſſe M hat Beſondernheiten, die in H nicht vor= kommen, insbeſondere kennt H, abgeſehen von den grade ihr wie M gleichmäßig fehlenden art.. 31 § 2 und 55, § 3, die zahl= reichen ſonſtigen Lücken, welche jene auszeichnen, ebenſowenig als die bei Homeyer S. 68 angeführten Lesarten in art. 4, N. 38, 5, N. 11 und andere, z. B. art. 45, N. 10, 57, N. 24. Da= gegen theilt M gewiſſe Lesarten nur noch mit H, ſo „groterme" in 37,3 N. 5, das Hinzufügen von „ſagen unde" in 46,1 N. 3. Zu 75,3 als einem beſondern Artikel hat H die Ueberſchrift: „Of ein herre aver vrowen gût ane ſpricht", worauf dann im Texte folgt: „Stirvit eime herren einir vrowen gût an . .‟; dem entſprechend lieſt M allein von allen Claſſen: „Spricht en herre an eder ſtervet eme herren an ener vrowen gut . . " Auch die Lesarten „untfangen" in 23,2 N. 7, „herre" in 71,14 N. 66, die H mit Qv gemein hat, kehren wieder in M. Das ſtärkſte Zeugniß für einen Zuſammenhang zwiſchen H und letzt= genannter Claſſe liegt aber darin, daß erſtere genau wie dieſe erſt von Art. 12 der Vulgata an den Text in Abſchnitte zerlegt, und daß die Zahl der letzteren faſt die gleiche iſt: H hat 109, M 108 Capitel. Eine Vergleichung der Synopſis bei Homeyer S. 327 läßt auch ſofort erkennen, wie dieſe letztere Abweichung herbeigeführt iſt; H zerlegt nämlich art. 33 in zwei Abſchnitte, die hier der 34. und 35. ſind, und kommt dadurch um eine Einheit vor; abgeſehen davon ſtimmt M, ſoweit dies aus der für dieſe Klaſſe lückenhaften Tabelle zu erſehen iſt, vollſtändig mit H überein. Endlich mag noch hervorgehoben werden, daß Klaſſe M aus den beiden jüngeren Handſchriften gebildet iſt, welche im Landrecht die Bezeichnung Bmn tragen und dort ebenfalls als nahe mit unſerm Texte verwandt nachgewieſen worden ſind.

Das eben feſtgeſtellte dürfte genügen zur Rechtfertigung der Annahme, das H entweder die mittelbare oder unmittelbare Quelle von Mo und Me geweſen, oder mit ihnen eine gemein= ſame Quelle gehabt hat. Iſt H ihrerſeits unbedingt zur Klaſſe Q zu zählen und ſogar ihre Verwandtſchaft mit Qv wahrſcheinlich gemacht, ſo wird die Anſicht von Homeyer, S. 68, daß der Ab= weg zu M ſchon von der erſten oder zweiten Klaſſe aus einge=

schlagen worden sein möge, durchaus gerechtfertigt; nur ist die Form des Lehnrechts, wie sie uns in H vorliegt noch eine völlig reine und unversehrte, also noch nicht als ein Abweg zu bezeichnen.

c. Verhältniß von Land= und Lehnrecht.

Die isolirte Betrachtung der beiden in der Harffer Handschrift enthaltenen Texte hat ergeben, daß das Landrecht zur zweiten Ordnung der ersten Klasse, das Lehnrecht zur ersten Klasse zu zählen ist. Haben wir bei der Beschäftigung mit Codex H bis jetzt alle von Homeyer über die Entwickelung der einzelnen Recensionen beider Rechtsbücher aufgestellten Ansichten einfach zu bestätigen und zu verwerthen gehabt, so ist dasselbe wiederum der Fall bezüglich des Verhältnisses zwischen den hier vorliegenden Formen des Land= und Lehnrechts. Mußte oben S. 286 das Lehnrecht der Klasse Q zugewiesen werden, so zeigt es doch in seiner großen Vollständigkeit eine deutlich hervortretende Hinneigung zur folgenden Klasse, wenn es auch deren entscheidende Merkmale noch vermissen läßt. So kann also auch bezüglich unserer Handschrift gesagt werden, das dem Landrecht zweiter Ordnung beigegebene Lehnrecht gehöre „einer Stufe des Ueberganges von der ersten zur zweiten Lehnrechtsklasse [13]) an".

Stellen wir die Harffer Handschrift als Ganzes den beiden ihr verwandten Handschriften gegenüber, die im Landrecht mit Bmn, im Lehnrecht mit Moe bezeichnet werden, so zeigt sich nach dem oben gesagten, daß die größere Uebereinstimmung im Texte des Landrechts liegt, während das Lehnrecht in jenen jüngeren Abschriften eine ganz eigenthümliche Gestalt hat. Diese letztere hat Homeyer aber schon auf bloße Bequemlichkeit des Schreibers zurückgeführt, die sich im Verlauf der Arbeit mehr und mehr geltend machte. Daher kommt es denn, daß während H in ihren beiden Theilen einen gleichmäßig vollständigen Text besitzt, die beiden so eng mit ihr zusammenhängenden Handschriften dennoch neben dem relativ guten Landrecht ein sehr mangelhaftes Lehnrecht aufweisen.

5. Ergebnisse.

Der Harffer Codex, vollendet am 7. Mai 1295, ist die älteste datirte Handschrift des Sachsenspiegels, welche bis jetzt

---

[13]) Vgl. Homeyer, Sachsensp. I, 3. Ausg. S. 30., Genealogie S. 107. Diese beiden Stellen berichtigen auch Sachsensp. II, 1, S. 70.

bekannt geworden ist; der ganz zufällige Umstand, daß sie ein festes Datum trägt, gestattet uns fortan dieses letztere in mehr denn einer Richtung als nicht unwillkommene Zeitgränze festzuhalten. So zunächst für die beiden Formen, in denen Land- und Lehnrecht hier überliefert sind. Der vollständige Text, den wir als Vulgata bezeichnen, liegt uns fast hier vor, hatte also 1295 für beide Rechtsbücher seinen Abschluß bereits erhalten bis auf etwa sechs Stellen im Landrecht und vier im Lehnrecht, die erst später ausgefüllt worden sind. Dieses Resultat hat eigentlich nichts überraschendes; eine so frühe Jahreszahl, wie die nunmehr gefundene, würde aber doch bisher nur mit Bedenken angenommen worden sein, wenn sie nicht handschriftlich hätte belegt werden können. Sagt doch Homeyer, Gen. 92, von der verschollenen Arpischen Handschrift von 1296, daß ihr hohes Alter sie freilich von der zweiten Ordnung der ersten Classe nicht bestimmt ausschließe aber doch eher sie der ersten zuweise. War bis jetzt für Art. I, 4 nur das Jahr 1314 als der früheste Termin seiner Verbindung mit dem Texte des Rechtsbuchs anzunehmen[14]), so tritt jetzt 1295 an dessen Stelle. Unsere Handschrift ist auch die älteste, welche die Vorrede von der Herren Geburt und das kleine Stück „Van des ve ledegunde" enthält. In Bezug auf erstere ist hervorzuheben, daß unser Text einen Heinrich von Snetlingen nicht kennt[15]) und da, wo der Herzog von Lüneburg genannt werden soll, den von Limburg anführt.

Was das Lehnrecht betrifft, so dürfte unsere Handschrift dafür Zeugniß ablegen, daß dessen Vermehrung doch eigentlich nicht später erfolgte oder sich verbreitete als die des Landrechts[16]).

Bezüglich der durch die Harffer Handschrift festgestellten Altersgränze ist es noch wichtig hervorzuheben, daß dieser Codex selbst jedenfalls auf einer Vorlage beruht, welche unzweifelhaft schon dieselbe Fülle des Textes, dieselbe Eintheilung und Anordnung besaß, und jedenfalls noch älter war. Namentlich sind

---

[14]) Vgl. Stobbe, Gesch. d. deutschen Rechtsquellen I, 306, Note 39.

[15]) Die Stelle lautet: Under des rikes schephenen sint swave die van tribule unde de van edele resdorph henrich, judas, de voghet albrecht van spandouwe unde alverich unde conrait van snetlingen unde scrapen kint van jerclene inde van irekesdorp, herman van meringe, heidolfs kindere van winninge unde de van sedorph; dit sint allit swavee. Vgl. Homeyer, Sachsensp. I, S. 54.

[16]) Vgl. Homeyer, Sachsensp. II, 1. S. 70.

ja auch, wie Prof. Weinhold gezeigt hat, die Ueberschriften der einzelnen Artikel aus einer sächsischen Handschrift herübergenommen, und stammen vielleicht sogar Mißverständnisse wie „lachen" in der gereimten Vorr. und „gaen dat" in I, 55,2 aus jener Vorlage.

Aber nicht bloß eine willkommene Jahreszahl bietet uns der Codex von 1295, er legt auch durch seine Schlußnotiz und durch seine Sprache Zeugniß ab für die Verbreitung der Arbeit Eike's. Bestimmt für einen kölner Herrn geistlichen oder weltlichen Standes, von einem kölnischen Schreiber in den heimischen Dialect übertragen, ist diese Handschrift gradezu ein Denkmal der Beachtung, die schon zur Zeit, wo sie angefertigt wurde, den beiden Theilen des sächsischen Rechtsbuchs, im Westen des Reichs geschenkt worden ist. Stand auch schon bisher eine Verbreitung des Sachsenspiegels über den Rhein hinaus durch mehrere Nachrichten und durch das Vorkommen verschiedener jenen Gegenden angehörenden Handschriften fest[17]), so ist doch grade für Köln meines Wissens bis jetzt eine solche Berücksichtigung desselben noch nicht nachgewiesen. Da es sich nicht annehmen läßt, daß unsere Handschrift lediglich zum Zwecke der Vermehrung einer Sammlung angefertigt oder später von Johann Juede erworben worden sei, ihre Existenz vielmehr schon auf eine Benutzung zu practischen Zwecken hindeutet, so wird es darauf ankommen bei Untersuchungen über die Geschichte des kölnischen Rechts den Spuren der Einwirkung nachzugehen, welche seit dem Ende des 13. Jahrhunderts etwa das sächsische Rechtsbuch ausgeübt haben mag.

6. Proben aus dem Texte des Landrechts.

[Art. 1.] Van des paveses rehte unde van des keysirs.

> Swei swert liez got in ertriche zů beschirmene de cristenheit. Deme pavese is gesat dat geistliche, deme keisere dat wertliche. Den paves is ouch gesat zů ridene zů bescheidener zit ůp einin blankin perde unde die keisir sal yme den sterip halden, důrch dat die sadel niet in winde. — Dit is die beteignisse, swat de pavese wedersta, dat he mit geistlichme rechte niet betwingin in mach, dat it der keyser mit wertlichme rechte dwinge den pavese horsam zů wesene. So sal ouch die geistliche walt helfin deme wertlichen of it is bedarf.

---

[17]) Vgl. Homeyer, Sachsensp. II, 1, S. 68.

[Art. 2.]   We man senit sůchin sůle.

[§ 1.] So welich kristen man is, de is schůldich zo sůchene*) dries inme iare, sint he zo sinen dagen comin is, binnin deme byschedůme dar he inne besethen is. — Vriheit die is aver drierhande: schephinbare lůthe, de der bischope senet sůchen solen**); plechaften der dům proviste; lantaeten der ersthe(!) prestere.

[§ 2.] Zů ielicher wis sůlen si werlich gerihte suchen. Die schefne des gevin(!) dinc ůvir achtzien wechene under kůningis banne. Leget man aver ein dinc uz umb ungerehte van deme echtin dinge ovir vierziennaht, dat sůlen si sůcken, důrg dat ůngerichte gericht werde. Hir mede hebbet si vervanghen ir egin ieghin de richtere, dat it allis dinges van ime ledich is.

[§ 3.] Die pliechtaften sin ouch plichtich zo sukenne des schultetin dinc over ses weken van irme eigene; under dem můt men wol kiesen einin vronin boden, of de vrone bode stirft.

[§ 4.] De lantseten, de innegein eigen imme lande ne hebbin, die sůlin sůkin irs gogrevin dinc ůvir ses wekin. Dar unde in iewelkeme vogit dinge sal iewelc bůrmeister wrogen dat růcht unde menschen blůdende wůnden, de ime ein ander man hevit gedan, unde getogene swert up eines anderen mannes schaden unde die de tů dinge niet in comen, de dar plichtich sin tů komene, unde al ungerichte dat in den lif odere in de hant gait, of it mit clage vor gerichte nicht begrepin is; anderes in darf he nicht wrogen.

[Zusatz bei Homeyer in Note 37, p. 156.]

Van vriheit hain ich gesaget alleyne, důrch daz nich nie vri ne was dů men recht satte unde unse vorderen her tů lande quamen.

[Art. 3.]   Wo Origenes wisagede.

[§ 1.] Origenes wissagede hir bevoren, dat ses werlde solden wesen, die werlt bi důsint iaren upgenomen, unde in deme sevenden solde si to**) gain. Nů is uns kundich von der heiligen scrift, dat an adame die irste werlt began; an noe die andere; an abraham die dritte; an moyse die vierde; an davide de vifte; an godis gebůrde de seste; in der sevinden sin wir nů sůnder gewisse tale.

[§ 2.] Tů dirre selvin wis sint die herschilde ůt gheleget, der de koninc den erstin hevet; de bischope unde die ebde unde die abdissen den anderen; die leyen vůrsten den dridden, sint si der bischope man wůrdin sint; de vrien herren den vierden; die schepenbare lůthe unde der vrien herren man den wiften; ir man vort den sesten. Als de cristenheit in der sevenden werilt nene stedicheit ne wet, we lange si sten sůle, also ne wet men nicht an deme sevenden schilde, of he lenreht oder herschilde hebben můge. Die leyen vůrsten hebbit aver den sesten schilt in den sevenden bracht, sint si wůrden der bischope man, des irst nich ne was. Als der

---

*) sent fehlt offenbar.

**) In der Handschrift ist das o mit einem v überschrieben.

herschilt imme sevenden tů stait, also tů gait de sibbe an deme sevenden.

[Art. 3. §. 3.] Swar die sibbe beginne unde ende.

Nů merke we och, wa de sibbe beginne unde war si lende. In deme hoivedè is bescheidin man unde vif tů stande, de elike unde echtlike tů samin cůmen sin. In des halsis lede de kindere, de kindere de ane tweiunge van vader unde můder geboren sin. Is dar tweiunge an, de ne můgen an eime lede nichit bestain unde schrickt an ein ander led.

[Art. 3. §. 3.] Of twene brůdere twe sustre nemet.

Nemet ouch twene brůdere twa sustre, unde die dritte brůder ein vremede wif, ir kindere sint doch like na, ir iewelc des andren erve tů nemene, of si evinbůrdich sin. Ungetweider brůder kint de stat an deme lede, dar schuldere unde arme tů samene gat; also důt de sustir kint. Dit is die irste sibbe tale, de men tů magin rekenit: brůder kint unde sůstir kint. In den ellinbogin stat die ander. In deme lede der hant die dritte. In den ersten lede des mitdelesten vingeris die vierde. In deme anderen lede de vifte. In deme dritden lede des vingeres die seste. An deme sevenden stat ein nagil unde nicht ein lit, dar umbe lent dar die sibbe, unde hetet nagelmage. — De twischin deme nagele unde deme hovede sich tů der sibbe gestuppen ofte geten mogen an gelicher stat, de nement dar erve gelike. De sich aver naer tů der sibbe gestuppen můgen, die nemet dat erve tů vůren. — Die sibbe leint an deme sevenden erve tů nemene, an hebbe der paves orlofet wif tů nemene in der viften; wende der paves ne mach ingein reht setten, dar he unse lantrecht oder lenreht mede ergere.

[Art. 4.] Uppe vil alt noch uppe twerge in irstirvit noch len noch erve, noch uppe kruppilkint. Swe danne die ervin sint unde ir vaste (!) mage, die sůlin si halden in irre plage. — Wirt ouch ein kint geborin stům oder handelois oder vůtlois oder blint, dat is wol erve tů lantrethe unde nicht tů lenrechte. Hevet aver he len untfangen er he wůrde alsus: dat in verluset he dar mede nicht.

Uppe den maselsůchtichen man in irstirvet noch len noch erve. Hevet het ever er der suke intfangen unde wirt her sieder siech he ne verlusit dar mede nicht.

Wo men důn sůle als die rihtere tů hůs nicht in is.

Der Abschnitt besteht aus I, 70, 3; 71 u. II, 1; 71 lautet:
Swen die gecorne gogreve oder de beleinde richtere van me greven vervestet, tuget he sine vervestinge vůr deme greven, he irwerft des grevin vestinge al tů hant over ienen; sus irwirft oc die greve mit sinir vestinge des coningis achte.

Van des ve ledegunde.

Des lammis ledegunge sint vier penninge, achte des schaps, dri schillinge des swines dat ierich is als des swerdes, vere die ků, vuve der sů de dar dreget oder verkene hevet, achte der meren, twelive des pluchperdes, des runtzidis twintich, des orsis drittich. Des hůshanen wandel sint negen hennen unde ein hane.

7. Ein Stück Magdeburgischen Rechts aus der Harffer Handschrift.

Das Lehnrecht unseres Codex bricht in 78,1 ab; der Rest dieses Artikels hat auf der ersten Spalte des in der sechsten Lage nunmehr fehlenden Doppelblatts [18] gestanden. Da Art. 79 und 80 in unserm Texte schon nach 70 folgen, so war mit Art. 78 das Lehnrecht beendet, und mehr als eine Spalte haben §§ 2 und 3 von Art. 78 nicht einnehmen können. Vor der jetzigen Seite 131, welche die Vorderseite des nunmehr letzten beschriebenen Blattes bildet, haben also noch sieben Spalten dem Schreiber zur Verfügung gestanden, und es ist anzunehmen, daß er hier so wenig wie zwischen Land= und Lehnrecht freien Raum gelassen. Auf den Seiten 131 und 132 stehen nun in drei ganzen Spalten und dem größten Theil der vierten (hier folgt am Ende die oben S. 269 f. mitgetheilte Notiz) neunzehn Artikel rechtlichen Inhalts. Sie sind weder mit Ueberschriften noch mit Zahlen versehen und bilden höchst wahrscheinlich die Fortsetzung dessen, was die eben erwähnten sieben verlorenen Spalten füllte. Von dem ganzen Rechtsdenkmal ist uns also nur der kleinere Theil, etwas über ein Drittel, erhalten.

Von den einzelnen Sätzen dieser Aufzeichnung stimmen die sechszehn ersten im Wesentlichen überein mit dem Magdeburger Schöffenrecht resp. mit dem Magdeburg=Breslauer Recht von 1261. Sie finden sich aber hier in einer Anordnung und Form, welche mit keiner der bekannten und bei Laband, Magdeburger Rechtsquellen, S. 70 ff., besprochenen Handschriften in Einklang steht. Die drei letzten Sätze erscheinen fast als ganz selbständige Aufzeichnung und läßt sich bei ihnen kaum eine Aehnlichkeit mit anderen Quellen erkennen. Es ist übrigens hervorzuheben, daß die beiden Handschriften Nr. 442 und 494 des Homeyer'schen Verzeichnisses, deren Verwandtschaft mit der

---

[18] Vgl. oben S. 267 und 286.

Harffer oben nachgewiesen ist, kein entsprechendes Rechtsdenkmal neben dem Sachsenspiegel enthalten.

Den in H vorliegenden Text lasse ich hier folgen, ich habe nur die Nummern beigefügt, die Verwandtschaft mit den Magdeburgischen Aufzeichnungen zeigt die ihm voraufgeschickte Tabelle. Für die Vergleichung sind überall die bei Laband a. a. O. gegebenen Texte benutzt.

Harffer Handschr.	Magdeburger Schöffenrecht.	Magdebg.-Bresl. R. v. 1261.	
1.	44. Von clage.	—	
2.	20. Von phaffen rade.	22.	
3.	21 a. Von gabe.	23.	
4.	22. §. 1. Von schult.	24.	
5.	22. §. 2.	[25.]	Stimmt fast ganz mit dem Text
6.	23. Ob ein man betevart vert.	31.	bei Laband, S. 120.
7.	24. Von der	32,	
8.	scheppen recht.	33.	
9.	25. §. 1. Von	34.	
10.	der sune.	35.	
11.	25. §. 2.	36.	
12.	26. §. 1.	37.	
13.	26. §. 2.	38.	
14.	27.	—	Es fehlt a. Schluß: „Ist — ungerichtes" wie in N. Br. H.
15.	28. §. 1.	—	Am Schluß auch hier: „wan iene to behaldene".
16.	28. §. 2.	—	
17.	?	?	
18.	?	?	Anklingend an das M.-Görlitzer R. v. 1304, Lab. 134, Nr. 4.
19.	[33?]	—	Mit großen Abweichungen von 33. Schlußsatz fehlt.

1. Of tweier manne clage up gehalden wirt in iegendeme dinge vor gerichte, mit des rihteres willen, also bescheidenlike, dat it der sakeweldigen beider wilcore si, dat men't vorminnen sole unde nummer me vor gerihte comen ne sole, unde sic des de herren underwinden dat se't verminnen; wilt der eine sint den male dar na sine clage vernien, umbe de sake vor gerihte iene ne hevet ime nicht tů antwardene, of he's getuch hevet an deme rihtere unde an den schepenen, dat men't verminnen solde ane gerihte.

2. Swe so binnen den geweren is, blift he wol pape, he nimt doch de rade of dar nen iuncvrowe in is; is aver dar eine iuncvrowe unde pape, so deilen si de rade gelike under sic.
3. So wat ein man gift in iegendeme dinge vor schepenen unde vor deme gerihtere, de gift einin schillinc to vrede bode, den nemen de schepenen.
4. Swelc man den anderen umbe schult beclaget, gewint he dat gelt mit noitrehte, dat mût he des selven dages gelden unde de rihtere*) hevet sin gewedde gewunen.
5. Wirt en man beclaget umbe schult unde bekant he des, so sal he binnin vertien nachten gelden. In gilt he niht, so hevet de richtere sin gewedde gewunen; so sal he yme gebeden over achte dage tû geldene, unde dan over dri dage, so gebût he yme over den anderen naht. Gebrict he dat, alse dicke hevet de richtere sin gewedde darhan. Ne gift he des geweddes noch der schult nicht, he vronit sine gewere. Dar dwinct he ine mede, dat he gelde de schult unde dat gewedde. Ne hevet he der gewere nicht, he dût ine to metebanne, so mût men ine wol up halden swar men ine ane kûmt vor dat gelt unde vor dat gewedde. Swe ine boven dat halt, de geweddit deme rihtere.
6. Is dat ein man bedevart oder coipvart varen wil bûten landes, wil den ieman hinderen umbe schult, dat it nieman dûn in moge, he ne mote reht nemen vor sime rihtere.
7. Swe so einin schepenen beschilt up der banc, he gewinnit sine bûte, drittich schillinge, unde de rihtere hevet sin gewedde.
8. Beschilt ein man einin schepenen dar des ordeil gevolgit is, sie gewinnen al ir bûte unde de rihtere sin gewedde. Also meniche bûte also menich gewedde.
9. Swar eine sone geschiet vor gerichte oder ein orveide, de getwget ein man vor geribte mit deme rihtere unde mit den schepenen; sin de schepenen in vor gevallen, so twget he mit den dincluden.
10. Swat so de schepenen gehalden oder getwgen, dat sal die richtere mede getwgen.
11. Swar so ein sûne geschet buten dinge, dat twget men mit ses mannen selve sevede, de't gesien unde gehort hebben.
12. Swar so ein sone unde ein reht were wirt gedan, brict si de saicweldige unde wirt he des verwunin, alse reht is, mit deme rihtere unde mit den schepenen; umbe de wnden de hant, umbe doitslach den hals. Were dat ein ander si breke, he muste si boten mit sinin weregelde: umbe de wnde negen punt, umbe doitslach achtien punt, he ne mog'is untgain also reht is.
13. Gewint ein man einin camp umbe eine wnde, gevichtit he sege, it gait ime an de hant, umbe doitslach den hals.

---

*) Das Or. hat bloß „rithe".

14. Ein man mach sinen sone dries ut thien, de in sinen brode*) is, umbe allir hande undait, up den heiligen selve sevede.
15. Ein man mach sin verdiende lon behalden vif schillinge uppen heiligen. Wil avir de herre dat vulbrengen up den heiligen, dat he yme vergulden hebbe, selve dridde, he is nair yme to untgane wan iene to behaldene.
16. Wil ein man den anderen**) schuldegen umbe win oder umbe anderen dranc, des untgeit he ime also umbe ander gelt.
17. It ne mach ingein wert sinnen gast vertwgen umbe gût, dat he in sine gewere gebraht hevet; mer spricht de wert den gaist an umbe gelt, des untgait he ime also reht is.
18. Spricht ein gast den anderen ane umbe gelt mit getwge, iene untgait ime als reht is.
19. Dût en man den anderen hûssoke unde schrid he in dat geruhte an unde volget he ime in der verschen dait unde brinct ine vor gerihte, unde hevet he des sine schreiman selve sevede unde mach he de noit bewisen, it gait ime an den hals.

Zum landsassiatus plenus.[1])

Von

Hugo Böhlau.

§ 1.

Mit diesem Namen wird im Allgemeinen ein, über die consequente Anwendung von forum und lex rei sitae hinausgehendes Verhältnis solcher Forensen zur Staatsgewalt bezeichnet, welche im Inlande Grundstücke, insbesondere Rittergüter besitzen. Die Abnormität des Verhältnisses kann mehr oder minder weit gehen. In Sachsen z. B. und Mecklenburg gelten derartige Ausländer als Inländer und Unterthanen,

---

*) In der Handschrift ist das o mit einem v überschrieben.
**) Im Original: anden.
[1]) Litteraturnachweise bei Wetzell Civilproceß (2) § 40 NN. 15 ff. SS. 433 ff. Dazu I. F. Rhetius Commentarius in jus feudale commune. 1673 pp. 78. 127 seqq. C. H. Horn Jurisprudentia feudalis Long.-Teut. c. XIII §§ 3—6. [ed. Ch. Hannack 1741 pp. 273 seqq.] Roth und von Meibom kurhessisches Privatrecht I 1858 SS. 132 f. N. 2. Roth bayrisches Civilrecht I. 1871. S. 178. Heffter le droit international de l'Europe. (3) 1873 pp. 124 s. Sohm die fränkische Reichs- und Gerichtsverfassung. I 1871 SS. 304 ff. — Speciell mecklenburgische Litteratur s. in den Noten zu §§ 3. 4 des Textes.

während in Baiern und Kurhessen nur ein forum generale für sie begründet wird.

Der Ursprung des, so oder so gestalteten Rechtsinstituts steht nicht fest. Heffter nennt dasselbe „eine vertrocknete Reliquie des Lehnswesens", „restes du régime féodal". Roth und Meibom lassen im Gegenteil den vollen Landsassiat „auf einem alten deutschen Rechtssatze beruhen." Die Frage kann ihrer Natur nach nur von particular-rechtsgeschichtlichen Untersuchungen ihre Beantwortung erwarten. Einen Beitrag zu solchen Untersuchungen beabsichtigen diese, den Landsassiat mecklenburgischer Rittergutsbesitzer betreffenden Zeilen zu liefern. Es sei gestattet, einige allgemeine Bemerkungen vorauszuschicken.

§ 2.

Nach den Untersuchungen Roth's und Sohm's darf als erwiesen gelten, daß nach fränkischem Reichsrecht der Grundbesitz ebensowol ein forum generale, als Mitgliedschaft innerhalb des politischen, der Reichsverfassung organisch eingegliederten Diöcesan-, Grafschafts- 2c. Verbandes wirkte, in welchem das besessene Grundstück belegen war. Ließe sich nun an und für sich wol denken, daß dieser altfränkische Rechtssatz mit manchem andern in das deutsche Landrecht, von da in das Territorialrecht übergegangen sei und hier den landsassiatus plenus gestaltet habe, so stehen dieser Annahme doch entscheidende Bedenken entgegen.

Zunächst der Sachsenspiegel. Das Hantgemal der Schöffenbarfreien[2]) ist schon hier der einzige Rest des alten Rechtssatzes. Davon aber, daß ein, in Sachsen angesessener Baier innerhalb Sachsens als Sachse gegolten und ein forum generale gehabt habe, weiß Eike nichts. Er hebt im Gegenteil die Bedeutung von forum und lex rei sitae hervor.[3])

Sodann mußte so die Entwickelung des Ritterthums und des Lehnswesens, wie die Herrschaft der Fehde der Fortdauer des fränkischen Rechts auf diesem Punkte hinderlich sein. Als die Fehdegenoßenschaft und die Fehdegefolgschaft —, das der

---

[2]) Ssp. I 51 § 4. III 26 § 2; 29. Homeyer s. v. hantgemal.
[3]) Stobbe in Bekker und Muther's Jahrbuch I 1857 SS. 436 ff. VI 1863 SS. 38 ff. 48 ff.

Minne und des Rechts eines Andern gewaltig sein⁴), — die weitaus wirksamsten Mittel des Rechtsschutzes geworden waren, mußte das alte Gerichtsstandsrecht aus dem Rechtsbewußtsein, weil aus der Uebung mehr und mehr verschwinden. Und das Lehnswesen war mit dem alten Rechtssatze geradezu unvereinbar.

Denn wenn der Standesgenoß vom Genoßen Lehn nahm, so mochte er sich die Erniedrigung seines Heerschildes⁵) wol, die Einfügung in den, sich enger und enger schließenden lehns=herrlichen Territorialverband aber gewiß nicht gefallen laßen.⁶) Und außerhalb solcher, immerhin nicht seltener Fälle ver=suchten bekanntlich auch die nicht reichsunmittelbaren Vasallen vielfach, sich ihren Landesherrn gegenüber in ähnlicher Art un=abhängig zu stellen, wie diese sich ihrem kaiserlichen Lehnsherrn gegenüber unabhängig gestellt hatten. Sie legten Werth darauf, nur Vasallen und nicht Unterthanen zu sein. „Lehnsmann kein Unterthan." Wie dieser Satz durch die, der Theorie nach zu=fällige Verbindung von Landes= und Lehnsherrlichkeit bewährt zu sein schien,⁷) so fanden insbesondere die, auswärts domici=lirenden Vasallen in diesem Streben an dem römisch=canonischen Gerichtsstandssystem eine, auf der Hand liegende Unterstützung.

Ist hiernach der Gedanke an eine unmittelbare und un=unterbrochene Fortdauer des altfränkischen Satzes nicht wol fest=zuhalten, so geben die erhobenen Bedenken doch zugleich einen Fingerzeig für eine andere und anscheinend zutreffendere Er=klärung des landsassiatus plenus. Nicht das Lehnswesen, auch nicht die Lehnsherrlichkeit als solche, sondern die Landeshoheit hatte ein Interesse, durch Anerkennung einer Unterthänigkeit der landesherrlichen Vasallen ihre Consolidation zu fördern. Sie drang mit ihren desfallsigen Bestrebungen nicht überall und nicht

---

⁴) Homeyer zwei akademische Abhandlungen [Abh. d. Akad. d. W. zu Berlin 1866] 1867. SS. 29 ff. Böhlau Meckl. Landrecht I 59 N. 24. Vgl. auch noch MUB. VI n°. 4075.

⁵) Ssp. I 3 § 2.

⁶) Rhetius pp. 127 seqq. Herbert Pernice Summum principum Germanicorum imperium an possit et quatenus possit nexui feudali subjectum esse. [Hall. gekr. Preisschrift.] 1855. pp. 6—8.

⁷) Bei einem feudum privatum konnte natürlich von Unterthänigkeit des Vasallen nicht die Rede sein. Vgl. auch IPO. V § 42, wo die sola qualitas feudalis und das territorii jus streng geschieden werden. — In Mecklenburg gibt es bekanntlich nur feuda provincialia publica.

überall in gleichem Maaße durch. Oft gelang es ihr nur, den alten Gerichtsstand wieder zur Anerkennung zu bringen. Oft aber mußten die Vasallen der Landesherrschaft nicht bloß als Vasallen den Fidelitätseid, sondern außerdem auch den Homagialeid leisten. Dadurch wurde auch der auswärts domicilirende Vasall Unterthan seiner Landes-Lehnsherrschaft. Mit Umwandlung der Lehen in Allodien gieng dann der so entstandene Rechtssatz vom Lehnrecht auch ins Landrecht über. Damit war die Landeshoheit in besonderem Grade consolidirt; in solchen territoria clausa galt anstatt des: „Lehensmann kein Unterthan" das: „Quicquid est in territorio, est etiam de territorio."

Wo so zufolge einer Reaction der Landeshoheit gegen den Feudalismus der „alte deutsche Rechtssatz" als landsassiatus plenus wieder lebendig geworden war, da blieb das Verhältnis der reichsunmittelbaren Vasallen eines Landesherrn als Anomalie zurück. Man fand sich mit derselben so oder so, aber alle Mal in inconsequenter, der Anomalie des Verhältnisses entsprechender Weise ab.[8]

§ 3.

Auch Mecklenburg ist in diese allgemeine Entwickelung mit hineingezogen worden. Eine Particularität der Entwickelung für dieses Land besteht inzwischen darin, daß die Vasallen zu Unterthanen geworden sind, ohne daß bis auf diesen Tag jemals für sie eine rechtliche Verpflichtung zur Leistung des Unterthaneneides bestanden hätte.[9]

An Veranlaßung zur Ausbildung des landsassiatus plenus fehlte es in Mecklenburg schon während des M. A. nicht. Lüneburg, Pommern, die Mark, auch Holstein waren nicht so eng gegen Mecklenburg abgeschloßen, daß nicht der Adel aller dieser Länder seine Söhne zu Ritter- und Vasallen-Dienst herüber und hinüber entsandt hätte.[10] Schon im 12. Jahrhundert hatten die Ahnherrn der Familie von Blücher das gleichnamige, im Lande Boizenburg belegene Gut von den Grafen von Schwerin zu Lehen, obschon sie nach wie vor als Ministerialen am lüne-

---

[8]) Rhetius l. c. [oben N. 6.]
[9]) Roth Meckl. Lehenrecht. 1858. § 18 bei N. 14. SS. 49 ff.
[10]) Vgl. das Personenregister des Meckl. Urkb.'s z. B. unter Mebing, Melbeck, Neuenkirchen, Osten, Rieben ꝛc.

burgischen Hofe lebten.[11]) Ende des 13. Jahrhunderts sehen wir wiederholt lübecker Bürger mecklenburgische Lehen erwerben; bei etwaiger Fehde mit Lübeck, so wird ihnen versprochen, sollten sie ihre Lehen ruhig besitzen und genießen dürfen.[12]) Fremde Ritter, welche sich in die Fehdegefolgschaft der Herzöge begaben, bedangen sich Land aus[13]), und es wird ihnen oft genug zur Lösung solches Versprechens ein Lehen gegeben worden sein.

Eine Spur des landsassiatus plenus findet sich in allen diesen Fällen nicht. Die Blücher sehen wir gegen ihre Lehnsherrn mit ihrem Landesherrn zu Felde liegen.[11]) Die lübecker Bürger leisteten für die ihnen als solchen gegebene Exemtion eine Unterthanenpflicht nicht.[14]) Die Fehdegenossen stunden neben ihrem Lehns- noch in einem Vertragsverhältnisse zu den Herzögen; daß sie aber Unterthanen gewesen wären, dafür spricht nichts. Die allgemeinen Verhältnisse der mecklenburgischen Lande aber, wie sie bis zum 15. Jahrhundert lagen,[15]) laßen einen vollen Landsassiat fast als undenkbar erscheinen. „Inwaner und landseden unses landes" werden die hintersäßigen Leute, die Mannen aber nicht genannt.[15a])

Die Consolidirung der Landeshoheit im 15. Jahrhundert nun aber mit den verschiedenen, seit d. J. 1418 erfolgenden Huldigungen und mit der ihr parallel gehenden Einung und Festigung der Landstände[16]) hätte an und für sich wol die Vasallen, insbesondere auch die auswärts domicilirenden Vasallen unter die Landeshoheit beugen können. Denn die Vasallen hatten ja als solche Landstandschaft, und daß ein Nicht-Staatsangehöriger Landstandschaft üben solle, ist nach richtigen staatsrechtlichen Principien eine Ungereimtheit. In der That wurde die Erbhuldigung auch von „Prälaten, Herrn, Mannen und

---

[11]) J. Wigger Geschichte der Familie von Blücher. I. 1870. SS. 22 f
[12]) MUB. III. n°. 2328. 2390.
[13]) Ebdf. VII n°. 4975.
[14]) Auch Gerichtsstandsirrungen, obschon sie sonst während der Fehdezeit nicht fehlen [vgl. ebdf. n°. 5008], knüpfen sich anscheinend an dieses Verhältniß nicht an.
[15]) Böhlau Meckl. Landrecht. I. 50 ff.
[15a]) E. A. Th. Laspeyres die Rechte des eingebornen Meckl. Adels. 1844. S. 39.
[16]) Hegel Geschichte der mecklenb. Landstände bis z. J. 1555. 1856 SS. 71 ff. Böhlau a. a. O. SS. 53. 98 ff.

Städten" geleistet, woraus die Unterthänigkeit der Vasallen ohne Weiteres könnte gefolgert werden wollen.

Allein, auf den Landtagen zu erscheinen, war Lehns=pflicht, wesentlicher Teil der, jedem Vasallen neben der Heerfahrt obliegenden Hoffahrt.[17]) Und wie wenig die Vasallen sich auf den Landtagen ursprünglich als Unterthanen betrachteten, geht aus den Verweigerungen der landeslehnsherrlich begehrten Waffenhülfe[18]) hervor. So viel sodann die Huldigungen be=trifft, so ist eine Verpflichtung der Vasallen als solcher, Huldi=gung zu leisten, nicht zu erweisen, das Gegenteil vielmehr höchst wahrscheinlich. Denn als am 6. December 1632 einige Vasallen die, nach Beendigung der Zwischenherrschaft Wallenstein's geforderte Huldigung nicht geleistet hatten, wurden sie zur Nach=holung derselben nicht, sondern nur zur Lehnserneuerung, u. A. also auch zur Ableistung des vasallagium angehalten bzw. wegen Unterlaßung der Renovation gestraft.[19]) Die Vasallen über=

---

[17]) Roth Mecll. Lehnrecht. 97 f. NN. 5—7.
[18]) Hegel a. a. O. S 111. Böhlau a. a. O. S. 100 Nr. 11.
[19]) Landtag zu Malchin 26. März. 1633. Gem. gravv. der Ritter und Landschaft sub 29 [Spalding Mecll. öfftl. Landesverhandl. II 221]: „Wenn Ritter und Landschaft beigekommen, als wenn diejenigen von „Adel, welche den Huldigungseid" [bei Spalding steht hier ein ausweislich des Folgenden offenbar ungehöriges „nicht"] „abgeleget, zur Empfahung „der Lehen angehalten werden sollten, so bäte sie, keine Neuerung dabei „einzuführen, sondern es bei dem alten Herkommen zu laßen keinen mit „neuen Eiden zu belegen, oder mit Unkosten oder neuen Lehenbriefen zu „beschweren, und da einer oder der andere in diesem Kriege den Muth=„zettel ex errore justo tempore nicht gesuchet, demselben solches nicht zu „Präjudiz oder Schaden gereichen zu laßen". Landesherrl. Resolution hierauf [ebds. S. 248 f.]: „Sie, Herzog Adolf Friederich wären nicht „gemeint, jemand wider Recht und altes Herkommen mit neuen Eides=„pflichten, ungewöhnlichen Unkosten und Lehntaxen zu beschweren, Sie „versähen sich aber dagegen wieder, daß niemand, der sich für Ihren „Lehnsmann erkennte, und bei den, diese nächsten Jahre her sich zugetragenen „Fällen die Lehnspflicht noch nicht geleistet, seiner Schuldigkeit sich zu „entbrechen begehren, sondern auf Erfordern vermöge der gemeinen Lehen=„rechte und durchgehenden Observanz im ganzen Römischen Reich selbige „der Gebühr nach gehorsamlich ablegen würde; Sie, Herzog Hans Albrecht, „aber wollten diejenigen, die den Huldigungseid abgeleget, mit fernerer „Eidesleistung verschonen, gegen diejenigen aber, welche solchen Huldigungs=„eid nicht geleistet, sich auch nicht entschuldiget, noch den Muthzettel zu „rechter Zeit gesucht hätten, sollte vermöge der Lehnrechte procediret werden,

haupt, die einheimischen sowol, als die außerhalb Landes domicilirenden, haben in Mecklenburg so sehr ihre bloße Lehnspflichtigkeit betont, daß noch Klüwer in einer, mit Unrecht bisweilen für den vollen Landsassiat citirten Stelle[20]) erst noch eine Ausführung für angemessen hält über den Unterschied zwischen den Reichsvasallen, die allerdings nicht Unterthanen des Kaisers seien, und den mecklenburgischen[21]) landesherrlichen Vasallen, welche ganz ebenso herzogliche subditi wären, wie die, nicht mit Lehnen ausgestatteten Landeseinwohner. Wo so selbst in Beziehung auf die einheimischen Vasallen die Unterthanenschaft noch Gegenstand eines, wie sehr auch ungerechtfertigten Zweifels war, da war der volle Landsassiat sicherlich nicht ein in altem Herkommen feststehender Rechtssatz.

Jene Standeszweifel wurden aber natürlich je länger, je mehr von der fortschreitenden staatlichen Entwickelung beseitigt. Und wie man bislang, zwischen fremden und einheimischen Vasallen nicht unterschieden, sondern beide als vasalli den subjecti entgegengesetzt hatte, so begann man nun, auch die auswärts domicilirenden Vasallen als Unterthanen zu betrachten. Die augenfällige Incongruenz mit den bekannten Grundsätzen über lex und forum rei sitae deckte man durch Berufung auf den Rechtszustand anderer deutscher Länder, namentlich der benachbarten Brandenburg und Pommern, in welchen die, angeblich schon an und für sich natürliche und gerechte Institution des landsassiatus plenus in anerkannter Wirksamkeit stund. Daß in diesen Ländern anders, als in Mecklenburg die Vasallen zur Ableistung nicht nur des vasallagium, sondern auch des homagium verpflichtet waren, glaubte man, nicht urgiren zu sollen. Die Landstandschaft der, außerhalb Mecklenburgs staatsangehörigen Vasallen war in der That unter den neuern staatsrechtlichen Verhältnissen ohne den landsassiatus plenus weder zu erklären, noch aufrecht zu erhalten. Mit den Allodificationen der Lehngüter trat dann für die Forensen, welche allodiale Ritter-

---

"worüber sich niemand zu beschweren hätte". S. unten bei NN. 26 ff. und über die Differenz zwischen den Herzögen Hans Heinrich Klüver Beschreibung des Herzogthums Mecklenburg I (2) 1737 SS. 533 ff.

[20]) Klüver a. a. O. S. 534.

[21]) Versteht sich: einheimischen; denn von auswärts domicilirenden redet Klüver hier überhaupt nicht.

güter in Mecklenburg erwarben, der Homagialeib geradezu an die Stelle des Lehnseides [vgl. unten N. 51], während Erwerber von Lehngütern nach, wie vor nur den letzteren leisteten. Der Anfang des 18. Jahrhunderts darf als die Zeit bezeichnet werden, in welcher diese Construction des vollen Landsassiates von der Theorie und Praxis des mecklenburgischen Rechts unternommen worden ist. Die Gesetzgebung hat sich des Resultates solcher Construction zuerst im Mantzel'schen Lehenrechtsentwurfe, also i. J. 1757 bemächtigt. Sie erkannte das forum landsassiatus in weitgehender Weise i. J. 1818[21a]) an. Förmlich sanctionirt hat sie den landsassiatus plenus aber in vollem Umfange erst i. J. 1853.[22]) Den Beweis dieser Behauptungen erbringen folgende Thatsachen.

§ 4.

Die althergebrachte Formel des Lehnseides[23]) gedenkt der Unterthänigkeit mit keinem Worte, unterscheidet sich vielmehr von der, gleichfalls seit Jahrhunderten feststehenden Formel des Huldigungseides[24]) in ganz normaler Weise. Auch der, bereits berührte[25]) Vorgang der Jahre 1632 bis 1634 beweist für das Bestehen eines vollen Landsassiates in jener Zeit nichts.

Es hatten nämlich die Herzöge Adolf Friederich und Johann Albrecht sich nach Vertreibung Wallensteins von Neuem huldigen laßen. Damit nicht zufrieden, forderten sie nun aber in Consequenz des Lehenrechts wegen eingetretenes Thronfalles[26]) von sämmtlichen Vasallen außerdem noch die „Empfahung der Lehn" d. h. die Lehnserneuerung. Hiergegen

---

[21a]) Alte OAGOrdnung §§ 18—20, jetzt Anlage zur Nebenvo. zur rev. OAGO. 20. Juli 1840 §§ 18—20. [Raabe MGS. II 219. 269.] Auch im Verhältnis der einheimischen Landesgerichtssprengel unter sich ist hiernach ein forum landsassiatus begründet.

[22]) Vo. betr.: den Erwerb und Verlust der Eigenschaft eines Mecklenb. Unterthans 1. Juni 1853 §. 1 sub V [Raabe MGS. V 241].

[23]) Husanus Lehnrechtsentwurf 12 [Gerdes Nützliche Sammlung S. 39]. Ständische Noten zu Cothmann's Lehnrechtsentw. III 9 [Tornov de feudis Meckl. I 1708 SS. 83 seq.] Bärensprung'sche SS. II. n°. 170 SS. 491 f. Mantzel's Lehnrechtsentw. 8 SS. 60 f.

[24]) Parchim'sche SS. III 28. 613. Mantzel's Lehnrechtsentwurf 8 S. 62.

[25]) Oben bei N. 19.

[26]) Auch Wallenstein hatte sich bekanntlich huldigen laßen.

remonstrirten Ritter- und Landschaft auf dem malchiner Landtage des Jahres 1633 unter Berufung auf die geleistete Huldigung und auf das Landesherkommen. Eid und Unkosten, so baten sie, möchten denjenigen Vasallen erspart bleiben, welche gehuldigt hätten. Herzog Johann Albrecht, nicht aber auch Herzog Johann Friederich gieng hierauf ein: nur die, welche die Huldigung nicht geleistet hätten, sollten renoviren.[27]) Stände betrachteten dieses Zugeständnis wie ein reversirtes Landesgrundgesetz,[28]) während die Landesherrschaft es nur als einmalige Concession gelten ließ.[29]) Mag aber dieser oder jener hierin beizustimmen sein: daß der Lehenseid zum Unterthanen mache, haben die Stände durch diese Verhandlungen nicht, sondern nur das anerkannt, daß durch das homagium, sofern dieses abgeleistet, als durch das majus das vasallagium als das minus

[27]) Oben N. 19. Ritter und Landschaft begnügten sich bei der fürstlichen Resolution nicht, sondern replicirten [Spalding II 251]: „Weil „aus der geforderten Lehnseidleistung nur Misverstand und unnöthige „Weitläuftigkeit zu besorgen sei, und Herzog Hans Albrecht sich dessen „in der Fürstlichen Resolution, dafür sie unterthänig Dank sagte, begeben „hätten, so bäte sie, daß Herzog Adolf Friederich ihr gleichmäßige „Erhörung widerfahren lassen möchten". Allein Herzog Adolf Friederich blieb dieser Replik und späteren Wiederholungen der ständischen Bitte ungeachtet namentlich auch auf dem folgenden sternberger Landtage v. J. 1634 bei seiner Entscheidung einfach stehen [Spalding II 255. 265. 267. 273. 296. 297. 298 f. 331. 333].

[28]) Ständische Noten zu Cothmann's Lehnrechtsentwurf III 3. [Tornov l. c. 82 seq.]: „... Leheneid ..., wobei zu erinnern und „zu verbitten, daß dieselbe, die den Huldigungseid wirklich abgestattet, mit „fernerer Eidesleistung mögen verschonet und die unnöthige Häufung der „Eide möge unterlaßen werden. Und obzwar die Rechtsgelahrten inter „homagium et juramentum fidelitatis subtiliter distinguiren, so hat doch „solchem Ritter- und Landschaft als hiesigen Landes altem Herkommen zu„wider Anno 1633 und 34 auf den malchin'schen und sternbergischen Land„tagen widersprochen. Ja, es haben .... Herzog Hans Albrecht auf „solchem malchin'schen Landtage 1633 der Ritter- und Landschaft die gnädigste „Resolution ertheilet, daß diejenigen, welche den Huldigungseid abgelegt, „mit fernerer Eidesleistung sollten verschonet bleiben, welches von der Ritter„und Landschaft auch acceptiret und im folgenden sternbergischen Landtage „Anno 1634 wiederholet ist".

[29]) So namentlich Joh. v. Klein Tractatus feudalis de praecipuis differentiis juris feudalis communis a Mecklenburgico. 1724 [vgl. über das nur hdf. vorhandene Werk Roth Meckl. Lehnrecht 16 ff.] Vol. I diss. 7 cap. 2 § 19.

überflüßig werde.³⁰) Die Bitte der Stände kann viel eher mit dem, in der Geschichte des mecklenburgischen Lehenrechtes ja so vielfältig hervortretenden Streben der Vasallen, die Lehen durch Abstreifung der feudalen Schranken des dominium utile den Allodien zu nähern, als mit einem landsassiatus plenus in Verbindung gesetzt werden.

Auch die älteren Lehnrechtsentwürfe wißen von letzterem nichts, der des Mevius hat geradezu einen s. g. landsassiatus minus plenus.³¹) Die fünfte der von Herzog Ulrich i. J. 1581 gestellten Fragen³²) aber gehört dem Gebiete der s. g.

---

³⁰) Vgl. auch Ge. Engelbrecht [resp. Andr. de Bernstorff] diss. jur. de singularibus feudor. Meckl. juribus. Helmstad. 1713 Sect. II § 8 pp. 32 seq.: Neque obstat, quod nexus subjectionis et vasallagii valde inter se differant, et prior afficiat personam, posterior vero sit saltem qualitas patrimonii, ita ut, licet obligatio vasalli quaedam servitia personalia requirat, non tamen revera sunt personales, sed reales praestationes, cum ex re et ob rem fiant, adeoque alia sit ratio juramenti fidelitatis, alia subjectionis. Haec enim omnia eo saltem pertinent, ne a nexu vasallagii et juramento fidelitatis ad subjectionem et homagium statim inferatur; non vero quasi e contrario is ipse, qui arctiori vinculo ... homagii se jam tum adstrinxit, ad juramentum quoque fidelitatis necessario teneatur.

³¹) Mevius Landrechtsentwurf II 1 § 1 [Westphalen Monum. inedita I 1739 col. 705]: „Unbewegliche Güter, so in Unsern Landen ... „Fremde erwerben, ... bleiben unter des Landes Recht, Gericht und Ge- „wohnheiten. Demnach sein die Einhaber derentwegen in diesem Lande „zu Recht zu stehen, was bei dergleichen Gütern im Lande Rechtens und im „Gebrauch zu folgen, nach denenselben solche zu erwerben, zu haben und „zu genießen, darin zu succediren schuldig, sich aber dawider mit denen „in loco domicilii habenden Rechten, Privilegien und Freiheiten zu schützen „nicht befugt". Husanus' und Cothmann's Projecte enthalten nichts Bezügliches.

³²) Bei Gerdes a. a. O. S. 80: „Wenn ein mecklenburgischer Lehen- „mann seine häusliche Wohnung außerhalb Mecklenburgs in andern Fürsten- „thumen hat und ohne männliche Leibeserben verstirbet, ob die Töchter, „so außerhalb Mecklenburg's geboren, des mecklenburgischen Privilegii „sollen zu gebrauchen haben?" Ueber die Fragen Roth Meckl. Lehnr. S. 7 NN. 20. 21. Böhlau MLandrecht I 137 N. 14. Der hier gegen Kämmerer und Roth festgehaltene Zusammenhang mit Herzog Ulrichs, durch Husanus u. A. abgefaßtem Landrechtsentwurf wird durch den archivalischen Wortlaut der Landtagsproposition v. J. 1583 [ebds. N. 17] bestätigt: „S. F. Gn. hätten viel darauf gewandt, auch derwegen vorm „Ihar etliche fürnehme Herrn der Landschaft darzu verschrieben."

Statutencollision [33]) an. Und wenn allerdings aus der Antwort der Vasallen [34]) hervorgeht, daß auch in Beziehung auf das Erbjungfernrecht damals zwischen Forensen und einheimischen Vasallen ein Unterschied nicht gemacht wurde, so beweist doch nach dem Vorausgeführten [35]) dieser Umstand für die damalige Geltung eines landsassiatus plenus nicht das Mindeste. — Daß endlich auch die, bisweilen in dieser Hinsicht allegirte Stelle der güstrower Canzleiordnung [36]) völlig impertinent ist, braucht nur constatirt zu werden.

Erst seit dem 18. Jahrhundert begegnen wir wirklich und zwar zunächst in der Doctrin dem vollen Landsassiate. Tornow [37]) behauptet unter Berufung auf Rhetius und Mevius, daß, wie in Pommern, Kursachsen und Kurbrandenburg, so auch in Mecklenburg der Unterthanennexus mit dem Lehnsnexus der Vasallen verbunden sei. Inzwischen führen Rhetius und Mevius [38])

---

[33]) Die Frage war einfach, ob das Erbjungfernrecht sich nach der lex rei sitae oder nach der lex domicilii testatoris zu richten habe? Eine ganz analoge Frage behandelt E. Cothmann Resp. I 21 i. c. Melch. Danckwarth Secretarii ducalis aº. 1594. Daß Herzog Ulrich die Frage nach Ausdehnung oder Nichtausdehnung des landsassiatus plenus auf die Familie des Forensen entschieden wissen wollte, ist also anzunehmen nicht geboten und, da es im mecklenburgischen Recht bis dahin an allen Spuren jenes Rechtsinstituts fehlt, nicht gestattet.

[34]) Bei Gerdes a. a. O. SS. 84 f: „Daß jetzund Fälle vorhanden, „da Töchter, deren Eltern in andern Landen gewohnet, allhier Lehngüter „besitzen, davon E. F. Gnaden gute Wißenschaft tragen. Sonsten wißen „wir in diesem Fall von Landesgebrauch nichts zu berichten."

[35]) Oben im Text nach N. 19.

[36]) Güstrower Canzlei Ordnung v. J. 1669. II 11 § 8 [Parch. GS. I 221]: „Ob jemand von den streitenden Theilen außerhalb Landes sich „aufhielte oder sein domicilium hätte, sollen die insinuationes auf deßen „Gütern, im Lande belegen, geschehen und gültig sein. Dafern aber ein „oder ander im Lande nicht gesessen, auch nicht einheimisch, . . ." Unter den „streitenden Theilen" ist alle Mal doch nicht bloß der Beklagte zu verstehen; die Stelle handelt also vom forum nicht, und ebendeshalb kann sie für die Existenz eines [forum] landsassiatus nichts beweisen.

[37]) l. c. pp. 326 seqq.

[38]) Rhetius l. c. pp. 78. 127 seqq. nennt unter den Ländern des vollen Landsassiates Bavaria, Marchia Brandenburgensis, Pommerania et, si recte memini, Hassia et quidam tractus ducum Saxoniae, Palatinatus inferior et — pleraeque Germaniae ditiones! Mevius Decis. II 325 [15. October 1654] und in der von Tornow allegirten Stelle redet lediglich von Pommern.

Mecklenburg unter den Ländern des vollen Landsassiates in der
That ebensowenig an, als — beiläufig bemerkt — die rostocker
Facultät dieß i. J. 1680 [39]) gethan hatte.

Nach Tornow tritt die Autorität des Kanzlers von Klein,
nicht ohne gegen entgegenstehende Behauptungen Wesembeck's
und Ge. Engelbrecht's [40]) zu polemisiren, für den vollen
Landsassiat ein. [41]) Er beruft sich außer auf Tornow auch
seiner Seits auf Gewährsmänner, welche einen landsassiatus
plenus für Mecklenburg mit keiner Sylbe behaupten [42]) Er
führt außerdem die Verschuldbarkeit der mecklenburgischen Lehen
als Argument für seine Ansicht an. [43]) Er beruft sich, — was
das Wichtigste sein möchte —, auf die quotidiana praxis Megapolensis. [44]) Daß in Mecklenburg der Lehenseid nicht, wie in

[39]) Mantzel Sel. Jur. Rostoch. I 6 qu. 7 pp. 44 seqq.

[40]) Ge. Engelbrecht hatte a. a. O. [oben N. 30] Note d Wesenbec.
Vol. I Cons. 1 n°. 57 folgender Maaßen allegirt: ubi toto genere distinctos
esse subditos a vasallis ostendit, idque in specie exemplo Ducatus
Mecklenburgici illustrat, quod sc. nobilis Marchicus, domicilium in
Marchia habens, licet feuda in Megapoli possideat, pro subdito tamen
Megapolitano non sit habendus.

[41]) l. c. [oben N. 29] § 13 nota f: . . . et in illis tamen praecipue
locis, in quibus vasalli simul sunt directi domini subditi uti in Marchia,
Saxonia, Pomerania et Megapoli . . . § 14 nota d: . . . recte notante
Dn. Engelbrechto in diss. de aliq. sing. feud. Meckl. . . '. Cui tamen
et ab ipso allegato Wesembecio . . . ideo accedere non possum, cum
per supradicta in Megapoli omnes vasalli etiam sunt subditi . . .

[42]) Nämlich auf Rhetius, Mevius, Horn [s. oben N. 1], Frid.
Müller Pract. civ. Marchiae Resol. 86 n. 18, Stryk Examen jur. feud.
c. 13 q. 15 i. f. und Wintziger ad. h. l.

[43]) Der lands. pl. bezw. das forum lands. sei für Mecklenburg um so
mehr zu statuiren, quo certius est, feuda Megapolensia etiam debitis
chirographariis esse obnoxia hocque casu, quo conveniendus nobilis
Marchicus sed vasallus Megapolensis praeter bona feudalia nil bonorum
in Megapoli possidet, debitum hoc nonfeudale etiam absque praevia
allodii excussione ex feudo Megapolitano praestandum sit, creditorque
non duntaxat in feudi fructus, sed hisce haud sufficientibus in ipsum
etiam feudum immitti hocque pro crediti quantitate ipsi addici possit . . .
Cf. Carpzov. L. 6. Resp. 115 in simili ratione Saxoniae, ubi itidem
vasalli simul sunt subditi . . . . § 14 nota d l. c. [gleich nach den oben
N. 40 excerpirten Worten.]

[44]) Cui etiam praxis quotidiana Megapolensis notorie congruit: quousque enim dominus territorialis aliquem cogere invitum potest in suo territorio ad parendum, eousque etiam competens ipse est judex . . . [ebdſ.]

dem übrigen Gebiete des vollen Landsassiates mit dem Homagial=
eide verbunden werde, gibt er zu,[45] folgert hieraus aber nur,
daß die Ableistung des letzteren von ersterem nicht befreie.[46]

Die von Klein behauptete Praxis wird durch ein Urteil
des wismar'schen Tribunals aus der Zeit vor 1748[47] wenig=
stens in Betreff des forum landsassiatus in willkommener Weise
bestätigt. Aber noch F. A. Rubloff's Landrechtsentwurf[48]
führt unter den Mitgliedern der „Territorialsocietät" Landsaßen
im Sinne des landsassiatus plenus ausdrücklich nicht mit an,
wie denn auch der, oft berufene § 359 LGGErbvergleichs den
letzteren keineswegs indicirt.[49]

Erst Mantzel's, mit dem Landrechtsentwurfe Rubloff's
allerdings gleichzeitiger[50] Lehnrechtsentwurf[51] erwähnt die

---

[45] l. c. § 14: ... doctrina Ictorum, quod a nexu vasallagii ad ipsam subjectionem et a directo dominio ad superioritatem territorialem non sit inferendum, ... obtinet ... hisce ... in locis, in quibus ... fidelitatis vasalliticae juramenta strictius concipiuntur [1] ... Dazu nota 1: uti in Megapoli ...

[46] l. c. §§ 17—19.

[47] H. H. ab Engelbrecht Obss. sel. for. 1748 obs. 143 pp. 687 seqq.

[48] II § 5: „... Mitglied der Territorial=Societät ... Und darunter „werden hier verstanden Alle, die in unsern Landen wohnhaft sein oder „in selbigen liegende Gründe besitzen; wiewohl diese letzteren nur in An= „sehung solcher ihrer liegenden Gründe und was ihnen anhängig. Die „in jener Eigenschaft nicht stehen, heißen Fremde ..."

[49] „Jedoch soll durch diese besondere Begnadigung" d. h. gewiße, den Rittergutsbesitzern zugestandene Titel und Curialien „dem Bande der an= „gebornen Unterthänigkeit und der landsässigen Unterwürfigkeit, womit die „Ritterschaft Uns und Unsern Nachkommen verknüpft ist und bleibt, nichts „vergeben oder entzogen sein." Daß „landsäßig" hier technisch zu nehmen, ist mindestens nicht nothwendig; es kann auch den Gegensatz von „reichs= unmittelbar" ausdrücken und die vorhergehende, etwas nach Leibeigenschaft klingende „angeborne Unterthänigkeit" mildern sollen. — Gleichfalls nicht technisch, sondern für „angesessen sein" ist das Wort „Landsassiat" im Militärgesetzb. 10. November 1810 Art. 150 [Raabe II 606] gebraucht, welche Stelle Trotsche Mecl. Civ. Proc. (3) I 1866 § 36 S. 239 für das forum landsassiatus citirt.

[50] Der Entwurf Mantzel's ist i. J. 1757, der Rubloff's successive 1757—1775 vorgelegt. Böhlau a. a. O. S. 216 und Zeitschr. f. RGesch. X. 1871. S. 316.

[51] Mantzel's Lehnrechtsentwurf [Roth MLehnr. 10 ff.] enthält im

Unterthänigkeit aller Vasallen bestimmt, aber in einer Art, die darauf hinzudeuten scheint, daß dieser Punkt immer noch nicht ganz außer Streit war. Möller[52]) und Hagemeister[53]) recipirten diese, von ersterem auf die 1633er Vorgänge, von letzterem aber auf den LGGEV.[54]) und auf Klüwer[55]) gestützte Ansicht, und an Hagemeister schloß sich das Land- und Hofgericht ebenso, wie von Kampt[56]) an. Der landsassiatus plenus war seitdem so allgemein anerkannt, daß Eschenbach[57]), mit der eigenthümlichen Provenienz desselben offenbar unbekannt, an sich aber völlig consequent folgernd, annahm, der Vasall müße nach mecklenburgischem Rechte, ehe er zum Lehnseid zugelaßen werde, den Homagialeid ableisten. Als Eschenbach sich später[58]) von der thatsächlichen Unrichtigkeit dieser Annahme überzeugt hatte, wurde er — an sich wiederum völlig consequent — an der Existenz des vollen Landsassiates in Mecklen-

---

Titel 8 SS. 49 ff. ein Lehnbriefs- und dann nach der Bemerkung, daß die Allodifications-Briefe nicht immer correct ausgefertigt würden, ein Allodifications-Formular, in welchem u. A. „die Prästirung des gewöhnlichen homagial und „Huldigungs-Eydes, so oft sich Fälle und Veränderungen begeben", vorgesehen wird. SS. 60 ff. folgt die Lehnseids- und dann nach der Bemerkung: „Die zum Homagial-Eyde verbundene schweren folgender maaßen" die Homagialeids-Formel. S. 66 beginnt der „von den Pflichten und Obliegenheiten der Lehnleute oder Vasallen" handelnde Titel 9 mit fgg. Worten: „Gleich Wir Unsrer getreuen Ritterschaft allezeit gnä-„diger Herr sein werden, also wird dieselbe sich wohl bescheiden, daß sie „Uns mit Unterthänigkeit und Lehnspflicht zugleich verhaftet sei, und nach „diesem Ausdrucke hat dieselbe sich aller unrichtigen und aus fremden und „übel angewandten Lehnrechte gezogenen Meinungen gänzlich zu enthalten."

[52]) Möller primae lineae usus practici distinctionum feudalium. (²) 1775 [vgl. Roth MLehnr. 18 f.] XIII 1 p. 324. und die Note 12 Baleke's zu III 13.

[53]) Hagemeister Versuch einer Einleitung in das Meckl. Staatsrecht. 1793. § 41 bei N. 4 S. 61.

[54]) Oben N. 49.

[55]) Oben NN. 20. 21.

[56]) Hof- und Landgerichts-Urtel vom 7. September 1799 bei v. Kampt Meckl. Rechtssprüche I. 1800 n°. 73 SS. 164 f.

[57]) Beilagen zu den Rostock. wöch. Nachrichten und Anzeigen 1818 S. 129.

[58]) Ebdf. S. 160 und ebdf. 1819 S. 132.

burg seiner Seits irre. ⁵⁹) Die Praxis aber fuhr fort, das anomale Institut anzuerkennen. ⁶⁰)

Die Anwendung desselben auf reichsunmittelbare Herrn, die in Mecklenburg Rittergüter erwarben, ist auch hier unterblieben. Das anderweit veranlaßte Verbot des Erwerbs mecklenburgischer Rittergüter durch potentiores ⁶¹) beseitigte die desfallsigen Schwierigkeiten im Wesentlichen genügend.

§ 5.

Als Resultat dieser Erörterungen ergibt sich dieß. Der mecklenburgische landsassiatus plenus ist weder aus einem altdeutschen Rechtssatze, noch als Consequenz des Lehnswesens entstanden. Vielmehr ist er als, durch die neuere, antifeudale staatsrechtliche Entwickelung bedingte, nothwendige Folge aus der vasallitischen Landstandschaft hervorgegangen. Dieses Folgeverhältnis ist zuerst von der feudistischen Theorie und Praxis erkannt und aus dem Rechte anderer Länder wißenschaftlich gesichert, dann auch von der Gesetzgebung sanctionirt worden. Als redendes Zeugnis der eigenthümlichen particularrechtlichen Entwickelung ist die Begründung des vollen Landsassiates durch einfachen Lehnseid der Beachtung werth.

Seitdem diese Seiten geschrieben, ist übrigens der volle Landsassiat in Mecklenburg aufgehoben worden. [Vgl. Böhlau in Hildebrand's Jahrbb. XIX. bei NN. 140. 157.]

---

⁵⁹) Eschenbach in seinen 1819/20 verfaßten hbf. Zusätzen und Bemerkungen zu Hagemeister [Böhlau Mlandr. I 142 N. 42] S. 73: „Ein vollkommener Landsassiat im gewöhnlichen Sinne des Worts findet „sich in Mecklenburg nicht: wenngleich Möller ... dadurch, daß er Mecklen-„burg und Sachsen gleichstellt, und von Kampz ... durch Bezug auf „Hagemeister dem beizupflichten scheint. Der Landesvergleich § 359 „sagt nur, daß durch die veränderten Curialien dem Bande der angebornen „Unterthänigkeit und der landsäßigen Unterwürfigkeit nichts entzogen werden „soll. Tornow ist wenigstens unrichtig allegirt. Klüver ... sagt nur, „daß alle Vasallen auch Unterthanen sind." Durch Klarheit sind diese Bemerkungen freilich nicht ausgezeichnet.

⁶⁰) Vgl. die Erkenntnisse der Justiz-Canzlei Güstrow und des OAGerichts resp. 20. October 1838 und 7. Februar 1839 i. S. Bergmann c. von Moltke bei Trotsche a. a. O. SS. 239 f. N. 6 und in extenso von Kämmerer's Hand in Eschenbach's Zusätzen zu Hagemeister a. a. O.

⁶¹) LGGEV. §§ 471. 472. Decl. Bo. 2. Mai 1842 [Raabe IV 908]. Roth Meckl. Lehnrecht S. 38 N. 8. Vgl. Spalding a. a. O. I 392. Die Ausschließung beruhte auf der Besorgniß, daß thatsächlich die Roßdienste vermindert und das Contributionswesen verwickelt werden möchte.

Kennen die Römer ein Jagdrecht des Grundeigenthümers?

Von

Herrn Prof. Dr. Schirmer in Königsberg.

Bekanntlich ist diese Frage von den neueren Romanisten bisher mit einer in solchen Dingen seltenen Einstimmigkeit verneint worden. Erst in den jüngsten Tagen trat von Brünneck mit der gegentheiligen Ansicht hervor, und hat dabei für das Resultat wie für dessen Begründung trotz seiner späteren stillschweigenden Revocation von Wächters Billigung gefunden (Sammlung von Abhandlungen der Mitglieder der Juristenfacultät zu Leipzig Bd. I. 1868 p. 338—350). Wenn ein Mann von Wächters Bedeutung einer, wenn auch bisher noch isolirten Auffassung eine so rückhaltslose Zustimmung zu Theil werden läßt, wie das hier in breiterer Ausführung geschieht, dann erscheint es sicher geboten, die Sache nicht ohne genauere Prüfung bei Seite zu schieben, und wenn diese zu Gunsten der angefochtenen communis opinio ausfällt, offenen Widerspruch zu erheben. So in unserem Falle. Allerdings hat bereits Göppert in der kritischen Vierteljahrsschrift sich gegen Wächter erklärt; indessen beschränkt er sich mehr nur auf den Nachweis, daß auch ohne die Annahme eines besondern Jagdrechts bei dem Grundeigenthümer die Befugniß des Nießbrauchers zur Ausübung der Jagd selbst gegen den Einspruch des ersteren aus dem usufructuarischen Rechte sich anderweitig folgern lasse. Der Schwerpunkt der Wächterschen Argumentation liegt dagegen, wenn ich ihn recht verstehe, in der Ausschließlichkeit jener usufructuarischen Befugniß sogar dem Proprietar gegenüber. Steht dem Nießbraucher, so schließt Wächter, iure ususfructus eine solche absolute Befugniß auf dem usufructuarischen Grund und Boden zu jagen zu, so kann diese nicht mehr als ein bloß formaler Ausfluß aus dem Eigenthumsrechte, ein bloßes ius prohibendi gegen das Betreten desselben, betrachtet werden, sondern erscheint als materieller Bestandtheil der Proprietät. Freilich geht auch nach Wächters Meinung dieß Jagdrecht nicht so weit, um den Eigenthumserwerb durch die Occupation der Jagdbeute Seitens der Unberechtigten, oder selbst gegen Verbot Jagenden zu hindern, aber es bewirke doch (das deutet wenigstens der noch unvollendete Aufsatz an) eine Entschädigungspflicht gegen den Grundeigenthümer, ähnlich wie dem Specificanten fremden Stoffes eine solche zu Gunsten des dominus materiae obliegt.

Prüfen wir nun die Quellen in Hinsicht dieser neuen Aufstellungen, so berufen Brünneck und Wächter sich in erster Linie auf die L 62 pr. D. de usufr. 7. 1 L. 9 § 5 D. eod. Paull. Rs. III. 6. §. 22. Die beiden letzten Stellen haben jedoch genau genommen einen ganz anderen Inhalt. Es ist dort gesagt „aucupiorum et uenationum reditum ad fructuarium pertinere", „uenationis et aucupii reditus ad fructuarium pertinet". Das heißt nun keineswegs, der Nießbraucher hat ein Jagdrecht; es ist hier bloß von einem Ertrage der Jagd die Rede. Es wird also die thatsächliche Voraussetzung gemacht, der Nießbraucher habe die Jagd geübt und einen pecuniären Gewinn daraus gezogen; diesen braucht er, und das tritt besonders bei Paullus deutlich hervor, nicht so wie die Alluvionen und sonstigen Accessionen der dem Nießbrauch unterworfenen Sache nach dessen Beendigung auf Grund der cautio usufructuaria (L. 1 pr. § 6 D usufr. quemadm. 7. 9) zu restituiren; noch kann sich der Eigenthümer, und diese Seite der Frage wird dem ganzen Zusammenhange nach in der Digestenstelle mehr betont, wegen Ausübung der Jagd durch den Usufructuar über einen Mißbrauch desselben beschweren und unter diesem Vorwande das Verfallen der Clausel „boni uiri arbitratu perceptu iri usumfructum" (L. 1 § 3 D. eod.) behaupten. Damit wäre dann aber vielmehr eine Entschädigungspflicht des Nießbrauchers, die hier auf der cautio, nicht auf allgemeinen Grundsätzen beruhen würde, in Abrede gestellt, als ihm ein positives Recht zugeschrieben.

Ebensowenig handelt L. 62 pr. D. cit. von einer ausschließlichen Jagdbefugniß des Nießbrauchers; „usufructuarium uenari in saltibus uel montibus possessionis probe dicitur"; sie geht dann auf den Eigenthumserwerb am erbeuteten Wilde über; dieser erfolge nicht für den Grundeigenthümer, sondern für den Nießbraucher „aut iure fructus aut gentium". So nach der Mommsenschen, gewiß das Richtige treffenden, Conjectur. Gewiß aber soll mit diesen Worten nicht gesagt sein, und kann auch nach Wächters Auffassung nicht darin gesucht werden, der formale Eigenthumserwerb geschehe iure fructus; dieser tritt ja überall iure gentium auch bei dem völlig Unberechtigten ein; der Satz darf einzig vom materiellen Erwerb, vom Behalten dürfen, eine Bedeutung, die der Ausdruck „suum facere" ja so häufig hat, verstanden werden. Damit kommen wir also wieder auf jene Restitutionspflicht, von der schon vorher die Rede war. Diese wird nun aus doppeltem Grunde geläugnet, unter Berufung auf das Nießbrauchsrecht und das ius gentium. Haben wir nun diese beiden Gründe uns als concurrirend oder als einander ausschließend zu denken? Ich glaube die Disjunction aut-aut entscheidet für das letztere; anders wäre es bei uel, uel; dieß ist häufig gleich partim, partim gesetzt, wo es mehrere Beweisargumente einführt. Ist diese Annahme richtig, so ist unschwer zu ersehen, daß der Grund iure fructus da seine Geltung haben soll, wo „fructus fundi ex uenatione constat" (L. 26 D. de usur. 22. 1), im Uebrigen das „iure gentium" Platz greift. Damit aber wäre dann die Annahme einer Entschädigungspflicht des Unberechtigten direct aus den Quellen widerlegt, da diese hier eben unter Hinweis auf das ius gentium verneint wird, sei es allgemein, wenn man die beiden Gründe concurrirend faßt, sei es für die Jagd, die nicht unter den Begriff des fructus fundi fällt, wenn wir die beiden Gründe in der oben angegebenen Weise einander gegenüber stellen. Immer ist damit die Unmöglichkeit eines allgemeinen Jagdrechts des Grundeigenthümers auch in dem beschränkteren Wächterschen Sinne nicht wohl verträglich.

Allein wir müssen noch einen Schritt weiter gehn; wenn jene Stellen ihrem nächstliegenden Inhalte nach auch keinesweges von einem ausschließlichen Jagdrechte des Nießbrauchers zu deuten sind, wenn man sich mithin dabei beruhigen könnte, daß dem Usufructuar nirgends ausdrücklich das Recht gegeben wird, dem dominus rei die Ausübung der Jagd zu verbieten, das Bedenken bleibt doch, es wird auch nirgends gesagt, daß der Eigenthümer neben dem Nießbraucher jagen dürfe, und die Berufung auf das ius fructus als den Grund der Berechtigung für den Nießbraucher führt consequent zu dem ausschließlichen Jagdrecht des letzteren, da ihm allein das ius fructus zusteht. Die Frage nimmt demnach folgende Gestalt an: ist das supponirte Verbietungsrecht des Usufructuars wider den Grundeigenthümer Ausfluß eines obligatorischen Rechts, oder unmittelbar Bestandtheil des ius usufructus selbst. Im letzten Fall wäre Wächters Beweis für das Jagdrecht des Grundeigenthümers meiner Meinung nach unwidersprechlich gelungen, zwar nicht unmittelbar in den Quellen niedergelegt, aber folgerichtig daraus zu abstrahiren; freilich auch ein unlösbarer Widerspruch in der L. 62 pr. cit. unläugbar. —

In der That erscheint nun in einer Stelle, der L. 14 D. de injur. 47. 10 das Jagdrecht ganz allgemein als Folge eines obligatorischen Anspruchs aus einem publice conducere (cf. L. 13 § 7. D. eod.). Ein dingliches Recht ist an dem Meere unmöglich, daher auch keine dingliche Klage zum Schutze des Pächters, sondern ein Interdict, ein uti possidetis utile. (Vgl. Schmidt in Bekker und Muther Jahrbuch III. p. 255 not. 15. Degenkolb Platz R p. 88 Anm. 1.) Dennoch ist auch hier von einem ius fruendi die Rede. Man sieht, wie nahe sich hier obligatorische und dingliche Verhältnisse vermöge ihrer äußeren Aehnlichkeit treten. Das ist nun auch beim Nießbrauch usus u. s. w. nicht minder wie bei der seruitus oneris ferendi in Hinsicht auf die einzelnen darin liegenden oder damit verbundenen Befugnisse des Servitutberechtigten in seinen Beziehungen zum Proprietar der Fall. Nach der Meinung des Plautius in L. 18 D. de usu et habit. 7. 8 soll der Usuar gemeinsam mit dem Eigenthümer die Refectionspflicht in sartis tectis tragen; nach Paulus der letztere ausschließlich, sofern ihm der eigentliche Ertrag des usuarischen Objects gebührt. Also beidemale ist er dem Servitutberechtigten zu einem die Grenzen des dinglichen Rechts entschieden überschreitenden Leisten verbunden. Aehnlich verhält es sich mit der in L. 15 § 1. D de usufr. leg. 33. 2. erwähnten Verbindlichkeit des Eigenthümers zur Einräumung eines Nothwegs für den Nießbraucher. So, meine ich nun, liegt in der Ueberweisung des usufructus, also des gesammten Ertrages eines Grundstücks, zugleich die Uebernahme der Verpflichtung Seitens des Ueberweisenden, nichts zu thun, wodurch man den Ertrag des usufructuarischen Grundstücks sich aneignet, und folgeweise dem Nießbraucher entzieht. Wo also die Jagd zum Ertrage des Grundstücks gehört, hat der Eigenthümer sich unter diesem Gesichtspunkt derselben zu enthalten. Ob man nun ein solches obligatorisches Ausschlußrecht aus einer obligatio re contracta, nämlich durch das factische

Hingeben der res usufructuaria, oder bei einem usufructus legatus (und von ihm redet gleichmäßig Paullus l. c. wie die L. 9. D. de usufr. 7. 1) aus der obligatio ex testamento, und einem stipulirten Nießbrauch aus der Stipulation abzuleiten habe, kann hier dahin gestellt bleiben; denn es handelt sich hier um eine Schlußfolgerung aus den Quellen, von der es überaus fraglich ist, wie weit die Römer sie praktisch gezogen haben; um den Nachweis einer Möglichkeit, diese Consequenz zu ziehen, sie mit den bestehenden Rechtsbildungen in Einklang zu setzen und juristisch zu construiren, ohne doch zu der Annahme eines Jagdrechts des Grundeigenthümers seine Zuflucht nehmen zu müssen. Ist es uns gelungen diesen Nachweis zu führen, so ist damit auch der letzte Grund für die neue Theorie beseitigt; denn daß der Eigenthümer eines besonderen Jagdrechts zum Schutze seiner Interessen nicht bedarf, darauf hat Göppert ja noch wieder nachdrücklich aufmerksam gemacht. Und so tritt dann wohl die L. 13 § 7 „et est saepissime rescriptum, non posse quem piscari prohiberi, sed nec aucupari, nisi quod ingredi quis agrum alienum prohiberi potest" in ihr altes Recht, als vollwichtiges Zeugniß für die positive Gestaltung dieser Frage bei den Römern zu gelten. Denn das nachfolgende „in lacu tamen, qui mei dominii est, utique piscari aliquem prohibere possum" ist nur deshalb abweichend von der obigen Formulirung des Satzes gefaßt, weil ich auch von meinem Ufer aus in einem fremden Teiche fischen kann. —

Miscellen.

Eug. de Rozière Recueil général des formules III, Paris 1871. XI u. 394 S.

Hr. v. Rozière läßt den beiden ersten Bänden seiner großen Sammlung der Formeln des fränkischen Reiches, über welche wir früher berichtet haben (Bd. 3, S. 189) erst jetzt nach Ablauf von zehn Jahren den dritten abschließenden nachfolgen. Dieser Aufschub erklärt sich hauptsächlich daraus, daß er noch immer gehofft hatte, durch Entdeckung neuer wichtiger Handschriften erhebliche Nachträge hinzufügen zu können. Da er sich aber in dieser Erwartung getäuscht sah, so hat er sich begnügen müssen, die früher vereinigten 897 Nummern nur noch durch 23 andere zu ergänzen, die auch theilweise bereits gedruckt waren. Den größten Theil des vorliegenden Bandes füllen Tabellen, die mit dem außerordentlichsten Fleiße angelegt für das Nachschlagen in jeder Beziehung trefflich sorgen. In der ersten werden neben die Zahlen und Ueberschriften der neuen Ausgabe die Bezeichnungen der Handschriften und die Nachweisung der älteren Ausgaben gestellt. In der zweiten stehen die alten Ausgaben einzeln in chronologischer Folge voran und ihnen folgen entsprechend die andern Abdrücke, die Handschriften und die neueste Nummer. In der dritten Tafel endlich in gleicher Weise die Codices. So dankenswerth es ist durch die letztere eine Uebersicht der gesammten handschriftlichen Grundlagen und der Reihenfolge der Stücke in ihnen zu erhalten, so kann dies freilich eine genauere Beschreibung der einzelnen Handschriften, wie wir sie gewünscht hätten, nicht ganz ersetzen. Für die Beurtheilung der Formeln selbst und ihres Werthes würde man gern Näheres über das Alter, die Herkunft und den sonstigen Inhalt der Handschriften erfahren, die hier nur trocken aufgezählt werden. Wie man aus ihrer Bezeichnung ersieht, ist der Codex der Sirmond'schen Formeln, den Professor Keller früher besaß, jetzt in Warschau. Unter den Zusätzen sind außer den schon berührten Nachträgen auch noch manche Berichtigungen zu Text und Noten gegeben, die von dem emsigen Fortarbeiten des Verfassers zeugen. Manches davon stammt aus den erst nachträglich benutzten Ausgaben Rockingers und Merkels. In Bezug auf die auffallenden Abweichungen, welche Rozières Copie der Vaticanischen Handschrift von derjenigen des letzteren darbietet, mag hier bemerkt werden, daß unseres Wissens Merkel seine Abschrift selbst und gewis möglichst genau angefertigt hat, daß aber die Herausgabe allerdings nicht von ihm selbst mehr besorgt und überwacht wurde. Ein eigenes Register verweist schließlich auf die in den Anmerkungen berührten geschichtlichen und geographischen Namen. — Rozières recueil, wie er nun vollendet vor uns liegt, umfaßt ein Gebiet, welches der deutschen und französischen Geschichte gemeinsam angehört, da sie beide vom fränkischen Reiche ihren Ausgangspunkt nehmen. Deutsche wie französische Gelehrte werden mit Dank diese bei weitem vollständigste und in wahrhaft kritischem Geiste unternommene Sammlung benutzen, für welche der Herausgeber die von beiden Seiten her gelieferten Vorarbeiten in gleichmäßiger Gründlichkeit zu Rathe gezogen hat. Hat er auch durch seine Anordnung nach Materien die Juristen vorzugsweise als Benutzer im Auge gehabt, so sind ihm doch die Historiker nicht minder zu dankbarer Anerkennung verpflichtet und es ist wohl für lange Zeit nicht daran zu denken, daß eine andere oder gar bessere Ausgabe diese durch Jahre gereifte Frucht mühseligen und entsagenden Fleißes verdrängen könnte. Insbesondere aber verdient hervorgehoben zu werden, daß auch „die schmerzvollen Ereignisse der letzten Jahre" mit ihren drängenderen Sorgen den Verfasser seiner großen wissenschaftlichen Aufgabe nicht haben untreu werden lassen.

E. Dümmler.

„Jurare ad Dei iudicia',
eine Glosse zu Cap. Pipp. 782—787, § 8, Pertz, LL. I, 43.

Judex unusquisque per civitatem faciat iurare ad Dei iudicia homines credentes, iuxta quantos praeviderit, seu foris per curtes vel vicoras mansuros, ut cui ex ipsis cognitum fuerit, id est homicidia, furta, adulteria et de inlicitas coniunctiones, ut nemo eas concelet.

Die Worte ‚ad Dei iudicia' haben in diesem Zusammenhange den Auslegern von je große Schwierigkeiten bereitet. Manche verstanden darunter die Gottesurteile, ohne sich auf eine weitere Erklärung einzulassen, ein anderer die Sendgerichte, manche verzweifelten an einer befriedigenden Interpretation. Ich habe in meiner „Entstehung der Schwurgerichte" 1872, Seite 460 ff. die Stelle aus einem anderen langobardischen Capitulare, aus c. 6 des sog. Capit. Secretiores zu erklären versucht. Nach diesem Capitular erscheint es als Rechtssatz, daß der Geschworne, welcher im Verdachte steht bei der Inquisitio die Wahrheit verhehlt zu haben, sich durch ein Ordal (iudicium Dei) reinigen müsse. Dasselbe gilt nach dem Sendrechte der Main- und Rednitzwenden (Dove Zeitschrift f. D. R. XIX, 368). Ich glaubte daraus folgern zu können, daß die in dem Pippin'schen Capitular angeordnete Beeidigung der Rügezeugen mit ausdrücklichem Hinweis auf das Gottesurteil erfolgte, durch welches sie eventuell sich von dem Meineidsverdachte zu reinigen hätten.

Eine andere Auslegung gab Sohm in einer Besprechung meiner Arbeit, Sybel's Historische Zeitschrift 1873, 1. Heft p. 169, No. 1. Sohm bezieht die Worte ad Dei iudicia nicht auf iurare sondern auf credentes. Der Graf solle solche Um=

lassen schwören lassen, welche an die Strafgerichte Gottes glauben, so daß die homines ad Dei iudicia credentes mit den homines credentes schlechtweg identisch wären. Dem steht entgegen, daß homo credens schlechtweg in der langobardischen Rechtssprache stehender Ausdruck ist und demnach die Füllung desselben durch die Worte ad Dei iudicia ihre besonderen Gründe haben müßte, die hier nicht abzusehen sind. Homo credens bezeichnet ferner nicht den Mann, der etwas glaubt, sondern den Mann, dem geglaubt wird, nicht den gläubigen sondern den glaubwürdigen Zeugen. Diese intransitive Bedeutung des Wortes duldet es nicht die Worte ad Dei iudicia damit in Zusammenhang zu bringen.

Auf Grund eines urkundlichen Belegs, der mir erst nach Veröffentlichung der Entstehung der Schwurgerichte zu Gesicht kam, sehe ich mich genöthigt die daselbst verfochtene Interpretation der Stelle als eine irrthümliche zurückzunehmen.

Ficker hat kürzlich in der ersten Abtheilung des vierten Bandes seiner Forschungen zur Reichs- und Rechtsgeschichte Italiens 241 z. Th. ungedruckte z. Th. in seltenerern Drucken zerstreute Urkunden veröffentlicht, welche für die Geschichte des italienischen Gerichtswesens reichliche Ausbeute darbieten. Eine dieser Urkunden (l. c. nr. 6, p. 8) betrifft einen Proceß der Abtei Sanct Zeno gegen das Reich aus dem Jahre 806. Ficker hat sie nach dem Drucke: Biancolini Notizie delle chiese di Verona I, 42 mitgetheilt. Die Kirche gelangt zum Beweise über Besitz und Grenzen des Streitgutes.

... iudicavimus ... ut designaret pars s. Zenonis, qua fine possessum fuit ad partem s. Zenonis per praeceptum Desiderii regis, quo arsum est in ipsa domo. Quod ita et ambulaverunt Tiso archidiaconus, Ubingi diaconus, Donatus presbyter, Deusdedit presbyter seu Paulus vicedominus et designaverunt ipsam finem de fine fluvio Adise .... es folgt die Angabe der Grenzen. Et qualiter designaverunt, **ad Dei evangelia firmaverunt** super ipsam finem et sic iuraverunt, quod ipsum praeceptum [arsum est] et per ipsum possessum est ad partem s. Zenonis sine ulla datione (?dubitatione) et legibus ad partem s. Zenonis debet permanere.

Unde nobis supradictis auditoribus recte paruit esse, ut ipsam silvam vel terram aberent ad partem s. Zenonis, qualiter insignaverunt et **ad Dei iuditia firmaverunt**.

Dieselben Personen, welche die Grenzen angaben und beschworen, werden einmal bezeichnet als diejenigen, welche ad Dei evangelia firmaverunt das andremal als diejenigen, welche ad Dei iuditia firmaverunt. Es folgt hieraus in unwiderleglicher Weise, daß ad Dei iuditia firmare identisch ist mit ad Dei evangelia firmare. Freilich liegen meines Wissens weitere Belege eines derartigen Sprachgebrauches nicht vor. Allein derselbe darf nicht befremden, wenn man bedenkt, daß iudicium schon bei römischen Schriftstellern, insbesondere aber in Constitutionen des Codex Theodosianus die Bedeutung von testamentum als letztwilliger Verfügung hat [Vrgl. Du Cange — Henschel III, 918, 6]. Nach fränkischer Terminologie bezeichnet testamentum bekanntlich die Urkunde. Ebenso wird aber auch iudicium und iudicius für die Urkunde und zwar für die Gerichtsurkunde gebraucht. Lex Ribuaria LIX, 7: quicunque in causa victor extiterit, semper iudicium conscriptum accipiat aut testes. Rozière Recueil des formules nr. 481: proinde oportunum fuit ipsi illi ut alio iudicio bonorum hominum vel ipsius comitis manus firmatas exinde accipere deberet. Rozière nr. 482: iuratus dixit, iuxta quod iudicius ex hoc loquitur [mit Beziehung auf den Wortlaut des vorausgehenden iudicius]. Weitere Beispiele bietet das Register bei Rozière III, 40. Vergl. noch Sickel Acta I, 357.

Sonach bedeuten auch in dem Capitulare Pippins die Worte Dei iudicia so viel als Dei evangelia, die Urkunden Gottes. Und die Vorschrift des Capitulars erklärt sich in ebenso einfacher als ungezwungener Weise als der Auftrag, die Umsaßen auf die Evangelien schwören zu laßen.

Straßburg im Elsaß, 24. Februar 1873.

Heinrich Brunner.

Ein Schreiben von Pierre Lorioz de modo studendi.

Der Pariser Cödex 8585, welcher vom Parlamentsrathe de la Mare herrührt, enthält Autographen verschiedener bekannter, reformirter oder mit den Reformirten in Verbindung stehender Männer aus dem XVI. Jahrhundert, so von Calvin, Beza, Casaubon, und auch von Lorioz.

Dieser namentlich durch seine Methode und durch seinen Vortrag ausgezeichnete Romanist, Rechtslehrer zu Bourges 1528—1546 (?), zu Leipzig 1546—1554?, dann zu Valence und Grenoble, schreibt unter dem Datum Bourges, 6. August, ohne Jahresangabe, an Maclovius Pomponius, der damals zu Orléans Rechte studirte und den bereits hoch angesehenen Professor um guten Rath gebeten hatte. Marlou Popon oder Pompon wurde später Advokat zu Dijon, 1554 Parlamentsrath daselbst, und starb 1577 im 64. Lebensjahre (Philibert Papillou, Bibliothéque de Bourgogne 164); ein halb lateinisches, halb französisches, halb geschäftsmäßiges und ernstes, halb gemüthliches und witziges Schreiben von ihm, vom Jahre 1561, ist mir durch die Güte des Herrn Carl Rahlenbeck zu Brüssel mitgetheilt worden und liegt im Original vor mir. Popon war mit Beza und mit Vintimillius befreundet: Letzterer hat eine Lebensbeschreibung von ihm verfaßt und ihm einige Gedichte und andere Schriften gewidmet.

Die Rathschläge, welche Lorioz seinem jungen Religionsgenossen ertheilt, stimmen im Ganzen überein mit dem, was von seiner Richtung und Thätigkeit jetzt bekannt ist, insbesondere mit seinen Schriften, mit den Lobreden seiner Schüler und Herausgeber und mit der Kritik des Melchior von Ossa. Auch das scharfe, ungerechte Urtheil über Zasius läßt sich im Nothfalle aus dem Karakter und aus der Laune des unabhängigen und lebhaften Burgundiers leicht erklären. Doch scheint mir in diesem Briefe, den ich für noch unedirt halte und der jedenfalls wenig bekannt ist, noch einige Unklarheit zu herrschen: möglich, daß Lorioz, als er denselben schrieb, mit sich selbst noch nicht ganz einig war. Der größere Theil dieses Briefes scheint mir für die Geschichte der Lehr= und Lernmethode bedeutend genug, um hier wiedergegeben zu werden. Ich verdanke dessen Kenntniß der Gefälligkeit des H. Aimé Herminjard in Lausanne, des gelehrten und gewissenhaften Herausgebers der Correspondance des Reformateurs dans les pays de langue française.

.... Rogas, ut compendiariam tibi describam rationem, qua cito ad veram jurisprudentiae pervenire viam possis. Miror cur hac in re sententiam nostram roges potius quam eorum, quibuscum quotidie degis, tuorum praecipue praeceptorum. Attamen, ne nos auxilio tibi defuisse dicas, nunc (forte alias fusius) sententiam meam non quidem demonstrabo sed meorum temporum angustiae indicabunt solum. Duos duntaxat juris discendi modos esse existimamus. Alter paratitlis solis perfici potest, quem docuerunt Placentinus, Azo, et ex recentioribus Zasius, sed omne[s] sane infeliciter. Alterum generalibus quibusdam axiomatibus a commentariis nostris· tractatum videre poteris, sed adeo imperfecte, ut verius dixeris illos coenum quoddam legum fecisse quam jus ipsum enarrasse. Tamen in hoc secundo discendi genere hi juris interpretes laborem tuum sublevare poterunt potius quam alii: in primo potissimum Bartolus, Jason, Decius et Alciatus, sed inter hos primum obtinent locum Accursii glossemata in quibus hanc Venerem sic exorsam reperies, ut si illius similia (quae ipse vocat) ne uno quidem praetermisso diligenter excusseris, facile hunc tibi parare modum poteris, modo illa omnia similia glossatim nullo ne minimo quidem, ut praedixi, contempto percurreris. Et ex his omnibus in charta conscriptis nedum allegatis generales regulas tibi conficias ex pluribus similibus. Itemque generales exceptiones. Quibus interpretationes, quas praedicti doctores super his similibus fecerunt juxta tuum ordinem adjungas vel quoque illas praeleges, si fortasse te in tuo conficiendo ordine juvare possint. Hoc pacto tribus annis hunc secundum docendi modum absolute adsequi possem. Primum vero biennio, dum solas leges rejectis omnibus interpretationibus perlegerem et inter legendum singularum legum paratitla mihi conficerem, illis postmodum in genera et species redactis. Hoc in modo nulla Placentini, Azonis vel Zasii indiges opera, nimirum hi nihil aliud in suis summis quam somniarunt. Verum cum Unius Tituli singularum legum paratitla habueris, eo quo dixi ordine redacta, poteris his habita seriei tuae ratione doctorum commentarios annectere, sed potissimum (si rem absolutam velis) in primis eos adjunges, qui tractatus conscripsere, quos omnes bibliopola quidam Lugduni tribus voluminibus recens compegit. Sed jamjam ad professionis accingor munus, nec subitarius tabellarii reditus, nec munus meum sinunt, ut fuse lateque quae sentio loquar........ Imo si rei sit otium, utriusque discendi viae tibi exemplar describam. Vale. Raptim Biturigib. 6. Aug.

Eruditissimo juveni Tibi fidissimus Loriotus.
Maclovio Pomponio
Aureliae.

Zum Schlusse erlaube ich mir zu bemerken, daß meines Erachtens nicht behauptet werden kann, „Loriot habe eigentlich Loriol geheißen." Ich glaube vielmehr, dieser zweite Name beruht auf Verwechselung mit der sehr bekannten französischen und schweizerischen Familie de Loriol[1]) zu welcher unser Rechtslehrer in keiner Beziehung stand. Die lateinische Form Laureolus statt Loriotus, welche Muther (Zeitschrift IV. 407) mit dem Namen Loriol in Zusammenhang bringt, beweist Nichts: laureolus, oder richtiger aureolus ist einfach, in ornithologischem Latein, der wohlbekannte Vogel Goldammer, französisch loriot und auriol genannt. — Uebrigens ist schon von Haase (De Petro Lorioto Icto... nonnulla. Leipzig 1812. S. 9—11) hervorgehoben worden, daß, Loriot nicht aus Salins selbst war, sondern aus dem Dorfe Eternoz, unweit Salins. Endlich hat jetzt Villequez festgestellt, daß die richtige Schreibart Lorioz ist.

Brüssel, im Februar 1873. Alphons Rivier.

[Ein Hdf.-Fragment des sächsischen Lehnrechts] 57 § 3 a. E. bis 59 § 4 i. A. (... set sie der herre, ab her ym dauon recht but — gelegen ist die gewere dor an die) befindet sich auf der Großh. Bibliothek zu Weimar und ist

---

[1]) Welcher, unter anderen hervorragenden Männern, auch der Revisionsrath J. B. v. Loriol (1736—1803), Mitglied der Berliner Akademie seit 1788, entsprossen ist.

mir von Herrn Bibliothekar Dr. Köhler zur Einsicht zugesandt. Es ist ein in 4 Columnen und großer gothischer Minuskel geschriebenes, leider verstümmeltes Membranblatt, welches der Schrift nach, noch dem 13. Jahrhundert angehört. Zu der von Homeyer Note 2 zu 59 angeführten Variante stimmt das Fragment mit O, V und M. Von diesen Hdss.-Ordnungen gehört aber O (2. Ordnung) zu einer Landrechts-Hdss.-Klasse, welche im 13. Jahrhundert ihren Ursprung hat. Vgl. Homeyer Genealogie S. 202 und Sfp. II. 1 SS. 61 ff. 38 f.

Januar 1872. H. B.

Preisaufgaben
der Fürstlich Jablonowski'schen Gesellschaft.

Aus der Geschichte und Nationalökonomik.

Für das Jahr 1873. Die ältesten Schriften über eigentliches Handelsrecht haben ausser ihrer juristischen Bedeutung noch eine, bisher wenig beachtete, nationalökonomische. Nicht bloss insofern, als ihre thatsächlichen Voraussetzungen oft einen tiefern und lebendigern Einblick, als andere Geschichtsquellen, in das Innere der gleichzeitigen Volkswirthschaft, wenigstens der städtischen, gestatten; sondern auch weil die theoretischen Ueberzeugungen ihrer ebenso verkehrserfahrenen als wissenschaftlich gebildeten Verfasser einen wichtigen Beitrag liefern zur Ausfüllung der dogmengeschichtlichen Lücke, welche die Abneigung zumal der vorcolbertischen Zeit gegen alle Systematik der Volkswirthschaftslehre offen gelassen hat. Die Gesellschaft wünscht desshalb

> eine Darlegung der nationalökonomischen Ansichten, welche die vornehmsten Handelsrechts-Schriftsteller des 16. und 17. Jahrhunderts, zumal vor Colbert, ausgesprochen haben. (Preis 60 Ducaten.)

Für das Jahr 1873 (vom vorigen Jahre prolongirt, da die Gesellschaft von einem anonymen Bewerber erfahren hat, der durch den Krieg an der Vollendung seiner Bearbeitung verhindert worden). Bei der absolut hohen Bedeutung, welche der internationale Getreidehandel nicht bloss praktisch für das Wohl und Wehe des kaufenden wie des verkaufenden Volkes besitzt, sondern auch als Symptom der allgemeinen Kulturentwickelung auf beiden Seiten; so wie bei der relativ wichtigen Stellung, welche gerade im polnischen Handel seit Jahrhunderten die Getreideausfuhr eingenommen hat, wünscht die Gesellschaft

> eine quellenmässige Geschichte des polnischen Getreidehandels mit dem Auslande.

Die Zeit vor dem Untergange des byzantinischen Reiches wird dabei nur als Einleitung, die neuere Zeit seit der Theilung Polens nur als Schluss zu berücksichtigen sein, das Hauptgewicht aber auf die dazwischen liegenden drei Jahrhunderte gelegt werden müssen. (Preis 60 Ducaten.)

Für das Jahr 1874. Mehrere der bedeutendsten Vertreter der neuern Sprachwissenschaft, namentlich Jacob Grimm und Schleicher, haben sich zu der Ansicht bekannt, dass die germanischen Sprachen zu der slawisch-litauischen Sprachengruppe in einem engern Verwandtschaftsverhältniss stehen, als eins dieser beiden Gebiete zu irgend einem andern, ohne dass bisher diese, auch in kulturhistorischer Beziehung wichtige Frage zum Gegenstand einer umfassenden und tiefer dringenden Untersuchung gemacht wäre.

Die Gesellschaft wünscht desshalb

> eine eingehende Erforschung des besondern Verhältnisses, in welchem innerhalb der indogermanischen Gemeinschaft die Sprachen der litauisch-slawischen Gruppe zu den germanischen stehen.

Dem Bearbeiter bleibt es überlassen, ob er seiner Schrift die Form einer einzigen Gesammtdarstellung geben, oder eine Reihe von Specialuntersuchungen vorlegen will, durch die einige besonders wichtige Seiten der Frage in helles Licht gestellt werden. Von solchen Wörtern, welche nachweislich von dem einen Sprachgebiet in das andere hinübergenommen sind, ist gänzlich abzusehen. Ueberhaupt muss die Untersuchung mit den Mitteln und nach der strengen Methode der jetzigen Sprachwissenschaft geführt werden. Der Gebrauch anderer Alphabete als des lateinischen mit den nöthigen diakritischen Zeichen und des griechischen ist zu vermeiden, vielmehr sind die Laute der slawisch-litauischen Sprachgruppe nach dem von Schleicher befolgten System zu bezeichnen. (Preis 60 Ducaten.)

Für das Jahr 1875. Während die politischen Ereignisse, welche die Begründung der deutschen Herrschaft in Ost- und Westpreussen herbeiführten, sicher festgestellt und allgemein bekannt sind, fehlt es an einer gründlichen Darstellung, in welcher Weise zugleich mit ihnen und in ihrer Folge die deutsche Sprache dort mitten unter fremden Sprachen sich festsetzte und zur Herrschaft gelangte. Es ist dieser Process ein um so interessanterer, als sich die beiden Hauptdialekte des Deutschen an demselben betheiligten. Die Gesellschaft wünscht daher

> eine Geschichte der Ausbreitung und Weiterentwickelung der deutschen Sprache in Ost- und Westpreussen bis zum Ende des

15. Jahrhunderts mit besonderer Rücksicht auf die Betheiligung der beiden deutschen Hauptdialekte an derselben.

Es darf erwartet werden, dass die Archive ausser dem bereits zerstreut zugänglichen Materiale noch manches Neue bieten werden; die Beachtung der Eigennamen, der Ortsnamen, der gegenwärtigen Dialektunterschiede wird wesentliche Ergänzungen liefern. Sollten die Forschungen zur Bewältigung des vollen Themas zu umfänglich werden, so würde die Gesellschaft auch zufrieden sein, wenn nach Feststellung der Hauptmomente die Veranschaulichung des Einzelnen sich auf einen Theil von Ost- und Westpreussen beschränkte. Der Preis beträgt 60 Ducaten; doch würde die Gesellschaft mit Rücksicht auf die bei der Bearbeitung wahrscheinlich nöthig werdenden Reisen und Correspondenzen nicht abgeneigt sein, bei Eingang einer besonders ausgezeichneten Lösung den Preis angemessen zu erhöhen.

Für das Jahr 1876. Indem die Gesellschaft den **Häringsfang und Häringshandel im Gebiete der Nord- und Ostsee** als Thema aufstellt, glaubt sie mit dieser allgemeinen Fassung desselben nur die Richtung andeuten zu sollen, in welcher sie handelsgeschichtliche Forschungen anzuregen wünscht. Sie überlässt es den Bearbeitern, den Antheil einzelner Völker, Emporien oder Gruppen derselben, wie etwa der hanseatischen, am Häringsfang und Häringshandel zu schildern. Sie wünscht der Aufgabe auch nicht bestimmte zeitliche Grenzen zu stecken und würde ebenso gern eine auf den Urkundenbüchern und anderen Geschichtsquellen begründete Darstellung des mittelalterlichen Häringshandels wie eine mehr statistische Bearbeitung des modernen hervorrufen. (Preis 700 Mark.)

Die Preisbewerbungsschriften sind in **deutscher, lateinischer oder französischer Sprache zu fassen**, müssen **deutlich geschrieben und paginirt**, ferner mit einem **Motto** versehen und von einem versiegelten Zettel begleitet sein, der auswendig dasselbe Motto trägt, inwendig den Namen und Wohnort des Verfassers angiebt. Die gekrönten Bewerbungsschriften bleiben Eigenthum der Gesellschaft. Die Zeit der Einsendung endet für das **Jahr der Preisfrage** mit dem Monat November; die Adresse ist an den Secretär der Gesellschaft (für das Jahr 1873 den Prof. Dr. F. Zarncke) zu richten. Die Resultate der Prüfung der eingegangenen Schriften werden jederzeit durch die Leipziger Zeitung im März oder April bekannt gemacht.

Ueber einige Rechtsquellen der vorjustinianischen spätern Kaiserzeit.

Von

Herrn Professor Dr. Fitting in Halle.

III.
Der sog. westgothische Gaius.

Auch bei diesem Stücke des Breviars ist die Hauptfrage die, ob es erst von den Verfassern des letztern herrühre, oder ob es ältern Ursprunges sei. Früher war ganz allgemein das erste angenommen[1]); neuerdings aber hat Dernburg die andere, vorher schon von Rudorff als wahrscheinlich hingestellte Ansicht auszuführen gesucht[2]). Und auch ich vermag nur diese Ansicht für die richtige zu halten.

Mit der Erkenntniß, daß sogar die Interpretatio im Breviar zum größten Theil nicht ein ursprüngliches Werk der Compilatoren dieses Gesetzbuches ist, hat jene ältere Annahme ihr wesentlichstes Fundament verloren. Nimmt man nun noch hinzu, daß laut des Commonitorium und der Int. L. un. (3) Th. C. de resp. prud. 1, 4 der Plan bei dem Breviar und demnach der Auftrag an die Gesetzgebungscommission überall wesentlich nur auf Auswahl und Excerpirung, nicht aber auf gänzliche Umarbeitung

---

[1]) Vgl. z. B. Savigny, Gesch. des röm. R. im M. A. 2. Aufl. Bd. II S. 54, Haenel, Lex Rom. Visigoth. p. IX. sq. u. a.

[2]) Dernburg, Die Institutionen des Gaius (1869) S. 121 ff.; Rudorff, Röm. Rechtsgeschichte Bd. I. (1857) S. 289.

gerichtet war: so sind dieses eigentlich schon Gründe genug, um die frühere Ansicht vollständig aufzugeben.

Es fehlt aber nicht an noch manchen andern unterstützenden Gründen.

Vor allen Dingen hat die kleine Schrift nicht einen durchaus einheitlichen Charakter, sondern sie zeigt Ungleichheiten und sogar Widersprüche, die ganz unbegreiflich sind, wenn man sie in ihrer jetzigen Gestalt für das ursprüngliche Werk eines und des nämlichen Verfassers, insbesondere eines der Mitglieder des von Alarich bestellten Collegiums hält, während alles sehr natürlich und erklärlich wird, sobald man annimmt, daß der liber Gaii schon vorhanden war und nur, um ihn mit dem geltenden Rechte in Einklang zu bringen, überarbeitet und hier und da interpolirt wurde. So heißt es z. B. in Lib. I. tit. 6 §. 3 bei der Erörterung der emancipatio: „Quae tamen emancipatio solebat ante praesidem fieri, modo ante curiam facienda est", durchaus im Einklange mit dem allgemeinen Ausspruche in der Int. Pauli I., 7 sent. 2: „Hoc enim, quod per praetorem antea fiebat, modo per iudices civitatum agendum est". Danach versteht sich schon von selbst, daß auch die adoptio nicht mehr vor dem Prätor oder Präses, sondern vor der Curie geschah. Zum Ueberflusse aber wird in der Int. L. 2 Th. C. de legit. hered. 5, 1 mittels eines offenbar erst von den Compilatoren des Breviars herrührenden Zusatzes noch ganz ausdrücklich gesagt: „adoptivum, id est gestis ante curiam affiliatum". Trotzdem steht im Lib. Gaii II, 3 §. 3: „Si quis — — adoptaverit apud populum illum, qui sui iuris est — — aut apud praetorem illum adoptaverit, qui in potestate patris est." Offenbar wurde an dieser Stelle, weil der Titel nach seiner Rubrik nicht von der Adoption, sondern von der exheredatio liberorum handelt, die erforderliche Aenderung übersehen. Und so läßt sich die Erscheinung unschwer begreifen. Dagegen ist es völlig undenkbar, daß einer der Verfasser des Breviars, als ursprünglicher Urheber des Liber Gaii gedacht, gegenüber seinem Verfahren in lib. I tit. 6 §. 3 hier dennoch so geschrieben haben sollte.

Ferner lassen sich deutlich einzelne erst von den Redactoren des Breviars herrührende Interpolationen bemerken, die im Vergleiche zu dem sonstigen Stil und Ton der Schrift sehr fremdartig berühren. Hierher gehört außer dem eben schon erwähnten Satze in Lib. I tit. 6 §. 3 namentlich folgendes: I., 4 §. 1: „adoptivis, hoc est affiliatis"; I., 6 §. 3: „Emancipatio, hoc est manus traditio" — — „mancipat; hoc est manu tradit" — — „mancipat et tradit".[3]

Endlich aber, und das ist der allersicherste Beweis, sind auch mit Bestimmtheit Stellen zu erkennen, an denen die Verfasser des Breviars etwas von dem ursprünglichen Werke gestrichen haben. Unter anderm ist dieses der Fall in Lib. I. tit. 5 zwischen §. 1 und §. 2. In §. 1 wird der Unterschied der arrogatio und der adoptio entwickelt, und der letzte Satz lautet so: „Illa vero alia adoptio est, ubi quis patrem habens ab alio patre adoptatur; et ita ille, qui adoptatur, de certi patris potestate discedit et in adoptivi patris incipit esse potestate." Hieran reiht sich nun der §. 2 folgendermaßen an: „Nam et feminae adoptari possunt, ut loco filiarum adoptivis patribus habeantur" rell. Für einen Uebergang mit nam fehlt hier offenbar jede Veranlassung und Rechtfertigung; und die Erscheinung läßt sich daher nur so erklären, daß zwischen den beiden Sätzen etwas weggelassen, die dadurch eigentlich nothwendig gewordene Wegstreichung auch des Nam am Anfange des folgenden Satzes aber vergessen wurde. Wir können mit Hülfe des echten Gaius (I, 99—101) sogar angeben, was gestrichen worden ist. Es war die Bemerkung, welche natürlich für die Verhältnisse des westgothischen Reiches nicht mehr gepaßt hätte, daß die adoptio per populum nirgends als zu Rom, die adoptio imperio magistratus aber auch in den Provinzen vor den Provincialstatthaltern geschehen könne. (Vgl. Lib. Gaii II, 3 §. 3; s. vorige Seite.) An diese Bemerkung schließt sich bei Gaius die weitere an, daß per populum nach der überwiegenden Meinung Frauenspersonen nicht adoptirt werden könnten, wohl aber vor dem Prätor oder Provinzialstatthalter.

Eine Erscheinung ähnlicher Art zeigt Lib. II. tit. 8 de intestatorum hereditatibus. Hier wird zuerst (pr. — §. 2) die Intestaterbfolge der sui, dann (§. 3—6) diejenige der Agnaten dargestellt. In §. 6 wird speciell von der Art der

---

[3]) Vgl. Paul. I, 7 sent. 5: „Servus per metum mancipatus" rell. und Int. h. l.: „Si — — servum metu interveniente dederit". Ferner ibid. sent. 4, 7 und die Interpretatio dieser Stellen.

Theilung bei der Agnatenerbfolge gehandelt, und unter anderm entwickelt, daß, wenn der Erblasser von zwei verschiedenen agnatischen Brüdern bloß männliche Neffen, von dem einen zwei, von dem andern vier hinterlasse, alle diese Neffen gleiche Theile bekämen. Dem wird beigefügt: "Nam si sorores habuerint, in patrui hereditatem non veniunt, sicut nec sororis filii in avunculi hereditate succedunt." Und nun heißt es in §. 7 in sehr jähem und unvermitteltem Uebergange: "Nam et regulare est, ut cognati tunc intestatorum propinquorum hereditates capiant, quando aut sui aut agnati defuerint." Dieser mit nam eingeleitete Uebergang ist um so seltsamer, als genau genommen der Inhalt des §. 7 mit der unmittelbar vorhergehenden Aeußerung geradezu im Widerspruche steht. Denn offenbar sagt doch die letztere im Einklange mit dem echten Gaius (III, 14, 17) eigentlich, daß weibliche Nichten und Söhne einer Schwester überhaupt gar nicht zur hereditas gelangen könnten. Aber auch hier ist der Schlüssel des Räthsels unschwer zu finden. Unzweifelhaft folgte in dem Liber Gaii, so wie im echten Gaius, auf die Darstellung der hereditas intestatorum ursprünglich die Darstellung der bonorum possessio intestatorum. Allein dieses Stück paßte nicht mehr zu dem geltenden Rechte, wie die Int. L. 1 Th. C. de cretione vel bonorum possessione 4, 1 ausdrücklich ausspricht mit den Worten: "Cretio et bonorum possessio antiquo iure a praetoribus petebatur; quod explanari opus non est, quia legibus utrumque sublatum est." Darum wurde es einfach weggelassen. Damit nun aber das Intestaterbrecht der Cognaten nicht völlig unberührt bleibe, so wurde als Schlußsatz des Titels der jetzige §. 7 in seiner angegebenen, in dieser Form ganz sicher erst von den Redactoren des Breviars herrührenden Fassung beigefügt. (Muthmaßlich im Hinblicke auf die nach Inhalt und Gedankengang verwandte Int. Paul. IV, 8 sent. 3.) Freilich hätte man nun auch die Fassung des unmittelbar vorhergehenden Satzes verändern sollen; allein wie überaus oberflächlich und äußerlich man bei der Arbeit verfuhr, dafür liefert gerade der Titel de intestatorum hereditatibus auch sonst noch sattsame Beweise. So ist z. B. von dem Intestaterbrechte der emancipirten Kinder in dem ganzen Titel mit keiner Silbe die Rede. Daß es gleichwohl bestand und fortwährend anerkannt werden sollte, versteht sich von selbst, ergibt sich aber auch aus ausdrücklichen Erklärungen an andern Stellen des Breviars, z. B. aus der Int. Paul. V, 10 sent. 4. Bei einer genaueren Betrachtung des Breviars erhält man eben überall den Eindruck einer hastigen, nicht zur rechten Vollendung gediehenen Arbeit. Dem allem tritt nun noch der von Degenkolb in der Kritischen Vierteljahrsschrift für Gesetzgebung und Rechtswissenschaft Bd. 14 S. 509 geltend gemachte gewichtige Umstand hinzu, daß die im Breviar unterdrückte ursprüngliche Eintheilung der Epitome Gaii in zwei Bücher gerade in den besten und ältesten Handschriften dadurch wieder zum Vorschein kommt, daß sie nach dem achten Titel de curatione eine neue Titelzählung beginnen.

Im Vergleiche zu diesen Gründen, die in ihrem Zusammenhalte an überzeugender Kraft schwerlich etwas vermissen lassen, möchte ich ein geringeres Gewicht legen auf den von Dernburg (S. 122 ff.) stark betonten Umstand, daß im Lib. Gaii I, 1 §. 1 und 4 und I, 2 §. 1 neben andern Freilassungsformen auch von der manumissio ante consulem die Rede ist. Zwar ist es auch mir nicht wahrscheinlich, daß die Verfasser des Breviars, wenn erst sie den im Liber Gaii uns überlieferten Auszug aus den echten Institutionen des Gaius gemacht hätten, statt der von den letztern an den entsprechenden Stellen genannten manumissio vindicta gesetzt haben sollten: manumissio ante consulem. Indessen müssen sie doch dieser manumissio ante consulem noch eine praktische Bedeutung und Anwendbarkeit zugeschrieben haben; sonst hätten sie dieselbe gewiß nicht an drei verschiedenen Stellen ohne jede zusätzliche Bemerkung stehen lassen, noch dazu ganz am Anfange des Liber Gaii, wo ein unabsichtliches Uebersehen am wenigsten denkbar ist.[4])

Darf es nunmehr für erwiesen gelten, daß die Compilatoren des Breviars den Liber Gaii nicht selbst erst verfaßten, sondern

---

[4]) Bei Dahn, Die Könige der Germanen 6. Abth. (Die Verfassung der Westgothen. 1871) S. 298 ff. wird unter den Aemtern des westgothischen Reiches ein Consul nicht genannt. An die Stelle der römischen Central- und obersten Provincialämter war vielmehr der König selbst getreten. Ohne Zweifel dachten daher die Redactoren des Breviars bei der manumissio ante consulem an eine Freilassung vor dem König; und eine Bestätigung dieser Vermuthung dürfte zu finden sein in der Int. L. un. Th. C. de his qui a non dom. 4, 9, wo von der manumissio „sub praesentia principis vel in ecclesia" die Rede ist.

gleich den übrigen Stücken des Breviars schon vorfanden und nur durch Kürzungen und Interpolationen in seine jetzige Gestalt brachten: so rechtfertigt sich von selbst der bereits von Dernburg (S. 128) gezogene Schluß, daß dieses Werkchen ein hoch angesehenes und viel verbreitetes gewesen sein müsse. Nehmen wir nun noch die Aeußerung Justinian's in der const. Omnem reipublicae §. 1 hinzu: es seien sex tantummodo libri, „in his autem sex libris Gaii nostri Institutiones et libri singulares quatuor" gelesen worden, eine Aeußerung, welche nothwendig darauf hinführt, sich die Institutionen des Gaius, wie sie bis dahin allgemein als Lehrbuch für den Anfangsunterricht gedient hatten, als ein Werk in zwei Büchern zu denken: so entsteht ein hoher Grad von Wahrscheinlichkeit, daß gerade der Liber Gaii dieses allgemein übliche Lehrbuch gewesen sei.[5]) Und diese Wahrscheinlichkeit wird noch sehr gesteigert durch die von mir schon bei einer andern Gelegenheit hervorgehobenen, aus der sog. Turiner Institutionenglosse entnommenen Beweisgründe, welche es verwehren, die echten Gaianischen Institutionen selber in ihrer ursprünglichen Form für das bis auf Justinian herunter benutzte Lehrbuch zu halten.[6])

Auch steht bei einer genauern und unbefangenen Betrachtung nicht zu verkennen, daß das Büchlein einer solchen allgemeinen Beliebtheit und Benutzung durchaus würdig war. Sieht man ab von den Verunstaltungen, welche es durch die Verfasser des Breviars in Zusätzen, Kürzungen und Veränderungen erfahren hat, so muß man es für ein sehr gutes Lehrbuch erklären, gleichermaßen ausgezeichnet durch knappe Kürze, wie durch Klarheit und Genauigkeit der Darstellung. Durch die Vereinigung dieser Eigenschaften hat es sogar als Lehrbuch einen gewissen Vorzug vor den echten Institutionen des Gaius und tritt nahe an die Ulpianischen Fragmente, die übrigens auch sachlich einen verwandten Charakter haben, da sie zum größten Theil ebenfalls nur als ein Auszug aus Gaius erscheinen.[7]) Ich will zur Begrün-

---

[5]) Vgl. auch Rudorff, Röm. Rechtsgesch. I S. 289, und in der Zeitschrift für Rechtsgeschichte III S. 38; Dernburg S. 130 fg.

[6]) Meine Schrift über die sog. Turiner Institutionenglosse und den sog. Brachylogus S. 25 fg., 32.

[7]) Vgl. Th. Mommsen in der 4. Böcking'schen Ausgabe des Ulpian (Lips. 1855) p. 110 sq..

bung dieses Urtheils Stellen gleichen Inhaltes aus allen genann=
ten Schriften mittheilen. Und zwar wähle ich einen Abschnitt
aus der Lehre von der Aufhebung der väterlichen Gewalt, wel=
cher in dem echten Gaius (II, 128, 129) folgendermaßen
lautet:

> Cum autem is cui ob aliquod maleficium lege
> poenali aqua et igni interdicitur, civitatem Romanam
> amittat, sequitur, ut qui eo modo ex numero civium
> Romanorum tollitur, proinde ac mortuo eo desinant
> liberi in potestate eius esse; nec enim ratio patitur,
> ut peregrinae condicionis homo civem Romanum in
> potestate habeat. Pari ratione et si ei qui in potestate
> parentis sit, aqua et igni interdictum fuerit, desinit
> in potestate parentis esse, quia aeque ratio non
> patitur, ut peregrinae condicionis homo in potestate
> sit civis Romani parentis. Quod si ab hostibus captus
> fuerit parens, quamvis servus interim hostium fiat,
> pendet ius liberorum propter ius postliminii, quia hi
> qui ab hostibus capti sunt, si reversi fuerint, omnia
> pristina iura recipiunt; itaque reversus habebit liberos
> in potestate: si vero illic mortuus sit, erunt quidem
> liberi sui iuris, sed utrum ex hoc tempore quo
> mortuus est apud hostes parens, an ex illo quo ab
> hostibus captus est, dubitari potest. Ipse quoque
> filius neposve si ab hostibus captus fuerit, similiter
> dicemus propter ius postliminii potestatem quoque
> parentis in suspenso esse.

Ulpian (X. §. 3, 4) gibt das so:

> Si patri vel filio aqua et igni interdictum sit, patria
> potestas tollitur, quia peregrinus fit is cui aqua et igni
> interdictum est; neque autem peregrinus civem Ro-
> manum, neque civis Romanus peregrinum in potestate
> habere potest. Si pater ab hostibus captus sit, quamvis
> servus hostium fiat, tamen cum reversus fuerit, omnia
> pristina iura recipit iure postliminii; sed quamdiu
> apud hostes est, patria potestas in filio eius interim
> pendebit, et cum reversus fuerit ab hostibus, in potestate
> filium habebit, si vero ibi decesserit, sui iuris filius
> erit. Filius quoque si captus fuerit ab hostibus,

similiter propter ius postliminii patria potestas interim pendebit.

Der Liber Gaii (I, 6 §. 1, 2) endlich schreibt:

Item de potestate patris exeunt filii, si pater eorum in exsilium missus fuerit, quia non potest filium civem Romanum in potestate habere homo peregrinae conditionis effectus. Item filius, si vivo patre in exsilium missus fuerit, in potestate patris civis Romani esse non potest, quia similiter peregrinae conditionis factus agnoscitur. Item si ab hostibus pater captus sit, in potestate, quamdiu apud hostes fuerit, filios non habebit. Sed si de captivitate evaserit, iure postliminii omnem, sicut in aliis rebus, ita et in filiis recipit potestatem. Si vero pater, qui ab hostibus captus est, in captivitate moriatur, ab eo tempore, quo ab hostibus captus est filii sui iuris effecti intelliguntur. [7a])

Unter solchen Umständen entsteht die Aufgabe, die ursprüngliche Entstehungszeit des Liber Gaii möglichst genau zu bestimmen. Eine Handhabe dafür bietet der Umstand, daß der Verfasser nicht einen reinen Auszug geben wollte, sondern auch das veränderte Recht seiner Zeit berücksichtigte und, wenn auch wohl nicht alle mittlerweile erfolgten Veränderungen, so doch mindestens die wichtigern anzugeben nicht unterließ. So hat er alles, was

---

[7a]) Sehr abweichend von dem hier ausgesprochenen Urtheil ist freilich dasjenige, welches Degenkolb a. a. O. (s. S. 329) S. 511 ff. über den Liber Gaii fällt, und wonach dieses Werkchen den Stempel der äußersten Verwilderung der römischen Rechtswissenschaft an sich trüge. Zu einem solchen Urtheil konnte Degenkolb nach meinem Ermessen nur dadurch gelangen, daß er einerseits den Liber Gaii, so wie er im Breviarium steht, für ein ursprüngliches und unversehrtes Ganzes nahm, während derselbe in Wahrheit nur ein bloßes, zudem durch mancherlei Interpolationen verunstaltetes Trümmerwerk darstellt, und daß er andererseits auf einzelne dem klassischen Sprachgebrauche fremde Ausdrücke ein mehr als billiges Gewicht legte. Man kann aber doch gewiß von einem Schriftsteller und insbesondere von dem Verfasser eines Lehrbuches keine andere Sprache erwarten und verlangen, als diejenige seiner Zeit, und auch wir gebrauchen ja unbedenklich eine Menge Wörter, die unsere deutschen Klassiker für unzulässig und vielleicht für barbarisch gehalten hätten. Zudem finden sich gerade die Ausdrücke, an denen Degenkolb einen ganz besondern Anstoß nimmt, nämlich distantia-Verschiedenheit und vacillare-wanken, schon bei Cicero und überhaupt in der besten Latinität. S. Klotz, Handwörterbuch unter distantia und vacillare.

sich im echten Gaius auf das Heidenthum bezieht, nach Maßgabe der christlichen Verhältnisse umgestaltet. In Lib. II. tit. 1 § 1 werden als res divini iuris bezeichnet die „ecclesiae, id est templa Dei, vel ea patrimonia ac substantiae, quae ad ecclesiastica iura pertinent". Ferner geschieht in Lib. I. tit. 1 §. 1 und 4 und tit. 2 §. 1 der erst von Constantin eingeführten manumissio in ecclesia Erwähnung. Jedenfalls ist also das Werkchen erst in der christlichen Kaiserzeit verfaßt worden.

Die Zeit wird sich aber sogar noch genauer bestimmen lassen. Im Lib. Gaii I, 4 §. 6 heißt es: „Fratres enim amitinos vel consobrinos in matrimonium iungi nulla ratione permittitur." Nun waren die Ehen zwischen Geschwisterkindern erlaubt, bis sie Theodosius d. G. um das Jahr 384 verbot.[8]) Daraus erhellt, daß die Schrift nicht älter sein kann, zumal da auch der folgende §. 7: „Sed nec uni viro duas sorores uxores habere, nec uni mulieri duobus fratribus iungi permittitur" wahrscheinlich auf die nämliche Theodosische Verordnung hinweist[9]) und im Hinblicke auf sie geschrieben ist.

Das Verbot der Ehe unter Geschwisterkindern wurde im oströmischen Reiche von Arcabius im J. 396 durch die L. 3 Th. C. de inc. nupt. 3, 12 noch aufrechterhalten, jedoch unter bedeutender Milderung der von Theodosius festgesetzten Strafen. Im Jahre 400 hob er es sodann durch die L. 19 I. C. de nupt. 5, 4 gänzlich wieder auf. Im weströmischen Reiche dagegen bestand es fort und wurde von Honorius im J. 409 durch die L. un. Th. C. si nupt. ex rescr. 3, 19 ausdrücklich bestä-

---

[8]) Vgl. Jac. Gothofredus ad L. 1 Th. C. si nuptiae ex rescr. 3, 10.

[9]) L. 5 I. C. de incestis nupt. 5, 5; vgl. L. 3 Th. C. de incestis nupt. 3, 12 und die darauf gegründete Ausführung des Jac. Gothofredus a. a. O., die es sehr wahrscheinlich macht, daß die L. 5 I. C. cit. ursprünglich ein Stück des nämlichen Gesetzes gewesen, welches die Ehen zwischen Geschwisterkindern für unerlaubt erklärte. Freilich war die Ehe mit dem Bruder des verstorbenen Mannes oder mit der Schwester der verstorbenen Frau auch schon verboten durch ein Gesetz des Constantius, die L. 2 Th. C. de incest. nupt. 3, 12 vom Jahre 355, und dieses Verbot wurde durch mehrere spätere Constitutionen wiederholt: cit. L. 5 I. C. eod. von Theodosius d. Gr., L. 3 Th. C. eod. (Arcad. et Honor. a. 396), L. 4 Th. C. eod. (Honor. et Theodos. a. 415). Noch spätere Gesetze von Zeno: L. 8, 9 I. C. eod. 5, 5 kommen hier nicht in Betracht.

tigt.¹⁰) Aus diesen spätern Schicksalen des Verbotes ist daher für das Alter unserer Schrift nichts zu schließen.

Dagegen kommt als ein weiterer gewichtiger Umstand in Betracht, daß in Lib. Gaii II, 9 §. 3 die dotis dictio noch als ein geltendes Institut dargestellt und dabei ausdrücklich gesagt wird: „Hae tantum tres personae (sc. mulier, pater eius, debitor mulieris) nulla interrogatione praecedente possunt dictione dotis legitime obligari. Aliae vero personae, si pro muliere dotem viro promiserint, communi iure obligari debent, id est ut et interrogata respondeant, et stipulata promittant." So hätte der Verfasser unmöglich schreiben können, wenn damals schon das bekannte Gesetz des Jahres 428 von Theodosius II und Valentinian III, die L. 4 Th. C. de dotibus 3, 13, bestanden hätte, welche folgendes verordnet: „Ad exactionem dotis, quam semel praestari placuit, qualiacunque sufficere verba censemus, etiamsi dictio vel stipulatio in pollicitatione rerum dotalium minime fuerit subsecuta."¹¹)

Es ergibt sich also, daß der Liber Gaii zwischen 384 und 428 entstanden sein muß. Wollte man annehmen, daß die L. 4 Th. C. cit., da sie von Constantinopel datirt ist, zunächst nur im oströmischen Reiche in Kraft getreten sei, so hätte sie doch jedenfalls durch die Publication des Theodosischen Codex auch im Abendlande Geltung erhalten¹²); und daß sie auch wirklich in die abendländische Praxis übergegangen ist, beweist das

---

¹⁰) Vgl. Jac. Gothofredus ad L. 3 Th. C. de incest. nupt. 3, 12.

¹¹) Vorher und namentlich am Ende des 4. Jahrhunderts bestand die dotis dictio noch, wie aus den folgenden Worten der L. 3 Th. C. de incest. nupt. 3, 12 vom J. 396 erhellt: „Dos, si qua forte solenniter aut data aut dicta aut promissa fuerit, iuxta ius antiquum fisci nostri commodis cedat."

¹²) Die Constitution von 429, wodurch zur Abfassung des Theodosischen Codex der Befehl ertheilt, und welche im J. 438 bei der Reception des Gesetzbuches für das weströmische Reich in der Sitzung des Senates von Rom verlesen wurde (L. 5 Th. C. de constt. princ. 1, 1), zeigt, daß zwar dieser Codex auch Constitutionen aufnehmen sollte, welche nicht mehr in Kraft bestanden, daß aber mindestens die jüngsten der darin enthaltenen Constitutionen, und zwar gleichviel, in welchem Reichstheil sie ursprünglich ergangen waren, von jetzt an in beiden Reichshälften gleichmäßig gelten sollten.

Breviarium, besonders die Int. L. 4 Th. C. cit. Der Zeitraum, in welchen die Abfassung des Liber Gaii hineinfallen muß, würde sich also bei jener Annahme nur um zehn Jahre erweitern.

Als die Heimath des Werkchens läßt sich mit einem ziemlichen Grade von Wahrscheinlichkeit Italien und insbesondere Rom bezeichnen. Denn an Stellen, wo der echte Gaius nur allgemein die „manumissio vindicta" nennt (Gai. I, 17, 35?, 44), setzt der Auszug „manumissio ante consulem" (I, 1 §. 1, 4, I, 2 §. 1). Nun konnte aber einerseits die manumissio vindicta nicht bloß vor den Consuln, sondern auch vor andern Magistraten, wie z. B. den Prätoren, Proconsuln und überhaupt allen Provincialstatthaltern, ja sogar vor manchen Stadtmagistraten geschehen.[13] Andererseits war die Freilassung vor dem Consul in der Regel und von ganz zufälligen Ausnahmen abgesehen an keinem andern Orte, als in Rom selbst, möglich, scheint aber dort bereits im 4. Jahrh. die allein noch übliche Form der manumissio vindicta gewesen zu sein.[14] Daß der Verfasser des Auszuges statt „manumissio vindicta" „manumissio ante consulem" geschrieben, ist unter solchen Umständen kaum zu begreifen, wenn man nicht annimmt, daß die Arbeit in Rom gemacht, und daß sie zunächst für die Benutzung zu Rom bestimmt gewesen sei.[14a]

Diese Annahme wird aber noch unterstützt durch die Wahrnehmung, daß der Auszug in Lib. II. tit. 3 §. 3 (diesmal in Uebereinstimmung mit dem echten Gaius II, 138) nur von der adoptio apud populum und apud praetorem spricht, also wiederum von solchen Formen der Arrogation und Adoption,

---

[13] Ulp. I. 7; L. 1, 5, 7, 8, 15 §. 5, L. 17, 18 §. 1, L. 21, 22 D. de manum. vind. 40, 2; Paul. II, 25 §. 4, L. 4 C. de vindicta libert 7,1 (Constantius).

[14] Becker-Marquardt, Handbuch der römischen Alterthümer Th. II. Abth. 3 S. 242 Note 8. Vgl. Dernburg, Die Institutionen des Gaius S. 124 Anm. 6, wo mit Recht bemerkt wird, daß durch die von Constantin eingeführte manumissio in ecclesia die manumissio vindicta ziemlich überflüssig geworden war, so daß sie in Rom wohl kaum mehr anders vorkam, als zur Erhöhung der Feierlichkeiten bei dem Antritte des Consulates.

[14a] Auch Degenkolb S. 510 erkennt an, daß die Erwähnung der manumissio ante consulem im Liber Gaii auf voralaricianischen Ursprung in Rom hindeute.

welche gerade bloß in Rom vorkommen konnten,[15] während doch die datio in adoptionem von jeher auch in den Provinzen vor den Provincialstatthaltern und die arrogatio zur Zeit, da der Auszug entstand, längst allenthalben im Reiche durch kaiserliches Rescript möglich war.[16] Gesetzt, der Verfasser des Auszuges

---

[15] Gaius I, 100 bemerkt ausdrücklich: „illa adoptio, quae per populum fit, nusquam nisi Romae fit." Und von der adoptio apud praetorem redet er so, daß man sieht, auch diese Form halte er nur in Rom für möglich, da man in den Provinzen zwar imperio magistratus adoptiren könne, aber nicht vor dem Prätor, sondern vor dem Provincial= statthalter: Gai. I, 100 (in unmittelbarem Anschluß an die obigen Worte: „at haec etiam in provinciis apud praesides earum fieri solet."), 101 („apud praetorem vero vel in provinciis apud proconsulem legatumve" rel.), 102, 105. Ebenso in allen diesen Stücken Ulp. VIII, 2—5: Adoptio fit aut per populum, aut per praetorem vel praesidem provinciae. Illa adoptio, quae per populum fit, specialiter arrogatio dicitur. Per populum qui sui iuris sunt arrogantur, per praetorem autem filii familiae a parentibus dantur in adoptionem. Arrogatio Romae dumtaxat fit; adoptio autem etiam in provinciis apud praesides. Per praetorem vel praesidem provinciae" rel.

[16] Vgl. L. 2 C. de adopt. 8, 48 (47) verb.: Arrogatio etenim ex indulgentia principali facta perinde valet apud praetorem vel praesidem intimata, ac si per populum iure antiquo facta esset. (Dioclet. et Maxim. a. 286). Die Stelle ist hier auch um deswillen wichtig, weil sie zeigt, daß die arrogatio per populum der Form nach damals noch fortdauerte, woraus wir in Verbindung mit der im Texte genannten Stelle der Epitome Gaii schließen dürfen, daß sie selbst um das Ende des 4. Jahrh. noch nicht verschwunden war. Die L. 6 C. eod. (Lid. Impp. a. 294—305): „Arrogationes eorum, qui sui iuris sunt, nec in regia urbe nec in provinciis, nisi ex rescripto principali fieri possunt" macht keinen Gegen= beweis; denn, abgesehen von der Möglichkeit einer Interpolation bei der Aufnahme in das Corpus iuris, gestattet sie sehr wohl die Auslegung, daß es zu jeder Arrogation einer kaiserlichen Erlaubniß bedürfe (welche denn natürlich thatsächlich die Hauptsache und, wie L. 2 C. cit. lehrt, das allein wesentliche war), daß also ohne eine solche Erlaubniß die arrogatio per populum (als eine bloße, zwar noch übliche, aber leere Form) keine Wirkung haben würde. Und im Hinblick auf die L. 2 C. cit. muß diese Auslegung als die einzig richtige betrachtet werden, zumal da sie unterstützt wird durch L. 21 coll. LL. 38, 39 D. de adoption. 1, 7 (vgl. Schrader ad Inst. I, 11 de adopt. §. 1 v. „Principali rescripto") und durch Vopisc. Aurel. c. 14 verb: „Iube igitur (sc. Valeriane Auguste), ut lege agatur, sitque Aurelianus heres sacrorum, nominis et bonorum totiusque iuris Ulpio Crinito" rel. und c. 15 verb.: „actae sun Crinito a Valeriano gratiae, et adoptio, ut solebat, impleta." Und

hätte nicht in Rom gelebt und geschrieben, so müßte man demnach gewiß erwarten, daß er statt der nur allein in Rom möglichen Adoptionsformen, oder mindestens neben denselben, andere, auch anderswo mögliche, genannt hätte. Daß er es nicht gethan, weist also gleichfalls auf Rom als den Entstehungsort der Arbeit hin.

Kein Gegenbeweis kann daraus hergenommen werden, daß in Lib. I. tit. 6 §. 3 bei der Erörterung der Emancipationsform nicht der „praetor" sondern nur der „praeses", also der Provincialmagistrat, erwähnt wird; denn die Worte: „Quae tamen emancipatio solebat ante praesidem fieri, modo ante curiam facienda est" rühren ganz unzweifelhaft erst von den Redactoren des Breviariums her. (S. S. 326.) Im Gegentheil sind dieser Interpolation gegenüber die angeführten andern Stellen für Rom als den ursprünglichen Entstehungsort nur um so beweisender, da sie zeigt, daß ein in der Provinz lebender und schreibender Jurist, wie das auch sehr natürlich war, zunächst an die Provincialbehörden dachte und von diesen redete.

Endlich wird die Annahme Rom's als der Heimath der Schrift durch innere Rücksichten begünstigt. Denn daß der Liber Gaii als Lehrbuch für den Rechtsunterricht bestimmt war und folglich auf einer Rechtsschule entstanden ist, wird nicht erst noch eines weitern und besondern Beweises bedürfen.[17]) Nun war aber gegen Ende des 4. Jahrhunderts, also gerade um die Zeit, als der Liber Gaii entstand, nach dem Zeugnisse des Libanius Rom die weitaus berühmteste und aus allen Theilen des Reiches besuchteste Rechtsschule.[18]) Daß das hier übliche Lehr-

---

warum hätten auch die Kaiser der Bevölkerung Rom's eine ganz harmlose und unschädliche Form nehmen sollen, auf die sie ohne Zweifel nicht geringen Werth legte? Als Analogie vergleiche man z. B. die Ansprache Valerian's an Aurelian bei Vopisc. Aurel. c. 13 verb.: „Nam te consulem hodie designo, scripturus ad Senatum, ut tibi deputet scipionem, deputet etiam fasces; haec enim Imperator non solet dare, sed a Senatu quando fit Consul accipere."

[17]) Ein Blick auf Ton und Inhalt des Werkchens kann statt jedes andern Beweises genügen. Vgl. noch Dernburg, Die Institutionen des Gaius S. 126 fg.

[18]) Bernhardy, Grundriß der griech. Literatur. 3. Bearbeitung. Th. I. S. 647 fg., Grundriß der römischen Literatur. 4. Bearbeitung. Anm. 234 (S. 329 fg.), Anm. 243 (S. 343).

buch einen allgemeinen Eingang auch auf den übrigen Rechtsschulen im Reiche fand, muß daher eben so natürlich erscheinen, als es unglaubhaft ist, daß ein gerade in der damaligen Zeit an einer andern Rechtsschule verfaßtes zu einer solchen allgemeinen Anerkennung hätte gelangen können, wie sie doch offenbar erforderlich war, um dem Liber Gaii die Aufnahme in das Breviar zu vermitteln.

Auch ist es nicht ganz unerheblich, daß das Büchlein manche Verwandtschaft mit der sog. Turiner Institutionenglosse aufweist. Hier wie dort finden wir die gleiche Schärfe, Genauigkeit und Gedrängtheit des Ausdruckes [19]), die nämliche Werthschätzung und Gewandtheit des Definirens [20]), dieselbe Vorliebe für sprüchwortartige Rechtsregeln [21]); nur daß die Glosse im ganzen das Gepräge eines weitern Fortschrittes und größerer Vollendung trägt. So ist z. B. die Regel des Lib. Gaii II, 1 §. 4: „Superposita inferioribus cedunt" in nr. 60 der Glosse bis zu der Fassung zugeschliffen: „Cedunt adiecta subiectis". Auch außerdem trifft man noch auf manche bemerkenswerthe Uebereinstimmung. Im Lib. Gaii II, 10 §. 3 heißt es: „Praeterea qui rem alienam invito aut nesciente domino contingit vel tollit aut de loco movere praesumit, furtum facit"; und in der Glosse nr. 461 wird zu der bekannten Legaldefinition des furtum im Corpus iuris bemerkt: Deest huic definitioni „invito domino", in tantum, quia, si omnia concurrunt et hoc solum desit, furtum non committitur. — Von der Glosse nr. 173 wird die Erzählung des pr. I. de exhered. lib. 2, 13, daß früher die Präterition von Töchtern und Enkeln keine Vernichtung des Testamentes bewirkt, sondern jenen nur ein „ius accrescendi ad certam portionem" gewährt habe, folgendermaßen erläutert:

---

[19]) In Ansehung des Liber Gaii verweise ich Beispielshalber auf das oben (S. 332) mitgetheilte Bruchstück, in Ansehung der Turiner Glosse auf meine Schrift über diese Glosse und den Brachylogus S. 83.

[20]) Vgl. z. B. Lib. Gaii I, 1 §. 1—3, I, 4 pr., I, 5 §. 1, I, 7 §. 1, 2, II, 1, §. 1, 2, II, 3 §. 2, 6, II, 4 pr., II, 8 pr., §. 1, 3, II, 9 §. 1, 2, II, 10 §. 2, 3. In Betreff der Turiner Glosse meine genannte Schrift S. 27 ff.

[21]) S. z. B. Lib. Gaii I, 4 §. 9, II, 1 §. 4, II, 8 §. 2, 6, 7. Glo. Taur. 70, 109, 181 a, 184, 188 a, 202 a, 222, 237, 267, 332.

III. Der sog. westgothische Gaius.

> Si quis extraneum heredem dimittebat, hos autem praeteribat, non rumpebant testamentum, sed tollebant heredi mediam partem, et sic (l. scilicet?) omnes mediam. Si autem filius erat, non mediam accipiebat, sed si verbi gratia duo essent praeteriti, quaternas uncias omnes tollebant; sed et si multi essent, secundum portionem suam cum hoc partiebantur.

Ganz entsprechend sagt der Lib. Gaii II, 3 §. 1:

> Si vero filiam praeterierit, non rumpit testamentum filia praetermissa, sed inter fratres suos, legitimo stante testamento, suam, sicut alii fratres, consequitur portionem; si vero testamento extranei heredes scripti fuerint, stante testamento filia medietatem hereditatis acquirit.

Dasselbe steht freilich auch im echten Gaius II, 124—126; allein dieser ist nachweisbar in der Turiner Glosse nicht benutzt.[22]

In dieser Verwandtschaft des Liber Gaii mit der Turiner Glosse liegt nun zwar wegen der als wahrscheinlich angenommenen Voraussetzung, daß jener bis auf Justinian das allgemein gebrauchte Lehrbuch gewesen, für die Entstehung der beiden Schriften an der gleichen Rechtsschule kein entscheidender Beweis. Immerhin dürfte sie aber so viel Kraft haben, das Gewicht der übrigen angeführten Beweisgründe zu verstärken.

Schließlich wird es kaum nöthig sein, noch eigens darauf aufmerksam zu machen, wie die Betrachtung des Liber Gaii als eines Auszuges aus dem damals auf den Rechtsschulen gangbaren Lehrbuche auch zu einer sehr einfachen und befriedigenden Erklärung der Erscheinung führt, daß dieses Stück des Breviars allein einer neben dem Texte herlaufenden Interpretatio ermangelt. Zu diesem Buche gab es eben keine besondere Interpretatio; vielmehr kam es selbst in Ursprung und Charakter mit der Interpretatio der übrigen Stücke des Breviars überein. Und deshalb mußten auch die von den Redactoren des Gesetzbuches für nöthig erachteten Interpolationen, die man sonst in der Regel in die Interpretatio verwies, hier im Texte des Liber Gaii selbst vorgenommen werden.

---

[22] Meine erwähnte Schrift S. 25 fg. — Vgl. noch glo. Taur. 3 und Lib. Gaii I, 4 §. 8; glo. Taur. 22, 28 und Lib. Gaii I, 8; glo. Taur. 58 und Lib. Gaii II, 1 §. 1; glo. Taur. 224 und Lib. Gaii II, 5 §. 4, 5; glo. Taur. 267 und Lib. Gaii I, 7 § 1.

Die Zahlenspielerei in der Einteilung der Digesten.

Von

Herrn Professor Dr. F. Hofmann in Wien.

Hugo hat in einer Reihe von Aufsätzen[1]) den Beweis zu führen gesucht, daß die mittelalterliche Einteilung der Digesten in 3 [bez. 7[2])] Teile auf einer durchgeführten Spielerei mit Zahlen und Worten beruhe.[3]) Seine Vermutung hat zum Teile und wenigstens so weit Beifall gefunden, daß sie den Glauben an eine stückweise Entdeckung der Digesten erschütterte.[4])

Hier nun soll die Vermutung begründet werden, daß auch die Justinianische Einteilung der Digesten in 7 partes und die Verteilung der Bücher in dieselben auf einer Zahlenspielerei, und zwar auf entstellter pythagorischer Zahlenmystik beruht. Diese war in den Zeiten der verfallenden griechisch-römischen Bildung ungemein beliebt;[5]) denn wo der Geist wahrer Wissenschaftlichkeit fehlt, da tritt das Spiel mit wissenschaftlichem Scheine und mit Scheinwissenschaften an die Stelle. Daher am

---

[1]) Im Civil.-Magazin, Bd. IV, V, VI.

[2]) Vgl. Puchta Instit. I. S. 644.

[3]) Freilich werden durch die späteren Aufsätze die Aufstellungen in den früheren zum Teile zurückgenommen. Zuerst hob er hervor (IV. 87): wenn man „tres partes" zu 3 Büchern gerechnet (V. 3 fg.) weglasse, bleiben 47 Bücher 47 : 2 = 23½ = Dig. vetus; von den andern 23½ kommen 11½ auf das Infortiatum, 12 auf d. Dig. novum. Ueberdies wurde das Dig. vetus wieder in 2 Teile geteilt, deren erster 12, deren zweiter 11½ Bücher, hatte (vgl. Erxleben Einleitung i. d. röm. P. R., S. 316, N. 14). Darauf legt er später (V. 502) selbst kein Gewicht mehr, sondern erklärt die „tres partes" aus der Analogie der 3 vernachlässigten Bücher des Codex (die dessen letztes Viertel bilden) sucht in der Zerreißung des fr. 82 Dig. 35, 2 den Schlüssel zu der ganzen Geschichte der 3 Digesta, und macht darauf aufmerksam, daß wenn man diese 34½ Bücher im Verhältniß von 2 : 1 teile, die ersten ⅔ genau die 23½ B. des Dig. vetus geben. (Da Hugo das Verhältniß wiederholt als „genau" ja „so äußerst genau" bezeichnet (VI, 546 fg.), so mag erinnert werden, daß ⅔ von 34½ nicht 23½, sondern nur 23 geben.) Diese Einteilung sucht er weiter in Zusammenhang mit der röm. Uncialteilung des as zu bringen.

[4]) Z. B. Puchta Instit. I. 645—647.; andererseits freilich Erxleben; Einl. S. 314 fg.; Kuntze, Excurse S. 611.

[5]) Daher die „weitschichtige Literatur, welche das Altertum darüber besaß" (Brandis Handbuch d. Gesch. der griechisch-röm. Philos. I, S. 433).

Ausgange des Altertums die Vorliebe für die angebliche pythagorische Zahlenlehre, die freilich längst durch fremdartige Elemente, namentlich neuplatonische Träumereien zersetzt war;⁶) daher im Mittelalter die Vorliebe für Astrologie und Alchymie.

Daß auch Justinian den in der Einteilung seiner Compilationen hervortretenden Zahlenverhältnissen eine tiefere Bedeutung beigelegt wissen wollte, darauf deutet

1) schon die Ueberladung der Einführungsgesetze (namentl. Const. Tanta ob. *Δέδωκεν* und Const. Omnem reipublicae) mit Zahlen. Wiederholt werden wir z. B. daran erinnert, daß die Institutionen aus 4, der Codex aus 12, die Pandekten aus 50 Büchern bestehen.⁷) Darauf deutet

2) der auffallende Umstand, daß Justinian die Zahl der Bücher in vorhinein bestimmt hat, nicht bloß bei den Digesten⁸) (Const. Deo auctore §. 5 und §. 14; vgl. C. Tanta §. 1), sondern auch bei den Institutionen (prooem. Inst. §. 4: „in hos quatuor libros easdem Institutiones partiri iussimus" und C. Tanta §. 11 „mandavimus .... hoc et capere studeant et quatuor libris reponere").

3) Entscheidend endlich sind die Worte Justinians in C. Tanta §. 1 a. E. „et in quinquaginta libros omne quod utilissimum erat, collectum est........... et in septem partes eos digessimus, non perperam neque sine ratione, **sed in numerorum naturam et artem respicientes, et consentaneam eis divisionem partium conficientes.**" Darin liegt eigentlich ein Geständniß, und dieses überhebt des Beweises.

Es erscheinen manche in der Einteilung der Just. Rechtsbücher hervortretende Zahlenverhältnisse als Produkt bewußter Spielerei; in andere, bei denen dies nicht der Fall ist, wird hinterdrein ein tieferer Sinn zu legen versucht.

---

⁶) Brandis, S. 440. — Ueber diese Verfälschung, wie über die große Beliebtheit der Zahlenlehre, bes. im Orient s. die schönen Ausführungen in Ritter's Gesch. d. Pythagorischen Philosophie S. 73—79.

⁷) Vgl. z. B. den Eingang der C. Omnem reip. mit C. Tanta, §. 1 und prooem Inst..

⁸) Wo es schon Anderen aufgefallen ist: Blume in b. Ztschft. f. gesch. R. W. IV. 356; Puchta, Instit. I. S. 608: Erxleben S. 265.

1) Mit Vorliebe verweilt Justinian schon bei der mystischen Dreizahl[9]) seiner Institutionen, Digesten, Constitutionen. C. Tanta §. 12: „Omni igitur Romani iuris dispositione composita, et in tribus voluminibus, id est Institutionum, et Digestorum ..... nec non Constitutionum, perfecta, et in tribus annis consummata" ... (cf. C. Omnem §. 7). — C. Tanta §. 23: „Leges autem nostras ..... suum obtinere robur ex tertio nostro .. sancimus consulatu praesentis duodecimae indictionis, tertio Kalendas Januarias ... Bene autem properavimus in tertium nostrum consulatum et has leges edere, quia .. in hoc .... et tertia pars mundi nobis adcrevit ...., omnia coelestia dona nostro tertio consulatui indulta."

2) Tritt hervor die Zahl Vier in den Institutionen und in der Πρῶτα (s. unten);

3) die Zahl Sieben in den Partes und auch sonst noch mehrmals;

4) die mystische Zwölfzahl — eine der ältesten und allgemeinsten Traditionen der Menschheit[10]) — in den Büchern des Codex[11]) (C. Tanta §. 1 und C. Omnem im Eingange);

5) die Zahl Fünfzig als Zahl der Decisiones sowol, als der Bücher in den Digesten.[12]) Vgl. Cordi nobis §. 1 mit Tanta §. 1, wo gesagt wird, diese 50 Bücher sollten darum Pandectae heißen, „quia omnes disputationes et decisiones[12a]) in se habent." —

Wenn wir nun zu unserem eigentlichen Gegenstand übergehen, so steht zunächst fest, daß die sieben Partes etwas Be-

---

[9]) Ueber sie vgl. Meursius, Denarius Pythagor. cap. 5 in den Opera omnia (Florenz 1744) IV vol. p. 24 sq.

[10]) Hundert Beispiele liegen nahe, man denke nur an die Abhdlg. im I. Bd. von Waitz' deutscher Verfassungsgeschichte!

[11]) Schon Giphanius, Oecon. iuris (Argentor. 1612) p. 29 erinnert hier an die 12-Teilung des as, an die 12 Monate, 12 Tafeln u. s. w.

[12]) Auch schon von Blume bemerkt, a. a. O. S. 356, N. 7. — Giphanius l. c. p. 118. 119. stellt die grundlose (Blume S. 357 N. 7) Vermutung auf, Just. habe, „laudem brevitatis" anstrebend, die 100(?) Bücher der Julianischen Digesten auf 50 reduciren wollen; gleichwie Homer 24, sein Nachahmer Virgil nur 12 Gesänge habe.

[12a]) Hängt dieser Inhalt vielleicht irgendwie mit der Bedeutung von 50 zusammen? Jene bekannten 50 decisiones sind natürlich nicht gemeint, denn diese wurden in den Codex repet. prael. verarbeitet.

sonderes bedeuten sollten. Zwar ist diese überflüssige und deshalb später wenig beachtete Einteilung der Digesten nicht ganz willkührlich und unmotivirt, da die partes zum Teile einerseits herkömmlichen Lehrgruppen,[13]) andererseits vielleicht den Büchern des älteren Just. Codex[14]) entsprechen; aber die Zahl Sieben war wol durch keine dieser Anlehnungen gegeben, wie denn „auch Justinian diese Zahl bei seinem Werke nicht als etwas altes, sondern nur als etwas gar fein ausgedachtes rühmt."[15]) Es liegt nun der Gedanke nahe, daß auch hier neupythagorische Zahlenmystik im Spiele sei.[16]) Und in der Tat weisen die Worte der C. Tanta §. 1 („in numerorum naturam et artem respicientes") und die entsprechenden Worte der C. Δέδωκεν („καὶ τοῦτο οὐ παρέργως, ἀλλὰ τῆς τῶν ἀριθμῶν φύσεώς τε καὶ ἁρμονίας στοχασάμενοι") deutlich genug darauf hin. Die Zahl 7 spielt aber bekanntlich in der Pythagorischen

---

[13]) Kuntze, Excurse, S. 22; Hugo im Civil. Mag. V. S. 7. Rudorff, Röm. Rechtsgesch. I. S. 301.

[14]) Beweisen läßt sich freilich nur, daß die Bücher des neueren Codex zum Teile mit den partes correspondiren (s. Erxleben S. 294); obige Behauptung aber ergiebt sich aus der Erwägung, daß der Codex repet. prael. eben nur eine „secunda editio" des älteren war (Erxleben, S. 290, 291). A. M. Rudorff, Röm. Rechtsgesch. I. S. 297: „Im System muß sich dieser Codex noch ganz an die älteren Constitutionensammlungen angeschlossen haben, da die Uebereinstimmung mit den Digesten erst bei dem zweiten Codex erstrebt wurde." (Vgl. S. 316. Ihm folgt Kuntze, Cursus §. 955, Z. 1, Z. 5.) — Es ist aber von vornherein unwahrscheinlich, daß bei Abfassung der Digesten auf den vorhandenen Codex durchaus keine Rücksicht wäre genommen worden (vgl. C. Deo auct. §. 5); so wie sich von vornherein vermuten läßt, daß die zweite Auflage des Codex, was die Anordnung des Stoffes betrifft, im Großen und Ganzen mit der ersten Auflage übereingestimmt haben werde. Hierfür spricht auch der Umstand, daß schon der ältere Codex Just. gleich dem neueren aus zwölf (nicht gleich dem Cod. Theod. aus sechzehn) Büchern bestanden hat (C. Tanta §. 1). — Durch Asher's Disquisitio, auf die sich Rudorff, S. 316, Nr. 8 bezieht, wird nur bestätigt, daß bei der repetita pralectio ein „vollkommeneres Zusammenstimmen . . . . von Codex und Pandekten erstrebt wurde", wie Burchardi Lehrb. I. §. 145 annimmt, der aber, m. E. mit Recht, fortfährt: „Da sich übrigens der ursprüngl. Codex nicht erhalten hat, so läßt sich der ganze Umfang der durch die Revision bewirkten Aenderungen nicht übersehen."

[15]) Hugo im Civil. Mag. V, S. 15.

[16]) Andeutungen in dieser Richtung schon bei Ludewig, vita Justiniani p. 272, N. 239; Spangenberg Einleitung S. 44, 45, Nr. 57.

Zahlenmyſtik eine große Rolle,[17] u. a. auch in der Ton- und Harmonienlehre;[18] und es darf erinnert werden, daß Paulus ſich gelegentlich auf dieſe Zahl als den „numerus Pythagoraeus" — freilich in verkehrter Art — beruft.[19] Auch bietet ſie für eine Einteilung den Vorteil, daß ſie eine Mitte[20] hat, was ihr allerdings mit jeder gnomoniſchen Zahl[21] gemein iſt; während ſie vor den anderen das myſtiſche Verhältniß 3 + 1 + 3 und die Eigenſchaft voraus hat, daß der mittlere Teil der vierte iſt.[22] Und noch ein beſonderer abergläubiſcher Grund könnte Juſt. bewogen haben, dieſe Zahl zur Haupteinteilung ſeines Digeſtenwerkes zu machen, von deſſen Schwierigkeit und glücklicher Beendigung er (und hier nicht ohne Berechtigung) mit ſo viel Emphaſe ſpricht: — die Zahl 7 heißt nämlich bei den Pythagoräern auch „Τελεσφόρος (ad finem perducens) ἐπειδὴ ταύτῃ τελεσφορεῖται τὰ σύμπαντα".[23]

---

[17] Ritter S. 87; Macrobius com. in somn. Scipion. I. c. 6 (ed. L. Janus I, p. 37; ſ. beſ. das Citat aus Cicero auf p. 44).

[18] Brandis S. 460, 463.

[19] Savigny Syſtem II. S. 403, 406. Vgl. Gellius N. A. III, 10, der ſich auf M. Varro's „hebdomades" beruft; dann Macrob. (ſ. hier Nr. 17), der auch die Pubertätsgränze damit in Verbindung bringt (2 × 7=14); gegen ihn Savigny III. S. 68.

[20] Es gab auch bei uns eine Zeit — lange ſchon vor Hegel —, wo man glaubte jede wiſſenſchaftl. Einteilung müſſe 3 Teile haben, wobei wol die Betrachtung mitwirkte, daß 3 die kleinſte Reihe iſt, bei der man Anfang, Mitte, Ende unterſcheiden könne. Welchen Zwang hat man dem Syſtem des öſterr. bgl. G. B. angetan, um 3 Hauptteile herauszubringen! (Vgl. Unger, Syſtem I. S. 227, N. 42). Auch der Code Nap. hat 3 Bücher. Sollte das alles wirklich nur aus dem Vorbild des Gajiſchen Syſtems zu erklären ſein? —

[21] Gnomoniſche Zahlen heißen bei den Pythagoräern die Ungeraden von 3 angefangen; wenn man die Quadratenreihe zur gnomon. Reihe abbirt, ſo erhält man wieder eine Quadratenreihe:

3, 5, 7, 9, 11, 13, 15, 17, 19, 21 ...
1, 4, 9, 16, 25, 36, 49, 64, 81, 100 ...

4, 9, 16, 25, 36, 49, 64, 81, 100, 121 ...

Darüber: Böckh, Philolaos des Pythag. Lehren, S. 143 fg. — Brandis S. 452, N. m.

[22] S. unten über den Umbilicus.

[23] Citat aus Philo bei Meursius p. 60. — Offenbar iſt wegen dieſer Eigenſchaft die Zahl 7 für die Lehre von der Schwangerſchafts-

Die Zahlenspielerei in der Einteilung der Digesten. 345

Ueberdies fällt an dieser Zahl auf, daß sie ungefähr die Wurzel von 50 ist (7 × 7 = 49); und man könnte auf den Gedanken kommen, daß Justinian jeder Pars 7 B., der mittleren 8 B. zugeben gedachte.[24]) Dies ist aber bekanntlich nicht geschehen.[25])

Die Zahl 7 als Basis einer Stoffverteilung finden wir sonst noch a) in C. Omnem §. 3 verb. „ex septem libris de legatis et fideicommissis et quæ circa ea sunt"; b) Omnem §. 3:... „libros singulares, quos ex omni compositione quatuordecim librorum excerpsimus"...; c) in der später zu besprechenden Einteilung der Digesten in 36 vordere und 14 rückwärtige Bücher (C. Omnem §. 5 und pr.).[25a])

Wenn wir nun die Verteilung der 50 Bücher in die partes ansehen, so kommt die eine Hälfte auf die 3 inneren, die andere auf die 4 äußeren partes.[26]) — Wenn man ferner von der ersten pars absieht, so haben die folgenden 3 partes genau soviel Bücher (23), als die anderen drei.[27])

Sehr bemerkenswert ist endlich die Einteilung der Digesten in 36 vordere, für Studienzwecke unentbehrliche, und 14 weitere

---

dauer in Anspruch genommen worden (s. hier N. 19); so heißen bei Plutarch δένδρα τελεσφόρα Bäume, welche ihre Früchte bis zur vollen Reife austragen (s. Pape's Wörterbuch s. verb. τελεσφόρος).

[24]) Wirklich war dies das erste, was mir dabei auffiel und einfiel, und demselben Gedanken begegne ich bei Blume S. 357, N. 8.

[25]) Bei der Verteilung der Bücher in die partes wurden andere Rücksichten maßgebend (wovon später). Der Gedanke aber, die Mitte stärker auszustatten, als Anfang und Ende, ist realisirt (s. Nr. 26).

[25a]) Vgl. die 3 mal 14 Glieder in der Genealogie Christi bei Matthäus I. 17. Strauß, Leben Jesu, krit. bearbeitet, 2. Aufl. 1887, I. S. 152 sieht das Mystische nur darin, daß dieselbe Zahl 3mal wiederkehrt; dagegen Paulus, Exeget. Handb. I. S. 292 auch in der Zahl 14, als der doppelten Sieben (vgl. auch in Allioli's Bibelübersetzung die Note 14 zu der obigen Stelle) — Die einfache Sieben findet sich im Briefe des Judas, v. 14 „Enoch der siebente von Adam" (vgl. I, Moses, 5).

[26]) Vgl. die vorige Nr. —

$$\left.\begin{array}{l} I = 4 \\ II = 7 \\ VI = 8 \\ VII = 6 \end{array}\right\} 25\ B. \qquad \left.\begin{array}{l} III = 8 \\ IV = 8 \\ V = 9 \end{array}\right\} 25\ B.$$

[27]) $\left.\begin{array}{l} II = 7 \\ III = 8 \\ IV = 8 \end{array}\right\} 23 \qquad \left.\begin{array}{l} V = 9 \\ VI = 8 \\ VII = 6 \end{array}\right\} 23$

entbehrliche Bücher.[27a]) C. Omnem, pr. „ex libris autem L nostrorum Dig. sex et triginta tantummodo sufficere .... ad iuventutis eruditionem iudicamus"; und ibid. §. 5 ... „ut ex triginta sex librorum recitatione fiant iuvenes perfecti... quatuordecim libros ...... postea .... legere et in iudiciis ostendere." Dabei fällt auf, daß diese 14 Bücher, wie Justinian l. c. selbst hervorhebt, auf die 2 letzten partes, die 36 B. auf die 5 ersten p. entfallen ($2 \times 7 = 14$; $5 \times 7 = 35$; also insoweit wenigstens die Verteilung nach der Grundzahl 7, mit jener Genauigkeit, die die Zahl 50 zuläßt[28]). Dazu aber kommt, daß die Zahl 36 für die Pythagoräer von ganz besonderer Bedeutung war; es ist ihre „große Tetraktys", die geradezu das Weltall bedeutet.[29]) Die größere Wichtigkeit dieser 5 ersten Partes, die man im Geiste der obigen Aeußerungen Justinian's „die Pandekten im eng. S." nennen könnte, wurde auch nach dadurch angedeutet, daß sie — nicht aber die 6. und 7. Pars — eigene Namen erhielten (πρῶτα, de iudiciis,...).

Auch auf alles dieses passen die Worte: „non perperam neque sine ratione, sed in numerorum naturam et artem respicientes, et consentaneam eis divisionem partium conficientes." Zwar behauptet Blume,[30]) „daß Justinian nur von der Zahl 7 spricht"; aber in den cit. Worten liegt diese Beschränkung keineswegs. Warum sollte sich die „divisio partium" bloß

[27a]) Vgl. Hugo im civil. Mag. V. S. 11 fg.; S. 476.

[28]) D. h. $5 \times 7 = 35$, nicht 36; ebenso wie $7 \times 7 = 49$, nicht 50.

[29]) Die mystische Bedeutung der Zahl 36 beruht nicht, wie man glauben könnte, darauf, daß sie das Quadrat von 6 ist, sondern darauf daß sie die Summe der ersten 4 geraden und der ersten 4 ungeraden Zahlen in sich begreift

$$\begin{array}{r}1 + 3 + 5 + 7 = 16\\ 2 + 4 + 6 + 8 = 20\\ \hline 36\end{array}$$

(durch ein Versehen wird sie bei Brandis 473 fg., N. t für die Summe der ersten 4 geraden Zahlen erklärt). Dabei ist zu bedenken, daß mit den Geraden und den Ungeraden der Dualismus und Gegensatz der weltgestaltenden Potenzen (etwa wie Ausdehnung und Begränzung; Stoff und Form) vorgestellt und der Zahl 4 selbst wieder eine myst. Bedeutung beigelegt wurde. — Vgl. übrigens Ritter S. 90; Brandis a. a. O.; über die Stelle aus Plutarch s. Meursius l. c. p. 35.

[30]) Ztschft. f. gesch. R. W. IV. S. 357; N. 8.

auf die Anzahl, warum nicht auch auf den Umfang der partes, d. h. auf die Verteilung der Bücher in die letzteren beziehen? Um so mehr empfiehlt sich die letztere Auslegung als die weitläufige Darlegung der Einteilung der Digesten sich mit einem γάρ („igitur")[30a] unmittelbar an die angeführten Worte anschließt. In der Mitte steht die Aeußerung über die 8 Bücher des Umbilicus, und die ganze Aufzählung schließt mit einer die Zahlenspielerei wieder hervorhebenden Wendung,[31]) so daß wir an diese am Anfang, in der Mitte und am Ende jener Inhaltsübersicht erinnert werden.

Die 50 Bücher sind nun in die 7 Teile so verteilt, daß der erste Teil 4, der letzte 6 B. hat; die übrigen 40 sind auf die 5 anderen ziemlich gleichmäßig verteilt.

I) „Igitur prima quidem pars totius contextus, quae graeco vocabulo πρῶτα nuncupatur, in quatuor libros seposita est." (C. Tanta §. 2). Die auffallende Abweichung von der Stärke der anderen Partes ist in Verbindung zu bringen damit, daß diese pars, wie 2mal gesagt wird, die erste ist. Die Pythagoräer betrachten die Vierzahl (Tetraktys) gleichsam als die Mutter der vollkommenen Zehnzahl $(1 + 2 + 3 + 4 = 10)$ ja als den Grund aller Dinge, die Wurzel der ganzen Natur. Themistius Phys. lib. III.: „καὶ ἡ πηγὴ τῆς φύσεως ἡ τετρακτύς"; Irenaeus: „τετρακτὺν, ἣν καὶ ῥίζαν τῶν πάντων κάλουσιν"; Hierocles: „Alles, was besteht, faßt die Vierzahl in sich; in Bezug auf die Elemente, Zahlen, Jahreszeiten... ...kann man nichts sagen, das nicht von der Vierzahl als Wurzel und Anfang abhienge („ὃ μὴ τῆς τετρακτύος, ὡς ῥίζης καὶ ἀρχῆς ἤρτηται")[32]) Und nun vergleiche man nochmals: „in numerorum naturam et artem respicientes, et consentaneam eis divisionem partium conficientes. Igitur

---

[30a]) Das γάρ kommt hier noch mehr in Betracht, als das oft ziemlich farblose igitur. Jene griech. Partikel zeigt nämlich deutlicher, als diese lateinische, daß die folgenden Sätze eine Erläuterung und Begründung des voraufgehenden sein wollen.

[31]) C. Tanta §. 8 u. viel deutlicher in Δέδωκεν §. 8 a. E.: „Τούτου δὴ τοῦ συστήματος (der 7. pars) ἕκτον μὲν ....., πεντηκοστὸν δὲ πρὸς τὴν ὅλην τῆς συντάξεως ἁρμονίαν."

[32]) Diese und viele andere Stellen bei Meursius IV, p. 30 sq. (cap. 6). Vgl. Brandis 469, N. g, S. 470, 473.

prima quidem pars..... in quatuor libros seposita est."
Und man vergl. weiter: prooem. Inst. §. 4: „in hos quatuor libros .... prima elementa"; und C. Tanta §. 11: „et quatuor libris reponere et totius eruditionis prima elementa[33]) ponere....."

II) Die letzte pars hat 6 Bücher. Die Sechszahl (senarius) war aber nicht bloß einer der sog. numeri perfecti ($τέλειοι$ $ἀριθμοί$,[34]) sondern bedeutete auch die „harmonia ac perfectio partium".[35] Vgl. $Δέδωκεν$ §. 8: „$Τὸ\ δὲ\ τοῦ$ $παντὸς\ τελευταῖον,\ ὅπερ\ ἕβδομον\ ἁπάσης\ ἐστὶν\ τῆς$ $πραγματείας,\ ἐξ\ βιβλίων\ ἀριθμῷ\ περιέσταλται$.." und a. E. nochmals: „$τούτου\ δὴ\ τοῦ\ συστήματος$.... $ἕκτον$ $μὲν$... $πεντηκοστὸν\ δὲ\ πρὸς\ τὴν\ ὅλην$..... $ἁρμονίαν$".

Diese 4 und 6 geben 10 „die allumfassende, vollkommenste Zahl";[36] bleiben noch 40, eine Zahl, die gleich sehr an die Vier=, wie an die Zehnzahl[37] erinnert. 40 auf 5 partes verteilt giebt 8 Bücher, welche Zahl (zuweilen $παναρμονία$ genannt)[38] sich dann wirklich bei 3 dieser partes findet. „$Πάντα$ $ὀκτώ$" sagten die Alten, „si quae perfecta esse ac magnifica dicere vellent";[39] was an unser „aller guten Dinge sind drei"

---

[33]) In §. 23 der C. Tanta werden die Institutionen genannt „Codex Institutionum seu Elementorum". — Wenn auch das Vorbild der Gajischen Instit. entscheidend war, so darf man nicht übersehen, daß auch bei Gajus 3teiligem System die 4 Bücher auffallend genug sind, und andererseits auch schon zu seiner Zeit der Zahlenaberglaube ebenso im Schwange war, wie später (s. z. B. Gellius N. A. III, 10; Macrob. l. c. cap. 6). Ist doch auch die Einleitung des Gajus zu seinem Zwölftafeln=Commentar mystisch tingirt („in omnibus rebus animadverto id perfectum esse, quod ex omnibus suis partibus constaret"). Wenn man dies nicht annimmt, so ist schwer begreiflich, wie Gajus eine an sich so platte Phrase niederschreiben mochte; und noch schwerer begreiflich, warum man einer solchen Stelle die Ehre der Aufnahme in die Digesten (l. 1 de orig. jur. I, 2) erwiesen hätte.

[34]) S. Pape Wörterb. sub h. v.

[35]) Meursius p. 49.

[36]) Vgl. Ritter S. 87, Brandis 452, N. n., 467, 479; ferner Ritter S. 125 mit Brandis S. 502 fg.

[37]) Ueber die Beziehung der Vier= zur Zehnzahl s. Brandis S. 469, N. g, S. 473.

[38]) Meursius, 62 sq.

erinnert, worin ja auch ein Stück Zahlenmystik steckt. — Vgl. *Δέδωκεν* §. 4 „*καὶ τὰ* de rebus *οὐκ ἐν πλείοσι τῶν ὀκτώ*"; ferner §. 5 a. E. und §. 7 a. E.

III) Die zweite pars hat nur 7, die fünfte dagegen 9 Bücher. Bei der ersteren könnte man an eine spielende Bezugnahme auf das vieldeutige Wort „iudicium" denken; denn iudicium (im Sinne von Einsicht, Verstand) hatte 7 zum Symbol.[40]) — C. *Δέδωκεν* §. 3: „*τὰ* de iudiciis *ἐν ἑτέροις ἑπτα*". — Daß man sich von Justinian einer solchen Spielerei schon versehen könnte, ihm mit einer solchen Vermutung nicht zu nahe tritt, das zeigt seine „bellissima machinatio" mit den Stellen aus Papinian im Anfang des Umbilicus (l. 1, 2, 3 D XX, 1).[41]) — Für die 9 Bücher der fünften Pars weiß ich keine Erklärung.[42])

IV) Von Bedeutung ist es wol auch, daß der vierte Teil (s. oben) zugleich der mittlere, der Kern des ganzen Werkes ist. C. Tanta, §. 5: „Quartus autem locus, qui et (zugleich) totius compositionis quasi quidam invenitur umbilicus (C. *Δέδωκεν* „*μέσον τοῦ παντός*), octo libros suscepit ..... Et memoratam ordinationem octo librorum mediam totius operis reposuimus,[43]) omnia undique tam utilissima quam pulcherrima jura continentem." Diese Pars sollte also wie die Mitte, so auch der Kern und „der Ausbund" des Gan-

---

[39]) Ibid. 61 sq... — Auch bedeutet die Zahl 8 die Gerechtigkeit (Macrob. ed. Janus I, p. 36 = cap. V 17), während von Anderen diese Bedeutung wieder anderen Zahlen zugeschrieben wird (Brandis 473).

[40]) Böckh S. 158 fg.; Brandis S. 471.

[41]) C. Omnem reip. §. 4.

[42]) Wiederholt bedient sich Justinian des Ausdrucks „Harmonie", sowol wo er von der Einteilung seiner Digesten spricht (so in C. *Δέδωκεν* §. 8 a. E.), als in jener Stelle, deren Erklärung hier eben versucht wird (ib. §. 1 a. E.). Man könnte sich dadurch versucht fühlen den Umstand, daß die p. quarta 8, die p. quinta 9 B. hat, damit in Zusammenhang zu bringen, daß die Pythagoräer den Unterschied von Quarte und Quinte mit 8 : 9 bezeichnen (Böckh S. 69, 74; Brandis S. 458); „die Quinte ist größer als die Quarte um ein Achtel, sagt Philolaus" (Brandis 457). Dies wäre aber doch zu gesucht. Das Zusammentreffen ist wol eben so zufällig, als daß wir den Zahlen 27 (Summe der B. der vier ersten Partes) und 36 Summe der B. der fünf ersten P.) in der pythag. Tonlehre wieder begegnen.

[43]) In diesem Worte (vgl. § 2 „seposita est") drückt sich das planmäßige des Vorgehns aus.

zen sein. Vgl. damit Brandis (S. 484): die Pythagoräer wollen „das Schönste und Beste nicht ins Princip und zu Anfang gesetzt" haben; und Aristoteles: „ὥσπερ οἱ Πυθαγόρειοι...... τὸ κάλλιστον καὶ ἄριστον μὴ ἐν ἀρχῇ εἶναι......"[44]) Zwar ist ἐν ἀρχῇ hier temporal gemeint; aber bei einem Buche fällt temporal und lokal gewisser Maßen zusammen; und als Anhaltspunkt für eine spielende Anordnung genügt dergleichen, wie etwa unser Sprüchwort „Ende gut, Alles gut." — Auch wird zweimal gesagt, dieser Teil bestehe aus acht B., wobei man wieder an jenes „πάντα ὀκτώ" erinnert wird.

Zu den „pulcherrima iura" gehörte nach Justinians Vorstellung namentlich das Eherecht (im w. S.). Auf dieses entfallen drei von jenen 8 B., und Justinian sagt es uns zweimal: „tribus librorum voluminibus ea concludentes" C. Tanta §. 5) und „tripertitum volumen,"[45]) quod pro dotibus composuimus." Die Zahl drei bedeutet unter anderem auch die Ehe,[46]) die freilich auch auf andere Zahlen zurückgeführt wurde.

Doch genug der Vermutungen! Denn allerdings liegt hier die Gefahr sehr nahe, in der Spielerei weiter zu gehen, als Justinian selbst, und in Aufstellungen sich zu verlieren, willkührlicher, als jene neu-pythagorische Zahlenmystik. Diese ist nämlich zuletzt so entartet, die Traditionen der Schule wurden durch individuelle Träumereien so entstellt, daß man aus den Schriften der späteren Schriftsteller alles ziemlich beliebig deuten und sich zurechtlegen kann, da sie den Zahlen die verschiedensten Bedeutungen beilegen und — was noch schlimmer ist — für die-

---

[44]) Bei Brandis 484, N. h.

[45]) Man bemerke: die nämliche Partie wird bald „tria volumina", bald „tripertitum volumen" genannt. Daraus folgt, daß dem schwankenden Sprachgebrauche Justinians keine Antwort entnommen werden kann auf die von Hugo (Civil. Mag. V. S. 6) angeregte Frage, ob Justinian die Digesten äußerlich in mehrere Bände teilen ließ. „Volumen" nennt er bald das ganze Werk (C. Omnem reip. §. 7, C. Tanta §. 12; C. Deo auct. §. 1, §. 2 und §. 11); bald jede einzelne pars (C. Omnem reip. §. 3); bald ein einzelnes Buch (C. Tanta §. 5), bald mehrere Bücher zusammen (C. Omnem reip. §. 3). — Für die äußerliche Ungeteiltheit fallen jedenfalls schwer ins Gewicht die Aeußerungen in der C. Deo auct. §. 1, §. 2, §. 11.

[46]) Brandis 472, 473, N. q.

selbe Idee verschiedene Zahlen als Symbole gebrauchten.⁴⁷) Durch diese Thatsache wird Auswahl und Beschränkung geboten; letztere überdies durch die Erwägung, daß Kürze zur Pflicht wird „bei einer Untersuchung, welche aus manchem Gesichtspunkt so unwichtig erscheinen muß."⁴⁸)

Zur Beerbung der liberta.
Von
Herrn Professor J. Hofmann in Wien.

Die liberta konnte bekanntlich ohne auctoritas ihres Tutors (Patrons) nicht testiren; ab intestato aber fiel ihr Vermögen an den Patron; und erstere Bestimmung wird mit der letzteren geradezu in einen Final=Zusammenhang gebracht (Gaj. I. §. 192: „eaque omnia ipsorum causa constituta sunt, ut quia ad eos intestatarum mortuarum hereditates pertinent, neque per testamentum excludantur ab hereditate..." vgl. Gaj. III. §. 43 nach Huschke's Restitution in der Jurispr. Ant. p. 218; u. l. 1. pr. D. 26. 4).*)

Gewöhnlich legt man sich dies so zurecht: der libertus wird nach altem Civilrecht zuerst, ganz wie ein ingenuus, von seinen suis beerbt (Ulp. 29, §. 1), nur in Ermangelung derselben von seinem Patron; und hierfür bringt man nicht nur die positiven Gründe vor, welche überhaupt das patronatische Erbrecht gerechtfertigt erscheinen lassen (Müller Instit. S. 788 fg.); sondern man betont (und m. R.) die negative Tatsache, daß der Freigelassene keine Agnaten haben könne, die nicht schon in der I. Classe berufen wären. Um so natürlicher sei es, daß der Patron und dessen (agnatische) Descendenten hier die II. Classe bilden, welche beim ingenuus den Agnaten zukommt (z. B. Müller S. 783). Da aber eine Frauensperson keine sui

---

⁴⁷) Die sich häufenden und oft widersprechenden Deutungen der einzelnen Zahlen sind wol neueren Datums (Ritter S. 88); doch haben auch schon die älteren Pythagoräer durch Zahlen das Wesen und den Begriff der Dinge auszudrücken gesucht (Ritter, S. 87).

⁴⁸) Hugo, Civil. Mag. V, S. 23.

*) In beinahe umgekehrter und — da es sich dort um die Auffassung der „veteres" handelt — verkehrter Weise wird der Parallelismus zwischen gesetzlicher Erbfolge und Tutel bei Just. Inst. I, 17 so begründet: ubi successionis est emolumentum, ibi et tutelae *onus* esse debet.

haben konnte, so sei es ganz selbstverständlich, daß der Patron der Nächste zur Erbschaft seiner liberta war (Müller l. c., N. 15). (Ulp. 29. §. 2. „... seu intestata moriatur liberta, semper ad eum (sc. patronum) hereditas pertinet, licet liberi sint libertae, qui, quoniam non sunt sui heredes matri, non obstant patrono.")

Dieser Gedankengang hat Eine schwache Stelle: es ist dabei ohne weiteres angenommen, daß die 2. Erbklasse der 12 Tafeln, weil sie beim libertus nicht gedacht werden könne, auch bei der liberta undenkbar sei (z. B. Burchardi Lehrbuch, II. Teil, 1. Abt. S. 318 „Freigelassene, welche sämmtlich keine Agnaten haben können..."; vgl. Kuntze I §. 897). Das ist aber falsch. Gerade weil sie keine sui haben kann, kann sie Agnaten (im eng. S.) haben. Tritt sie freilich in eine sog. freie Ehe, oder heiratet gar nicht, dann hat sie keine Agnaten. Wenn sie aber eine Manus-Ehe einging und Kinder bekam, dann war sie quasi soror consanguinea derselben. Und daß Freigelassene, obwol ihnen lange Zeit das connubium mit ingenui versagt war (Müller S. 568, N. 7), gleichwol einer Manus-Ehe nicht unfähig waren, ja daß solche tatsächlich unter ihnen vorkamen, wird mehrmals direct bezeugt (zweimal allein in Ulp. 29, §. 1; dann bei Gaj. III. 40; ferner in III. 41, wo außer der uxor in manu auch noch die nurus in manu filii ausdrücklich erwähnt wird; und speziell für die liberta: Gaj. I. §. 195ᵃ (arg. „et auctore eo coemptionem fecerit"). Damit ist erwiesen, daß sie Agnaten haben konnte. Nun sind 2 Fälle denkbar: a) die Frau stirbt in manu; dann kann von einer Beerbung derselben überhaupt nicht die Rede sein (Kuntze I, S. 610); b) die Frau wird durch des Mannes Tod sui iuris; dann ist sie nicht bloß vermögensfähig, sondern hat regelmäßig auch Vermögen, da sie ihren Gatten als sua beerbt hat. Waren nun Kinder aus dieser Ehe da, die ebenfalls erst durch des Vaters Tod sui iuris wurden, und überlebten diese die Mutter, so waren gewiß Agnaten da, und hätten diese dem Patron nachstehen sollen? Unwahrscheinlich! Und doch nennt das 12 Tafel-Gesetz keine solche Classe! Die nächstliegende Auflösung des Räthsels scheint nun diese: durch jede capitis diminutio, ob sie nun die Person des Erblassers (Freigelassenen) oder des Erben (Patron) betraf, ging nach der von Ulp. 27 §. 5 referirten

Rechtsregel das altcivile patronatische Erbrecht unter (Gaj. III §. 51 „si neque ipsa patrona, neque liberta capite diminuta sit, ex lege XII tab. ad eam hereditas pertinet, et excluduntur libertae liberi . . . "). Durch die Eingehung der Manus=Ehe (die allerdings nicht gegen den Willen des Patrons, als des gesetzlichen Tutors, geschehen konnte: arg. Gaj. I § 195a; vgl. III § 43 bei Huschke, und Burchardi II, 1. Abt. S. 237 D. (vgl. S. 247) mit Berufung auf Cicero pro Flacco, c. 34) erlosch also das patron. Erbrecht und die Kinder der liberta erbten dann allerdings. Auch dieses wird direct bestätigt von Gajus, der in III. § 51 so fortfährt: „si vero vel huius vel illius capitis diminutio interveniat, rursus liberi libertae excludunt patronum, quia legitimo jure capitis diminutione interemto evenit, ut liberi libertae cognationis iure potiores habeantur". Letzteres ist offenbar vom Standpunkte des prätor. R. gesprochen, und so zu verstehen: die erste der 7 prätor. Classen kommt bei einer liberta nicht vor; in der 2ten werden auch hier alle Grundsätze und Beschränkungen des Civil=Rechts herübergenommen; der Prätor bietet eben in dieser Classe die Bon. poss°. nur auf Grund des Civilrechtes an; da also durch cap. dem°. der liberta das patron. Erbrecht erlischt, wird die B. P°. der dritten Classe („unde cognati") deferirt.

Der Umstand, daß sich die Mutter in manu befand, wäre also hiernach für das Erbrecht der Kinder allerdings von Wichtigkeit gewesen, aber nicht deshalb, weil sie nun Agnaten der Mutter waren, sondern deshalb, weil durch die capitis diminutio der Mutter das patronatische Erbrecht erlosch.

Man könnte demnach geneigt sein, sich mit folgendem Resultat zufrieden zu geben: von den zwei Wirkungen der manus (1) cap. dim. der Frau, 2) Agnation zwischen ihr und den Kindern) trete die zweite hinter der ersten practisch zurück und daraus erkläre sich, daß von Agnaten der liberta nichts erwähnt werde. Ist die Frau nicht in manu gewesen, dann sind ihre Kinder nicht Agnaten und hätten auch, wenn ihre Mutter eine ingenua wäre, kein civiles Erbrecht (nach d. 12 Taf.). War die Frau dagegen in manu, dann kann wieder andererseits von einem patronat. Erbrecht keine Rede sein.

Doch ist dies Resultat noch keineswegs befriedigend. Es entstehen folgende Zweifelsfragen: Hatten die Agnaten einer liberta nach den 12 Tafeln ein Erbrecht? Ein Zeugniß dafür giebt es m. W. nicht; denn die obige Stelle aus Gajus spricht nur von „ius cognationis", also vom prätor. Erbrecht. Hatten sie keines? Das Resultat wäre unerträglich und auch im Widerspruch mit den Grundsätzen des 12 Tafelrechtes.

Nehmen wir aber ein civiles Erbrecht an, dann muß wieder auffallen, warum Gajus bloß von einem jus cognationis spricht. Sollte dann der Prätor diesen Personen keinen Vorzug vor den bloßen Cognaten gewährt haben? Das stände im Widerspruch mit den Grundsätzen über die Beerbung einer ingenua. Man wende nicht ein, der Vorzug agnatischer Kinder vor cognatischen zeige sich darin, daß letztere durch den Patron von der Erbfolge ausgeschlossen werden, erstere nicht; denn a) können ja neben agnatischen Descendenten cognatische da sein; b) kann das Erbrecht des Patrons (oder der Patronin) auch durch eine ihn (oder sie) betreffende cap. dim°. entfallen (Gaj. III §. 51: „neque patrona, neque liberta capite diminuta sit"), und ebb.: „si vero aut huius aut illius capitis diminutio interveniat"), wo dann cognatische Kinder in derselben Lage sind wie agnatische.

Alle diese Erwägungen führen m. E. zu folgender Annahme: Wo das patronatische Erbrecht entfällt, entfällt auch jeder Grund, den Nachlaß freigelassener cives nach anderen Grundsätzen zu behandeln, als den freigeborener. Darnach würden die agnatischen Kinder einer liberta sowol nach den 12 Tafeln, als nach dem Edict in der II. Classe geerbt haben; und darin hätte allerdings ein erheblicher Vorzug vor bloß cognatischen Kindern gelegen. Daß aber Gajus (III. § 51 a. E.) nur von „jus cognationis" spricht, erklärt sich wol ganz befriedigend daraus, daß nur diese Wendung auf sämmtliche in den Worten „vel huius vel illius capitis diminutio" zusammengefaßte Fälle paßt.

Resultat: Daß die Quellen bei der Beerbung der liberta nicht der Agnaten gedenken, erklärt sich nicht, wie man gewöhnlich annimmt, daraus: daß sie keine hätte haben können; sondern daraus: daß in jenen Fällen, wo sie welche hatte, kein patronatisches Erbrecht in Frage kam, vielmehr die liberta ganz nach denselben Regeln, wie eine ingenua, beerbt wurde.

Die formlose Scheidung nach der lex Julia de adulteriis.

Von

Herrn Professor Dr. Schirmer in Königsberg.

Bekanntlich war bis in die Zeit des Augustus die Scheidung bei den Römern durchaus willkürlich und formlos. In beiden Richtungen aber traten unter seiner Herrschaft Beschränkungen ein. Die lex Julia de adulteriis erforderte für das diuortium eine feste, solenne Form; die lex Julia de maritandis ordinibus entzog der mit ihrem Patron verheiratheten Freigelassenen das Recht, diese Ehe willkürlich aufzulösen, gänzlich. Doch sind diese beiden Bestimmungen von jenen Gesetzen nicht mit gleicher Kraft versehen. Das an die liberta gerichtete Verbot ist lediglich eine lex imperfecta, es untersagt die Scheidung erklärt sie aber nicht für nichtig.

"diuortii faciendi potestas libertae, quae nupta est patrono, ne esto" — L. 11 pr. D. de diuort. 24. 2.

das formlose diuortium dagegen soll für nicht geschehen gelten.

— lex Julia de adulteriis, nisi certo modo diuortium factum sit, pro infecto habet. L. un. §. 1 D. unde uir. et ux. 38. 11.

ein Unterschied, auf den Ulpian im weiteren Verlauf des erstgedachten Fragmentes ersichtlich anspielt. —

Sehen wir nun, wie die römische Jurisprudenz von diesen verschiedenen Ausgangspunkten her in beiden Fällen die Verhältnisse verschiedenartig gestaltend vorgeht. Bezüglich der Ehe des Freilassers mit der liberta wird ohne Umschweife anerkannt, der gegen das Gesetz erfolgten Ehescheidung müsse in strenger Durchführung der civilen Consequenz die Wirkung zustehen, die bestandene Ehe nichts destoweniger aufzuheben

"non infectum uidetur (lex) effecisse diuortium, quod iure ciuili dissoluere solet matrimonium. Quare constare matrimonium dicere non possumus, cum sit separatum." L. 11 D. cit.

Das Verbot der Scheidung wird sonach zu einem Verbote der Wiederverheirathung ohne Zustimmung des Patrons abgeschwächt, die Wirkung des Gesetzes als Entziehung des connubium, bis derselbe die liberta des Zwanges entlasse, characterisirt. Merito igitur, fährt die obige Stelle fort, quamdiu patronus eius eam uxorem suam esse uult, cum nullo alio connubium ei est; nam quia intellexit legislator facto libertae quasi diremtum matrimonium, detraxit ei cum alio connubium." Vgl. auch L. 1 C. de incest nupt. V. 5, auf welches Rescript wohl die Notiz in Nou. 22. c. 37 zu beziehen ist. Man konnte sich eben nicht leicht entschließen, die thatsächlich getrennte noch als wahre Ehe zu betrachten und benutzte gern die Handhabe, welche der Ausdruck des Gesetzes bot, um die einschneidende Wirkung desselben möglichst zu mildern. Dem entsprechend wird dann auch in minder genauer Relation der Inhalt des Gesetzes dahin angegeben „inuito patrono libertam, quae ei nupta est, alii nubere non posse" L. 45 pr. D. R. N. 23. 2. und in Fällen, die nicht der gesetzlichen Vorschrift unterliegen, heißt es schlechthin „licet libertae inuito patrono nuptias contrahere" (L. 50 D. eod. Marcell. ad leg. Jul. et Pap.). So bezeichnet L. 10 D. de diuort. 24. 2. die von ihrem Patron geschiedene aber nicht losgegebene Freigelassene als eine solche „quam in matrimonio habuit."

Eine Consequenz dieser Auslegung des Gesetzes ist es nun einerseits, daß die von der liberta ohne Genehmigung des Patrons eingegangene Ehe nichtig ist. Quare cuicunque nupserit, pro non nupta habebitur sagt Ulpian in L. 11 pr. D. cit. Deshalb reihen Justinian's Compilatoren ein Rescript des Kaiser Alexander, welches ihr das connubium abspricht, unter dem Titel de incestis nuptiis ein. Ganz folgerichtig entscheidet ferner Julian nach Ulpians Angabe in L. 11 pr. D. cit. daß sie mit Niemandem einen Concubinat eingehen könne. Unlogisch ist bloß die hinzugefügte Ausnahme (nec in concubinatu eam alterius, quam patroni esse posse). Denn hat der Patron sie als Concubine angenommen, so hat er sie damit als Frau entlassen, sie steht also überhaupt nicht mehr unter dem Banne des Gesetzes. Fraglich erscheint es, ob mit ihr, ehe der Patron sein Recht aufgibt, ein adulterium begangen werden konnte oder nicht. Jedenfalls ist es vorschnell, wenn die Glosse diese Frage verneint (Gl. ad. L. 11 pr. D. cit. ad. L. 1 C. cit. V. 5) ohne weiteren Grund als die Berufung auf L. penult. D. ad. leg. Iul. de adult. 48. 5., welche der geschiedenen liberta mit keinem Worte gedenkt, sondern augenscheinlich bloß von der formlos Geschiedenen handelt, und hier wegen mangelnden dolus das adulterium in Ab=

rede stellt. Eine wahre Ehe besteht zwischen dem Patron und der Freigelassenen allerdings nicht mehr, und insofern wäre das Begehen eines Ehebruchs ausgeschlossen; dagegen hat die letztere auch keine freie Verfügung über sich, sie bleibt dem Patron noch gebunden, und von diesem Gesichtspunkte aus wäre die Annahme eines adulterium immer noch denkbar [1]). Wie gesagt die Entscheidung ist fraglich, und die Quellen lassen uns im Stich. —

Andererseits ist es eine Folge der Auflösung der Ehe durch das diuortium, wenn das prätorische Erbrecht des überlebenden Ehegatten dadurch zerstört wird, wie dieß die L. un. § 1 D. unde uir. et ux. 38. 11. bezeugt. — Es ist ebenso mit voller Sicherheit anzunehmen, daß dem Patron kein Rechtsmittel zur Seite stand, um die liberta gegen ihren Willen zu nöthigen, seiner Person zu folgen. Dieselben Gründe, welche die Anstellung des interdictum de uxore exhibenda uel ducenda oder einer analogen Klage gegen eine jede Ehefrau hindern (cf. L. 5. C. de repud. V. 17), sie dem Dritten gegenüber allein, welcher die Frau wider ihren Willen zurückhält, statthaft erscheinen lassen, stehen auch hier im Wege, da die Fortsetzung der Ehe mit dem Patron ja nicht direct erzwungen, sondern nur indirect durch das Verbot der Wiederverheirathung herbeigeführt werden soll. (A. M. freilich Brinz Pand. p. 1213.)

Wie steht es nun mit der Dotalklage der sich scheidenden Freigelassenen? Nach L. 11 pr. D. de diuort. würde ihr diese auf Julians Autorität hin abgesprochen werden müssen. Es liegt indessen auf der Hand und ist auch bereits von Andern namentlich von Mommsen in seiner Pandectenausgabe bemerkt worden, daß der uns überlieferte Text unmöglich ganz in Ordnung sein kann. Aus dem vorhergehenden Satze „quare constare matrimonium dicere non possumus, cum sit separatum" kann man in keiner Weise zu dem Schlusse (denique) kommen „de dote hanc actionem non habere", sondern einzig zu dem entgegengesetzten. Deshalb will Mommsen hinter dem Worte

---

[1]) Man denke an die Zulässigkeit der vindicatio gegen die sponsa ex rescripto Seueri L. 13 § 3. 8. D. ad leg. Jul. de adult. 48. 5. Nach Justinianischem Recht leidet das keinen Zweifel. Nou. 22. cap. 37 „— sed sequentes nuptias *adulterium* et stuprum, non uero matrimonium aut coniunctionem existimet, per quam indigna contumelia manumissori inferatur." s. auch L. C. de incest. nupt. V. 5.

„separatum" den Satz einschieben, „sed nec dissolutum esse in totum". Dadurch wird freilich die Bemerkung Julians in befriedigender Weise an das Voraufgehende angeschlossen. Ist es aber wohl wahrscheinlich, daß jenes zum Verständniß des Fragments unbedingt nothwendige Einschiebsel in allen Handschriften gleichmäßig sollte ausgefallen sein; und wir stehen für das Digestum vetus doch nicht bloß auf dem Boden der Florentina. Man müßte die Corruptel also schon in die Zeit der Compilatoren hinauf versetzen. Ferner aber, verträgt sich die Mommsensche Ergänzung auch nur mit dem Gedankengange Ulpians, dem derselbe ja in den Mund gelegt wird. Die ganze Argumentation des Juristen culminirt in dem Satze, das Gesetz habe der liberta das weitere connubium entzogen, und begründet diese Auffassung der ihrem Wortlaut nach weiter gehenden legalen Vorschrift damit, wie der Gesetzgeber sich der Einsicht nicht habe verschließen können, daß durch die Trennung die Ehe nothwendig aufgehoben werden müsse „quia intellexit legislator facto libertae quasi diremtum matrimonium". War die Ehe nicht völlig gelöst, so wird man der gesetzlichen Anordnung nicht leicht den Ausdruck geben, es sei das Connubium mit einem Anderen entzogen (detraxit ei cum alio connubium, man vergl. z. B. den völlig analogen von der freigelassenen Concubine des Patrons gebrauchten Ausdruck „probo adimendum ei connubium" in L. 1 pr. D. de concub. 25. 7 aus demselben Werke Ulpians), und den Hinweis auf die thatsächliche Trennung der Ehe kann man doch nicht wohl als Grund für ihren theilweisen Fortbestand benutzen. So kommt meines Erachtens durch Mommsens Einschaltung ein den logischen Zusammenhang in Ulpians Erörterung störendes Gedankenelement in die Stelle, und ich ziehe es deshalb vor, das non der Julianischen Entscheidung auf Rechnung der Justinianischen Compilatoren zu setzen. Auf die L. 35 D. sol. matr. 24. 3. wird man sich um Gegenbeweise nicht berufen wollen; das argumentum a contario wäre hier doch zu weit hergeholt und unsicher. — Auch systematische Erwägungen leiten zu dem gleichen Ergebniß. Die Ehe besteht factisch nicht mehr, onera matrimonii sind nicht mehr vorhanden damit ist der Zweck, dem die dos dient, hinfällig geworden Weshalb soll nun die liberta für alle Zeit kein Recht auf Rückgabe der dos haben? Daran ist doch nicht zu denken, d dieselbe. auch durch derartige pecuniäre Motive zur Fortsetzung der Ehe bestimmt, der Patron dadurch veranlaßt werden sollte, die Freigelassene nicht los zu geben. Und der Gedanke eines Verlustes der gesammten dos zur Strafe für die willkürliche Scheidung liegt sicher zu Justinians Zeiten vielmehr in der Luft als unter Hadrian[2]). —

Man wende gegen die hier versuchte Emendation der Julian in L. 11 D. cit. zugeschriebenen Entscheidung auch nicht das ein, daß derselbe Jurist auch noch in einem anderen Falle die Fortdauer der Ehe der liberta annehme, wo Ulpian dieselbe läugne, nämlich bei einer Gefangennahme des Patrons (L. 45 § 6 D. R. N. 23. 2). Hier nämlich gründet Julian seine allerdings der Ulpianischen direct entgegenstehende[3]) Meinung keineswegs auf die lex Julia, sondern lediglich auf die dem Patrone zu beweisende reuerentia. Dieser hier speciell hervorgehobene Entscheidungsgrund macht es sogar zweifelhaft, ob Julian in der That die in L. 6 D. de diuort. 24. 2 ihm beigelegte Ansicht gehabt habe, daß durch Gefangenschaft des Ehemanns überhaupt keine Ehe aufgelöst werde; denn daß abgesehen von den Eingangsworten des Fragments dasselbe im Uebrigen jedenfalls ein Fabricat der Compilatoren ist, bedarf wohl keines Beweises, und die ratio iuris dürfte doch schwerlich der in den Anfangsworten der L. 6. cit. vertretenen Auffassung zur Seite stehn. (cf. L. 8. L. 14 § 1 L. 12 § 4 D. de captiu. 49. 15. L. 56 D. sol. matr. 24. 3.) Will man aber auch den Eingang der L. 6 D. cit. und ebenso das von uns beanstandete non in L. 11 D. cit. für echt halten, so liegt das wenigstens klar zu Tage, daß die große Mehrzahl der Römischen Juristen wegen Beschränkung der Wiederverheirathung die Fortdauer der bisherigen Ehe nicht statuirten, daß sie deshalb der Freigelassenen consequenter Weise die Dotalklage zugestehen mußten, und höchstens Julian hierin eine abweichende Auffassung ziemlich isolirt vertrat.

---

[2]) Vgl. Hasse das Güterrecht der Ehegatten nach Röm. R. p. 180 ff. ̶5 ff. s. bes. L. 8 § 4 C. de repud. V. 17. „Haec nisi mulier et uir eruauerint, ultrice prouidentissimae legis poena plectentur. Nam mulier i contemta lege repudium mittendum esse tentauerit, *suam dotem* et nte nuptias donationem *amittat* —"

[3]) Unrichtig meint Hase Das ius postliminii p. 90. 91. Ulpian trete ulian's Ansicht wenn auch vorsichtig und zögernd bei.

Auf die Zuständigkeit entehrender Klagen unter den Ehegatten kann die Scheidung der liberta keinen ersichtlichen Einfluß äußern. Denn ihr steht immer noch die reuerentia patroni in dieser Beziehung entgegen, und der Patron giebt mit der Erhebung derartiger Rechtsmittel seinen Verzicht auf die liberta zu erkennen und macht damit die Scheidung zu einer absolut wirksamen (L. 11 § 2 D. de diuort. 24. 2).

Es ist endlich die Frage aufzuwerfen, welche Bedeutung des Specialverbot der lex Julia im Justinianischen Rechte bewahrt, wo ein Bedürfniß für dasselbe kaum mehr behauptet werden kann. August hatte dabei selbstverständlich die unmotivirten willkürlichen Scheidungen hauptsächlich im Auge gehabt, und hier war durch die Aufstellung einer kleinen Zahl überhaupt nur zulässiger Scheidungsgründe und strenger, auf grundlose Scheidung gesetzter Strafen in allgemein durchgreifender Weise Abhülfe getroffen. Soll man nun annehmen, daß die Freigelassene, unerachtet ihr ein legaler Grund zur Seite stand, des Rechtes, die Trennung der Ehe auszusprechen, entbehrte? Dem widerspricht indessen, abgesehen von allem Uebrigen die Relation, die uns die Nou. 22 c. 37 von dem Rechte des Codex giebt. Hier wird die Bestimmung der L. 1 C. de incest. nupt. V. 5. auf den Fall eingeschränkt „si — haec (liberta) — ut fit, per lasciuiam et luxuriam cum manumissore matrimonium soluerit" — und so besteht zwischen dem Recht der liberta und sonstiger Ehegattinnen nur der eine Unterschied, daß letzteren bei Scheidung gegen Verbot fünf Jahr lang[4]) die Eingehung einer neuen Ehe untersagt bleibt, ersterer auf immer, bis der Patron sie frei giebt, wobei natürlich, auch wenn dieß früher geschah, stets erst nach Ablauf der gesetzlichen fünf Jahr die Möglichkeit der Wiederverheirathung für die liberta eintrat.

Aus diesem Verhältniß der beiden Verbote im Justinianischen Recht wird es nun auch klar, weshalb der Kaiser in L. 11 D. de diuort. in die Entscheidung Julians ein non einschieben mußte, wenn er es darin nicht vorfand. Selbst das denique bekommt hiernach einen ganz guten, nur einen völlig ander

---

[4]) L. 8 § 4 C. de repud. V. 17 nach den Anm. 2 mitgetheilten Wor — nec intra quinquennium nubendi habeat denuo potestatem; aequ est enim eam interim carere connubio, quo se monstravit indignam.

Sinn, als es ihn in Ulpians Munde hatte. Schließlich mag auch darauf noch mit einem Worte aufmerksam gemacht werden, wie noch nach dem Rechte des Codex (L. 8 C. de repud. V. 17) Fortbestand der Ehe und Entziehung der Befugniß zur Wiederverheirathung zwei völlig verschiedene Dinge sind, von letzterer in keiner Weise auf den ersten geschlossen werden darf; und dieß immerhin ein Argument für die begriffliche Unabhängigkeit dieser beiden Dinge von einander auch für die klassische Zeit bietet.

Sehr viel schwieriger erscheint es dagegen, die Wirkungen der gegen die Formvorschrift der lex Julia de adulteriis erfolgten Scheidung festzustellen. Consequenter Weise hätte derselben gar keine Bedeutung beigelegt werden dürfen. Indessen schon ältere Bearbeiter haben darauf hingewiesen, wie wenig dem Römischen Juristen auch hier der Gedanke natürlich erschien trotz factischer Trennung die juristische Fortdauer der Ehe anzunehmen. (Vgl. Zimmern Rechtsgesch. I. p. 567.) Und so ist zunächst das Eine außer allem Zweifel, daß mit der formlosen Scheidung jede bonorum possessio unde uir et uxor wegfällt, und zwar nicht bloß zu Ungunsten des Theils, der die formlose Scheidung ausgesprochen hat, sondern ebenso ist der Ehegatte, dem die Ehe formlos gekündigt ist, zu dieser Succession unfähig. Die L. un. § 1 D. unde uir. 38. 11 macht in dieser Hinsicht durchaus keinen Unterschied, sondern sagt einfach „sed si diuortium quidem secutum sit, ueruntamen iure durat matrimonium, haec successio locum non habet".

Schon der Zerstörung des Erbrechts wegen blieb die Frage, ob im gegebenen Falle eine formlose Scheidung anzunehmen sei oder nicht, eine entschieden practische, und es erscheint deshalb nicht gerechtfertigt, wie dieß doch häufig geschieht, Stellen der Art ohne Weiteres auf eine Scheidung ex lege Julia zu deuten. So namentlich

>L. 3. D. de diuort. 24. 2. Diuortium non est nisi uerum, quod animo perpetuam constituendi dissensionem fit. Itaque quidquid in calore iracundiae uel fit uel dicitur, non prius ratum est, quam si perseuerantia apparuit, iudicium animi fuisse, ideoque per calorem misso repudio, si breui reuersa uxor est, nec diuertisse uidetur. (Paul. Lib. 35 ad Ed.)
>cf. L. 48 D. R. J. 50. 17.

Kann man wohl von dem, welcher sieben Zeugen herbeiholt, vor ihnen einen solennen Act vornimmt, sagen, es sei fraglich, ob er darin sein animi iudicium kund gethan, ob er nicht calore iracundiae gehandelt? Bei dem Testamente ist man neuerdings von einer ähnlichen Anschauung, wie sie bei älteren Juristen sich allerdings auch findet (vgl. mein ErbR. Bd. II. § 18 Anm. 54), völlig zurückgekommen. Soll nun für die Scheidung etwas Anderes gelten als für das Testament? Widerspricht ein solches Interpretiren über die Ernstlichkeit [5]), — genauer Dauerhaftigkeit (vgl. z. B. Glück Comm. Bd. 26 p. 234) — nicht über die Existenz des Willens, nicht direct dem Begriffe der Solennität? Welchen Sinn hat diese dann überhaupt noch? Und verträgt sich ein solches Interpretiren mit dem speciellen Zweck der lex Julia? Diese will durch ihre Formvorschrift ersichtlich jeden Zweifel über den Bestand der Ehe ausschließen; durch eine solche Behandlung aber wird der letztere wieder völlig unsicher trotz der gebrauchten Form. Ueberhaupt finde ich in dem ausgeschriebenen Fragment nicht sowohl die Frage erörtert, ob man in den vorgekommenen Thatsachen einen ernstlichen, wahren Willen erkennen dürfe, als vielmehr die andere von jener wesentlich verschiedene, ob in dem Vorgekommenen ein juristisch formulirter und ausgesprochener Wille liege. Wenn der Mann zum Weibe sagt, ich will mit Dir nichts zu thun haben, Du kannst Deiner Wege gehn, so kann das eine Erklärung der Scheidung, es kann aber auch bloßer Ausdruck des Aergers, eine Rohheit, aber kein Rechtsgeschäft sein; und wenn die Frau aus dem Hause läuft und ihm einen Brief hinterläßt „Du magst Dir eine andere Frau suchen", so mag darin eine Lösung der Ehe liegen, vielleicht aber erwartet sie, den Mann dadurch zu veranlassen, sie reumüthig wieder aufzusuchen und ihre Versöhnung zu erlangen — sie will ihm bloß eine Lection geben, aber sie hat mit Nichten den „animus perpetuam constituendi dissensionem". Welchen Sinn das Geschehene habe, ist häufig nicht aus diesem selbst, sondern erst aus dem nachträglichen Verhalten der Gatten zu erkennen. Das heben die obigen Stellen hervor. Der Solennität gegenüber ist jedoch ein derartiger Zweifel absolut nicht gerechtfertigt. — So erhält denn auch die Aeußerung des Javolenus in

---

[5]) So sieht namentlich Hasse a. a. O. p. 164 das Verhältniß an.

L. 64 D. de don. int. uir. et ux. 24. 1. „Vir mulieri diuortio facto quaedam idcirco dederat, ut ad se reuerteretur; mulier reuersa erat deinde diuortium fecerat. Labeo: Trebatius inter Terentiam et Maecenatem respondit, si uerum diuortium fuisset, ratam esse donationem, si simulatum contra. Sed uerum est, quod Proculus et Caecilius putant, tunc uerum esse diuortium et ualere donationem diuortii causa factam [6]), si aliae nuptiae insecutae sunt, aut tam longo tempore uidua fuisset, ut dubium non foret alterum esse matrimonium; alias nec donationem ullius esse momenti futuram

ihr rechtes Verständniß erst, wenn man von Voraussetzungen ausgeht, wie wir sie eben gemacht haben. Während Trebatius dem Buchstaben der Anfrage gemäß davon ausgeht, es liege eine zweifellose Scheidungserklärung vor, fragt er bloß noch nach dem Vorhandensein des dieser Erklärung entsprechenden Willens. Proculus dagegen hebt hervor, die allererste Frage müsse hier sein, ob in dem thatsächlichen Vorgange überhaupt eine Willenserklärung und speciell die des Scheidungswillens zu erkennen sei, und darüber werde man erst aus dem späteren Verhalten der Gatten Klarheit gewinnen. Nur auf diese Weise kommt ein Gegensatz in die Aeußerungen des Trebatius und Proculus hinein, den Javolenus mit den Worten „sed uerum est, quod Proculus et Caecilius putant" doch recht nachdrücklich betont, und damit die Auffassung ausschließt, die sonst allenfalls möglich wäre, daß die Bemerkung des Proculus eine bloße Ampliation des Trebatischen Responsums sei. Nebenbei mag erwähnt werden, daß es höchst fraglich ist, ob die Scheidungsgeschichte des Mäcenas noch in den Geltungsbereich der lex Julia de adulteriis fällt; sie würde dann aus den letzten zehn Lebensjahren des 746 a. u. einundsechszigjährig Verstorbenen herrühren. Entgegengesetzten Falls würde sich schon daraus abnehmen lassen, daß das genannte Gesetz auf die hier zutreffende Entscheidung ohne wesentlichen Einfluß geblieben sei. Spricht

---

[6]) Mommsen will die Worte „diuortii causa factam" als unächt streichen. Für durchaus nothwendig möchte ich das kaum halten. Eine on. diuort. caus. f. kann man allenfalls auch die nennen, die in Anlaß 'r Scheidung, nicht aber auf den Fall der Scheidung geschehen ist. Wie a auch mortis causa don. in solch doppeltem Sinne gebraucht wird.

somit schon nach dieser Stelle eine gewisse Wahrscheinlichkeit dafür, daß die formlose Scheidung die Schenkung zwischen den Geschiedenen möglich mache, so ergiebt sich das, wie ich meine, noch deutlicher aus

>L. 32 § 13 D. eod. Si mulier et maritus diu seorsim quidem habitauerint, sed honorem inuicem matrimonii habebant, (quod scimus interdum et inter consulares personas subsecutum) puto donationes non ualere, quasi durauerint nuptiae; non enim coitus matrimonium facit, sed maritalis affectio. Si tamen donator prior decesserit, tunc donatio ualebit. (Vlp.Lib. 33 ad Sab.)

Mit Recht fragt Schlesinger (Zeitschr. f. R. G. Bd. V. p. 215) „wie konnte Ulpianus überhaupt Worte darüber verlieren, daß durch Wohnungstrennung die Ehe nicht aufgehoben sei, wenn die bestimmte Form der lex Julia auch für diuortia consensu facta wesentlich war?" Bekanntlich suchte man nämlich den Widerspruch mit L. 9 D. de diuort. 24. 2 dadurch zu vermeiden, daß man obige Stelle auf Scheidungen in Folge beiderseitiger Uebereinstimmung bezog. — Ich zweifle, ob Schlesingers Versuch, das Gewicht jener Frage dadurch zu beseitigen, daß er dem Ulpian einen unklaren Gedanken oder mindestens eine unklare Ausdrucksweise Schuld giebt, diejenigen befriedigt hat, die sich gemüssigt finden, obige Frage zu stellen. „Der Gedanke eben nur eine Ehescheidung, nicht auch irgend etwas Anderes hindere die Convalescenz" der Schenkung, wird in § 13 durchaus nicht an einem „weiteren Beispiele ausgebreitet". Denn erstens hat Ulpian diesen ihm untergeschobenen Gedanken überhaupt nicht. Das zeigt § 12 ersichtlich genug. Sogar das bloße frigusculum hebt die Schenkung auf, wenn es nicht beigelegt wird; profecto ualebit donatio si frigusculum quieuit. Und zweitens geht der Jurist mit § 13 zu einer ganz neuen Frage über. Die Schlußworte des Paragraphen bilden bloß den Gegensatz zu dem „puto donationes non ualere", nicht eine Fortsetzung des „profecto ualebit donatio" in § 12; mit anderen Worten, dieselben beziehen sich gar nicht auf eine vor der Trennung geschehene, sondern auf die während der Trennung erfolg Schenkung. Aber auch abgesehen von dieser m. E. völlig richtigen Auffassung des Ulpianischen Gedankenganges, ist ni bloß das auffällig, daß der Jurist in dem vorliegenden Fa nach dem Fortbestande der Ehe überhaupt fragt, sondern ebenso sehr die Art, wie er den Fortbestand motivirt. Keine Berufung auf die Vorschrift der lex Julia, die hier ganz unmöglich beobachtet sein konnte; statt dessen der Satz "consensus facit nuptias" der, da es sich hier nicht um die Schließung, sondern um die Fortdauer der Ehe handelt, seit der lex Julia nicht einmal mehr in jeder Beziehung richtig ist.

Und sehen wir doch nur weiter zu, was versteht Ulpian hier unter diuortium? Der Ausdruck begegnet uns zuerst in § 9. Für die dort aufgeworfene Frage kommt es gar nicht darauf an, ob soluto oder durante matrimonio compensirt werden soll (cf. L. 7 § 2 D. eod.), sondern bloß darauf, daß dieß nicht geschehe, nachdem durch den Tod des Schenkers die eine Schenkung bereits nach der oratio convalescirt ist. Diuortium bezeichnet hier also bloß den thatsächlichen Gegensatz zu der Lösung der Ehe durch den Tod des einen Gatten. Auf die rechtliche Wirksamkeit oder Unwirksamkeit wird dabei nicht der mindeste Nachdruck gelegt. Das gleiche Verhältniß scheint sich für § 10 auf den ersten Blick unmittelbar daraus zu ergeben, daß Ulpian in Anlehnung an die Worte der oratio "heredem eripere forsitan aduersus uoluntatem eius, qui donauit" von Fällen spreche, in denen eine dieser beiden Voraussetzungen ermangele, das diuortium also nur in dem Maße in Betracht ziehe, als es eine Willensänderung des Schenkers bekunde, wobei natürlich die Beobachtung der Form der lex Julia ganz gleichgültig ist. Unterstützt wird diese Auffassung noch durch den Inhalt des § 12. Dennoch halte ich sie nicht für richtig. Der § 10 steht in einem unmittelbaren Zusammenhange mit den in § 2 mitgetheilten Sätzen der oratio überall nicht mehr. Die Compilatoren haben hier augenscheinlich stark gestrichen; schon in § 9 commentirt Ulpian einen ganz andern Abschnitt des Gesetzes, und speciell gilt ihm die Scheidung nicht als Ausdruck der Willensänderung, denn es soll nun ja erst auf den weiteren Entschluß des Schenkers ankommen. Diuortium ist hier also wirklich als Ende der Ehe gemeint.

Nimmt Ulpian dieß aber nun im Sinne der lex Julia, oder geht er davon aus, daß thatsächlich die Ehe getrennt sei, bloß "iure durat matrimonium". Ich glaube das Letztere, denn eben auf das thatsächliche Verhältniß wird in § 19. 20 alles

Gewicht gelegt, und mit Bezug darauf heißt es hier, obschon die Ehegatten treu zusammen halten, juristisch die Ehe fortbesteht, von Schwieger=Vater und Schwiegertochter „sed quod ad ipsos, inter quos donatio facta est, finitum est matrimonium" — Demgemäß wird denn auch in L. 62 § 1 D. de don. int. uir. et ux. 24. 1 der Sinn anzuerkennen sein, den die lect. Flor. mit Mommsens Interpunction und vielleicht einer kleinen Nachhülfe deutlich genug bietet, „auch durch die Scheidung der liberta gegen den Willen des Patrons wird die Convalescenz der Schenkung ex oratione gehindert". (Wegen des separatur vgl. z. B. L. 55 D. eod.)

So sprechen denn auch von dieser Seite her erhebliche Gründe dafür, daß im § 13 ebenfalls auf die volle rechtliche Wirksamkeit der Scheidung von dem Juristen kein Gewicht gelegt wird. Damit ist denn allerdings auch dargethan, daß die Ansicht derjenigen, die aus § 13 herauslesen wollen, das diuortium bona gratia habe der Form der lex Julia nicht bedurft, keine Stütze in dieser Stelle findet. Andererseits dürfen wir es wohl nunmehr als durch die benutzten Quellenfragmente erwiesen ansehen, daß die vor der Scheidung gemachte Schenkung trotz der Formlosigkeit der Trennung der Ehe unwirksam wird, eine Convalescenz derselben ex oratione nicht mehr eintritt, dieselbe vielmehr entweder durch den in der Scheidung liegenden Widerruf gänzlich hinfällig wird, oder als neu gemachte Schenkung post diuortium definitive Kraft erlangt. Wir würden ebenso den Beweis für geführt erachten, daß Schenkungen auch unter formlos geschiedenen Ehegatten gültig errichtet werden können, wenn dem nicht direct widerspräche

> L. 35 D. de don. int. uir. et ux. Si non secundum legitimam obseruationem [7]) diuortium factum sit, donationes post tale diuortium factae, nullius momenti sunt, quum non uideatur solutum matrimonium (Vlp. lib. 34 ad. Ed.).

Es ist schwierig bei der abgerissenen Kürze der Stelle, deren Tragweite zu ermessen. Möglich, daß Ulpian obigen Satz bloß als Consequenz der lex Julia bezeichnete, auf ein entgegenstehende Praxis hinwies, und Justinian die letzte Hin

---

[7]) Vgl. Vlp. XXIII. § 10.

weisung wegschnitt, oder auch, was der Jurist zweifelnd hinstellte, in positiv behauptender Form in die Digesten aufnahm, möglich, daß es sich für Ulpian um irgend eine andere legitima obseruatio handelte, da es doch zweifelhaft ist, ob wir alle Beschränkungen, welche die lex Julia über die Scheidungen verhängte, kennen. (S. Hoffmann l. l. p. 229 i. f.) Sicher, daß diese Stelle für das Recht der Justinianischen Compilation die entscheidende ist. Damit ist ihr jedoch m. E. noch nicht die Kraft beizulegen, den aus den anderen Stellen künstlich gewonnenen Beweis zu entkräften. Im Gegentheil liegt die Annahme nahe, daß hier der Kaiser positiv änderte, während das beweisende Moment der übrigen Fragmente, weil versteckter liegend, übersehen wurde.

Wie verhält es sich mit der Dotalklage bei formloser Scheidung?

> L. 33. D. R. N. 23. 2. Plerique opinantur, cum eadem mulier ad eundem uirum reuertatur, id matrimonium idem esse. Quibus assentior, si non multo tempore interposito reconciliati fuerint, nec inter moras aut illa alii nupserit, aut hic aliam duxerit, maxime si nec dotem uir reddiderit. (Marcell. Lib. III. ad leg. Int. et Pap.)

Man kann hierin einfach den Satz ausgesprochen finden, daß die vollkommen rechtsgültige Scheidung unter Umständen benigna ratione mit rückwirkender Kraft zurückgenommen werden könne, und im Zusammenhang der Justinianischen Compilation muß man so auslegen. Hält man sich aber einfach an den Wortlaut, vergleicht man damit das in L. 64 D. de don. int. uir. et ux. Gesagte, so ist hier doch nicht sowohl von neuem Abschluß und Retrotraction desselben, als vielmehr von dem Fortbestande der Ehe die Rede, und die in dieser Beziehung hervortretende Unsicherheit würde uns hier wie in L. 64. cit. nöthigen, eine bloß formlose Scheidung vorauszusetzen. Bei dieser Supposition wäre dann in dem Fragmente ausgesprochen, daß wenigstens die Restitution der dos unter solchen Umständen gültig erfolgen könne. — Ohne entscheidende Bedeutung sind für unsere Frage L. 13 L. 64 D. de iur. dott. 23. 3 L. 19. D. sol. matr. 24. 3.

Allein ist es denn auch nur möglich, die L. 13 D. cit. und die L. 64 D. de don. int. uir. et ux. auf die formlose Scheidung

zu beziehen, da hier von Eingehung einer neuen Ehe die Rede
ist? Soll der Formvorschrift der lex Julia irgend eine Wirksam=
keit beigelegt werden, so muß es denn doch wenigstens die sein,
die Wiederverheirathung der Geschiedenen unmöglich zu machen,
wie wir dasselbe bei der von ihrem Patron geschiedenen liberta
gesehen haben. Nach Hoffmann's Vermuthung (ad leg. Jul.
de adult. in Fellenberg Jurisprudentia antiqua I. p. 227)
hätte die betreffende Bestimmung des Gesetzes im nächsten Zu=
sammenhang mit dem Gebot an den Ehemann gestanden, die
Ehebrecherin zu verstoßen; um der Anklage des lenocinium zu
entgehen, habe er also der Form der lex Julia bei der Scheidung
genügen müssen. Jedenfalls zeigt L. 43 D. ad leg. Jul. de
adult. 48. 5, daß man aber auch die Ehe mit der formlos
Geschiedenen, als adulterium behandelte, den Mann, so fern er
die Formlosigkeit der Scheidung kannte, der gesetzlichen Strafe
unterwarf. Freilich ist der Ausdruck des Gaius hier ein so
vorsichtiger, daß man sieht, direct hat das Gesetz hier nicht
eingegriffen, man hat es mit einer bloßen Consequenz aus dem=
selben zu thun, und dieß spricht für den von Hoffmann der
formalen Vorschrift der lex gegebenen Zusammenhang. Ist man
nun aber auch so weit gegangen, den Mann, der die formelle
Scheidung versäumt hat, des stuprum zu bezüchtigen, seine Ver=
bindung als Bigamie zu betrachten, wenn er zur Wiederver=
heirathung schritt? Und sollte, wenn der Mann eine zweite Ehe
eingehen durfte, und eingegangen war, die Frau noch immer
an ihn gebunden sein, und sich durch ihre zweite Ehe eines
adulterium gegen ihn schuldig machen? Das Gesetz hat diese
Fälle sicher nicht direct berührt, und daß die Jurisprudenz
soweit gegangen, dafür fehlt es uns an jedem positiven Beweise.
So ließe sich auch bei unförmlicher Scheidung die Erwähnung
der zweiten Ehe in den beiden Fragmenten erklären. Und läßt
sich nicht endlich denken, daß diese Stellen von der etwaigen
Strafbarkeit dieser zweiten Ehe ganz absehen, ihre juristische
Gültigkeit ganz dahin gestellt lassen und nuptiae in rein that=
sächlichem Sinne nehmen? Man denke an binae nuptiae eodem
tempore. Dann wäre also der Sinn der, daß das thatsächliche
Eingehen einer zweiten Ehe den eigentlichen Scheidungswillen
so sicher constatire, daß man die Trennung und spätere Wieder=
vereinigung der Gatten nicht mehr als lediglich factische Vorgänge

ohne rechtliche Wirksamkeit ansehen dürfe. Damit, muß man dann freilich zugeben, kann auch die Restitution der dos, deren die L. 33 D. cit. gedenkt, immer noch eine juristisch unstatthafte sein, und es läßt sich mit Sicherheit der Schluß nicht ziehen, daß auch bei formloser Scheidung der Mann befugt gewesen sei, die dos der Frau wieder zurückzugeben, quasi finito matrimonio.

Sonach ergäbe sich aus den Quellen wenigstens immer noch eine gewisse Wahrscheinlichkeit dafür, daß man im Wesentlichen die Bestimmungen der beiden Eingangs genannten Gesetze, trotzdem das eine eine lex perfecta, das andere eine lex imperfecta war, gleich behandelt habe, was sich bei ersterer nur dadurch erreichen ließ, daß man ihren Inhalt auf die dem Gesetz unterstellten Verbrechen, lenocinium, adulterium beschränkte.

Unstreitig sind im Justinianischen Recht die Consequenzen der L. 9 D. de diuort. 24. 2 schärfer gezogen. Es scheint fast, als habe man zeitweise von dieser Form ganz abgesehen; ein Vorgang, der in der Einführung besonderer, allein zulässiger materieller Scheidungsgründe seine Erklärung finden könnte. Wenigstens bringt die Novelle XII. Theodosius II. beides in eine gewisse innere Verbindung. Er hebt einerseits die auf willkürliche Scheidung gesetzten Strafen auf, verlangt andererseits die Beobachtung gewisser Formen für die Lösung der Ehe, und das mit Worten, die auf eine Aenderung des bisherigen Rechts, eine Rückkehr zu dem früher Geltenden, nicht bloß ein Beibehalten des Bisherigen (pr.) im Gegensatz zu den sonstigen Bestimmungen (§ 1) der Constitution hinzudeuten scheinen (praecipimus). Und so mochte man vielleicht von da ab, die formlos getrennte Ehe auch in solchen Beziehungen als fortbestehend behandeln, in denen die klassischen Juristen sich dieser Consequenz entschlugen, und Justinian dann in seiner Compilation die so von einem anderen Gesichtspunkte ausgehende spätere Praxis in die Schriften der klassischen Juristen hinein corrigiren.

Ich stehe keinen Augenblick an, das vielfach Gewagte der hier gegebenen Hypothesen anzuerkennen. Ich bin mir indessen bewußt, lediglich aus den Quellen selbst, ohne alles principielle Construiren zu denselben gelangt zu sein, und deshalb wage ich es, diese Arbeit, wie sie nun einmal vorliegt, zur Veröffentlichung zu bringen, und bin gern bereit, das Ganze fallen zu lassen, sobald sich die Fundamente, von denen es getragen ist, als unhaltbar erweisen sollten.

Die Delation der Vormundschaft über Geisteskranke nach römischem Recht.

Von
Hugo Böhlau.

Es sei einem Germanisten verstattet, mit einem unzünftigen Beitrage zur Entscheidung der überschriftlich angedeuteten romanistischen Frage hervorzutreten. Der Satz, daß die cura furiosi alle Mal eine Dativcuratel sei, ist nicht unbestritten[1]). Da allseitig zugegeben werden dürfte, daß den testamentarisch oder durch Verwandtschaft zur Vormundschaft Designirten ein periculum cessationis nicht trifft, so hat die Controverse neben der s. g. confirmatio Germanica praktische Bedeutung h. z. T. kaum. Wißenschaftlich ist sie gleichwol nicht ohne Interesse. Der ihr zu Grunde liegende Quellenthatbestand ist der folgende.

Die zwölf Tafeln enthielten die Bestimmung, daß ein furiosus in potestate agnatorum sein solle[2]). Ulpian[3]) referirt diesen Satz, bezeichnet diejenigen curatores, qui ex lege XII tabularum dantur, als legitimi und setzt denselben die honorarii, id est, qui a praetore constituuntur, entgegen. Derselbe Jurist fügt an einer andern Stelle[4]) der Relation über die, in den zwölf Tafeln verordnete cura prodigi die Bemerkung an: Sed solent hodie praetores vel praesides, si talem hominem invenerint, qui neque tempus, neque finem expensarum habet, sed bona sua dilacerando et dissipando profudit, curatorem ei dare exemplo furiosi. Ulpian folgte mit der Unterscheidung zwischen legitimi und honorarii nur den früheren Juristen, von denen namentlich Gajus[5]) und Marcellus[6]) dieselbe Unterscheidung betonen. Gajus notirt hierbei noch, daß der Prätor, cum ille legitimus inhabilis ad eam rem vide-

---

[1]) Vgl. Glück XXXIII. 169 ff. Sintenis III. 285 Note.
[2]) Bruns Fontes (2) p. 18 sub V 7. Glück a. a. O. 161 f. Ruborff Vorm. I. 118 N. 1: Si furiosus escit, adgnatum gentiliumque eo pecuniaque eius' potestas esto.
[3]) Ulp. Fragm. XII. 1. 2.
[4]) L. 1 pr. de curatoribus furioso XXVII 10.
[5]) L. 13 eod.
[6]) L. 12 eod.

atur, einen Anderen mit der administratio betraue. Justinian[7]) endlich stellt das geltende Recht folgender Maaßen dar:

> Furiosi quoque ... in curatione sunt adgnatorum ex lege XII tabularum. sed solent Romae praefectus urbi vel praetor et in provinciis praesides ex inquisitione eis dare curatores [8]),

womit auch eine Constitution desselben Kaisers [9]) zu vergleichen ist:

> Sin autem testamentum quidem parens non confecerit, lex autem curatorem utpote adgnatum vocaverit, vel eo cessante aut non idoneo forsitan exsistente ex judiciali electione curatorem ei dare necesse fuerit: tunc ... apud ... urbicariam praefecturam creatio procedat.

Noch ist anzuführen, daß der Kaiser Anastasius [10]) emancipirte Brüder der Emancipation ungeachtet pro lege XII tabularum als curatores legitimi ihrer geisteskranken Geschwister anerkannt und behandelt wißen will.

Die, aus diesem Thatbestande gewöhnlich [11]) abgeleitete Lehre nimmt eine wahre cura legitima für das Recht der zwölf Tafeln an, welche dann aber im neuern Rechte verschwunden und durchgehends durch eine cura honoraria oder dativa ersetzt worden sein soll [12]). Mit gutem Grunde hat sich schon Glück unter Sintenis Billigung gegen diese Lehre erklärt. Denn für die Annahme einer Abänderung des Zwölftafelrechts findet sich in den angeführten Quellenstellen in Wahrheit keinerlei Anhalt. Insbesondere kann das „sed" der L. 1 pr. h. t. und des § 3 J. l. c. als ein solcher Anhalt nicht gelten.

L. 1 cit. handelt vom furiosus überhaupt nicht, sondern vom prodigus. Und von diesem referirt sie: lege XII tabularum interdicitur prodigo bonorum suorum administratio; von einer cura adgnatorum sagt sie nichts. Dann fährt sie fort: Sed

---

[7]) § 3 J. de curatoribus I 28.
[8]) ἡνίκα μὴ ὑπεστιν ἄδγνατος ἢ ὑπών ἀνεπιτήδειός ἐστι πρὸς διοίκησιν. Theophilus.
[9]) L. 7 § 6 C. de curatore furiosi V 70, cf. l. 27 C. de episcopali audientia I 4.
[10]) L. 5 C. de curatore furiosi V 70.
[11]) S. jedoch Huschke Jurispr. antejust. Ulp. fr. XII 1.
[12]) S. noch Windscheid II. § 446 N. 8.

solent hodie ꝛc. Das „sed" kann mithin hier die dativa im Gegensatz zu einer — ja gar nicht erwähnten — legitima tutela nicht hervorheben wollen; es muß sich auf einen andern Gegensatz beziehen. Ob dieser etwa in der Begründung der Prodigalitäts Curatel durch mores und lex einer Seits und durch exemplum furiosi — Analogie — anderer Seits zu finden ist? Oder ob das „sed" hier überhaupt keinen Gegensatz einleitet, sondern nur, wie in dem § 3 cit. [s. unten], erläuternd die dermalige Instanz für die interdictio und die daran sich anschließende datio hinzufügt? kann hier dahingestellt bleiben.

Wo möglich noch weniger darf sich die communis opinio auf das ‚sed' des § 3 cit. berufen, selbst dann nicht, wenn man zu demselben ein ‚hodie' hinzudenkt, was nicht dasteht. Der Satz: Furiosi quoque et prodigi, licet majores XXV annis sint, tamen in curatione adgnatorum sunt ex lege XII tabularum würde für die cupida legum juventus doch an und für sich unverständlich gewesen sein. Denn wann jemand als furiosus bzw. als prodigus im Rechtssinne anzusehen sei? sagt er mit keinem Worte. Diese Frage beantwortet nun der nachfolgende Satz: Sed solent Romae praefectus urbis vel praetor et in provinciis praesides ex inquisitione eis dare curatores, also: freilich kann nun ein Großjähriger nicht ohne Weiteres unter diese Curatel fallen, sondern es bedarf zur declaratorischen Feststellung des furor bzw. zur constitutiven Feststellung der Prodigalität einer inquisitio, welche vor denselben Behörden vor sich geht, die den curator [versteht sich nach den zwölf Tafeln: aus den Agnaten] zu bestellen haben; diese Behörden sind in Rom der praefectus urbis oder der Prätor, in der Provinz der Präses.

Sind diese Interpretationen auch nur möglich, so fällt jede Stütze der von Glück bekämpften Ansicht dahin. Ueberdieß aber würde doch auch abgesehen hiervon die, durch alle Quellenstellen hindurchgehende Berufung auf die legitima cura der zwölf Tafeln schwer zu begreifen sein, wenn dieselbe im justinianeischen Rechte durch eine Dativcuratel völlig beseitigt gewesen und d[ie] Beseitigung durch das lakonische ‚sed' angedeutet wäre.

Eine zweite Frage ist nun aber, ob das Zwölftafelrec[ht] wie das bisher gewöhnlich und auch von Glück und Sinteni[s] angenommen wird, wirklich eine wahre cura legitima furio[si] angeordnet habe? Diese Frage glaube ich verneinen und deshalb doch wieder, wennschon auf anderem Wege, zu dem für das neuere Recht von der communis opinio gezogenen Resultate gelangen zu müßen.

Von einer gesetzlichen Delation der Vormundschaft über einen Geisteskranken kann doch nämlich überhaupt nicht in ganz demselben Sinne, wie von der gesetzlichen Delation der tutela impuberum die Rede sein. Diese geschah ohne alle Dazwischenkunft der Staatsgewalt. Für jene bedurfte es einer derartigen Intervention allemal; denn erst mit der staatlichen Erklärung pro furioso hätte die Cura als deferirt gelten können [13]). Unter diesen Umständen lag es schon an sich gewiß nicht fern, der delatio an die legitimi von vornherein eine datio legitimorum zu substituiren. Wie es uns auf alle Fälle nicht ganz leicht wird, die römischen Delationsgründe der tutela impuberum neben der s. g. confirmatio Germanica noch scharf zu erkennen und festzuhalten, so konnte auch die extraordinaria cognitio der römischen Magistraturen über den Geisteszustand eines furiosus die Delation der cura über denselben leicht g. M. attrahiren. Dieß ist in Betreff der testamentarischen Delation nachweislich von Anfang an geschehen. Wenigstens herrscht darüber, daß sich im römischen Recht keine Spur von einer cura testamentaria über einen furiosus findet, allseitiges Einverständnis [14]). Testamentarische Curatoren eines Vormundes waren allemal confirmandi im Sinne der s. g. confirmatio Romana.

Eine gleiche Attraction dürfte sich nun auch in Betreff der Delation der cura furiosi an die legitimi schon für das älteste Recht wenigstens wahrscheinlich machen laßen. Nirgends zunächst ist in den Quellen von einer „delatio" der Vormundschaft über einen Geisteskranken an die legitimi die Rede. Lex vocat curatorem adgnatum, welcher sich aber erst noch der creatio zu unterziehen hat [15]), ad adgnatos pertinet curatio furiosi ex lege XII tabularum [16]), ex lege XII tabularum furiosi sunt in curatione adgnatorum [17]), pro XII tabularum lege sind die Geschwister legitimi curatores [18]), lex XII tabularum jubet

---

[13]) Cf. l. 6 D. eod.
[14]) Glück a. a. O. 143 ff. Windscheid a. a. O. N. 9.
[15]) L. 7 § 6 C. cit. [16]) L. 13 cit. [17]) § 3 cit. [18]) L. 5 C. cit.

furiosum esse in curatione adgnatorum [19]), legitimi sind diejenigen, qui ex lege XII tabularum dantur [20]). Aus dem Zusammenhalt dieser Stellen folgt, auch wenn man die scharfe Scheidung zwischen legitimi und honorarii hinzunimmt, Weiteres gewiß nicht, als daß nach den zwölf Tafeln die Agnaten des pro furioso Erklärten, bei der creatio curatoris zunächst berücksichtigt zu werden, einen gesetzlichen Anspruch hatten. Auch erklärt sich bei dieser Annahme die Redeweise jeder einzelnen Stelle befriedigend. — Dazu kommt nun aber, daß [21]) bei „Inhabilität" des legitimus der Magistrat bereits zu Gajus Zeit das Recht hatte, einen Andern zum Vormund zu „bestellen" [administrationem dare]. Dieser Ausspruch kann offenbar nicht bloß auf die nachträgliche Remotion eines necessarie excusatus legitimus, sondern muß bei seiner Allgemeinheit auch auf den Fall bezogen werden, wenn sich der legitimus gleich bei Einleitung der Vormundschaft als inhabilis erwies. Dann aber folgt, daß mit der extraordinaria cognitio über die Geisteskrankheit eine extraordinaria cognitio über die Habilität des legitimus Hand in Hand gegangen sein muß. Und war dieß der Fall, so erhält sowol das dare curatorem ex lege XII tabularum, als die creatio legitimi einen guten Sinn. Es ist eine, der s. g. confirmatio Romana parallel gehende obrigkeitliche Bestellung eines Vormundes, welche sich an die Verwandtschaft des letzteren mit dem Mündel gesetzlich anschließen muß.

Daß schon die zwölf Tafeln eine solche creatio gehabt hätten, ist nun allerdings nirgends mit ausdrücklichen Worten gesagt. Die Auffassung der Juristen wie der Kaiser ist aber —, wenn anders die aus dem ‚sed' hergeleiteten Bedenken oben genügend widerlegt sind, — die, daß das Zwölftafelrecht neben der neueren Entwickelung der cura furiosi noch in gesetzlicher Geltung stehe. Diese Auffassung wäre unmöglich gewesen, wenn die legitima furiosi cura, wie sie von den zwölf Tafeln geordnet war, der durchgehenden magistratischen creatio curatoris im Wege gestanden hätte. Kommt hinzu, daß nirgends eine Spur eines periculum cessationis nachweisbar ist, welches den adgnatus eintretendem furor seines Verwandten getroffen hätte, so r die oben aufgestellte Behauptung als e. M. verificirt gelten dü

---

[19]) Ulp. fr. XII 2.   [20]) Ulp. fr. XII 1.   [21]) L. 13 cit.

Immerhin ist es dann aber interessant, im römischen Rechte hier demselben Gedanken zu begegnen, welchen man neuerlich wieder der s. g. confirmatio juris Germanici —, kaum mit Grund, — zu vindiciren versucht hat: cura dativa mit Anerkennung der Verwandtschaft als eines Titels zur Vormundschaft.

Im Wesentlichen ebenso würde die entsprechende Controverse hinsichtlich Delation der cura prodigi zu entscheiden sein. Nur wären für die Begründung noch l. 13 [22]) und l. 16 [23]) h. t. in Betracht zu ziehen.

Die Mundschaft nach Langobardenrecht.
Von
Herrn Geh. Justizrath Professor Dr. Bluhme in Bonn.

I. Allgemeines.
§ 1.

Mund, Mundius ist ein Machtverhältnis über freie schuzbedürftige Personen. Das Schuzrecht gebührt dem Verwandten, dem Ehemann, dem Freilasser, dem Könige: das Bedürfnis haftet an der rechtlichen Unselbständigkeit des Schützlings, die aber nicht immer zugleich eine natürliche ist; es besteht unbedingt für die freie Frau, dem vaterlosen Knaben wird nur in außerordentlichen Fällen durch Königsmund geholfen. Für den Freigelassenen entspringt es aus Vorbehalten des Freilassers, für den Fremden, für Klöster und kirchliche Stiftungen aus Gründen des öffentlichen Rechts.

Dies sind die allgemeinsten Umrisse des Instituts, von dem wir zu reden haben; sie sind principiell festgestellt oder anerkant in folgenden Stellen des Edicts:

1. **Die freie Frau**: Roth. 204: Nulli mulieri liberae sub regni nostri ditionem legis langobardorum uiuentem liceat in sui potestatem arbitrium, id est selpmundia uiuere, nisi semper sub potestatem uirorum aut certe regis debeat permanere; nec aliquid de res mobiles aut inmobiles sine uolun-

---

[22]) Vgl. Windscheid a. a. O. N. 10.
[23]) Vgl. Sintenis III. 283 ff. N. 3.

tate illius, in cuius mundium fuerit, habeat potestatem donandi aut alienandi [1]).

2. **Der unmündige Knabe:** Li. 19. 58. 74. 75. 99. 117. 149.

3. **Die Freigelassene:** Roth. 226: Omnes liberti, qui a dominis suis langobardis libertatem meruerint, legibus [d. h. conditionibus impositis, nicht lege] dominorum et benefacturibus suis uiuere debeant, secundum qualiter a dominis suis propriis eis concessum fuerit.

4. **Der Fremde:** Roth. 367: Omnes uuaregang, qui de exteras fines in regni nostri finibus aduenerint, seque sub scuto potestatis nostrae subdederint, legibus nostris langobardorum uiuere debeant, nisi si aliam legem ad pietatem nostram meruerint. Si filiûs legitimûs habuerint, heredes eorum existant, sicut et filii langobardorum; si filiûs legitimûs non habuerint, non sit illis potestas absque iussionem regis res suas cuicumque thingare, aut per quolibet titulo alienare.

§ 2.

Die Stammsylbe des Wortes mundius endet in allen Handschriften des langobardischen Edicts, mit einer einzigen einmaligen Ausnahme [1]), immer mit einem d, und von einem t ist auch in anderen ihm näher verwandten Volksrechten, so wie in den ihnen sich anreihenden Urkunden nichts zu finden. Anders freilich in den auf munt auslautenden alemannischen Eigennamen [2]), und später im Althochdeutschen [3]). Das vermeinte Neutrum mundium

---

[1]) Die Ausnahme, welche schon Liutprand c. 127 zu Gunsten der Ehefrau eines freien Römers anerkante, scheint erst viel später zu Lockerungen des Princips geführt zu haben, denn die Papienser Glosse bemerkt zu Li. 93 (LL. IV, 447 lin. 20): caret mundoaldo saepe nunc, set olim unaquaeque mulier non habebat proprium consensum, etiam romana.

[1]) Nemlich nur in der Handschrift von Vercelli, welche Liutpr. 55 amunt hat.

[2]) Als Rechtsverhältnis wird auch in der lex Alemannorum, jedoch nur zweimal, dem Ehemanne ein mund zugeschrieben (LL. IV. 38. 62). Die lex Burgundionum, Wisigothorum und Baiuuariorum kennt es unter diesem Namen gar nicht; denn der Versuchung, das burgundische uuitte von mund herzuleiten, weil seine Bedeutung dem späteren Bedemu und somit der langobardischen conpositio pro anagrip entspricht, st entscheidende Gründe entgegen.

[3]) Dahin gehören überwiegend die von Graff Wörterbuch II, 811 angeführten Stellen.

ist fast durchweg als Accusativ zu nehmen[4]), und von einem Femininum, welches Grimm für vorwaltend hielt[5]), wird sich in lateinischen Texten, abgesehen etwa von dem verlängerten fränkischen mundeburdis, keine Spur nachweisen lassen.

Unter den Juristen hat besonders Kraut sich mit diesen Fragen, so wie mit der ursprünglichen Bedeutung des Wortes mund gründlichst beschäftigt[6]). Und wenn er, nach längerem Abwägen, sich der seit Grimm kaum noch bestrittenen Ansicht anschließt, daß das Stammwort nicht für os, sondern für manus zu nehmen sei, so bleiben dafür wohl die althochdeutschen Glossen immer entscheidend, welche munt durch palma — also die fächerartig ausgebreitete, schirmende Hand des Protectors — übersezen[7]). Auch Hrotari's scutum potestatis nostrae[8]) läßt sich dafür anführen. Aber vergessen darf man doch nicht, daß in der lex Salica und der lex Ribuariorum der Königsschuz durch sermo regis, sermo tuitionis nostrae[9]), uerbum regis[10]), daß seine Entziehung durch mittere foras nostro sermone[11]) bezeichnet wird, und daß auch die Verwandschaft unter den Begriffen orator, Fürsprach und Fürmund überall auf eine Thätigkeit des Mundes zurückweiset. Ein uraltes philologisches Misverständnis scheint sich hier zu verraten.

Der angelsächsische Name mundbora, der sich als mundeboro auch in einer fränkischen Urkunde vom J. 693 findet[12]), und der noch in dem heutigen Momper fortlebt, scheint bei den Langobarden nicht üblich gewesen zu sein, obwohl seine Herleitung von bören, tragen (engl. bear), eben so einfach und

---

[4]) Dies hoffe ich in einer Zusammenstellung der langobardischen Sprach-Alterthümer vollständig beweisen zu können.

[5]) Grimm RA. S. 447.

[6]) Kraut Vormundschaft I. S. 1. 7.

[7]) Graff Wörterbuch II, 815. Diutiska II, 174. Grimm Gramm. II, 471. RA. 447. In den angelsächsischen Gesezen will Schmid (Glossar S. 634) nur den Plural in ähnlicher Bedeutung gefunden haben.

[8]) Roth. 367.

[9]) Vgl. Ducange s. v. sermo und uerbum.

[10]) Lex Ribuar. 35, 3. vgl. 58, 12.

[11]) Edictus Hilperici, LL. II, 11 lin. 41. Auch in Marculf's Formeln I, 21. Rozière num. 9) heißt es: sermo et mundeburde.

[12]) Monum. Germ. Diplom. 1873. I, 58.

unzweifelhaft ist, wie bei dem Schildträger, skilpor [13]). Das fränkische mundeburdis, angels. mundbyrd [14]), hat sich in Italien erst später als latinisirtes Neutrum (mundeburdum) eingebürgert [15]).

Die unverkennbare Kargheit in Worten und Sylben, die zu den hervorstechenden Eigenheiten der langobardischen Sprache gehört, bewährt sich auch darin, daß sie sich gern mit demselben Ausdruck für zwei verschiedene, aber unter sich verwandte Begriffe begnügt. So bedeutet lex (gleich unserm „Recht") die gesetzliche Vorschrift und den darauf beruhenden Anspruch; opera die Arbeit und ihr Aequivalent, den Arbeitslohn; faida die Fehde und das Fehdegeld, mundius die Mundschaft und die Mundgebühr, d. h. teils den Preis für gänzliche Ablösung der Mundschaft [16]), teils den Anteil des Mundherrn an einzelen Einnahmen des Mündels.

§ 3.

Wir können drei Hauptarten der Mundschaft unterscheiden: den Familienmund, den Patronatsmund und den Königsmund. Bei dem ersten werden wieder einige Fälle durch den Zusaz mundius potestas, mundius in potestatem ausgezeichnet [1]), und zwar besonders diejenigen, in welchen der Familienmund nicht zugleich mit der Hausgewalt verbunden ist, also mehr einen amtlichen Character hat, namentlich wenn er auf einem Auftrag gleichberechtigter Verwandten oder des Königs [2]) beruhet. Indessen ist doch dieser Sprachgebrauch nicht streng geregelt. Der Name Mundwald, mundoald [3]) für einen solchen tutor gerens findet sich in Hrotari's Edict noch gar nicht; bei Liutprand wird er bald zum Unterschied von den natürlichen Vormündern [4]),

---

[13]) Paulus Diac. II, 28. Glossa Cauensis 103: scilfor armiger. Glossa Vatic. 85. Haltaus col. 1373.

[14]) Zuerst wohl in der lex Ribuaria 35, 3. 58, 12. 13.

[15]) S. z. B. die Privilegien Ludwig's II. und Carl's des Dicken für S. Ambrogio, Fumag. a. 873. n. 103 p. 414. a. 880 n. 118 p. 480. 481.

[16]) Gegen den dafür neuerdings eingeführten Ausdruck Mundschaz werde ich mich unten ausführlicher erklären müssen.

[1]) Roth 178. 188. 195. 215. Li. 100. De mundio non habeat potestatem, sagt lex Alam., LL. III, 38.

[2]) Der Königsschuz heißt vorzugsweise: mundius in potestatem palat Roth. 182. 196. 197. Li. 100. vgl. unten S. 399 Note 10.

[3]) Die Umänderung des uu in o findet sich schon in der Handschri[ft] von Vercelli.

[4]) Li. 12. 34. 141. 146.

balb aber auch in allgemeiner Bedeutung für jeden Mundherrn
gebraucht⁵); und wenn in späterer Zeit von mehren Mundoaldi
die Rede ist⁶), so ist daraus keineswegs auf eine gemeinsame
gestio zu schließen. Sogar die Mündelin wird später mundoalda
genannt⁷), die bei Liutprand richtiger als mundiata⁸), oder als
frea sua, frea aliena⁹) erscheint. Noch seltener findet sich
mundiator für den Mundherrn¹⁰); der Freigelassenen gegenüber
heißt er gewöhnlich patronus¹¹).

II. Der Frauenmund.
1. Der Familienmund des Vaters und der Agnaten.
§ 4.

Die freigeborene Tochter steht in dem Mund Desjenigen,
dem ihre Mutter unterworfen war, und darin soll sie verbleiben,
so lange sie unverheiratet (in capillo¹) ist. Stirbt ihr Vater,
so folgt ihm von Rechtswegen ihr legitimer Bruder, und unter
mehren Brüdern derjenige, der dem gemeinsamen Haushalt (der
casa communis) vorsteht²); eventuell der Oheim³), sodann der
Neffe⁴). Doch sind bei Erhebung von Buß= und Erbschafts=
gebühren die legitimen Brüder des Hausherrn als gleichberechtigte
und sogar die naturales als halbberechtigte Concurrenten zuzu=
lassen⁵). Die übrigen Agnaten werden in der Regel nur unter
der gemeinsamen Bezeichnung parentes, proximi parentes er=
wähnt; doch ist einmal (Roth. 164) von dem consobrinus aus=

---

⁵) Li. 93. 94. 125.
⁶) Z. B. liber Papiensis, Expositio zu R. 204. LL. IV. 146. 147.
⁷) Papienser Formel LL. IV, 605 lin. 5. Auch bei Fumagalli meine ich
die Mundoalda gefunden zu haben.
⁸) Li. 139 und Fumagalli cod. Ambros. a. 721 num. 1 (LL. IV, 658.
lin. 25.) Auch Glossa Papiensis, LL. IV. 582 lin. 9.
⁹) Li. 94. 120.
¹⁰) Lupi cod. Bergom. a. 773. I, 5 11: nos mundiadores (zwei Brüder).
¹¹) Vgl. Glosse bei Haltaus: muntherro patronus.
¹) Roth. 215. Li. 2. 3. 4. 14. 65. 145. Ahi. 10. Der auffallenden Ueber=
einstimmung des langobardischen und angelsächsischen Rechts in dieser Be=
zeichnung hat schon Grimm gedacht RA. 286. 443.
²) Ro. 167. 178. 195. 197. 199. Gri. 5. Li. 14. Urkunde vom J. 764,
ten Note 6.
³) Roth. 186. Liutpr. 145. Ahi. 10.
⁴) S. unten § 9.
⁵) Liutpr. 93. 101.

drücklich neben dem barbas die Rede. Es leidet aber keinen
Zweifel, daß alle, so weit sie erbberechtigt, also bis zum siebenten
Grade, auch zu dem Amt des Mundwald eventuell berechtigt
waren; während aus demselben Grunde die Cognaten dieses
Rechts entbehrten. Daß mit dem Eintrit der Jungfrau oder
Witwe in das Kloster eine völlige Aufhebung der Mundschaft
nicht erfolgt, wird von Liutprand ausdrücklich bezeugt; ob eine
Milderung derselben eintreten solle, war der Entschließung des
Mundherrn überlassen. So finden wir, daß im J. 769 Dommo-
linus zu Pisa beim Auszug in den Krieg seiner Schwester
Austricunda, die bisher „in capillo" in seiner „domus" gelebt
hatte, die Erlaubnis zum Eintrit in das Kloster und zugleich
die Befugnis gewährte, über ihr Vermögen zu verfügen; er sezte
ihr aber zu diesem Zweck einen Priester Ufrit zum Dispensator,
dessen Functionen auch nach des Bruders Tode fortdauern solten⁶).
Solche Fälle kamen der wirklichen Mundfreiheit sehr nahe, von
welcher die späteren Glossatoren bezeugten, daß sie mitunter bei
Frauen vorkomme⁷). Liutprand aber hatte gefürchtet, daß der
Vormund den Eintrit in das Kloster aus Eigennuz befördern

---

⁶) Brunetti cod. dipl. tosc. I. pag. 608. 609 nach Muratori: dispositum
sum iter in exercito, et tiui Austricunda dulcissima sorore germana mea,
quam in domo mea in capillo auire uideor, elegisti tiui monasticho uoto
deo deseruire, petisti me, ut tiui largito cedere de res tua fachultate,
quam tiui chonquisisti, pro anima tua dare. Unde chonsideratus sum
superna retributione, ... do et cedo tiui licentia, adque per hanc
cartula mea largit[atis?] sechundo edicti pagina in te chonfirmo et chon-
stituo tiui auire dispensatorem ufrit presbyterum ecclesie S. Petri ...
aut posteros eius. Et si post transito meo tu dulcissima sorore mea
remanserit, uolo decerno u ..... a chum ipso, sicut tua fieri uoluntate
et licentia aueati omnis res tuas, quas tiui chonparasti aut conquisisti,
mouilia et inmouilia uendere, et cartula uenditonis emittere, ... sicut tiui
placuerit animo dandi pro anima tua una cum suprascripto dispensatore aut
posteros eius ... — Mit der edicti pagina scheint Liutpr. 101 gemeint,
wo freilich von einem dispensator, der mehr einem curator als einem
tutor vergleichbar ist, nicht die Rede war. Der gewöhnliche Testaments-
vollstrecker hieß in der karolingischen Zeit erogator. Liber Papiensis, Pipin. 32.

⁷) Glossa ad lib. Papiens. Liut. 93 (92). LL. IV, 447 lin. 20: c
mundualdo saepe nunc, (oben S. 376). Auch über den Unterschied zwi
dem Mundwald und dem römischen Tutor sezte sich der Sprachgebrauch
mählich hinweg: schon 852 erscheint eine Witwe Adelburga mit ihrem t
Simpertus. Fumagalli p. 282.

mögte, um sich der eigenen Alimentationspflicht zu entledigen; und diesem Misbrauch suchte er zu begegnen, wo eine übereilte Entschliessung der Witwe zu besorgen stand ⁸). — Veräußert wird der Familienmund durch Ablösung von Seiten des Ehemanns (mundium facere), verloren zur Strafe des Misbrauchs (§ 5 a. E.), die aber den Vater und den Bruder nicht treffen soll (§ 6 Note 1).

2. Das Mundrecht des Ehegatten und der Affinen.

§ 5.

Durch Verheiratung der Mündelin geht das Mundrecht auf den Ehemann über, vorausgesetzt

1) daß ihm die persönliche Fähigkeit dazu nicht fehle,

2) daß die Ehe auf rechtsgiltige Weise, d. h. nach vorgängiger Ablösung des Munds (mundium factum) geschlossen sei ¹).

Ueber das erste Erfordernis ist wenig zu sagen, denn dem mundfreien Langobarden kann die Fähigkeit zur Hausgewalt in der Regel nicht fehlen. Nur der Halbie also, und der freie Römer bleibt für immer von dem Mundrecht ausgeschlossen; für jenen und für den noch nicht mundfrei gewordenen Freigelassenen erwirbt es der Patron ²), bei dem Römer geht es unter, die Frau wird freie Römerin ³).

Nicht so einfach steht es mit der zweiten Erfordernis.

Ohne Zweifel hat es eine Zeit gegeben, zu welcher die Giltigkeit der Ehe absolut durch einen eigentlichen Brautkauf bedingt war, der wie jeder Kauf aus den beiden gleich wesentlichen Hälften: Zahlung des Kaufgeldes und Uebergabe des Kaufobjectes zusammengesezt war. Aber diese Strenge hat teils dem Einfluß der Sitte, teils auch dem der Kirche sich beugen müssen. Aus dem Brautkauf wurde ein bloßes Ablösen, ein Abmachen des Munds (mundium facere) und selbst dieses blieb nur entscheidend für das Eheguterrecht, wenn die Kirche sich berufen glaubte, das Eheband auch ohne Mundschaft zu schüzen, die Namen maritus und oxor auch in solchen Fällen zu brauchen ⁴),

---

⁸) Li. 100.

¹) Roth. 165. 184. Liut. 14. 127. 139.

²) Roth. 216. Liut. 126. 139. Fumagalli cod. Ambros. num. 1.

³) Liutpr. 127. Die Ausnahmen in viel späterer Zeit (961. 1019), s. Schröder eheliches Güterrecht I. S. 21. 22 kommen hier nicht in Betracht.

⁴) So auch schon Roth. 188. Liutpr. 114. 126.

und jedem „maritus" das Recht zur Verfolgung des Ehebrechers zu sichern[5]). Daran schloß sich die Zulassung auch der Cognaten, denen das Mundrecht fehlte, zur Erhebung von Bußgeldern für die Tödtung eines Verwandten[6]), und selbst zur Ausübung cognatischer Miterbenrechte. Der Sitte konnte aber auch der nakte Mundkauf allein nicht genügen: sie forderte für die freigeborene Frau eine gesicherte Zukunft und eine anständige Hochzeitsfeier. Beides war nur möglich bei einer angemessenen Zwischenzeit zwischen der feierlichen Uebergabe und den vorgängigen Abreden: es muste also eine Verlobung, als bindendes Rechtsgeschäft vorhergehen. Wolte der Vater oder der Bruder noch weiter gehen, und auch seinerseits für den künftigen Hausstand etwas beitragen, so konnte er dazu ebenfalls den Verlobungstag oder auch den späteren Hochzeitstag benuzen; jener heißt dies uotorum[7]), dieser dies traditionis[8]) Dies Rechtsgeschäft aber heißt Meta (Miete), und Meta wird nun auch das Hauptobject des Geschäfts, das dem Mundherrn der Braut **für sie**[9]) zugesicherte (gelobte) Capital genant. Diese Namen sind in den lübisch-hamburgischen Rechtsquellen fast bis auf unsere Zeit gangbar geblieben: sie reden von der gelobten Mede, von Medegift und Medebürgen. War aber durch diese Abrede bereits die Zustimmung des Mundherrn zur Ehe erlangt, so konte es keiner abermaligen Erkaufung des Checonsenses bedürfen: an das mundium facere konten nur noch die symbolischen Festlichkeiten erinnern, die mit der späteren Uebergabe und Heimführung der Braut[10]) verbunden wurden. Es war eine Ehrensache, dem einfachen mundium facere durch die Meta zuvorzukommen.

---

[5]) So auch Liutpr. 122. 139. Die Schlußworte der zweiten Stelle: ut etiam non habeat eam mundiatam sind übrigens nicht zu übersezen: „auch wenn er die Ablösung des Munds unterlassen hat", sondern: „auch wenn sie seine Mündelin (frea sua, Li. 14. 120) nicht geworden ist." Schon der förmlich Verlobte hatte ja ähnliche Ansprüche. Roth. 190. 192.

[6]) Roth. 162. Liutpr. notitia de actorib. c. 4.

[7]) Liutpr. 3. 103.

[8]) Roth. 181... 184. 215. Li. 14.

[9]) Liutpr. 89: Si quis coniogi suae metam dare uoluerit Liut. 114: possit metam querere ab heredibus.

[10]) Ro. 181. 183. 184. 215. Ahi. 15. Die dabei üblichen Brautgeschenke (exenia) gehörten nicht zur Gültigkeit des Geschäfts.

Die Bestellung einer meta, gleichviel ob durch Verschreibung oder durch Auszahlung, sezte aber ein selbständiges namhaftes Vermögen des Verlobten voraus; wo dieses fehlte, muste es bei dem einfachen mundium facere, der Ablösung der Mundgewalt verbleiben. Daher ist bei der Verlobung eines Haldius, sei es mit einer Freien oder einer Haldia, zwar von dem mundium facere, aber niemals von einer meta die Rede; nur die Möglichkeit einer Morgengabe wird einmal anerkant [11]). Ebenso bei heimlichen, widerrechtlich geschlossenen Ehen, bei welchen das mundium facere nachgeholt werden muste [12]).

Dies ist für mich der Schlüssel für die Lösung der neueren Controverse über die angebliche Identität der meta und des Mundkaufs zur Zeit des Hrotari [13]). Einig ist man, daß Beide seit Liutprand verschieden gewesen; ich kann aber auch eine ältere Identität nicht zugeben, sondern nur annehmen, daß früher wie später dem freien Manne, der seiner Braut eine verabredete Metegift bestellt hatte, nicht daneben noch eine specielle Ablösung des Munds als Consensgeld zugemutet werden durfte. Das Mundgeld steckte in der Meta [14]), aber die Meta umfaßte viel mehr als das bloße Mundgeld. Dies genügt vollkommen zur Erklärung der Thatsache, daß Meta und Mundius nicht neben einander erwähnt werden; es genügt auch um zu begreifen, daß die überlebenden Verwandten des Mannes bei dem Ausscheiden der Witwe aus ihrer Familie nur die Hälfte der Metegift behalten durften, während sie in Ermangelung einer Meta das viel geringere Mundgeld ganz zurückempfangen sollten [15]).

Damit trit freilich zugleich die Notwendigkeit ein, das Kunstwort Mundschaz, welcher seit 1835 durch Kraut und seit 1863 durch Schröder [16]) sich sehr schnell bei uns eingebürgert hat, wieder fallen zu lassen, wenigstens so weit es für die Metegift, den Mietscaz [17]) gebraucht worden ist. Für die wirkliche Mund=

---

[11]) Roth. 126. 216.
[12]) Roth. 187. 188. 190. 191. Li. 114.
[13]) Vgl. besonders Schröder Geschichte des ehelichen Güterrechts Th. I. § 3. 4.
[14]) Roth. 183.
[15]) Roth. 182. 183. 216. Von der Größe des Mundgeldes wird noch später (§ 9) die Rede sein.
[16]) Kraut I, S. 172. 174. 176. 299. 414. u. o. Schröder I. S. 9 ff.
[17]) Angelsächsisch médsceat. Grimm RA. 422. Kraut I, 299.

gebühr könte es immerhin festgehalten werden; da es aber früher fast nur in der Bedeutung von Schuzgeld gebraucht worden ist [18]), und nur ein einzigesmal — nicht öfter — in der Bedeutung der Eheconsensgebühr sich nachweisen läst [19]), so bleibt es immer gerathener, den Ausdruck bei dieser letzteren gänzlich zu meiden.

Ich muß aber auch die vermeinte Identität des (späteren) Mundius mit dem Launegild (Schröder S. 40) bestreiten. In dem langobardischen Geseze wird das Launegild nur in Veranlassung der Hochzeitsgeschenke mit der Heiratsangelegenheit in Verbindung gebracht [20]), weil jedes Geschenk, auch das allergeringste, erst durch Empfang der Gegengabe rechtsbeständig wurde. Nur der Gotteslohn bei der Schenkung pro anima machte das menschliche Lohngeld entbehrlich. — Aber diese Gegengabe verwandelte das Ganze nicht in einen Kauf, es blieb eine gegenseitige Schenkung.

Das Mundrecht des Ehemanns kann vererbt werden auf seine Agnaten, zuerst auf seine Söhne, sodann auf seine Brüder und Oheime. Die Witwe steht in dem Mund ihres eigenen Sohnes [21]), auch wenn er erst eben geboren wäre [22]), ihres Stiefsohnes, ihrer Schwäger [23]); sie hat aber die Wahl unter

---

[18]) Kraut I, 172. Haltaus glossar h. v.

[19]) Nemlich nur in den Oude Friesche Wetten 27: moudschet, wo Grimm RA. 427 es bemerkt hatte. Die Herkunft des Wortes Schaz kan nicht in dem lat. thesaurus, sondern nur in Schoß, Schott = Steuer, Zuschuß gesucht werden.

[20]) Roth. 184

[21]) Liutpr. 101. 130. Lucca 738 (Bertini p. 75) Mailand 756 (Fumagalli n. 7 p. 28) La Cava 1059 (Blasi n. 1 p. 5). Von dem Recht der Mutter gegen ungehorsame Söhne: Farfa 768. bei Troya V, 451.

[22]) LL. IV. 605. Urkunde vom J. 874, bei Mabillon R. diplom. p. 565. Dies hat Grimm RA. 452 übersehen.

[23]) Noch im J. 1143 ward von einer Witwe in S. Germano eine Dos für ihre Tochter bestellt unter Beistand und Consens zweier Schwäger (cognatis mundoaldis meisque), die aber zugleich die Vormünder (patrui et tutores) ihrer beiden Söhne waren. So nach der von mir genommenen Abschrift einer Urkunde im Cod. bibl. Casinensis 49, welche zugleich einen der Beweise enthält, daß man im Herzogtum Benevent das verdächt cap. Liutpr. 29 neben cap. 22 wirklich angewendet, und auch von Witwe die Versicherung gefordert hat, daß sie keinen Zwang von Sei ihres Mundherrn erleide: „interrogata et inquisita ab ipso iudice, null uiolentiam me pati dixi, sed uolontate mea re ipsa dixi dare, et i

den gleich nahen Agnaten[24]). Will sie zur zweiten Ehe schreiten, so muß sie sich durch ihren neuen Verlobten oder durch ihre Blutsverwandten aus der Familie des Mannes loskaufen lassen (mundium liberare)[25]). Sehr bemerkenswerth ist die testamentarische Bestimmung eines reichen Lucchesers vom J. 773, daß nach seinem und seiner Söhne Tode die Witwe in den Mund eines Klosters übergehen solle — gewiß nur mit ihrer Zustimmung, um sie gegen die Habsucht ihrer Affinen sicher zu stellen[26]).

Verwirkt wird das Recht des Ehemannes (amittat mundium) durch schlechte Behandlung der Frau[27]), durch Verleitung derselben zum Ehebruch[28]), durch eignen Ehebruch im eignen Hause[29]). Auch jedem andern Mundwald wird es entzogen wegen Versagung des Unterhalts, wegen Verführung, körperlicher Mishandlung, Nötigung zu schimpflicher Arbeit oder zu unfreiwilliger Ehe[30]); ferner wegen grober Verläumbung[31]), wegen übereilter oder standeswidriger Verheiratung[32]), so wie wegen Duldung unzüchtigen Lebens[33]). Endlich dem Mundwald der Witwe wegen übereilter Uebergabe in's Kloster[34]), oder Verhinderung an anderweitiger standesmäßiger Ehe[35]).

3. Rechte und Pflichten des Mundherrn.
§ 6.

Die mit der Hausgewalt verbundenen Rechte sind für den Vater und den Bruder in der Regel unverlierbar, so daß sie

---

bona mea uoluntate." Aehnliche Zeugnisse enthalten jetzt die Urkunden von La Cava, welche uns bisher nur zum kleineren Theil durch Blasi bekant waren (vgl. meinen Bericht in dem neuesten Heft von Sybels historischer Zeitschrift S. 390 ff.) So La Cava 854. 855. 882 (Cod. Cauensis num. 39. 40. 86. 93). Eine Urkunde aus Lucera in Apulien (Num. 22 p. 24) hat sogar den Wortlaut von Li. 29 ausdrücklich wiederholt.

[24]) Nur in diesem beschränkten Sinne ist das Roth. 182 ihr verliehene Wahlrecht zu verstehen. In einer ohnehin nicht unverdächtigen Veroneser Urkunde vom J. 745 wird von einer Ehefrau und ihrer unverheirateten Schwester der Consens des Ehemanns und Schwagers geltend gemacht. (Murat. antiqq. V, 529. Troya IV, 168); auch das konte nur als freiwillige Unterwerfung der lezteren gemeint sein. Nach burgundischem Rechte ist die Witwe ganz selbständig. Lex Gundebati 53, 2.

[25]) Roth. 182. 183. 199. cfr. 216. s. unten § 8.
[26]) Barsocchini memor. di Lucca p. 86.
[27]) Liutpr. 120. [28]) Liutpr. 130. [29]) Grimoald. 6. [30]) Liutpr. 120.
[31]) Roth. 196. 197. [32]) Liutpr. 12. [33]) Liutpr. 120. [34]) Roth. 189.
[35]) Liutpr. 100. [36]) Roth. 182.

sogar gegen die verheiratete Tochter oder Schwester wieder aufleben können (§ 5. 8). Daher ist auch jede specielle Aufzählung der damit verbundenen Pflichten unterblieben, und deren Vernachläſſigung oder die misbräuchliche Anwendung seiner Rechte wird nicht leicht durch gänzliche Entziehung gestraft [1]); wie denn selbst die mit Freiheitſtrafen bedrohten Vergehen der Mündelin (Unzucht oder Ehe mit einem Sclaven) erst dann der öffentlichen Strafe verfallen, wenn die parentes es verſäumt haben, sie den häuslichen Strafmitteln zu unterwerfen [2]). Daß auch der Vater für wirkliche Mitschuld persönlich haften muß, versteht sich freilich von selbst [3]).

Ganz anders bei dem bloßen Mundwald. Er wird, gleich dem Ehemann (§ 5 a. E.), mehrfach mit Entziehung des Munds bedroht [4]), und bei dieser Gelegenheit finden sich auch speciellere Angaben über seine Pflichten und Rechte.

Der Mundwald soll die Erziehung und Ernährung der Mündelin übernehmen, er soll für ihre standesmäßige Verheiratung sorgen [5]), sie gerichtlich vertreten, sie schüßen gegen Gewaltthaten, und die Bußen von ihren Verlezern eintreiben [6]). Er soll ihr Vermögen verwalten, ihre Gläubiger befriedigen [7]), und für ihre Delictschulden sogar persönlich haften [8]), wenigſtens so weit er sie hätte verhindern können, oder seinem Schuzrecht nicht ferner entsagen will. Mit Zweikampf und Eiden können auch andere Verwandte sie vertreten (Roth. 202. Grim. 7).

Dagegen gebührt ihm gegen die Person der Mündelin ein mäßiges Züchtigungsrecht (uindicta, disciplina) [9]) und die Versagung des Consenses zu bedenklichen Heiraten; über ihr Ver-

---

[1]) „Excepto pater aut frater" heißt es Ro. 195. 196. 197. Li. 12. vgl. Li. 119. Albertus ad Lomb. II. 11 p. 91 ed. Anschütz rechnet auch noch den Grosvater zu den privilegirten Mundherrn; die Quellen nennen ihn nicht, nur von dem gemeinsamen sinus aui ist Grim. 5 die Rede.

[2]) Ro. 189. 221. Li. 24.

[3]) Ro. 192.

[4]) S. 385 und Note 1. Namentlich gehören dahin die als „mala tractatio" in Li. 120 aufgezählten Fälle.

[5]) Ro. 195. Liutpr. 120. Noch freier konnte der Vater oder Brud[er] verfügen. Li. 119.

[6]) Ro. 186. 188. 189. Li. 31. 94. 125. 127.

[7]) Ro. 385.

[8]) Li. 141. 146. vgl. Roth. 263. Li. 121. Kraut I, 347. Rive I, 20[
]

[9]) Ro. 189. 221. Li. 24.

mögen die freie Verwaltung, die Genehmigung oder Nichtgenehmigung ihrer eigenen Verträge[10]), endlich die Erhebung gewisser Anteile von ihren Einnahmen, und im Fall ihres Todes von ihrem Nachlaß.

§ 7.

Einer näheren Erörterung bedarf es nur über die pecuniären Ansprüche des Mundherrn, den mundius in engerer Bedeutung des Worts. Sie betreffen die Bußgelder, die Eheconsensgelder und die Erbschaftsfälle.

1. Die für Verlezungen der Mündelin verwirkten Bußgelder gehören dem Mundherrn in der Regel ausschließlich. Dies versteht sich von selbst bei dem Vater und Bruder, in dessen Hause das Familiengut ungeteilt bleibt; erst bei der späteren Erbteilung kann für die Tochter, ihren Schwestern gegenüber, ein Anspruch auf ein Voraus, oder auch eine Verpflichtung zur Collation eintreten (§ 9 a. E.). Aber auch für den Mundwald bildet das Recht der alleinigen Erhebung die Regel[1]), und es lassen sich mit Sicherheit nur eine oder zwei Ausnahmen von dieser Regel nachweisen.

Die erste Ausnahme, die zugleich als Bestätigung der Regel erscheint, beruht auf einem Specialgesez Liutprands vom J. 723: Hat der Gegner die Hochbuße von 900 Solidi verwirkt, welche zur Hälfte an den König fält, dann soll die andere Hälfte dem Mundwald nur zu einem Drittel (= 150), der Mündelin zu zwei Dritteln (= 300) gebühren. Mit dem Vater oder Bruder dagegen darf sie von Rechtswegen nicht teilen, sie hat sich seinem Ermessen auch hierin zu unterwerfen[2]).

Die zweite Ausnahme betrifft die Deflorationsbuße, die compositio pro anagrip[3]), oder das pretium pudicitiae, humilia-

---

[10]) So z. B. in Capua a. 982, in der Neapolitaner Urkundensamlung III, 34. 35. Sogar ihre künftigen testamentarischen Verfügungen werden erst giltig durch seine leztwillige Autorisation, wie im lübischen Rechte. Barsocchini Lucca p. 85. a. 773.

[1]) Roth. 190. Liut. 93. 94.

[2]) Liutpr. 31: Si autem patrem aut fratrem ipsa femina habuerit, et in eorum mundium fuerit, tunc pater aut frater de ipsam compositionem ... faciant cum filia aut sorore sua qualiter uoluerint. Vgl. Roth. 186. 187. 189. 191. 208. 369. Li. 129.

[3]) Roth. 188. 189. 190. 214. Liut. 127.

tionis, wie es die fränkischen Bußordnungen nennen [4]). An dieser durfte der Mundherr sich, wenn es vorher oder nachher zur rechtsgiltigen Ehe kam, anstandshalber nicht beteiligen; so scheint es wenigstens, da die ihm unstreitig allein gebührende compositio pro faida immer von jener getrennt, und selbständig daneben genant wird. Da aber beide doch immer neben einander in einer gewissen Verbindung erscheinen, so war es vielleicht ursprünglich als eine Gesamtbuße von vierzig Solidi aufgefaßt worden, die aber zu gleichen Hälften geteilt wurde [5]). Komt die Ehe nicht zu Stande, oder trift die Frau noch eine weitere Verschuldung, so wird die Buße ihr nicht verabfolgt, der Betrag derselben aber noch erhöht. So bei dem Bruch eines Verlöbnisses [6]) oder der ehelichen Treue [7]) und bei gemeiner Unzucht [8]).

§ 8.

2. Eheconsensgelder. Mit der schon oben (§ 5) besprochenen Umwandlung des eigentlichen Brautkaufs in ein bloßes Ablösen des Munds konte der gezahlten Geldsumme nur noch die Bedeutung einer Consensgebühr bleiben, deren Betrag gleichfalls durch die Sitte ermäßigt wurde. Zu einem wilkürlichen Ansaz finden wir den Mundherrn nur noch in denjenigen Fällen berechtigt, in denen auch die Buße pro faida et anagrip verwirkt und zuvor entrichtet war [1]). Daß die übliche Summe sich nicht sehr hoch belaufen konnte, ersehen wir aus dem gesezlichen Maximum von sechs Solidi, welches für die Ablösung des patronatischen Munds gefordert werden durfte (s. unten § 11); in den späteren papienser Formularen finden wir aber statt des Mundgelds nur noch die symbolische Hingabe einen Pelzes, der crosna, oder eines Pferdes, und bei beiden die ausdrücklich hinzugefügte fingirte Taxe von zwanzig Solidi [2]), also dieselbe

---

[4]) Schröder I. S. 16. Zur Einziehung dieser Buße waren aber auch Verwandte ohne Mund berechtigt. Roth. 190. Li. 31.

[5]) Das burgundische Wittemon wurde nach Dritteln geteilt.

[6]) Roth. 190. Li. 119.   [7]) Liut. 122.

[8]) Roth. 189. Li. 60.

[1]) Roth. 190: mundium eius qualiter steterit faciat. Roth. 1`` mundium eius si conuenerit faciat. Roth. 214: de mundio qualiter co1 nenerit et lex habet.

[2]) LL. IV, 333, 7. 10. 334, 18. 22. 600, 2. 3. 605, 10. 650, 31. 3 Eben so Albertus ad Lombard. II, 1 p. 76 und ad II, 14 p. 97 Anschütz, wo die 20 solidi als Minimalsumme bezeichnet werden.

Summe, die in Ermangelung frieblicher Uebereinkunft als pretium pudicitiae hätte entrichtet werden müssen. Um einen geringeren Preis die Braut loszuschlagen, wäre anstößig gewesen; hatte doch auch die lex Gundobada dem Vater das Recht entzogen, die Erhebung des Wittemon testamentarisch zu verbieten[3]). Erst später, im J. 853, finden wir einen Testirer, der als Verächter der Sitte seinen Söhnen verbot, mehr als vier Denare (einen Trimissis) bei der Verheiratung ihrer Schwestern zu fordern[4]).

In dem zu zwanzig Solidi taxirten Pelz. haben wir aber zugleich den Schlüssel für den auf uns vererbten Ausdruck Kuppelpelz, d. h. Copulirpelz.

Aber auch den Kuppelpelz zu behalten, wäre für den Vormund schimpflich gewesen; der Richter mahnte sofort an dessen Rückgabe bei der Uebergabe der Braut und ihres Vermögens[5]). So ward er zum Brautgeschenk für die Frau, aber zu Handen ihres neuen Mundherrn; und damit die Schenkung giltig werde, mußten beide Ehegatten ein Lohngeld dafür entrichten[6]).

Unter den fünf Formeln, welche diesen Hergang im Wesentlichen ganz übereinstimmend schildern (Note 2) fordert nur Eine, welche ohnehin verstümmelt ist (LL. IV, 605), daß auch das Lohngeld wieder in einer crausna bestehe. Gewiß ist dies ein Misverständnis, wenn auch die gleiche Gegengabe der Giltigkeit des Geschenks natürlich nicht schaden konte. — Hiemit ist denn zugleich die vermeinte Identität von Launegild und Mundschaz (S. 384) widerlegt.

Wenn aber das Ehepaar sich ohne vorgängige Ablösung des Munds verbunden, und dadurch den Mundherrn berechtigt hatte, die Höhe der Mundgebühr wilkürlich zu bestimmen, dann war er auch solcher Anstandsrücksichten überhoben, und die Gebühr blieb sein freies Eigentum. Dies ist offenbar die Meinung der oben (Note 1) angeführten Stellen.

Ebenso dispensirte man sich von allen Formalitäten, wenn

---

[3]) Lex Burgund. Gundeb. 86, 2.
[4]) Fumagalli cod. ambros. p. 285.
[5]) Cum omnibus rebus mobilibus et immobilibus seu familiis, quae eam per legem pertinent — cum omnibus rebus eidem legibus perentibus, — cum omnia que ei legibus pertinent.
[6]) LL. IV, 600: Quo facto tunc Fabius eum Sempronia iam a uxore launechild Senece tribuat. vgl. Roth. 184.

eine freie Frau einen Halbien heiratete: sie empfing **direct** mit Consens ihres Vaters das Mundgeld[7]).

Daß der Mundherr niemals berechtigt war, die Mebegift, auch wenn sie nicht blos verschrieben, sondern schon vor der Ehe an ihn ausgezahlt war, als sein wirkliches Eigentum zu behandeln, ergiebt sich schon aus der klaren Absicht des Gebers: Si quis coniugi suae metam dore uoluerit[8]); es wäre die Sache der Mebebürgen gewesen, erstern zu zwingen, daß er sie mit dem Mundrecht an den Ehemann ausliefere. In der Regel aber begnügte man sich mit dem Geloben, dem verbürgten Versprechen (dictum, promissum)[9]) oder mit einer Verschreibung (cartola, oblicatio)[10]), und dann konte erst bei Auflösung der Ehe der Anspruch der Frau zur vollen Geltung kommen. Sie verlor aber die Hälfte der Mebegift, wenn sie nun aus der Familie des Mannes ganz ausscheiden wolte; und wenn dabei die Notwendigkeit einer baaren Auszahlung eintrat, so muste diese von Demjenigen übernommen werden, in dessen Mundschaft sie nunmehr übertrat. Das mundium liberare ward also für den neuen Verlobten zugleich zu einem neuen mundium facere[11]); für den Vater und Bruder dagegen, in dessen ungeteiltes Gut auch ihr Vermögen zurückfloß, war es eine Auslage, die sie bei der späteren Erbteilung sich anrechnen lassen muste[12]). Auch der neue Ehemann durfte es ihr anrechnen, denn nachdem aus einem Gesetz Liutprands vom J. 717 (Liut. 7) sich die Sitte entwickelt hatte, seiner Braut statt der Mebegift ein Viertel des eigenen Vermögens als Morgengabe zu verschreiben, durfte der Bräutigam einer Witwe es bei einem Achtel (octaua) bewenden lassen[13]).

§ 9.

3. Die erbrechtlichen Befugnisse des Mundherrn zerfallen in zwei Hauptclassen: in eigene Erbrechte und in Erbschafts-

---

[7]) So Fumagalli a. 721. n. 1. vgl. Roth. 216.
[8]) Liutpr. 89.
[9]) Roth 178. 179. 188. 190...192. Li. 114.
[10]) Liut. 117. Weiter ward daraus die scripta quarta, script^{um} morgincap.
[11]) Roth 182 Li. 129.
[12]) Roth 199.
[13]) Edict. Langob. Adelgis c. 3. La Cava 856. 877. 882. (Cod. vensis n. 47. 81. 92. 93.) vgl. Schröder I, 88.

gebühren, d. h. Abzüge von den dem Mündel zufallenden Erbschaften.

a. Das eigene Erbrecht desselben trit in der Regel ein in Ermangelung erbberechtigter Kinder. Für diesen Fall wird es von Hrotari allgemein für jeden Mundwald anerkant[1]), und speciell zu Gunsten des Vaters[2]), von Liutprand für den Ehemann[3]) und den Oheim[4]). Daraus folgt schon von selbst auch das Erbfolgerecht des legitimen Bruders, welches überdies auch als Vorbild für das patronatische Erbrecht aufgestellt wird[5]). Unter mehren Brüdern scheint aber dem Mundwald kein Vorrecht gebührt zu haben, und eben deshalb kan auch der frater naturalis, trotz seiner Mitbeteiligung an der Mundschaft doch bei Beerbung der Schwester nicht concurrirt haben. Denn daß er an der Beerbung des Bruders, auch des naturalis, mit legitimen Brüdern nicht concurriren dürfe, sagt Hrotari ganz ausdrücklich, obwohl ihm ein Anteil am Bußgelde für einen getödteten frater naturalis zugesichert wird[6]).

b. Die Erbschaftsgebühren werden sehr bestimmt dem eigenen Erbrecht entgegen gesezt von Liutprand im J. 717[7]). Er gewährte den elterlosen unverheirateten und verwitweten Schwestern ein volles gegenseitiges Erbrecht, mit dem Zusatz: Parentes autem propinqui aut mundoald earum tantum mundium earum suscipiant; nam de rebus eius (d. h. mortuae) aliut nihil percipiant. Die Größe dieser Gebühr finden wir aber in dem Geseze nirgend bestimmt: die Glossatoren sezen als be-

---

[1]) Roth 188. 215.
[2]) Roth 170.
[3]) Liut. 14. Erst durch Heinrich I. ist dem Ehemann auch ohne Mundrecht ein volles Erbrecht an den Nachlaß seiner kinderlosen Frau gewährt worden; daher der Vers: Regis Henrici laetantur lege mariti. LL. IV, 581.
[4]) Liut. 145.
[5]) Roth 224, 3.
[6]) Roth 162: Si fuerint filii legitimi et naturales duo aut plures, et contegerit casus, ut unus ex naturales occisus fuerit, tollant legitimi fratres pro compositione illius partes duas, naturales uero qni remanierint partem tertiam. Facultatem uero illius mortui ad legitimos fratres reuertatur, nam non ad naturalis. Ideo ita preuidemus propter aida postponenda, id est inimicitia pacificanda.
[7]) Li. 14.

kant voraus, daß sie zwanzig Solidi betragen habe[8]); ob für alle Erbinnen zusammen, oder für jede einzelne besonders, wird nicht gesagt, doch scheint die Consequenz das leztere zu fordern, wie es bei dem patronatischen Mundrecht (s. unten) gewiß der Fall war.

Hierdurch erklären sich nun auch zwei andere Stellen des Edicts, in welchen das „pro mundio" sowohl als eine mit dem eigenen Erbrecht concurrirende, als auch getrennt vorkommende Erbschaftsgebühr erscheint, nemlich Roth. 160. 161. In der ersten Stelle erscheinen 1) legitime Töchter, 2) legitime Schwestern, 3) natürliche Söhne und 4) entferntere legitime Verwandte zuerst als Miterben, dann aber die dritten und vierten als solche, die das pro mundio unter sich zu teilen haben[9]); in der zweiten werden die filii naturales und die parentes durch das Vorhandensein legitimer Söhne von der Erbfolge ausgeschlossen, dennoch aber sollen die naturales das pro mundio mit den legitimi teilen, weil miterbende legitime und schuzbedürftige naturale Schwestern vorhanden sind[10]). Der Maasstab der Teilung ist in beiden Fällen derselbe: die naturales erhalten zusammen nur ein Drittel, d. h. die Hälfte dessen, was die legitimi an Gebühren erheben; und eben dieser Maasstab wird dann sofort auch auf den Fall der für einen getödteten frater naturalis gezahlten Buße angewendet[11]), so wie er später wiederkehrt, als

---

[8]) LL. IV, 412 lin. 6.

[9]) Roth 160. Si quis dereliquerit filias legitimas unam aut plures et filios naturales unum aut plures, tollant filiae et sorores . . . . uncias sex, ... naturales filii uncias quattuor . . . . et duas uncius parentes legitimi . . . . Pro mundio autem suprascriptarum [der weiblichen Erbinnen] tollant naturales filii tertiam partem . . . . et heredes legitimi . . . . partes duas.

[10]) Roth 161. De mundio inter legitimos et naturales. Si fuerint filii legitimi et filii naturales et sorores tam legitimas quam naturales, pro mundio earum tollant legitimi filii partes duas, naturales uero partem tertiam.

[11]) Roth 162. Si fuerint filii legitimi et naturalus duo aut plu₁ et contegerit casus ut unus ex naturales occisus fuerit, tollant l₁ timi fratres pro compositione illius partes duas, naturales uero qui manserint partem tertiam. Facultatem uero illius mortui ad legitin fratres reuertatur, nam non ad naturalis.

Liutprand der Familie eines getödteten königlichen Sclaven den britten Theil von der erhobenen Buße überließ[12]).

Der Ursprung dieser Erbschaftsgebühr ist unzweifelhaft auf die vorrotharenische Zeit zurückzuführen, zu welcher den legitimen Töchtern zuerst ein bis dahin versagter Anteil an der Beerbung ihres Vaters gewährt war. (vgl. Roth. 158.) Zu Hrotari's Zeit war sie schon fest geregelt und durfte nicht nach Willkür des legitimen Erben taxirt werden; ob sie aber schon damals immer zwanzig Solibi und nicht vielleicht eine bestimmte Quote der Erbschaft betragen habe, müssen wir dahingestellt lassen. Die Mitbeteiligung der naturales, als bloßer Nebenerben und nicht als eigentlicher Mundherrn, trit am klarsten dadurch hervor, daß beim Wegfall der legitimi sofort der König für sie als wahrer Mundherr eintrat (s. unten).

III. Der Patronatsmund.
§ 10.

Die Unterschiede der Mundschaft über Freigelassene von dem Frauenmund bestanden hauptsächlich in zwei Stücken: 1) darin, daß sie beide Geschlechter umfaßte und 2) darin, daß sie durch besondere Vorbehalte verschärft werden konte.

Der erste Punct bedarf vorerst keiner besonderen Erörterung, denn die ungleiche Stellung der Freigelassenen männlichen und weiblichen Geschlechts zeigt sich nur in einigen untergeordneten Beziehungen, deren hernach zu gedenken sein wird.

Um so wichtiger aber ist der zweite Punkt. Entbehrlich sind die Vorbehalte für die Abhängigkeit des Freigelassenen an sich, denn sie trit von Rechtswegen ein, wenn nicht zugleich bei der Freilassung ausdrücklich erklärt wurde, daß er mundfrei (amund)[1]) oder patronatsfrei (solutus a iure patronatus) sein solle. Der zweite Ausdruck ist jünger, er findet sich nur in Urkunden[2]), aber für Frauen ist er der einzig correcte, weil bei ihnen völlige Mundfreiheit unmöglich war[3]), so daß ihnen nur

---

[12]) Liutpr. notitia de actorib. regis c. 3. Si quis seruus noster occisus ṛrit, duas partis de ipsa compositionem tollat curtis nostra, et tertiam ,ars parentes ipsius serui nostri defuncti . . . . ut unde habent dolore, abeant in aliquo propter mercedem consolationem.

[1]) Roth. 224, 3. 225.

[2]) z. B. Lucca 773, Barsocchini pag. 85.

[3]) Roth. 204.

die Rechte einer Freigeborenen, die Eigenschaft einer Ebenbürtigen (unidribora), durch eine solche Erklärung zu Theil werden konten[4]. Einer solchen ausdrüklichen Gewährung der Mundfreiheit bedurfte es aber nicht, wenn die Vermittelung des Königs für die Freilassung erbeten war. Dies geschah ursprünglich nur bei dem durch Pfennigswurf (in pans) Manumittirten, dem frankischen homo denarialis[5], später bei der kirchlichen Form durch Mundführung um den Altar, deren Liutprand sich zu bedienen pflegte: zuerst so, daß das Patronatrecht dem Könige verblieb, und von ihm auf Andere übertragen werden konte[6], dann aber, seit dem J. 721, so daß bei dieser Form der Patronat über Männer ganz hinwegfiel[7], wenn er nicht ausdrüklich vorbehalten war.

Der Patronat über gemeinfreie Männer scheint aber ohne Weiteres immer nur ein Erbrecht an dem Nachlaß des kinderlos verstorbenen Freigelassenen begründet zu haben[8]; auf Dienste oder Geldleistungen gab er einen rechtlichen Anspruch nur kraft besonderen Vorbehalts, wobei dann zugleich auch über die Dauer dieses Verhältnisses die näheren Bestimmungen zu treffen waren. Immerwährend und erblich auf beiden Seiten konte dasselbe nur bestehen, wenn der Freigelassene zum Gutsunterthanen, also namentlich zum Haldius, gemacht war; als blos persönliches Verhältnis pflegte es wenigstens bis auf die Kinder des Freigelassenen erstreckt zu werden. Darauf deutet schon das nullam repetitionem patronus aduersus ipsum aut filius eius habeat potestatem requirendi in Hrotari's Edict[9]; besonders aber die Bestimmungen Liutprand's[10] über das Mundgeld, welches auch die Kinder des Freigelassenen dem Patron oder dessen Erben[11] entrichten solten. Danach solten die durch Vermittelung des Königs am Altar manumittirten Frauen und ihre Töchter höchstens einen mundius von drei solidi haben, während ihre Söhne mundfrei waren; anderen Freigelassenen dagegen, und den Söhnen sowohl als den Töchtern einer anderweitig freigelassenen Frau solte ein mundius bis zu sechs solidi auferlegt werden

---

[4]) Roth 222. Liut. 106. So ist demnach Liutpr. 23. 98 des am bei der Frau zu verstehen.
[5]) Roth 224, 2. [6]) Liutpr. 9. [7]) Liutpr. 23. vgl. Li. 55.
[8]) Roth 224, 3. 225. [9]) Roth 224, 1. [10]) Liutpr. 9. 10, und dar Fumagalli pag. 1. [11]) Fumagalli pag. 18.

dürfen. In Wirklichkeit finden wir denn auch in zahlreichen Freilassungsurkunden und Prozeßacten ein Mundgeld von einem Drittelsolidus bis zu sechs Solidi vorbehalten.

Die interessanteste Prozeßurkunde dieser Art kennen wir aus Fumagalli [12]); sie ist vielleicht aus der ersten Hälfte des achten Jahrhunderts [13]). Die Vorfahren des Lucius waren zur Zeit des Königs Kuningpert von Toto's Vorfahren (parentes) mittels Rundführung um den Altar freigelassen worden. Von ihnen hatte er ein Stückchen Land ererbt (fuisset cespes eius); aber der Freibrief hatte den parentes Totuni ein Mundgeld von drei Solidi, und eben so viel den Erben des Freilassers vorbehalten. Dennoch beanspruchte Lucius, unter Berufung auf Liutprand 23, die Stellung eines fulcfreal und die Freiheit von Halbiendiensten, während die königlichen Richter entschieden, daß eine vor diesem Gesetze erfolgte Freilassung in dieser Form ihm nur die Halbienqualität habe gewähren können. Beide Theile scheinen also vorausgesezt zu haben, daß die Auflage eines Mundius nicht nur bei dem Gemeinfreien und bei dem Halbien, sondern eben so auch bei dem kirchlich Freigelassenen gleich zulässig sei [14]).

Eine zweite erhebliche Urkunde [15]), wahrscheinlich aus der Regierungszeit des Königs Radgis (748), wird uns auch noch wegen anderer Punkte beschäftigen. Sie enthält das Testament zweier Pisaner Geistlichen zu Gunsten der bischöflichen Marien= kirche, und verfügt in Ansehung der Sclaven: post obito uero

---

[12]) Fumagalli p. 18. 58. Brunetti I, 528 Fumagalli antichità I p. 281.

[13]) Cod. ambros. pag. 18. 19. LL. IV, 659.

[14]) So datirt sie Fumagalli. Aber gewiß ist nur, daß ein königlicher missus den Proceß entschied, und nur die barbarische Sprache scheint die Annahme, daß ein vorkarolingischer missus fungirte, zu unterstützen. Ein Todo lebte in jener Gegend noch unter Karl und Pipin, Fumag. pag. 124. Wäre Fumagalli's Datirung richtig, so dürfte diese Urkunde auch als Be= weis dafür gelten, daß das Inquisitionsrecht der königlichen missi im Gegensatz zu dem eigentlichen Zeugenbeweise, dessen Kentnis wir der glänzenden Entdeckung Brunner's verdanken, nicht blos im fränkischen, sondern auch schon im Langobardenreich behutsam geübt worden sei. Es klingt fast als besondere Rechtfertigung, wenn gesagt wird: Et pro anima domni regis saluandum dixi, ut diceret, quales homines eius liuertate sauerunt: ego illos per me diligenter inquirerem."

[15]) Brunetti cod. toscano I n. 38 p. 527. 528. Troya IV, 324.

nostro decreuimus, ut omnes sint cum omnes rebus suis
liueri et absoluti ab omni nexu conditionis [von Halb=
biendienſten] uel a nexu seruitutis. Et uolumus habeatis defen-
sionem ad ecclesia sancte marie . . . et per omne casa
per singulos annos dare debeatis ad casa sancte marie
exenio trimissale [eine Gabe vom Werth eines tremissis]
aut certe trimisse in auro; amplius uobis nulla imponat-
tur. Et mundio, si qua de uestra procreatione ad marito
ambolauerit ad ecclesia s. marie uel episcopi sit potestate.
Et hec [hoc?] uolumus, ut si alicui ex uobis prenominatis
aliquas res uindere fuerit oportunitas, non habeatis potestatem
aliis hominibus uendendi licentia, nisi inter uobis conliuertis
unus alterius . . . . ad [aut?] parentibus nostris de benefactori-
bus uestris superscriptis diacones. Et si aliquis ex ipsis pre-
sumpserit aliquas res . . . . homine uenundare, potestate abeant
heredes aut parentes de ipsi diacones, prendere et tenere et
defendere . . . Iterum memoramus de ipso uestro mundio,
quod sit in potestate ecclesie sancte marie uel episcopi, uolumus ut per caput sit tantum solidum unum.

§ 11.

Die Bedeutung des mundius bei Freigelaſſenen war eine
doppelte: die eines Löſegeldes und die eines Schuzgeldes. In
der erſten Bedeutung war das Mundgeld unerläßlich für die
völlige Tilgung der Abhängigkeit, alſo gewiſſermaßen eine recht=
liche Ergänzung der bis dahin nur beſchränkten Freilaſſung; ſie
war aber auch notwendig für die legale Verheiratung der frei=
gelaſſenen Frau, alſo entſprechend dem zu zwanzig Solidi taxirten
Mundgeld der Freigeborenen[1]). So wie aber die Anbietung
des Mundgeldes für ſich allein noch nicht genügte, um den Ehe=
conſens zu erzwingen, ſo und noch viel weniger konte der Frei=
gelaſſene durch dieſes Anerbieten ſeine gänzliche Entlaſtung er=

---

[1]) So wurden für eine königliche Halbia von dem Patron des Verlobten drei solidi gezahlt im J. 771. Fumagalli p. 44. LL. IV. 659. Auch
für die Freigeborene genügten 3 oder 2½ solidi, wenn ſie einen Halt
heiraten wolte. Fumagalli p. 1. 15, aus den Jahren 721 und 735. vgl. R
216. Nicht ganz klar iſt ein ähnlicher Vertrag von 773, bei Lupi I, 5
vgl. unten S. 398. — Auch die römiſchen Colonen hatten zur Zeit G
gor's d. Gr. Eheconſensgelder zu entrichten, jedoch höchſtens von ein
Solibus. Savigny vermiſchte Schriften II. S. 26.

zwingen; es war nur der formelle Abschluß der bewilligten Entlastung. Mitunter mag dies misverstanden sein; denn Pippin muste zwischen 782 und 792 ausdrücklich erklären[2]): de mancipiis palatii nostri et ecclesiarum nostrarum nolumus mundium recipere, sed nostras ipsas mancipias habere. Nur wegen Misbrauchs des Patronatrechtes konte den Freigelassenen ein Recht gewährt werden, sich durch Anbietung des Mundgeldes gänzlich frei zu machen. So verfügten zwei Schwestern bei Gründung eines Klosters in Verona und dem eigenen Eintrit in dasselbe, im J. 745[3]):

De seruos et ancillas nostras ita decernimus. Omnes liberi et liberae sint, et abeant per caput mundio tremissis singulas; in ea uero rationem, ut ... si sorores quae nobis successerint [die künftigen Klosterschwestern] aut forte abba ... aliqua eis uiolentia inferre uoluerint, que ipsi portare non possint, dent mundio per caput tremisse unum in ipsum sanctum locum, et uadant soluti ab omni ius patronati, ubi uoluerint.

Viel erheblicher aber ward das Mundgeld, wenn es als wiederkehrender Schuzzins entrichtet werden muste, was freilich wiederum einer besonderen Bestimmung in der Freilassungsurkunde bedurfte. Daher begegnen wir auch gar manchen Varietäten in diesem Puncte: Das Schuzgeld konte als Kopfgeld (census capitis) oder als Familiensteuer (für jede einzelne casa) auferlegt werden[4]); selbst an dem Namen war nicht viel gelegen, denn unter dem exenium, welches sehr oft namentlich bei Tertiotoren gebraucht wurde[5]), war im Wesentlichen dasselbe gemeint.

Räthselhaft ist scheinbar ein anderer Punct. Das Mundgeld soll auch an den Kindern, namentlich an den Töchtern einer verheirateten Freigelassenen haften, obwohl sie selbst bei legaler Verheiratung auch ohne Ebenbürtigkeit in die Mundschaft ihres Ehemannes, resp. seines Patrones, übertrat[6]). Es ist undenkbar, daß

---

[2]) Monum. Legum I, p. 47. Liber Papiensis LL. IV, 520. Ariprandus und Albertus (pag. 93 ed. Anschütz) betrachten das als ein Sonderrecht der königlichen Haldien.
[3]) Troya IV, 170 nach Muratori (antiq. V, 521) und Biancolini.
[4]) So oben S. 396. die Urkunde von 748.
[5]) Sicard 14 (Edictus p. 193 der Octavausgabe) und oben § 10 a. E.
[6]) Roth. 216. 218. Liutpr. 126. 139. Im J. 822 mußte ein Freier m Bältlin seine Frau mit ihren Kindern wieder herausgeben, weil sie rtinens des Ambrosiusklosters ohne Abmachung des Mundius verheiratet ar. Fumagalli n. 33 pag. 138.

Liutprand, als er die Erblichkeit der Last anerkante (Liutpr. 9. 10) nur an die außerordentlichen Fälle gedacht habe, in welcher die Freigelassene außereheliche Kinder gebähren, oder einen Freigelassenen desselben Patrons heiraten würde; vielmehr muß die Ansicht, daß bei ungleichen Ehen das Kind immer der ärgeren Hand folge, den Freilasser auch zu solchen Vorbehalten berechtigt haben.

An Belegen dafür, daß eine Uebertragung der Mundschaft auch ohne Verheiratung der Mündelin für möglich gehalten wurde, fehlt es uns nicht ganz, selbst wenn wir das, was bei Gelegenheit einer testamentarischen Freilassung bestimmt werden konte, hier bei Seite lassen. In Lucca übertrug David im J. 773 den Mund über seine Ehefrau Ghiserada einem Kloster, fals sie seine Söhne überleben würde[7]). In demselben Jahre verkaufen zwei Brüder für zwei tremisses ihr Recht als mundiadores ihrer Schwester (also war sie nur eine soror naturalis) und lassen sich versprechen, daß deren agnitio nicht höher belastet werde — das Weitere ist unverständlich[8]).

Aber zum Beweise eines allgemein recipirten Rechtssazes scheint mir das doch nicht zu genügen.

IV. Der Königsmund.
§ 12.

Das Mundrecht des Königs ist kein rein privatrechtliches Institut; vielmehr ist in einer Anwendung sogar ganz dem Gebiet des öffentlichen Rechtes angehörig.

Privatrechtlich bleibt es als Surrogat des Familienschuzes, bei dem der König sich durch einen Beamten, oder einen besonders ernanten Vormund[1]), der bei den Kindern auch wohl tutor genant wird, vertreten läst. Daher heißt es hier von der Frau: mulier ad curtem regis habet refugium[2]), ad curtem regis debet reuerti[3]), se commendare[4]), mundius cadit, pertinet ad curtem regis[5]), est in potestate regis[6]). Der mund=

---

[7]) Barsocchini memorie di Lucca V, 2 pag. 85. s. oben §. 6.
[8]) Troya V, 699, nach Lupi I, 511.
[1]) Liutpr. 9. 19. 74. 75. 149, LL. IV, 596. 605.
[2]) Fumagalli a. 876 p. 448. 450. Roth. 182. 183.
[3]) Roth. 195. 196.
[4]) Roth. 182. 385.
[5]) Roth. 182. 204.
[6]) Vgl. Haltaus glossarium h. v.

freie Knabe dagegen stand nicht ohne Weiteres in des Königs Schuz, und daher konte auch der freigeborene Bastard bei den Langobarden nicht schon von Rechtswegen zu den „Königskindern" oder „Königsleuten" gezählt werden, wie später im deutschen Rechte. Auch der Patronatsmund des Fürsten über seine eigenen Freigelassenen behielt seinen privatrechlichen Character, obgleich die königlichen und später die kaiserlichen Halbien sich in einigen Puncten von den anderen Halbien unterschieden. Dagegen verschwand dieser Character mehr und mehr bei dem Schuz der eingewanderten Fremdlinge (Roth. 385), der Kirchen (Roth. 35. 272. Liutpr. 143) und derjenigen, die in das obsequium oder das Hofgesinde des Königs oder eines Herzogs eingetreten waren[7]).

Die vollste Entfaltung ward diesen publicistischen Beziehungen in den Klosterprivilegien. Die ersten von den Fürsten gestifteten Klöster blieben ihr Eigentum; und da die Mehrzahl der Mönche aus bisher Unfreien genommen ward, so ist es begreiflich, daß Herzog Romuald zu Anfang des achten Jahrhunderts, als er die Privilegien des Sophienklosters in Benevent bestätigte, die Clausel hinzufügte: excepto quod ad nostrum palatium obedientiam habeat[8]). Haistulf unterschied im J. 755 die monasteria uel reliqua uenerabilia loca, quae in defensione palatii esse noscuntur, von denjenigen, quae ad palatio non perteneunt[9]), woraus der Index der Cavenser Handschrift des Edicts ein mundius palatii macht[10]). Ein Jahrhundert später (848) wurden die Klöster zu Monte Casino und von S. Vincenzo am Volturno noch weiter von den beneventarischen abbatiae quae ad palatium pertinent unterschieden, weil jene sub defensione domini imperatoris standen[11]). In des Kaisers Mundeburd zu stehen, war von nun an eine von den angesehensten Klöstern angestrebte Auszeichnung, welche durch besondere Privilegien erlangt wurde[12]).

---

[7]) Roth 167. 177. 225. Liutpr. 62. Ratch. 10. 14: nos debemus gasindios nostros defendere. vgl. Pabst Herzogtum S. 503 u. 507.
[8]) Ughelli-Coleti X, 447. Troya III, 99.
[9]) Ahi. 17. 19.
[10]) LL. IV, 195. vgl. oben S. 378 Note 2.
[11]) Radelgisi diuisio cap. 4, LL. IV, 222.
[12]) z. B. für das Mailänder Kloster S. Ambrogio 873 und 880. Fumaalli p. 413. 480. vgl. Fumagalli antich. longob. I, 262.

§ 13.

Die erbschaftlichen Rechte, welche mit dem Familien= und dem Patronatsmund verbunden waren, konten bei dem Königsmund nur unvollständig zur Anwendung kommen, weil sie einerseits schon in das noch mehr umfassende fiscalische Occupationsrecht an erblosen Gütern aufgingen, welches dem Fiscus keine Haftung für die Schulden des Verstorbenen auflegte[1]), andererseits aber durch königliche Verzichtleistungen geschwächt waren. Das fiscalische Occupationsrecht war nicht durch Mundschaft bedingt[2]), es trat in Ermangelung von Agnaten und testamentarischen Erben von selbst ein. Agnaten aber exiſtirten für den Waregang und den Freigelassenen überhaupt nicht, seine legitimen Descendenten aber hatten immer den Vorzug vor jeglichem Anspruch des Fiscus[3]). So gewährte diesem also das Hinzutreten des Mundrechts nur den Vorteil, auch alle leztwilligen Veräußerungen des Verstorbenen umstoßen zu können[4]), und zugleich einen Vorzug vor dem Ehemann oder vor solchen Agnaten, die ihr Mundrecht an den König verloren hatten.

Durch Verzichtleistungen sind nicht nur die Ansprüche des Fiscus auf vacante Erbschaften in demselben Grade vermindert worden, in welchem die cognatische Erbfolge allmählig erweitert wurde[5]), sondern es ist auch der Erbschaftsgebühr pro mundio (oben S. 391), die unter Hrotari dem Königsmund ganz ebenso gebührte, wie dem Familienmund[6]), durch Liutprand im J. 713 gänzlich entsagt worden[7]). Dieser gänzlichen Entsagung auf die Gebühr rühmt er sich auch im J. 733 in der Notitia de actoribus regis (c. 5), mithin hat sie auch nicht wieder neu aufleben können, als im J. 717 den Schwestern unter einander[8]),

---

[1]) Roth. 223.
[2]) Roth. 224, 1. 231. Liutpr. 17. 18. 77. vgl. Gattola access. ad hist. abbatiae Cassicot. Pars I p. 65.
[3]) Roth. 367. Grim. 5.
[4]) Roth. 367.
[5]) S. meine Abhandlung Omnis parentilla, in den drei Abhandlungen des deutschen Rechts 1871. S. 6. 7.
[6]) Roth. 158. 160.
[7]) Liutpr. cap. 1. 4.
[8]) Liutpr. 14. Dieses Gesetz Liutprand's scheint in Benevent n sofort in Geltung getreten zu sein, da um dieselbe Zeit (715 oder 7 Herzog Romuald das künftige Erbrecht einer Schwester durch besonde

im J. 735 den Nichten[9]), und im J. 755 auch den Vaters=
schwestern des Erblassers[10]) ein Intestaterbrecht gewährt wurde.
An Erbschaftssteuern mit steigenden Prozentsätzen nach der Ent=
fernung des Grabes, wie sie bei uns an der Tagesordnung sind,
ward bei den Langobarden noch nicht gedacht.

Die Magdeburger Fragen

kritisch untersucht von

Herrn Professor Dr. von Martitz in Freiburg.

Von den die Magdeburger Schöffenpraxis darstellenden
Rechtsaufzeichnungen hat keine so weite Verbreitung gefunden
als das unter dem Namen der Magdeburger Fragen bekannte
Rechtsbuch[1]).

Das Werk ist dem Bedürfniß nach übersichtlicher Dar=
stellung der von dem Oberhof zu Magdeburg befolgten Ent=
scheidungsnormen entsprungen. Dem Verfasser schien dies
Bedürfniß auch durch das ihm wol bekannte Breslauer syste=
matische Schöffenrecht in seiner Preußischen Redaktion, das
s. g. Culmische Buch, nicht befriedigt zu sein. Das Magde=

---

pracceptum für einen speciellen Fall bestätigte. Ughelli-Coleti X, 457,
aus dem Chronicon S. Sophiae III, 2.

[9]) Liutpr. 145.
[10]) Ahist. 10.
[1]) Das schließen wir nicht allein aus dem Handschriftenbestande, son=
dern auch aus der vielfältigen Ausnutzung, welche die M. Fr. in andern
Rbb. gefunden haben. Das Werk ist nicht allein in Preußen sehr bekannt
gewesen, sondern auch in der Lausitz, den Wettinischen Landen, in Pommern
gebraucht worden. Auch in Süddeutschland fand es Beachtung. Ulrich
Tengler verwerthete namentlich die Systematik desselben für seinen
Laienspiegel, Stintzing Gesch. der pop. Literatur 439, und in Augsburg
wurde 1517 der erste Druck veranstaltet. Nach ihm ist dann das Buch ein
ehender Appendix der ältern Sspausgaben geblieben. — Die für das
Zipserland 1585 bezeugte Bekanntschaft, mein ehel. Güterr. 40 n. 92, dürfte
ich, wie auch spätere Allegationen der Magdeburger Schöffen selbst, Ale=
manni palaestra consult. (1613) 508, bereits auf die Drucke des Rechts=
uchs beziehen.

burgische Recht erschien hier zumeist in der Gestalt theoretisch
zugespitzter Sätze, deren Beglaubigung nicht immer zweifellos
dünken mochte, die jedenfalls der Anschaulichkeit entbehrten und
der Handhabung im gehegten Dinge Schwierigkeiten boten. Noch
im 16. Jahrhundert tadelt der Glossator desselben, dass das col-
misch buch an im selber on die originalia des Magdeburgischen
rechtens viel zu kortz und unverstendig sei. Im Gegensatze
dazu glaubte der Verfasser unseres Werkes für eine Darstellung
der Magdeburger Rechtsprechung sich lediglich auf wirklich er=
gangene Einzelentscheidungen der Magdeburger selbst stützen zu
müssen, noch dem mol als sie iczlich stucke besundirn sint
gefroget, die sie von irre wiszen kunst so gar meisterlich han
entschieden.

Sein Rechtsbuch sollte vornehmlich dem handlichen Gebrauch
im Rechtsgange dienen, das ein iczlich man vrilich noch Magde-
burgk rechte doruf mag buwin unde sine gruntfeste legen.
Daher beschränkt er sich nicht auf Sentenzen. Ihm erscheint
es gerade wichtig auch die Fälle, in welchen die Entscheidungen
ergangen waren, Fragen, die wirklich erfragt waren, zu bringen.
Beides, Anfrage und Urteil war ja in den Magdeburger Schöffen=
briefen regelmäßig vereinigt, sie führten im Ordenslande Preußen
davon insgemein den Namen der „Fragen"[2]). Eine Auswahl
eczlicher vrogen mochte wol in den Stand setzen analoge Fälle
zu entscheiden. Daher ferner ist er bemüht die Rechtsfälle wie
die Entscheidungen in möglichst abgekürzter Gestalt zu geben,
Alles was nicht von Relevanz erschien, fortzulassen. Daher endlich
ist in der Vulgärrecension des Rechtsbuchs der Stoff unter
systematisch geordnete Rubriken — Bücher und Capitel — zu=

---

[2]) Vielfach bezeugt: Culmer Stadtbuch (ed. Stobbe Beiträge
91 ff) Register: Item die frogen von Magdeburg mancherleye, beyde die
alden und neuwen. Nr. 72: Das ist abir ein ander vroge der Meide-
burger. Neun Bücher Magd. Rechts passim, z. B. II, 1 Prooem.: No hebit
sich an das ander buch, dorinne wir die sippe — das luteren wollin, —
alse die von Maideborg schreibin in manchim vrogin. Epilog: — alse
ich des ein teil in der werden herren scheppin von Meideborg brivᵉⁿ
und vrogin beschrebin habe funden. Glosse zum Culm passim z. ₷
II, 40 Diss capitel scheinet eine Mag. frage zu sein, wiewol man ͨ
gruntlich nicht findet in den fragen; und ist doch der ursprung ͨ
folgenden, und ist also die frage nicht mehr dan halb gemeldet.
findet sich nämlich nur die Entscheidung vor.

sammengestellt, mit den Mitteln deutscher Rechtskunde ist der bemerkenswerthe Versuch gemacht worden das im Weichbild geltende bürgerliche und peinliche Recht in detaillirter Systematik zu erfassen. Immer aber kommt es dem Verfasser darauf an reines Magdeburgisches Recht zu bringen. Auf die statutarischen Abänderungen, die es in Strafgeldern, im ehelichen Güterrecht und sonst erlitten, geht er nirgends ein. Ja so sehr ist er bemüht seiner Arbeit den Charakter eines Präjudicienbuchs zu wahren, daß er, wo in seinen Vorlagen die Magdeburger Provenienz eines von ihm aufgenommenen Rechtssatzes nicht erhellte, die mangelnde Beglaubigung sich selbst herzustellen kein Bedenken trägt[3]).

Dieser Umstand legt dann aber die Frage sehr nahe, in wieweit denn das Rechtsbuch überhaupt als Quelle für die Judikatur des Magdeburger Oberhofs benutzt werden könne. Daß dies nicht ohne Weiteres thunlich sei, wurde bereits von Stobbe[4]) erkannt. Dagegen machte Wasserschleben[5]) auf Grund handschriftlicher Vergleichungen geltend, wie für die große Mehrzahl der Distinktionen sich allerdings die Magdeburger Provenienz mit Bestimmtheit erweisen lasse. Erst das Material, das Behrend in der gründlichen und ergebnißreichen Einleitung zu seiner Ausgabe der Magdeburger Fragen zusammengestellt, das dann Bischoff[6]) durch Beschreibung einer Krakauer Hdschr. ergänzt

---

[3]) Mit wenigen Ausnahmen erscheinen die in den M. Fr. zusammengestellten Sprüche in der Form von Magdeburger Schöffenurtheilen mit Frage und Antwort, obwol die Vorlagen des Verfassers bloße Sentenzen enthielten, M. Fr. I, 8, 10, oder das erkennende Gericht, wie so häufig in den Compilationen jener Zeit, gar nicht genannt war, M. Fr. I, 3, 4. I, 7, 1. 20, oder nachweisbar gar kein Schu. vorlag, M. Fr. I, 21, 1. 2. III, 6, 1. 3. So werden sinnloser Weise auch Angaben der Anfragenden selbst durch Interpolation auf Magdeburg bezogen, M. Fr. I, 3, 6. 16. I, 11, 1. — Die Einkleidung in ein MSchU. ist überhaupt nur unterlassen in M. Fr. I, 7, 5. 6. 12, 4. II, 1, 6. 2, 13.

[4]) Zeitschr. f. d. R. 17, 417: „Diese Sammlung ist durchaus nicht das, wofür sie sich ausgiebt, keine bloße Sammlung von SchUU. Manche Stücke können nicht der Entscheidung eines konkreten Falls angehören, sondern sind Weisthümer, Ueberarbeitungen einer gesetzlichen Quelle, oder doktrinelle Ausführungen". Gesch. d. d. Rqu. I, 422.

[5]) Prinzip 53. Sammlung I, Einleitung XIII.

[6]) Archiv f. oesterr. Gesch. 38, 3 ff. (1867).

hat, gestattet ein Urtheil über die Authenticität der in den Magdeburger Fragen überlieferten Schöffensprüche.

Die Magdeburger Fragen liegen uns nämlich in drei Recensionen vor, einer unsystematischen, einer systematischen und einer alphabetischen. Die erste ist die älteste und zugleich Vorlage der beiden andern, vielleicht Vorarbeit der zweiten. Während die systematische durch ihre Aufnahme in die Drucke des Ssp. seit 1517 allgemein zugänglich wurde, ist die unsystematische Redaktion erst neuerdings durch Wasserschleben aufgefunden und durch Steffenhagen's [7]) Vergleichungen näher bekannt geworden. Die alphabetische ist bisher unbekannt geblieben.

I.

Ich wende mich zunächst zu dem unsystematischen Rechtsbuch [8]). Die Schöffensprüche, die es enthält, zerfallen in den beiden Hdschr. Ho. Nr. 60 und 361 in zwei ungefähr gleich starke Bücher und sind in jedem derselben als fortlaufend gezählte Capitel ohne Rubriken aber unter Voransendung von Registern an einander gereiht. In der Hdschr. Ho. Nr. 138 geht die Zählung der Capitel durch. Bei ihrer Anordnung liegt ein Plan nicht vor.

Woher hat nun aber der Verfasser dieses Urtelsbuchs die Schöffensprüche entnommen? Die Frage läßt sich nunmehr ziemlich genau beantworten. Keinem Zweifel nämlich kann es unterliegen, daß der Autor die Entscheidungen nur zum kleinsten Theile selbst, etwa aus dem Kreise seiner Praxis gesammelt haben kann. Es haben ihm vorhandene Compilationen von Rechtssprüchen das Material dargeboten. Und zwar hat er sich eng angeschlossen an eine Collektion, die zwar gegenwärtig nicht mehr vorliegt, deren Heimat und ungefähre Beschaffenheit wir indeß nachträglich festzustellen vermögen. Hauptquelle der M. Fr. ist ein Krakauer Urteilsbuch gewesen. Es hat dem

---

[7]) Catal. cod. bibl. Regim. Fasc. I Nr. 161.
[8]) Von den unsystematischen M. Fr. sind gegenwärtig drei Hdschrr. bekannt: Homeyer Nr. 138 in defekter Gestalt, Nr. 60 als zwei Büc meideburgeschis rechtis, Nr. 361 in zwei Büchern unter dem Titel: I hebin sich an di meideburgischen fragen. Citirt werden dieselben t nach der Berliner Hdschr. Ho. Nr. 60, deren Zählweise durch die Tab IV in Behrend's Ausgabe der M. Fr. bekannt ist. Vorgelegen hat r die Hdschr. Ho. Nr. 361.

Verfasser unseres Rechtsdenkmals bis II, 81 als unmittelbare Vorlage gedient.. Nachdem diese erschöpft war, hat er dann noch zwei andere Collektionen, nämlich die Thorner Sammlung[9]) und das Culmische Rechtsbuch, sodann aber auch einige Schöffen=sprüche, die ihm anderweitig zugänglich waren oder deren Provenienz doch gegenwärtig nicht mehr nachweisbar ist, für den Abschluß seiner Arbeit verwerthet.

Daß das Gros der in den M. Fr. überlieferten SchUU. Krakauer Rechtshändel betrifft, mochten diese nun in der Polnischen Residenz selbst gespielt haben oder im Wege der Urteilsschelte an das dortige jus supremum teutonicale gediehen sein, geht zunächst hervor aus den Lokalangaben, die wir zahlreichen auch anderswoher bekannten Sprüchen zu entnehmen haben[10]).

Gleich M. Fr. I, 7 (syst. M. Fr. I, 1, 19) wird in den Hdschr. uns bezeichnet als der erste briff, der czu Meideburg durch den Crokischin schrebir geholit wart[11]). Sodann M. Fr. I, 12 (syst. I, 3, 17) ist ein MSchU. nach Krakau, wie aus Dr und S erhellt[12]), I, 14 (syst. I, 1, 1) nach der Angabe in Kr desgleichen. Da letzteres, wie es scheint, Rücksicht nimmt auf die Entscheidung I, 22b (syst. I, 1, 2), so wird auch für

---

[9]) So nenne ich eine Sammlung, die in ihrer ursprünglichen Beschaffenheit zwar nicht mehr erhalten ist, auf deren Existenz und Umfang wir indeß zurückschließen dürfen aus den beiden Hdschr. Rw und Rß (nach Behrend's Signatur). Sie erscheint in beiden freilich vermehrt durch die Sammlung von der unehelichen Geburt, Behrend M. Fr. Einleitung XXII—XXIV. Ihrem ursprünglichen Bestande nach enthielt sie MSchUU. für Thorn und ist gegen Ende des 14 Jahrh. dort zusammengestellt worden.

[10]) Die Parallelsammlungen, die ich im folgenden heranziehe, citire ich nach Behrend mit S (die vierte Böhmesche Sammlung), Dr (Ho. Nr. 172, auszugsweise gedruckt bei Wasserschleben Sammlung I, 80 ff. und Behrend M. Fr. 209 ff.) Th (auszugsweise gedruckt bei Behrend l. l. 209 ff. 238 ff. Vgl. Einleitung V Nr. 15.). Dazu kommt Kr, die von Bischoff l. l. erforschte Krakauer Sammlung und der Breslauer rechte Weg, der nach den Mittheilungen Böhlau's (Ztschr. f. RG. 8, 9, 1) für einige Sprüche verwerthet werden konnte. Für die einzelnen correspondirenden Stellen verweise ich auf die Tabellen bei Behrend und Bischoff.

[11]) Ueber diese Notiz s. u. n. 18.

[12]) Wasserschleben's Angabe Sammlung I, 97 zu c. 162, daß die Anfrage aus Troppau stamme, beruht auf einem Versehen.

diese dasselbe zu behaupten sein. Der Fall I, 20 (syst. I, 15, 7) dürfte in Krakau verhandelt worden sein, wie die Lokalangabe in Dr und dem, wie anzunehmen, dazu gehörigen MSchU. S. 156, 3, vgl. Behrend M. Fr. 300, ergibt. Der Königsdienst in I, 40—42 (syst. I, 1, 8. 10. 11) bezieht sich auf den polnischen König, denn daß I, 40 (syst. I, 1, 8) nach Krakau gehört, hat Stobbe mit Recht aus der dort erwähnten Vogteimiethe gefolgert, Zeitschr. f. RG. X, 91. Wenn I, 48 (syst. I, 3, 7), wie wahrscheinlich, Rücksicht nimmt auf die Entscheidung I, 22b (syst. I, 1, 2), so ist gleichfalls Krakau Bestimmungsort gewesen. I, 51 (syst. II, 3, 2) läßt den Kläger sich in des Königs Hof ziehen, vgl. Behrend M. Fr. Einleit. XVI. Sodann I, 55—61 ist ein großer Schöffenbrief nach Krakau, wie aus den Angaben zu Kr 22 und 145 unzweifelhaft erhellt. Und daß der Schöffenbrief I, 62—69 gleichfalls nach Krakau sich adressirte, schließt man nicht bloß aus dieser unmittelbaren Nebeneinanderstellung, vgl. auch Laband Magd. Rqu. 99 n.*, sondern auch aus der wahrscheinlichen Krakauer Zugehörigkeit von II, 29, s. u. Sodann I, 74—76 (syst. I, 1, 21. 17, 2. 4, 4) spricht von königlicher Begnadigung und der Möglichkeit des Königs Urteil zu schelten. II, 17 oder 18 (syst. II, 2, 13 oder I, 12, 4) ist sogar ein Krakauer SchU., wie wir aus der Notiz zu Kr 204 erfahren. II, 15. 19. 20 (syst. II, 2, 3. 3a. 4) gehören zusammen. Der Schluß von letzterem lautet in beiden Hdschrr. Kr und Dr von denen jede selbständig auf Krakauer Vorlagen zurückführt: Dis wart brocht von Magdeburg mit den andirn artikeln, die sich also anheben. Ist das die Notiz eines Krakauer Schreibers, so wird man auch auf die Krakauer Provenienz der Anfragen zurückschließen dürfen[13]). Dann aber folgt dasselbe auch für II, 28 (syst. I, 2, 1), II, 29 (syst. II, 2, 14), vgl. die Anfangsworte in Dr, demgemäß aber ebenso für das darin bezogene Urteil I, 62 (syst. II, 2, 9a). Weiter scheint II, 30—32 (syst. I, 3, 3. 6, 11) einen einzigen Schöffenbrief zu bilden, wie man aus S. 147, 3—148, 1 entnimmt. Daß derselbe nach Krakau adressirt war, ist nicht bloß aus der darin erwähnten königlic

---

[13]) Behrend M. Fr. Einleitung XVII schließt ebenso; sein Gr aber, daß das MSchU. Dr 115—118a reiche, ist darum nicht zutreff weil Dr 117 und 118 sich in Dr Kr und Th wie in unsern M. Fr. ganz verschiedenen Stellen befinden.

Bestätigung der Willkür, sondern auch aus einer damit zusammenhängenden Sentenz von Kr, nämlich der bei Bischoff abgedruckten Nr. 231 zu folgern. II, 41 (syst. I, 3, 5) wurde aus Krakau erfragt, vgl. Kr 231. Sodann II, 43 (syst. I, 17, 1) ist der bereits von Behrend M. Fr Einleitung XVI behandelte Spruch, der der Königin Hedwig und des Königs Wladislaw Jagiello Erwähnung thut. II, 62 (syst. I, 4, 7) erwähnt des Königs Hof. In II, 65 (syst. II, 9, 1) sind Parteien Bürger zu Krakau. In II, 66 (syst. I, 4, 8) handelt es sich um die Auslegung zweier Krakauer Urkunden, vgl. Dr und Behrend M. Fr. Einleit. XVI n. 32. Wegen II, 67 vgl. was oben zu I, 20 bemerkt ist. II, 69 (syst. I, 3, 18) hängt zusammen mit II, 71 (syst. I, 3, 19), worin eine Krakauer Urkunde, vgl. auch Bischoff 10 n. 7, Gegenstand der Verhandlung bildet. Und daß II, 72 (syst. I, 11, 4) einen Krakauer Rechtshandel betrifft, geht aus dem Namen Ceppil (Cleppil) und Englischinne (d. h. Frau des Engelusz) hervor, die auch in den vorangeführten Krakauer Urkunden und Rechtsfällen begegnen.

Diese Menge von Magdeburger für Krakau bestimmten Urteilen, unter denen sogar eine Krakauer Sentenz mit unterläuft, kann nun ursprünglich nicht füglich anderswo als in Krakau selbst zusammengestellt worden sein. Dazu kommt noch der bemerkenswerthe Umstand, daß in keinem Spruch der ganzen Sammlung auch nur die Spur eines anderweitigen Destinationsortes begegnet. Diejenigen Schuu., die nicht für Krakau in Anspruch genommen werden können, sind so kurz gehalten oder so überarbeitet, daß überhaupt nichts über ihre Adresse erhellt.

Indeß die Thatsache, daß dem Redaktor der M. Fr. eine Krakauer Sammlung vorgelegen hat, tritt in ein noch helleres Licht, wenn man die Parallelsammlungen zur Vergleichung heranzieht. Bereits Behrend nämlich macht (M. Fr. Einleit. XXVIII) darauf aufmerksam, daß die Recension B, d. h. unsere unsystematischen M. Fr, in Inhalt und Anordnung merkwürdige Uebereinstimmung mit der IV. Böhmeschen Sammlung ⸺eist und seine Tabelle IV illustrirt dies dahin, daß beide ⸺mpilationen aus demselben Original mittelbar oder unmittel⸺ geschöpft haben müssen, wobei bald die eine bald die andere ⸺lassungen erkennen läßt; denn trotz des vorhandenen Parallelis⸺s enthält hier und dort bald die eine bald die andere ein

27 *

Plus von Stücken. Dieselbe Bemerkung macht nun Bischoff a. a. O. 23 für die von ihm beschriebene Krakauer Hdschr. Sie muß dem anzunehmenden Original insofern noch näher gestanden haben, als sie nicht allein die Capitel der unsystematischen Fragen[14], sondern daneben auch alle Stücke der IV. Böhmeschen Sammlung[15] und zwar in übereinstimmender Anordnung enthält. Jenes Original muß dann aber auch den Sammlungen Dr und Th vorgelegen haben. Beide sind gleichfalls, wie wir aus Bischoff's Tabelle ersehen, mit Ausnahme weniger Nummern ganz in der Compilation der Krakauer Hdschr. enthalten. Zwar weicht ihre Anordnung im Ganzen ab von der für S, Dr, und die M. Fr. beobachteten. Doch concordiren vielfach große Artikelreihen.

Es ist nun aber bemerkenswerth, wie nicht nur die M. Fr. selbst sondern auch sämmtliche Parallelsammlungen, von denen jede selbständig ist, keine aus der anderen originirt, übereinstimmend auf einen Ursprung in Krakau zurückweisen. Die in der von Bischoff durchforschten Hdschr. vorliegende Sammlung ist sicherlich in Krakau selbst abgefaßt. Dasselbe hat Behrend mit Gründen, die sich noch vermehren lassen, sowol für Dr als für Th wahrscheinlich gemacht. Daß die der IV. Böhmeschen Collektion zu Grunde liegende Zusammenstellung in Krakau entstanden ist, hoffe ich gegen Behrend's abweichende Meinung an einem andern Orte erweisen zu können. Jede dieser Sammlungen bringt außer dem bei ihnen allen gleichförmig wiederkehrenden Material noch selbständig mehr oder weniger Sprüche, deren Krakauer Bestimmung aus dem Wortlaut erhellt. Haben sie alle, wie kaum zu bezweifeln, direkt oder indirekt die nämliche Vorlage benutzt, so kann diese Vorlage nur ein Krakauer Urtelsbuch gewesen sein. Und es mag dahin gestellt bleiben, ob auch jedes einzelne Urteil in ihnen einst wirklich für Krakau gesprochen worden ist.

Ja, wir sind noch im Stande die ungefähre Beschaffenheit dieses Urteilsbuches näher anzugeben. Es hob an mit einen

---

[14] Mit zwei bedeutungslosen Ausnahmen, Bischoff a. a. O. 19.

[15] Nur zwei kurze Sätze daraus fehlen in Kr nämlich 139, 1 (aus der zweiten Sammlung = 119, 6); und 143, 5 = M. Fr. I, 60 also zusammenfallend mit der Ausnahme in n. 14.

für Krakau bestimmten Magdeburger Schöffenspruch; er ist der gemeinsame Anfang dreier von den verglichenen Compilationen, der Krakauer, der Böhme schen und unserer M. Fr. (M. Fr. I, 1. syst. I, 8, 1. S 131, 2. 3. Kr. 1). Die Urteile, die es enthielt, reichten bis etwa in das Jahr 1390[16]). Viele von ihnen waren erst nach dem Jahre 1365, nach König Kasimir's bekanntem Verbot ausländischen Rechtszugs, von Magdeburg nach Krakau ergangen. Es ist dieses Verbot wenigstens für Krakau selbst, die Hauptstadt des Reichs nicht lange aufrecht erhalten worden[17]). Denn in der Sammlung Kr begegnet die zu einem Urteil (M. Fr. I, 7) und einem längeren Schöffenbrief (M. Fr. I, 55—61) gehörige Notiz[18]): Diz waz der erste briff, der czu Meideburg durch dy (l. den) Crokischin geschrebin (l. schrebir) geholit wart; do her auch di erstin urteil offinbart mit im brochte, der achtin sein — unde wurdin geholit in dem iarczal herre gotis 1376. Das Urteilsbuch hat dann über II, 67 der unsystematischen M. Fr. hinaus, wo Böhme abbricht, bis II, 81 gereicht, bis wohin jene mit Kr concordiren[19]). Was endlich die einzelnen Sprüche anbetrifft, so trugen sie, wie man aus Bischoff's Mittheilungen über Kr schließen muß, ungefähr die Gestalt, die uns für die einzelnen Nummern von Dr und Th durch Wasserschleben's Publikation und Behrend's Beilagen II und III bekannt ist; unterschieden sich also durch ihre dem ursprünglichen Wortlaut näher stehende Fassung erheblich von der Redaktion der M. Fr.

In dieser Form muß jenes Urteilsbuch eine große Verbreitung gehabt haben. Bischoff[20]) berichtet von einer abkürzenden Redaktion von Kr, welche in Polen ziemlich verbreitet gewesen ist und von der er zwei Hdschrr. sowie eine lateinische

---

[16]) Kr 245 soll die Jahrzahl 1389 enthalten, Bischoff 10 n. 7. Für S, Dr, Th vgl. Behrend M. Fr. Einleit. XII. XVIII. XXI.

[17]) Behrend M. Fr. Einleit. n. 36. Bischoff Wiener Sitzungsberichte 50, 370. Mein eheliches Güterrecht 42 n. 7. Stobbe Zeitschr. f. RG. X., 85.

[18]) Sie hat eine merkwürdige handschriftliche Verbreitung gefunden; sie ist uns nicht nur im Breslauer rechten Wege (Böhlau Ztschr. f. RG. IX. 11 n. 37) sondern auch in einer Breslauer Statutensammlung (Laband syst. SchR. Einleit. XIII) erhalten.

[19]) Ueber M. Fr. II, 92—95 s. u. 412.

[20]) Archiv f. oesterr Gesch. 38, 24. Wiener Sitzungsberichte 50, 344.

Uebersetzung namhaft macht[21]). Auch kann nicht zweifelhaft sein, daß das Krakauer Urteilsbuch jene Sammlung Magdeburgischen Rechtes war, die dazu diente eine besonders in den Polnischen Städten gebräuchliche Recension des Schöffenrechtes, das s. g. Weichbild Conrad's von Oppeln zu vervollständigen[22]). Bei der nahen Verbindung zwischen Breslau und der Polnischen Residenz ist es nicht zu verwundern, daß jenes Urteilsbuch auch nach Schlesien kam. Böhme's codex Bregensis ist in einer schlesischen Stadt geschrieben worden. In Breslau wurde es noch zu Ende des 15. Jahrhunderts von einem Schöffen für das große Sammelwerk des „rechten Weges" verwerthet. Namentlich die beiden ersten Bücher dieser Summa scheinen, wie wir den leider nur zu spärlichen Mittheilungen Böhlau's[23]) entnehmen, sich ziemlich genau an die Krakauer Vorlage angeschlossen zu haben[24]).

---

[21]) Hdschr. der Ossolinski'schen Bibl. zu Lemberg; Hdschr. der Krakauer Univ. Bibl. 170, unter Incipiunt sententiae decretae per scabinos supremi juris teutonici m. castri Cracov.; lateinisch in der Hdschr. der Ossolinskischen Bibl. 832. Diese lateinische Uebersetzung liegt wahrscheinlich auch vor in der Hdschr. der Działinski'schen Bibl. zu Posen Ho. Nr. 149. Der erste Rechtsspruch nämlich lautet hier de legitimo pupillari tutore und ist von Magdeburg nach Krakau ergangen.

[22]) Laband Magd. Rqu. 97.

[23]) Ztschr. für RG. 8, 165. 9, 1.

[24]) Aus Böhlau's beiden Abhandlungen habe ich folgende Tabelle zusammenstellen können. Ich bemerke dabei, daß ich die präsumtive Krakauer Vorlage nach der Citirweise unserer unsyst. M. Fr. concordire.

Der rechte Weg.	Die unsyst. M. Fr.
A 24	I, 7
— 25	— 9
— 52	— 25
— 82	— 51
B 8	— 76
— 10	— 78
— 25	II, 5
— 43	— 30
— 53 (Böhlau Ztschr. 8, 197)	— 42
— 54	— 43
— 56	Kr 235 also zwischen II, 44 und 45 gehörig.
— 60	II, 50
— 83	— 79

Zerstreut begegnen folgende Sätze, D 18 = M. Fr. II, 3. I 29. R 55 = I, 86. R 64 = II, 54. R 72 = I, 43.

Eines Umstandes freilich ist zu gedenken. Jene fünf abgeleiteten Sammlungen — abgesehen von dem Breslauer rechten Wege —, aus welchen ich auf das Vorhandensein eines Krakauer Urteilsbuchs habe zurückschließen müssen, also Kr, S, Dr, Th und unsere M. Fr. zeigen sämmtlich neben Krakauer Rechtsmaterial doch auch nachweisbar fremde Bestandtheile, Stücke nämlich, die aus Schlesien herübergekommen sind, wobei dann wieder eine gewisse Gemeinsamkeit unter ihnen obwaltet. Die vier ersten von ihnen enthalten die von Behrend[25]) eruirte und nach Schlesien gesetzte Sammlung von der unehelichen Geburt, die mit Ausnahme einer einzigen Nummer[26]) den unsystemat. M. Fr. fern geblieben ist. Alle fünf sodann haben Stücke aus der ersten und zweiten Böhme'schen Sammlung, also aus Breslauer Compilationen aufgenommen. Am meisten findet sich davon in Dr und in Kr[27]), weniger in S[28]), am wenigsten in Th und in den M. Fr. Die beiden letzteren geben nur vier (drei) Nummern daraus[29]). In wieweit diese Theile unserer Sammlungen bereits dem ursprünglichen Bestande ihrer gemeinsamen Krakauer Vorlage einverleibt gewesen oder erst in spätern Recensionen derselben als erwünschte Ergänzung Krakauer Rechtsmaterials hinübergenommen sind, läßt sich dermalen nicht ermitteln.

Die Krakauer Sammlung, die wir uns als Hauptquelle der M. Fr. zu denken haben, hat dem Verfasser derselben bis zu II, 81 vorgelegen. Bis dahin können wir jedes Capitel unseres Rechtsbuchs in den Parallelsammlungen nachweisen. In der Reihenfolge hat es sich mit einigen Auslassungen im Allgemeinen[30]) genau an seine Vorlage angeschlossen. Bei II, 81 scheint dieselbe abgebrochen zu haben. Denn hier hört der Parallelismus der verglichenen Sammlungen auf. In II, 82. 83 (syst.

---

[25]) M. Fr. Einleit. XXIV.
[26]) Behrend a. a. O. n. 44a.
[27]) Behrend's Tabelle I. Bischoff's Tabelle.
[28]) Laband syst. SchR. Tabelle C p. 217. Vgl. was Behrend M. Fr. Einleit. n. 5 und 50 über den festen Kern und andere Bestandtheile der IV. Böhme'schen Sammlung beibringt.
[29]) Nämlich M. Fr. I, 92—95. Davon findet sich I, 93 bei Böhme icht, ist aber, weil mit syst. SchR. IV, 2, 43 identisch, wahrscheinlich schlesischen Ursprungs.
[30]) Ueber einige bedeutungslose Abweichungen in der Artikelfolge vgl. Bischoff a. a. O. 19.

I, 1, 7. 6) bringen die M. Fr. zwei der Thorner Sammlung[9]) entlehnte MSchUU. an den Rath von Thorn. Demnächst folgen acht Sprüche (II, 84—91) deren Provenienz nicht zu erweisen ist. Daß sie gemäß ihrer Bezeichnung wirklich von Magdeburg ergangen waren, dafür bürgt ihr Inhalt[31]). Ueber ihren Bestimmungsort erhellt nichts. Bestätigt sich Behrend's Aufstellung, daß die M. Fr. in Preußen verfaßt worden sind, so wird eine Preußische Stadt, also vermuthlich Thorn, als die Heimath jener Fragen zu gelten haben.

Mit II, 92—95 kehrt der Verfasser der M. Fr. wieder zu seiner ersten Vorlage zurück um daraus noch nachträglich einige Sprüche erbrechtlichen Inhalts zusammenzulesen. Zu ihnen stellt er II, 96—98 einige dahin gehörige Artikel aus dem alten Culm. Zum Schlusse, II, 99. 100., entnimmt er dem fünften Buch desselben ein MSchU. und drei Artikel über Zollwesen. Hievon ist sowol jenes SchU. als auch einer dieser drei Artikel dem Culmischen Rechtsbuch vor seinem Breslauer Original eigenthümlich.

II.

Die Beschaffenheit der Sammlungen, aus denen die M. Fr. zusammengestellt worden sind, erklärt zunächst, daß die hier überlieferten Rechtssprüche keineswegs in ihrem ursprünglichen Wortlaute, sondern in der Bearbeitung, die sie in jenen Vorlagen[32]) bereits gefunden, übernommen worden sind. Eine solche

---

[31]) Insbesondere ist über II, 87 (syst. II, 1, 3) die Frage, wie Renten zu städtischen Steuern zu veranlagen sind, das MSchU. für Culm von 1338 Nr. 9, Laband Magd. Rqu. 141, und die Gl. zum Weichb. 47 (ed. v. Daniels) zu vergleichen. Die Entscheidungen, daß die Rente nach dem Ertragswerth (nicht nach Höhe des Anlagecapitals) und die andre, daß sie alzo lip alzo her daz hat, heranzuziehen sei, kommen auf dasselbe hinaus. Auf städtische Willkür will in solchem Fall gesehen wissen das MSchU. bei Riedel cod. dipl. Brandenburg, I, 20 p. 448 Nr. 4. 5. Bedenken erregt II 88 (syst. I, 6, 4). In dieser allgemeinen Fassung ist der Spruch unrichtig. Die Erbschaftsklage auf Fahrhabe verjährt in Jahr und Tag, Laband Klagen 372.

[32]) Für die Prinzipalquelle, das zu supponirende Krakauer Urteilsbuch kann ich mich hier freilich nur auf die abgeleiteten Formen S, Dr, so weit dieselben durch Böhme, Wasserschleben und namentlich du Behrend's Collationen zugänglich gemacht worden sind, berufen. Kr liegt nur Bischoff's Tabelle mit wenigen Excerpten vor. Für rechten Weg boten Böhlau's Abhandlungen einige Parallelstellen.

hatte zwar meist die Anfragen betroffen, wo ja die Abkürzung sich von selbst empfahl. Sie trat indeß doch auch im tenor sententiae zuweilen erkennbar hervor[33]). Es ergibt sich aber aus jenen Quellen noch weiter, daß unter der Firma Magdeburger Sprüche mancherlei Fremdartiges in unser Werk gekommen ist. So findet sich in II, 42 (syst. III, 6, 1) der Anspruch eines Officialates über Selbstmörder. Aus dem Culm ist in II, 100 (syst. I, 21, 1) einer der dem Schwsp. entlehnten Artikel hereingekommen. Auch ein Krakauer Urteil findet sich, wie oben erwähnt, aufgenommen.

Der weitaus größte Theil der Sprüche wird uns allerdings von den Parallelsammlungen übereinstimmend als Magdeburger bezeugt, und der Inhalt bestätigt dies. Vergleicht man indeß die Sentenzen genauer mit den Originalen, so weit es eben möglich ist, deren Wortlaut noch festzustellen, so erkennt man sofort, wie der Verfasser der M. Fr. das Quellenmaterial für seinen praktischen Zweck einer durchgreifenden Bearbeitung unterzogen hat. Was er in seinen Vorlagen noch von Namen, Urkunden, Lokalbezeichnungen, überhaupt von Angaben ohne Relevanz für die Entscheidung vorfand, hat er fortgelassen oder nur angedeutet, concrete Verhältnisse generalisirt[34]). Vor allem hat sein Messer getroffen den Tenor der Anfragen selbst. Er ist bestrebt sie auf das wesentliche zu beschränken, nur im Auszuge sie frei wiederzugeben. Wo die in seinen Quellen gebrachte Rechtsfrage unvollständig erschien, da ergänzt er sie[35]). Fehlte sie dort ganz, so ersetzt

---

übereinstimmende Lesart unter diesen Sammlungen begründet offenbar eine Präsumtion für den Wortlaut des Originals, aus dem sie schöpfen.

[33]) Z. B. haben die M. Fr. I, 56 (syst. I, 1, 17) das Glossar das ist sin burgerrecht bereits der Vorlage entnommen. Dasselbe gilt von I, 91 (syst. II, 3, 3) ab ouch in der anclage di tode hant zuvor benümet ist, von I, 47 (syst. III, 3, 5) im letzten Satze. Der offenbare Fehler in II, 71 (syst. I, 3, 19) me man sal das huz teilen noch uszwisunge des brives findet sich auch in Th, ist also nicht erst von dem Verfasser unseres Rechtsbuchs eingeschaltet. Ueber anderes vgl. Behrend M. Fr. Einleit. XXII.

[34]) Etwa I, 55 (syst. I, 1, 16) erbeling statt tochtermann, I, 14 (syst. I, 1, 1) obirste herschaft statt könig, II, 11 (syst. III, 2, 1) eine dube, welcherleie di were statt drei leder, II, 82 (syst. I, 1, 7) die stat unde der rat statt die stadt Thorun.

[35]) Z. B. II, 29 (syst. II, 2, 14). II, 35 (syst. I, 2, 15). II, 36 (syst. III, 1, 4).

er sie — und zwar oft nur ungeschickt — durch eine eigens gemachte[36]). Was die Entscheidungen anbetrifft, so hat er hier sich im Allgemeinen mehr an die Vorlagen angeschlossen, freilich ohne sich auch hier streng an die Fassung derselben zu binden[37]). Aber er hat auch nicht Anstand genommen die Sentenzen mit Einschaltungen und Zusätzen zu versehen. Viele von diesen tragen nur den Charakter von Glossemen oder Redaktionsveränderungen, sind darum ohne Interesse. Mehrfach indeß sprechen sie eigene Rechtsgedanken selbstständig aus.

Bemerkenswerth sind die folgenden Einschaltungen: M. Fr. I, 2 (syst. I, 2, 2) Wundenschau durch zwei Schöffen In I, 14 (syst. I, 1, 1) ist der Anfang der Entscheidung, der ja ein so passendes Exordium in dem systematischen Rbuch bildet, sonst nicht bekannt. In den Parallelsammlungen Dr und Th fehlt er, wie man aus Bischoff's Zusammenstellung a. a. O. 5 und n. 1 schließen muß, auch in Kr. Die Sätze scheinen einem Schöffenspruch der Magdeburger entnommen zu sein. Daß sie eine Zuthat unseres Verfassers seien, wird durch das vielbesprochene uf jensit der Elbe[38]) widerlegt. Daß sie dem Magdeburg-Breslauer Weisthum von 1261 entstammen[39]), läßt sich aus der Wiederholung des so gangbaren Satzes von der Schöffen- und Rathswahl nicht folgern. Es klingen die Ausführungen zwar an das Rb. von der Gerichtsverfassung und an das Magdeburger Schöffenrecht an, aber doch nicht weiter, als daß sie die Bekanntschaft der Magdeburger mit jenen ältesten Aufzeichnungen ihres Rechts erhärten. In I, 25 (syst. I, 1, 3) ist der letzte Satz von der Beschränkung des Rechtszugs den Parallelsammlungen fremd[40]). I, 85 (syst. I, 1, 10) entnimmt den eingelegten Satz, daß durch Statut nicht Strafen zu Hals und Hand verhängt werden sollen, der Thorner Sammlung[41]).

---

[36]) So I, 92 (syst. I, 7, 3). I, 94 (syst. I, 7, 4). II, 31 (syst. I, 3, 5). II, 44 (syst. III, 1, 5), das Wort des morgens in der Entscheidung wird erst aus den Parallelsammlungen verständlich. II, 96 (syst. I, 7, 15).

[37]) So II, 83 (syst. I, 1, 6). II, 100 (syst. I, 21, 1).

[38]) Steffenhagen Altpr. Monatsschr. 2, 31.

[39]) Stobbe in der Zeitschr. f. d. R. 17, 417.

[40]) Auch Kr, arg. Bischoff in seiner Tabelle zu Nr. 98; desgleich, dem rechten Wege, Böhlau in seiner Ztschr. 9, 5 n. 15.

[41]) Behrend Beilage II zu I, 1, 11, einem Spruche, der erst in d syst. M. Fr. excerpirt worden ist.

In I, 75 (syst. I, 17, 2) scheint das Emblem doch mit des clegers wille, übrigens dem Magdeburger Recht entsprechend, erst durch den Verfasser eingeschaltet worden zu sein. Dasselbe gilt von dem letzten Satz in II, 4 (syst. II, 4, 2) über den Verlust der Pfandgewere an Fahrhabe. Auch der Ausgang von II, 83 (syst. I, 1, 6) betreffend das Wiedereinlassen Verbannter ist ein Zusatz der Magdeburger Fragen. Auffallend ist der letzte Satz in I, 65 (syst. III, 1, 6) über Geständniß einer Volleist. Der Verfasser hat ihn einem nach Preußen (vielleicht nach Culm) ergangenen MSchU. entlehnt; denn es findet sich dieser Satz auch im Culmer Stadtbuch Nr. 234[2]), und zwar in einer Form vor, die nicht etwa auf eine Allegation der M. Fr. schließen läßt. Der Rechtssatz selbst ist nicht neu sondern anderweitig bekannt.

Der praktische Zweck, dem der Verfasser der M. Fr. diente, hat ihn nicht allein zu einer Bearbeitung des vorgefundenen Quellenmaterials geführt, sondern auch zu manchen Aenderungen in der Anordnung der einzelnen Distinktionen veranlaßt. Sentenzen verwandten Inhalts bringt er unter die nämliche Frage[43]). Rechtssprüche mit mehreren Fragen und Bescheiden reißt er auseinander[44]).

Das Werk hat seinen Abschluß durch ein Register erhalten[45]). Die Abtheilung in zwei Bücher scheint nicht ursprünglich zu sein und hat jedenfalls nur einen ganz äußerlichen Grund gehabt[46]). Das Rbuch in seiner ursprünglichen Gestalt ist durch die spätere, systematische Recension nicht verdrängt worden, hat sich vielmehr wie diese unter dem Titel der Magdeburger Fragen erhalten. In Thorn verwerthete es Walther Ekhardi, der Verfasser der neun Bücher Magdeburger Rechts für seine große Compilation. Ihm liegen beide Recensionen der Magdeburger

---

[42]) Stobbe Beiträge 99 XIV.

[43]) Z. B. II, 28 (syst. I, 2, 1). I, 3 (syst. II, 5, 1). II, 100 (syst. I, 21, 1). I, 65 (syst. III, 1, 6).

[44]) So M. Fr. II, 33 und 34 (syst. I, 2, 5. 5, 5). II, 74. 60. (syst. I, 8, 11. 7, 6). Behrend Einleit. XLIII. u. 62.

[45]) Es findet sich in der Hdschr. Ho. Nr. 138 vor der bekanntlich besetzten Sammlung; in den Hdschrr. 60 und 361 findet sich vor jedem Buche ein Register.

[46]) Behrend M. Fr. Einl. XXV.

Vielmehr wird allerdings mit Behrend an Preußen als der Heimath des Werks festzuhalten sein. Die Benutzung eines Thorner Urteilsbuchs, die Verarbeitung eines Magdeburger Spruchs, der sonst nur im Culmer Stadtbuch begegnet, die Verwerthung des systematischen Schöffenrechts in einer Recension, die wir als die specifisch Preußische kennen, gestattet kaum einen Zweifel. Dazu kommen dann noch die von Behrend angeführten Gründe; also die Stellung der dem letzterwähnten Rbuch entlehnten Artikel und die Preußische Herkunft der drei unsere Recension überliefernden Hdschrr. Auch die Bearbeitung, in der die einzelnen Artikel entgegentreten, läßt doch, obwol des im Ordenslande verfassungsmäßig geltenden „Culmischen Rechts" absolut keine Erwähnung geschieht[55]), zuweilen eine Beziehung auf Preußische Rechtszustände durchblicken. Gleich in M. Fr. I, 1 (syst. I, 8, 1. 2) ist die Morgengabe der Vorlage beseitigt Bekannt ist die Lesart in II, 23 (syst. I, 11, 1) sal man wissen, das man czu Magdeburg nicht pflegit morgengabe vor gerichte zu geben. Beide Veränderungen scheinen mit Rücksicht darauf, daß das Institut in Preußen nicht praktisch war, getroffen zu sein[56]).

Ist es nicht zu kühn eine Vermutung über den Ursprungsort des Werks schon bei dem gegenwärtigen Stande der Forschung zu wagen, so würde von den hauptsächlich hierfür in Betracht kommenden Städten Thorn, Culm und Danzig die erste den meisten Anspruch haben als Heimat der M. Fr. zu gelten. Hier

---

[55]) Also auch nicht der durch das Culmische Privileg verfügten Minderung der richterlichen Strafgelder, M. Fr. I, 77 (syst. I, 1, 18). I, 34 (syst. I, 4, 2) u. a. Merkwürdig ist die bei dem Bußsatz I, 16 (syst. I, 5, 4) vorgenommene Einschaltung hie 30 schillinge, auf welchen Betrag nämlich die in der Vorlage für den Richter verordnete Verdoppelung der Buße herabgesetzt werden soll. Ob hier ein Mißverständniß der Culmer Handschrift vorliegt: Cum reus aliquis Megdeburch in 60 solidis puniri debeat, hic in 30 solidis — mulctetur, eodem modo in culpis aliis proporcionaliter observato? Die Herabsetzung bezog sich ja nur auf das Gewette, Gaupp Miscellen 120. Stenzel Urkundensammlung 206 a. E. Die IX Bücher Magdeburger Rechts (Original V, 2, 37. Pölmann IV, 2, 17) erwähnen lediglich die doppelte Buße des Richters, an dem gefrevelt wird.

[56]) Mein ehel. Güterrecht 347 n. 44. Aus demselben Grunde ist auch vielleicht aus dem großen von M. Fr. I, 138—145 reichenden Schöffenbrief der Spruch Dr 32 i. f. (Wasserschleben Sammlung I, 84, entsprechend Kr 144, Th 72) ausgelassen worden.

ist das Buch zuerst, so viel wir wissen, in der Verwerthung, die ihm der Stadtschreiber Walther Ekhardi angedeihen ließ, aufgetaucht. Thorn, zu Ende des 14. Jahrhunderts neben dem erst neuerlich emporgekommenen Danzig die blühendste Handelsstadt des Preußischen Ordensstaates, vermittelte den Preußisch-Polnischen Handel und seine nahen und mannichfachen Beziehungen mit Krakau sind vielfältig bezeugt. In das Rbuch ist endlich auch ein Thorner Urteilsbuch verarbeitet. Dürfen wir als Entstehungszeit vielleicht die Jahre 1389—1400[57]), jedenfalls die Zeit von 1386—1400 annehmen, so könnte man an Walther Ekhardi als Verfasser der Magdeburger Fragen denken, der dieselben etwa als Vorarbeit für sein großes im Jahr 1400 begonnenes Pandektenwerk zusammengestellt hätte[58]). Denn der rechts- und geschäftskundige Bunzlauer war um diese Zeit bereits Stadtschreiber von Thorn. Indeß läßt sich diese Hypothese nicht weiter begründen. Eine Vergleichung der Systematik beider Werke spricht nicht gerade dagegen, gibt aber auch keinen Anhalt[59]).

III.

Sehr bald nach seiner Abfassung ist das unsystematische Werk in Bücher und Capitel systematisch geordnet[60]), rubricirt, mit einer Vorrede und einem Register[61]) versehen worden. Das

---

[57]) Denn die in dem Rechtsspruch M Fr. II, 71 (syst. I, 3, 19) enthaltene Urkunde wird zwar von Th in das Jahr 1385, von Kr aber, Bischoff a. a. O. 10 n. 7, in das Jahr 1389 versetzt. Das Culmische Rechtsbuch läßt sich nicht sicher zur Zeitbestimmung unseres Rechtsdenkmals verwerthen. Denn nicht von allen seinen Hdschrr. ist der Ursprung aus dem Thorner Mskpt. von 1394 zu erweisen. Ueber die Thorner Sammlung erhellt nur soviel, daß sie 1383 bereits vorhanden war, Behrend M. Fr. Einleit. XXIV.

[58]) Aehnliches dachte Schweikart in v. Kampz Jahrbb. 31, 229: „Der Keim zu diesem Werke lag schon in dem Magdeburger Schöppenbuche, welches den Namen Fragen und Antworten" — dies ist unrichtig — „führte".

[59]) Gegen die Hypothese läßt sich, vorausgesetzt daß die unsyst. und syst. M. Fr. den nämlichen Verfasser haben, anführen, daß die syst. M. Fr. an einer Stelle von Walther mißverstanden zu sein scheinen, s. u. n. 81.

[60]) Die einzelnen Fragen in jedem Capitel werden als Artikel bezeichnet, Register zu I, 9, 20 oder als Stücke, Register zu c. I, 4. Danach ist die Bezeichnung Distinction nicht ursprünglich. Das wird dadurch bezeugt, daß mehrere der ältesten und besten Hdschrr. den Ausdruck vermeiden, zum Theil sogar keine Zählung haben.

[61]) Behrend Einleit. XLV. n. 68.

ist die Entstehung des gemeinhin mit dem Namen der Magdeburger Fragen bezeichneten Rechtsbuchs. Nur wenige Nummern der älteren Recension sind hierbei übergangen[62]). Ihrer sind sechs[63]). Die Redaktion der einzelnen Urteile ist beibehalten. Nur an einzelnen Stellen scheinen Aenderungen bewirkt worden zu sein[64]).

Was nun aber dies systematische Buch sehr wesentlich von seinem Vorgänger unterscheidet, ist die erhebliche Vervollständigung des Rechtsstoffs, die es aufweist. Der Verfasser hat um seinem System die nötige Ausfüllung zu geben sich veranlaßt gesehen das in der älteren Recension gebotene Spruchmaterial zu ergänzen. Hiezu benutzte er folgende Sammlungen.

Vor Allem hat er das Culmische Rechtsbuch in einer großen Anzahl von Artikeln verwerthet, insbesondere solche herbeigezogen, die sich bereits in der Form als Schöffenurtheile zu

---

[62]) Ich betrachte hierbei die M. Fr., wie sie uns in Behrend's Ausgabe vor Augen liegen, als geschlossenes Rechtsbuch; berücksichtige demnach nicht weiter, daß einige wenige Capitel der unsyst. M. Fr. sich nur in einer oder zwei Hdschrr. des systematischen Textes finden, demnach genau gesprochen Extravaganten sind. Insbesondere bietet solche der Königsberger und der Elbinger cod. Ra und E, die nach Behrend's Bemerkung, Einleit. XLV n. 68. XLVI. dem Original nahe stehen müssen.

[63]) Sämmtlich indeß anderweitig bekannt. Nämlich M. Fr. I, 26 (Wasserschleben Sammlung I, 93 c. 111). I, 32 (ibid. 90 c. 98). I, 90 ibid. 122). I, 97 (ibid. 86 c. 58). II, 50 (ibid. 118 c. 246). II, 61 (ibid. 100 c. 171). Behrend's Tabelle V läßt auch M. Fr. II, 12. II, 93 in dem systematischen Werke fehlen. Das kann nur auf Versehen beruhen. Die Königsberger Hdschr. der unsyst. M. Fr., deren Concordanz mit der Berliner Steffenhagen catal. fasc. I nr. 161 darlegt, läßt nichts von den entsprechenden Stellen dort vermissen.

[64]) Wobei es freilich zweifelhaft bleibt, ob wir es nicht bloß mit Varianten der uns zufällig überlieferten Hdschrr. zu thun haben. Indeß concordiren doch zuweilen die Hdschrr. der unsyst. M. Fr. einerseits und die der syst. andererseits in auffallender Weise. So ist in I, 2, 13 das sinnlose gelegen der unsyst. M. Fr. richtig geändert in leien; in I, 7, 13 ist der dort fehlende letzte Satz richtig hinzugefügt; in I, 5, 5 ist bei der Anfrage von mutwillen passend eingeschaltet. Zweifelhaft ist, ob eine Correktur oder bloße Variante vorliegt in I, 20, 1 wo ein nicht unentbehrlich war; es fehlt auch in den IX Büchern (Original VII, 23, 5. Pölmann VI, 25, 1); sowie in der Verkürzung von I, 1, 13. Kleinere Recensionsänderungen begegnen in I, 1, 9. 6, 1. 2. 11, 4. 12, 4. II, 2, 6. 12. 15. III, 10, 1. — M. Fr. II, 74 (unsyst.) ist in zwei Artikel auseinandergerissen als I, 8, 11 und I, 7, 6 aufgeführt.

erkennen gaben. Sodann ist die Thorner Sammlung sehr ausgiebig excerpirt worden. Beide Quellen sind in der Weise benutzt, daß der Verfasser, wie Behrend, Einleitung XXXIX, treffend sagt, „bei Abfassung seiner Arbeit von B" — dem unsystematischen Werk — „ausgegangen und immer erst nach einer umfänglichen und planmäßigen Benutzung dieser Compilation dazu geschritten ist" jene beiden Hilfsquellen zu Rathe zu ziehen. Er hat diese regelmäßig erst für das Ende der einzelnen Capitel excerpirt. Als dritte Quelle endlich ist die Sammlung von der unehelichen Geburt zu bezeichnen. 8 von ihren 11 Nummern sind in Tit. XIV des I. Buchs untergebracht, 2 an andern Stellen[65]). Woher der Verfasser diese Collektion bezogen hat, darüber kann Zweifel bestehen. Sie begegnet nämlich, wie oben gezeigt, in den aus dem Krakauer Urteilsbuch originirenden Sammlungen; sie kommt aber auch selbständig und zwar gerade in einer Rechtshandschrift der unsyst. M. Fr. vor. Sie ist endlich auch mit der Thorner Sammlung vereinigt uns in den beiden die letztere überliefernden Hdschr. Rw und Rß erhalten. Da nun aber in den syst. M. Fr. keine Spur abermaliger Verarbeitung von Krakauer Rechtsmaterial begegnet[66]), so wird anzunehmen sein, daß der Verfasser die Collektion entweder aus Hdschr. des Thorner Urteilsbuchs oder als selbständiges Ganze herangezogen hat.

Neben diesen drei Sammlungen, dem Culmischen Buch, der Thorner Sammlung, der Collektion der unehelichen Geburt haben dann die M. Fr. noch fünf Stellen anderswoher entnommen; vier von ihnen sind in ihrer Provenienz nicht näher nachweisbar[67]).

---

[65]) M. Fr. I, 2, 25 und III, 8, 2. Nur eine Nummer überhaupt ist in die M. Fr. nicht übergegangen, Nr. 11 (Wasserschleben Sammlung I, 89 c. 85).

[66]) In der Hdschr. Ra der M. Fr. begegnet allerdings als Extravagante unter II, 1 2a ein merkwürdiges Rechtsgutachten von Meister Mathias und andirn doctoribus des studiums czu Prage über den Rentenkauf. Auch dieses weist nach Krakau hin. Denn es findet sich nirgend sonst als in der Krakauer Hdschr. Nr. 284, Bischoff a. a. O. 21, und Meister Mathias ist wahrscheinlich Krakauer gewesen, Behrend Fr. Register d. Eigennamen. Da die Consultation den M. Fr. offen gänzlich fremd ist, so kann auf sie kein Gewicht weiter gelegt werden.

[67]) Nämlich II, 1, 5. 5, 2. 3. III, 6, 2, alle dem Magdeburgis Rechte gemäß, letzteres vielleicht ein nach Polen gerichtetes MSchU. 1370 oder 1378.

eine II, 1, 6, ist unmittelbar dem Schwabenspiegel A. 84 (Laßb.) entlehnt, aus welchem zwei andere Artikel, die bereits in dem alten Culm eine Stelle gefunden hatten, durch Vermittlung des letztern und eingekleidet als MSchUU. gleichfalls in unser Werk aufgenommen worden sind [68]).

Das von der zweiten Recension des Rechtsbuchs neu hinzugezogene Material ist nun auf die nämliche Weise wie das, welches der ersten vorlag, verkürzt und zurecht gemacht worden. Die hier begonnene Bearbeitung erscheint dort nur als fortgesetzt. Nur in Form des Excerpts oder ganz frei werden die den Entscheidungen inserirten Anfragen wiedergegeben [69]), zuweilen so, daß die Sentenz nicht mehr ganz verständlich ist [70]) oder nicht auf die Anfrage paßt [71]). Oft war Veranlassung die Fragen ganz neu zu verfertigen [72]); der alte Culm bringt ja dieselben nur ausnahmsweise. Auch werden solche verwandten Inhalts in eine einzige zusammengezogen und die Entscheidungen dann vereinigt [73]). Und wie die Anfragen so begegnen auch die Sentenzen der Magdeburger in veränderter Gestalt; der Zuthaten, die ohne Erheblichkeit waren, sind sie entkleidet [74]) namentlich der Namen, Ortsangaben und Daten.

Aber auch bei den systematischen M. Fr. wiederholt sich

---

[68]) Nämlich M. Fr. I, 21, 2 = Culm V, 21. III, 6, 3 = Culm V, 22. Ueber den Gebrauch des Schwsp. im Ordenslande vgl. Steffenhagen Altpr. Monatsschrift 2, 539 n. 540. 558. 604. Das Verfahren Sätze des Schwsp. den Magdeburger Schöffen in den Mund zu legen begegnet auch sonst in Preußischen Rechtshdschrr., z. B. in dem Elbinger Rechtsbuch, welches den Satz Schwsp. 80 (Wackernagel): Wir sprechen u. s. w. zu einem MSchU. macht. Steffenhagen a. a. O. 552 n. 3.

[69]) M. Fr. I, 1, 11. 22. 27. 28. 2, 17. 20. 21. 24. 4, 10. 5, 1. 7, 2. III, 1, 11. 12. 5, 1.

[70]) M. Fr. I, 2, 27 der bruder sammerunge. I, 7, 19; der vom Sohne in Anspruch genommene Varaus war eine Geldsumme. Andere Stellen bei Behrend Einleit. XL. a. A.

[71]) M. Fr. I, 2, 18.

[72]) M. Fr. I, 1, 5. 24. 2, 28. 6, 9. 10. III, 18. 10. 12. Vgl. Behrend Einleit. XLIII. n. 63.

[73]) M. Fr. I, 1, 24. 27. 2, 16. 17. 8, 10. 12, 8 sämmtlich aus dem alten Culm, I, 2, 21 aus der Thorner Sammlung; auch aus verschiedenen Quellen. M. Fr. I, 1, 11 ist aus dem Culm und der Thorner Sammlung zusammengesetzt.

[74]) M. Fr. I, 23. 24. 27. 2, 20. 22. 5, 1. 6, 10. III, 1, 11.

eine Bemerkung, die bereits dem unsystematischen Werk gegenüber gemacht wurde. Wie dieses so weisen auch jene nicht wenige Einschaltungen auf, welche dem uns anderweitig überlieferten Wortlaut der Entscheidungen fremd waren, erst vom Autor hinzugesetzt worden sind. Einige von ihnen sind sehr interessant.

Ich hebe sie im folgenden hervor. In M. Fr. I. 1, 5 hat der Verfasser eine kleine Bemerkung eingeschaltet, die seine Bekanntschaft mit den Hauptstätten Magdeburger Rechtsprechung bezeugt. Den Worten des rechtis czu holen aus dem Culm II, 14 gibt er die Erläuterung also zu Crokaw unde czu Breszlaw sete ist. Bloße Glosseme begegnen in I, 1, 27, wo in der Entscheidung der erste Satz über die Competenz des Raths noch einmal umschrieben wird, wo sodann die Definition der Gnade aus I, 1, 24 entnommen ist; in I, 2, 17, wo die Dinghegung binnen der Stadtmauer näher specialisirt worden; in I, 7, 23, wo der letzte Satz der Distinktion I, 6, 4. s. o. n. 31, entnommen ist; in I, 16, 6, wo der Verlust des Burmals aus I, 16, 4 suppebitirt erscheint; endlich in I, 14, 8, wo auf den nucz der ee., dessen die Unehelichen entbehren, hingewiesen wird.

Erheblicher als diese Zusätze ist der letzte Satz von M. Fr. I, 12, 8 über die echte Noth, der zwar dem sächsischen Stadtrecht entspricht, aber der Vorlage, dem Culm IV, 90, abgeht. Demnächst sehr bemerkenswerth ist unseres Verfassers Auffassung von der Rechtstellung Unehelicher.

Seinen Vorlagen getreu verwirft er nämlich deren Legitimation durch nachfolgende Ehe[75]. Anders aber steht er zu der Legitimation durch Reskript. Während das Culmische Recht IV, 97 selbst im Falle, wo legitimatio per subsequens und per rescriptum cumulirt war, den vorehelich geborenen Kindern die Erbfähigkeit abspricht:

die ersten kinder sullen mit den leczten nicht teil nemen, lassen die M. Fr. in I, 14, 9 das Wörtchen nicht aus[76]. Damit wird also die Legitimation durch Reskript des Kaisers

---

[75] Wiederholt und consequent, M. Fr. I, 14, 3. 6. 9, 4. Stob Gesch. d. Rqu. I, 282 n. 16, Rive in Ztschr. f. RG. 3, 232.

[76] Bereits bemerkt von Schweikart in v. Kamptz Jahrbb. 26, n. 27, der nur freilich über das Verhältniss der M. Fr. zum Culm in Meinung hegt.

ober Pabstes anerkannt. Es ist aber jene Omission nicht etwa
ein bloßer Zufall handschriftlicher Ueberlieferung. Ihre Absicht=
lichkeit ergibt folgende, bis jetzt in ihrer Bedeutung nicht er=
kannte[77]) Abänderung, die Culm IV, 96 in unserem Rechtsbuch
erfahren hat.

Culm IV, 96 lautet: Unelichir kebis kinder gut, — daz
ze direrbeit habin — **und nicht eliche kinder habin**[78]),
daz stirbit — in daz gerichte.

Dieser, der älteren Praxis der Magdeburger entsprechende
Satz hat in den M. Fr. I, 14, 8 folgende Gestalt erhalten:

Kebiszkinder gut, das si dirarbeit haben, — **unde nicht
elicher kinder recht haben, das stirbet** — an dy konig-
liche gewalt.

Ehelicher Kinder Recht können aber die Unechten nur er=
halten durch Ehelichmachung, welche gemäß M. Fr. I, 14, 9 der
Pabst oder der Kaiser ertheilt[79]).

---

[77]) Auch nicht, wie es scheint, von Stobbe Beiträge 120 n. 43, und
Behrend Stendaler Urteilsbuch 17.

[78]) Behrend bezweifelt, Stendaler Urteilsbuch 17, wie das Görlitzer
Weistum von 1304 A. 136 ergibt, ohne allen Grund diese Lesart. Stobbe's
Ansicht von dem bedenklichen Schwanken der Magdeburger in Sachen der
passiven Erbfähigkeit Unehelicher ist demnach durchaus aufrecht zu erhalten.
Die Zeit, in welcher sie mit ihrer früheren laxen Meinung gebrochen haben,
fällt in die Jahre 1304—1331, Stendaler Urteilsbuch III. X. Zu dem
strengeren, seither consequent festgehaltenen Princip sind sie offenbar unter
dem Einfluß des Ssp. gelangt, vgl. auch mein ehel. Güterrecht 54. Das
lübische Recht ist bei der bereits in den späteren lateinischen codd. vor-
genommenen Beseitigung der passiven Erbunfähigkeit Unehelicher stehen
geblieben, Frensdorf Lübisches Recht (1872) 34.

[79]) In der Fassung der M. Fr. haben denn auch die IX Bücher
Magdeburger Rechts jenen Satz aufgenommen, Original II, 22, 8. Pölmann II, 5, 7 und I, 7, 29. Sie theilen überhaupt den Standpunkt unseres Autors. Im Original I, 7, 25 (unvollständig bei Pölmann I, 17, 3,
wird die Legitimatio per subsequens verworfen, die durch päbstl. Rescript
anerkannt. Diese Connivenz an das canonische Recht — denn um dieses
und nicht um das Römische Recht handelt es sich hierbei, vgl. gegen
Beseler Erbverträge I, 188 Stobbe Gesch. d. Rqu. I, 282 n. 16 — findet sich vor Allem im Rb. nach Distinktionen. Sie ist aber auch in Magdeburger Urteilsbüchern bezeugt. In den alphabetischen M. Fr. begegnet
sub Unechte dort folgender Spruch: Ob unechte kinder, die vom Pabste
edelet (l. geedelet) sind, erbe nehmen nach deme, dat de pawest unsze
rechte nicht krenken mach? — De kinder, de van deme pawest ge(e)delt
sint, de mogen erve nemen mit den anderen ehelichen kindern.

28*

Ob es sich in M. Fr. I, 14, 7 bei der Frage nach Holung und Wandel Unehelicher gleichfalls um bewusste Abänderung oder bloß um handschriftliche Varianten handelt, muß ungewiß bleiben[80]).

Am auffallendsten von allen Textesänderungen der M. Fr. ist aber die folgende. Culm II, 86 (syst. Sch. R. II, 2, 45) sagt, daß die gerichtlich gewählten Kürrichter zur Fällung des Schiedsspruchs gezwungen werden sollen mit gerichte, das se is tun muzsin. Und hier fügen die M. Fr. I, 18, 1 die merkwürdige Fristbestimmung hinzu: binnen sechs wochen unde lenger sullen sie nicht di sache undir habin unde' halden[81]).

Also auch wenn die Freiheit der Kürrichter im speciellen Fall nicht durch den „Anlaß"[82]) beschränkt ist, stets sind sie verbunden das Urtheil in sechswöchentlicher Frist zu fällen.

Eine solche Vinculirung der Austrägalrichter ist dem Magdeburger Recht gänzlich fremd. Es beschränkt sich darauf den Parteien die Beschreitung des Rechtswegs frei zu geben, falls die Schiedsmänner die Sache nicht entscheiden wellen noch mogin[83]).

---

[80]) Es fragt sich nämlich, ob auch hier das nicht der Vorlage beseitigt ist? Doch differiren die Hdschrr. der M. Fr. unter sich. Die IX Bücher Magdeburger Rechtes (Original V, 17. 19, Pölmann IV, 12, 16) behalten das nicht bei. Stobbe, deutsches Privatrecht I § 47 n. 27 will es ergänzt wissen.

[81]) Ebenso in den IX Büchern Magdeburger Rechts, Original IX, 23, 1, Pölmann VI, 19, 1, aber freilich mit missverständlich oder absichtlich anders gewendetem Gegensatz: Nemen berichteslute eine sache vor gerichte czu entscheiden, also das di sache czu gerichte nicht me komen sulle, so mag man die berichteslute dorczu twingen mit gerichte, das si di sache berichten mussen bi dren virczen tagen; unde lengern tag mogen si nicht gehabin. Haben si abir di sache slechtes czu in genomen vor gerichte odir bussen gerichte ane undirscheit unde sprechin, das si der sache nicht eins mogen werdin noch berichten u. s. w. Dem entsprechend wird denn auch der Satz der M. Fr. I, 16, 3a in den IX Büchern, Original IX, 23, 2, Pölmann VI, 19, 2, mit der Beschränkung versehen, daß die Sache, die die Schiedsleute auszutragen weigern, slechtes us der hant gegebin sei. — Aus den M. Fr. ging die Fristbestimmu bann wieder in spätere Recensionen des Culmischen Rechts über und fi sich noch im jus culm. ex u. r. II, 3, 2.

[82]) Böhlau in seiner Zeitschr. VIII, 193. IX, 42.

[83]) M. Fr. I, 16, 3a. Aehnlich im Breslauer rechten Wege L, Böhlau in seiner Zeitschr. VIII, 194. IX, 47. In der Weichbildliter

Wie kommen die M. Fr. zu dem wunderbaren, übrigens in unserer Literatur bis jetzt unberücksichtigt gebliebenen Satze? Man könnte in ihm die analoge Anwendung einer für den ordentlichen Proceß geltenden Norm auf das kürrichterliche Verfahren finden. Denn die Schöffen des gehegten Dinges dürfen ihr Urteil zweimal auf je vierzehn Tage verfristen, zum dritten Dinge müssen sie es entweder einbringen oder zur Entscheidung versenden[84]. Allein um eine Verfristung des Urteils handelt es sich hier gar nicht; vielmehr wird der Termin der richterlichen Entscheidung absolut festgesetzt. Und die Zeit, die durch wiederholte Verfristung im Weichbildrecht gewonnen werden kann, sind uur vier Wochen[85]; unsere Stelle gibt in jedem Fall sechs Wochen Frist. Dort endlich kann im dritten Termin die Sache zum Spruch versendet werden; hier wird die Aktenversendung[86] nach Ablauf der sechswöchentlichen Frist ausgeschlossen. Fast scheint es, als wenn unserem Satze eine gesetzliche Vorschrift zu Grunde liegen müsste. Die den gerichtlich bestellten Sühneleuten auferlegte Verpflichtung die Sache binnen sechs Wochen zu entscheiden klingt auffallend positiv. Ob der Verfasser hier mit der Magdeburger Sentenz eine Bestimmung seines Landesrechts verwebt hat? Dann würde sie ganz besonders dem Rechtszustande des Preußischen Ordenslandes entsprechen. Denn in der Preußischen Landesgesetzgebung waltet entschieden die Tendenz vor die gerichtlich bestellten Schiedsleute mit Gerichtszwang auszustatten — die nämliche Tendenz, welche im Reiche das Austrägalgericht zu einer im Wormser Abschied von 1495 anerkannten Institution deutscher Reichsjustiz werden ließ[87].

---

wird der Fall, daß die sunelute nicht darin sprechen welden, zwar erwähnt, aber nur als Bestandtheil einer Klage, Gl. zu Weichb. 52 (ed. v. Daniels).

[84]) M. Fr. I, 3, 13. Syst. SchR. II, 1. 8. Krakauer Sammlung, Bischoff a. a. O. 14 Nr. 264.

[85]) Im Land- und Lehnrecht wird das Urteil nur bis zum nächsten Dinge verfristet, Ssp. II, 12 § 7. Richtsteig Ldr. 48 §. 2. Lehnr. 65 § 11. Richtst. Lehnr. 9 §. 2. 22 § 2.

[86]) Wie sie ja fast überall in Deutschland ein wesentliches Element des älteren Austrägalverfahrens war, Muther in der Zeitschr. f. RG. IV, 424, Böhlau ibid. VIII, 193 ff. IX, 40 ff. Stölzel Entwicklung des gelehrten Richterthums I, 187. 191 ff.

[87]) Die Geschichte der Preußischen Landesordnungen liegt noch freilich sehr im Argen. Dennoch habe ich folgende Bestimmung ermitteln können:

Mit dieser Tendenz stimmt denn aber gar zu gut die den Parteien des kürrichterlichen Verfahrens gewährte Garantie gegen Rechtsverschleppung.

Der Frage nach Ursprungsort und Entstehungszeit des systematischen Rbuchs ist nun noch schließlich im Zusammenhang nachzugehn. Auch hier wird wie für die unsystematische Recension Wasserschleben's und Behrend's Annahme, daß das Werk in Preußen entstanden, festzuhalten sein. Denn faßt man den Vorrath von Sätzen ins Auge, der der syst. Recension vor der unsystematischen eigenthümlich ist, so ergibt sich, daß dieses Plus fast ausschließlich der Thorner Sammlung und dem Culm, also zwei Preußischen Sammlungen, sowie der Collektion von der unehelichen Geburt, deren Vorkommen in Preußischen Hdschrr. bezeugt wird, angehört. Stellt man nun aber das systematische Buch mit seinem unsystematischen Vorläufer zusammen, so fällt auf, wie das erstere zwei große Sammlungen, die letzterer noch vor Abschluß in ein paar Stellen herangezogen, nunmehr weiter bearbeitet und zwar ganz in der nämlichen Weise, wie der Verfasser der unsyst. M. Fr. sein Material zurechtgestutzt hatte. Die unterbrochene Arbeit scheint nur neu und nach neuen Gesichtspunkten wiederaufgenommen zu sein. Ja erwägt man, daß

Landesordnung von 1420 (ob einer früheren entnommen?), bei v. Baczko Gesch. Preußens III, 408 und bei Zernecke Thornische Chronica (1727) p. 34, A. 11: Wir wellen, wo eine sache vor der herrschafft berichtet wirt, adir vor gehegtem dinge czum ende gerichtet wirt, odir vor gerichte (Zernecke: vor guten leuten) zo der hand gegeben wirt, do sal kein hauptman (Partei) odir vorspreche obir teidingen; und so gethan sachen sal man vorschreiben und vorbriffen, uff das kein uffhebunge von keyme teile geschee. Wer das bricht, der sal siner busse nicht wissen (die Strafe ist arbiträr), ob er also obirczeuget wirt, und dis sal stehen an der herrschafft genade. Aehnlich die bei Hanow jus culm. e. u. r. (Danzig 1767) Beilage IV in ganz ungenügendem Excerpt angeführte Landesordnung. Sie führt dort das Jahr 1388 an der Spitze, gehört aber nach freundlicher Mittheilung Töppen's bereits in die Polnische Zeit also nach 1454; doch hat sie frühere Landesordnungen von 1394 und 1408 in sich aufgenommen. Es heißt dort Nr. 14: Die ihre sache vier ehrbaren und glaubwürdigen männern in die hände gestellet haben sī zu entscheiden, sollen es bei ihrem einträchtigen ausspruche bewend lassen und darum ferner vor kein gericht gehen, auch kein vorsprac mehr darüber teidigen bei harter Strafe. Dieser vier Berichtsleute gedenke dann noch andere Preußische Rechtsaufzeichnungen, die laufenden Urt (ed. Pölmann 1577.) p. 15, die landleufftigen Culmische Rechte u.

die unſyſtematiſche Arbeit faſt vollſtändig in die ſyſtematiſche übergegangen iſt, daß beide in kürzeſter Friſt hinter einander entſtanden ſind und daß auch die ältere in einer Hdſchr. bereits den Titel der Magdeburger Fragen führt, ſo läßt ſich die Vermutung kaum abweiſen, daß ſie beide das Werk eines Verfaſſers ſind, daß derſelbe Autor ſein älteres Werk um ihm erhöhte Brauchbarkeit zu ſichern nur erweitert und umgeſtaltet hat.

Ein Bedenken freilich muſs hervorgehoben werden. Das in den ſyſtematiſchen M. Fr. neu verarbeitete Material bezog ſich zu einem großen Theil auf Preußiſche Rechtsverhältniſſe; die Thorner Sammlung enthielt ja Magdeburger Rechtsprüche für Preußen. Iſt es da nicht auffallend, daß das Rechtsbuch, obwol in Preußen entſtanden, bei der Herübernahme jenes Materials Alles weggelaſſen oder ganz ſummariſch wiedergegeben hat, was doch erhebliches lokales Intereſſe darbieten muſſte[88]). Wie iſt es möglich, daß der Verfaſſer mit merkwürdiger Abſichtlichkeit Sätze ſeinem Werk einverleibt hat, deren praktiſche Unanwendbarkeit in ſeinem Kreiſe er kannte?

Ich glaube, dieſer Zweifel findet in der Natur des mittelalterlichen Rechtsbuchs ſeine Löſung. Das Rechtsbuch hat keine andere Aufgabe als die dem Urteiler die Findung des Rechts zu erleichtern, das er in ſeiner eigenen Bruſt beſchloſſen trägt, und das nur, damit es nicht irre gehe durch der Argen Wahn, ſchriftlich begriffen wird[89]). Dieſes Recht, wie es ſich in den Rechtsbüchern „ſpiegelt", gilt ihm aber als unveränderlich[90]). Weder Pabſt noch Kaiſer mag es kränken. Wol mag es für gewiſſe Perſonenkreiſe außer Kraft geſetzt werden durch Verwillkürung, durch kaiſerliche oder landesherrliche Freiheit. Aber jede ſolche Satzung, mag ihr Geltungsbereich auch noch ſo groß ſein, iſt nicht lex ſondern Privileg, iſt nicht Recht ſondern der

---

[88]) Vgl namentlich M Fr. I, 1, 23. 2, 16. 17. 20—22. Für alle dieſe Stellen hat Behrend die Vorlagen des Thorner Urteilsbuchs aus den beiden daſſelbe überliefernden Collektionen in Beilage II abgedruckt. So wird in M. Fr. I, 2, 23 das in der Anfrage erwähnte Sitzen zu Culmiſchem Rechte abſichtlich mit Stillſchweigen übergangen. In I, 2, 18 wird das halbe Gewette des Preußiſchen Rechts, deſſen ſogar die Magdeburger im tenor sententiae gedenken, auffallender Weiſe omittirt.

[89]) So die IX Bücher Magd. Rechts IV, 6, 4.

[90]) Eine geſetzgebende Gewalt hat in der Rechtsanſchauung des Schöffen keinen Platz. Geſetzgebung iſt ihm auch nur Findung des Rechts.

gerade Gegensatz desselben, die Freiheit vom Recht[91]). Der Richter spricht nicht danach: di scheppin sullen orteil vinden noch beschrebenem rechte unde nicht noch den willekoren, M. Fr. I, 3, 3. Unser Verfasser, der in seinem Buche für Männiglich eine Grundfeste nach Magdeburgischem Rechte legen will, geht gerade darum auf die Cölmische Freiheit nicht ein. Ebenso wurden 50 Jahre vor ihm in das Breslauer syst. Sch R. eine Reihe von Magdeburgischen Sätzen aufgenommen, von denen Jedermann wusste, gratia est contra. Und dies selbe Rechtsbuch fand dann in Preußen allgemeine Annahme, obwol wieder Jedermann wusste, daß es in vielen Punkten wider die Cölmische Freiheit gesetzt war.

Ueber die Entstehungszeit der syst. M. Fr. läßt sich nur so viel angeben, daß sie zwischen den Abschluß des unsystematischen Werks und das Jahr 1400 fällt. Dem in diesem Jahre begonnenen Werke des Walther Elhardi lagen sie bereits vor.

IV.

Eine alphabetische Recension der M. Fr. ist uns erhalten in dem cod. in fol., der Leipziger Universitätsbibliothek 945°.

Diese merkwürdige Hdschr., geschrieben von zwei verschiedenen Händen, nach dem Epiphonem beendigt 1518, deren bereits Wasserschleben mehrfach Erwähnung gethan[92]), die dann in meinem „ehelichen Güterrechte des Ssp." ausgiebiger verwerthet worden ist, trägt folgende Gestalt:

Unter alphabetisch geordneten Stichworten, die übrigens erst eine spätere Hand hinzugeschrieben hat[93]), sind über 450 Schöffen-

---

[91]) Daß die Statutentheorie der älteren gelehrten Jurisprudenz eine rein germanische Grundlage hat, kann keinem Kundigen entgehen.

[92]) Prinzip Vorr. V. 67. 69.

[93]) Dabei sind die Rubriken bisweilen nachweisbar an falsche Stellen gerathen. Zuweilen fehlen sie gänzlich ergeben sich aber dann leicht aus dem Inhalt der aufgenommenen Sprüche. Sie sind zum Theil wunderbar gewählt. So begegnet z. B. Endenkörninge; es handelt sich um Beschädigung eines Jagdplatzes für Enten, vgl. Kehrein Wörterb. der Weidmannssprache, 1871, 186. Oder Dammesche See; es handelt sich um Pc der Nutzungen von diesem bei Stettin gelegenen Gewässer. Mehrmals sodann die Reihenfolge der Rubriken gestört; so gibt es zwei Rubrik mit Erve; Gave; Roff; Schepen u. A.; die Rubrik Wunden kehrt unt U, V, W dreimal wieder. Am Ende sind noch unter den vier Rubri Clage, Doitslach, Besathe, Scheppen mehrere Sprüche nachgelesen.

sprüche mit Frage und Bescheid zusammengestellt; nur ausnahms=
weise begegnen bloße Sentenzen ohne vorhergehende Anfrage[94]).
Die Urteile finden sich in abgekürzter Gestalt vor. Namen,
Daten sind weggelassen, insbesondere pflegt die Bezeichnung des
erkennenden Gerichtshofes zu fehlen und der Bescheid mit der
Formel „Hir up etc." eingeleitet zu werden. Nur einige
Male heißt es zu Ende des Bescheides geholet zu Magdeburg.
Ausnahmsweise hat der Verfasser auch Erkenntnisse in extenso
aufgenommen. Es sind dies dann stets MSchUU. Daß indeß
auch die übrigen nicht als solche bezeichneten Erkenntnisse dem
Magdeburger Recht gemäß sind, läßt sich für die große Mehr=
zahl aus ihrem Inhalt erweisen[95]).

Als eine Hauptquelle dieser alphabetischen Collektion ergeben
sich nun aber die M. Fr. Und zwar war es die ursprüngliche
Form dieses Werkes, die unsystematischen Fragen[96]). Der Ver=

---

[94]) Einmal findet sich sub Tuch (Zeuge) ein Stück aus der Gl. zum
Ssp. Sub Wunden begegnet eine Underwising Hans Tydekens wegen
Hans Penckowen in Ruppin. Einigen Sprüchen sub Unechte bort
ist das Notat beigefügt contra spec. (Saxon.)

[95]) In den vorgetragenen Rechtsfällen wird mehrfach der Gegensatz
des Brandenburgischen, Lübischen, Borgischen Rechtes von den Parteien
hervorgehoben, s. auch mn. ehel. Güterr. 23 n. 8.

[96]) Nicht etwa die vorbereitenden Sammlungen. Das erhellt aus der
Redaktion der einzelnen Stücke. Auch der dem Culm entlehnte Artikel des
Schwsp. M. Fr. II, 100 (syst. I, 21, 1) hat sub Tollen Aufnahme ge=
funden. Der Beweis aber, daß die systematischen M. Fr. nicht vorgelegen
haben, ist auf folgende Weise zu führen. Zunächst enthält unsere Samm=
lung vier von jenen sechs Stellen der unsyst. M. Fr., die in die syst. keine
Aufnahme gefunden haben, nämlich I, 26 sub Ede, I, 32 sub Ordel, I,
90 sub Besettinge und II, 61 sub Morgengave. Demnächst fehlen ihr
alle Stellen, die dem syst. Rechtsbuch vor seinem unsyst. Vorgänger eigen=
thümlich sind. Endlich stimmt ihre Redaktion durchgehend mit den unsyst.
M. Fr., wo diese von den syst. differiren. Nämlich sub Vorsprake =
M. Fr. II, 34 (syst. I, 5, 5) fehlt von mutwillen. Sub Bekande schult
= II, 59 (syst. II, 2, 15) liest sie allerdings missverständlich bi minen eren.
Sub Ordel = I, 25 (syst. I, 1, 3) finden sich auch hier die bei Behrend
ad. h. l. n. 2. 6 notirten Lesarten. Dasselbe gilt von dem Spruche sub
Schult = I, 59 (syst. II, 2, 6) Behrend n. 3, und von dem sub An=
sprake = II, 37 (syst. I, 6, 2). Sub Rechteloiss = I, 72 (syst. I, 9)
fehlt andirs wenn. Sub Vormunder folgt auch hier wie in beiden
Hdschrr. der unsyst. M. Fr. unmittelbar syst. M. Fr. I, 7, 6 auf I, 8, 11.
Dem Artikel I, 11 (syst. I, 1, 13), hier sub Broke begegnend, ist Nichts
zu entnehmen, da die entscheidende Stelle aus Versehen ausgelassen ist.

fasser der Sammlung hat dieselben mit Uebergehung von etwa 40 Artikeln alphabetisch geordnet. Die aus ihnen gewählten Capitel bilden materiell allerdings nur den kleineren Theil des Ganzen, etwa ein Drittel. Doch waren die M. Fr. der Ausgangspunkt, von dem der Verfasser sein Werk unternahm. Denn die den M. Fr. entlehnten Stellen begegnen ganz regelmäßig im Anfange der Rubriken. Und erst hinterher, oder wenn überhaupt für die Rubrik kein Stoff daraus zu entnehmen war, sind auch andere Quellen verwerthet. Das Verfahren entspricht also durchaus dem bei Abfassung der syst. M. Fr. beobachteten. Für die Sammlung wird daher der Name der Magdeburger Fragen gleichfalls zutreffen.

Das Material aber, mit dem der Verfasser seine Vorlage ergänzte und vermehrte, hat er in der nämlichen Weise, wie es die beiden anderen Formen der Magdeburger Fragen gethan, abkürzend bearbeitet. Woher er es entnahm, läßt sich nur zu einem kleinen Theil bestimmen. Benutzt ist nachweisbar eine der zweiten großen Collektion in der Dresdener Hdschr. Ho. Nr. 172, derselben, die Wasserschleben in seiner Sammlung I, 128 ff. hat abdrucken lassen, verwandte Sammlung. Die Kapitel 4. 6—8. 16—18. 19. 30 nach Wasserschleben's Zählung finden sich unter den Rubriken Doden, Ede, Ewe, Raitmann, Recht eingeordnet. Sodann hat vorgelegen eine kleine Compilation ähnlich wie die der Berliner Hdschr. Ho. Nr. 60 (Behrend's Text B*, Wasserschleben ibid. Einleit. XVI. n. **), enthaltend das Magdeburger Weistum an den Rath von Culm von 1338 nebst der Sammlung über die uneheliche Geburt. Das erstere — es fehlt bekanntlich sowol den unsyst. als den syst. M. Fr. — ist vollständig übergegangen und den entsprechenden Rubriken eingefügt; von der letzteren finden sich auf fol. 140v. die Capitel, welche die syst. M. Fr. I, 14, 2—4 bringen. Für die übrigen Schöffenurtheile ergibt sich nur soviel mit Bestimmtheit, daß ein großer Theil derselben sich auf Rechtshändel bezieht, die in Pommern spielten und nach Magdeburger Recht zu entscheiden waren. Eine Reihe von ihnen adressirt sich du nach Stettin, dem Oberhof im Westpommerschen Herzogtum Daneben beziehen sich einige Magdeburger Sentenzen auf Str

---

[97]) Mein eheliches Güterr. 47.

fälle in der benachbarten gleichfalls auf Magdeburger Recht fundirten Ukermärkischen Hauptstadt Prenzlau. Zwei Entscheidungen verweisen nach Jüterbock[98]).

Bei diesem Ergebniss ist es nicht möglich Ursprungsort und Entstehungszeit dieser alphabetischen Recension der M. Fr. genau festzustellen. Daß die im Jahre 1518 beendigte Hdschr. nicht ihr Original darstellt, ist leicht ersichtlich. Die Hdschr. ist vielmehr eine ziemlich nachlässig gefertigte Abschrift. Aus dem Inhalt der Sammlung lässt sich ein Anhalt für ihr Alter nur in ungenügendem Maße gewinnen. Nur einmal begegnet in den Sprüchen ein Datum; auf fol. 125 v. sub Dammesche See ist eine Urkunde des Raths und der Schöffen zu Stettin von 1387 in gleichzeitiger Rechtssache aufgenommen[99]). Da die unsystematischen M. Fr. erst zu Ende des 14. Jahrhunderts zusammengestellt worden sind, so wird man als Entstehungszeit der alphabetischen M. Fr. das 15. Jahrhundert zu bezeichnen haben. Was endlich den Entstehungsort derselben betrifft, so kann derselbe bei der großen Zahl der auf Pommersche Rechtsverhältnisse Bezug nehmenden Sprüche nur Pommern gewesen sein. Dann aber wird als Heimat des Rechtsbuchs Stettin zu gelten haben. Damit stimmt der Umstand, daß unsere Hdschr., wie man aus spätern Einträgen schließen muss, zu Stettin in Gebrauch gewesen ist[100]).

---

[98]) Fol. 120 sub Tins. Fol. 24 sub Clage. — Hervorzuheben wäre noch, daß fol. 31 sub Dode hand als Kläger der Kämmerer der Stadt Jo. bezeichnet, und daß fol. 21 sub Broke entschieden wird, wie eine vor dem Dome zu Magdeburg gegen eine Schöffen verhängte Verfestung zu Unrecht erfolgt sei und die Stadt, die den so Verfesteten hege, Recht daran thue.

[99]) Auf Fol. 7 findet sich eine Klage des Herzogs Casimir vor dem Gerichte zu Damm erwähnt. Vorausgesetzt, daß dieser Herzog der Stettiner Linie angehörte, war es entweder Casimir III. 1368—1371, oder Casimir IV. 1413—1435.

[100]) Fol. 158 enthält zwei Schöffensprüche an den Rath von Stettin, ein Leipziger und ein Magdeburger in derselben Sache, fol. 79. 81 ein Magdeburger und ein Erkenntniss des ReichsKG. von 1532 in einer vor a Stettiner Hofrichter verhandelten Sache, Alles von späterer Hand eingetragen. Die übrigen auf fol. 80. 82. 83. 157 bis zum Schluss gemachten späteren Einträge geben keinen Anhalt.

Ueber einige Rechtsquellen der vorjustinianischen spätern Kaiserzeit.

Von

Herrn Professor Dr. Fitting in Halle.

IV.
Allgemeine Ergebnisse.

Durch die vorhergehenden Untersuchungen glaube ich festgestellt zu haben, daß die Vaticanischen Summarien des Theodosischen Codex um die Mitte des 5. Jahrhunderts entstanden sind, die Interpretatio im Breviar ihrem Ursprunge nach größtentheils derselben Zeit angehört, und die sog. Epitome Gaii endlich schon auf den Anfang des 5. Jahrhunderts oder auf die letzten Jahre des 4. zurückgeht. Der allgemeinere wissenschaftliche Gewinn dieser Feststellungen läßt sich natürlich vorerst auch noch nicht annähernd übersehen; doch will ich nicht unterlassen, die hauptsächlichsten Seiten des Nutzens, den wir aus ihnen ziehen können, in Kürze zu berühren und durch eine Anzahl von Beispielen zu belegen. Dabei wird sich auch für die Richtigkeit der bisherigen Resultate noch manche Bestätigung ergeben.

Vor allen Dingen müssen jene Ueberreste der vorjustinianischen Rechtsliteratur als eines der wichtigsten Hülfsmittel für die richtige Auslegung und folglich für die dogmatische Bearbeitung des Justinianischen Rechtes erscheinen. Und zwar sind sie, wie mir dünkt, zu diesem Zwecke noch wichtiger, als die auf uns gekommenen Reste der klassischen Rechtsliteratur. Denn sie zeigen den Rechtszustand, wie er unmittelbar vor Justinian beschaffen war und den Redactoren des Corpus iuris vorschwebte. Sie werfen daher vielfach erst das rechte Licht auf den wahren und eigentlichen Sinn der darin enthaltenen Sätze. Insbesondere lehren sie uns den damaligen juristischen Sprachgebrauch kennen und können schon um deswillen zur einfachsten Erledigung mancher streitigen Auslegungsfrage dienen.

So heißt es z. B. in der L. 41 D. de condit. 35, 1: ¹gata sub conditione relicta non statim, sed quum cond. extiterit, deberi incipiunt; ideoque interim delegari ¹ potuerunt. Man versteht das gewöhnlich von einer Delegati allein ein guter Sinn entsteht nur durch die Auslegung im Verstande von legari; und diese Auslegung kann gar keinem Bedenken unterliegen, wenn wir delegare in der Bedeutung von legare auch in der Epit. Gaii I, 7 §. 2 antreffen.[1])

Ferner wird noch gegenwärtig gestritten über die Bedeutung der Vorschrift in der L. 5 (Quisquis) §. 3, 5 C. ad L. Iul. maiest. 9, 8, daß die Töchter von Hochverräthern aus dem Nachlasse ihrer Mutter stets nur „Falcidiam" erhalten sollten. Namentlich handelt es sich bei diesem Streite darum, ob jenen Töchtern die später durch die Nov. 18 geschehene Erhöhung des Pflichttheils auf ⅓ bezw. ½ zu gute komme.[2]) Nun erhellt aber aus den Summarien und aus der Interpretatio, daß schon im 5. Jahrhundert, wie später noch bis in die Glossatorenzeit herein, Falcidia der allgemein übliche Ausdruck für den Pflichttheil war[3]), und es kann daher keinem Zweifel unterliegen, daß das Wort auch in der L. 5 C. cit. einfach in diesem Sinne gemeint und gebraucht sei. Hieraus folgt denn die Anwendbarkeit der Nov. 18 ganz von selbst.

Ein besonderes Dunkel schwebt über der in mehreren Codexstellen, unter andern der L. 8 C. unde vi 8, 4, erwähnten actio momentariae possessionis. Aber auch hier können unsere Quellen in Verbindung mit dem Theodosischen Codex einen vollständigen Aufschluß gewähren. Momentum heißt nämlich nach einem, wie es scheint, nur in der abendländischen Rechtssprache üblichen Sprachgebrauche der Besitz oder Besitzstand, weil dem Besitzer,

---

[1]) Somit erhält diese bereits von Scheurl in der Krit. Ueberschau der deut. Rechtswissenschaft Bd. V. S. 36 gegebene Auslegung eine positive Bestätigung.

[2]) Dafür z. B. Mühlenbruch in der Fortsetzung von Glück's Commentar XXXIX., S. 246, Köppen, Syst. des Erbrechts I. S. 294 Note 8; dagegen Vangerow, Lehrb. der Pand. 7. Aufl. II. S. 26.

[3]) Vgl. Summ. c. 3 (Quisquis) Th. C. ad L. Corn. de sic. 9, 14; summ. c. 28 Th. C. de Iudaeis 16, 8; Int. L. 2 Greg. C. de inoff. test. 2, 3, Int. L. 2 Greg. C. de fam. herc. 3, 4 (6), Int. Pauli III, 11 sent. 3, IV, 5 sent. 6. — Man vergleiche aber auch die angeführten Stellen es Theodosischen Codex selbst, deren erste vom Jahr 397, die zweite vom . 426 datirt ist; ferner Nov. Maioriani tit. VI. § 3 (a. 458); L. 31 I. C. de ioff. test. 3, 28 (a. 528), und endlich schon L 8 § 11 D. eod. 5, 2 (Ulp. .b. XIV ad Edict.) und fr. Vat. §. 281 (Dioclet. a. 286) nebst dem alten Scholium zu der Stelle in Th. Mommsen's Quartausgabe der fragmenta Vaticana p. 354.

welchem sein Besitz in ungehöriger Weise entzogen worden ist, auf schleunigem Wege und ohne jede Prüfung des eigentlichen Rechtsverhältnisses wieder zu seinem Besitzstande verholfen wird.[4]) In demselben Verstande findet sich nicht selten der Ausdruck momentaria oder momentanea possessio.[5]) Momentum und momenti beneficium haben aber auch noch eine übertragene Bedeutung, in welcher sie soviel sind, als possessorisches Interdict oder auch wohl Interdict überhaupt.[6]) Gleichbedeutend sind die Ausdrücke: momenti actio, momentaria actio, momentaneae possessionis actio und momentariae possessionis interdictum.[7])

---

[4]) So Isidor. Orig. V, 25 (oben S. 232 Anm. 23); vgl. L. un. Th. C. utrubi 4, 21 (23) a. 400 und die Interpret. h. l. S. ferner Int. Paul. V, 6 sent. 1 (oben S. 231), V, 7 sent. 14; Int. L. ult. Th. C. unde vi 4, 20 (22), Int. L un. Th. C. vict. civil. 9, 16 (20), Int. L. un. Th. C. si de momento fu. app. 11, 12 (37); Summar. c. un. Th. C. si de momento 11, 37; Symmachi Epp. lib. X. ep. 48 (a. 384–386). In dem nämlichen Sinne kommt „momenti beneficium" vor in der Int. Paul. V, 6 sent. 1.

[5]) L. 1 Th. C. unde vi 4, 20 (22) a. 326; L. un. I. C. ubi de possess. 3, 16 a. 366; L. 8 § 1 Th. C. de iurisd. 2, 1 (= L. 8 I. C. unde vi 8, 4) a. 395; L. 6 Th. C. unde vi 4, 20 (22) a. 414. Vgl. L. 6 Th. C. de denunt. 2, 4 a. 406: „momentariam possessionem pervasione violatam". Das Gesetz ist aus Constantinopel datirt und die einzige Stelle aus dem oströmischen Reiche, worin ich diesen Sprachgebrauch angetroffen habe. Auch verdient es die Beachtung, daß der Ausdruck: momenti actio der L. ult. Th. C. unde vi 4, 20 (22) in der L. ult. I. C. qui legit. pers. 3, 6 geändert ist in „momentaneae possessionis actio", und die Rubrik des tit. Th. C. 11, 12 (37) „Si de momento fuerit appellatum" in die rubr. tit. I. C. 7, 69: „Si de momentaria possessione fuerit appellatum". Das alles weist darauf hin, daß der Sprachgebrauch in der östlichen Reichshälfte nicht recht geläufig war.

[6]) So in der rubr. tit. Th. C. 11, 12 (37): Si de momento fuerit appellatum und in der L. un. Th. C. eod. a. 386, sowie in dem Summarium und in der Interpretatio zu dieser Stelle. „Momenti beneficium" in diesem Sinne steht in Int. L. 2 (3) Th. C. de iudic. 2, 18, Int. L. 1 Th. C. unde vi 4, 20 (22), Int. L. un. Th. C. utrubi 4, 21 (23). In der unzweifelhaften Bedeutung von Interdict überhaupt findet sich „momenti beneficium" in der Int. L. 6 Th. C. de denunt. 2, 4: „aut aliquid sibi alleget fuisse pervasum, aut quodlibet intra annum beneficium momenti requirat" (Cod. Theod.: „vel quodlibet interdict efflagitet"), ferner in der Int. L. un. Th. C. victum civiliter 9, 16 (: „testamento per iudicium momenti beneficio restituto", womit im Gesetze genannte interdictum de tabulis exhibendis gemeint ist.

[7]) L. ult. Th. C. unde vi 4, 20 (22) a. 414: „momenti actio"; L. un. Th. C. utrubi 4, 21 (23): „momentaria actio" abwechselnd

Auch andere Rechtsquellen, als das Corpus iuris, werden mitunter durch den Sprachgebrauch der von mir besprochenen Schriften beleuchtet. So ist z. B. bisher der Ausdruck „solitarius pater" in der Rubrik des 13. Titels der Ulpianischen Fragmente (De coelibe orbo et solitario patre) räthselhaft und streitig gewesen. Manche, wie z. B. Schulting zu der Stelle, wollten darunter einen Mann verstehen, der nur Ein Kind hat. Die wahrscheinlichste Vermuthung war jedoch die, daß damit ein nichtverheiratheter Vater gemeint sei, also ein coelebs, der Kinder hat. Und diese Vermuthung wird bestätigt, wenn in der Int. L. 2 Th. C. de repudiis 3, 16 einem Ehemanne, welcher ohne Grund seine Frau verstößt, als Strafe unter anderem angedroht wird: „in perpetuum solitarius permanebit, nec praesumat alterius mulieris coniugio sociari". In dem Gesetze selbst heißt es: „ac perpetuo coelibatu insolentis divortii poenam de solitudinis moerore sustineat". Damit ist also unmittelbar bewiesen, daß coelebs und solitarius gleichbedeutend sind. Demnach wird denn aber auch die Titelrubrik bei Ulpian nicht, wie gewöhnlich geschieht, dreitheilig auf den coelebs, den orbus und den pater solitarius zu beziehen sein: sondern der richtige Gegensatz ist gewiß „coelebs orbus", d. h. der kinderlose Unverheirathete, einerseits und „solitarius pater", d. h. der kinderhabende Unverheirathete, andererseits.

Ich will noch einige weitere Ausdrücke angeben, die mir aufgefallen und besonders bemerkenswerth erschienen sind. Dabei soll nicht unerwähnt bleiben, daß die Ausdrucksweise in der Interpretatio des Theodosischen Codex, in derjenigen des Paulus und endlich in der Epitome Gaii eine ziemlich verschiedene ist: ein neuer Beweis, daß diese Stücke verschiedene Verfasser gehabt haben, und wahrscheinlich in verschiedenen Gegenden entstanden sind. So sind z. B., soviel ich beachtet habe, die Ausdrücke: fidedicere = sich verbürgen (Int. Paul. I, 9 sent. 5), satisdator = Bürge (Int. Paul. I, 11 sent. 2), fabrica = die

---

momenti beneficium", vgl. Int. L. un. Th. C. si de momento 11, 12): „momentaria causa"; L. ult. I. C. qui legit. pers. 3, 6 (aus L. ult. .. C. unde vi): „momentaneae possessionis actio"; L. 8 § 1 Th. C. iurisd. 2, 1 a. 395: „momentariae possessionis interdictum". Vgl. ...dorff, Anhang zu Savigny's Recht des Besitzes. 7. Aufl. Num. 152 5. 704).

Arbeit, das Werk (Int. Paul. V., 11 sent. 2), credulitas = fides, Glauben (Int. Paul. V, 18 sent. 10) der Interpretatio zu Paulus eigenthümlich.

Im übrigen nenne ich folgendes:

Praescriptio im Sinne von Verjährung: Int. Paul. V, 2 sent. 4 verb.: „Huius autem rei praescriptio inter praesentes decennii est, inter absentes vero vicennii computatur." Vgl. auch L. 22 Th. C. de operib. publ. 15, 1 a. 383: „Praescriptio temporis iuri publico non debet obsistere", Summar. h. c. und L. 15 Th. C. de iure fisci 10, 1 a. 396 nebst dem Summarium derselben (s. Bd. X. S. 337).

Germani als gleichbedeutend mit consanguinei, d. h. Geschwister, welche den nämlichen Vater haben, gleichviel ob sie auch die Mutter gemein haben, oder nicht. Gaii Epit. II, 8 §. 3, 5, 6; Int. Paul. III, 6 sent. 14, III, 11 sent. 3. S. auch L. 1 Th. C. de inoff. test. 2, 19 a. 319 und Int. L. 1, 2, 3 Th. C. eod., Int. L. 2 Th. C. ad L. Iul. de adult. 9, 4 (7); vgl. Int. L. 2. Th. C. de legit. hered. 5, 1. Wenn wir nun später, und wesentlich schon in der versio vulgata der Nov. 84, consanguinei in der engeren Bedeutung von Geschwistern finden, die bloß den nämlichen Vater haben, so kann es nicht verwundern, auch germani später in derselben engeren Bedeutung anzutreffen. Diese Erscheinung zeigt namentlich der Brachylogus in Lib. II. tit. 34 §. 3.

Addicere = gerichtlich ansprechen, verklagen: Int. L. 1 (5) Th. C. de liberali causa 4, 8. Dagegen steht addicere im Sinne von verurtheilen in Int. L. 1 (3) Th. C. de off. praef. 1, 5, Int. L. un. Th. C. de usur. rei iud. 4, 17 (19) und Int. Nov. Valent. tit. XII (XXXIV) de episc. iud.

Affiliatus = adoptivus: Epit. Gaii I, 4 §. 1; Int. L. 2 Th. C. de legit. hered. 5, 1.

Compensare = ersetzen, vergüten, bezahlen: Int. L 2 Th. C. de secund. nupt. 3, 8, Int. L. un. Th. C. de inquilin. 5, 10, Int. L. 8 (14) Th. C. de accusat. 9, 1. Entsprechend findet sich compensatio im Sinne von Ersatz, Äquivalent in der L. 1 (5) Th. C. de liberali causa 4, 8. Vgl. L. 2 pr. Th de sec. nupt. 3, 8 a 382: „maternarum redintegrabitur c pensationibus facultatum".

Definitio = Festsetzung, Bestimmung: Int. L. un. (3) Th. C. de pactis 2, 9; Epit. Gaii II, 9 §. 14, 15, 16. Ebenso in vielen Stellen des Cod. Theod. S. Glossar. nom. Cod. Theod. s. v. Definitio.

Dissimulare = verweigern: Int. Paul. IV, 4 sent. 3; Int. L. 3. Th. C. de usur. 2, 33. Dissimulatio = mora, Zögerung: Int. Paul. V. 35 sent. 1; Int. Nov. Theod. tit. XI. (XXII) de bon. decurion. L. 2.

Eversores = prodigi: Epit. Gaii I. 8. Vgl. L. 14. Th. C. de div. off. 8, 7 = L. 2. I. C. de palat. sacr. larg. 12, 24 (23), L. 1 Th. C. de susceptor. 12, 6.

Fiduciata filia, hoc est emancipata: Int. L. 3 Th. C. de legit. hered. 5, 1.

Susceptus = cliens: Int. L. 1 (4) Th. C. de postul. 2, 10, Int. L. un. Th. C. de error. advoc. 2, 11. Ebenso in der L. 4 Th. C. de princip. agent. in reb. 6, 28. Vgl. Brissonius s. v. Susceptus nr. 2; Glossar. nomic. Cod. Theodos. s. v. Susceptus.

Noch wichtiger und reicher, als die sprachliche, ist die eigentlich sachliche Ausbeute der besprochenen Quellen. Ich muß mich aber in dieser Beziehung noch mehr, als vorher, auf die Mittheilung einiger weniger Proben beschränken.

Die mancipatio wird als Form der Eigenthumsübertragung, und zwar als eine unter Umständen für den festen Bestand einer Schenkung nothwendige Form noch erwähnt in L. 4 (a. 319), L. 5 (a. 333) und L. 7 (a. 355) Th. C. de donat. 8, 12. In der Anwendung auf die Emancipation wird sie noch genannt in einer Constitution Valentinian's II. vom J. 389, der L. 8 Th. C. de infirm. his quae sub tyr. 15, 14, ferner in der Epit. Gaii I, 6 §. 3. Dagegen dürfen wir annehmen, daß sie als Form der Eigenthumsübertragung am Ende des 4. Jahrhunderts bereits außer Uebung gekommen war, weil sonst ihre Erwähnung in der L. 9 Th. C. eod. 15, 14, von Honorius im J. 395 erlassen, nicht wohl fehlen könnte. Und diese Annahme erhält eine Unterstützung durch die L. 8 Th. C. de donat. 8, 12 vom ~ 415, in welcher die Erfordernisse für die Gültigkeit der ~enkungen genau angegeben werden, aber nicht mehr von der ~ncipatio, sondern nur noch von der corporalis traditio die ~ be ist. Den nämlichen Rechtszustand zeigt nun auch das

Breviar. Wie aus der Epit. Gaii I, 6 §. 3 und aus Paul. II, 26 sent. 2 ersichtlich, war die mancipatio, freilich mit erheblicher Abschwächung ihrer solennen Gestalt, noch im Gebrauche bei der Emancipation. So erklärt sich, daß auch Justinian in der L. ult. I. C. de emancipat. 8, 49 (48) vom J. 531 (vgl. §. 6 I. quib. mod. ius pot. solv. 1, 12) davon als von einem noch bestehenden Gebrauche redet, den er für die Zukunft abschaffe. Dagegen kam sie als Form der Eigenthumsübertragung nicht mehr vor. Dies erhellt sehr augenfällig daraus, daß überall, wo in den Sententien des Paulus von mancipare die Rede ist, die Interpretatio dafür dare, tradere oder etwas ähnliches setzt: Int. Paul. I, 7 sent. 4, 5, 7, I, 13 sent. 4, II, 12 sent. 6. Begreiflich daher, daß Justinian in den Institutionen bei der Lehre vom Eigenthumserwerb eine Erwähnung der mancipatio gar nicht nöthig findet, und daß er ihrer nicht einmal in der L. un. C. de nudo iure quirit. toll. 7, 25 und in der L. un. §. 4 C. de usucap. transf. 7, 31 bei Gelegenheit der Aufhebung der Unterschiede des quiritarischen und bonitarischen Eigenthums und der res mancipi und nec mancipi gedenkt.

Aus der Darstellung in der Epit. Gaii II, 9 §. 2, verbunden mit derjenigen in der Int. Paul. II, 3 sent. 1 geht hervor, daß zur mündlichen Stipulation besondere Wortformen nicht mehr erforderlich waren, sondern die Beobachtung der Form von Frage und dem Sinne nach übereinstimmender bejahender Antwort genügte. Wir sehen also, daß Leo in der L. 10 I. C. de contrah. stip. 8, 38 (37) vom J. 469 (vgl. §. 1 I. de V. O. 3, 15) gar nichts neues einführte, sondern, worauf auch die Gesetzesworte hinweisen, nur eine schon bestehende Uebung bekräftigte. Zugleich fällt ein Licht auf den eigentlichen Sinn dieser Stelle.

Mit dem Wegfall der solennen Wortformen bei der Stipulation steht in untrennbarem Zusammenhange die Verwischung der Unterschiede, welche früher, je nach den gebrauchten Wortformen, zwischen den Stipulationsbürgen bestanden hatten. Auch dem Breviar sind daher diese Unterschiede fremd, wie die Epit. Gaii II, 9 §. 2, besonders aber die Int. Paul. I, 9 sent. 5 vel „Si minor maiorem fidedicat", verglichen mit den Worten Paulus: „Minor se in his, quae fideiussit vel fidepromisit spopondit vel mandavit" rell., beweist.

Sehr allgemein nimmt man an, daß Justinian etwas ganz neues eingeführt habe mit der Bestimmung, daß der Zinsenlauf auch dann aufhören solle, wenn die bereits gezahlten Zinsen der Höhe des Capitals gleichkämen. Allein dieser Satz findet sich schon im Breviar: Int. Paul. II, 14 sent. 2: „In pecuniis creditis quum solutio usurarum sortem aequaverit, si quid amplius creditori fuerit datum, de capite debiti subtrahitur". Vgl. Int. L. un. Th. C. de usur. rei- iud. 4, 17 (19). Es kann also kaum zweifelhaft sein, daß Justinian auch hier sich an eine bereits bestehende Uebung anlehnte.

Gleichfalls als etwas ganz neues, erst von Justinian herrührendes gilt es, daß der Pflichttheilsberechtigte, welchem zwar etwas, aber nicht sein ganzer Pflichttheil zugewendet ist, nie die querela inofficiosi soll gebrauchen, sondern stets nur auf Ergänzung des Pflichttheils soll klagen können. Allein auch dieses steht schon im Breviar, nämlich in der Int. Paul. IV, 5 sent. 7: „Filio herede scripto, si ex ordinatione defuncti patris minus quam quarta portionis suae fuerit deputata, suppleri eam sibi a coheredibus fratribus iure desiderat, quia in tali casu inofficiosi actio removetur". Nehmen wir hinzu die Stelle des Paulus selbst, die L. 2 Greg. C. de inoff. 2, 3 (6 ?) a. 223, und die L. 4 Th. C. eod. 2, 19 a. 361, so scheint sich folgende geschichtliche Entwickelung zu ergeben. Schon am Ausgange der klassischen Zeit hatte der bloß verkürzte Pflichttheilsberechtigte die Wahl, entweder das Testament mit der querela inofficiosi anzugreifen, oder nur die Ergänzung seines Pflichttheils zu verlangen. Später beschränkte man ihn auf das zweite, falls der Testator die eventuelle Ergänzung des Fehlenden ausdrücklich verordnet hatte. Und zuletzt versagte man ihm die querela inofficiosi stets, vermuthlich mit der Begründung, daß dieses Rechtsmittel nur in Ermangelung jedes anderen Rechtsweges zulässig sei.

Noch wichtiger ist, daß wir schon im Breviar eine starke Verwischung des Unterschiedes von Präterition und Inofficiosität beobachten können.

> Int. Paul. IV. 5 sent. 2: Si mulier post factum testamentum filium pepererit et testamentum nato filio non mutaverit, filius praeteritus de inofficioso matris testamento agere potest.

Int. L. 4 Th. C. de legit. hered. 5, 1 verb.: Si vero avus vel avia nepotes ac neptes ex filia in testamento suo praeterierint aut non probatis causis exheredaverint, actio illis de inofficioso contra testamentum avi vel aviae — — legis beneficio tribuetur.[8]

Vergleicht man damit die Worte der Nov. 115 cap. 3: Sancimus igitur, non licere penitus patri vel matri, avo vel aviae, proavo vel proaviae suum filium vel filiam vel ceteros liberos praeterire aut exheredes in suo facere testamento": so muß alsbald die große Uebereinstimmung auffallen, und es möchte daher für die richtige Auslegung dieses noch immer so sehr streitigen Gesetzes jener Beobachtung eine nicht unerhebliche Bedeutung zukommen.

Ich habe eine Reihe von Fällen genannt, in denen das Breviar mit dem Corpus iuris übereinstimmt. Ich will jetzt aber auch Fälle erwähnen, in denen es vom Corpus iuris abweicht und, wie wir noch aus andern Anzeichen abnehmen können, Eigenthümlichkeiten des weströmischen Rechtes zur Erscheinung bringt.

Aus dem Berichte in den Justinianischen Institutionen (§. 1—3 I. de testam. ord. 2, 10) und bei Theophilus dürfen wir schließen, daß im oströmischen Reiche schon seit langer Zeit nur unter Zuziehung von sieben Zeugen ein gültiges Testament errichtet werden konnte, was ohne Zweifel auf die Nov. Theod. tit. IX (XVI) de testam. vom J. 439 (= L. 21 I. C. de testam. 6, 23) zurückzuführen ist. Allein im weströmischen Reiche unterschied man fortwährend zwischen dem civilen Testamente, welches nur der Zuziehung von fünf Zeugen bedürfe, und zwischen dem prätorischen Testamente, zu welchem die Mitwirkung und Unterschrift von sieben Zeugen erforderlich sei. Und diese doppelte Testamentsform, auf welche auch L. 1 (a. 326), L. 3 (a. 396) und L. 7 (a. 424) Th. C. de testam.

---

[8] Uebrigens heißt es auch schon in dem Gesetze selbst (von Valentinian aus dem J. 389): „Non solum autem — — haec — — iura servam sed et si avus vel avia — — testati obierint et praeterier nepotes (sc. ex filia) aut exheredaverint eosdem, et de iniu avorum testamento — — actiones nepotibus deferimus — —, quae parentum inofficiosis testamentis competunt filiis".

IV. Allgemeine Ergebnisse.

4, 4 hindeuten, war durch die Nov. Valent. tit. IV (XX) de testam. L. 1 §. 2 und 4 (a. 446) ausdrücklich bestätigt worden und wurde im Abendlande, trotz der Verkündigung und Bestätigung der Theodosischen Novellen durch die Nov. Valent. tit. XXV de confirm. leg. D. Theod. vom J. 448, festgehalten. So findet sie sich, und zwar unter der alten Benennung als testamentum iuris civilis und iuris praetorii, im Breviar: Int. L. 1, 3 Th. C. de testam. 4, 4, und Int. Nov. Theod. tit. IX (XVI) de testam. Ferner kommt sie unter der gleichen Benennung bei Isidor, Origin. IV, 24, vor. Auch im Edictum Theodorici tit. 28 und in der Lex. Rom. Burg. tit. 45 wird die Testamentserrichtung vor sieben oder vor fünf Zeugen erlaubt. Und dem gemäß sind im Abendlande noch durch viele Jahrhunderte Testamente wirklich errichtet worden, zuweilen vor sieben, noch öfter aber vor fünf Zeugen.[9]

Wir wissen aus dem §. 4 I. de interdictis 4, 15, aus den Bemerkungen des Theophilus zu der Stelle und aus L. 1 §. 1 D. de utrubi 43, 13, daß zu Justinian's Zeit im oströmischen Reiche zwischen der Theorie der beiden interdicta retinendae possessionis kein Unterschied mehr bestand, daß vielmehr die Theorie des interdictum Uti possidetis jetzt auch auf das interdictum Utrubi angewandt wurde.[10] Es ist nun sehr interessant

---

[9] Das alles ist bereits hervorgehoben von Savigny in der Zeitschr. f. geschichtl. Rechtswiss. Bd. I. S. 78 ff. (Vermischte Schriften Bd. I. S. 127—150.) Die Nachweise der fortwährenden praktischen Geltung im Mittelalter gibt Savigny im 2. Bande der Geschichte des röm. R. im M. A., und zwar 1) für das fränkische Reich S. 108—120 (der 2. Aufl.), 2) für Italien S. 235 ff. In den von Savigny angeführten Testamentsurkunden ist vielfach von dem Gegensatze des civilen und prätorischen Testamentes die Rede, z. B. S. 108 Note b, S. 109 Note d, S. 110 Note i. — Man vergleiche auch noch Leist, Die bonorum possessio §. 133 (Bd. II. Abth. 2 S. 106 ff.).

[10] Schon Schrader zu der Institutionenstelle hat sich gegen die gewöhnliche Annahme erklärt, daß diese Neuerung erst von Justinian selbst herrühre. Und gewiß mit Recht. Denn zur neuen Einführung einer so ~~wich~~tigen Aenderung hätte Justinian sicherlich ein eigenes Gesetz erlassen. ~~Von~~ einem solchen ist aber nirgends die Rede. Im Gegentheil weisen die ~~Aus~~drücke aller genannter Stellen darauf hin, daß die Ausgleichung schon ~~läng~~e vor Justinian durch die Praxis vor sich gegangen war. (Dig.: „Hoc ~~inte~~rdictum de possessione rerum mobilium locum habet; sed obtinuit, ~~ut~~ eius exaequatam fuisse Uti possidetis interdicto"; Inst.: „Quorum

zu beobachten, daß eine Ausgleichung der beiden Interdicte auch im Abendlande stattgefunden hatte, aber in gerade umgekehrter Richtung. Bei allen Arten von Sachen, und auch bei Grundstücken, wurde nämlich die Besitzfrage nach der Theorie des interdictum Utrubi beurtheilt. Dieses erhellt aus der schon früher (S. 231) wörtlich mitgetheilten Int. Paul. V, 6 sent. 1, einer Stelle, deren Beweiskraft um so unanfechtbarer ist, weil sie sich auf eine Sententia des Paulus bezieht, in welcher die frühere Verschiedenheit der Theorie des interdictum Uti possidetis und des interdictum Utrubi ganz bestimmt und ausdrücklich entwickelt wird. Wir dürfen aber um so viel weniger Anstand nehmen, hierin wirklich die abendländische Rechtsentwickelung zu erkennen, da sich auch hier nachweisen läßt, daß dieser Rechtszustand im Abendlande, und selbst in Gegenden, wo im ganzen das Justinianische Recht zur Geltung gelangt war, noch mehrere Jahrhunderte später fortbestanden hat. Wir finden ihn nämlich auch in dem Brachylogus IV, 28 §. 3:

> Retinendae possessionis causa comparata sunt interdicta Uti possidetis et Utrubi, quae tunc dantur, cum uterque se possidere contendunt: per quod inquiritur, quis **maiore parte eius anni nec clam, nec vi, aut precario ab adversario possederit**.[11])

Ein ähnliches Verhältniß zeigt sich bei dem interdictum Unde vi. Aus dem §. 6 I. de interdictis 4, 15 und der Paraphrase des Theophilus zu der Stelle geht hervor, daß schon vor Justinian die alte Verschiedenheit des interdictum de vi armata und des gewöhnlichen interdictum de vi verschwunden war, und daß man im oströmischen Reiche das interdictum de vi jedes-

---

(sc. interdictorum) vis et potestas plurimam inter se differentiam apud veteres habebat; — — hodie tamen aliter observatur"; Theophil.: „Ἀλλὰ ταῦτα μὲν πάντα τὸ παλαιόν· σήμερον δὲ ἑτέρως ταῦτα παραφυλάττεται".)

[11]) Vgl. meine Schrift über die sog. Turiner Institutionenglosse und den sog. Brachylogus S. 50. Ich habe dort angenommen, daß die Uebertragung der Theorie des int. Utrubi auf das int. Uti possidetis eine nachjustinianische Entwickelung gewesen sei. Die Erscheinung wird bei weitem wichtiger durch die Erkenntniß, daß wir hier, wie bei der Brachylogus IV, 28 §. 2, 3 vorgetragenen Theorie des interd. Unde vielmehr eine Festhaltung vorjustinianischen abendländischen Rechtes uns haben.

mal nach der strengern Theorie des interdictum de vi armata behandelte, also die Berufung auf vitiosa possessio gegenüber dem Interdicte überhaupt nicht mehr zuließ. Auch im Abendlande bestand kein Unterschied mehr, wofür der genugsame Beweis darin liegt, daß weder im Breviar, noch im Edictum Theodorici von einem solchen Unterschiede die Rede ist. Allein auch bei diesem Interdicte hatte die Entwickelung im Abendlande einen andern Weg genommen, als im östlichen Reiche. Man hatte nämlich das interdictum de vi armata mit seiner Strenge gänzlich fallen lassen, und gestattete sonach dem interdictum Unde vi gegenüber allemal den Einwand des fehlerhaften Besitzes. Dieses erhellt aus der Aufnahme folgender Stelle des Paulus in das Breviarium:

> Paul. V, 7 sent. 5: Qui vi aut clam aut precario possidet, ab adversario impune deiicitur.

und aus dem Edictum Theodorici cap. 76:

> Illi res occupata per violentiam intra annum momenti iure, salva proprietatis causa, reddetur, qui eandem rem, quam alterius praesumtione perdidit, nec violenter nec abscondite nec precario possidet.

Und hier hat nun ebenfalls die Einführung des Justinianischen Rechtes den frühern Rechtszustand noch Jahrhunderte lang nicht zu verdrängen vermocht. Wir sehen dieses wiederum aus dem Brachylogus, welcher in lib. IV. tit. 28 §. 2 die Theorie des interdictum Unde vi folgendermaßen darstellt:

> restitutorium est veluti interdictum Unde vi, quod competit ei, qui vi de possessione eiectus est, cum nec vi nec clam nec precario ab adversario possidebat.

und welcher zum Ueberflusse in §. 3 ibid. die nämliche Darstellung noch ausführlicher so wiederholt:

> Restituendae possessionis causa comparatum est interdictum Unde vi, quod ei competit, qui de possessione vi expulsus est, intra annum utilem — —; in hoc interdicto nihil aliud quaeritur, nisi si possessor, qui vi expulsus est, ab eo, qui expulit, neque vi neque clam neque precario possidebat.

Haben schon die bisherigen Beispiele gezeigt, daß das westische und das oströmische Recht in manchen nicht unerheblichen

Stücken auseinandergingen, so wird dieses durch ein letztes Beispiel in noch viel helleres Licht gesetzt werden.

Schon zur Zeit der classischen Juristen hatte sich die bonorum possessio der hereditas bedeutend angenähert, und je geringer zuletzt die Verschiedenheit der praktischen Wirkungen geworden war, desto leichter konnte allmählich das Verständniß des Gegensatzes verschwinden und die Festhaltung der damit zusammenhängenden noch übriggebliebenen Verschiedenheiten als etwas überflüssiges und seltsames erscheinen. Dieser Zug der Entwickelung läßt sich denn auch deutlich verfolgen. Namentlich brachte im J. 339 Constantius die Grundsätze über den Erwerb der bonorum possessio in größere Uebereinstimmung mit denjenigen über den Erwerb der hereditas, indem er durch die L. 9 I. C. qui admitti ad B. P. 6, 9 jede schlichte Erklärung des Willens der Erbschaftsannahme vor irgend einer Obrigkeit für ausreichend und in der etwas späteren L. 8 I. C. eod. die genaue Einhaltung der Agnitionsfrist für nicht mehr nothwendig erklärte.[12] Nichtsdestoweniger lehren die Justinianischen Rechtsbücher, insbesondere §. 4 sqq. I. de B. P. 3, 9 (10), ferner die Paraphrase des Theophilus zu diesen Stellen, und namentlich zu §. 10 I. eod., daß es bis auf Justinian zu einer vollen Ausgleichung beider Arten der Erbfolge im oströmischen Reiche noch nicht gekommen war.

Ganz anders im weströmischen Reiche. In der Interpr. L. un. Th. C. de cretione vel bonorum possessione 4, 1 wird ausdrücklich und unzweideutig gesagt:

Cretio et bonorum possessio antiquo iure a praetoribus petebatur; quod explanari opus non est, quia legibus utrumque sublatum est.

Und dem entsprechend wird auch überall sonst im Breviar die bonorum possessio als ein erloschenes, nicht mehr geltendes Institut behandelt. So dürfen wir gewiß ohne weiteres annehmen, daß der Theodosische Codex gleich dem Justinianischen ursprünglich ziemlich viele Titel enthielt, welche sich auf die bonorum possessio bezogen. Von diesen allen sind nur drei im Breviar beib. ten: der citirte allgemeine und die beiden darauf folgenden T liberi (IV, 2) und De Carboniano edicto (IV, 3). Auch

---

[12] Vgl. Leist, Die bonorum possessio Bd. II Abth. 2 S. 128

IV. Allgemeine Ergebnisse.

ihnen enthält jeder nur eine einzige Stelle. Die L. un. Th. C. unde lib. und die L. un. Th. C. de Carb. ed. reden aber gar nicht von der bonorum possessio, und wenn auch in der L. un. Th. C. de cretione v. B. P. der bonorum possessio Erwähnung geschieht, so wird doch jedes Gewicht dieses Umstandes alsbald aufgehoben durch die angegebene ausdrückliche Bemerkung der Interpretatio, daß die bonorum possessio nicht mehr bestehe. Desgleichen ist im Liber Gaii alles gestrichen, was sich auf die bonorum possessio bezog. (Vgl. oben S. 328.) Bei den Sententiae des Paulus ließ sich die Aufnahme mancher von der bonorum possessio redender ihres sonstigen Inhaltes wegen nicht vermeiden; hier ist aber mindestens in der Interpretatio der Ausdruck bonorum possessio planmäßig ausgetilgt.[13]) Ein ähnliches Verhältniß läfst sich zwischen der L. 4 Th. C. de temporum cursu 2, 6, der L. 2 §. 4 Th. C. de int. rest. 2, 16, endlich der L. 7 pr. Th. C. de testam. 4, 4 und der Interpretatio dieser Stellen beobachten. Endlich wird in der Int. L. 1 Th. C. de legit. hered. 5, 1 „bonorum possessio" geradezu als gleichbedeutend mit „hereditas" gebraucht, wenn es darin heißt:

---

[13]) So heißt es bei Paul. III, 2 sent. 2: „Si libertus duos patronos heredes instituit et alter eorum vivo liberto moritur, is, qui superest, contra tabulas testamenti bonorum possessionem recte postulat". Dieses gibt die Interpretatio so: „Si libertus duos patronos heredes scripserit, et unus ex ipsis patronis vivente liberto mortuus fuerit, ad. illum patronum, qui superest, quod ambobus dimiserat, pertinebit". Ferner Paul. V, 10 sent. 1: „Substitutus heres ab instituto, qui sub conditione scriptus est, utiliter sibi institutum hac stipulatione cavere compellit, ne petita bonorum possessione res hereditarias deminuat". Interpr.: „Substitutus heres eum, qui sub conditione heres institutus est, adita hereditate compellere potest, ut sibi institutus caveat heres" rell. Vgl. noch Paul. III, 7 sent. 1, V, 10 sent. 4. Besonders interessant und beachtenswerth ist die Int. Paul. III, 2 sent. 4: „Si liberto mortuo patronus vel patroni filii, quum secundum paginam testamenti in dimidia eius hereditate successerint, debitum liberti pro portionum suarum quantitate restituant". Hier zeigt schon das mangelhafte Satzgefüge, daß die ursprüngliche Fassung durch eine spätere Hand verändert worden sein müsse. Offenbar redete die Interpretatio ursprünglich von der bonorum possessio secundum tabulas, was von den Verfassern des Breviars in der mitgetheilten Art umgestaltet wurde. Und darin liegt denn wieder ein sehr entscheidender Beweis, daß die Interpretatio von den Redactoren des Breviars nicht neu verfaßt, sondern nur überarbeitet worden ist.

„Sed in hac successione sola constitutio praesens sufficit, ut inter matrem, patruos eorumque filios et nepotes bonorum possessio praesumatur; quae si fortasse adita non fuerit hereditas, et hi, qui adire debuerant, moriuntur, heredes eorum a successione non aditae hereditatis excludit". Das interdictum Quorum bonorum erscheint in der Int. L. un. Th. C. quor. bon. 4, 19 (21), und sogar auch schon in diesem Gesetze des Honorius vom J. 395 selbst, als ein possessorisches Rechtsmittel, wodurch sich die Erben („heredes") auf schleunigem Wege den Besitz der Sachen verschaffen können, die der Erblasser bei seinem Tode in seinem Besitze gehabt hat, ohne daß irgend ein petitorischer Einwand gehört wird.[14])

Hienach kann kein Zweifel bestehen, daß die bonorum possessio wirklich von den Verfassern des Breviars als ein beseitigtes Institut angesehen wurde. Um so viel weniger, als auch die Lex Romana Burgundionum tit. X und XXVIII, ferner das Edictum Theodorici cap. 23, 24 der bonorum possessio nicht mehr erwähnen, sondern das Erbrecht der Cognaten und des überlebenden Ehegatten mit demjenigen der Kinder und der Agnaten auf ganz gleiche Linie stellen.

Im Breviar wird aber gesagt, das Institut sei „legibus sublatum", und auch diese Gesetze lassen sich bezeichnen. Im J. 413 führte Honorius durch ein aus Ravenna datirtes Gesetz, L. 19 I. C. de testam. 6, 23, das sog. testamentum principi oblatum ein und verordnete dabei unter anderem folgendes:

Ne quid sane praetermisisse credamur huiusmodi institutionis successoribus designatis, omnia, quae scriptis heredibus competunt, iubemus eos habere, nec super bonorum possessionis petitione ullam controversiam nasci, quum pro herede agere cuncta sufficiat et ius omne ipsa complere aditio videatur.

Bald darauf im Jahr 426 stellt es Valentinian III. in der L. un. Th. C. de cret. et B. P. 4, 1 als einen anerkannten Grundsatz hin, daß

legitima successio non modo in matre, verum etiam ir successoribus longius constitutis non bonorum posses

---

[14]) Vgl. auch L. 22 Th. C. quorum appell. non recip. 11, 36 (Valentinianus I. Treviris a. 374), Jac. Gothofredus ad cit. L. un. Th. C. quor bonorum und Leist, Die bonorum possessio Bd. II Abth. 2 S. 198 ff.

sionis petitionem, non cretionis solennitatem cogitur custodire, qualicunque contenta aditae vel adeundae hereditatis indicio

unter Beifügung der Frage: „quanto magis pater talibus est vinculis exuendus?"

Wir dürfen daraus und aus L. 1 Th. C. de legit hered. 5, 1 a. 321 schließen, daß für diejenigen Personen, welche nicht bloß nach prätorischem, sondern auch nach dem Civilrechte zur Erbfolge berufen waren, die besondere Erlangung der bonorum possessio keinen Werth mehr hatte, sondern nur noch als eine überflüssige Förmlichkeit angesehen wurde. Ferner aber dürfen wir, schon nach der Aeußerung der L. un. Th. C. cit., annehmen, daß man denjenigen, welche ursprünglich nur ein prätorisches Intestaterbrecht gehabt hatten, also namentlich den emancipirten Kindern, den reinen Cognaten und dem überlebenden Ehegatten, jetzt auch ein civiles Erbrecht (eine legitima hereditas) zuschrieb; und dafür spricht auch der tit. Th. C. de legitimis heredibus 5, 1, besonders L. 9 h. t. (a 428) verb.: „ne ullis parentibus aut propinquis, quos naturae legisque pariter praerogativa defendit, in capiendis ab intestato hereditatibus praeferantur coniuges"; — — „si qua hoc medio brevique tempore contigisse alicui dicatur coniugis ab intestato hereditas"; — — „omnem huiusmodi spem successionis, quae ab intestato defertur, coniugibus deponendam, nisi si ille casus emerserit, ut nemo de propinquis successionem mortui vindicare possit ex lege, cum fisco nostro qualiacunque iura matrimonii praeponamus".[15]

Unter diesen Umständen hat es nichts auffallendes, daß Valentinian im J. 446 eine zunächst durch andere Fragen gebotene Gelegenheit dazu benutzte, um in der Nov. Valent. tit. IV (XX) de testam. L. 1 §. 5 die besondere Erlangung der bonorum possessio allgemein und in allen Fällen für überflüssig zu erklären. Die entscheidenden Gesetzesworte sind die folgenden:

Cuius heres ex edicto divi Hadriani hereditaria corpora consequetur, nec bonorum possessionis petendae susti-

---

[15] Eingehend wird diese Verschmelzung des civilen und des prätorischen Erbrechtes erörtert und bewiesen von Leist, Die bonorum possessio §. 126 bis 134 (Bd. II. Abth. 2 S. 64 ff.).

nebit necessitatem, quam generaliter omnibus relaxamus.

Ohne Zweifel war es diese Erklärung, auf Grund deren man jetzt im weströmischen Reiche die bonorum possessio für vollständig aufgehoben ansah.[16])

Im Justinianischen Rechte, selbst in derjenigen Gestalt, welche es durch die Novellen erhielt, ist nach der gewöhnlichen Ansicht der Gegensatz der hereditas und der bonorum possessio noch nicht vollständig überwunden. Insbesondere pflegt man anzunehmen, daß das gesetzliche Erbrecht des überlebenden Ehegatten auch vom neuesten Justinianischen Rechte noch als eine bloße bonorum possessio aufgefaßt werde. Und dieses wird wohl eingeräumt werden müssen. Aber wenn sogar die Basilikenscholiasten die bonorum possessio für ein durch die Justinianische Gesetzgebung gänzlich beseitigtes Institut ansehen[17]), so kann es nicht befremden, daß bei der Einführung des Corpus iuris in Italien das Verhältniß von den dortigen Juristen ebenso aufgefaßt wurde; denn erstens war es für sie natürlich, das neue Gesetzbuch vom Standpunkte ihres eigenen Rechtes zu betrachten und folglich das Ergebniß, bei welchem die Rechtsentwickelung im Westen schon seit einem Jahrhundert angelangt war, auch im Justinianischen Rechte wiederzufinden; zweitens aber konnte man doch unmöglich geneigt sein, zu jenem alten, längst überwundenen und dem Rechtsbewußtsein völlig entschwundenen Gegensatze zurückzukehren.

Dieser Auffassung begegnen wir denn auch bereits in der unmittelbar nach der Einführung der Justinianischen Gesetzgebung in Italien entstandenen alten sog. Turiner-Institutionenglosse[18]),

---

[16]) Leist § 139 (Bd. II Abth. 2 S. 148 ff.) verwirft diese schon von Löhr und Hugo ausgesprochene Ansicht und gibt dem Satze der Novelle eine engere Beziehung bloß auf die testamentarische Erbfolge. Allein für die Richtigkeit jener Annahme spricht nicht nur die Allgemeinheit des Ausdruckes, sondern auch und vornehmlich der Rechtszustand, wie er nach dem Breviar, dem Edictum Theodorici, der Lex Romana Burgundionum und der Turiner Institutionenglosse im weströmischen Reiche wirklich bestan'

[17]) Vgl. Leist §. 155 (Bd. II Abth. 2 S. 245 ff.).

[18]) Hinsichtlich der Entstehungszeit dieser Glosse beziehe ich mich a₁ meine Schrift über die sog. Turiner Institutionenglosse und den sc Brachylogus. Ich glaube dort zu großer Wahrscheinlichkeit erbracht haben, daß sie zwischen 543 und 546 verfaßt ist.

die sich in Nr. 318 ad §. 2 I. de B. P. 3, 9 v. „heredes" folgendermaßen äußert:

Haec erat definitio heredis et bonorum possessoris, quod bonorum possessor, si non petierit a praeside, non fit heres, heres [19]) autem et sine petitione ex testamento fit heres. Nulla autem modo est differentia.

Auf dem nämlichen Standpunkte steht der Brachylogus in lib. II. tit. 35, indem er seine kurze Skizzirung der bonorum possessio mit der Bemerkung beginnt: „Bonorum autem possessio idem est quod hereditas" und zum Schlusse sagt:

De bonorum autem possessione plura dicere necessarium non duximus eo, quod iure civili ex constitutionibus principum omnes cognati succedere possunt.

Endlich wird auch in einem neuern Stücke der Turiner Glosse, nämlich in der bei Savigny, Gesch. des röm. R. im M. A. 2. Aufl. Bd. II. S. 460 als Nr. 320 abgedruckten Uebersichtstabelle der verschiedenen Arten der bonorum possessio, dieses Institut als ein von Justinian aufgehobenes („Bonorum possessio secundum Iustinianum eiecta") bezeichnet.

Die Glossatoren dagegen scheinen von Anfang an die bonorum possessio als ein noch fortbestehendes Institut betrachtet zu haben.[20]) Und Azo in der Summa Cod. VI, 15 unde legitimi nr. 5 sagt geradezu: „Erubescant, qui dicunt, hodie non habere locum bonorum possessiones". Diese Verschiedenheit bestätigt den Schluß, zu dem auch viele andere Erwägungen hinführen, daß der Brachylogus nicht aus der Glossatorenschule hervorgegangen ist, und daß zwischen ihm und der alten Turiner Glosse, sowie dem erwähnten neuern Stücke dieser Glosse eine ungleich engere Beziehung besteht, als zwischen ihm und den Erzeugnissen jener Schule.

---

[19]) Das doppelte „heres", welches Sinn und sprachlicher Zusammenhang hier fordern, ergibt sich leicht durch Gemination. Das erste „heres" ist aber natürlich in weniger strenger Bedeutung zu nehmen, als das zweite.

[20]) S. die bei Savigny Bd. IV. S. 467 Nr. 40 mitgetheilte Glosse Jrnerius; ferner Haenel, Dissensiones dominorum p. 160, 446, 548, ; Rogerius, Summa Codicis lib. VIII. tit. 2 (bei Savigny Bd. IV. S. fg.); Wilhelmus ad tit. Cod. de inoff. test. 3, 28 (bei Sav. IV. S.). Vgl. Leist, Die bonorum possessio §. 176 ff. (Bd. II Abth. 2 S. ff.)

Ich hoffe, zur Genüge gezeigt zu haben, daß die von mir erörterten Quellen in vielen einzelnen Beziehungen für dogmatische und rechtsgeschichtliche Forschungen von Nutzen sein können. Noch ungleich wichtiger müssen sie aber erscheinen, wenn wir sie aus einem allgemeinern Gesichtspunkte ins Auge fassen als Erkenntnißmittel der Geschichte des römischen Rechtes im ganzen.

Vor allen Dingen helfen sie das Dunkel aufklären, welches noch immer über der Gestaltung der Rechtsbearbeitung und des Rechtsunterrichts in der Zeit vom Ausgange der klassischen Jurisprudenz bis auf Justinian herunter lastet. Und in der That, beachten wir die sämmtlichen Quellen, welche uns jetzt für diesen Zeitraum zu Gebote stehen, so lassen sich doch schon manche Züge mit genügender Bestimmtheit erkennen. Diese Quellen sind nämlich für das Abendland im wesentlichen folgende:

1) Der unter dem Namen der Ulpianischen Fragmente bekannte Auszug aus Ulpian's Liber singularis Regularum, verfertigt wahrscheinlich bald nach 320[21]).

2) Die sog. Vaticanischen Fragmente. Diese Sammlung ist wahrscheinlich unter Constantin zwischen 324—337 entstanden, und das in §. 37 mitgetheilte Gesetz Valentinian's I. von 369/372 ist nur als ein späterer Zusatz anzusehen[22]).

3) Hermogenianus, Epitomarum libri VI; wahrscheinlich verfaßt um das Jahr 339[23]).

4) Die Epitome Gaii, zwischen 384 und 428 oder spätestens 438. (S. oben S. 334 fg.)

5) Die Interpretationen der Sententiae des Paulus und des Theodosischen Codex, welche für die Interpretatio im Breviar zur Grundlage gedient haben. Sie gehören wohl sämmt-

---

[21]) Vgl. Th. Mommsen in der 4. Böcking'schen Ausgabe des Ulpian p. 113, 119.

[22]) Th. Mommsen in der Quartausgabe der fragm. Vat. p. 403 sqq. Dagegen Huschke, Iurispr. anteiust. Ed. II. p. 616 sqq., welcher geneigt ist, die Sammlung als einen von Theodosius d. Gr. oder Honorius veranlaßten gesetzgeberischen Versuch zu betrachten. Andere, wie z. B. Rudorff. Rechtsgeschichte I. S. 283, setzen sie zwischen das Citirgesetz (426) und Theodosischen Codex (438).

[23]) Vgl. Jac. Gothofredus in proleg. ad Cod. Theod. p. CCX; mern, Röm. Rechtsgesch. I. S. 389, Th. Mommsen in der Quartaus- fr. Vat. p. 399.

IV. Allgemeine Ergebnisse.

lich erst dem 5. Jahrhundert an. Diejenige, welche für das Breviar den Hauptstock der Interpretatio des Codex Theodosianus geliefert hat, ist, da sie dem Verfasser der Consultatio bekannt war, in die Zeit zwischen 438—450 zu setzen. (S. oben S. 247.)

6) Die sog. Consultatio veteris cuiusdam Iurisconsulti, aus der Zeit zwischen 438—450. (S. oben S. 244 Anm. 43.)

7) Die erste Klasse der Vaticanischen Summarien des Theodosischen Codex, verfasst zwischen 438—455. (S. Band X. S. 327.)

8) Die zweite Klasse dieser Summarien, aus der Zeit zwischen 448—476. (S. Band X. S. 336.)

9) Die Scholien zu den Vaticanischen Fragmenten, gleichfalls aus dem 5. Jahrhundert. (Vgl. Band X S. 332 Anm 26.)

10) Die alte sog. Turiner Institutionenglosse, um die Mitte des 6. Jahrhunderts, wahrscheinlich zwischen 543—546 entstanden. (S. oben Anm. 18.)

Ueberblicken wir diese Reihe, der man allenfalls auch noch den Codex Gregorianus und den Codex Hermogenianus einfügen könnte, so zeigt sich unverkennbar, dass der nachklassischen Jurisprudenz die eigentlich schöpferische Kraft verloren gegangen war. Sie setzte sich im ganzen nur das Ziel, die Benutzung und Anwendung der vorhandenen Rechtsquellen zu erleichtern. Zuerst in der alleräusserlichsten und rohesten Gestalt blosser Auszüge und compilatorischer Zusammenstellungen von Excerpten. Später auch wieder in selbständigeren Formen: freieren Umarbeitungen früherer Schriften (wohin wohl schon Hermogenian's Epitomae, jedenfalls aber die Epitome Gaii zu rechnen ist), einfach erklärenden oder paraphrasirenden Inhaltsangaben, kurzen Scholien und Glossen, endlich sogar förmlichen Commentaren (wie wir einen in der sog. Turiner Glosse besitzen). Wir dürfen aber in diesen Literaturformen ohne weiteres auch die damals üblichen Lehrformen erblicken; denn von den genannten literarischen Erzeugnissen tragen die meisten das unverkennbare Gepräge der Schule, und überdies ist nicht abzusehen, wo anders, als auf Rechtsschulen, in damaliger Zeit dergleichen hätte entstehen sollen. Wir finden also, dass bereits im 5. und 6. Jahrhundert wesentlich die nämlichen Formen der Rechtsbearbeitung und des Unterrichtes bestanden, die uns im 12. und 13. Jahrhundert in der Glossatorenschule begegnen.

Aber nicht bloß äußerlich schreitet die Rechtsbearbeitung seit der Mitte des 4. Jahrhunderts wieder zu freiern und selbständigern Formen fort, sondern es läßt sich seit dieser Zeit auch ein innerer Aufschwung und Fortschritt beobachten; eine Erscheinung, die nichts auffallendes hat, weil sie einem allgemeinen Aufschwung entspricht, der in der lateinischen Literatur seit der Mitte des 4. Jahrhunderts bemerkbar ist.[24]) Und als diese Literatur am Anfange des 6. Jahrhunderts in den Werken von Boëthius zu einer schönen Nachblüthe gelangte, da finden wir in der sog. Turiner Glosse auch die Rechtswissenschaft wieder auf einer gar nicht verächtlichen Stufe. Namentlich war die Kunst der Formulirung des Rechtsstoffes und seiner Einkleidung in einen möglichst kurzen und dabei doch scharfen und genauen Ausdruck zu einem hohen Grade von Ausbildung gediehen.[25]) Auch durch Reinheit der Sprache ist diese Glosse den

---

[24]) Vgl. Bernhardy, Grundriß der röm. Literatur. 4. Bearbeitg. S. 332. Die tiefe Versunkenheit der Rechtswissenschaft noch um die Mitte des 4. Jahrhunderts ergibt sich aus einer interessanten und lehrreichen Schilderung bei Ammian lib. XXX c. 4, woraus ich nur folgende, auch bei Bernhardy Anm. 236 (S. 330) mitgetheilte, die Advocaten betreffende Stelle hierhersetzen will: „e quibus ita sunt rudes nonnulli, ut nunquam se codices habuisse meminerint; et si in circulo doctorum auctoris veteris inciderit nomen, piscis aut edulii peregrinum esse vocabulum arbitrantur; si vero advena quisquam inusitatum sibi antea Marcianum verbo tenus quaesierit oratorem, omnes confestim Marcianos appellari se fingunt". — Bestätigt wird diese Schilderung durch folgende, ebenfalls bei Bernhardy a. a. O. mitgetheilte Stelle aus dem jüngern Mamertinus Panegyr. X. 20 (unter Julian): „Iuris civilis scientia, quae Manilios, Scaevolas, Servios in amplissimum gradum dignitatis evexerat, libertinorum artificium ducebatur. — Et vere tantum laboris vigiliarumque suscipere ad adipiscendum, cuius usus agendae vitae ornamenta non adiuvaret, dementia ducebatur". Noch schlimmer scheinen die Zustände gewesen zu sein unter Licinius (Victor Epit. c. 41: „infestus literis, quas per inscitiam immodicam virus ac pestem publicam nominabat, praecipue forensem industriam") laut folgender, ebendaher entlehnter Stelle aus Lactantius de mort. persec. 22. f: „Iam illa his levia fuerunt: eloquentia extincta, causidici sublati, iureconsulti aut relegati aut necati; literae autem inter malas artes habitae, et qui eas noverant, pro inimicis hostibusque protriti et exsecrati. — Iudices militares humanitatis literarum rudes sine assessoribus in provincias immissi".

[25]) Meine Schrift über die sog. Turiner Institutionenglosse und den sog. Brachylogus S. 33 fg.

Schriften des Boëthius verwandt und zeichnet sie sich vortheilhaft vor andern juristischen Erzeugnissen jenes Zeitalters, namentlich vor dem Edictum Theodorici, der Lex Romana Burgundionum und dem Breviarium, aus.[26]

Aber nicht bloß zur Aufhellung der Uebergangszeit vom klassischen bis zum Justinianischen Rechte sind die von mir besprochenen Quellen ein bedeutendes Hülfsmittel, sondern in Verbindung mit der Turiner Glosse und im Zusammenhalte mit dem Brachylogus und den Schriften der Glossatoren gestatten sie uns auch wichtige Schlüsse auf die weitere Geschichte des römischen Rechtes im frühern Mittelalter, worüber ich mich bei einer andern Gelegenheit verbreiten will.

Nachträge.

Zu Band X. S. 324. Wie gang und gäbe im 5. Jahrhundert der Gebrauch des Beiwortes regius in der Beziehung auf die Kaiser war, erhellt am deutlichsten und so zwar, daß jeder weitere Beweis überflüssig ist, aus dem tit. C. II, 16 (15) ut nemo privatus — — vela regalia suspendat. L. 1 h. t. (a. 408): Regiae maiestatis est, ut nostrae tantum domus rel. L. 2 h. t. (a. 439): Ne quis vela regia (al. regalia) suspendere vel titulum audeat rel.

Zu Band XI. S. 225. Praestare im Sinne von „leihen" scheint am Anfange des 6. Jahrhunderts auch in Italien sehr üblich gewesen zu sein, da die Turiner Glosse Nr. 93 zu dem Worte „commodavit" in § 44 I. de rer. div. 2, 1 bemerkt: Id est praestitit.

---

[26] Ich will nicht unterlassen zu bemerken, daß zwischen der Glosse und dem Commentar des Boëthius zu Cicero's Topica auch innere Beziehungen unverkennbar sind. Hier wie dort zeigt sich der Einfluß einer Richtung, welche auf dialektische Studien großen Werth legte. Und vergleicht man z. B. die glo. 438: „Quasi contractus est, quod quidem a contractu separatur, nec delicto subiacet, legalem tamen habet confirmationem. Hoc autem non est definitio, sed subscriptio (leg. descriptio), eo quod tam ex distractu quam ex constitutione rerum substantiam capit" mit Boëthius ad Top. c. 5 (26): „Explicat autem definitio id quod definitur: non quoquo modo — —, sed quid sit, id est, eius, quod definit, substantiam monstrat" und ad. Top. c. 5 (28): „et est veluti quaedam partium enumeratio, non in substantia, sed in quadam accidentium collectione posita; huius exemplum est: Animal est, quod moveri propria voluntate possit; — — et haec descriptio nuncupatur": so muß alsbald die große innere Verwandtschaft auffallen.

Dr. Arnold Gheyloven, aus Rotterdam, Verfasser eines Remissorium juris utriusque und anderer juristischer Schriften.

Von

Herrn Prof. Dr. Rivier in Brüssel.

I. Die Lütticher Universitätsbibliothek besitzt ein gut erhaltenes, mit Initialvignetten und farbigen Lettern geziertes Manuscript vom Ende des XV. Jahrhunderts, in drei starken Foliobänden Papier, — dessen Verfasser sich selbst im Proömium auf folgende Weise präsentirt:

... ego Arnoldus Theoderici de Hollandia de Rotterdam nunc professus in monasterio viridis vallis ordinis canonicorum regularium in Zoine silva prope Bruxellam Cameracensis dioeceseos Decretorum Doctor licet indignus. ...

Ueber Zweck, Natur, Entstehung des Werks berichtet derselbe:

... animadvertens quanto presidio sit cum docentibus tum auditoribus in ipsa iuris sapientia meditantibus cum alicuius canonis aut legis aut glossae vel eorum que per scribentes in iure variis locis spersa sunt voluerunt reminisci suffragium habere quo possint quam promptissime consequi quod cupiunt ne tedio revolutionis membranarum cum non parva temporis iactura vexentur cum etiam eis quantum mihi paruit consulens volumen hoc quod remissorium appello institui secundum ordinem alphabeticum alium ordinem pandere non est opus. Quod si quidem volumen tametsi videatur amplissimum lectores tamen inveniet qui potius augmento dilatandum quam diminutione moderandum esset (censent?) hoc ipsi suo libito perficiant. Ego enim multis annorum curriculis in diversis studiis tam Bononie Padue Wieneque ac aliis locis huic operi vacans (vacavi?) et licet in studio bononiensi incepi ibidemque in statione alme universitatis copia habetur quamvis corrupte diminute ac incomposite ob lectionum communicationem studiique occupationem quia nulla res bene fieri potest ab homine occupato. Jam tamen divino presidio suffragante circa annos domini millesimo quadringentesimo XXVII terminum feliciter assecutus eidem operi finem statui veniaque super operis imperfectione postulata desiderantibus offero labores meos exiles pro quibus aliam mercedem nullam exposco cum habere proprium regula Augustini interdicit.

Der Schluß des ganzen Werkes lautet:

Summe trinitati gratiarum actiones infinitas cum toto corde refero cuius auxilio principaliter laboriosissimum opus quod remissorium in principio appellavi complevi pluries enim pre operis magnitudine victus desistere curavi sed orationes vestre cotidiane pro me effuse ac una cum vestra pietate largiflua me ad finem perduxi (perduxerunt?) Anno Domini millesimo quadringentesimo et vicesimo nono decima quarta die Octobris sive ipso die Calixti pape et martyris. Ipsum ergo meum laborem doctor egregie benevole dignemini suscipere ad honorem gloriam et laudem Domini nostri Jeshu Christi Ipsiusque matris gloriose ac sanctorum confessorum Augustini episcopi nostri patroni Yvonisque pauperum advocati Amen.

II. Buch und Verfasser werden von den neueren juristischen Schriftstellern vollständig außer Acht gelassen. Doch erwähnt derselben Klaes Ewertszoon gleich am Anfange seiner Topik: Scripturi de locis legalibus, iuris candidatis nedum utilibus, sed summe necessariis, de quibus obiter scribit Baldus in l. Conventiculum C. de Episcopis et clericis, Speculator in titulo de disputationibus et Allegationibus in § Post hoc, Albericus de Rosate in Dictionario, et frater Arnoldus de Roterodamis in suo Remissorio. Arnold wird später noch im Contexte citirt.

Das Monasterium viridis vallis in Zoine silva ist das im Soigneforst gelegene vormalige Augustinerkloster Groenendael, welches namentlich durch Johannes Ruysbroek und Gerhard Groot berühmt geworden ist, und wo zeitweise ein ziemlich reges wissenschaftliches Leben geherrscht hat. Das Necrologium Viridis Vallis von Mastelyn, welches hierin von Sweert, Sanders, Oudin, Fabricius, Jöcher, Foppens, Paquot und neueren Compilatoren (Höfer, Van der Aa) fast nur abgeschrieben ist, bezeichnet als Arnolds Todestag den 31. August 1442. Desgleichen das unter dem Namen Obituar oder Necrologium bekannte handschriftliche Tagebuch und Verzeichniß von Groenendael, welches die Brüsseler Bibliothek vor Kurzem von der Serrureschen Nachlassenschaft erstanden hat.

Mastelyn zählt folgende Schriften, als von Gheyloven verfaßt, auf:

1. Grotosolytos s. speculum conscientiarum. Meines Wissens das einzige Werk Arnolds, das gedruckt worden ist. In der Geschichte der Typographie ist es bekannt als das erste in Brüssel gedruckte Buch: 1475—1476, bei den Brüdern des gemeinen Lebens. Ein prachtvolles Exemplar, von den Recollecten zu Rivelles herrührend, befindet sich unter den Incunabeln der Brüsseler Bibliothek. Die Annahme späterer Ausgaben (1479. 1490) scheint auf Mißverständniß zu beruhen. Der erste Theil, de legibus et statutis, De peccatis mortalibus, wurde vollendet 1413. Der zweite am Servatiustage 1424. — S. über den Inhalt Oudin, Script. Eccl. 111, 2298 (Leipzig 1722). — Eine Handschrift befindet sich in Kamryck (Le Glay, Catalogue 353).

2. Speculum philosophorum. Davon ist der erste Theil, Vocabularium, in Paris. Der zweite, liber Vaticanus genannt, in Brüssel: es ist ein collectaneum historiarum, worin die Rede ist de septem mundi aetatibus, de Romanis pontificibus, regnis, bellis, deque vita ac moribus philosophorum atque poëtarum u. s. w. —

3. Tractatum de conditionibus scholarum: sog. somnium Arnoldi doctrinale. (Le Glay 264: manipulus curatorum.)

4. Canonicalis expositio super regulam Augustini.

5. Liber visitationum viridis vallis.

6. Recollectio consiliorum Joannis Calderini et Gasparis.

7. Lectura super constitutionibus Benedicti XII.

8. Speculum collationum juris (continens multas arengas, sagt Mastelyn).

9. Tractatum de contractibus usurariis, sog. Foeneratorum confessionale.

10. Unser Remissorium. Sweert und Fabricius scheinen es, und vielleicht mit Recht, mit dem Speculum collationum für identisch zu halten. Arnold selbst nennt es Remissorium. Ein Kamrycker Exemplar, herrührend vom Domherrn und Official Gregor Nicolai, der es 1469 dem Kamrycker Kapitel vermachte, wird bezeichnet als Repertorium s. Summa quaestionum et

definitionum. (Le Glay 566.) — Das Lütticher Exemplar ist vielleicht dasjenige, welches dem Collège des Trois Langues zu Löwen gehörte. — Ein Exemplar in St. Omer (aus der Abtei St. Bertin), Nr. 640, wird im officiellen Verzeichnisse als „Glossarium vetus d'Arnoul Thierry" . . . angezeigt.

Maftelyn lagen wahrscheinlich bei Verfertigung seiner Liste Verzeichnisse der groenendaeler Bibliothek vor. In demjenigen Verzeichnisse indessen, welches Sanders in seiner Bibliotheca belgica manuscripta gibt, fehlen diese Titelangaben; dagegen sind angegeben diversa opuscula Arnoldi de Rotterdamis canonici regularis ibidem et Decretorum doctoris, scilicet de peccatis mortalibus. De septem sacramentis. De votis. De casibus primariis. De Symonia. De virtutibus theologicis. De pluralitate beneficiorum. De triplici cognatione. De restitutione Et alia plura, uno volumine in folio.

In einer Brüsseler Handschrift (11814), Venatorium Joannis Mauburni de Bruxella, welche der Prior von Rougeral (unweit Groenendael), Michaël de Ribbere collationirt hat, stehen Arnolds Werke in folgender Weise und Reihenfolge aufgezählt:

Repertorium juris libri II. — Canonicalis expositio regulae Augustini. — Lectura super constitutionibus Benedicti XII. — Tractatus de electione. — Gnotosolitos. — Confessionale. Foeneratorium. — Somnium Arnoldi. — Vaticanus. — Speculum collationum. — Speculum exemplorum. Dazu: Singulae ferme partes pergrandes sunt et majores multo Biblia. De Ribbere hat letzteres verbessern wollen: tam magnae sunt u^b Bibliam magnitudine adaequent.

III. Das Remissorium ist dem Kanzler des Herzogs Philipp von Brabant, Dr. Johannes Bont, gewidmet, über welchen in der Biographie nationale Mehreres zu lesen ist. Die Anfangs= Vignette stellt einen Mönch dar, welcher kniend einem Herrn ein Buch überreicht.

In der Widmung oder Vorrede, woraus bereits Einiges mitgetheilt worden ist, gibt Arnold kurze Andeutungen über sein Leben. Er hat in Bologna, Padua, Wien studirt. In Bologna nahm ihn Gasper Calderini in sein Haus auf und „ernährte ihn wie seinen eigenen Sohn." In Padua behandelte ihn Zabarella, wie wenn er dessen Adoptivsohn gewesen wäre: ihm hatte der junge Niederländer zu verdanken, daß er gratis promoviren durfte. Doch, es sei mir gestattet, die ganze auf Lehrer und Quellen bezügliche Stelle Arnolds in extenso, nach der Lütticher Handschrift, zu geben, worin nebst vielem alltäglichen auch Einiges minder Notorische und sonst Interessante enthalten ist:

Sciendum quod post mortem Jo. An (dreae) successit Jo. Calderi (nus) in cathedra adoptivus ipsius Jo. An. Unde quando allegat ipse tam in novella quam in addicionibus Speculi adoptivus meus tenet sic vel sic tunc notat ipse Jo. Cald. et quando Jo. Cald. allegat Jo. An. tunc dicit dominus et pater meus. Unde ipse Jo. Cald. multas pulchras questiones repetitiones distinctiones addiciones ac declarationes composuit super novellas similiter et tractatum pulchrum de ecclesiastico interdicto de quibus ponam in locis suis et vocatur apud Ytalianos subtilis canonista. Post Jo. Cald. successit Jo. de Lignano cuius scripta modicum curantur licet eum aliquando allego. Post Jo. de Ligo successit Gasper de Calderinis filius Jo. Cald. qui similiter multa pulchra scripsit aliquando pro et aliquando contra patrem suum. Item pulchre scripsit super quarto licet non complevit. Cum isto Gasper steti in domo propria qui me nutrivit sua pietate tamquam filium proprium.

Scripta Francisci de Zabarellis habeo qui scripsit multa et pulchra ultra Novellas et ex sedecim doctoribus compilavit magnam lecturam super Clementinis. Iste me tamquam filium adoptivum nutrivit in domo sua et me promoveri fecit gratis non meis meritis asscribendo sed sibi et doctoribus Padue regratiando. Doctores qui scripserunt super Clementinis sunt scilicet Jo. An. qui fecit aliquas addiciones post glossas suas ordinarias. Item Paulus de Liazaris. Item Guilhelmus de Monte Laudirio Genzelinus Stephanus provincialis Matheus Lapus abbas Bertrandis Stephanus trokes Pe. de Stagno Jo. de Sancto Georgio Laurencius de Pinu Jo. de Lignano Jo. de Fantuciis Petrus de Anohariono et Fran. de Zab.

Item natus Jo. An. qui dicitur Bonincontrus qui composuit scilicet de rescriptis item de interdictis item de clericorum privilegiis et de eorum violantium penis item de denunciatione inquisitione etc. item de testamentis et pulcherrimum tractatum de appellationibus tam in civilibus quam in beneficialibus. Galnanus Bononiensis composuit tres tractatus scilicet de arbitrariis iudiciis de glosis ordinariis ponendo solutiones earum item de differentiis legum et canonum. Castellanus Bononiensis composuit quemdam pulchrum tractatum de locis sive de argumentandis et plura alia que longum esset pertractare lectoresque istius operis percipient. Item hen. Boyc qui utiliter et fructuose scripsit super decretales per distinctiones. (Hier schließt das Proömium im Kamrycker Exemplar. Im Lütticher Exemplar heißt es mit Lücken weiter:) quum quibus .. (Lücke von acht Lettern) de Albocha composuit repotorium satis copiosum.

De legistis post Jo. An. allegando Bartolum de Saxoferratum et Baldum de Perusio et aliquos alios licet in paucis. Circa theologos librum sententiarum. Item aliquando ponam Thomam de Aquino qui alias dicitur doctor sanctus apud praedicatores. Item Albertum Magnum praedicatorem. Item... (Lücke von 4½ Zeilen, etwa 130 Lettern.)

Non ponam consilia Oldradi Fredrici de Senis Jo. Cald. Gasper de Cald. nec Fran.. de Zábar. Sive Lapi de Castil. de Florentia tum propter prolixitatem vitandam cum etiam quia apud studentes raro inveniuntur. Similiter etiam et decisiones rote curie romane.

Daß Arnold beim Abfaffen dieses Proömiums das bekannte Proömium seines Lehrers Zabarella vor Augen hatte, ist nicht zu bezweifeln. Ich halte es für nützlich, einen Theil des letzteren hier abzuschreiben:

... Scripsit et Guilelmus de Monte Lauduno quem in multis imitatus est Genzelinus: qui postea scripsit: et hi ambo ultramontani[1]). Scripsit etiam Stephanus provincialis cuius dicta vidit Joannes Andree post perfectum suum commentum: et hinc forte motus nonnullas apostillas adiecit super hoc toto volumine. Mattheus quoque Romanus hoc volumen commentatus est. Sed et Lapus abbas Sancti Miniatis ad montem de Florentia quasdam fecit additiones. Bertrandus etiam dicitur scripsisse sed eius pauca dicta reperiuntur. Habentur et quedam reportationes facte partim sub Stephano tro. partim sub Petro de Stago regentibus in Montepessulano: et hic

---

[1]) Daß der französische Ueberseher Abbé Crouzet „Ultramontane" mit Italiens überseten würde, konnte freilich Phillips (s. Kirchenrecht, IV.) nicht ahnen.

Stephanus an sit idem cum Stephano provinciali non bene compertum habeo. Extant et reportationes breves sub Joanne de Sancto Georgio de Bononia. Item et reportationes quas audiens Laurentium de Pynu Bononie regentem scripsi: Subinde Joannes de Lignano dominus meus multos ex premissis in unum collegit: quos sepe nimium deportavit: sed quod magis improbatur a compluribus non apto retulit ordine ita ut a paucis eius lectura commendetur: et hinc diligentia defuit non probitas. Fuit enim omnium sui temporis longe princeps. Scripsit deinde Joannes de Fantutiis de Bononia cuius perpauca dicta propria reperiuntur. Postremo scripsit Petrus de Ancha (rano) compater meus optimus et vir in utroque iure peritissimus ac probissimus. Offerimus et nos in medium labores nostros: qui quales sint nostra non attinet iudicare.

Die von Arnold genannten Juristen sind sämmtlich, bis auf Einen, mehr oder weniger bekannt und in den gangbaren Compilationen, namentlich in Panziroli, leicht zu finden; natürlich auch bei Phillips, und mehrere bei Savigny. Doch möchten, bei Gelegenheit dieser Aufzählung einige Bemerkungen um so mehr am Platze sein, als die französischen Kanonisten insbesondere von ihren Landsleuten jetzt durchaus ignorirt werden.

Einen Beweis hiervon liefern die beiden berühmten Rechtslehrer Guilelmus de Monte Lauduno und Genzelinus de Cassanhis. Der Irrthum des Abbé Crouzet ist bereits gerügt worden (Note 1): ein bloßes Nachschlagen in Baluze, auf den Phillips verweist, hätte den Uebersetzer davor bewahrt.

Für Guilelmus de Monte Lauduno, französisch de Montlezun, sind, außer Baluze, noch zu vergleichen Trithemius, Spiegel[2]), Dubin (Suppl. 625 f.), Fabricius (Bibl. lat. med. et inf. aetatis III, 461), Bouchet (Annales d'Aquitaine IV, 193), die Gallia christiana (diocèse de Poitiers II, 1270), endlich auch Dreux du Radier (I, 348), welcher ihn Montloudun nennt. Dieser gelehrte Benedictiner, doctor profundissimus, docirte zu Paris, Toulouse, Poitiers, woselbst er seit 1334 Abt von Neufmontiers war. Er wohnte der Krönung Clemens des V. bei, und starb 1343. Sein

---

[2]) In der hinter dem Rechtslexikon des Berrutius mit verschiedenen kleinen Schriften von Oldendorp, Hegendoerffer und Spiegel abgedruckten Nomenclatur.

Clementinencommentar (gedruckt Paris 1517 . . .), sein Apparat zu den Extravaganten des Johannes, seine Abhandlung de sacramentis standen lange in hohem Ansehen. — Wo ein Mons Laudunus liegt, weiß ich nicht. Eine Familie des Namens Montlezun oder Monlezun existirt oder existirte noch vor kurzem in der Umgegend von Auch in der Gascogne, aus welcher der Abbé Jean Justin Monlezun (1800—1859) stammte, der Einiges Localgeschichtliche geschrieben hat.

Ob Genzelinus oder Zenzelinus, auch Gaucellinus und dgl. de Cassanhis, Cassanis, heutzutage Cassagnies, (Fabricius), Cassanhas, Cassagne, Cassan oder anders noch heißen würde, ist nicht leicht zu ermitteln: diese sämmtlichen Formen kommen vor. Er war Professor zu Toulouse und zu Montpellier, woselbst er im J. 1317 als Genselin de Cassanhas, doctor en dos dregs canonic e civil, Assessor b. h. rechtsgelehrter Beistand der Consulen wurde. H. Germain, der dies erwähnt, scheint nicht zu ahnen, daß es sich hier um einen bekannten Mann handelt. Er war Kanonicus von Béziers (1333), päpstlicher Kaplan, sacri palatii causarum auditor, und wird in der ersten Vita Benedicti XII, bei Baluze, bezeichnet als doctor notabilis decretorum, qui super Clementinis scripsit notabiliter et Extravagantes Joannis Papae XII glossavit. — Der hervorragende Gelehrte und Alterthumsforscher Jaques de Cassan, der im XVII. Jahrhunderte lebte, lebte und wirkte auch in Béziers, war aber aus Toulouse gebürtig.

H. Germain scheint auch weder Stephan den Provenzalen, noch Peter de Stagno zu kennen. — D'Égufeuille weiß Etwas von Letzterem, nennt ihn aber Pierre de Lestang, wovor schon Baluze gewarnt hat. Er hieß d'Estaing, war ein Edelmann aus der Diöcese Rodez, wurde Professor und Kanzler zu Montpellier, und ist nicht zu verwechseln mit seinem gleichnamigen Verwandten, dem Kardinal Erzbischof von Bourges, (Baluze, Vitae pap. Aven. 1039 Ausg. von 1693). — Stephans. seines Kollegen, Familienname ist meines Wissens nicht bekannt. Er wird immer nur nach seiner Heimath bezeichnet. Einen zweiten Stephan nennt der Lütticher Codex, Stephan Troles, während der Kamrycker, wie mir versichert wird, Nokes haben soll. Im Elenchus librorum manuscriptorum Bibliothecae Ecclesiae Parcensis vom Jahre 1635 finden sich Reportationes super libro Clementinarum per venerabiles viros „Stephanum Trochs et Petrum de Stago", und es ist sehr möglich, daß dieses Exemplar dem Arnold vorgelegen hat. In diesem und dem anderen von Sanders abgedruckten Verzeichnissen sind die Namen vielfach verstümmelt, wie z. B. in der nämlichen Titelangabe der Name des Petrus de Stagno. Die werthvolle Büchersammlung der Prämonstratenser Abtei Park bei Löwen ist leider, wie die meisten geistlichen Sammlungen Belgiens, gegen Ende des vorigen Jahrhunderts von den Franzosen zerstreut und zerstört worden; wo das erwähnte Exemplar der Reportationen ist, wenn es überhaupt noch vorhanden ist, ist nicht bekannt. — Zabarella's Zweifel hat man bereits gesehen: sollte vielleicht Arnold im J. 1427 mehr gewußt haben, als sein Lehrer und Gönner? Sollte vielleicht der Provenzale Trochs (Troques) oder ähnlich geheißen haben? Ich ziehe vor, Tro. und dgl. für eine mißverstandene Abkürzung von Provincialis zu halten. Schreibfehler sind, wie man sich hat überzeugen können, im Remissorium häufig, und selbst mit zwei Stephani kommen nicht sechszehn Doctoren heraus.

Bertrandis oder Bertrandus ist nicht der Kardinal Bertrand de Montfavez, Professor zu Montpellier, † 1343 (nicht 1348, Baluze 690, 728), sondern Pierre Bertrand oder Bertrandi aus Annonay, Professor zu Avignon, Montpellier, Orléans, Paris, Bischof von Nevers, dann von Autün, ebenfalls Kardinal, Commentator der Decretalen, des Sextus, der Clementinen und der Johanneischen Extravaganten, 1349 (Baluze 782).

Matheus ist wohl der von Panziroli (III, 22) Matheus Romanus genannte und als Bologneser bezeichnete Kanonist. In Fantuzzi habe ich ihn vergeblich gesucht: er müßte denn der Theolog Matteo di Bologna sein (VII, 561).

Lapus, Abt von Samminiato, von Panziroli genannt Lapus tuctus Podiebonizus Florentinus, d. h. von Poggibonzi. Er starb 1340. Lapo ist bekanntlich eine familiäre Form des Vornamens Jacobus, für Giacomo.

Lorenzo dal Pino † 1397, lehrte bereits 1365 die Decretalen zu Bologna. Seine Repetitiones zu den Clementinen sind nicht gedruckt, wohl aber einige Consilia von ihm unter den Consilia der Calderini, u. A. Lyon, Giunta Erben 1550. Im Vatican ist von ihm, sub Nr. 2660, ein tractatus de iuribus incorporalibus et dictis Jnnocentii et aliorum Canonistarum. (Fantuzzi VII, 27 ff.) — Panziroli nennt ihn de Pena.

Von Giovanni Fantuzzi † 1391 erwähnt deſſen gleich=namiger Urenkel oder Urgroßneffe keine Schrift über die Clementinen. (Fantuzzi III, 292 ff.)[3])

Die Schrift von Bonincontrus de denuntiatione inquisitione etc. ist ſicherlich die von Savigny (nach Mazzuchelli und Fantuzzi) unter dem Titel De accusationibus angegebene.

Die Schrift des Galvanus de arbitrariis judiciis wird von Fantuzzi bezeichnet als casus qui judicis arbitrio relinquuntur, reperti et inventi per D. Galvanum de Bononia, juris canonici Doctorem profundissimum (178 Fälle. Vat. 2660, Vgl. 2683). Der tractatus de glosis iſt wohl die in Vat. 2683 enthaltene Schrift De contrarietatibus glosarum juris canonici Facultatis. Von der ſehr bekannten Schrift De differentiis legum et canonum findet ſich in Brügge eine Handſchrift (C. 214) unter dem Titel Contrarietates et diversitates utriusque juris.

Giacomo da Castello, über welchen eine pikante Anec=dote bei Panziroli (III, 19) und auch noch ſonſt zu leſen iſt, wird von Fantuzzi nur ganz beiläufig erwähnt als prestantissimo dottore de sacri canoni und Vater des gelehrten Arztes Bonaventura genannt Tura da Castello. Von der ſchriftſtelleriſchen Thätigkeit Caſtellans ſteht bei Fantuzzi Nichts.

Henri Boyc (auch Boich, Bouhic und dgl.) iſt ſehr bekannt. Er wurde geboren 1310 zu St. Paul oder St. Mathieu de Léon (Bretagne), war herzoglicher Rath bei Johann dem Eroberer, Profeſſor in Paris um 1335, und ſtarb um 1390. D'Argentré, nennt ihn in ſeiner berben Sprache le premier des excellents (unter den brittiſchen Rechtsgelehrten), l'homme le plus résolu et le plus frais de textes que canoniste qui ait jamais esté, „car à la vérité ceux qui ont vescu depuis n'ont fait que des extensions sur des théorêmes et non sans cause l'appelle Fulgose très-vaillant canoniste". (Histoire de Bretagne I.) — Boycs Commentaria in V Decretalium libros, vollendet 1349, ſind mindeſtens zweimal gedruckt. Fabricius

---

[3]) Fantuzzi, nicht Faventinus, dürfte wohl in der von Wieding (Holtzendorff's Rechtslexicon, Art. Summariſcher Prozeß) allegirten Gloſſe gemeint ſein.

erwähnt noch Commentarii in tit. Clement. de vita et honestate clericorum (manuscripti in variis bibliothecis). Du Boulay kennt keinen Pariser Professor Boyc, wohl aber einen Erverus Bohic, D. theol. um 1385. — (Levot, in der Didot-Höferschen Biographie.)

Wer N. N. de Albocha sein kann, habe ich bis jetzt vergebens gesucht. Nirgends habe ich diesen Namen, oder einen ähnlichen entsprechenden finden können. Von bekannten Repertorien sind die meisten durch die Zeit, durch die Bezeichnung satis copiosum, durch andere Umstände ausgeschlossen, wie sich aus einigem Nachdenken leicht ergibt. Will man annehmen, was ich für wahrscheinlich halte, daß der Name verschrieben ist, so wäre vielleicht am Ehesten entweder an das Repertorium juris civilis et canonici des päpstlichen Kaplans Guirandus de Poshilaco (Paris A. f. I. 4607, 4608), oder an das Repertorium juris canonici des Pietro di Braco aus Piacenza zu denken, über welchen letzteren Schriftsteller zu vergleichen sind Oudin (Script. Eccl. III), Fabricius (Bibl. med. . . I, 728), Mazzuchelli (Scritt. Ital. I, 968). Bracos Repertorium ist auch in Kamryck, wohin es durch Vermächtniß an das Kapitel 1408 gekommen ist; das Exemplar ist datirt 1383. (Le Glay 568. S. auch Paris 4139.)

Der Kanonist, Humanist, Staatsmann und Diplomat L. di Castiglionchio aus Florenz † 1381, zuletzt Consistorialadvokat und Senator in Rom, war mit Petrarca eng befreundet, dessen hübsche Briefe an Jacobum Florentinum Ihm gelten: Epist. VII, 16. XII, 8. XVIII, 11, 12 u. A. m. (Ausgabe von Fracassetti, Florenz 1859.) — Die Freundschaft war 1350 geschlossen worden, als Petrarca auf der Hinreise nach Rom zum Jubiläum, — wohin er Gugl. di Pastrengo aufgefordert hatte, ihn zu begleiten —, sich einige Tage zu Florenz im Hause des Giovanni de Certaldo aufhielt. — Die Biographie des Castiglionchio von Lorenzo Mehus (Bologna 1753) habe ich nicht gesehen. — Ein sehr schönes handschriftliches Exemplar der Allegationes, in ihrer durch A. de Butrio abgekürzten Gestalt, findet sich in Brüssel, sub n°. 11562. Datum 1449. Es rührt vom Park her. Im Verzeichnisse bei Sanders stehen auch die additiones des Abts von Samminiato, welche das Verzeichniß irrthümlich dem Castiglionchio zuschreibt. Andere noch (z. B. Mazzuchelli) haben sich darin getäuscht.

IV. Die Quellen, aus welchen Arnold geschöpft hat, sind in jedem Artikel angegeben. Es sind vorerst die Rechtsbücher: Institutionen, Digesten, Codex, einige Authentiken; Decret, Decretalen, Sextus, Clementinen, Extravaganten. Dazu durchgehends die Glosse. Mitunter allgemein: Doctores, Commentatores. Auch Gratian (z. B. Peccatum 29).

Von den in der Vorrede Genannten werden Jo. Andreae, Zabarella, Boyc, wohl am häufigsten citirt. Oft auch Gasper Calderini, seltener Joannes, Bartolus, Baldus. Seltener der Abbas Lapus (Unctio 2, Peccatum 57, Publiciana) Matheus (Papa 424), Montlezun, Genzelin (Patronatus 83), u. A. —

Neben Diesen werden aber noch viele Andere allegirt. So besonders Durantis und Innocenz: in speculo und secundum Innocentium sind stehende Redensarten, wie ibi glossa und Jo. An. —; so noch der Archibiakonus (z. B. studium 2, 3, 4. Papa 2, 9, 44. Peccatum 30, Pudicitia), Raymundus, Dinus (z. B. Utile 12), Cinus (zum Codex, z. B. Pactum 3. Cy nicht Cyprianus), Jacobus de Belvisio, (Patria potestas 3), Goffred (zu den Decretalen und Summe, Pactum 15), Hostiensis (zu den Decretalen. Pactum 7, Patrimonium 12), Joannes Monachus (zum Sextus, zu den Decretalen, zu den Extravaganten: Spes 8), Jacobus de Arena (De excusationibus, was die Aussage Trithems zu bestätigen scheint: studium 2, patientia 7), Ricardus de Saliceto (Pactum 3), Bartholomäus de Saliceto, Nicolaus de Matarellis (zu L. 1 de statu hominum. Partus 13), Rainerius (Parens 2. Zu ft. De Ritu Nuptiarum) u. A. m.

Aus dem Proömium läßt sich schließen, daß Arnold während seines Aufenthalts in Italien die dortigen Bibliotheken benutzt hat. Er hat sich aber auch eine eigene Büchersammlung gebildet, womit er das Kloster bei seinem Eintritte bereicherte. Im oben erwähnten, sog. handschriftlichen Necrolog, im Verzeichnisse der fratres clerici Viridis Vallis, steht sub Nr. 43, die Notiz: Mag.ʳ Su. Dominus Arnoldus dictus Gheyloven de Rotterdam, clericus et juris canonici doctor, portavit secum magnam congeriem librorum de jure canonico. Und bei der Angabe seines Todestages: Anno Dom. 1442 obiit Fr. Arnoldus Gheyloven de Rotterdam, Doctor in jure canonico, qui

mirifice scribendo et compilando speculum de jure canonico
et civili diversisque multimodis materiis pro utilitate mona-
sterii multa volumina confecit, hic etiam libris, quos secum
apportavit huc atque quos postmodum apud nos conscripsit
librariam nostram decenter ornavit. Was aus dieser libraria
decenter ornata geworden ist, habe ich nicht ermitteln können.
Thatsache ist es daß das von Sanders gegebene Verzeichniß der
Groenendaeler Bibliothek keine einzige juristische Handschrift enthält, und daß selbst Arnold's bedeutendere Schriften fehlen. —
Uebrigens waren in den damals so blühenden südlichen Nieder-
landen die Mittel zur Belehrung in Fülle vorhanden. Die
reichhaltige Bibliothek der Prämonstratenser zum Park bei Löwen, diejenige zu Tongerloo, die der Benedictiner zu St. Hubert,
der Augustiner zu St. Martin in Löwen, andere noch in geringer
Ferne konnten dem Groenendaeler Mönche zur Verfügung stehen.
Die Verzeichnisse bei Sanders zeigen uns die Summe des Goffred
fast überall, mehrfach auch dessen Decretalencommentar; die Erläuterungen des Johannes Andreä zu den Clementinen in
Tongerloo und St. Martin, zum Sextrus in Tongerloo, mit
dem Sextuscommentar des Joh. Monachus, dem Clementinen-
apparat des Genzelin, dem Speculum, den Decretalen von
Innocenz, Archidiaconus, Boyc; in St. Martin auch den Codex-
commentar des Cinus. Die reichste Bibliothek war aber, wenigstens zu Sanders Zeiten, die Parcensis, mit den Clementinen-
commentaren, -Lectüren, -Reportationen von Jo. de Lignano,
Stephanus, P. de Stagno, Paul de Liazaris; den Decretalen-
commentaren von Hostiensis, Jo. Calderinus, Boyc, Zabarella;
den Additiones von Lapus Abbas; den Allegationes von Lapo
di Castiglionchio; dem Sacramentale von Montlezun; den Reg.
Jur. von Dinus. Im Park fand man ferner die Summa fratris
Monaldi, die Institutionen von Joannes Faber und von Joannes
de Platea, die casus des Guilhelmus Accursii, die Commentare
zum Titel De actionibus von Joh. von Blanot und P. de Belle-
perche[4]), verschiedene Schriften von Jacobus de Belvisio, Fr.
de Senis, Bartolus, Baldus, u. A.; die Repetitiones Joannis

---

[4]) Die drei letzterwähnten Schriften in einem Bande, jetzt Brüssel
5680—5682. Die Einleitung der Casus lautet wie in der Mainzer Handschrift. Der Commentar des Bellapertica schließt mit den Worten: Explicit lectura Domini mei Petri de Beleperche super titulo de actionibus

de Matiscone[5]), eine Repetitio des Dekans Wilhelm von Hamburg[6]), die Reportorien super jure civili und super jure canonico des Ant. de Butrio[7]), die Decretalenlectüren desselben, die Recollectae super tertio Decretalium des Dom. de Sancto Geminiano, die Decretalen und Clementinen des Jo. de Imola, die Authentikencommentare des Angelus. de Perusio, den tractatus de inquisitione judiciorum des Angelus de Aretio, das Reportorium Jo. Milis[8]). Viele von diesen Büchern hat, sowohl der Zeit als

---

Instit. reportata per Guillm. de Brädestone Anglicum I. C. Diesen Namen habe ich in England selbst vergeblich gesucht.

[5]) Verschrieben Matistone. Nach Haenel 312 ist in Paris, Bibliothéque de l'Arsenal, Jurisprudence 69: Joannes de Matiscone super IV libros Institutionum, fol. — Zu Stintzing. Pop. Litt. 136 bemerke ich bei diesem Anlaß, daß Le Maire (Ausgabe von 1648, S. 375) des Jean Nouaille erwähnt, der zur Zeit des Guil. de Cuneo (Du Cuing) zu Orléans Doctor war und „qui est cité par les Jurisconsultes". — Auch ist die Andeutung im Névizan-Gomez-Fichard'schen Verzeichnisse bei Geßner: „De V. S., Aurelianus nescio quis" möglicherweise auf Nouaille zu beziehen. Bimbenes kennt weder Nouaille noch Matiscone, welcher Letztere mit I. de Blanasco durchaus nicht identisch sein kann.

[6]) Vgl. Freymon, Elenchus 50.

[7]) Der Brüsseler Codex 386, der vom Park herrührt, ist sowohl auf dem Einbande als im Katalog falsch bezeichnet als Repertorium. Er enthält die Lectüre zum III. Buche der Decretalen.

[8]) Diesen etwas räthselhaften Autor hält Fabricius (IV, 107. Ausgabe von 1754) für einen Engländer, und allegirt dafür Bale und Pits. Wahrscheinlich hat Fabricius nicht selber nachgeschlagen. Pits (Appendix 879) gibt nämlich folgende Notiz: Joannis Milo vel Milis juris utriusque Doctor Anglus in Academia Oxoniensi. Hic juvenis in Collegio quod Aenei Nasi vocatur, leges tum Caesareas tum Pontificias multa diligentia, mira foelicitate didicit, et successu temporis de utrisque erudite scripsit. Libri ejus in ejusdem collegii Bibliotheca diu fuerunt asservati, etc. — Bale, den Pits hier, wie in vielen anderen Punkten fast nur paraphrasirt hat, sagt (Centuria XI, S. 70 von der Ausgabe Basel 1557) vom Repertorium: Quod opus in praefato Collegio (Aenei Nasi) vidi. Per eos namque dies, quibus illic Oxoniae primum doctis artibus Johannes incubuit, Guilelmus Smyth, episcopus Lincolniensis, Margaritae regis Henrici matris exemplo ductus scholasticorum collegium ad ejus nominis aulam oxonii posuit. Die Gräfin von Richmond stiftete ihre Lectura 1490; William Smith und Richard Sutton das Brazen Nose College 1508—1511. Die Werthlosigkeit jener Angaben liegt also auf der Hand. — Die mir zugänglichen Italiener scheinen auch weder einen Johannes noch einen Nicolaus Miles (aus Verona? Auditor Rotae?) zu kennen. — Der Codex zu St. Omar 516 hat als Datum der Abschrift: Paris 1462.

den Verhältnissen nach, Arnold benutzen können. Vielleicht rühren sie von seiner Bibliothek her, welche die Groenendaeler Mönche an benachbarte Klöster veräußert hätten?

Zu einer näheren, namentlich zu einer vergleichenden Prüfung des Inhalts des Remissorium, sowie zum Versuche einer Würdigung desselben fehlt mir gegenwärtig sowohl die erforderliche Muße als auch und besonders das nothwendige Material. Mein Zweck beim Niederschreiben obiger Zeilen war lediglich, die Aufmerksamkeit der Kenner der alten Rechtslitteratur auf ein wenig bekanntes und vielleicht doch nicht ganz werthloses Werk und auf dessen fleißigen und frommen Verfasser zu lenken.

Trattato storico della procedura civile romana del avvocato Giuseppe Gugino. Palermo 1873 Luigi Pedone Lauriel editore.

Von

Herrn Professor Dr. Dernburg in Berlin.

Die vorliegende Schrift von Gugino gibt einen Abriß der Geschichte des römischen Civilprocesses. Vornehmlich nach deutschen Mustern gearbeitet, entbehrt die Darstellung nicht einer eigenthümlichen Färbung; insbesondere ist eine gewisse philosophische Tournüre charakteristisch, wie sie den deutschen Werken fremd ist, denen der Stoff vorzugsweise entlehnt ist. Die Darstellung für das Bedürfniß der italiänischen Jugend berechnet, ist übersichtlich, die Wärme, welche der Verfasser für seinen Gegenstand hat, wird eine anregende Wirkung nicht verfehlen. Freilich fällt manche Aeußerung des Verfassers im Einzelnen auf. Wir heben ein Beispiel hervor. p. 149. Nelle azioni stricti juris la responsabilità del debitore tocca l'estremo del rigore: egli é tenuto a rispondere della „culpa levis"; in quella bonae fidei si tien conto di tutte le circonstanze, che accompagnano la natura individuale dell' obligazione e si richiede quella diligenza, che nel fatto concreto avrebbe adoperata un bonus paterfamilias. Hier wird also culpa levis und Mangel an diligentia boni patris familias entgegengesetzt, während die herrschende Lehre der deutschen Wissenschaft beide identificirt; man hätte eine Andeutung darüber erwarten dürfen, warum der Verfasser hiervon abweicht.

Das Werk von Gugino hat eine eingehende Kritik von Padelletti erfahren, in dem zweiten Heft des eilften Bandes des archivio giuridico von Serafini p. 190 ff. Hingegen erschien als Antikritik die lettera del avv. Giuseppe Gugino al direttore dell' archivio giuridico. Auf die Ausstellungen welche Padelletti im Einzelnen macht, ist hier nicht näher einzugehen; im Wesentlichen wird man sich in Bezug auf dieselben mehr den Ansichten von Padelletti anschließen. Der Kritiker begnügt sich aber nicht bloß mit dem Tadel gewisser Details, welche die Zwecke des Ganzen wohl nicht allzu erheblich berühren. Er wendet sich namentlich auch gegen Aeußerungen der Vorrede des Werks, in welchen der Verfasser das Darniederliegen des Studiums des römischen Rechts in Italien beklagt. Padelletti weist auf die Steigerung des Interesses an der Kenntniß des römischen Rechtes und seiner Geschichte auf dem Continent Italiens hin und scheint dem Verfasser fast Mangel italiänischer Gesinnung vorzuwerfen. Und doch ist es gerade ernste Liebe zu seinem Vaterlande, welche den Verfasser bewegt, daß er die italiänische Jugend darauf hinweist, statt dem Spiel mit Phrasen und der Freude an luftigen Phantasien nachzugeben, sich der nüchternen strengen Wissenschaft in immer höherem Maße zu widmen, wie er sie durch sein Werk in dieselbe einzuleiten sucht. So lebhaft wir uns für den wissenschaftlichen Fortschritt in Italien interessiren mögen, so ist man in der Ferne vielleicht nicht im Stande ein völlig sachgemäßes Urtheil zu fällen. Allein ganz Unrecht dürfte Gugino nicht haben, wenn er annimmt, daß die Bestrebungen einzelner hervorragender italiänischer Forscher auf dem Gebiete des römischen Rechts keineswegs das allgemeine wissenschaftliche Niveau der Rechtsbeflißnen bezeichnen und daß Italien befähigt und nachdem es die großen ihm gestellten politischen Aufgaben zunächst gelöst hat, wohl auch berufen ist, noch weit glänzendere Leistungen auf dem Gebiete der römischen Rechtsgeschichte hervorzubringen, als ihm bis jetzt vergönnt war.

Miscellen.

[**Zum pr. I. de codicillis II, 25.**] Alle Ausgaben schreiben: „quae apud veteres fuissent" und doch fehlt hier offenbar ein „non". Die Stelle würde demnach im Zusammenhange so lauten: „Dicitur autem Augustus convocasse prudentes, inter quos Trebatium quoque, cuius tunc auctoritas maxima erat, et quaesiisse etc. . .; et Trebatium suasisse Augusto, quod diceret utilissimum et necessarium hoc esse propter magnas et longas peregrinationes, quae apud veteres non fuissent, ubi, si quis testamentum facere non posset, tamen codicillos posset".

Allgemein denkt man bei den „veteres" an die Zeitgenossen des Augustus, sich dabei auf den Standpunkt der Zeitgenossen Justinians stellend. Es sind aber die Worte „quae apud veteres (non) fuissent" ein Teil der in oratio obliqua wiedergegebenen Aeußerung des Trebatius und ist daher der Ausdruck „veteres" auf die Römer der ersten Jahrhunderte zu beziehen. Es ist eine Begründung seines Rates, eine Rechtfertigung der Behauptung, etwas sei „utilissimum et necessarium", ohne das die „veteres" doch so lange sich beholfen haben; kurz: die Rechtfertigung einer Neuerung durch die veränderten Verhältnisse. Daß die Verfasser der Institutionen den Ausdruck „veteres" nicht von ihrem Standpunkt aus gebrauchen, sondern dem Trebatius in den Mund legen, zeigt 1) der ganze Zusammenhang (die Aeußerung des Tr. reicht von „quod diceret" bis „codicillos posset") und 2) der Conjunctiv „fuissent", der sich nur aus der oratio obliqua erklärt. Versteht man die Stelle so, wie gewöhnlich geschieht, so müßte man erwarten den Indicativ, wie es denn auch wirklich wenige Zeilen früher bei einer von den Verfassern der Inst. in die Erzählung eingestreuten Bemerkung heißt „cuius tunc autoritas maxima erat". Schon dieses „erat" zeigt, daß jenes „fuissent" nicht abermals einer eingestreuten Bemerkung der Verfasser der Inst., sondern einer referirten Bemerkung des Trebatius angehöre. Dazu kommt noch als unterstützend die sachliche Erwägung, daß zu Augustus Zeiten die Beweglichkeit der Bevölkerung wirklich eine ungleichlich größere geworden war, als z. B. zu Anfang der Republik; während Niemand behaupten wollen wird, daß zu Justinian's Zeit die großen Reisen so viel seltener gewesen wären, als zu der jenes früheren Imperator's — und nur unter dieser Voraussetzung hätte die Bemerkung „propter . . . longas peregrinationes, quae apud veteres fuissent" im Munde der Verf. der Inst. einen rechten Sinn.

Wien.

Dr. F. Hofmann.

Eine bisher unbekannte Handschrift des Brachylogus befindet sich in der von dem gelehrten Cardinal Nicolaus Cusanus (1401—1464) herrührenden Bibliothek des Hospitals zu Cues bei Bernkastel an der Mosel. Sie macht einen Theil des Inhaltes der Miscellanhandschrift C. 14 aus, von welcher eine ausführliche Beschreibung gegeben hat Joseph Klein: Ueber eine Handschrift des Nicolaus von Cues nebst ungedruckten Fragmenten Ciceronischer Reden (Berlin 1866). Dieser Miscellancodex, eine Pergamenthandschrift in klein Folio, ist mit Ausnahme eines schon aus dem 11. Jahrhundert herrührenden Stückes durchweg im 12. Jahrhundert von mehreren, einander ziemlich ähnlichen Händen in kleiner zierlicher Schrift geschrieben. Die Seiten haben von Anfang bis zu Ende je zwei Columnen mit 70—72 Zeilen. Am Ende des Bandes auf fol. 326—330 stehen mehrere Schriften Anselm's des Peripatetikers aus der Mitte des 11. Jahrhunderts (zwischen 1047—1056), neuerdings herausgegeben von Ernst Dümmler: Anselm der Peripatetiker nebst andern Beiträgen zur Literaturgeschichte Italiens im 11. Jahrh. (Halle 1872). Diesen Schriften, welche auch ihrerseits für die Geschichte des römischen Rechtes im frühern Mittelalter von großem Interesse sind und namentlich beweisen, daß in Italien das Rechtsstudium schon vor Irnerius, und zwar in unmittelbarer Verbindung mit der Rhetorik, eifrig betrieben wurde, reiht sich nun von fol. 330 r. col. 2 bis fol. 331 r. col. 2, nach einer mündlichen Mittheilung Dümmler's ohne Unterbrechung und von der gleichen Hand geschrieben, ein Stück juristischen Inhaltes an, beginnend mit den Worten: Iuri operam daturum prius nosse oportet unde iuris nomen descendat und endigend mit den Worten: huiusmodi autem donaciones id est dos et propter nupcias donacio. Klein (S. 23) hat in diesem Stücke Excerpte aus den Digesten vermuthet, eine Vermuthung, die schon durch die mitgetheilten wenigen Worte zur Genüge widerlegt wird. Wir haben hier vielmehr, wie ich mich durch die Vergleichung einer von Dümmler abgeschriebenen Partie überzeugt habe, den Anfang des Brachylogus vor uns, leider nicht weiter reichend als bis zum §. 8 des Titels de donationibus II, 13. Die Handschrift, schon durch ihr Alter interessant und werthvoll, ist auch darum bemerkenswerth, weil in ihr das Rechtsbuch weder eine Ueberschrift hat, noch eine Abtheilung in Titel aufweist. Auch Glossen scheinen gänzlich zu fehlen. Ob der Umstand, daß das Werk hier in unmittelbarem Anschlusse an eine Schrift aus der Mitte des 11. Jahrhunderts und von der nämlichen Hand geschrieben ist, einen Schluß auf die Zeit der Abfassung gestattet, lasse ich vorerst dahin gestellt, zumal da ich die Handschrift nicht selbst gesehen habe. Ohne Bedeutung ist aber dieser Umstand gewiß nicht.

Halle im November 1872.

H. Fitting.

Lightning Source UK Ltd.
Milton Keynes UK
UKHW020838081218
333659UK00003B/389/P